主　编：贾殿安　王英哲
编　委：卢付强　邬美珍　吴　昊　梁世杰　吴伟伦
　　　　王湘红　王　航　鲍　治　施　淼　阮振宇
策　划：佟　伟　林燕芸　赵金萍　田书政

# LEGAL GUIDE FOR CHINESE OUTBOUND INVESTMENT IN BELT AND ROAD COUNTRIES

　　本国别投资法律指南的编写获得了奋迅·贝克麦坚时联营办公室在各地相关办公室的大力支持。

Baker
McKenzie
FenXun.
奋迅·贝克麦坚时
5 周年

# "一带一路"
# 国别投资法律指南

·俄罗斯卷·

奋迅·贝克麦坚时联营办公室 ◎ 编著

中国法制出版社
CHINA LEGAL PUBLISHING HOUSE

本书受著作权保护。除用于私人学习或研究并符合相应著作权法的合理使用外，未经奋迅·贝克麦坚时联营办公室事先书面许可，不得复制或转载本书中的任何内容。本书中的文章及观点仅供学术交流之用，所提供的信息可能并不能反映最新的法律法规、司法解释、案例裁判、司法实践和监管发展，不构成奋迅·贝克麦坚时联营办公室及其律师就任何特定事项（无论法律、程序或其他事项）提供正式法律意见或建议，亦不应视为如此。任何客户及读者在未就特定事实和情况寻求适当的法律咨询或其他专业咨询的情况下，都不应仅根据本书中所包含的内容采取或不采取任何行动。

www.bakermckenziefenxun.com
www.bakermckenzie.com
www.fenxunlaw.com

Ning.Zhang@bakermckenzie.com
zhangwei@fenxunlaw.com

# 序

对外开放是我国的基本国策。以开放促改革、促发展，是我国现代化建设不断取得新成就的重要法宝。党的十八大以来，我国主动参与和推动经济全球化进程，实施更大力度的对外开放政策，着力发展更高层次的开放型经济，推动形成全面开放新格局。2013年习近平主席提出"一带一路"倡议，遵循共商共建共享原则，通过政策沟通、设施联通、贸易畅通、资金融通、民心相通，实现各国互联互通、互利共赢。截止2020年1月，中国已同138个国家和地区签署200份共建"一带一路"合作文件，积极推动全球共同发展，携手推动构建人类命运共同体。

法律服务是"一带一路"建设的重要保障。服务和保障"一带一路"建设既是律师的职责使命，也为律师事业发展提供了难得机遇。近年来，中华全国律师协会适时启动服务"一带一路"建设项目，发起设立"一带一路"律师联盟，协调组织81个国家和地区的290多家律师事务所、近400名中外律师，合作编撰了《"一带一路"沿线国家法律环境国别报告》，为各国律师同行搭建了业务交流与项目合作新平台，为沿线各国经贸往来和项目合作提供法律指引。北京、上海、新疆、云南等地律师协会支持本地律师事务所在沿线各国设立分支机构，成立"一带一路"法律服务研究机构，加强与沿线各国律师行业交流，探索跨境法律服务合作新举措，更好地服务和保障"一带一路"建设。

贝克·麦坚时是国际领先的律师事务所，也是1992年首批在华设立代表机构的外国律师事务所；2015年4月，贝克·麦坚时又与北京市奋迅律师事务所率先在上海自贸区设立了奋迅·贝克麦坚时联营办公室，其业务发展始终踏着我国从对外开放到全面开放的时代节奏，从中既可以看出中国法律服务业对外开放的历史节拍，又积极回应经济全球化背景下中外客户不断加深的业务需求和日益密切的专业合作。作为全球专业的商事律师事务所，贝克·麦坚时在为客户提供不同国家、不同法域专业服务的同时，积极拓展大中华区法律服务市场，致力服务中国新时代全面开放大局。

组织编撰《"一带一路"国别投资法律指南》和《"一带一路"背景下大金融领域法律实务精要》，这是奋迅·贝克麦坚时联营办公室敏锐捕捉并积极理解中国新时代全面开放的发展理念、政策导向和市场需求的实际举措。该书紧紧围绕服务"一带一路"建设和实施为切入点，充分发挥中外律师丰富的多法域的实务操作经验优势，突出强调国际化视野、专业性研究与前瞻性分析，旨在为中外企业的域外投资及经营管理提供必要的法律指引，帮助中外企业防范法律风险，实现效益最大化，助力"一带一路"建设。

2020年是个不平凡的年份。突如其来的新冠肺炎疫情对世界经济造成显著冲击，为各国经济发展带来了不确定性。各国为控制疫情传播采取了一些限制措施，进一步加剧跨国投融资活动的法律和政策风险。尽管如此，我们相信合作仍是全球经济发展之大趋势，逆全球化不会成为世界经济的主流。当此之时，更需要推进"一带一路"高质量发展，真正把"一带一路"打造成团结应对挑战的合作之路、维护人民健康安全的健康之路、促进经济社会恢复的复苏之路、释放发展潜力的增长之路。期待有更多的中外律师携手合作、砥砺前行，为"一带一路"建设贡献专业智慧，为区域经济繁荣发展提供法治能量。

忝为序。

韩秀桃
2020年6月25日

# 目 录
contents

## 俄罗斯投资法律指南

一、俄罗斯概览 / 3

　　（一）地理 / 3

　　（二）民族 / 3

　　（三）政治制度 / 3

　　（四）经济 / 5

二、司法系统 / 6

　　（一）司法系统中法院管辖权之间的基本差别 / 6

　　（二）普通管辖权法院的争议解决程序 / 7

　　（三）仲裁（国家商业）法院的争议解决程序 / 9

　　（四）行政司法程序的程序性规则 / 16

　　（五）关于国际仲裁有哪些规定 / 19

　　（六）关于判决和仲裁裁决执行的具体法律法规 / 21

　　（七）选择争议解决和调解方式的主要规则 / 22

二、促进外商对俄罗斯的投资 / 22

　　（一）外国投资的法律框架 / 22

　　（二）外国投资者的法律界定 / 23

　　（三）俄罗斯法律是否规定了稳定税收条款 / 24

（四）为吸引外国投资的激励措施 / 24

（五）对外国投资者在俄罗斯投资有哪些限制 / 26

（六）哪些限制涉及对战略公司的外国投资 / 27

（七）俄罗斯联邦政府哪些机构有权限审批交易并受理事后报备 / 27

（八）战略公司是如何区分的 / 27

（九）哪些交易（行为）须经初步许可 / 28

（十）谁负责签发初步交易许可 / 30

（十一）如何获得初步交易许可 / 30

（十二）申请审查所需的时间 / 30

（十三）在作出申请审查决定时，有关机构的自由裁量权 / 31

（十四）如果未批准初步交易许可，是否可以提出质疑 / 31

（十五）哪些情形要求事后报备 / 31

（十六）《战略公司法》可豁免的情节 / 31

（十七）违反《战略公司法》的后果 / 32

（十八）对外国国家、国际组织和离岸公司的投资是否有特别的规定 / 33

**四、法律实体的设立 / 34**

（一）最常见的法律实体形式 / 34

（二）外国法律实体的代表处或分支机构 / 35

（三）设立俄罗斯法律实体 / 36

**五、证券发行与监管 / 47**

（一）俄罗斯证券发行与监管法律的主要渊源 / 47

（二）俄罗斯有哪些类型的证券 / 47

（三）对在俄罗斯发行证券有何信息披露要求 / 48

（四）对于外国证券在俄罗斯的配售和流通有哪些要求 / 48

（五）什么类型的证券可以被用来筹集股本／49

（六）国内债券的发行受哪些法律规制／49

（七）本票和汇票是如何被监管的／50

（八）交易所债券和商业债券与通常的俄罗斯国内债券有何不同／50

（九）债券持有人大会具有哪些权力／50

（十）债券持有人代表的职责／51

（十一）抵押贷款如何实现证券化／52

（十二）对于抵押担保证券的担保池有哪些要求／54

（十三）在发行人破产的情况下如何对抵押担保债券的担保池进行分配／54

（十四）是否可以对抵押贷款以外的资产进行证券化／55

（十五）谁能发行俄罗斯存托凭证，外国发行人对其持有人承担哪些义务／56

（十六）俄罗斯认可哪些类型的集体投资计划／56

（十七）俄罗斯证券市场上有哪些专业参与者／58

（十八）俄罗斯证券市场上有哪些持牌中介机构／58

（十九）由谁负责记录证券权利的转让／58

（二十）俄罗斯中央存管机构的职能是什么／59

（二十一）哪些法律规范交易组织者、证券交易所和结算机构的活动／60

（二十二）俄罗斯银行作为证券市场监管机构的主要权力和职能是什么／61

（二十三）设立"自律组织"的目的是什么／61

（二十四）购买俄罗斯公共股份公司的大量有表决权股份时应遵守哪些要求／63

（二十五）对于俄罗斯海外上市公司股份的海外配售和流通有什么
要求 / 63
（二十六）衍生品交易在俄罗斯是否获得民事法律的认可 / 64
（二十七）对俄罗斯证券市场上的衍生品有怎样的监管规定 / 65
（二十八）俄罗斯市场上是否存在等同于国际掉期与衍生品协会
（ISDA）主协议的协议 / 65
（二十九）对债权的净额结算有哪些要求 / 65
（三十）存管机构的职责 / 66
（三十一）何种信息被界定为内幕信息 / 67
（三十二）哪些人是内部人员 / 67
（三十三）内部人员有哪些义务 / 68
（三十四）违反《内幕信息法》的行为会受到什么处罚 / 68

六、竞争保护法 / 69
（一）概述 / 69
（二）滥用市场支配地位的行为 / 70
（三）反竞争协议、协同行为以及国家机构限制竞争的行为 / 73
（四）招标和报价要求 / 77
（五）国家援助 / 77
（六）并购管制 / 78
（七）不正当的竞争与广告宣传 / 84
（八）欧亚经济联盟的成员国之间是否订有特别的竞争规则 / 85

七、公司的合规性 / 86
（一）俄罗斯反贿赂法律的主要规定 / 86
（二）法律实体为腐败行为承担的责任 / 88
（三）腐败犯罪的主要类型 / 89

## 八、税务 / 94

（一）包含税务相关条款的俄罗斯主要法律 / 94

（二）俄罗斯税务制度最近有哪些主要变化 / 94

（三）俄罗斯的税种 / 95

（四）俄罗斯税务机关进行哪些税务审计 / 95

（五）缴税方式 / 97

（六）税务监督制度 / 97

（七）转移定价规则的适用性 / 98

（八）俄罗斯转移定价规则是否规定了预先定价协议 / 100

（九）俄罗斯标准的公司利得税率 / 100

（十）股息收入是否适用任何特定税率 / 100

（十一）可享受税款豁免的其他情形 / 101

（十二）应税利润的计算 / 102

（十三）俄罗斯《税法》对税务合并制度的规定 / 102

（十四）是否有其他特殊的公司利得税制度 / 103

（十五）俄罗斯是否适用资本弱化规则 / 104

（十六）将公司利得税转化为投资福利的原则是否适用于俄罗斯 / 107

（十七）俄罗斯对外国公司的具体税收项目 / 108

（十八）俄罗斯是否存在适用于被控制外国公司的规则 / 109

（十九）俄罗斯纳税人的有关规定是否适用于外国公司 / 109

（二十）受益所有权规则是否适用于俄罗斯 / 110

（二十一）截至 2017 年 1 月 1 日俄罗斯已签署和批准的双重征税条约 / 111

（二十二）俄罗斯是否征收增值税 / 119

（二十三）对有地下资源使用权的人的特定税项 / 122

（二十四）产品分成协议的参与者所适用的特殊税制的主要内容 / 126

（二十五）俄罗斯企业物业税的主要内容 / 126

（二十六）俄罗斯是否实行社会保险税 / 128

（二十七）俄罗斯个人所得税的主要内容 / 129

（二十八）自愿披露机制的主要条款 / 130

（二十九）俄罗斯其他地区和地方税的适用性 / 131

## 九、海关、贸易和世界贸易组织（WTO）/ 131

（一）概述 / 131

（二）加入世界贸易组织 / 131

（三）世界贸易组织争端解决 / 137

（四）独联体自由贸易协定 / 141

（五）欧亚经济联盟（EAEU）和关税同盟（CU）/ 143

（六）关税同盟统一关税条例 / 144

（七）初步分类决定 / 145

（八）卫生及流行病控制措施 / 145

（九）技术条例（确认合规）/ 146

（十）动植物检疫控制 / 148

（十一）进出口许可 / 149

（十二）欧亚经济联盟新《海关法》/ 150

（十三）俄罗斯海关当局 / 152

（十四）报关人（备案进口商）/ 154

（十五）向当地海关当局进行备案进口商登记 / 155

（十六）报关行（代表/代理）/ 156

（十七）受权经济经营者（AEO）/ 156

（十八）清关 / 157

（十九）电子报关 / 158

　　（二十）关税制度 / 159

　　（二十一）海关估价规则 / 165

　　（二十二）实物出资 / 169

　　（二十三）海关检查和责任 / 169

　　（二十四）保障措施 / 173

　　（二十五）出口管制 / 175

十、货币管理 / 176

　　（一）在俄罗斯使用的结算货币 / 176

　　（二）在俄罗斯哪些交易受到货币管制 / 177

　　（三）俄罗斯货币管制规定对居民和非居民的界定 / 177

　　（四）俄罗斯有何特殊的货币管制规定 / 178

　　（五）俄罗斯法律对资金汇回的要求 / 179

　　（六）俄罗斯《货币法》对本国和外国交易当事人之间的交易要求 / 179

　　（七）适用于俄罗斯居民的外国银行账户的规定 / 180

　　（八）适用于所有俄罗斯居民的规定 / 180

　　（九）适用于俄罗斯居民个人的观点 / 181

　　（十）违反俄罗斯货币管理规定会受到何等处罚 / 182

十一、劳动 / 183

　　（一）俄罗斯劳动法的渊源 / 183

　　（二）招聘流程 / 185

　　（三）签订劳动合同 / 187

　　（四）工作条款和条件 / 189

　　（五）休假 / 192

（六）劳动合同的终止 / 194

（七）在俄罗斯雇用外国人 / 196

（八）雇主应采取何种措施保护雇员的个人数据 / 198

## 十二、产权 / 199

（一）俄罗斯产权的特点 / 199

（二）关于其他不动产 / 208

（三）何时需要对不动产权利进行国家登记 / 213

（四）不动产是否有分类 / 215

（五）对租赁和购买不动产的付款有哪些外汇限制 / 216

（六）住宅类不动产的监管 / 216

（七）根据俄罗斯法律，不动产抵押的界定 / 217

（八）2013年–2015年间《民法典》有哪些修订 / 221

## 十三、私有化 / 223

（一）什么是私有化 / 223

（二）对私有化的监管 / 223

（三）哪些资产可以私有化 / 223

（四）私有化中由谁作为资产的卖方 / 223

（五）谁可以购买私有化的资产 / 224

（六）私有化流程的实施 / 224

（七）最常见的公有财产的"私有化方式" / 224

## 十四、语言政策 / 225

（一）俄语作为国家官方语言的意义 / 225

（二）俄语是俄罗斯境内唯一的国家官方语言吗 / 225

（三）在哪些特定领域必须使用俄语 / 226

（四）在俄罗斯经营公司应使用的语言 / 226

（五）公司名称能否使用外语 / 227

（六）可用俄罗斯的正式国名标明个人的公司名称吗 / 227

（七）俄语的强制使用是否有例外 / 227

（八）强制使用俄语规定的监管机构 / 228

十五、合同法 / 228

（一）根据俄罗斯法律，是否有强制性的合同条款 / 228

（二）俄罗斯法律承认哪些类型的合同 / 229

（三）签订合同的规定 / 229

（四）如何在俄罗斯法律下确保合同的适当履行 / 229

（五）合同变更或终止的相关规定 / 230

（六）合同无效的相关规定 / 231

（七）合同责任及其限制 / 231

十六、知识产权 / 232

（一）俄罗斯知识产权保护的监管环境 / 232

（二）在俄罗斯，哪些知识产权可受到保护 / 233

（三）在俄罗斯受知识产权保护的对象 / 234

（四）在俄罗斯，域名是否作为知识产权受到保护和承认 / 244

（五）根据俄罗斯法律，员工发明创造的知识产权归谁所有 / 245

（六）许可和特许经营协议适用的法律规定 / 246

（七）如何在俄罗斯强制执行知识产权侵权，可获得哪些救济措施 / 247

（八）俄罗斯是否设有专门的知识产权法院 / 249

（九）知识产权所有者可资利用打击网络盗版的机制 / 249

（十）互联网服务提供商（ISP）是否要对第三方用户置入的侵权内容负责 / 251

### 十七、破产 / 252

(一) 概述 / 252

(二) 适用法律 / 252

(三) 提起破产程序的要求 / 253

(四) 破产流程 / 254

(五) 破产管理人的作用 / 258

(六) 什么情况下交易会被撤销 / 258

(七) 破产程序中债权人如何获得偿付 / 260

(八) 有担保债务的处理 / 261

(九) 控制人承担第二位责任的依据 / 262

### 十八、自然资源（石油、天然气、采矿）/ 265

(一) 俄罗斯地下矿产资源管理的主要特点 / 265

(二) 地下矿产资源使用的法律框架 / 266

(三) 在俄罗斯可以签发的许可证的种类 / 266

(四) 有关地下矿产资源许可证的一般条款 / 266

(五) 地下矿产资源许可证的领证主体 / 267

(六) 对外国投资者在俄罗斯获取地下矿产资源许可证是否有限制 / 267

(七) 如何获得地下矿产资源许可证 / 268

(八) 地下矿产资源许可证所规定的权利是否可以转让 / 268

(九) 相关许可证授予的地下矿产资源权利如何转让 / 269

(十) "战略"矿产是什么 / 269

(十一) 按产量分成协议开采自然资源是否属于地下矿产资源许可证的可行替代 / 270

(十二) 是否可以从俄罗斯出口天然气和液化天然气 / 271

(十三) 对贵金属和宝石需要重点了解的规定 / 271

（十四）谁可以提炼贵金属 / 271

　　（十五）贵金属是否可以自由交易 / 272

十九、电力 / 272

　　（一）对俄罗斯电力行业的监管框架 / 272

　　（二）主要市场监管机构和商业基础设施参与者 / 273

　　（三）俄罗斯电力市场的划分 / 274

　　（四）外国投资者如何进入俄罗斯电力市场 / 275

　　（五）从俄罗斯出口电力的可能性 / 275

　　（六）对可再生能源项目是否有鼓励措施 / 276

二十、银行 / 277

　　（一）俄罗斯的银行体系 / 277

　　（二）有关俄罗斯银行业立法的主要渊源 / 278

　　（三）外国银行是否能在俄罗斯经营 / 278

　　（四）对外国银行在俄罗斯设立子公司的要求 / 278

　　（五）对在俄罗斯设立外国银行代表处的要求 / 279

　　（六）俄罗斯的银行经营活动及其监管 / 280

　　（七）俄罗斯企业贷款的特点 / 282

　　（八）俄罗斯对消费信贷的监管 / 282

　　（九）俄罗斯为监管银行业经营活动而设立的金融监管机构 / 284

　　（十）购买俄罗斯银行股份需要的批准 / 284

　　（十一）俄罗斯中央银行的监管权力 / 285

　　（十二）俄罗斯对银行存款的保护 / 286

　　（十三）俄罗斯的反洗钱要求 / 287

　　（十四）俄罗斯对资本充足率的要求 / 287

　　（十五）对在银行监管资本中纳入次级金融票据的资格要求 / 288

（十六）俄罗斯实施《巴塞尔协议Ⅲ》流动性覆盖率规定的情况 / 289

（十七）俄罗斯实施《巴塞尔协议Ⅲ》项下的薪酬政策的情况 / 289

（十八）俄罗斯银行适用的会计准则和报告标准 / 290

二十一、俄罗斯的保险 / 291

（一）俄罗斯对保险市场的法律监管 / 291

（二）需要获得的许可类型 / 291

（三）对外商投资的限制 / 292

（四）对保险市场和保险产品的监管 / 293

（五）俄罗斯的险种 / 293

二十二、制药和医疗行业 / 294

（一）俄罗斯卫生健康系统监管的一般法律框架 / 294

（二）主要监管机构 / 297

（三）针对药品临床试验和医疗器械临床研究的监管 / 298

（四）如何办理药品和医疗器械的注册 / 300

（五）针对药品和医疗器械生产的监管 / 306

（六）针对药品和医疗器械进口的监管 / 307

（七）针对药品和医疗器械批发的监管 / 308

（八）针对医药制剂和医疗器械零售的监管 / 309

（九）针对医药制剂和医疗器械价格的监管 / 310

（十）对医药制剂和医疗器械的可互换性（可替代性）的定义 / 312

（十一）对医疗器械的技术维护的管理规定 / 313

（十二）政府管理项目药品供应的运作 / 313

（十三）对医药制剂和医疗器械的推广的管理 / 316

二十三、电信、信息技术与大众传媒 / 319

（一）电信 / 319

（二）信息技术 / 328

（三）大众传媒监管 / 336

二十四、气候变化 / 342

（一）概述 / 342

（二）能效与节能 / 346

（三）可再生能源 / 350

二十五、电子商务 / 356

（一）监管电子商务的法规 / 356

（二）电子商务、数据保护和互联网的行政监管部门 / 356

（三）在被告居住在境外、从境外提供商品或服务的案件中，俄罗斯法院对与互联网有关的交易或纠纷享有管辖权的规则 / 357

（四）通过电子方式起草和订立合同 / 358

（五）互联网广告的监管规定 / 359

二十六、个人数据 / 360

（一）个人数据适用的法律及国家主管机构 / 360

（二）个人数据和数据处理 / 360

（三）数据处理的基本要求 / 361

（四）将个人数据转移给第三方的条件 / 362

（五）个人数据的储存 / 362

（六）如果公司开始处理个人数据，是否须通知国家机构 / 363

（七）公司在俄罗斯境内如何保护个人数据 / 364

（八）违反个人数据保护应承担的法律责任 / 364

二十七、消费者保护 / 366

（一）向俄罗斯消费者销售商品适用的法律法规及负责执行的行政机构 / 366

（二）向消费者销售商品的界定 / 366

（三）俄罗斯消费者一般可获得的救济（制造商和卖家的保证承诺）/ 367

（四）能否在与消费者的合同中对制造商和/或卖家的责任加以限制 / 368

（五）产品信息披露义务 / 368

（六）消费者在通过"远程销售"方式购买产品时要求退货和退款的权利 / 369

（七）俄罗斯"远程销售"规则的适用性 / 370

# 俄罗斯投资法律指南

# 一、俄罗斯概览

## （一）地理

俄罗斯联邦横跨欧亚大陆，从东欧延伸到太平洋沿岸。苏联解体后，俄罗斯成为全世界领土面积最大的国家。

## （二）民族

虽然俄罗斯族约占该国人口的绝大多数，但俄罗斯联邦是一个多民族国家，是许多少数民族群体的家园，其中包括鞑靼族和乌克兰族。

## （三）政治制度

俄罗斯联邦是一个由多个联邦主体组成的联邦共和国。联邦主体有六类，虽然在分类上他们略有不同，但在宪法中被规定为平等的联邦成员。22个共和国（对应于不同种族群体的家园）享有一定程度的地区自治权。联邦进一步被划分为46个州、1个自治州、3个联邦直辖市和9个边疆区，4个民族自治区（同样按不同的种族划定）。2000年，俄罗斯进一步被划分为7个联邦管区，旨在确保联邦对地区事务的监督。

每个联邦主体拥有各自的章程、政治机构和地方立法。约半数的联邦主体签署了规范地区和联邦政府之间关系的双边条约，在加强地区和联邦法律制度之间的统一性方面已取得了重大进展。但是，在地区层面进行商业交易遇到争议时，应仔细审查条约规定，因为条约规定可能赋予有关联邦主体的权利和特权略有不同。

根据宪法规定，俄罗斯联邦总统的任期为六年（2008年从四年延长到六年）。任何一个人仅限连续担任两任总统。总统拥有广泛的权力，是国家元首和国家武装力量最高统帅，享有联邦最高行政权力。总统办公室还具有颁布法令的权力、立法否决权以及任命和解散议会的权力。总统主要负责国内和外交政策，在国际关系中代表俄罗斯。

总理主持并监督政府工作，如果总统患病不能履行其职能，由总理担任代理总统。总理担任代理总统的任期于新总统当选之时结束，通常是在前总统权力期满后3个月。

自普京于2000年5月当选俄罗斯总统以来，该国经历了一系列大刀阔斧的政治改革。普京于2004年3月再次当选俄罗斯总统。2008年3月，普京的继任者梅德韦杰夫以压倒性多数赢得了总统大选。2008年5月，普京被其任命为总理。2012年3月4日，普京在第一轮选举中赢得了2012年俄罗斯总统大选。

立法权由两院制联邦议会行使，包括联邦委员会（上院）和国家杜马（下院）。自2002年1月以来，联邦委员会由各联邦主体的权力代表机关和权力执行机关各派一名代表组成。国家杜马由450名在全国范围内选举产生的成员组成，由各政党根据得票率按比例分配450个席位。2004年之前，450名成员中有225名是由单一成员选区选举产生，但在2004年12月，这些议席已被取消。新规则下的第一次选举是在2007年12月举行的。此外，还制定了有关国家政党的新规则，将政党登记所需的最低党员人数从1万人增加到5万人，获得杜马席位所需的全国选举得票率门槛从5%提高到7%。

俄罗斯联邦中级别最低的政府是地方自治政府。在2003年9月改革后，这一层级的机构仍然相对较新且未经验证。现行法律将社区一级政府和乡镇政府加以区分，调整了各级政府的职能和职责。然而，地方自治的总体影响取决于地区政府向地方一级的政府下放的权力大小。外国投资者应了解其开展业务所在各地区的当地机构的地位，因为这些机构可能拥有有限的税收权力。

俄罗斯司法系统的最高机构为两个高等法院：宪法法院和最高法院。宪法法院的19名法官审查所有宪法争端。最高法院审查涉及个人的民事、刑事和行政纠纷，以及涉及法律实体和个人企业的商业纠纷和行政纠纷。这些法院的法官均由联邦委员会根据总统的建议任命，法官的任期为终身。

## （四）经济

2000年至2008年普京担任总统的8年，正值一个经济快速增长的时期，这一时期受到商品价格高涨的推动，同时伴随着生活水平的大幅提高。在1998金融危机期间，俄罗斯政府令卢布贬值，使得国内生产者相比外国竞争对手具有更大的优势。消费贷款和抵押贷款的引入提振了国内消费。在经济增长的其他驱动因素中，对早在苏联时期建设的工业产能的利用有所增加。1999年至2007年期间，GDP（国内生产总值）每年平均增长6.8%。2000年至2007年期间，实际固定资本投资每年平均增长10%，实际个人收入每年平均增长达12%。

近年来，俄罗斯成功还清了大部分外债，并成为继中国和日本之后的第三大外汇储备国。这些成就连同审慎的宏观经济政策和政府为推动结构性改革而作出的努力，都提升了商业机构和投资者的信心，为电信、零售、医药和电力等行业创造出了新的商机。

2008年至2009年，俄罗斯同样受到了国际金融危机的严重打击。商品价格暴跌，金融市场崩溃，境外融资受到限制，失业率上升，国内消费随之下降，这些造成了俄罗斯经济的震荡。2009年GDP下滑了7.9%，工业产值下降了10.8%。

危机爆发后，政府加大了保障经济的力度。中央银行对卢布实施逐步贬值政策，阻止了民众恐慌和最终的银行挤兑。政府为国内经济中的大型企业提供纾困措施，旨在限制大规模裁员对社会造成的负面影响。一些银行和金融服务公司被政府所有的组织收购。同时鼓励经济活动的一揽子税收倡议得以通过施行。

俄罗斯境内的持续金融危机是2014年下半年开始的卢布崩溃的结果，有两个主要原因：其一是石油价格的下跌。其二是对俄罗斯实施国际经济制裁的结果。尽管目前石油价格仍然走低，但一些西方国家已拒绝对俄罗斯扩大制裁，从中期来看这对俄罗斯经济是一个积极信号。

## 二、司法系统

### （一）司法系统中法院管辖权之间的基本差别

俄罗斯司法系统由联邦法院［俄罗斯联邦宪法法院、普通管辖权法院和国家"仲裁（arbitrazh）"（商业）法院］和各联邦实体的法院（宪法法院和治安法院）组成。

一般而言，俄罗斯联邦宪法法院负责解决联邦及某些区域与联邦当局职权范围内的事项相关的法律法规是否遵守宪法的问题。

各联邦实体的宪法法院负责解决该联邦实体的法律以及其国家和市政当局的规章是否遵守该联邦实体的宪法的问题。

仲裁（国家商业）法院有权解决与商业活动有关的争议以及涉及法律

实体和自营企业主的争议。仲裁法院也有权解决某些类型的争议，不论当事方的性质如何，例如破产案件、公司争议、与受托人记录股份及其他证券的所有权相关活动所导致的争议以及公法公司、国有企业和公司的活动所导致的某些争议，等等。其他争议属于联邦普通管辖权法院和联邦实体普通管辖权法院（治安法院）的管辖范围。

## （二）普通管辖权法院的争议解决程序

普通管辖权法院的争议解决程序由《俄罗斯联邦民事诉讼法》（以下简称《民事诉讼法》）管辖。大多数受普通管辖权法院管辖的权利主张均由治安法院或地方法院进行一审审理。对于须由联邦实体的联邦普通管辖权法院和俄罗斯联邦最高法院进行一审的各类权利主张，在《民事诉讼法》中作了明确规定。

普通管辖权法院分为四级：

（1）初审法院

（2）上诉法院

（3）终审法院（两级程序）

（4）监督上诉法院

每一级有哪些法院有权解决争议具体视案件类别而定，当事方可提请哪一级法院审查及其顺序均是统一的。一旦下一级的审查已经通过，即可进行上一级审查。

对初审法院的判决可在其作出后一个月内提起上诉。上诉法院根据上诉理由对判决进行审查。新的证据只有在当事方成功证明因其无法控制的原因而不能向初审法院提出且法院认为该理由是有效的情况下才可被接受。上诉法院的裁决一经作出即生效。

对上诉法院的裁决（以及初审法院的裁决），可在其生效后六个月内进一步向终审法院提出上诉。原则上只有经过上诉法院审查后方可由终审法院进行审查。未经过上诉程序的初审法院裁决，只有在上诉因未遵守提交截止时间且截止时间未恢复的情况下才能被驳回（但不因此产生不利影响），才可在终审法院提出申诉。

撤销审查程序是一个两级程序。在提出申请后，终审法院的相关法官将对撤销上诉进行审查，确定是否有理由进行撤销审查。如果确定有审查的理由，则将撤销上诉申请，移交终审法院进行开庭审查。否则，法官会裁定拒绝（移交所要求进行事实审查的）撤销上诉申请。败诉方可在六个月内向最高法院民法小组就终审法院作出的裁决提起上诉。

最高法院的撤销审查程序也是一个两级程序。最高法院法官决定是否有理由在最高法院小组的法庭会议上审查撤销上诉申请。针对拒绝将案件移交审查的决定，可通过最高法院院长或副院长提出异议。如果异议得到支持，撤销上诉申请将被移交法院，开庭进行审查。

终审法院只有在发现法院裁决存在已影响案件结果的实质性违反实体法或程序法规则的情况时方可撤销或修改法院裁决。

终审法院的裁决一经作出即刻生效，对其可再次在终审法院（终审法院中更高一级的法庭）提起上诉。因此，严格说来，普通管辖权法院系统内存在两级的撤销上诉审查。

最后，在监督上诉法院（俄罗斯联邦最高法院主席团）可对某些法院行为提出上诉（须在该等行为生效后的三个月内提出）。

监督上诉法院认定下级法院的裁决违反下列任何一项时可撤销或修改该等裁决：

· 《俄罗斯联邦宪法》、国际法原则和俄罗斯联邦加入的国际协定所保障的权利和自由。

· 不特定人群的权利和合法利益或其他公共利益。

·法院解释法律和适用法律的统一性。

所有文件均可以纸质或电子方式提交法院，包括由俄罗斯法律规定的电子签字所签署的电子文件形式。

### （三）仲裁（国家商业）法院的争议解决程序

虽名为"仲裁法院"，但与仲裁并无关系，而是源于原苏维埃传统，即在所谓的"国家仲裁所"审理国有企业之间的争议。在苏联时期，在计划经济下，社会主义企业之间不存在任何争议（因为所有企业最终都属同一个所有者），如果确实发生分歧，该等分歧均可以由中间人（国家仲裁所，一个准司法政府机构）解决。

此后，仲裁法院已演变为法院系统内的一个独立分支，主要处理商业纠纷。

俄罗斯仲裁法院适用的程序规则是以欧洲大陆程序法一般原则为基础的。

传统上，俄罗斯仲裁法院倾向于书面文件证据，而非问询证人、听取专家意见或者使用音频或视频记录。

还有一个专门的法庭处理知识产权争议，该法院是俄罗斯仲裁法院系统的一部分。知识产权法庭是对知识产权的确立和有效性争议以及就知识产权领域的监管和非监管行为提出的异议进行初审的法庭。在此类案件中作出的裁定立即生效，并可向知识产权法庭主席团提起上诉，以进行撤销审查。

知识产权侵权案件由知识产权法庭的法官小组（而非法庭主席团）（作为撤销法庭）进行审查。

仲裁法院分为四级：

（1）初审法院

（2）上诉法院

（3）终审法院（二级）

（4）监督上诉法院

自 2014 年 8 月 6 日以来，最高法院是仲裁法院系统内的监督上诉法院①。最高法院有权统一和指导下级仲裁法院的实践②。

在向仲裁法院提出权利主张之前，当事方须要遵守预审权利主张程序。例如，其中涉及追回因合同、其他交易以及不当得利而产生的经济民事法律争议。权利主张的预审程序的法定期限为 30 个日历日，自向另一方送交预审的权利主张之日起算。其他期限和程序可在法律或合同中规定。如果联邦法律或合同中规定了其他类型民事争议的预审程序，则亦须遵守此类程序。

**1. 初审法院的诉讼程序有哪些特点**

提出权利主张须向国家缴纳的费用上限为 20 万卢布（截至 2017 年 12 月 1 日约为 3450 美元）。初审阶段俄罗斯仲裁法院的审判期相对较短。诉讼程序从提交权利主张声明开始。根据现行条例，法院必须在收到权利主张声明后三个月内审议案件。对于复杂案件或涉及多方当事人的案件，法官可要求延期，最长可延期六个月。在司法实践中，不排除个别案件的期限可能会更长的情况，但通常案件均会在该等期限内审结。最后一次庭审结束后即会宣布判决结果。

对初审法院的判决可在其作出后的一个月内提出上诉，否则，判决将

---

① 2014 年 8 月 6 日，俄罗斯联邦最高法院成为审理民事、刑事、行政及其他各类案件及解决经济纠纷的最高司法机构，从而取代最高仲裁法院原先在仲裁法院系统内的最高司法机构地位。

② 最高法院全体会议能够就法院实践问题向仲裁法院提供解释或指示，确保俄罗斯法律得到统一适用。仲裁法院所作裁定中的解释部分可能会提及最高法院的决议以及继续有效的最高仲裁法院决议。已确定最高仲裁法院有关法律及其他法规适用的解释将继续有效，直至最高法院通过相关决议。

在该月结束之时生效。上诉的依据既可以是确定案件的事实错误，亦可以是适用法律错误。事实上，上诉仅是可以得到程度有限的审理。

2. 上诉法院的诉讼程序有哪些特点

在大多数情况下，口头审理会在向上诉法院提出上诉后一至两个月内进行。在审理前，案件的所有当事人均可向法院提出书面上诉答复。上诉法院的决议在其实体部分宣布后立即生效。

3. 终审法院的诉讼程序有哪些特点

初审法院的判决在接受上诉法院审查后，亦可在判决或决议生效后两个月内向终审法院（第三级法院）提出上诉。终审法院不重审案件或重新评估证据，只处理法律问题。经终审法院庭审后，被上诉判决裁定可予维持、推翻或修改，或将案件发回重审。

撤销上诉申请必须在两个月内提出，并在提交之日起两个月内被审理。一般而言，提交撤销上诉申请不会中止被上诉裁决的执行，但终审法院可下令中止执行。

败诉方可在两个月内就终审法院和有关下级法院的裁决向俄罗斯联邦最高法院的一个小组提出上诉。

最高法院的撤销审查过程是一个两级程序。首先，由俄罗斯联邦最高法院的一名法官在两到三个月内决定是否有理由在最高法院小组的法庭会议上审查撤销上诉申请。如果移交给最高法院小组，则撤销上诉申请将在决定移交后的两个月内被审议。针对拒绝将案件移交审查的决定，可通过最高法院院长或副院长提出异议。如果异议得到支持，撤销上诉申请将移交最高法院小组进行审查。

对俄罗斯联邦最高法院小组的裁决可在其生效后三个月内向监督审查法院提出上诉。

### 4. 最高法院监督审查的程序有哪些特点

监督审查过程亦是一个两级程序。在对上诉进行事实审查之前，由最高法院的一名法官在两至三个月内决定是否有理由在最高法院主席团的法庭会议上审查该撤销上诉申请。如果移交给主席团，则监督上诉申请将在决定移交后的两个月内被审议。针对拒绝将案件移交审查的决定，可通过最高法院院长或副院长提出异议。如果异议得到支持，监督上诉申请将被移交最高法院主席团进行审查。

对最高法院主席团在对监督上诉进行审查后作出的决议就不能进一步上诉了。

### 5. 仲裁（国家商业）法院诉讼程序的主要程序问题是什么

在俄罗斯参与仲裁法院案件的法律实体可以由内部律师或聘用外国或当地律师事务所在法庭上作为自己的代表。

作为法定代表出庭的人必须遵守法庭的有关程序。俄罗斯《仲裁程序法》规定，法律实体可由其董事长或根据授权委托书行事的其他人代表。授权委托书必须由公司董事长或根据法律和组织文件正式授权的其他人签署，并应加盖公司印章（如有）。

此外，根据授权委托书行事的代表仅可采取其授权委托书中明确规定的某些程序性行动。这些行动包括签署权利主张声明、辩护声明、上诉书、关于修改权利主张的标的事项或理由的申请、临时措施的申请、接受或撤回权利主张、将案件移交仲裁、达成友好协议或者就事实达成协议、授权的权利等，以及根据新事实或最新发现的事实签署审查申请，对法院的行为提出异议或接收被裁定的资金及其他财产的权利。

仲裁法院只须通过邮寄方式发出对某一方启动程序的第一项裁定（其中载明案件第一次庭审的日期）。相关信息亦会录入仲裁法院案件的数据库内。① 此后，当事方应自行获得关于未决程序的进一步信息。

材料可通过纸质方式（由授权代表亲自签署）或通过 MyArbitr. ru.② 网站以电子方式提交。自 2017 年 1 月 1 日起，材料可通过两种电子方式提交：使用国家服务和市政职能的统一门户认证（https：//www. gosuslugi. ru/）或通过签字人的加强电子签名。禁令解除申请仅可通过加强电子签名的方式提交。

**6. 简易程序有哪些特点**

简易程序是根据书面证据解决争议的快速程序，目的是减少诉讼费用和法官的工作量。法律规定了一份应由简易程序处理争议的清单。其中包括各类金额较小或对金额无争议的纠纷。简易程序不适用公司纠纷、集体诉讼和破产争议。

简易程序的特点包括：

·没有初步或主要庭审；案件仅基于提交的书面材料和证据解决。

·对案件档案的审查以及案件中所有文件提交均以电子方式完成，同时向各当事方发送单独的访问代码，以及启动简易程序的裁决。

·法院设立提交材料和证据的固定期限，法院对于该期限之后提交的任何材料均不予考虑，除非当事方能够证明是因为提交人无法控制的原因而不能遵守该等期限要求。

·不保存庭审记录。

·程序不得延期。

适用简易程序所作的判决须立即执行，即使对判决提出上诉，亦不能中止执行。上诉可在判决作出之后 15 天内提出，而如果一方要求作出附理由的判决，则提出上诉的期限将在该等附理由判决中载明。

---

① 参见 http：//rad. arbitr. ru/和 http：//kad. arbitr. ru/。
② 参见 http：//my. arbitr. ru/。

只有在进行了上诉审查或申请延长上诉期限的请求被拒绝后，才能对简易判决进行撤销审查。

**7. 令状程序有哪些特点**

在令状程序中，一名法官独任审理，根据申请人提出的向债务人收回资金或动产的申请，在不传唤申请人或债务人的情况下裁决案件。司法令状一般在向法院提交申请后10天内作出，令状程序于发出司法令状之时结束，该令状亦是一份可根据法院判决执行程序予以执行的文件。

法律规定了一份适用令状诉讼的争议清单，其中包括经文件证实并得到债务人承认的小额合同索赔［低于40万卢布（约6800美元）］，索赔金额基于经公证人公证的拒付证书，对不付款、不承兑和未注明承兑日期的票据，可强制性支付并处以不超过10万卢布的罚款（约合1700美元）。

**8. 俄罗斯仲裁（国家商业）法院何时对外国被申请人拥有属人管辖权**

在下列情况下俄罗斯仲裁法院对外国被申请人拥有管辖权：

·被申请人居住或其资产位于俄罗斯联邦境内。

·外国当事方的管理机构或分支机构或代表处位于俄罗斯联邦境内。

·争议是因为本应在俄罗斯联邦境内履行或确实在俄罗斯联邦境内履行的合同而导致的。

·权利主张是因为俄罗斯联邦境内发生的行为或其他事件造成的资产损害或俄罗斯联邦境内的危害而导致的。

·争议是因为在俄罗斯联邦境内发生的不当得利而导致的。

·申请人提起保护其业务声誉的诉讼，且位于俄罗斯联邦境内。

·争议是因为俄罗斯联邦境内所发行证券的流通关系而导致的。

·申请确认事实或法律关系案件中的申请人声称该等事实发生在俄罗斯联邦境内。

·争议是因为通过俄罗斯联邦境内互联网上的万维网上办理名称及其

他资产的国家登记及提供服务而导致的。

·争议法律关系与俄罗斯联邦有密切关联的其他情形。

如有下列情况，俄罗斯的法院可能会将其作为涉及外国投资者的案件处理：（1）该案的主要证据位于俄罗斯；（2）俄罗斯法律是合同的管辖法律；（3）外国域名区的域名主要目标消费者为俄罗斯人；（4）商业活动的重点人群是位于俄罗斯管辖区域内的人（与俄罗斯存在"密切联系"）。法院不会自动适用"密切联系"测试。相反，法院将考虑案件的所有因素和情况。

此外，如果涉及外国当事方的争议属于俄罗斯法院的专属管辖权范围，则俄罗斯仲裁法院对该等争议具有管辖权。具体包括下列争议：

·与国家财产相关的争议，包括私有化争议及为公共需要而征用私人财产的争议。

·与俄罗斯联邦境内不动产的所有权及其他登记权利相关的争议。

·与俄罗斯联邦境内注册专利、商标、外观设计实用新型或者注册其他智力活动成果权利相关的争议。

·涉及俄罗斯联邦境内的法律实体和个人企业的设立、清算或注册的争议。

·与俄罗斯债务人相关的破产程序争议。

·与俄罗斯法律实体相关的公司争议。

·因与俄罗斯或俄罗斯国家机构之间的行政及其他公法关系而发生的争议。

如果当事方已书面同意将其争议提交给俄罗斯的法院解决，则俄罗斯仲裁法院对外国被申请人同时也有管辖权，但条件是该等同意不违反外国法院的专属管辖权。

## （四）行政司法程序的程序性规则

行政司法程序的程序性规则在《行政诉讼法》① 《仲裁程序法》② 和《行政违法行为法典》中载明。

**1. 哪些类型的争议依照《行政诉讼法》解决**

《行政诉讼法》的规定适用于最高法院、联邦普通管辖权法院和治安法院对下列案件的解决：公民和法律实体受到侵犯或对被提出异议的权利、自由和法律利益给予保护的案件，以及因行政和其他公法关系而发生的、并与行使权利的国家或其他公共部门的合法性和效力的司法控制有关的其他行政案件，例如：

・就监管法律行为的部分或全部提出异议的案件。

・就解释法律行为的合法性提出异议的案件。

・就政府部门、其他国家部门、军队部门、市政部门、公职人员及国家和市政官员的决定和作为（不作为）提出异议的案件。

・就经授权行使某些国家或公共权限的非商业组织（包括自治组织）的决定和作为（不作为）提出异议的案件。

・就法官资质委员会的决定和作为（不作为）提出异议的案件。

・就最高资格审查委员及俄罗斯联邦区域内负责举行法官资格考试的审查委员会的决定和作为（不作为）提出异议的案件。

・关于保护选举权及俄罗斯联邦公民参与公投权的案件。

・关于在合理期间内（在普通管辖权法院管辖内）违反审判程序和违

---

① 《行政诉讼法》于2015年通过，并于2015年9月15日生效（部分条款除外）。从《行政诉讼法》的适用范围看，其取代了《民事诉讼法》中关于解决非公法关系案件的规定，以及某些特别法。

② 《仲裁程序法》的第三条继续适用于因公法关系而发生的、仍归仲裁（商业）法院管辖的案件。

反普通管辖权法院采取合理行动的权利而提出赔偿的案件。

· 关于终止大众媒体活动的案件。

· 关于限制访问视听服务的案件。

### 2.《行政诉讼法》的程序有哪些特点

除了在行政诉讼中合并当事方外,《行政诉讼法》还规定可在行政诉讼中提起集体行政索赔,从而在某一群体的权利和法律利益受到侵犯或被提出异议时给予保护。① 如果在集体诉讼提起之时至少有 20 人加入索赔,法院将对此予以考虑。

《行政诉讼法》允许法院在行政案件中下令进行临时救济,临时救济的清单包括但不限于:①全部或部分中止被提出异议的决定;②禁止继续进行某些行动。在对某一项监管法律行为提出异议时,只可获得对应的一种临时救济。此外,法院还可下令该行为不适用于行政申请人。

《行政诉讼法》引入的程序性强制措施包括对当事方的请求作出限制或剥夺当事方提出请求的机会以及出庭承诺。在修订后的《行政诉讼法》中,有一项规定要求行政案件中的代表必须接受过更高的法律教育。②

《行政诉讼法》规定政府机构和官员有义务证明其决定和作为(不作为)的合法性。但是,对此类决定或作为(不作为)提出质疑的行政原告没有义务证明政府机构和官员不合法(但应说明政府机构和官员违反了哪些条例,并证明其权利或他人的权利受到侵犯)。

《行政诉讼法》允许适用简易程序审理行政案件。这一程序必须遵守法律中规定的相关条件(例如,遵守当事方的意愿),不得进行口头审理,法院必须审查书面证据。

---

① 集体诉讼仅可根据《仲裁程序法》(而非《民事诉讼法》)提起。
② 就目前而言,《仲裁程序法》和《民事诉讼法》均未规定这一要求。

上诉程序规定提出异议的期限一般为一个月。不过，对于法律明确规定的某些类型的案件，则适用5～10天的较短异议期限。①

根据2017年1月1日生效的最新变更规定，行政索赔声明、申请、申诉和其他文件可通过书面或电子形式向法院提交，这里的电子形式还包括按照俄罗斯法律的规定通过电子签名方式签署的电子文件形式。

### 3.《行政违法行为法典》项下的哪些争议将由法院解决

《行政违法行为法典》规定了主管法院和部门（官员、行政部门、执法部门）解决有关行政责任案件的程序。

《行政违法行为法典》第23.1条规定了法院在解决行政案件方面的权限，其中列明了受法院［联邦一般管辖权法院、治安法院或仲裁（国家商业）法院］（第23.1条第1部分）管辖的行政犯罪的类型以及可根据主管机构或官员的决定提交法院的争议（第23.1条第2部分）。

第23.1条第3部分规定了如何区分俄罗斯司法体系中法院之间对行政争议的管辖权。

具体属于仲裁（国家商业）法院管辖范围内的争议包括竞争争议以及法律实体或个人企业的行政犯罪所涉及的某些争议。

法院管辖范围内的其余大部分争议则均由治安法院解决。

例如，法律规定了在何种情况下有关行政犯罪的争议应提交地区法院解决。第一，法律明确规定某些行政犯罪应归地区法院管辖，例如：①违反公众集会规定；②违反文化遗产保护规定；③未执行负责文化遗产保护的监督机构的命令；④部分与公共安全及公共秩序相关的犯罪等。第二，地区法院解决涉及行政调查的争议，以及会导致某些行政处罚，例如从俄罗斯联邦将其驱逐出境、责令活动中止和剥夺国家官员资格。

---

① 参见《行政诉讼法》第298条。

这里需要注意，对于根据《行政违法行为法典》第 19.28 条（代表法律实体支付的非法报酬）提起的反腐败案件，如果行政犯罪行为是在俄罗斯联邦发生，则该等案件将由治安法院审理。在俄罗斯联邦境外发生的反腐败案件，如果犯罪行为会导致行为人承担《行政违法行为法典》所规定的行政责任，则由地区法院审理。

### （五）关于国际仲裁有哪些规定

外国投资者除选择国家仲裁法院外，还可将争议提交私人仲裁庭，包括俄罗斯联邦境内外的特设仲裁庭和机构仲裁庭。

**1. 哪些争议可以提交国际仲裁**

《仲裁程序法》第 33（2）条规定了不可仲裁的争议，包括以下几类：

· 破产争议。

· 法律实体和个人企业拒绝办理或逃避国家登记的争议。

· 涉及行使著作权及相关权利管理权的组织的知识产权保护争议，以及归初审知识产权法院管辖的争议（对监管和非监管性法律行为提出异议、专利无效、商标法律保护提前终止、确认专利持有人等）。

· 因行政案件及其他公法关系而发生的争议。

· 关于确认重要法律事实的争议。

· 及时获得判决的权利被违反时的赔偿争议。

· 集体诉讼。

· 某些类型的公司争议。

· 国家或市政财产私有化的争议。

· 政府采购所导致的争议[1]。

---

[1] 该等争议均不可仲裁，除非联邦法律通过生效，规定有权管辖因该等关系而发生之争议的常设仲裁机构的设立程序。

- 与环境损害赔偿相关引发的争议。
- 联邦法律明确规定的其他争议。

**2. 俄罗斯境内的国际仲裁适用哪些法律规则**

俄罗斯境内的国际仲裁以《国际商事仲裁法》为依据，该法于 1993 年 7 月 7 日颁布，并以《贸易委员会示范法》的条款为基础。2016 年 9 月生效的俄罗斯国内仲裁新法律的某些规定①也适用于在俄罗斯境内进行的国际仲裁程序。②

此外，以俄罗斯联邦为缔约国的各国际条约中的国际商事仲裁条款，特别是 1961 年的《欧洲国际商事仲裁公约》和 1958 年的《联合国承认及执行外国仲裁裁决公约》（又称《纽约公约》），也适用于俄罗斯境内的国际仲裁程序。

**3. 2016 年对《国际商事仲裁法》进行了哪些重大变更**

该法的重大变更于 2016 年 9 月 1 日生效。其中最重要的变更如下：

- 扩大了《国际商事仲裁法》的适用范围，将俄罗斯境内的外国投资和俄罗斯对外投资的相关争议纳入适用范围。
- 降低了仲裁协议的形式要求。
- 引入了国家有管辖权法院在仲裁程序中的新职能。
- 使机构仲裁的当事方能够避免裁决（包括管辖权裁决）被提出异议的可能性（仅限于机构仲裁）。

除了对《国际商事仲裁法》本身作出的变更之外，俄罗斯的仲裁改革还涉及其他一些对俄罗斯国际仲裁产生影响的变化，主要包括：

- 对建立常设仲裁机构提出了更严格的要求，包括必须从俄罗斯政府

---

① 参见 2015 年 12 月 29 日的第 382 - FZ 号联邦法律：《俄罗斯联邦仲裁（仲裁程序）法》，又称《国内仲裁法》。
② 参见《俄罗斯联邦仲裁（仲裁程序）法》第 1（2）条。

获得在俄罗斯管理仲裁的权利。

・将公司争议（除一些个例外）纳入可仲裁事项①，规定公司争议的仲裁条件。

・要求将仲裁案件档案存放五年，国家法院有权在审议仲裁相关案件时要求提供该等文件。

・对仲裁员的要求。

## （六）关于判决和仲裁裁决执行的具体法律法规

俄罗斯普通管辖权法院和俄罗斯仲裁法院的判决由国家法警予以执行。

外国法院的判决只有在得到俄罗斯法院承认后方可在俄罗斯执行。该等承认可通过相关国际条约或在互惠基础上实现。事实上，俄罗斯法院确实在个案中基于互惠原则承认和执行了外国法院判决。

俄罗斯是《关于解决与商业活动有关的争议程序的基辅公约》（以下简称《基辅公约》）的缔约国。根据《基辅公约》的规定，某些独联体国家的法院作出的判决可在俄罗斯联邦被执行。俄罗斯联邦亦是若干关于承认和执行法院判决的双边协定的缔约国。

一般而言，俄罗斯法院不对任何外国仲裁裁决进行实质审查。如果在俄罗斯联邦境内外的仲裁庭作出的仲裁裁决得到俄罗斯法院承认并下令执行后，由法警执行。如果拒绝承认和执行外国仲裁裁决，其理由一般与《纽约公约》中规定的相同。

对于不需要执行的外国法院判决和外国仲裁裁决，如果俄罗斯联邦加入的国际条约及联邦法律规定应予承认，则俄罗斯联邦将会予以承认。

---

① 公司争议的仲裁协议可在 2017 年 2 月 1 日后签订。在此之前签订的仲裁协议不予执行。

### （七）选择争议解决和调解方式的主要规则

2010 年 7 月 27 日的《关于中间人参与解决争议的替代程序的联邦法律》（以下简称《调解法》）规定了经各当事方自愿同意后在调解人协助下解决争议的具体程序。

调解程序可适用于民事争议（包括经济关系引起的争议）、劳动争议（集体雇用争议除外）和家庭法争议。但是，如果争议影响到公众利益或不参与调解程序的第三方的合法利益，则不能进行调解。从调解开始，时效期限需要暂停计算。

当事人因调解程序而缔结的调解协议，不能通过司法程序强制执行，而是由各方自愿履行。

如果当事人在争议提交国家法院或仲裁后，通过调解程序缔结调解协议，法院或者仲裁庭可以批准调解协议，作为对约定条款作出的裁定。

在国家法院中，对于调解员以及协助当事方解决争议的其他中间人，不得将其作为证人对其在履行职责过程中了解的情况进行讯问。

## 三、促进外商对俄罗斯的投资

### （一）外国投资的法律框架

《宪法》和《俄罗斯联邦民法典》（以下简称《民法典》），以及关于股份有限公司、有限责任公司和证券市场的法律，共同为外国实体在俄罗斯投资提供一般的法律框架。

外国投资者受到《俄罗斯联邦外国投资法》①（以下简称《外国投资法》）的监管。《外国投资法》保护外国投资者的投资权利以及从投资中获得收益的权利，并为外国投资者在俄罗斯的商业活动制定了总体条款。

根据这一法律，外国投资者的待遇不应低于国内投资者，但有特别规定的除外。这些特别规定用来保护俄罗斯的宪法制度、公共道德、人民的健康和人身权利，或出于国家安全和防卫的目的而制定。外商投资只有在符合联邦法律并获得补偿后的条件下才可以被国有化。

《外国投资法》允许外国投资于俄罗斯经济中的大部分行业，如政府债券、股票和债券，对于新业务的直接投资，收购现有俄罗斯内资企业、进行合资经营等。需要强调的是，《外国投资法》并不适用于外国资本对银行和其他信贷机构、保险公司、大众媒体、广播机构和航空公司以及非商业性组织的投资。这些实体的外国投资受其他俄罗斯的专门法律的管辖。

对外国投资的某些限制是由《关于在对国防和安全具有重要战略意义的公司中进行外国投资的程序》②（简称《战略公司法》）规定的。《战略公司法》旨在监管外国投资者或包括外国投资者在内的"群体"对俄罗斯战略公司控制权的收购。

此外，俄罗斯是世界贸易组织的一员，因此承诺执行世界贸易组织的条约和条例。

## （二）外国投资者的法律界定

《外商投资法》将外国投资者定义为：

· 外国实体和个人。

---

① 参见1999年7月9日的第160-FZ号联邦法律。
② 参见2008年4月29日的第57-FZ号联邦法律。

·外国国家和国际组织，以及在其控制下的实体。

《战略公司法》将这一定义扩展为：

·在外国投资者控制下的实体（包括在俄罗斯注册的实体）。

·拥有外国国籍的俄罗斯公民。

### （三）俄罗斯法律是否规定了稳定税收条款

税收稳定条款，也被称为"祖父条款"，是由《外国投资法》规定的，被认为是该法最重要的特征之一。"祖父条款"旨在禁止提高某些联邦税收的税率，直到最初的投资被收回（最长可达7年，除非这一期限由俄罗斯政府延长）。

这一条款适用于：①正在实施"优先投资项目"的外国投资者；②外国投资者拥有超过25%股权的俄罗斯公司；③有外国投资者参与的正在实施"优先投资项目"的俄罗斯公司，不计外国投资者参与的比例。

根据《外国投资法》的规定可知，优先投资项目是指外国投资超过10亿卢布（约1715万美元）的或外国投资者已购买了股权价值在1亿卢布（约171万美元）以上的项目。无论是哪一种情况，投资项目必须是俄罗斯政府批准的项目清单中的项目。

"祖父条款"的一些例外，主要涉及消费税、国内货物增值税和养老基金支付。对于保护公共或国家利益的法律，也有较大范围内的例外条款。尽管有这些例外和限定，但对于税收稳定条款是否能给外国投资者带来实际益处，并不明确。

### （四）为吸引外国投资的激励措施

近年来，俄罗斯政府一直在积极促进国内外对俄罗斯经济中特定领域以及特定区域的投资。

政府在俄罗斯境内设立了若干特别行政区（区域），以便为从事商业活动的居民提供特别条件，并为其提供各种福利和激励政策（例如，税收和关税优惠，简化程序以吸引外国人员，减少行政壁垒等）。政府在这方面最为显著的工作成就包括：

· 创立斯科尔科沃创新中心（Skolkovo Innovation Center）。它是政府的旗舰项目，有时也被称为俄罗斯的"硅谷"（Silicon Valley），旨在促进能源效率、战略计算机技术、生物医学、核能和太空技术等领域的研发活动。

· 为吸引投资进入俄罗斯经济的优先行业（如创新技术、港口和娱乐综合体）而创立经济特区（SEZ）。

· 创立旨在促进特定区域发展的区域开发区（TEZ）。

· 创立旨在鼓励投资于经济萧条地区（如俄罗斯远东和东、西伯利亚地区）的先进开发区（ADT）。

此外，为应对有关国家的制裁，俄罗斯政府已采取了多项刺激进口替代措施并支持当地工业生产的发展。总之，外国投资者可能会通过在俄罗斯本地化生产获得优惠待遇。

此外，外国投资者还可享受"特殊投资合同"概念（SPIC）所提供的某些优惠。在特殊投资合作下，私人投资者承诺创建、运营现代化的生产设备，而俄罗斯联邦（或地区）政府则承担向私人投资者提供某些优惠政策（如稳定和优惠的税收制度）以促进产品制造的义务。特殊投资合同的最长期限为 10 年，涉及制药、化工、医疗、机械、轻工和电子产品等行业。

投资激励的另一个显著例子是区域投资项目（RIP）。该项目的参与者承诺投资于某一区域内的商品生产，便可获得若干税收优惠。最初，该项目旨在促进俄罗斯远东和西伯利亚东部经济的投资，但现在投资者可以在俄罗斯的任何地区实施这一投资项目。

为了吸引私人投资进入公共基础设施行业，俄罗斯当局正在大力发展PPP（公私合营）机制。近来，联邦层面上唯一可用的PPP机制是特许经营协议。特许经营模式意味着某一设施的所有权仍然属于政府公共部门。这一弊端限制了国际公认实际PPP模式的可行性，阻碍了俄罗斯的特许经营协议的广泛扩展，迫使俄罗斯地区制定自己更成熟的PPP立法。

为了解决这个问题，2016年1月1日，新的PPP立法生效，从而在联邦层面上为PPP项目建立了一般法律框架，并且还允许将设施所有权转让给私人合作伙伴。这为私人投资者提供了利用各种模式构建PPP项目的机会，要知道，这在以前是不可能的。

## （五）对外国投资者在俄罗斯投资有哪些限制

对于外国投资者收购对俄罗斯具有战略价值的公司（所谓的"战略公司"）的控制权，有一定的限制。此外，在包括银行、保险和大众传媒在内的某些行业的外国投资也受到一定的限制（详情请参阅"银行""俄罗斯保险"及"电信"三个章节）。

外国投资者如要获得涉及临俄罗斯边境地区的土地、位于海港范围内的土地和农业用地，也会受到一些限制（详情请参阅"产权"这一章节）。

另外，基于国际形势和俄周边政治环境的影响，多个国家（包括美国、欧盟、加拿大、澳大利亚、瑞士和日本）旨在对于俄罗斯实体和个人以及某些经济领域实行制裁，如金融、能源和国际方面。

这些制裁措施特别影响到俄周边与他国争议地区，现在几乎与所执行制裁的国家断绝商贸关系，来自这些国家的投资者应重点考虑本国对在俄罗斯投资的政策。

## （六）哪些限制涉及对战略公司的外国投资

当外国投资者打算收购一家从事战略活动的俄罗斯公司的"控制权"时，根据该等控制权的程度，这一收购需要相应取得俄罗斯政府的初步批准和需要向俄罗斯联邦反垄断管理局（以下简称反垄断局）进行事后报备。重要的是，就这些目的而言，"控制"这一概念不仅意味着一定的最低持股量，还意味着任命治理机构以及确定标的公司活动的权利。

## （七）俄罗斯联邦政府哪些机构有权限审批交易并受理事后报备

控制俄罗斯联邦境内外商投资的政府委员会（政府委员会）负责初步交易审批，反垄断局既负责初步交易审批也负责事后报备。

## （八）战略公司是如何区分的

《战略公司法》列出了40多类属于俄罗斯战略活动的类型。因此，任何从事上述类型经营活动的公司都被视为战略公司。

从外国投资的角度来看，核实标的公司所从事的一切经营活动是至关重要的，以便评估其是否属于战略公司从而受到上述限制的制约。战略活动包括但不仅限于：

· 影响地球物理过程以及水文气象过程和事件的某些操作。

· 涉及使用传染体的活动。

· 与核工业有关的活动。

· 与加密相关的活动（密码学）。

· 与电子窃听装置有关的监测活动（除非其目的是用于法律实体内部），以及与商业实体制造和销售此类设备相关的活动。

·涉及军事武器和装备的活动，包括组件和弹药。

·工业用爆炸物的制造和销售。

·与航空设备和安全相关的活动。

·太空活动。

·涉及在某一地区从事电视或无线电广播的活动（该地区俄罗斯居民超过总人口的一半）。

·自然垄断企业提供的服务（不包括一般可用的电信和邮政服务、通过输配系统提供热能和电力传输的服务以及港口服务）。

·涉及战略性矿产的地下勘探和开采活动（见"自然资源"这一章节）。

·提取水生生物资源。

·商业印刷，每月产量超过 2 亿张。

·编辑和出版活动，只要出版物的年发行量超过法律基于发行频次规定的特定阈值。

·《战略公司法》规定的其他活动。

2017 年 7 月，俄罗斯颁布了新的法规，加强政府对外国投资者投资俄罗斯公司的交易的管控。从 2017 年 7 月 30 日起，外国投资者拟收购俄罗斯公司（不只是从事上述"战略活动"的公司）的股份时，如果政府委员会主席（俄罗斯总理）认定该交易可能威胁到国防和国家安全，那么该交易须取得政府委员会的事先批准。在此情况下，反垄断局应在收到总理决定之日起三日内通知外国投资者，外国投资者必须提交申请以取得政府委员会对该交易的初步批准。

## （九）哪些交易（行为）须经初步许可

需要俄罗斯政府初步许可的交易和其他行为主要涉及收购战略公司控制权，具体包括：

·就从事战略活动（使用战略性矿产除外）的战略公司而言——外国投资者或投资群体取得以下的交易。

·对超过50%的具表决权股份所代表的投票权总数的直接或间接控制权。

·委任战略公司的首席执行官，及/或合议执行机构（即管理委员会）50%以上的成员的权利。

·无条件选定战略公司董事会（监事会）或其他合议治理机构50%以上成员的权利。

·就使用战略性矿产的战略公司而言——外国投资者或投资群体取得以下的交易。

·对25%或以上的具表决权股份所代表的投票权总数的直接或间接控制权。

·委任战略公司的（a）首席执行官，及/或（b）合议执行机构25%或以上的成员的权利。

·无条件选定战略公司的董事会（监事会）或其他合议治理机构25%或以上成员的权利。

·就使用战略性矿产的战略公司而言——旨在使外国投资者获得对股份（参与股权）的直接或间接控制权的交易［外国投资者已经直接或间接控制表决权股份所代表的投票权大于总数的25%但小于75%，且外国投资者取得股份（参与股权）后不会导致外国投资者的权益增加的除外］。

·外国投资者取得战略公司的外部管理人或外部管理公司的角色的交易，或外国投资者取得另行确定战略公司的公司决策（包括关于战略公司的业务的决策）的可能性的交易。

·旨在让外国国家、国际组织、离岸公司或其控制下的实体取得直接或间接控制超过以下阈值的权利的交易。

·从事战略活动的公司（使用战略性矿产的除外）中具表决权股份所代表的投票权总数的 25%，或阻止治理机构决策的其他手段。

·使用战略性矿产的公司中具表决权股份所代表的投票权总数的 5%。

·旨在让外国投资者取得一家战略公司的主要生产设施的交易（如果这些设施的价值等于或超过该公司账面资产价值的 25%）。

### （十）谁负责签发初步交易许可

外国投资者应该获得交易许可。

### （十一）如何获得初步交易许可

外国投资者必须向反垄断局提交获得初步许可的申请，反垄断局将审查该申请是否符合正式要求。该申请的形式是一份标准表格，该表格需附加若干个与外国投资者和战略公司有关的文件，具体包括对其集团的描述、公司文件以及战略公司的业务计划草案等。

在初步审查期间，反垄断局将要求联邦安全局和国防部就拟议交易是否威胁国防或其他安全利益提供结论。反垄断局还可以要求申请人、国家机关、组织和个人提供更多信息。

正式审查完成后，反垄断局向政府委员会提交初步许可申请。政府委员会随后决定是否批准该申请，并决定《战略公司法》所设定的任何附加条件是否适用于该项批准。

### （十二）申请审查所需的时间

外国投资者提交申请后，反垄断局和政府委员会最长有三个月的时间用于作出最终书面决定。政府委员会还可将审查期限再延长三个月（共六个月）。但实际上，审批过程可能需要更长时间，而且没有正式的"快速通道"的选择。

### （十三）在作出申请审查决定时，有关机构的自由裁量权

反垄断局对外国投资者申请的审查重点在于是否符合正式要求，政府委员会也有充分的自由裁量权来决定批准或否决拟议交易，但没有义务解释或阐明其决定。

### （十四）如果未批准初步交易许可，是否可以提出质疑

根据俄罗斯法律，外国投资者可以在俄罗斯联邦最高法院对政府委员会的决定提出质疑。在实践中，提出这样的质疑（即使可能）也是非常困难的，因为政府委员会在作出决定时有自由裁量权，但没有义务解释或阐明其决定。

### （十五）哪些情形要求事后报备

《战略公司法》规定，在以下情况下，须向反垄断局进行事后报备：
·收购任何战略公司中至少5%的股份（无论是否具表决权）。
·完成已获得初步许可的交易和其他事项。

### （十六）《战略公司法》可豁免的情节

《战略公司法》不适用于以下情形（但不仅限于这些情形）：
·受俄罗斯联邦、其构成区域或属于俄罗斯纳税居民[①]的俄罗斯联邦公民（具有双重国籍的除外）控制的实体收购战略公司（所谓的"俄罗斯UBO豁免"）。

---

① 一般来说，俄罗斯纳税居民是指可以证明在一年内其本人在俄罗斯境内居留的天数超过183天的人士。

·外国投资者对一战略公司（使用战略性矿产的除外）的投资，前提是：该外国投资者已经直接或间接控制了该战略公司中具表决权股份所代表的投票权总数的50%以上；和/或该外国投资者和该战略公司由同一个人控制（所谓的"集团内部豁免"）。

·外国投资者对一家使用战略性矿产的战略公司的投资，前提是俄罗斯联邦在该交易之前有权控制该战略公司中具表决权股份的50%以上，而且在该交易交割后俄罗斯联邦仍拥有这一权利。

## （十七）违反《战略公司法》的后果

违反《战略公司法》的交易将被视为无效。法院可能要求无效交易的当事人返还该交易的一切所得。如果无法让交易逆转，或者，外国投资者未能在直接或间接收购一家战略公司5%或以上股份的情况下向反垄断局进行事后报备，法院可以裁定剥夺外国投资者在该战略公司股东大会上的表决权。

违反《战略公司法》的行为也被认为是行政违规行为，可对其实施以下处罚：

·未能获得初步交易许可，向反垄断局提交误导性信息或违反提交申请的条款和程序，可能导致相关法律实体被处以100万卢布（约17150美元）或以下的罚款，其高管被处以5万卢布（约855美元）或以下的罚款，相关个人被处以5000卢布（约85美元）或以下的罚款。

·未能向反垄断局提交事后报备（材料），提交已知具有误导性的事后报备（材料）或违反提交事后报备（材料）的条款和程序，可能导致相关法律实体被处以50万卢布（约8550美元）或以下的罚款，其高管被处以3万卢布（约515美元）或以下的罚款，相关个人被处以3000卢布（约51美元）或以下的罚款。

·未能向反垄断局提供法律规定的材料（包括额外要求提供的材料），可能导致相关法律实体被处以100万卢布或以下的罚款，其高管被处以5万卢布或以下的罚款，相关个人被处以5000卢布或以下的罚款。

## （十八）对外国国家、国际组织和离岸公司的投资是否有特别的规定

外国国家、国际组织和离岸公司（在一个提供优惠税收待遇的国家或地区注册并且/或者进行金融操作时未披露或共享信息的国家或地区注册的公司，俄罗斯财政部已发布该等国家或地区的列表①）以及其控制下的实体（"受限投资者"）对任何俄罗斯公司（不管是否属于战略公司）的投资，须受到《外国投资法》规定的额外审批要求的制约。任何交易如果会使受限投资者有权直接或间接控制任何一家俄罗斯公司具表决权股份所代表的表决权总数的25%以上或有权以其他方式阻止该俄罗斯公司的治理机构的决策，就需要取得俄罗斯政府和反垄断局的初步批准。

此外，如果受限投资者取得的权利超过以下阈值，必须根据《战略公司法》取得初步交易批准：

·从事战略活动的公司（使用战略性矿产的除外）中具表决权股份所代表的投票权总数的25%，或阻止治理机构决策的其他手段。

·使用战略性矿产的公司中具表决权股份所代表的投票权总数的5%。

除此之外，明确禁止受限投资者拥有对战略公司的控制权，根据《战略公司法》，"对战略公司的控制权"是指：

（1）对于从事除使用战略性矿产的活动以外的战略活动的战略公司而言，具体是：

---

① 俄罗斯联邦财政部日期为2007年11月13日的第108号裁定"关于批准提供优惠税收待遇和（或）进行金融操作时没有披露或共享信息的国家或地区（'离岸区'）列表"。

·受限投资者取得对具表决权股份所代表的投票权总数的 50% 以上的直接或间接控制权。

·受限投资者取得委任战略公司的首席执行官及/或合议执行机构 50% 以上的成员的权利。

·受限投资者取得无条件选定战略公司的董事会（监事会）或其他合议治理机构 50% 以上成员的权利。

·受限投资者被委任为战略公司的外部管理公司。

·受限投资者以合同或其他方式取得直接管理战略公司的权利。

（2）对于使用战略性矿产的战略公司而言，具体是：

·受限投资者取得对具表决权股份所代表的投票权总数的 25% 或以上的直接或间接控制权。

·受限投资者取得委任战略公司的首席执行官及/或合议执行机构 25% 或以上的成员的权利。

·受限投资者取得无条件选定战略公司的董事会（监事会）或其他合议治理机构 25% 或以上成员的权利。

·受限投资者被委任为战略公司的外部管理公司。

·受限投资者以合同或其他方式取得直接管理战略公司的权利。

# 四、法律实体的设立

## （一）最常见的法律实体形式

外国投资者多数通过设立外国公司的一个当地代表处或分支机构，或者设立一家俄罗斯子公司，在俄罗斯开展业务。

## （二）外国法律实体的代表处或分支机构

### 1. 分支机构或代表处是否被认为是俄罗斯法律实体

在俄罗斯，外国公司的分支机构和代表处都不被认为是俄罗斯的法律实体，而只是外国母公司的一个分部。

### 2. 分支机构与代表处的区别是什么

设立代表处是为了加强联络和辅助公司业务开展，以促进其外国母公司在俄罗斯的业务。按照规定，代表处不得从事商业活动。因此，大多数代表处无须缴纳利润税，除非就税收目的而言其经营活动构成"常设机构"的业务活动，即当外国法律实体在未设立分支机构的情况下通过其代表处从事经常性的商业活动（销售货物或提供服务，这时才须纳税）。

与代表处相对应的，分支机构可以从事母公司的任何职能，只要该分支机构的规章中有此规定且俄罗斯法律允许即可。分支机构可从事的活动范围广泛，这也正是在俄罗斯设立分支机构的主要优势。相反，代表处若从事商业活动，则违反了代表处的认证条款。仅从法律的角度看，可以"违反俄罗斯法律"为由，根据认证机构（位于莫斯科的联邦税务局第47区际税务稽查处）的决定终止其代表处的资格认证。但是，在实际操作中，代表处如果确实违反了关于获准从事活动的规定，可能会导致代表处难以在俄罗斯再获得认证资格。

### 3. 在俄罗斯设立分支机构或代表处的程序有哪些

外国实体在俄罗斯的分支机构和代表处，一般必须接受位于莫斯科的联邦税务局第47区际税务稽查处的强制性认证。但是也有例外，某些行业有专门的认证机构。例如，俄罗斯中央银行负责对外国银行的代表处进行认证。这种认证程序赋予了分支机构和代表处正式的法律地位，许可分支机构在俄罗斯从事商业活动。

在获得认证后，代表处或分支机构必须在正式全面运作前完成若干认证后的手续办理，包括向俄罗斯统计机构、俄罗斯养老基金和俄罗斯社会保险基金登记。

## （三）设立俄罗斯法律实体

**1. 在俄罗斯，基于商业活动的目的，可以设立哪些类型的法律实体**

《民法典》承认下列类型的商业实体：

·普通和有限责任合伙企业。

·工商合伙企业。

·生产合作企业。

·有限责任公司（LLC，Limited Liability Company）

·股份公司（JSC，Joint Stock Company）。

股份公司和有限责任公司是俄罗斯最常见的法律实体类型。

**2. 对俄罗斯公司的监管框架是什么**

关于俄罗斯公司的设立和运作的主要规则载于下列法律规范：

·《民法典》。

·1998年2月8日关于有限责任公司的第14-FZ号联邦法律（经修订）（《有限责任公司法》）。

·1995年12月26日关于股份公司的第208-FZ号联邦法律（经修订）（《股份公司法》）。

·2001年8月8日关于法律实体和私人企业国家登记的第129-FZ号联邦法律（经修订）（《登记法律》）。

**3. 对俄罗斯公司是如何分类的**

俄罗斯公司分为两类：①公开招股公司；②非公开招股（私人）公司。

股份公司中，其股份或可转换为股份的其他证券符合以下任一条件的为公开招股公司：

·已公开配售

·在证券交易所公开交易

·在章程中声明其公开招股公司的地位。

所有其他的股份公司和有限责任公司都被认为属于非公开招股公司。

**4. 公开招股公司和非公开招股公司之间的主要区别是什么**

公开招股公司可以通过向公众出售股票和其他证券筹集资金。公开招股公司须要遵守报告公开和披露的要求，在公司治理方面的灵活性相比较差。

非公开招股公司是私人持有的公司，无法向公众筹集资金。但在公司治理方面以及在构建股东（参与者）关系方面有更多的灵活性，特别是在以下方面：

·非公开招股公司的章程可以包含与法定公司治理规则不同的条款。

·非公开招股公司的章程可以限制：①一个股东持有的最大股份数；②一个股东持有的股份的总票面价值；③一个股东的最大投票数。

·投票权和利润可以在股东间不按比例分配。

·在某些情况下，股东可能会因另一个股东的要求而被逐出公司。

·股权转让可能受到某些限制（例如，优先购买权的行使、股东必须同意）。

**5. 俄罗斯最常见的企业形式是什么**

在俄罗斯，外国投资者很少使用其他类型的俄罗斯法律实体。有限责任公司是私人企业最常见的一种企业形式，尤其是对全资子公司和某些合资企业而言。采用非公开招股股份公司形式的不是很多。这主要是因为有限责任公司更容易设立，更宜保持，而且不受制于正式的证券法规约束。

## 6. 有限责任公司与非公众公司的主要区别是什么

表1　有限责任公司和非公开招股股份公司的主要区别

| 有限责任公司 | 非公开招股股份公司 |
| --- | --- |
| LLC在税务机关登记后即被视为已注册。法定资本按照参与权益进行划分，股东称为参与者。 | 根据俄罗斯证券法规，股份被视为证券。除了向税务当局登记外，股份公司还需遵守各种额外的程序要求，并必须向俄罗斯证券市场监管机构（俄罗斯中央银行）登记其股份。这将适用于在股份公司注册初始以及之后任何时间内股本增加的情况下。 |
| 章程允许参与者随时退出公司（公司向其支付其所持的参与权益的实际价值）。 | 股东无权从公司退出（出售其股份除外）。 |
| 有关参与者的资料反映在俄罗斯税务当局保管的法律实体统一登记册（URSLE）中。 | 股东名册必须由持牌注册机构保管（收取费用）。 |
| 关于参与者的信息载于公开的法律实体统一登记册。 | 关于股东的信息载于股东名册，股东名册不对外公开（但关于初始创始人的信息除外，这些信息也反映在法律实体统一登记册中） |
| 当转让在法律实体统一登记册登记后并经公证，参与权益的所有权即可转让。 | 股份所有权的转让，是通过在股东名册中录入相关信息来实施的。 |
| 不需要强制性的年度审计（除了在某些有限的情况下）。 | 需要强制性的年度审计。 |
| 参与者大会上所作的决定不需要由公证人确认，可以按照章程规定的其他方式（例如由参与者签字）来确认。 | 参与者大会上所作的决定必须由注册机构或公证人确认。 |

续表

| 有限责任公司 | 非公开招股股份公司 |
| --- | --- |
| 参与权益的转让受法律限制，而且可能另外受章程和公司协议的限制。<br>法律规定，有限责任公司的参与者有权优先购买由其他参与者向第三方提供出售的有限责任公司参与权益，这是俄罗斯法律的强制性规定。章程自己也可以规定这一权利。<br>有限责任公司的章程可以完全禁止将参与权益转让给第三方，或规定参与权益转让给其他参与者或第三方，但须事先征得其他参与者或有限责任公司的同意（不设期限）。<br>如果有限责任公司的章程禁止参与权益转让给第三方而其他参与者拒绝购买相关参与权益，或有限责任公司的章程要求向第三方转让参与权益须取得其他参与者或公司的同意而其他参与者和有限责任公司拒绝给予同意，则有限责任公司的参与者可以要求公司收购其参与权益。 | 股份转让不受法律限制，但可能受章程和股东协议的限制。<br>非公开招股股份公司的章程可以规定，股东和非公开招股股份公司可以优先购买其他股东向第三方提供出售的股份。<br>此外，非公开招股股份公司的章程可以规定，向第三方转让股份时须取得股东的事先同意。这一限制的期限应在章程中规定，但不得超过非公开招股股份公司成立之日（或为规定这一限制而对章程作出的修订完成国家登记之日）起5年。 |

**7. 设立俄罗斯公司的程序是什么**

一旦股份公司或有限责任公司在俄罗斯税务机关完成其国家登记，即被视为已注册成立。股份公司和有限责任公司的国家登记程序是类似的。正式注册一个股份公司或有限责任公司需要大概两周时间，之后再需要两周时间开立银行账户便可全面运营。

对于股份公司，再需要一个半月到两个月的时间将其股份在俄罗斯中央银行完成登记。股份在登记前不得转让给第三方。

**8. 是否可以设立只有单一参与者（股东）的俄罗斯公司**

有限责任公司和股份公司都可以由一个创始人（无论是个人还是法律实体）设立，但须受制于"1-1-1"限制（参见下一个问题）。

## 9. 什么是"1-1-1"限制或"Matryoshka 规则"

俄罗斯法律规定，如果一家实体只有一个单一所有人，该实体不得作为另一家公司的单一股东，这就是"1-1-1"规则或"Matryoshka 规则"。一家公司可以只有一个单一股东，但这一单一股东自己必须至少有两个股东。

## 10. 俄罗斯公司的参与者（股东）的数量最多是多少

有限责任公司参与者的数量最多不得超过 50 人。如果参与者数量超过 50 人，此时有限责任公司必须在一年内转为股份公司，否则应进行清算。对股份公司的股东数量没有限制。

## 11. 俄罗斯公司需要有哪些组织文件

股份公司和有限责任公司都只需要有章程这一个组织文件。

（1）有限责任公司的章程必须包含以下信息：

·公司的名称和地址。

·公司治理机构的结构和职权及其决策程序。

·公司法定资本的规模。

·参与者的权利和义务。

·参与者退出有限责任公司的程序（如果章程允许退出）。

·转让参与权益的程序。

·法律规定的其他条款。

（2）股份公司的章程必须包含以下信息：

·公司的名称和地址。

·公司法定资本的规模。

·股份的数量、面值、类别（普通或优先），以及股份公司发行和分配的优先股的类别。

·每一类股份的持有者的权利。

・股份公司治理机构的结构和能力及其决策程序。

・准备和召开股东大会的程序，包括需要一致同意或需要合格多数票通过的决议才能决定的事项清单。

・关于有俄罗斯联邦、俄罗斯联邦成分组成的实体或俄罗斯联邦的市政当局在公司管理中所持有的任何特别参与权利（"黄金股"）的信息。

・法律规定的其他条款。

有限责任公司和股份公司的章程可以包含其他条款，前提是它们与适用的俄罗斯法律不冲突。

### 12. 股份公司可发行什么类型的股份

股份公司可以发行普通股，并可以发行几类优先股。不同类别的优先股可以有不同的票面价值，而所有普通股的票面价值则必须相等。一种股份公司优先股的总价值不得超过其法定资本的25%。

基于普通股，其每股在股东大会上有一票表决权（根据《股份公司法》的规定，累计投票除外），并且没有预先确定的股息数额。

与普通股相比，优先股不具有表决权，除非是对某些关键问题（重组、清算、限制此类优先股所有者的权利等）的表决或在优先股有固定股息而股息到期却未支付的情况下。与普通股持有人或其他次级优先股的持有人相比，优先股的持有人能优先获得股息（其数额可设定为固定金额或以公式确定）或清算收益。有固定股息的优先股，如果在到期时没有支付固定股息，将获得表决权。

《股份公司法》还允许非公开招股股份公司发行不同类别的优先股，从而授予相应的权利：获得某些类型（类别）新发行股份的优先权利；对股东大会议程上的所有或若干问题的表决权；其他附加权利。此外，也可以将这些权利设定为以某些情况的发生为前提条件。

### 13. 俄罗斯公司法定资本的法定最低限额是多少

有限责任公司和非公开招股股份公司的法定资本不得低于 1 万卢布（约 170 美元）。一家公开招股股份公司的法定资本不得低于 10 万卢布（约 1700 美元）。

如果公司从事某些特定类型的业务活动（例如，银行或保险活动、酒类分销等），则可能需要更多的法定资本。

### 14. 初始法定资本的支付期限是多长

对于有限责任公司，从其注册之日起 4 个月内，必须全额缴清法定资本。

对于股份公司，创始人必须在俄罗斯税务机关完成国家登记后的 3 个月内支付至少 50% 的法定资本，其余的应在第一年内缴清。

### 15. 是否可以用实物缴付法定资本

初始法定资本的法定最低金额（有限责任公司和非公开招股股份公司为 1 万卢布，公开招股股份公司为 10 万卢布）必须用现金支付，其余注资可以现金或实物缴付。

以实物注资可以采用动产、不动产、其他商业实体的股份（参与权益）、国家和市政债券以及知识产权（专有权和许可证），但不能采用其他权利（如租约和应收账款）。公司章程可以对可作为以实物出资的资产类型设定额外限制。

### 16. 俄罗斯公司的治理机构是什么

俄罗斯公司有以下两种公司治理模式：

·两层模式：股东大会和执行机构。

·三层模式：股东大会、董事会和执行机构。

非公开招股股份公司和有限责任公司不需要有董事会。对于公开招股股份公司，设立董事会是必须的。

## 17. 股东大会的作用是什么

股东大会是俄罗斯公司的最高治理机构。它负责决定公司的最重要事项。

股东大会的职权通常包括下列事项：

· 修改公司章程。

· 公司的重组和清算。

· 公司董事会的成立和成员的任免。

· 批准增加公司的法定资本。

· 批准年度报告和年度财务报表。

· 决定股息分配。

· 决定是否允许第三方进入公司。

· 批准重大交易（如果交易价值超过公司资产账面总值的50%）。

· 批准关联方交易（如果交易价值超过公司资产账面总值的10%）。

· 批准解决公司治理问题的公司核心内部文件。

· 决定和处理法律或公司章程规定的其他问题。

在非公开招股股份公司中，股东大会的职权不限于法定条款，因此，可在章程中规定更宽泛的职权。

如果非公开招股股份公司的章程规定须设立董事会，则与股东大会职权相关的大部分问题都可以转移给董事会，但某些核心问题（例如重组或清算公司，引入章程修订等）除外。在非公开招股股份公司中，股东（参与者）在设计和优化股东大会和董事会的职权方面有相当人的灵活性，以满足特定的需求。

相反，在公开招股股份公司中，股东大会的职权不得通过公司章程扩大，且受到董事会的严重制约，在实践中，董事会在公司治理中发挥着关键作用，只有最为核心的问题才会交由股东大会处理。

## 18. 董事会的作用是什么

俄罗斯公司董事会的法律地位不同于在许多西方国家成立的公司的董事会，因为根据俄罗斯法律，董事会是公司的监督管理机构，负责对公司活动进行全面监督和指导，而不是执行机构。此外，公司执行机构的成员在董事会成员中所占的比例不得超过四分之一。

董事会的职权通常包括以下事项：

- 确定公司的主要经营范围。
- 任命公司的执行机构。
- 确定向公司执行机构支付的报酬数额。
- 批准入股其他法律实体。
- 公司分支机构和代表处的设立和关闭。
- 批准重大交易（如果交易价值在公司资产账面总值的25%～50%之间）。
- 批准关联方交易（如果交易价值未超过公司资产账面总值的10%）。
- 处理公司章程规定的其他问题。

无论是股份公司还是非股份公司，董事会的职权都不受法定条款的约束，因此，可在章程中规定更宽泛的职权。

## 19. 俄罗斯公司的执行机构是什么

俄罗斯公司的日常管理由执行机构负责。俄罗斯公司的执行机构包括：

- 单一执行机构。
- 单一执行机构和合议执行机构（管理委员会）。

每家俄罗斯公司都必须有一个单一执行机构。无论是股份公司还是非股份公司，设立管理委员会都属于备选项，但银行除外，根据法律银行必须同时设立这两个执行机构。

**20. 单一执行机构的职权是什么**

单一执行机构无须授权委托书就可代表公司行事，在与第三方的关系中代表公司，并有权约束公司以及处理人力资源等问题。

**21. 可以任命两个或更多的单一执行机构吗？俄罗斯法律允许实施联名签字规则吗**

答案是肯定的。从 2014 年 9 月 1 日起，可以设立若干个单一的执行机构，它们可以相互独立行事，或向若干个共同行动的人授予单一执行机构的权限，即所谓的"联名签字规则"。

**22. 管理委员会的作用是什么**

管理委员会是负责公司日常管理的合议执行机构。如果公司设立管理委员会，那么单一执行机构的负责人是管理委员会的主席。

管理委员会的职权可能与公司其他治理机构的职权不一致。在非股份公司中，除某些核心问题（例如重组或清算公司，引入章程修订等）外，大部分与股东大会和董事会职权有关的事项都可以转移给管理委员会处理。

在实践中，对于那些拥有更简单治理结构的外国实体的全资子公司而言，设立管理委员会并不常见。此外，与董事会成员不同，管理委员会成员被认为是公司的雇员，管理委员会的非俄罗斯籍成员必须申请工作许可证和工作签证。

**23. 俄罗斯法律允许将日常管理外包给外部管理人吗**

允许。单一执行机构的职能可以依据合同委托给外部商业组织或个体管理人。

**24. 俄罗斯公司的什么机构负责监督公司的财务活动和业务运作**

内部审计师（内部审计委员会）负责监督公司的财务活动和业务运作。对于非股份公司，设立内部审计委员会属于备选项，但对股份公司是必选的。

内部审计委员会每年或在其认为必要时，对公司的财务活动和业务运作进行审计。内部审计委员会有权要求公司的任何高级职员（包括总经理）提供信息、意见和说明。内部审计委员会有权查阅公司所有的文件。

在实践中，对于外国实体的全资子公司而言，设立内部审计委员会并不常见，因为许多外国公司依赖内部控制程序和外部审计来监督其俄罗斯子公司的经营、财务和其他方面。

在实践中，内部审计委员会主要是在公司治理结构较为完善的公开招股股份公司、合资企业和大型公司中设立，这些实体需要正式的内部控制程序来为其股东提供额外的保护和安慰。

**25. 俄罗斯法律是否对俄罗斯公司有强制性审计要求**

所有俄罗斯的股份公司（公开招股股份公司和非公开招股股份公司）都必须接受强制性审计，即它们的年度账目必须由独立的外部审计师审计。

对于有限责任公司，通常它们无须接受强制性审计。俄罗斯法律规定了若干情况，在这些情况下，有限责任公司必须接受外部审计。例如，一家有限责任公司从事特定类型的业务（如银行或保险业务），或者一家有限责任公司上一会计年度因销售产品（履行工作，提供服务）所得的款项超过4亿卢布（约685万美元），又或者上一会计年度结束时其资产的账面价值超过6000万卢布（约100万美元）。

# 五、证券发行与监管

## （一）俄罗斯证券发行与监管法律的主要渊源

俄罗斯联邦境内的证券市场和证券交易主要由 1996 年 4 月 22 日颁布的《关于证券市场的第 39 – FZ 号联邦法律》（《证券法》）予以规制。公司证券的发行由 1995 年 12 月 26 日颁布的《关于 JSC 的第 208 – FZ 号联邦法律》（《股份公司法》）和 1990 年 12 月 2 日颁布的《关于银行和银行业活动的第 395 – 1 号法律》予以规制。

在俄罗斯联邦境内发行证券还受俄罗斯联邦中央银行、俄罗斯联邦金融市场服务管理局及其他监管机构颁布的诸多规章以及《民法典》的一般规定所约束。2013 年 9 月 1 日，俄罗斯联邦金融市场服务管理局的所有权力都移交给了俄罗斯联邦中央银行（与其前身一起被称为"俄罗斯银行"）。

## （二）俄罗斯有哪些类型的证券

只有在《民法典》第 142 条或其他有关证券法律项下被明确认可为证券的特定凭证，才会被视为证券。

一般而言，俄罗斯联邦境内存在的各类证券可分为两大类别，即应按《证券法》规定的特定发行程序发行并需在俄罗斯银行注册的证券（此类证券被称为"大量发行的"证券）和不需要注册的证券（此类证券被称为"非大量发行的"证券）。股票、债券、股票期权和俄罗斯存托凭证均属于"大量发行的"证券，而本票、汇票、提单、抵押证书、抵押贷款参与凭证、投资单位、存款单和仓单则属于"非大量发行的"证券。

## （三）对在俄罗斯发行证券有何信息披露要求

在某些情况下，《证券法》要求在对证券发行进行注册的同时，对募集说明书进行注册（例如，当证券是通过公开募集来发行时）。

此外，《证券法》还规定，已对募集说明书进行注册的发行人应披露某些财务及其他信息。该等信息包括：

·发行人的季度报告（按照俄罗斯银行的要求起草）。

·合并的财务报表（应包含在相应期间的季度报告中）。

·可能影响发行人的财务业绩或业务活动的重大事件（此类事件的清单已由俄罗斯中央银行编制）。

一般来说，信息应通过一家经授权的新闻机构（在募集说明书注册后的一天内）和一个互联网网站（在注册后的两天内）予以披露。并且，在某些情况下，还应刊登在一份符合俄罗斯银行要求的印刷出版物上。

## （四）对于外国证券在俄罗斯的配售和流通有哪些要求

一般而言，外国证券可通过下列决定获准在俄罗斯配售或公开流通：

·一家俄罗斯证券交易所的决定（如果外国证券已在国外于俄罗斯银行认可的66家证券交易所中的任何一家上市）。

·俄罗斯银行的决定（如果外国证券尚未在俄罗斯银行认可的证券交易所上市，系首次向公众发售）。

此外，《证券法》还允许进行未获邀约的上市（未经发行人授权的上市）。在上述所有情况下，规制拟予配售或发售的证券的外国法律不应限制该等证券在俄罗斯境内配售或公开流通。

在证券尚未在俄罗斯中央银行认可的证券交易所上市的情况下，为使证券得以在俄罗斯上市，外国发行人必须遵守若干要求，其中最为重要的是：

·在俄罗斯银行注册俄罗斯募集说明书。

·获得俄罗斯银行对外国证券配售的许可。

·被分配以 ISIN（国际证券识别编号体系）/CFI（金融工具分类编码）代码。

募集说明书必须以俄文书写，由俄罗斯经纪人签署，在某些情况下还应经外国发行人签署，并符合俄罗斯中央银行规定的披露要求。如果募集说明书中存在任何虚假的、不完整的或是具有误导性的信息，则签署募集说明书之人应承担法律责任。

获准取得在俄罗斯公开配售或公开交易的外国证券的所有权必须在经俄罗斯银行许可而提供存管服务的俄罗斯托管机构进行登记。

未获准公开配售或公开流通的外国发行人证券只能向合格投资者发售。

## （五）什么类型的证券可以被用来筹集股本

俄罗斯股份公司可以发行股票、股票期权、公司债券和其他证券。股份公司可以通过向公众发行股票的方式或者通过非公开配售的方式筹集资本。有限责任公司的股份不被视为证券，不能用于向公众募集资本。

## （六）国内债券的发行受哪些法律规制

国内债券的发行受《民法典》《股份公司法》《证券法》以及（就股份公司而言）1998 年 2 月 8 日颁布的《关于有限责任公司的第 14 – FZ 号联邦法律》（业经修订）规制。这些法律对有担保和无担保债券的监管作出了规定。有担保债券必须全部或部分以保证、银行担保、国家或市政担保或者发行人或第三方财产的质押（或抵押）予以担保。

2014年8月2日,《证券法》的修正案生效,允许制定国内凭证式债券计划。此类债券不得以质押方式予以担保。制定债券计划的方式是作出关于发行的"框架"决定(其中规定适用于该债券计划范围内的所有发行的条款和条件)以及关于发行的"具体"决定(其中规定适用于该债券计划范围内的单项发行的条款和条件)。

## (七) 本票和汇票是如何被监管的

除了债券之外,有些俄罗斯公司还用本票和汇票进行债务融资。根据俄罗斯法律,本票和汇票被视为证券。1997年3月11日颁布的《关于本票和汇票的第48-FZ号联邦法律》规定了适用于本票和汇票的法律制度。此外,俄罗斯联邦还是《汇票和本票统一法公约》(1930年6月7日在日内瓦签署)的缔约方。

## (八) 交易所债券和商业债券与通常的俄罗斯国内债券有何不同

与普通债券不同的是,交易所债券可以通过简化程序来发行,因为发行、募集说明书和配售报告都不需要注册。但是需要受到以下限制:
· 配售必须通过公开发售进行。
· 交易所债券不得以质押方式予以担保。
· 债券必须以凭证的形式发行,并交付给持有人。
· 必须向俄罗斯银行发出债券获准在证券交易所交易和配售的通知。

商业债券也是通过简化程序以凭证的形式发行。此种债券不得以质押方式予以担保。然而,商业债券只能通过非公开发售的方式予以配售。

## (九) 债券持有人大会具有哪些权力

债券持有人大会可由发行人、债券持有人代表或者在所发债券中持有超过10%的份额的一个或多个债券持有人召集。一般而言，对于所持的每张债券，债券持有人均享有一票表决权，而决定应由有资格投票并出席会议的债券持有人以多数票作出。

例如，选举债券持有人代表或者对发行人或担保提供者提起诉讼的，须以简单多数赞成票通过。但是，下列事项则需要出席会议的债券持有人以四分之三的赞成票通过：

· 批准对债券条款和条件的修订，或者授权债券持有人代表全权处理该事宜。

· 放弃提前赎回债券、强制执行担保等的权利。

· 通过清偿或债务更新方式终止债券。

此外，债券持有人还有权以9/10的绝对多数赞成票放弃向法院提出申请的权利。

### （十）债券持有人代表的职责

凡是有担保债券（由国家或市政担保予以担保的债券除外）具有下述情形之一的，均须委任债券持有人代表：

· 系公开配售。

· 系非公开配售，且不属于合格投资者的投资者人数超过500名。

· 系适合非合格投资者，且该有担保债券获准在某一证券交易所进行交易。

发行人负责委任一名债券持有人代表。但是，债券持有人有权随时在大会上更换该债券持有人代表。

债券持有人代表的职责可由证券市场的任何专业参与者（包括银行）履行，或者由根据俄罗斯法律设立且已存续超过三年的某一公司履行。愿意履行债券持有人代表职责的任何实体均须列入由俄罗斯银行保有并在其网站上公布的特别名单中。债券的发行人和安排人、其关联方以及存在利益冲突的任何其他实体均不能担任债券持有人代表（除非债券持有人已明确同意委任安排人担任债券持有人代表）。

债券持有人代表的权利和义务应在发行人与债券持有人代表所签的服务协议中规定。债券持有人代表必须遵守债券持有人大会作出的决定，监督发行人履行义务的情况，将发行人违反义务的任何情形通知债券持有人，并保护债券持有人的合法权益。

虽然债券持有人代表是由发行人委任的，但是就像受托人一样，其是为了债券持有人的利益行事。债券持有人大会可以向债券持有人代表授予某些权利，并可在未经其同意的情况下向其提出某些义务性要求。债券持有人不能就属于债券持有人代表职权范围内的事项独自行事，除非债券的条款和条件或者债券持有人大会的决定有明确规定。

发行人必须对债券持有人代表提供的服务支付费用。债券持有人代表有权使用从发行人处收到的任何资金支付其在履行义务时发生的费用和开支。债券持有人代表为债券持有人的利益而从发行人处收到的任何资金均应存入在一家银行或中央存管机构开立的一个独立账户，而债券持有人代表的债权人对该等资金不享有追索权。

发行人和债券持有人代表仅可在经债券持有人大会批准并同时委任新的债券持有人代表的情况下终止服务协议。债券持有人代表可通过提前三个月通知发行人的方式而单方面终止服务协议，除非服务协议规定了不同的通知期。

### （十一）抵押贷款如何实现证券化

2003 年 11 月 11 日颁布的《关于抵押担保证券的第 152 – FZ 号联邦法律》（以下简称《抵押担保证券法》）允许俄罗斯信贷机构和特殊目的实

体（抵押贷款代理人）发行抵押担保证券，即抵押担保债券和抵押贷款参与凭证。

《抵押担保证券法》规定了两种类型的抵押担保债券：

·直接从一家俄罗斯银行的资产负债表中发行的（担保债券）。

·由从发起人手中获取抵押贷款的俄罗斯特殊目的载体（即所谓的抵押贷款代理人）发行的（RMBS[①]）。

2016年1月10日，《抵押担保证券法》修正案生效，允许制定RMBS债券计划。

为了发行担保债券，银行需要遵守俄罗斯银行规定的某些强制性比率，如流动资金比率、担保池与所发行的债券量的比率。然而，与发行RMBS不同，担保债券的发行不允许银行动用资本金和储备金。通常，对此种债券的评级会与对发行人的评级一并进行。

RMBS的发行意味着银行向抵押贷款代理人实际出售抵押贷款。根据《抵押担保证券法》，抵押贷款代理人具有有限的权能，可以从事与发行RMBS和购买抵押贷款相关的具体活动。抵押贷款代理人不能拥有员工，应由独立的管理公司负责管理，其会计事务应由专业的会计机构负责处理（独立管理公司和专业会计机构不得履行彼此的职能）。此外还应注意的是，抵押贷款代理人无须缴纳企业利得税。此种RMBS结构能使评级得以提升，比出售抵押贷款的银行的评级高出五至六级。

抵押贷款参与凭证仅可由已被许可管理投资基金、共同投资基金和非政府养老基金的商业机构以及信贷机构发行。与抵押贷款支持债券不同，抵押贷款参与凭证没有面值，不被视为可发行证券，也无须在俄罗斯银行进行国家登记。与共同基金的基金单位类似，抵押贷款参与凭证确认了其

---

① 译者注：RMBS（Residential Mortgage Backed Securities），住房抵押贷款支持证券。

所有者对担保池的一部分所享有的权利。由于投资者对此类工具缺乏兴趣，以及俄罗斯银行对投资此类工具逐步施行更加严格的要求，迄今为止，俄罗斯只有几次抵押贷款参与凭证的发行。

### （十二）对于抵押担保证券的担保池有哪些要求

抵押担保债券和抵押贷款参与凭证的担保池可由抵押贷款、现金、政府证券以及（在有限的情况下）房地产构成。在债券期限内，担保池的价值不得低于抵押担保债券项下的未偿本金总额。纳入担保池内的抵押贷款亦应达到《抵押担保证券法》规定的若干资格标准（如贷款价值比、财产保险等）。发行人将担保池质押给抵押担保债券的持有人。

《抵押担保证券法》规定了专业存管机构的概念，由该机构作为担保池的监控者。其应持有作为专业存管机构行事的特别许可证，且不得与发行人存在关联关系。专业存管机构负责管理担保池登记册，保管与抵押贷款相关的文件［通常是抵押证书（zakladnaya）和其他附属文件］，并对担保池是否符合《抵押担保证券法》规定的资格标准和比率的情况进行日常监控。

### （十三）在发行人破产的情况下如何对抵押担保债券的担保池进行分配

发行人破产时，担保池被依法排除在其破产财产范围之外，并将全部用于偿还其在抵押担保债券项下的债务。《抵押担保证券法》并未规定为担保池另设一位管理人来继续为担保池提供服务，直到其到期为止。根据《抵押担保证券法》，负责处理发行人破产事务的破产管理人还应负责管理和出售担保池，以赎回抵押担保债券。如果出售担保池所得的收入不足以赎回全部债券，则债券持有人可以作为无担保债权人要求发行人补足差额，除非债券的条款和条件规定此等债权应被视为已经清偿。

## （十四）是否可以对抵押贷款以外的资产进行证券化

2013年12月13日，国家杜马通过了第379号联邦法律（以下简称《证券化法律》），该法旨在为在俄罗斯市场上对范围广泛的资产进行证券化提供法律依据。《证券化法律》对多部法律作出了修改，其中包括《民法典》《证券法》《税法典》《银行法》《破产法》以及若干其他法律。《证券化法律》于2014年7月1日生效，预计会使俄罗斯证券化交易的数量和类型得以增加。

《证券化法律》设想设立一种新的国内法人实体——特殊金融公司，该公司有权发行以质押证券、不动产以及根据俄罗斯法律可以转让的各种应收账款（包括现有和未来的应收账款）的方式予以担保的债券。

特殊金融公司的结构在许多方面与抵押贷款代理人类似。因此，特殊金融公司不得签订任何雇用协议，其管理和会计方面的运作必须分别外包给外部管理公司和会计公司。愿意管理特殊金融公司的公司必须列入由俄罗斯银行保有的一份特别名单中。

根据《证券化法律》，保留20%风险的风险保留规则将适用于发起人。俄罗斯中央银行已经制定了有关附属法律，用以规范该等风险的保留形式。

《证券化法律》规定了几种新型账户。其中一种是名义银行账户，用于运作不属于账户持有人（客户）的资金。使用名义银行账户的目的是为了减少某些证券化交易中的混合风险。

另一种专用账户是担保品（质押）账户。在出质时，可以质押担保品账户中现有和未来的所有资金，或者按照某一固定金额予以质押。担保品账户允许出质人使用该账户中的资金，但在使用时可能会受制于双方约定的某些限制性规定。担保品账户有望在发行资产支持债券时得到广泛应用。根据《证券化法律》，来自证券化应收账款的所有收款额均应贷记到担保品账户中，而且仅可用于满足债券持有人的债权，或者用于债券条款和条件中规定的付款。

## （十五）谁能发行俄罗斯存托凭证，外国发行人对其持有人承担哪些义务

RDR（存托凭证）是一种由发行人（俄罗斯存托机构）集中保管的无面值的凭证式注册证券，用以证明对于指定数量的外国发行人股票或债券所享有的权利，以及享有在实现俄罗斯RDR持有人的权利方面所提供的服务的权利。

只有从业时间达到或超过三年的俄罗斯存管机构方可发行RDR。如果发行人提供与RDR所证明的股票或债券的收益支付有关的服务，则其必须为RDR的持有人开立单独的存管账户。

外国发行人通过与存管机构签订受俄罗斯法律管辖的协议对俄罗斯RDR持有人承担义务。此种协议必须规定该等证券的表决程序以及外国发行人以俄文披露信息的义务。未经RDR持有人同意，该协议不得终止，但RDR的基础证券已获准进行有组织的交易的情形除外。如果外国发行人对俄罗斯RDR持有人不承担义务，则只有该外国发行人的证券已在俄罗斯银行所列名单中的外国证券交易所上市的情况下，RDR才被允许公开流通。

## （十六）俄罗斯认可哪些类型的集体投资计划

在俄罗斯，集体投资计划有以下几类：

·股份制投资基金。

·共同投资基金。

·非政府养老基金。

根据2001年11月29日颁布的《关于投资基金的第156-FZ号联邦法律》（业经修订）（以下简称《投资基金法》），股份制投资基金被定义为以投资于《投资基金法》规定的证券和其他资产作为唯一目的而成立的股份制公司。股份制投资基金须得到俄罗斯银行的许可。拟用于投资的财产必须由一家持牌管理公司管理，该公司作为股份制投资基金的信托管理人或执行机构代表该基金行事。

另一方面，共同投资基金被认为是财产集合体，而非法律实体。共同投资基金由一家管理公司管理，该公司按照信托管理协议代表创始人行事。管理公司须获得许可。投资单元是由管理公司发行的一种注册证券，用以证明其持有人对构成投资基金的财产以及通过管理公司的管理而产生的财产所享有的所有权份额。

根据1998年5月7日颁布的《关于非政府养老基金的第75-FZ号联邦法律》（业经修订）（以下简称《非政府养老基金法》），非政府养老基金使用其从雇主那里收到的作为强制性养老保险缴款的资金（养老储蓄金）以及在自愿养老保险合同项下从客户那里收到的资金（养老储备金）进行投资。非政府养老基金由俄罗斯银行发牌许可。养老储蓄金必须由一家持牌管理公司按照信托管理协议进行管理，而养老储备金则可由非政府养老基金自行投资。

《投资基金法》《非政府养老基金法》和俄罗斯银行的相关条例详细规定了关于基金的各种问题，包括基金的成立、决策和资产结构。投资基金的管理公司应遵守若干信息披露要求（例如披露关于投资份额价值的信息的要求）。此外，非政府养老基金还应披露关于其总资产和投资业绩的信息。

## （十七）俄罗斯证券市场上有哪些专业参与者

《证券法》规定了证券市场专业参与者的地位，并对其运营规定了法律要求。证券市场专业参与者的活动须获得俄罗斯银行的许可，获得许可的程序以及对证券市场专业参与者的要求规定在俄罗斯中央银行制定的诸多规章中。由俄罗斯银行授权并受其监管的证券市场各类专业参与者，后文予以归纳并阐述。

## （十八）俄罗斯证券市场上有哪些持牌中介机构

根据《证券法》，经纪人是指按照其与客户（包括证券配售过程中的发行人）签订的收费服务合同执行客户指令进行证券交易或衍生品交易的证券市场专业参与者。

交易商是指以自身名义并自行承担费用进行证券交易的证券市场专业参与者，其在交易时是公开报出买价/卖价，并有义务以该等价格买入或卖出证券。

2015年10月1日，用于监管外汇交易商的规章生效。外汇交易商必须拥有至少1亿俄罗斯卢布的资本，并保持专业自律组织成员的资格。此外，外汇交易商还须在其网站上披露某些信息，包括关于报价的条款、客户投资的某些财务表现、风险通报和其他信息。外汇交易商所应披露的信息的完整范围将在俄罗斯银行的规章中予以详细规定。

证券信托管理人是指负责按照信托管理协议管理其客户的证券的证券市场专业参与者。信托管理权的行使对象可以是证券、用于投资证券或进行衍生品交易的资金。

## （十九）由谁负责记录证券权利的转让

根据《证券法》，证券登记机构是指负责管理证券所有人名册的证券市场专业参与者。所有JSC均须委任一家专业的持牌证券登记机构来管理股东名册。

根据《证券法》，存管机构是指负责保管证券凭证和/或记录证券权利的转让的证券市场专业参与者。存管合同的订立并不需要将存放人证券的所有权转移给存管机构。除在存管合同规定的情形下应存放人的要求而实施的之外，存管机构无权代表存放人处置或管理存放人的证券或者采取与之有关的任何行动。

## （二十）俄罗斯中央存管机构的职能是什么

中央存管机构是唯一能够直接在公司的证券登记机构开立用以公开交易证券的存管账户的机构。《中央存管机构法》并不要求公开买卖证券的交易只能通过中央存管机构结算。基于防止任何权利丧失的需要，如果发生了任何证券相关操作，中央存管机构必须立即核实其在证券登记机构所设账户的现状，即使这种操作未发生，中央存管机构仍须每日进行此种核实。

如果中央存管机构在某一公司的证券登记机构设有存管账户或者持有强制存管中的证券，则该等证券的发行人必须向中央存管机构提供与证券项下的权利行使有关的信息（如股东/债券持有人会议、股息/票息的支付、股份的转换、自愿要约、强制要约等等）。其他发行人可以自愿向中央存管机构提供此类信息。在各种情形下所须提供的信息的详细清单由俄罗斯银行负责开列。中央存管机构在其网站上披露的信息将优先于发行人披露的信息。

除了为俄罗斯法律实体开立账户的权力外，中央存管机构还拥有专属权力为外国中央存管机构，或者在俄罗斯银行公布的市场上进行结算和清算的实体开立账户，并在设立于经济合作与发展组织（OECD）、反洗钱金融行动特别工作组（FATF）、欧洲理事会评估反洗钱措施特设专家委员会（MONEYVAL）、联合经济区（United Economic Area）的成员国或其证券市场监管机构已与俄罗斯银行签订合作协议的管辖区域的外国证券登记机构或存管机构开立代名人账户。

此外，在经济合作与发展组织、反洗钱金融行动特别工作组、欧洲理事会评估反洗钱措施特设专家委员会、联合经济区的成员国设立的或在其证券市场监管机构已与俄罗斯中央银行签订合作协议的管辖区域设立的外国组织机构，均被允许在俄罗斯的存管机构开立下列外国代名人账户：

•外国名义持有人账户（如果该外国组织机构在其本国法律项下有权登记和转让对证券的权利）。

•外国授权持有人账户（如果该外国组织机构在其本国法律项下有权以自己的名义代表其他人行事）。这也适用于经纪人。

此外，用以代表俄罗斯证券的外国证券（如存托凭证）的发行人（存托银行）可以在俄罗斯的存管机构开立存托计划专用账户，而这些存管机构则须在中央存管机构开立代名人账户。此外，存托银行必须根据需要临时披露存托凭证的持有人，以便行使附于相关股份的表决权并获付股息。

## （二十一）哪些法律规范交易组织者、证券交易所和结算机构的活动

按根据2011年11月21日颁布的《关于有组织交易的第325—FZ号联邦法律》（《关于有组织交易的法律》），交易组织者是指依照俄罗斯银行所发的证券交易所或交易系统牌照直接为金融市场和商品市场上的交易达成提供便利的法人实体。俄罗斯银行就证券的上市和退市对交易组织者规定了最低要求。《关于有组织交易的法律》要求交易组织者向任何利益相关方披露交易规则、年度报告、组织构成文件以及与交易有关的其他

信息。

莫斯科证券交易所（MoEX）是俄罗斯主要的证券交易所，既进行债务工具的交易，亦进行权益工具的交易。2011年12月，俄罗斯第二大证券交易所俄罗斯交易系统与 MoEX（前称莫斯科银行间外汇交易所 MICEX）合并。

根据2011年2月7日颁布的《关于结算和结算活动的第7－FZ号联邦法律》，结算机构是指经俄罗斯银行许可而进行证券交易结算的法律实体。通常，结算机构会与证券交易所密切合作。

## （二十二）俄罗斯银行作为证券市场监管机构的主要权力和职能是什么

作为证券市场监管机构，俄罗斯银行的主要职能包括：对证券市场专业参与者和银行进行发牌许可和监督；对自律组织进行授权；对证券发行和募集说明书进行注册并审批发行标准；批准在俄罗斯联邦境外发行证券；管控内幕信息的利用。

俄罗斯银行有权对违反证券市场法规的证券市场专业参与者采取某些行动。该等措施包括暂扣和吊销证照、采取强制执行行动和提起刑事诉讼。

此外，俄罗斯银行还有权对违反《证券法》的法律实体或个人企业处以罚款。针对发行人采取的任何行动（例如宣告发行无效）必须通过法院进行。因此，对于违反《证券法》的行为，最终管辖权属于法院。

由国家和市政当局实施的证券发行不在俄罗斯银行的监管范围之内，应由财政部监管。

## （二十三）设立"自律组织"的目的是什么

2015年7月13日颁布的《关于金融市场的自律组织以及修订〈关于

修订若干法律的联邦法律〉第 2 条和第 6 条的第 223 – FZ 号联邦法律》（以下简称《自律组织法》）大大充实了用以规范俄罗斯自律组织活动的监管框架。

根据《自律组织法》，自律组织是指为了实现下述目的而设立并按照非营利组织的运作原则进行运作的自主性金融机构协会。由其制定专业活动的标准，对其成员遵守该等标准的情况进行监控，发展俄罗斯的金融市场，以及打造能使俄罗斯金融体系得以有效运作并确保其稳定性的架构。

《自律组织法》还规定，证券市场专业参与者有义务加入一个专门在其业务活动所属领域开展工作的自律组织。只有非营利组织才能获得自律组织的地位，该地位的获得是在俄罗斯银行将其纳入自律机构统一登记册时发生的。自律组织必须遵守下列要求：

·在俄罗斯开展某类受监管活动的金融市场专业参与者（如经纪人、交易商、证券登记机构）中，至少有 26% 应是自律组织的成员。

·必须制定符合《自律组织法》的行为准则。

·有义务根据《自律组织法》建立管理机构和其他若干机构。

·其首席执行官（CEO）应符合《自律组织法》的具体要求。

自律组织可以包括从事不同类型的受监管活动的证券市场专业参与者，但前提是，就每一类受监管的活动而言，上述第 1 项中的要求应得到遵守。一般来说，一个金融市场专业参与者只能是一个专门在该参与者业务活动所属领域开展工作的自律组织的成员。然而，如果某一专业参与者在金融市场上开展多种业务活动，则其有权参加多个属于不同专业领域的自律组织。

《自律组织法》允许自律组织中存在准成员，这就意味着，一个准成员有权以顾问的身份参加该自律组织，并参加工作组和委员会，除非该等成员另行同意，否则不受该自律组织的监督。

自律组织的章程应当明确地允许准成员的存在，并可规定准成员所应遵守的规范。

### （二十四）购买俄罗斯公共股份公司的大量有表决权股份时应遵守哪些要求

根据《股份公司法》，如果某人打算购买某一公开 JSC 超过 30% 的有表决权股份（包括其关联方拥有的股份），则该人应向该公开 JSC 的股东发出购买其股份的要约（自愿要约）。如果某一股东与其关联方一起收购某一公开 JSC 超过 30%、50% 或 75% 的有表决权股份，则该股东必须发出收购其余股份的要约（强制要约）。此外，《股份公司法》还对该等强制要约和自愿要约的条款、形式和内容作出了一般性的要求。同时，该法还对拟购股份的价格确定规定了若干限制。

根据《股份公司法》，因强制要约或自愿要约而已取得某一公开 JSC 超过 95% 的表决权股份的股东，有义务购买该公司的其余股份以及可转换为该等股份的证券。而且，小股东有权要求该股东购买其股份。

### （二十五）对于俄罗斯海外上市公司股份的海外配售和流通有什么要求

从 2015 年 4 月起，一家俄罗斯公司在其境外配售的股份总数不应超过该公司发行在外的同类股份的 25%。

此外，在一家俄罗斯公司拟予配售的新发行股份或现有股份中，至少应有 50% 的股份应在俄罗斯境内配售。

俄罗斯公司必须向俄罗斯银行提交申请，以获得其对在俄罗斯联邦境外配售股份的许可。俄罗斯银行有权批准拟议的配售，亦有权在有关的俄罗斯发行人不符合关于拟予配售的股份数量的上述要求的情况下拒绝予以批准。

配售结束后,有关发行人有义务向俄罗斯银行提交一份关于配售结果的通知。该等通知必须在下列日期起的30天内提交:

·配售完成之日。

·俄罗斯银行作出同意之日起满一年之日。

·发售期限届满之日。

除其他信息外,关于配售结果的该等通知还须载有下列信息:

·在俄罗斯境内和境外提供购买的证券数量。

·在俄罗斯境内和境外发售证券的持续时间。

·对在俄罗斯境内和境外的配售提供便利条件的组织机构的信息。

·在俄罗斯境内和境外购买的证券数量。

这些要求旨在维持俄罗斯发行人在国内金融市场上的清偿能力,并限制外商对某些战略性行业的投资。

## (二十六)衍生品交易在俄罗斯是否获得民事法律的认可

根据2007年2月出台的《民法典》修正案,基于"交易一方或多方在商品价格、证券价格、外汇汇率、利率、通胀水平或者根据该等指标综合计算的参数发生变化的情况下,或者在发生了法律规定的不知是否会发生的其他情形的情况下支付钱款的义务"而提出的权利主张受到法院的保护,但前提是交易的其中一方持有银行业务经营许可证或者证券市场专业参与者许可证。自该修正案出台后,已有多个法院判例对无交割的衍生品交易提供司法保护。

此外,根据2007年之前处理这一问题的法院惯例,具有经济目的的交易,即使这些交易不存在占有转移性质,也得到了法院的保护。

一直以来，有观点认为这些规定也适用于交易双方选择外国法律的情形。通常来说，交易包含某一涉外因素的情形，如交易一方不是俄罗斯人则可能出现这种情形。不过，我们认为这一观点有待商榷。

### （二十七）对俄罗斯证券市场上的衍生品有怎样的监管规定

以保护净额结算[①]的计划为背景，《证券法》于2010年1月作出了修订，以规范俄罗斯和外国衍生工具的交易。尤其是该法现在解决了在俄罗斯境内交易场内和场外衍生品、指定由所谓的合格投资者进行交易的衍生工具和外国衍生工具（即根据外国法律签订的衍生品合约）的问题。

根据相关立法，衍生工具只能向合格投资者发售。在进行跨境交易的情况下，目前尚不清楚对违反新规则的行为到底会有什么样的制裁。具体而言，现在尚不清楚违反该等规则的合约是否会被视为无效，提供此种合约的当事方是否会因进行不被允许的活动而面临制裁。

### （二十八）俄罗斯市场上是否存在等同于国际掉期与衍生品协会（ISDA）主协议的协议

2008年5月，俄罗斯全国证券市场同业公会（NAUFOR）、NVA和俄罗斯银行协会这三家协会要求一家律师事务所制定达成衍生品交易的标准。在此基础上编写的合约在2011年再次经过讨论和审查，最终得到了俄罗斯联邦金融市场服务管理局（通常称为俄罗斯ISDA或RISDA）的批准。

### （二十九）对债权的净额结算有哪些要求

在破产的情况下对债权等求偿权进行抵扣一般是不可能的，而且在破

---

[①] 译者注：指支付系统将在一定时点上收到的各金融机构的转账金额总数减去发出的转账金额总数，得出净余额。

产前的 6 个月内的这种抵扣也可能引起质疑。即便提出充分的反对理由，一般认为这一禁止性规定也仍然适用于净额结算。

《证券法》允许对合同债权进行净额结算（包括在其中一个当事方破产的过程中），但前提是，交易是在合格的交易双方之间达成的，并按合格的主协议记录在案，且其信息已提供给一家存管机构。合格的跨境主协议包括由国际掉期与衍生品协会、国际证券市场协会（ISMA）编制的此等协议。

## （三十）存管机构的职责

根据《证券法》的规定，存管机构负责收集、记录、处理和保存关于场外回购和衍生品交易的信息，并依照俄罗斯银行授予的许可管理此类交易的登记册。证券交易所、结算机构、结算存管机构和中央存管机构可以作为存管机构行事。

下列法律实体必须提交关于其场外回购和衍生品交易的信息：

·信贷机构。

·经纪人。

·交易商。

·信托管理人。

·存管机构。

·证券登记机构。

·非政府养老基金。

·投资基金、共同投资基金、非政府养老基金的管理公司。

·股份制投资基金。

·交易组织者。

·结算机构。

·保险公司。

不在上述名单中的法律实体必须提交其与不在上述名单中的交易对手进行的场外回购和衍生品交易的信息，但这仅限于下列情形：

·在该交易达成之日，该交易产生的债务金额超过了 10 亿俄罗斯卢布或等值外币。

·在连续三个月（"计算期"）的每月最后一天，该等交易产生的债务总额超过了 100 亿俄罗斯卢布或等值外币（"起点金额"）。

·该等交易是在已达到起点金额的计算期之后的那个月份达成的。

## （三十一）何种信息被界定为内幕信息

根据 2010 年 6 月 27 日颁布的《关于打击非法利用内幕信息和市场操纵的第 224–FZ 号联邦法律》（以下简称《内幕信息法》），内幕信息被定义为一旦披露就可能对金融工具、外汇和/或商品的价格产生重要影响并且已被纳入内幕信息清单的确切和具体信息。

## （三十二）哪些人是内部人员

内部人员具体如下：

·发行人和管理公司。

·垄断部门。

·顾问和交易对手。

·大股东。

·交易组织者、进行交易结算的结算机构和其他机构。

·证券市场专业参与者。

·公司管理机构成员。

·政府机构/官员。

·新闻机构。

·评级机构。

·参与以自愿性、强制性或竞争性收购要约收购股份之人。

·员工。

·由于向发行人、管理公司、垄断部门、证券市场专业参与者、交易组织者、进行交易结算的结算机构和其他机构提供专业服务而接触内幕信息之人（包括审计师、银行、保险公司）。

### （三十三）内部人员有哪些义务

《内幕信息法》要求内部人员遵守下列要求（除了其他要求外）：

·掌握内部人员名单。

·通知被列入内部人员名单之人其已被列入该名单或被移出该名单，以及向其告知《内幕信息法》的要求。

·将内部人员名单传送给通过其进行交易的交易组织者。

·应俄罗斯中央银行的要求向其提供内部人员名单。

·批准其自身的内幕信息清单（不适用于身为顾问、承包商、员工和管理机构成员的内部人员）。

·将内幕信息所涉及的金融工具、证券、货币和商品交易通知俄罗斯中央银行。

### （三十四）违反《内幕信息法》的行为会受到什么处罚

俄罗斯中央银行负责监督《内幕信息法》的遵守情况。违反《内幕信息法》规定的，可能会承担民事、行政或刑事责任。对违反俄罗斯货币管制规定的行政处罚包括各种罚款，该等罚款的对象可以是个人、法律实体和公司高管。其他制裁措施包括吊销证照（主要适用于银行和证券市场专业参与者）和监禁。

违反《内幕信息法》的行为包括非法利用内幕信息。该法规定对个人处以最高可达 5000 卢布的行政罚款，对公司高管处以最高可达 5 万卢布的行政罚款，或者取消其高管资格，取消时间最长可达 2 年。对法律实体所处的罚款为 70 万卢布以及它们通过利用内幕信息而避免的损失或者实际收入与不利用内幕信息所能获得的收入之间的差额（以前述三者中金额较高者为准）。如果通过利用内幕信息而避免的损失或者获得的收入超过了 375 万卢布，则个人可能会被追究刑事责任。

此外，未能披露内幕信息或者未能制定措施防止利用内幕信息的情形，将会导致法律实体被处以高达 70 万卢布的罚款，也会导致公司高管被处以高达 3 万卢布的罚款或者取消资格长达 1 年的处罚。

如果未能掌握内部人员名单并予以通知，则可能会导致法律实体被处以最高 50 万卢布的罚款，导致公司高管被处以最高 3 万卢布的罚款。

如果未将内部信息所涉及的金融工具、证券、货币和商品交易通知俄罗斯中央银行，那么，对个人的罚款可能会最高达 5000 卢布，对公司高管的罚款可能会最高达 3 万卢布，而对法律实体的罚款可能会最高达 50 万卢布。

# 六、竞争保护法

## （一）概述

**1. 俄罗斯用于保护竞争的法律框架是什么**

俄罗斯的反垄断事宜主要由 2006 年 7 月 26 日颁布的《关于保护竞争的联邦法律》（以下简称《竞争法》）予以规范，由联邦反垄断局主管。

《竞争法》具有域外效力，同样适用于在俄罗斯境外订立但影响俄罗斯境内竞争的协议以及在俄罗斯境外采取的影响到其境内竞争的行动，其中包括由非俄罗斯人订立的该等协议和采取的该等行动。《竞争法》并不适用于俄罗斯作为成员国之一的欧亚经济联盟范围内的所谓跨境市场上订立的协议和采取的行为，所谓跨境市场应至少涉及欧亚经济联盟的两个成员国，而该等协议和行为受欧亚经济委员会（系欧亚经济联盟所设的一个超国家机构）的管辖。

**2. 《竞争法》解决哪些问题**

《竞争法》和相关立法涉及与外国投资者相关的问题：

· 滥用市场支配地位的行为。
· 公司之间的反竞争协议和协同行为。
· 公司与政府机构之间的反竞争协议。
· 关于政府机构、政府企业和私营公司进行的采购招标的条件要求。
· 关于转让国有财产的条件要求。
· 国家援助。
· 公司的设立。
· 并购。
· 不正当竞争行为或广告宣传。

## （二）滥用市场支配地位的行为

**1. 在何种情况下公司会被视为具有市场支配地位**

在认定某一实体是否具有市场支配地位时，需对各种各样的因素作出复杂的评估，其中最重要的因素是对某一市场以及该实体所占市场份额的界定。在确定市场份额时，反垄断局通常会对由有关实体组成的整个集团（包括基于共同控股权、合同上的或者其他事实上的管理控制权而联系在一起的所有人和法律实体）进行审视，而不是孤立地审视某一实体本身是否具有支配地位。

如果某一实体所占的市场份额超过了50%，则被推定其具有市场支配地位。市场份额在35%到50%之间的实体是否被认定为具有市场支配地位由反垄断局确定。对于市场份额不超过35%的实体，则推定其不具有市场支配地位。但具有共同支配地位者不在此例。

某些行业适用不同的（较低）门槛。例如，反垄断局按照俄罗斯政府（就信贷机构而言，与俄罗斯中央银行一起）设定的标准来认定某一金融机构是否具有支配地位。在俄罗斯联邦的任何单一市场上所占的份额不超过10%或者在某一商品市场上所占的份额不超过20%（如果有关商品亦在俄罗斯联邦的其他商品市场上流通）的金融机构应该被认定为不具有支配地位。

**2. 多家公司能否同时具有支配地位**

《竞争法》还采用了"共同支配"的概念。如果达到了下列所有标准，即被视为存在"共同支配"的情形：

· 数量不超过三家的公司所占的市场份额总和超过了50%，或者数量不超过五家的公司所占的市场份额总和超过了70%，但前提条件是，每一个该等公司的份额至少达到8%，并同时超过了其他市场主体各自占有的份额。

· 在很长一段时间内（至少一年），活跃在相关市场上的公司所占的份额趋于稳定或者波动不大，而且其他市场主体在市场进入方面存在障碍。

· 该等公司出售或购买的货物无法被替代，在需求减少的情况下价格反而出现不相称的上涨，而且关于出售或购买该等货物的价格和条款的信息是公开的。

**3. 对具有支配地位的实体有哪些限制**

对于具有支配地位的实体而言，《竞争法》禁止可能会导致限制竞争或者侵犯其他经济利益体或非特定消费者群体（包括购买货物和服务的法律实体和个人）的个人利益的任何作为和不作为，尤其是下列行为：

·设定或维持垄断性的高价或低价。

·囤积居奇。

·设定歧视性的条件，即使一个或多个商业实体在进入特定货物的市场方面与其他实体相比处于不平等地位的条件。

·在没有正当理由的情况下施加对另一方不利的或者与合同标的无关的合同条款。

·为盈利目的停止或减少生产存在消费需求的货物。

·在可以向客户提供货物的情况下，无正当理由地拒绝与特定客户签订合同。

·在没有正当理由的情况下为相同的货物设定不同的价格

·给其他商业实体设置进入或退出市场的障碍。

·违反法律确定的定价规则。

·操纵电力批发或零售市场的价格。

但是，如果具有市场支配地位的实体能够证明，依照《竞争法》规定的标准，上述某一活动的正面效果超过了负面后果，则可以被允许。

**4. 与市场支配地位相关的限制是否存在豁免情形**

禁止滥用市场支配地位的规定并不适用于知识产权的行使。不过，对此项豁免往往会作狭义的解释。

为了防止市场支配地位的滥用，俄罗斯政府可以针对在相关市场占有超过70%的份额且不作为自然垄断者来经营的具有市场支配地位的实体制订强制性的商业行为规则。该等规则应与反垄断局针对之前滥用市场支配地位的行为给出的责任认定保持一致，其中可以规定多种条件，包括公开下列各项信息：①相关市场上的货物供应情况；②在供应量有限的情况下比其他用户优先得到供应的用户的完整名单；③供应协议的重要条款。

### （三）反竞争协议、协同行为以及国家机构限制竞争的行为

#### 1. 竞争对手之间禁止签订什么样的协议

"竞争对手"一词不仅涵盖在同一市场上供应货物的实体，而且还涵盖在同一市场上购买货物的实体。

《竞争法》明确禁止卡特尔，即竞争对手之间订立的导致或可能导致下列结果的协议：

- 设定或维持价格、折扣、奖金或附加费。
- 提高或降低价格，或者在招标中操纵价格。
- 按地域、销售量/购买量、特定分类或者卖家/买家的范围来瓜分市场。
- 拒绝与特定的卖家或客户进行商业往来。
- 停止或减少货物生产。

#### 2. 非竞争对手之间禁止签订什么样的协议

《竞争法》还明确禁止订立纵向协议，即在供应链中处于不同环节的上下游公司所签订的具有下列效果的协议：①导致转售价格的固定，但设定最高转售价格的情形除外；②对买方提出不销售某一竞争对手的产品的义务性要求，买方组织的销售活动利用了制造商或供应商的商标或其他个性化手段的不在禁止之列。

《竞争法》还明确禁止电力批发或零售市场以及商业或技术基础设施市场上的经济实体订立导致操纵电力批发或零售市场的价格的协议。

《竞争法》还禁止经济实体间订立导致或可能导致限制竞争（通过市场分析来认定）的所有其他协议。此种协议包括对交易对手施加不利条

件、在无客观正当理由的情况下为相同的货物设定不同的价格、给进入或退出某一特定市场的第三方设置障碍以及设置参加专业协会或其他协会的条件的协议。

**3. 在没有订立任何协议，而相关公司都遵照某一第三方的指示行事的情况下又当如何**

《竞争法》禁止经济实体进行将实际导致特定法定结果的"经济协调行为"。此等协调指，由既不同属于某一集团，又不是市场主体的第三方来指导经济主体的行为。按照纵向协议采取的行为不被视作对经济活动的协调。禁止出现的后果有：①设定或维持价格、折扣、奖金或附加费；②提高或降低价格，或者在招标中操纵价格；③按地域、销售量或购买量、特定分类或卖家或买家列队来瓜分市场；④拒绝与特定的卖家或买家进行交易；⑤停止或减少商品的生产；⑥固定转售价格，但设定最高转售价格的情形除外；⑦施加不销售某一竞争对手的产品的义务（除非该等义务是由买方因相应制造商或供应商的商标或其他使商品具有显著特征的手段造成的）。

**4. 上述禁止是否存在豁免情形**

《竞争法》规定了免于适用上述限制的若干情形，具体如下：

·《竞争法》允许属于下列情形的纵向协议：①是由在协议所涉及的产品市场上各自具有的份额都等于或少于20%的经济实体间订立的；②属于以书面形式订立的商业特许（特许经营）协议。

·除了卡特尔之外，如果能够证明某一协议符合下列要求，则该协议可能会被视为属于允许之列：①该协议并不导致排除竞争或者对订约方或第三方施加过度的限制；②依照《竞争法》规定的标准，该协议的正面效果（包括社会经济效果）超过了负面后果。

·即便从技术上看似是卡特尔的合营协议，如符合下列要求，则可被列为允许之列：①该协议不导致排除竞争或者对第三方施加任何限制；②依照《竞争法》规定的标准，该协议的正面效果（包括社会经济效果）超过了负面后果。实际上，如果合营协议已获得反垄断局的事先批准，则不得被视为卡特尔。

·某些协议如果是由同一集团内的公司签订的，而且协议的任何一方控制着另一方，或受另一方控制，或与另一方受到共同控制，则该等协议免于适用上述所有限制。控制在此的含义是指某个人或实体通过在另一实体中拥有超过50%的有表决权股份或者履行该实体执行机构的职能而有能力直接或间接决定该实体的决策。

·知识产权转让协议免于适用上述所有限制。

此外，俄罗斯政府业已规定了一般性豁免条件同时还在一些特定领域（如信贷和保险机构）的特殊性豁免条件。并规定了使纵向协议自动归入被允许豁免之列的若干条件，以及使协议能够获得豁免的必要条件。

**5. 在没有订立任何协议但相关公司相互仿效对方行为的情况下又当如何**

《竞争法》明确禁止同一市场上的竞争对手实施将会导致下列结果的"协同行为"：

·设定或维持价格、折扣、付款奖励或附加费。

·提高或降低价格，或者在招标中操纵价格。

·按地域、销售量或购买量、适销货物的范围，以及卖家或买家的划分来瓜分市场。

·拒绝与特定的卖家或买家进行交易，除非该等拒绝以联邦法律的规定为依据。

·停止或减少货物生产。

在《竞争法》中，"协同行为"被定义为经济实体在不达成任何协议的情况下实施的符合下列标准的行为：①该等行为的结果使参与该等行为的每个经济实体获利；②由于参与协同行为的某一经济实体作出的公开宣示，每个经济实体都知悉该等行为；③每个经济实体的行为都是基于其他经济实体的行为，而不是由同样影响市场上的所有经济实体的情形导致的。

《竞争法》还禁止电力批发和零售市场以及商业或技术基础设施市场上的经济实体实施将会导致操纵电力批发和/或零售市场上价格的协同行为。

《竞争法》普遍禁止竞争对手之间导致限制竞争的协同行为，包括给交易对手设置不利条件，在没有经济或技术方面的正当理由的情况下为相同的货物设定不同的价格，或者给想要进入或退出某一特定市场的第三方设置障碍。

### 6. 上述禁止是否存在豁免情形

某些协同行为可能会被纳入允许之列，但前提条件是能够证明，依照《竞争法》规定的标准，该行为的正面效果（包括社会经济效果）超过了负面后果。

上述禁止不适用于下列协同行为：①由合计市场份额不超过20%、个体市场份额低于8%的多人（包括自然人和法人）采取的；②在同一公司集团之内采取的（如果其中一个参与者控制着协同行为的另一参与者或者与之受到共同控制）。

### 7. 与国家机构签订的协议是否有可能违反《竞争法》

《竞争法》还规定了适用于国家机构的行为以及与国家机构或者履行国家职能或提供国家服务的第三方签订的协议的若干限制（如果该等行为或协议实际导致或者可能会导致对竞争的限制）。

《竞争法》明确禁止下列各项：①与设立法律实体有关的限制；②对俄罗斯境内货物流动的限制或者对货物出售、购买或交换的其他限制；③对选择供应商的权利的限制；④违反规定程序给予国家优惠的措施；⑤歧视性的条件。

### （四） 招标和报价要求

#### 1. 采购招标中禁止哪些行为

《竞争法》列明了在招标（包括政府招标）、要求报价和招标的过程中禁止实施的实际导致或者可能会导致限制竞争的行为。该等行为包括为参与投标设定优先条件、违反程序确定中标者以及对参加投标施加限制。此外，在进行政府采购招标或寻求报价时，禁止通过把在技术和功能上与作为招标标的之产品、服务和工艺不同的产品纳入任何标段的招标范围的方式限制竞争。

《竞争法》明确禁止作为一方的采购实体或招标组织者与作为另一方的投标者签订以限制竞争为目的或者具有限制竞争的效果的协议。

#### 2. 除《竞争法》外，是否还存在适用于采购招标的特别规定

除了《竞争法》之外，《关于采购国家和地方所需的货物、工程和服务的合同制度的第 44－FZ 号联邦法律》对政府采购招标和寻价规定了详细具体的要求。《关于若干类型的法律实体采购货物、工程和服务的第 223－FZ 号联邦法律》对由国有公司和国家控股公司组织的招标作出了特别规定。最后，为转让国家财产而进行的招标亦采用与公开采购招标类似的特别程序。

### （五） 国家援助

#### 1. 何谓国家援助

《竞争法》将国家（或地方）援助定义为向某一经济实体授予超过其他市场参与者的某些特权，以转让财产和（或）民事权利、提供优惠或国家（或地方）担保的方式确保该实体在相关市场上的活动能够享受更有利

的条件。

### 2. 启动国家援助的程序是什么

除了《竞争法》规定的少数例外情形外，国家（或地方）的援助须经反垄断局以书面形式预先作出批准，并限于如下范围：

· 确保向生活在北极地区和同等地区的居民提供必不可少的服务。

· 发展科学和教育。

· 开展基础科学研究。

· 保护环境。

· 开发和保护文化遗产。

· 发展体育和体育文化。

· 农业生产。

· 国防与国家安全。

· 为民众提供社会服务。

· 健康和劳动保护。

· 向中小企业提供支持。

为了提供国家（或地方）援助，打算提供援助的机构必须向反垄断局提交申请书和证明文件（包括写明援助目标和金额的援助计划草案，列明在向反垄断局提交申请之日前两年内受益人经营活动的清单，以及《竞争法》要求提供的其他信息资料），以供反垄断局审批。

反垄断局应在申请人提交完整申请之日后的一个月内对申请作出裁定，但若其认为该项国家（或地方）援助可能会限制竞争，则其可将审查期限延长至两个月。

## （六）并购管制

### 1. 哪些交易会受到并购管制

《竞争法》规定，任何一项交易只要达到特定的门槛并涉及下列任何一项，即受到国家管制：

·位于俄罗斯境内的重要生产性（固定）资产或无形资产。

·俄罗斯商业或非商业法律实体的有表决权股份、参与权益或权利。

·在交易的前一年内向俄罗斯联邦供应价值超过 10 亿俄罗斯卢布的货物的外国公司中的有表决权股份、参与权益或权利。

·竞争对手之间在俄罗斯境内设立的合营企业。

·俄罗斯金融机构的资产。

除上述并购管制规则外，还有适用于外商投资的若干要求，包括对拟议交易的事先批准。这些要求出自《关于在对国防和国家安全具有重要战略意义的公司中进行外商投资的程序的第 57 – FZ 号联邦法律》，该法对外国投资者或内有外国投资者的"集团"取得俄罗斯战略性公司的控制权的交易进行规范。这些要求在本书"促进外商对俄罗斯的投资"的部分中有更为详细的描述。

### 2. 公司的设立在什么情况下会受到并购管制

如果一家新公司（不论是俄罗斯公司还是外国公司）的注册资本是以某一俄罗斯法律实体的股份或财产缴付，而且该新公司将通过这种缴付方式取得某一俄罗斯股份公司超过 25%、50%、75% 的股份，或者取得某一俄罗斯有限责任公司超过三分之一、二分之一、三分之二的参与份额，或者取得另一法律实体位于俄罗斯境内的重要生产性（固定）资产或无形资产（不包括大多数类型的建筑物和地块）中超过 20% 的部分，而且达到了《竞争法》规定的门槛，则公司创立人必须在设立新公司之前取得反垄断局的同意。

根据《竞争法》规定的具体条件，如果拟设立公司的注册资本是用某一俄罗斯金融机构的股份或财产缴付，则该公司的设立可能要受限于反垄断局的强制申报要求。相关申报须在新公司设立之前作出。

### 3. 公司合并在什么情况下会受限于并购管制

有下述情形之一的，法律实体（金融机构除外）的合并或兼并合并须经反垄断局事先批准：该等实体及其"集团"其他成员的资产总值超过了70亿卢布，或者该等实体及其"集团"其他成员在上一个日历年度的销售总额超过了100亿卢布。获得该等批准的程序与用于收购的程序相似。

涉及金融机构的合并或兼并的门槛由俄罗斯政府根据所涉金融机构的类型予以确定。

只要符合一定的条件，集团内的合并或兼并可免于向反垄断局申请的事先批准，但是，根据若干额外要求（详见下文），少数此类交易可能需在交易后向反垄断局报请备案。

符合以下条件者即构成"集团"：

·一家公司（合伙企业）与某一个人或法律实体［如果该个人或法律实体由于对该公司（合伙企业）的参与或者根据从其他人那里获得的授权（包括基于书面协议）在该公司（合伙企业）注册资本的有表决权股份或参与权益所拥有的表决权总数中占有超过50%的比例］。

·一个法律实体与某一个人或法律实体（如果该个人或后一个法律实体行使前一个法律实体的唯一执行机构的职能）。

·一家公司（合伙企业）与某一个人或法律实体［如果该个人或法律实体依照该公司（合伙企业）的组织文件或与该公司（合伙企业）订立的合同有权向该公司（合伙企业）作出强制性的指令］。

·相同个人构成其管理委员会或董事会（监事会、基金理事会）的过半数成员的两个或多个法律实体。

·一家公司与某一个人或法律实体（如果该公司的唯一执行机构是按该个人或法律实体的提议委任的）。

·一家公司与某一个人或法律实体（如果该公司管理委员会或董事会的过半数成员是按该个人或法律实体的提议选出的）。

·某一个人与其配偶、父母（包括养父母）、子女（包括养子女）、兄弟姐妹以及同父异母或同母异父的兄弟姐妹。

·由于上述任何原因与同一人同属一个集团的人，以及由于上述任何原因与该等每个人同属一个集团的其他人。

·一家公司（合伙）与两个或多个个人或法律实体［如果该等个人或法律实体（由于上述任何原因）同属一个"集团"］。同时，该等个人或法律实体［不论是由于对该公司（合伙）的参与还是根据从其他人那里获得的授权共同在该公司（合伙）注册资本的有表决权股份（参与权益）所拥有的表决权总数中占有超过50%的比例］。

**4. 收购俄罗斯公司的股份或参与权益在什么情况下会受限于并购管制**

当某一个人、法律实体或"集团"收购某一俄罗斯股份公司超过25%、50%、75%的有表决权股份或者收购某一俄罗斯有限责任公司超过三分之一、二分之一、三分之二的参与份额时，如有下列情形之一，则该个人、实体或集团必须获得反垄断局的事先批准：

·收购方及其"集团"的其他成员以及目标公司及其"集团"的其他成员的资产账面总值超过70亿卢布，而且，目标公司及其集团的其他成员的总资产的账面价值超过了2.5亿卢布。

·收购方及其"集团"的其他成员以及目标公司及其"集团"的其他成员在上一个日历年度的销售总额超过了100亿卢布，而且，目标公司及其集团的其他成员的总资产在资产负债表上的价值超过了2.5亿卢布。

**5. 收购位于俄罗斯境内的资产在什么情况下会受到并购管制**

当某一个人、法律实体或"集团"收购一家俄罗斯实体或外国实体位于俄罗斯境内的重要生产性（固定）资产或无形资产的所有权或使用权时

（《竞争法》规定的若干例外情形除外），如果所收购的资产在转让实体的重要生产性（固定）资产和无形资产的账面总值中占比超过了20%，那么，如有下列情形之一，则参与收购交易的该个人、实体或集团必须获得反垄断局的事先批准：

·收购方及其"集团"其他成员加上目标公司及其"集团"其他成员的资产账面总值超过70亿俄罗斯卢布，而且，目标公司及其集团其他成员的总资产的账面价值超过了2.5亿俄罗斯卢布。

·收购方及其"集团"其他成员加上目标公司及其"集团"其他成员在上一个日历年度的销售总额超过了100亿俄罗斯卢布，而且，目标公司及其集团其他成员的总资产的账面价值超过了2.5亿俄罗斯卢布。

就上述计算统计的目的而言，某一实体所要转让的重要生产性（固定）资产或无形资产不应包括地块和非工业楼宇、建筑物、场所或其部分，亦不应包括尚未完工的建设工程项目。

**6. 收购俄罗斯公司的权益在什么情况下会受到并购管制**

当某一个体、法律实体或"集团"收购使之能够决定目标公司的商业行为的权利（包括由于俄罗斯目标公司的间接控制权发生变更）或者履行其执行机构的职能的权利时，如有下列情形之一，则该个人、实体或集团必须获得反垄断局的事先批准：

·收购方及其"集团"的其他成员加上目标公司及其"集团"的其他成员的资产账面总值超过70亿卢布，而且，目标公司及其集团其他成员的总资产的账面价值超过了2.5亿卢布。

·收购方及其"集团"的其他成员加上目标公司及其"集团"的其他成员在上一个日历年度销售总额超过了100亿卢布，而且，目标公司及其集团的其他成员的总资产的账面价值超过了2.5亿卢布。

**7. 在俄罗斯境外进行的兼并或收购是否会受限于并购管制**

当某一个体、法律实体或"集团"收购一家在俄罗斯境外注册成立的法律实体超过50%的有表决权股份又或其任何控制权又或者履行其执行机构的职能的权利时，如有下列情形之一，则收购方必须获得反垄断局的事先批准：

·作为目标公司的该外国法律实体控制着一家俄罗斯子公司，或者在交易的前一年内向俄罗斯联邦供应了价值超过10亿卢布的货物。

·收购方及其"集团"其他成员以及目标公司及其"集团"其他成员的资产账面总值超过70亿卢布，而且，目标公司及其集团其他成员的总资产的账面价值超过了2.5亿卢布。

·收购方及其"集团"其他成员以及目标公司及其"集团"其他成员在上一个日历年度的销售总额超过了100亿卢布，而且，目标公司及其集团其他成员的总资产的账面价值超过了2.5亿卢布。

### 8. 合营项目在什么情况下会受到并购管制

当竞争对手之间签订关于在俄罗斯开展联合活动（包括合营、共同营销、共同促销等）的协议时，如有下列情形之一，则其必须获得反垄断局的事先批准：

·协议方及其"集团"的其他成员的资产账面总值超过了70亿卢布。

·协议方及其"集团"其他成员在上一个日历年度的销售总额超过了100亿卢布。

### 9. 如何计算用于并购管制目的的门槛金额

在确定资产和收入价值的门槛时，反垄断局不仅会考虑收购方和目标公司或者协议方，而且还会考虑收购人和目标公司或者协议方所在"集团"内的所有人，无论是个人还是法律实体。

### 10. 何谓"集团"

如果合并或收购发生在同一集团内通过持股超过50%以外的其他方式

（例如，通过管理控制、合同上的控制或者其他事实上的控制）而联系在一起的不同实体之间，则《竞争法》允许在交易后的 45 天内向反垄断局作申报备案，但前提条件是应在不晚于交易前一个月的时间向反垄断局呈报集团结构，而且集团结构只有到交易之后方可改变。

**11. 是否存在适用于特定的行业的特别的并购管制规则**

《竞争法》针对须在交易之前向反垄断局作出申报的前提下收购金融机构的权益、资产或权利的交易另行规定了条件和门槛；该等收购应会得到逐案处理。

**12. 并购管制程序是怎么样的**

如果反垄断局认定某一公司的设立或者某一兼并或收购交易可能会限制竞争或者强化支配地位，则可要求其提供额外的信息和材料。此外，反垄断局还可要求当事方采取措施来确保竞争。

在所有文件均提交后，反垄断局有 30 天的时间审查申请或备案材料。如果反垄断局认为交易可能会导致对竞争的限制，则审查期限可能会延长两个月，在此期间，反垄断局会在其官网上登载关于交易的信息，并邀请所有利益相关方对该交易发表意见。

## （七）不正当的竞争与广告宣传

俄罗斯禁止不正当竞争。除了执行关于不正当竞争的规则外，反垄断局还执行关于不正当广告的规则。一般说来，法律实体或个人的下列行为被视为不正当竞争：①目的是在商业活动中取得竞争优势；②违背了《竞争法》、商业习惯或者对于诚信、合理和公平的要求；③已经或者可能给参与竞争的其他法律实体造成损失或者损害其商业信誉。

具体而言，如果某一商业实体有下列任何情形，则其可能要承担不正当竞争的法律责任：

·传播可能会给其他商业实体造成损失或者损害其商业信誉的虚假、不准确或歪曲的信息。

·在商品的性质、生产方法和地点以及消费者特征和质量方面误导消费者。

·对另一商业实体生产或销售的货物与其他商业实体的商品作出不正确的比较。

·销售商品时非法使用他人用以识别某一商业实体、产品或服务的知识产权或个性化标识手段，如商标、标识和知识产权的其他客体。

·与竞争对手的业务或产品进行混淆，或者发表贬损竞争对手的言论。

·在未经拥有信息的商业实体同意的情况下获取、使用或披露其商业、公务或其他秘密。

·以其他方式进行不正当竞争（例如利用他人的商业信誉）。

### （八）欧亚经济联盟的成员国之间是否订有特别的竞争规则

俄罗斯是《欧亚经济联盟协定》（以下简称《协定》）的缔约方之一，该协定于2014年5月29日签署，其他缔约方分别是白俄罗斯、哈萨克斯坦、亚美尼亚和吉尔吉斯斯坦。《协定》于2015年1月1日生效，涉及成员国的诸多法律，其中包括反垄断。欧亚经济委员会是处理反垄断事宜的主要执行机构。

《协定》规定的反垄断限止范围与《竞争法》规定的反垄断限止范围相似，其适用范围囊括了不正当竞争行为、滥用支配地位的行为、反竞争协议和协调经济活动的行为。与国家机构所签的反竞争协议、招标和询价以及公司的设立、兼并与收购均不在《协定》的适用范围之内。《协定》在适用于具体违规行为时所要符合的主要条件是该违规行为发生在跨境市场上。《协定》未对跨境市场作出任何明确定义,其含义预计将在日后以欧亚经济委员会的决定来确定。

欧亚经济委员会拥有与反垄断局类似的执行权,其中包括要求公司提供信息、立案调查反垄断案件和处以罚款的权力。此外,其还有权要求成员国的竞争主管机构进行反垄断检查并提供在检查中收集到的信息。

# 七、公司的合规性

## (一) 俄罗斯反贿赂法律的主要规定

### 1. 如何评价俄罗斯反贿赂法律及执法现状的总体状况

2013年1月1日,俄罗斯修订了其首部综合性反腐败法律《关于打击腐败法的第273号联邦法律》,要求公司加大措施预防腐败。具体地说,新的第13.3条要求所有组织制定并实施预防贿赂行为的措施。该条明确规定:

·指定专门部门、科室和高级职员负责预防贿赂和相关违法行为。

·与执法机构合作。

·制订并实施旨在确保商业行为合乎商业道德的标准和程序。

·通过适用于全体雇员的职业道德与行为守则。

·具备发现、预防和解决利益冲突的手段。

·预防虚假与篡改单据和文件的出现和使用。

俄罗斯劳动就业部与数家公共协会合作编写了法律实体如何采取上述措施的官方指南,并于2013年11月发布。该综合性指南从俄罗斯、国际与外国法律角度阐明了该法律框架内容,并包括实施第13.3条要求的实用建议。

俄罗斯监管框架的其他许多变化也促使国家机构加大力度打击腐败。

于 2012 年 12 月 3 日通过的《关于对国家公务人员收支关联进行监控的第 230 号联邦法律》，和后于 2013 年 5 月 7 日通过的联邦法律第 79 号，禁止公务人员（及其家庭成员）在俄罗斯境外拥有财产和银行账户资金。政府在 2013 年还发布了一系列决定，拟对公务人员的获利和所有权实施更为严格的申报程序。2014 年 1 月 9 日，俄罗斯政府就公务人员收到的礼品的申报、估价及公务人员可能回购礼品发布了决定，规定了详细的程序。

目前执法实践的加强主要包括对俄罗斯实体违反现行反腐败法律的起诉与法院审理的案件在增加。

过去几年反腐败深入的最明显标志是，对某些似乎影响了商业决定和程序的联邦和地区高级公务人员提起的标志性的反腐败起诉。这可能对总体商业环境具有重大影响，并可能要求企业在与公务人员的往来中有更高标准的透明度。

目前，俄罗斯对反腐败法律的调整将扩展到以某一法律实体的名义或为某一法律实体的利益而进行的主动公务和商业贿赂（《行政违法行为法》第 19.28 条），以涵盖所有为某一法律实体谋利而进行的贿赂。

俄罗斯在 2018 年将落实经济合作与发展组织的建议，对其反腐败法律作出进一步修订，包括加强关于外国贿赂行为的公司责任的法律，取消外国贿赂行为中的"实际悔罪"抗辩理由，对与外国贿赂行为相关的假账行为规定进一步的责任。[1] 该等修订预计将于 2018 年 3 月实施，如果俄罗斯届时不实施该等修订，经济合作与发展组织则将准备向俄罗斯派遣高级别代表团。[2]

---

[1] http：//www.oecd.org/daf/anti-bribery/Russia-Phase-2-Written-Follow-up-Report.pdf

[2] http：//www.oecd.org/corruption/russia-must-make-fighting-international-bribery-a-priority.htm

## （二）法律实体为腐败行为承担的责任

俄罗斯法律未规定法律实体的刑事责任。当法律实体被认定为对非法行为负有责任时，其通常承担行政责任，如行政罚款。

**1. 代表法律实体进行的主动公务和商业贿赂罪行的定义是什么**

《行政违法行为法典》第 19.28 条规定了法律实体对于下述行为应承担行政责任：任何人以该法律实体的名义或为了该法律实体的利益，为了任何有利于该法律实体利益的作为或不作为而向俄罗斯或外国公务人员、国际公共组织官员以及商业公司高级职员非法提供、提出或承诺任何有价物的行为。

俄罗斯公务人员、外国公务人员、国际公共组织官员以及在商业或其他组织中行使管理职能的人员的定义，与相应的刑事罪行所适用的定义相同（参见关于主动公务贿赂与主动和被动商业贿赂的部分）。

**2. 法律实体为避免承担责任可提出哪些抗辩**

对于俄罗斯境内的法律实体和个人而言，行政责任基于过错确定。《行政违法行为法典》第 2.1 条将法律实体的过错定义为未采取其能力范围内的一切措施以遵守法典要求。因此，法律实体可将其为了防止以其名义进行的贿赂行为所采取的措施作为抗辩理由。

近期的执法实践确认，法律实体如果能够证明其已采取一切合理措施预防腐败（包括联邦法律第 273 号《打击腐败法》第 13.3 条规定的措施），则其可不承担《行政违法行为法典》第 19.28 条规定的责任。

**3. 对违法行为的处罚是什么**

《行政违法行为法典》第 19.28 条项下规定的处罚各不相同，具体取决于非法报酬（贿赂额）的金额。100万卢布（约合17700美元)[①]以下的贿赂行为，其最低处罚为不超过贿赂金额三倍但不低于100万卢布的罚款。2000万卢布（约合353000美元）以上的贿赂行为，其最高处罚为不超过贿赂金额100倍但不低于1亿卢布（约合180万美元）的罚款。在所有情况下，贿赂款项或其等值金额应被没收。

不论参与行贿的具体个人承担何种责任，法律实体均可能被认定为须根据《行政违法行为法典》第19.28条承担责任。

**4. 第19.28条可适用于域外行为吗**

如果任何法律实体针对外国官员或国际公共组织官员实施贿赂，而且该违法行为旨在损害俄罗斯联邦利益或属于俄罗斯联邦订立的国际条约规定的情形，则俄罗斯机构对该等法律实体同样享有管辖权，除非该法律实体已在外国因同一行为被判承担刑事或行政责任。[②]

**5. 法律是否对法定承继人规定了责任**

根据《行政违法行为法典》第2.10条的规定，因公司重组、合并等行为继承其他法律实体权利的法律实体，须对其前身法律实体所犯的行政违法行为承担责任，无论该继承实体是否知晓该等行政违法行为。

## （三）腐败犯罪的主要类型

俄罗斯刑法禁止公私领域的一切主动和被动贿赂行为。

**1. 哪些行为是被禁止的主动贿赂公务人员的行为**

《刑法典》第291条禁止向俄罗斯公务人员、外国公务人员和国际公共组织官员提供贿赂。该条还包括通过中介人提供贿赂的情形以及按照公务人员的指示向另一个人或法律实体提供贿赂的情形。贿赂的形式可以是

---

[①] 本处及本章中其他处的美元大致金额均根据2017年2月8日的汇率给出。
[②] 参见《行政违法行为法典》第1.8条第（3）项。

任何有价物（金钱、证券、其他财产、非法提供与财产相关的服务、授予财产权），目的是让相关官员在其履行公务职责中，针对行贿人或其所代表的人员的利益进行作为或不作为。

俄罗斯公务人员在《刑法典》第285条中被定义为长期、临时或根据特别授权履行国家权力代表职能的人员或者在国家和地方机构、国家和地方组织、俄罗斯军队和其他武装力量中履行组织或行政管理职能的人员。

外国公务人员在《刑法典》第290条中被定义为任何受委任或被选举在外国立法、执法、行政或司法机构（包括公共行政管理部门或企业）中担任职务的人员。国际公共组织官员是指国际公务员或任何受该组织授权代表该组织行事的人员。

**2. 对主动贿赂公务人员行为的处罚有哪些**

《刑法典》第291条项下规定的处罚各不相同，具体取决于：①行贿人是单独行事还是伙同他人行事；②给予贿赂目的是合法或是非法的作为（或不作为）；③行贿金额。

轻微公务贿赂行为［最高为1万卢布（约合180美元）的贿赂行为］，其最低处罚包括最高20万卢布（约合3500美元）或被定罪人最多三个月的工资或其他收入的罚款，或不超过一年的矫正劳动，或最高两年的限制人身自由，或最高一年的监禁。

超过100万卢布（约合17700美元）的贿赂行为，其最高处罚为罚款金额为200万卢布（约合35300美元）到400万卢布（约合71000美元），或被定罪人两到四年的工资或其他收入，或贿赂金额的70到90倍，则并可能并处最高10年的禁止担任某些职务或从事某些专业活动的禁令，或8到15年的监禁并可能并处最高为贿赂金额70倍的罚款和最高10年的禁止担任某些职务或从事某些专业活动的禁令。

行贿人如果主动协助侦破和起诉犯罪行为，或属被强行索取贿赂情形的，或者自愿向刑事执法机构报告贿赂行为的，则可免予承担刑事责任。

3. 财产什么时候可被没收

根据《刑法典》第104.1条的规定，因刑事犯罪行为取得的财产、该等通过刑事犯罪行为取得的财产之后转化形成的任何财产和使用该等财产取得的任何收入，均可被没收。如果通过刑事犯罪行为取得的财产及使用其产生的收入已与其他财产混同，则没收将按该等通过刑事犯罪行为取得的财产及使用其产生的收入的价值比例进行。通过刑事犯罪行为取得的财产如已转让给另一人，则只有当该当事人知道或应当知道该等财产是通过刑事犯罪行为取得的，方可予以没收。

根据《刑法典》第104.2条的规定，如果到法院作出判决时，犯罪所得财产已被使用、出售或因其他原因而不能被执行时，法院可决定没收等值的其他财产。如果没有该等款项或其金额不足，则法院可裁定没收等值于或在价值上相当于通过刑事犯罪行为取得的财产的其他财产（可免于任何执行扣押的财产除外）。

4. 哪些行为是被禁止的主动和被动商业贿赂行为

《刑法典》第204条将下述行为定义为商业贿赂：为了使商业或其他组织中履行管理职能的人员作出与其工作职位相关并有利于行贿人或其他人的作为或不作为，向该等人员或按该等人员的指示向其他个人或法律实体非法提供任何具有金钱价值的物品（包括财产权、服务等），且该等作为或不作为在该人的权力范围内或该人可通过其工作职位促成该等作为或不作为。

第204条包含了关于被动商业贿赂的规定，即在商业或其他组织中履行管理职能的人员为作出与其工作职位相关并有利于行贿人或其他人的作为或不作为收受（包括按该等人员的指示将商业贿赂转交其他个人或法律实体的情形）任何具有金钱价值的物品（包括财产权、服务等），且该等作为或不作为在该人的权力范围内或该人可通过其工作职位促成该等作为或不作为。

此外，同一行为还可能根据《刑法典》第 201 条被起诉，该条禁止滥用职权，即在商业或其他组织中履行管理职能的人员违背其所在组织的合法利益，为了让其自身及他人获取利益的目的，或为了给他人造成损害的目的使用其职权。

根据《刑法典》第 201 条的规定，高管个人或集体执行机构或董事会的成员均可视为履行管理职能的人员。除最高管理层之外，相关人员还包括履行组织或行政管理职能的人员，即从事该组织至少部分人员或部分财产管理工作的人员。实践中应注意的是，《刑法典》第 204 条还包括伙同进行商业贿赂的行为，从而将该条的适用范围扩展及于履行管理职能之外的人员。

**5. 对主动和被动商业贿赂行为的处罚有哪些**

《刑法典》第 204 条项下对主动商业贿赂行为规定的处罚各不相同，具体取决于商业贿赂行贿人是单独行事还是伙同他人行事，给予商业贿赂是否是为了合法或非法作为（或不作为）的作出。轻微商业贿赂行为［最高 1 万卢布（约合 180 美元）的贿赂行为］，其最低处罚包括罚款［金额最高为 15 万卢布（约合 2700 美元）或被定罪人最多三个月的工资或其他收入］，或最高 200 小时的强制性劳动，或最高一年的矫正劳动，或最高一年的限制人身自由。对超过 100 万卢布（约合 17700 美元）的主动商业贿赂行为，其最高处罚为罚款［金额为 100 万卢布（约合 17700 美元）到 250 万卢布（约合 44000 美元），或被定罪人一年到两年半的工资或其他收入、或商业贿赂金额的 40 到 70 倍］同时还可能并处最高 5 年的禁止担任某些职务或从事某些专业活动的禁令，或四到八年的监禁并可能并处最高为商业贿赂金额 40 倍的罚款和最高 5 年的禁止担任某些职务或从事某些专业活动的禁令。

《刑法典》第 204 条项下对被动商业贿赂行为规定的处罚各不相同，具体取决于受贿人是单独行事还是伙同他人共同行事，收受商业贿赂是否是为了作出合法或非法作为（或不作为），以及商业贿赂是否是被强行索取的。其最低处罚与轻微主动商业贿赂行为的处罚相同。对收受超过100万卢布（约合17700美元）的商业贿赂，最高处罚为罚款［金额为200万卢布（约合35300美元）到500万卢布（约合88000美元），或被定罪人两到五年的工资或其他收入，或商业贿赂金额的50到90倍］并处以最高六年的禁止担任某些职务或从事某些专业活动的禁令，或七到十二年的监禁并可能并处最高为商业贿赂金额50倍的罚款和最高六年的禁止担任某些职务或从事某些专业活动的禁令。

犯有《刑法典》第204条规定的主动商业贿赂行为的人员，如果主动协助侦破或起诉该等犯罪行为，或属被强行索取贿赂情形的，或者自愿向刑事执法机构报告贿赂行为，则可免予承担刑事责任。

**6. 帮助和教唆公务贿赂行为是否属刑事犯罪行为**

《刑法典》第291.1条将帮助与教唆公务贿赂行为列为一项单独罪行。帮助与教唆被定义为根据行贿人或受贿人的指示实际给予贿赂的行为以及在达成或执行行贿人与受贿人之间的行贿和受贿协议方面向行贿人或受贿人提供的任何其他协助。该条仅适用于金额超过25000卢布（约合440美元）的贿赂。该条还适用于在帮助和教唆公务贿赂方面主动或承诺提供协助的行为，无论贿赂金额是多少。对帮助与教唆公务贿赂行为的处罚，与主动公务贿赂行为的处罚类似。

**7. 帮助和教唆商业贿赂行为是否属刑事犯罪行为**

2016年7月引入的《刑法典》第204.1条将帮助与教唆金额超过25000卢布（约合440美元）的商业贿赂行为规定为犯罪行为。该条还适用于在帮助与教唆商业贿赂方面主动或承诺提供协助的行为，无论贿赂金额是多少。对帮助与教唆商业贿赂行为的处罚，略低于帮助与教唆公务贿赂行为的处罚。

### 8. 贿赂的最低金额是多少

俄罗斯《刑法典》中未规定不构成刑事犯罪行为的最低贿赂金额标准。

## 八、税务

### （一）包含税务相关条款的俄罗斯主要法律

过去很长一段时间以来，俄罗斯一直在对其税务制度进行重大改革。该等改革分阶段实施。目前，这项改革的重点是修订和改进其最主要的法律《俄罗斯联邦税法》（以下简称《税法》）的条款。

《税法》第一部分于1999年生效，主要涉及行政和程序性规则。最新一次对第一部分的修订明确了税务审计程序、纳税人的程序保障、税款缴纳、纳税人银行账户的操作及银行责任。

自2001年以来，《税法》逐步引入了关于具体税种的内容作为第二部分。到2018年为止，第二部分包括联邦、地区和地方税、社会保险缴款和特别税收制度。过去几年来，对税法进行了各种修订，包括最近几项主要旨在解决俄罗斯经济低迷问题的重大变更。

### （二）俄罗斯税务制度最近有哪些主要变化

最近的主要变化包括通过和加强了所谓的"去离岸化法"（Deoffshorization Law），引入了新的关于如何对受控制外国公司利润征税的规则（受控制外国公司规则）、外国公司税务居民和俄罗斯受益所有权规则，重新引入税务豁免，并实施《CRS多边主管当局协定》[①]和《关于交换国别报告的多边主管当局协定》（CbCR）的规定。这些规则极大地改变了企业在俄罗斯的经营方式，要求对国外进入俄罗斯的持有、融资和许可结构进行审查，影响俄罗斯的大部分财富管理和私人控股结构，并意味着可能要立即进行审查和采取行动。其他变化包括经济合作与发展组织欧洲委员会关于税务方面进行行政互助的公约的生效、长期冻结税务合并制度、将推进中央银行再贷款利率改为较高的"关键利率"，以及签署《执行税收条约相关措施防止税基侵蚀和利润转移的多边公约》。俄罗斯将继续进行税制改革。

### （三）俄罗斯的税种

《税法》规定了三个征税等级：联邦、地区和地方。目前，联邦税收包括增值税、消费税、利得税、个人所得税、矿产开采税、联邦主体税、特殊税制、社会保险缴款和其他几个税种。地区税包括公司财产税、交通运输税和博彩税。地方税则包括土地税、个人财产税和贸易税。

有五类特殊税制可能适用于某些活动和纳税人类别：单一农业税、简化税制、某类活动估算收入单一税、分成协议税和专利税制。这些特殊税制均有联邦税的法律地位，可以同时免除某些联邦、地区和地方税。

### （四）俄罗斯税务机关进行哪些税务审计

俄罗斯税务机关可以对纳税人进行现场和非现场税务审计。税务机关可以同时审计几种不同的税项，作为现场税务审计的一部分。但是，除了清算或重组、上级税务机关对进行现场审计的下级税务机构的活动进行检

---

① 译者注：CRS（Common Reporting Standard），《多边税收征管互助公约》的税收情报自动交换标准。

查或者纳税人提交经修改的纳税申报表主张较低税率等情况外，仅针对具体期间进行一次审计。经俄罗斯联邦税务局负责人决定后，纳税人也可在同一税收期间接受税务审计。如果在重新进行的税务审计期间，税务机关发现之前的税务审计中未发现的少缴情况，纳税人无须就少缴的税款缴纳罚款，除非该等违规情形是因纳税人和税务机关共谋而发生。

一般而言，现场税务审计的期限不得超过两个月，但在特殊情况下，这一期限可最多延长到六个月。此外，在《税法》规定的例外情况下，俄罗斯税务机关可以暂停现场税务审计。但是，暂停的总期限不得超过九个月。与税务审查相关的税务审计结果只能由负责监管的税务机关重新考虑。在任何情况下，税务机关仅可对税务审计年的前三个日历年进行审计。一般而言，三年的时效规定适用于对税收违规行为的处罚，如果纳税人妨碍税务机关进行税务审计，则这一期限还可以再延长。

税务机关可以单方面收取未缴税款、滞纳金和罚款，无须法院裁决（针对个人的除外）。纳税人未在纳税要求规定的纳税期限届满后两个月内履行完其纳税义务，如果构成刑事犯罪，则税务机关必须将相关文件移交给俄罗斯内务部审查。在某些情况下，例如纳税人向其关联公司的银行账户付款，而不缴纳未缴税款，税务机关则可以从纳税人的关联公司收取（在纳税人未在三个月内缴纳的情况）未缴税款。

转移定价审计由联邦税务局内设的一个特别部门进行，独立于定期税务审计程序。该审计将仅在部门内部进行，而不会作为现场定期税务审计的一部分。转移定价审计可在税务机关收到受控交易通知后两年内开始，并涵盖审计开始前的三个日历年。

纳税人和税务代理人如果想对俄罗斯税务机关的不合规法案或其官员的作为或不作为提出异议，必须使用预审行政上诉程序（唯一的例外是由联邦税务局直接通过的法案）。对于尚未生效的税务审计结果的决定，可在决定作出后一个月内提出上诉。对于税务机关的所有其他已生效的不合规法案或税务审计结果决定，可在其作出后的一年内提出上诉，或从纳税人发现其权利受到该决定损害后的一年内提出上诉。

## （五）缴税方式

税款应以俄罗斯卢布缴纳，最好是从俄罗斯银行账户中缴纳。缴纳税款默认是纳税人的个人义务。从2017年1月1日起，税款可由第三方代为缴纳。

## （六）税务监督制度

从2015年1月1日起，俄罗斯某些主要纳税人获准申请适用俄罗斯税务机关实行的税务监督制度。

在新的税务监管制度下，如果纳税人作出选择，可以用电子形式向税务机关提供税务会计单据和信息，或者允许税务机关访问其会计系统。因此，纳税人将有机会通过获取"税务机关的审核意见"，与税务机关确定其税务状况，从而在税务监督期间免除几乎所有非现场和现场税务审计。税务监督期是纳税人申请适用税务监督制度之年的下一个日历年。

纳税人如满足下列所有条件，可自愿变更至新制度：

·上一日历年度应向联邦预算缴纳的增值税、消费税、公司利得税和矿产开采税年度总额不低于3亿卢布。

·会计记录显示上一日历年度的年度总收入不低于30亿卢布。

·会计记录显示截至申请前一年12月31日的资产总值不低于30亿卢布。

关于变更至新制度的申请必须在税务监督年前一年的7月1日之前提交，即该制度可于2016年首次正式适用。合并纳税人团体的成员仅可从2016年起申请适用这项制度。

从 2016 年 6 月 1 日开始，申请适用特殊税务监督制度的纳税人将有机会与俄罗斯税务机关讨论拟议交易（除了既往交易之外）所涉及的税务问题，并可获得对纳税人和俄罗斯税务机关均有约束力的税务裁决。纳税人享有就税务裁决向俄罗斯税务机关提出异议的权利。

### （七）转移定价规则的适用性

在 2012 年前《税法》包含若干与转移定价相关的规则。具体而言，《税法》假定当事方（包括关联方）商定的合同价格是"市场价格"。

《税法》第 5 节第 1 条引入的全新转移定价规则，于 2012 年 1 月 1 日生效。这些规则要求纳税人向税务机关通报规定的日历年内实施的受控制交易。受控制交易包括关联方之间的任何交易（无论是国内的还是跨境的）。其中，如果一方直接或间接拥有另一方超过 25% 的股份或可以控制另一方董事会或管理机构至少 50% 的人员组成，则认为双方属于关联方。如果当事方之间的关系可能会影响它们之间的交易结果或经济活动，即使在没有法定标准的情况下，法院也可能会认定当事方属于关联方。此外，以下交易将受转移定价规则控制，但前提是这些交易的总收入在某一日历年内超过了 6000 万卢布：

· 石油和天然气产品、黑色金属和有色金属、矿物肥料、贵金属和石材的跨境交易。

· 新的境外碳氢化合物矿床的经营者或许可证持有人与第三方之间的交易。

· 根据俄罗斯财政部确定的清单，与在某些低税国家或地区登记的外国实体进行的跨境交易。低税国家或地区清单与俄罗斯财政部目前制定的申请股息参与豁免的清单相同（塞浦路斯、马耳他和中国香港特别行政区已从该清单中删除）。

·俄罗斯远东地区区域投资项目的合格参与者与第三方进行的交易。

下列国内交易不受限于转移定价控制，除某些特定例外情况，具体如下：

·关联方之间在某一日历年总额不超过10亿卢布的交易。

·由在同一地区登记并开展所有经营活动的双方进行且未发生税务亏损（包括亏损结转）的交易。

·从2017年1月1日开始，俄罗斯关联方之间的无息贷款。

就利得税这一税种的目的而言，共同组成一个合并纳税人团体的俄罗斯纳税人不受限于转移定价控制。

这些规则规定了五种转移定价方法：可比不受控价格、转售、成本加成、可比利润和利润分割。可比不受控价格方法是被应用的主要方法。在所有其他情况下，通常适用最佳方法规则。

这些规则为可比交易的选择和调整提供了详细的指导，还就可比交易的允许数据源制定了一个宽泛的列表。这些规则禁止税务机关在纳税人与非关联方之间有可比交易的情况下，使用任何外部可比交易，但是允许对下列税种进行调整：利得税、增值税（如果其中一方不缴纳增值税）、矿产开采税（如果为从价税）和个人所得税（如果由个人企业支付）。在某些情况下，纳税人可以根据真实情况对以前的税收期间进行调整，但仅允许俄罗斯企业纳税人做出相应调整（即对受控交易的另一方进行转移定价调整）。在跨境交易中不允许进行此类调整。从2015年1月1日起，如果受控交易的一方（前提是交易的收入和费用根据俄罗斯《税法》第25章得以确定）提交了经过调整的纳税申报表，并收到文件确认其纳税义务已得到履行，则该交易的另一方亦可对其纳税申报表进行相应调整。

证券则适用特殊的转移定价规则，该等规则视证券是否在有组织的证券市场上交易而不同。

进行受控交易（存在某些例外）的纳税人必须保有转移定价文件，并在税务机关提出相关要求后的 30 天内将其提供给税务机关。提供转移定价文件的要求不得在发生相关交易日历年下一年的 6 月 1 日之前提出。从 2014 年 1 月 1 日起，只有当与某一方之间的受控交易总值超过规定的最低值时，关于转移定价文件和通知及转移定价审计规则的规定方会适用。

从 2018 年 1 月 1 日起，俄罗斯加强了转移定价规则，允许使用全球转移定价文件，并执行《关于交换国别报告的多边主管当局协定》的规定。

## （八）俄罗斯转移定价规则是否规定了预先定价协议

若在《税法》项下被视为主要纳税人，则其获准与俄罗斯联邦税务局签订单边或多边预先定价协议（APA），协议期限最长为三年，并可延长至五年。新规则使纳税人能够根据有相关外国税务机构参与的主管机关程序，与已和俄罗斯签订双重税收条约的国家境内的居民签订关于跨境交易的预先定价协议。即使俄罗斯关于预先定价协议的规则发生变化，已签订的预先定价协议的条款仍然有效。

## （九）俄罗斯标准的公司利得税率

公司利得税最高税率为 20%，就目前而言，税收的 3% 归联邦预算，17% 归地区预算。地区相关部门可自行决定将其地区利得税税率降至 12.5%。因此，总体上税率在 15.5% 至 20% 区间不等。对于参与投资项目的纳税人来说，在一定的稳定期内，公司利得税率可能会降低（在某些情况下甚至可降至 0%）。《税法》第 25 章还介绍了几项特别税率，适用于核定俄罗斯国家证券收益和俄罗斯中央银行利润。

## （十）股息收入是否适用任何特定税率

俄罗斯股东源自俄罗斯和外国公司的股息按 13% 的税率纳税。对于外国和俄罗斯实体向俄罗斯公司支付的某些股息而言，如果在公司决定支付股息的当天满足了以下三项标准，则适用零税率：

· 股息接收方连续持有股份的天数不少于 365 天。

· 股息接收方在支付股息的公司中所持股份不少于 50%。

· 支付股息的公司不在 2007 年 11 月 13 日的俄罗斯财政部第 108n 号命令所通过的"离岸国家和地区黑名单"中所列某一国家或地区境内（该黑名单包括大多数离岸低税国家和地区，中国香港曾被列入，后于 2018 年 1 月 1 日从该名单中删除）。

俄罗斯公司向外国法律实体支付的股息应按 15% 税率预提，除非适用协定的较低税率。

### （十一）可享受税款豁免的其他情形

根据促进在俄罗斯建立国际金融中心的规则，俄罗斯公司在出售或赎回俄罗斯公司股份时取得的收入（限 2011 年 1 月 1 日开始取得的收入）享受全额免税，但须满足下列条件：

· 俄罗斯公司连续持有这些股份的时间超过五年（此为持有期）。

· 收入来自对俄罗斯公司的参与权益或股份的出售或赎回，但前提条件是：①在持有期内该等股份未在证券市场上公开交易；②该等股份是某一俄罗斯公司的公开交易股份，且该公司的价值中（直接或间接来源于）俄罗斯境内不动产的比例不到 50%。

在 2023 年 1 月 1 日之前，出售或赎回俄罗斯公司股份时取得的收入（限 2011 年 1 月 1 日开始取得的收入）还将享受另一项全额免税，但须满足下列条件：

· 俄罗斯公司连续持有这些股份的时间超过一年（此为短期持有期）。

· 收入源自对俄罗斯公司的参与权益或股份的出售或赎回，但前提条件是，在整个短期持有期内持有的均为高技术（创新）行业内的俄罗斯上市公司的权益或股份。

### （十二）应税利润的计算

应税利润是收入减去可扣除的费用后剩余的部分。一般情况下允许纳税人扣除经济上合理且有书面证据予以确认的业务费用。但是，某些类型的费用扣除受到限制，例如，某些广告费用和代表性费用（包括商业娱乐费用以及差旅费用）。2008年12月24日第988号俄罗斯政府决议核准的清单中所列的研发费用（包括未带来积极效果的费用）在申报期间可按其实际金额的150%予以扣除。

### （十三）俄罗斯《税法》对税务合并制度的规定

税务合并规则于2012年1月1日生效。税务合并制度允许符合条件的俄罗斯集团利用某一成员的损失来抵销其他集团成员的利润，抵销方式与俄罗斯公司分支机构所适用的方式相类似。此外，纳税人合并集团成员之间的交易将不受限于转移定价控制的规则。重要的是，合并仅适用于利得税目的，不适用于纳税人的其他纳税义务（例如增值税）。

根据现行规则，如果俄罗斯控股公司直接或间接持有其俄罗斯子公司90%及以上的股份，则可基于利得税的目的将该等子公司合并在一起。不允许跨境合并以及与某些行业的公司合并（银行、保险公司、非国家养老基金或证券市场的专业交易实体只能与类似公司合并）。为了形成一个合并集团，合并公司必须共同满足以下严苛的要求：

·合并集团上一年缴纳的联邦税收总额（与跨境转让有关的税款除外）不少于100亿卢布。

·前一年的合并营业额不少于1000亿卢布。

· 合并年度第一天的合并资产账面净值不少于 3000 亿卢布。

进行合并的公司通过签署一项税务合并协议组成合并集团，该协议中载明集团成员、负责的参与者及合并期限（至少两年，对于 2018 年登记的协议而言，则至少为五年）。税务合并协议必须在税务督察处进行登记。合并集团可于一个日历年度开始之时创设，前提是在上一年的 10 月 30 日之前向税务机关提交必要的文件。税务合并协议在 2018 之前是无法在税务督察处登记的。2014 年至 2015 年登记的税务合并协议视为无效。合并集团的税基由负责的参与者汇总集团成员所有收入（不包括股息和其他需进行税款预提的收入）和所有费用后计算确定。这使得一个或几个集团成员发生的损失可以有效抵销其他集团参与者的利润。合并集团的利润不能用于抵销合并前的损失，而是要将损失予以保留，直至亏损公司离开集团之时。

由于财务门槛很高，税收合并规则仅适用于数量有限的几家大型俄罗斯集团。

## （十四） 是否有其他特殊的公司利得税制度

俄罗斯《税法》规定，如果纳税人是新的海上碳氢化合物矿经营者或许可证持有人，则对其适用特殊的公司利得税制度。这一制度规定了计算税基的单独规则及 20% 的单独税率。特殊公司利得税必须缴至俄罗斯联邦预算，而不向地方缴纳。

1. 是否存在特殊的利息扣减规则

关于利息扣减方面的限制，俄罗斯《税法》适用转移定价规则，经纳税人选择后，适用主要以俄罗斯中央银行的"关键利率"（目前为 7.25%）为基础的新的安全港利率。从 2016 年 1 月 1 日起，再融资利率被推定为与俄罗斯中央银行的"关键利率"相等；俄罗斯中央银行不再为再融资利率确定一个单独的值。

表 2　安全港利率区间

| 货币 | 关联方之间债务义务的安全港利率区间 ||
|---|---|---|
| | 最低 | 最高 |
| 卢布（适用于 2014 年 12 月 1 日至 31 日发放的贷款） | 0% | 再融资率的 3.5%（28.875%） |
| 卢布（适用于 2015 年） | 关键利率的 0%① <br> 再融资率的 75%② | 关键利率的 180% |
| 卢布（截至 2016 年） | 关键利率的 75% | 关键利率的 125% |
| 欧元 | EURIBOR +4% | EURIBOR +7% |
| 人民币 | SHIBOR +4% | SHIBOR +7% |
| 英镑 | GPB LIBOR +4% | GPB LIBOR +7% |
| 瑞士法郎 | CHF LIBOR +2% | CHF LIBOR +5% |
| 日元 | JPY LIBOR +2% | JPY LIBOR +5% |
| 美元和其他货币 | USD LIBOR +4% | USD LIBOR +7% |

从 2017 年 1 月 1 日起，俄罗斯关联方之间的无息贷款无须遵守俄罗斯转移定价规则。

当受控贷款利率不在适用的最低和最高限额区间内时，纳税人不得依赖安全港规则或根据安全港规则扣除利息；在此情况下，他们必须准备和使用转移定价规则。

## （十五）俄罗斯是否适用资本弱化规则

涉及下列贷款时，俄罗斯公司将适用 2017 年 1 月 1 日修订的资本弱化规则：

· 由满足下列任何条件的外国关联方（个人或公司，此前仅适用来自

---

① 关键利率的 0% 适用于俄罗斯关联实体之间达成的卢布贷款。
② 再融资率的 75% 适用于与外国关联实体或离岸公司达成的卢布贷款。

公司的贷款）提供的贷款：①直接拥有或（通过其他公司）间接拥有俄罗斯借款人25%（此前为20%）或更多股份；②在俄罗斯借款人的直接持股链中连续拥有前面每个公司超过50%的股份（外国参与者）。

·由与外国参与者有关联之人（无论是外国人还是俄罗斯人，包括直接或间接参与者、子公司和姊妹公司等"关联人"）提供的贷款。

提及外国关联公司时正式消除了所谓的"外国姊妹公司"的漏洞，即从没有直接或间接参与关系的外国关联公司处取得的贷款在严格意义上不被视为"受控债务"。在2011—2012年间，俄罗斯法院已在实践中有效地弥补了"外国姐妹公司"漏洞。

·由任何其他人提供的贷款，前提是该等债务是由前述两类中的任何人提供保证或以其他方式提供担保。如果其他债务被证实付款后会有效地转移给上述类别中的任何人，则法院也可能会将该等债务视为"受控债务"。

俄罗斯《税法》针对不同实体规定了不同的债股比限制，银行和租赁公司为12.5∶1，所有其他公司为3∶1。超过该等限额的债务利息不可被扣除，亦被视为对外国股东支付的股息，须按15%的比例预提税款，除非后者因适用的税务条约而减少。这种不同的债股比限制在每个季度结束时重新计算。

由于卢布在2014—2015年间大幅贬值，许多持有来自关联方的外币贷款的俄罗斯借款人面临资本弱化的问题（即使是之前在3∶1的债股比范围内的贷款），其还款期限按公平交易条款得到了延长。俄罗斯相关部门迅速采取了临时解决方法，人为确立了一个卢布汇率。固定卢布汇率（并且不考虑汇率差异）被用于计算2014年10月1日之前谈成的贷款在2014年7月1日至2019年12月31日期累计的可扣除利息，但前提是贷款协议的期限并未更改。适用于针对资本弱化的卢布汇率是以2014年7月1日设定的中央银行利率（1美元=33.8434卢布；1欧元=46.1827卢布）为基础。

从 2016 年 1 月 1 日起，由无关联银行提供的、并且由债务人的外国参与方或其关联人提供保证或以其他方式予以担保的贷款，如果没有就该等保证或担保付款，则可免于遵守资本弱化规则。

从 2017 年 1 月 1 日开始，对"受控债务"提出了以下两项额外豁免规定：

·俄罗斯关联人提供的贷款，条件是此关联人不具有来自外国参与方或其关联人的可比贷款（基于金额和期限确定是否具有可比性）。

·外国特殊目的实体提供的贷款——属于税务条约国居民的欧洲债券发行人。

关于俄罗斯资产折旧和损失结转规则作以下简要说明：

价值超过 10 万卢布（对于 2016 年之前引入的固定资产，价值门槛值为 4 万卢布）且使用寿命超过 12 月的资产，将从该资产投入使用月份的下一个月份的第一天开始折旧。《税法》第 25 章允许纳税人将资产分成十组，具体取决于资产类型及其使用寿命，并允许其适用加速折旧率，例如，建筑的使用寿命是 30 年。在第 25 章中，纳税人可以在线性方法和非线性方法之间进行选择。采用非线性方法的资产折旧是通过资产组（而不是针对单个资产）和《税法》规定的公式进行。从效果上看，纳税人可以在资产使用寿命的四分之一时间里扣除约一半的折旧价值（前提是必须遵守适用于非线性方法的某些限制）。土地、底土和自然资源资产不可折旧，因此不会减少利得税的税基。

就利得税而言，在购置固定资产时，允许按新购置固定资产的初始账面价值的 10% 进行一次性扣除。对于使用寿命超过 3 年至 20 年的资本资产，这种特殊投资激励将从 10% 上升为 30%。如果纳税人在任何资本资产投入使用的前五年内将该等资本资产转给关联方，则适用投资奖励扣除撤销规则。这项规定同时适用于 10% 和 30% 的投资奖励扣除。拥有适当资格认证的俄罗斯籍信息技术公司有权在将计算机设备投入使用时减记其全部价值。从 2018 年 1 月 1 日开始，纳税人可以选择投资税扣除而不是折旧（因为折旧受某些条件的限制，并且以地方税法颁布为前提）。

自 2017 年 1 月 1 日起，2007 年 1 月 1 日后发生的损失可无限期结转。就 2017—2020 纳税年度而言，结转的损失额不得超过就相关纳税年度计算的公司利得税基数的 50%。对于某些费用，例如购买某些证券的费用，适用单独的税篮。否则，在某一年中可根据损失结转扣减的应税利润金额不应受到限制。此外，资本损失可与营业收入抵销。但是，这种抵销必须在发生损失的资本资产的剩余使用寿命内均匀进行。

## （十六）将公司利得税转化为投资福利的原则是否适用于俄罗斯

地区相关部门可将其本地的利得税税率降低 4.5%，从而将整体税率降至 15.5%。不过，在下文所述特殊税收制度中实际税率可能会更低。

目前俄罗斯各地区正在推出多种企业税收优惠。颁布日期为 2005 年 7 月 22 日的《关于俄罗斯联邦经济特区的第 116 – FZ 号联邦法律》提出了一个关于如何提供投资福利的新概念。颁布日期为 2013 年 9 月 30 日的第 267 – FZ 号联邦法律则为俄罗斯远东地区的区域投资项目合格参与者提供了特殊税收优惠政策，并于 2014 年 1 月 1 日开始适用。2013 年，为了刺激俄罗斯大陆架上的碳氢化合物的开发，规定如果纳税人是新的境外碳氢化合物矿的经营者或许可证持有人，将对其适用特殊税收优惠政策。日期为 2014 年 11 月 29 日的第 380 – FZ 号联邦法律和日期为 2014 年 12 月 29 日的第 473 – FZ 号联邦法律引入了"俄罗斯优先社会经济发展区"这个新概念，为俄罗斯某些地区提供投资和税收优惠。从 2016 年开始，俄罗斯为特殊投资合同的参与者提供了一定的税收优惠。

## （十七）俄罗斯对外国公司的具体税收项目

俄罗斯法律规定，对其境内的"常设机构"以及未在其境内设立常设机构的某些其他类型公司的利润征税。重要的是，在判断是否存在俄罗斯税法项下的常设机构时，并不考虑外国公司是否在俄罗斯登记设立了办事处。即使未登记设立办事处，也可能被认定存在常设机构，而登记设立办事处亦不意味着一定存在应纳税的常设机构。外国法律实体从其在俄罗斯境内的常设机构获得的利润一般按照俄罗斯纳税人适用的同样利得税率缴税。截至2012年1月1日，《税法》中列入了一项新规则，要求在确定常设机构的收入前应考虑其在俄罗斯履行的职能、所使用的资产和所承担的商业风险，该规定与经济合作发展组织的做法相符。

《税法》第25章给出了一份有限清单，其中列出了与俄罗斯常设机构无关但须在俄罗斯预提税款的在俄罗斯所得的来源收入。该清单主要包括被动收入类型，如许可使用费、利息、股息收入和租金。从2015年1月1日开始，如果某一公司（无论是俄罗斯公司还是外国公司）50%以上的资产是直接或间接由位于俄罗斯境内的不动产组成，则出售该公司股份所得的资本收益均须缴纳俄罗斯公司利得税。非俄罗斯居民收到的没有列入清单的其他收入无须预提税款。

除非适用的双重征税条约规定了较低的税率，否则俄罗斯公司向外国股东支付的股息须按15%的比例预提税款。清单中列明的外国法律实体来源于俄罗斯的其他所列收入，需要分别按20%的比例预提税款（适用于大多数类别的收入，包括许可使用费和大多数类型的利息）或按10%的比例预提税款（适用于运费收入和运输工具租赁收入），但须按适用的双重征税条约进行扣减。

公司利得税根据前三个月、前六个月、前九个月和当年的实际结果根据季度缴纳和申报，或者根据上个月实际结果按月缴纳和申报。年度纳税申报表和关于外国法律实体在俄罗斯开展活动的报告必须在应税年度结束后下一年的3月28日之前提交给税务机关。

### （十八）俄罗斯是否存在适用于被控制外国公司的规则

俄罗斯联邦总统于2014年11月24日签署了第376-FZ联邦法律（以下简称《去离岸化法》），引入了针对俄罗斯境内被控制外国公司利润征税的新规则（被控制外国公司规则），并已于2015年1月1日生效。这些规则影响了俄罗斯的大部分财富管理和私人控股结构，意味着可能需要立即进行审查并采取行动。

### （十九）俄罗斯纳税人的有关规定是否适用于外国公司

从2015年1月1日开始，如果外国公司在俄罗斯境内得到有效管理（并在俄罗斯对其全球范围内的全部收入缴税），则可能被认定为俄罗斯税务居民。如果符合下列主要标准之一，公司将被视为在俄罗斯境内得到有效管理：（1）日常活动的管理在俄罗斯境内进行；（2）执行机构的管理决定在俄罗斯境内做出。

此外，还有一些外国公司被认定为俄罗斯税务居民的次要标准，为避免为俄罗斯税务居民身份施加更高的合规义务。包括：（1）会计和管理会计在俄罗斯境内进行；（2）文件（记录）管理在俄罗斯境内进行；（3）经营人力资源管理在俄罗斯境内进行。这里所说的"次要标准"，即所谓的"连接阻断规则"，在一家外国公司满足俄罗斯和次要国家或地区的主要标准之一时用于确定税务居民身份。

实力强的公司（在与俄罗斯签有税务条约的国家拥有当地合格员工和资产）享受一种认定豁免权。这有助于保护在税务条约国家和地区注册的善意公司。

如果一家外国公司，居所在另一个国家，但通过俄罗斯境内的一个分支机构开展活动，那么可以根据联邦税务局规定的程序和手续自愿主张俄罗斯税务居民身份。在这种情况下，公司应提供文件作为计算和向分支机构支付相关税款的基础。只有主张税务居民身份的外国公司符合俄罗斯《税法》和与俄罗斯税务居民相关的法律规定，才会被认为是在受控制外国公司规则的控制之下。

## （二十）受益所有权规则是否适用于俄罗斯

《去离岸化法》从 2015 年 1 月 1 日开始将受益所有权概念引入俄罗斯国内税收立法之中。它涉及的范围很广，并且施加的义务似乎比最新发布的经济发展与合作组织解释更为繁重。俄罗斯缔结的税务条约所规定的预提税款减免或抵免税率仅适用于公司收益的受益所有人（行使与该等收入相关的职能、承担与该等收入相关的风险并确定其"经济命运"），而不适用于处置收入权限有限并行使中介职能的外国公司。从 2017 年 1 月 1 日起，俄罗斯税务代理需要从接收方取得额外受益所有人身份的确认。若对该等确认应采用何种形式不清楚，则可能会导致许多跨境付款的不确定性和税收风险。保守而言，即使某一具体税收条约未包含受益所有权条款，但受益所有权要求也可能适用。

外国公司——公开交易债券的发行人——获准向俄罗斯预提税款代理人提供他们的税务居民证明，并因预提税款义务免除而从中受益（不确认受益所有权）。

截至 2014 年 1 月 1 日，对于代名持有人账户、外国授权持有人账户和存托计划账户中持有的下列证券，担任税务代理人的俄罗斯存托人必须代表未公开第三方的利益就分配给外国法律实体的收入预提 30% 的税款：

·俄罗斯政府、联邦主体和俄罗斯市政府的强制集中保管证券（如债券）。

·2012 年 1 月 1 日后发行的强制集中保管公司证券（如债券）。

·俄罗斯公司的其他可发行证券（2012 年 1 月 1 日之前发行的强制集中保管公司证券和俄罗斯股份制公司的股份除外[①]）。

外国法律实体在付款时被视为是在为未公开第三方的利益行事，并须预提 30% 的税款（俄罗斯股份公司的股份股息按 15% 预提），除非其提供与行使这些证券权利之人和受托人、资产管理人所代表之人相关的总体信息（集体投资工具的投资者除外），其中包括若干证券和代表俄罗斯证券的存托凭证，收入的受益所有人其税务居民所在的司法辖区及有关适用税收优惠的其他信息。

## （二十一）截至 2017 年 1 月 1 日俄罗斯已签署和批准的双重征税条约

俄罗斯已签署 89 项双重征税条约（其中六项税收条约尚未生效），该等条约规定可将股息收入的预提税率降低至 5%，且规定通常其他收入（例如利息、许可使用费和资本收益）的预提税率为 0%。例如，1998 年的《俄罗斯—塞浦路斯双重征税条约》规定，与常设机构无关的利息、许可使用费、资本收益和其他收入的预提税率为 0%；如果塞浦路斯股东已向负责支付股息的俄罗斯子公司的股本出资超过 10 万欧元，则应支付给该等塞浦路斯股东的股息按 5% 的比例预提税款；向所有其他塞浦路斯股东支付的股息按 10% 的比例预提税款。许多其他税收条约也规定了类似的预提税款税率，尽管有些税率较高（请参阅下文所列图表）。

俄罗斯已订立的旨在避免双重征税的双边条约如下表所示，该等条约

---

① 2015 年 1 月 1 日起适用的是俄罗斯股份股息豁免规定。

目前均已生效。

表3 已与俄罗斯订立避免双重征税条约的国家

| 编号 | 国家① | 税率（%）个人公司 | 税率（%）合格公司 | 利息②（%） | 许可使用费（%） |
|---|---|---|---|---|---|
| 1 | 阿尔巴尼亚 | 10 | 10 | 10 | 10 |
| 2 | 阿尔及利亚 | 15 | 5③ | 15 | 15 |
| 3 | 阿根廷 | 15 | 10④ | 15 | 15 |
| 4 | 亚美尼亚 | 10 | 5⑤ | 10 | 0 |
| 5 | 澳大利亚 | 15 | 5⑥ | 10 | 10 |
| 6 | 奥地利 | 15 | 5⑦ | 0 | 0 |
| 7 | 阿塞拜疆 | 10 | 10 | 10 | 10 |
| 8 | 白俄罗斯 | 15 | 15 | 10 | 10 |
| 9 | 比利时 | 10 | 10 | 10 | 0 |
| 10 | 博茨瓦纳 | 10 | 5⑧ | 10 | 10 |
| 11 | 巴西 | 15 | 10⑨ | 15 | 15 |
| 12 | 保加利亚 | 15 | 15 | 15 | 15 |
| 13 | 加拿大 | 15 | 10⑩ | 10 | 0/10⑪ |

① 除非另有说明，否则如果适用抵减税率，则需要提供税务居民证明和受益所有者对分配收入享有所有权的书面确认。

② 许多条约规定对某些类型的利息给予豁免，例如支付给地方国家机关、中央银行出口信贷机构的利息或与信贷销售有关的利息。本栏不考虑此类豁免。

③ 如果接收公司（合伙除外）直接拥有支付股息的公司至少25%的资本，则适用本税率。

④ 如果接收公司直接拥有支付股息的公司至少25%的资本，则适用本税率。

⑤ 如果接收公司直接拥有支付股息的公司至少25%的资本，则适用本税率。

⑥ 如果接收公司（合伙除外）直接拥有支付股息的公司至少10%的资本，持股价值至少为70万澳元，且将由俄罗斯公司支付的股息免缴澳大利亚，税则适用本税率。

⑦ 如果接收公司直接拥有俄罗斯公司至少10%的资本且持股价值超过10万美元，则适用本税率。

⑧ 如果接收公司拥有支付股息的公司至少25%的资本，则适用本税率。

⑨ 如果接收公司直接拥有支付股息的公司至少20%的资本，则适用本税率。

⑩ 如果接收公司拥有俄罗斯公司至少10%的资本或表决权（视情况而定），则适用本税率。

⑪ 较低的税率适用于计算机软件、专利、专有技术和著作权的许可使用费。

续表

| 编号 | 国家 | 税率（%）个人公司 | 税率（%）合格公司 | 利息（%） | 许可使用费（%） |
|---|---|---|---|---|---|
| 14 | 智利 | 10 | 5① | 15 | 5/10② |
| 15 | 中国③ | 10 | 5④ | 0 | 6 |
| 16 | 克罗地亚 | 10 | 5⑤ | 10 | 10 |
| 17 | 古巴 | 15 | 5⑥ | 10 | 0/5⑦ |
| 18 | 塞浦路斯 | 10 | 5⑧ | 0 | 0 |
| 19 | 捷克 | 10 | 10 | 0 | 10 |
| 20 | 丹麦 | 10 | 10 | 0 | 0 |
| 21 | 埃及 | 10 | 10 | 15 | 15 |
| 22 | 芬兰 | 12 | 5⑨ | 0 | 0 |
| 23 | 法国 | 15 | 5/10⑩ | 0 | 0 |
| 24 | 德国 | 15 | 5⑪ | 0 | 0 |
| 25 | 希腊 | 10 | 5⑫ | 7 | 7 |
| 26 | 香港 | 10 | 5⑬ | 0 | 3 |

① 如果接收公司拥有支付股息的公司至少25%的资本，则适用本税率。
② 较低的税率适用于为使用工业、商业或科学设备或该等使用权而支付的许可使用费。
③ 从2017年1月1日起生效。
④ 如果接收公司（合伙除外）拥有支付股息的公司至少25%的资本且持股价值至少为8万欧元，则适用本税率。
⑤ 如果接收公司拥有支付股息的公司至少25%的资本且持股价值至少为10万美元，则适用本税率。
⑥ 如果接收公司（合伙除外）拥有支付股息的公司至少25%的资本，则适用本税率。
⑦ 较低的税率适用于著作权许可使用费。
⑧ 如果持股价值至少为10万欧元，则适用本税率。
⑨ 如果接收公司直接拥有俄罗斯公司至少30%的资本且持股价值超过10万美元，则适用本税率。
⑩ 如果法国公司同时满足以下条件，则适用5%的税率：（1）在俄罗斯公司直接投资至少76225欧元；（2）在法国应纳税，但在股息（即参与豁免）方面享受免税待遇。如果仅满足其中一项要求，则适用10%的税率。
⑪ 如果德国公司拥有俄罗斯公司至少10%的资本且持股价值至少为8万欧元，则适用本税率。
⑫ 如果希腊公司（合伙除外）拥有支付股息的公司至少25%的资本，则适用本税率。
⑬ 如果接收公司直接拥有支付股息的公司至少15%的资本，则适用本税率。

续表

| 编号 | 国家 | 税率（%）个人公司 | 税率（%）合格公司 | 利息（%） | 许可使用费（%） |
|---|---|---|---|---|---|
| 27 | 匈牙利 | 10 | 10 | 0 | 0 |
| 28 | 冰岛 | 15 | 5① | 0 | 0 |
| 29 | 印度 | 10 | 10 | 10 | 10 |
| 30 | 印度尼西亚 | 15 | 15 | 15 | 15 |
| 31 | 伊朗 | 10 | 5② | 7.5 | 5 |
| 32 | 爱尔兰 | 10 | 10 | 0 | 0 |
| 33 | 以色列 | 10 | 10 | 10 | 10 |
| 34 | 意大利 | 10 | 5③ | 10 | 0 |
| 35 | 日本 | 15 | 15 | 10 | 0/10④ |
| 36 | 哈萨克斯坦 | 10 | 10 | 10 | 10 |
| 37 | 朝鲜 | 10 | 10 | 0 | 0 |
| 38 | 韩国 | 10 | 5⑤ | 0 | 5 |
| 39 | 科威特 | 5 | 5 | 0 | 10 |
| 40 | 吉尔吉斯斯坦 | 10 | 10 | 10 | 10 |
| 41 | 拉脱维亚 | 10 | 5⑥ | 5/10⑦ | 5 |
| 42 | 黎巴嫩 | 10 | 10 | 5 | 5 |

① 如果接收公司直接拥有支付股息的公司至少25%的资本且持股价值超过10万美元，则适用本税率。

② 如果接收公司直接拥有俄罗斯公司至少25%的资本，则适用本税率。

③ 如果接收公司直接拥有俄罗斯公司至少10%的资本且持股价值至少为10万美元，则适用本税率。

④ 较低的税率适用于著作权许可使用费。

⑤ 如果接收公司（合伙除外）直接拥有支付股息的公司至少30%的资本且持股价值至少为10万美元，则适用本税率。

⑥ 如果接收公司（合伙除外）直接拥有支付股息的公司至少25%的资本且持股价值超过7.5万美元，则适用本税率。

⑦ 5%的税率适用于金融机构之间的贷款。

续表

| 编号 | 国家 | 税率（%）个人公司 | 税率（%）合格公司 | 利息（%） | 许可使用费（%） |
|---|---|---|---|---|---|
| 43 | 立陶宛 | 10 | 5① | 10 | 5/10② |
| 44 | 卢森堡 | 15 | 5③ | 0 | 0 |
| 45 | 马其顿 | 10 | 10 | 10 | 10 |
| 46 | 马来西亚 | -/15④ | -/15 | 15 | 10/15⑤ |
| 47 | 马里 | 15 | 10⑥ | 15 | 0 |
| 48 | 马耳他 | 10⑦ | 5⑧ | 5 | 5 |
| 49 | 墨西哥 | 10 | 10 | 10 | 10 |
| 50 | 摩尔多瓦 | 10 | 10 | 0 | 10 |
| 51 | 蒙古 | 10 | 10 | 10 | -⑨ |
| 52 | 黑山⑩ | 15 | 5⑪ | 10 | 10 |
| 53 | 摩洛哥 | 10 | 5⑫ | 0/10⑬ | 10 |
| 54 | 纳米比亚 | 10 | 5⑭ | 10 | 5 |

① 如果接收公司（合伙除外）直接拥有支付股息的公司至少25%的资本且持股价值超过10万美元，则适用本税率。

② 较低的税率适用于为使用工业、商业或科学设备而支付的许可使用费。

③ 如果卢森堡接收公司直接拥有俄罗斯公司至少10%的资本且持股价值至少为8万欧元或其他等值货币，则适用本税率。

④ 15%的税率适用于合资企业的利润。否则，适用国内税率适用；在条约项下没有任何扣减。

⑤ 较低的税率适用于工业许可使用费。

⑥ 如果持股价值至少为100万法郎，则适用本税率。

⑦ 如果接收公司是马耳他居民，则税率不得超过为马耳他人所得税目的设立的税率。

⑧ 如果接收公司（马耳他居民）直接拥有俄罗斯公司25%的资本且投资的外国资本至少为10万欧元，则适用本税率。

⑨ 适用国内税率适用；在条约项下没有任何扣减。

⑩ 塞尔维亚和黑山都适用南斯拉夫-俄罗斯税收条约。

⑪ 如果接收公司拥有俄罗斯公司至少25%的资本且持股价值至少为10万美元，则适用本税率。

⑫ 如果持股价值超过50万美元，则适用5%的利率。

⑬ 较低的利率适用于外币存款利息。

⑭ 如果接收公司拥有俄罗斯公司至少25%的资本且持股价值至少为10万美元，则适用本税率。

续表

| 编号 | 国家 | 税率（%）个人公司 | 税率（%）合格公司 | 利息（%） | 许可使用费（%） |
|---|---|---|---|---|---|
| 55 | 荷兰 | 15 | 5① | 0 | 0 |
| 56 | 新西兰 | 15 | 15 | 10 | 10 |
| 57 | 挪威 | 10 | 10 | 10 | 0 |
| 58 | 菲律宾 | 15 | 15 | 15 | 15 |
| 59 | 波兰 | 10 | 10 | 10 | 10 |
| 60 | 葡萄牙 | 15 | 10② | 10 | 10 |
| 61 | 卡塔尔 | 5 | 5 | 5 | 0 |
| 62 | 罗马尼亚 | 15 | 15 | 15 | 10 |
| 63 | 沙特阿拉伯 | 5 | 5 | 5 | 10 |
| 64 | 塞尔维亚③ | 15 | 5④ | 10 | 10 |
| 65 | 新加坡⑤ | 10 | 5⑥ | 0 | 5 |
| 66 | 斯洛伐克 | 10 | 10 | 0 | 10 |
| 67 | 斯洛文尼亚 | 10 | 10 | 10 | 10 |
| 68 | 南非 | 15 | 10⑦ | 10 | 0 |
| 69 | 西班牙 | 15 | 5/10⑧ | 0/5⑨ | 5 |

① 如果荷兰公司直接拥有俄罗斯公司至少25%的资本且对其投资至少超过7.5万欧元或其他等值货币，则适用本税率。

② 如果葡萄牙公司在付款前不间断直接拥有俄罗斯公司至少25%的资本的时间至少达到两年，则适用本税率。

③ 塞尔维亚和黑山都适用南斯拉夫－俄罗斯税收条约。

④ 如果接收公司拥有俄罗斯公司至少25%的资本且持股价值至少为10万美元，则适用本税率。

⑤ 从2017年1月1日开始。

⑥ 从2017年1月1日起，如果接收公司拥有支付股息的公司至少15%的资本（不适用于不动产投资基金分派的股息），则适用本税率。

⑦ 如果接收公司直接拥有俄罗斯公司至少30%的资本且持股价值至少为10万美元，则适用本税率。

⑧ 同时满足下列条件时适用5%的税率：（1）西班牙公司在俄罗斯公司投资至少10万欧元；（2）股息在西班牙是免税的。如果仅满足其中一个条件，则适用10%的税率。

⑨ 较低的税率适用于居所在缔约国境内的信贷机构发放的长期贷款（至少七年）。

续表

| 编号 | 国家 | 税率（%）个人公司 | 税率（%）合格公司 | 利息（%） | 许可使用费（%） |
|---|---|---|---|---|---|
| 70 | 斯里兰卡 | 15 | 10① | 10 | 10 |
| 71 | 瑞典 | 15 | 5② | 0 | 0 |
| 72 | 瑞士 | 15 | 5③ | 0 | 0 |
| 73 | 叙利亚 | 15 | 15 | 10 | 4.5/13.5/18④ |
| 74 | 塔吉克斯坦 | 10 | 5⑤ | 10 | 0 |
| 75 | 泰国 | 15 | 15 | 10⑥ | 15 |
| 76 | 土耳其 | 10 | 10 | 10 | 10 |
| 77 | 土库曼斯坦 | 10 | 10 | 5 | 5 |
| 78 | 乌克兰 | 15 | 5⑦ | 10 | 10 |
| 79 | 英国 | 10 | 10 | 0 | 0 |
| 80 | 美国 | 10 | 5⑧ | 0 | 0 |
| 81 | 乌兹别克斯坦 | 10 | 10 | 10 | 0 |
| 82 | 委内瑞拉 | 15 | 10⑨ | 5/10⑩ | 10/15⑪ |
| 83 | 越南 | 15 | 10⑫ | 10 | 15 |

① 如果斯里兰卡公司拥有俄罗斯公司至少25%的资本，则适用本税率。

② 如果瑞典公司拥有俄罗斯公司100%的资本（或就合资公司而言，拥有合资公司至少30%的资本）且外国投资资本至少为10万美元，则适用本税率。

③ 如果瑞士公司拥有俄罗斯公司至少20%的资本且持股价值超过20万瑞士法郎，则适用本税率。

④ 4.5%的税率适用于电影、电视和广播节目，13.5%的税率适用于文学、艺术和科学产品，18%的税率适用于计算机软件、专利、商标和专有技术。

⑤ 如果接收公司拥有支付股息的公司至少25%的资本，则适用本税率。

⑥ 10%的税率适用于俄罗斯银行发放的贷款。

⑦ 如果持股价值至少为5万美元，则适用本税率。

⑧ 如果接收公司拥有俄罗斯公司至少10%的资本或表决权，则适用本税率。

⑨ 如果接收公司（合伙除外）直接拥有支付股息的公司至少10%的资本且持股价值至少为10万美元，则适用本税率。

⑩ 5%的税率适用于银行贷款。

⑪ 较低的税率适用于技术援助费用。

⑫ 如果越南公司在俄罗斯公司的资本中直接投资至少1000万美元，则适用本税率。

《税法》第 25 章中的一项规定明确指出,在发生冲突时,双重征税条约的效力优先于《税法》。第 25 章包含的有利规则要多于俄罗斯现行的与外国法律实体税务条约减免相关的法律。根据《税法》第 25 章的规定,纳税人可以在没有向俄罗斯税务机关办理任何备案的情况下,通过向预提税款代理人(通常是俄罗斯付款人)提交证明纳税居民身份和纳税人受益所有人状态的文件,在俄罗斯获得条约项下预提税款方面的税收减免。

截至 2014 年 1 月 1 日,如果就俄罗斯股份公司的股份支付股息,预提税款代理人(俄罗斯存托人)只能根据合并信息适用普通预提税款税率(例如,在《俄罗斯—塞浦路斯双重征税条约》项下对股息适用 10% 的税率),而不考虑附加额外要求(例如投资门槛)的抵免税率。有效的做法是,俄罗斯税务代理人将超额预提税款,外国投资者还需要根据俄罗斯《税法》中规定的程序,要求从俄罗斯预算中退还超额支付的税款。

俄罗斯于 2014 年 11 月 4 日批准了经济合作与发展组织—欧洲委员会《多边税收征管互助公约》(以下简称《公约》)。《公约》于 2015 年 7 月 1 日对俄罗斯联邦生效,并对 2016 年 1 月 1 日及以后开始的应税期间内的行政互助产生效力。

俄罗斯联邦于 2016 年 5 月 12 日成为《多边主管当局通用申报准则协定》的签署国。并于 2018 年 1 月 1 日开始实施关于通用申报准则的国家法律。为了交换信息,俄罗斯仍应与协定生效国的主管当局签署双边协定。俄罗斯希望与之交换信息的国家或地区的名单已在经济合作与发展组织网站上发布。

俄罗斯于 2017 年 1 月 26 日签署的《关于交换国别报告的多边主管当局协定》,允许在签署国之间自动交换国别报告。俄罗斯国家法律已于

2018年1月1日开始实施。

俄罗斯于2017年6月7日签署了《执行税收条约相关措施防止税基侵蚀和利润转移的多边公约》。

除上述情况外，俄罗斯还签署了以下旨在避免双重征税的税务条约，但该等条约尚未得到适用（例如，尚未得到批准，交换批准文书的程序尚待进行）：

表4 与俄罗斯订立但尚未生效的避免双重征税条约的国家

| 编号 | 国家 | 税率（%） 个人公司 | 税率（%） 合格公司 | 利息（%） | 许可使用费（%） |
| --- | --- | --- | --- | --- | --- |
| 1. | 比利时① | 15 | 5② | 10 | 0 |
| 2. | 爱沙尼亚 | 10 | 5③ | 10 | 10 |
| 3. | 埃塞俄比亚 | 5 | 5 | 5 | 15 |
| 4. | 格鲁吉亚 | 10 | 10 | 10 | 5 |
| 5. | 老挝 | 10 | 10 | 10 | 0 |
| 6. | 毛里求斯 | 10 | 5④ | 0 | 0 |
| 7. | 阿曼 | 10 | 5⑤ | 0 | 5 |

### （二十二）俄罗斯是否征收增值税

是的。增值税是对所有进口到俄罗斯的货物征收的，也适用于货物、工作和服务的销售。根据《税法》最近的修正，在俄罗斯管辖区域领土范围

---

① 日期为2015年5月19日的《俄罗斯-比利时双重征税条约》。已签署，但未获批准。
② 受益所有人是一家在连续至少12个月内直接拥有支付股息的公司至少10%的资本且持股价值至少为8万欧元的公司。
③ 如果接收公司（合伙除外）拥有支付股息的公司至少25%的资本且持股价值至少为7.5万美元，则适用本税率。
④ 如果接收公司的持股价值至少为5万美元，则适用本税率。
⑤ 如果接收公司的持股价值至少为5万美元，则适用本税率。

内（例如大陆架上的人工岛屿和钻探平台）销售的或进口到该领土范围内的货物和服务适用相同的增值税制度。根据新的规则，下列情况：（1）为在位于俄罗斯联邦大陆架、专属经济区和/或俄罗斯部分的里海海床的地表下地块上进行地质研究、勘探和开发油气之目的，而提供的某些类型的工作（服务）；（2）外国公司向俄罗斯客户提供的电子服务。

所有纳税人和扣缴义务人的增值税纳税期间为日历季度。按照惯例，纳税人必须在申报季度后的每个月第25天以前分期等额缴纳增值税。目前的法律规定，大多数商品、工作和服务的销售适用18%的增值税税率。在药品、医疗设备、某些食品和期刊等有限类型的商品适用较低的10%税率。货物出口则适用0%的增值税税率。此外，某些类型的货物、工作和服务免征增值税，包括以下各项：

·来自适用互惠待遇的管辖区域的土地、住宅与公寓以及被认可的外国法律实体代表处和分支机构租赁的办公场地。

·某些医疗商品和服务。

·出售股票、衍生品和回购交易。

·金融服务企业（登记人、存托人、交易商、经纪人、证券管理企业、投资、共同基金和私人养老金基金管理公司、结算机构、交易组织人）提供的某些业务。

·转让专有知识产权（如专利、专有技术，但商标除外）以及根据许可（包括非独占许可）使用这些知识产权的成果（如软件使用许可）的权利。

根据2009年4月30日俄罗斯政府第372号决议通过的一项清单（已经修正），进口增值税免税适用于不在俄罗斯境内生产的技术设备。

一般而言，为购置货物、工作和服务缴纳的增值税可以抵销从客户处收取的增值税。俄罗斯的买方无须推迟到货物、工作和服务交付之时才抵销预付款的进项增值税，并且可以用专用预付款增值税发票进行抵销。俄罗斯关于增值税的法律允许通过开具修正增值税发票来确认当前纳税期间的追溯性折扣（但是，如果折扣不改变合同中设定的价格，纳税人无须开具修正增值税发票）。允许电子开票方式，但需要数字签名并通过运营商授权进行数据传输，并须征得交易对方的同意。

企业最终向国家缴纳的只是进项增值税和销项增值税之间的差额部分。但是，按一般规则，如果纳税人为销售免缴增值税的货物或提供免缴增值税的服务所使用的货物、工作或服务而产生进项增值税款项，则纳税者不得抵销该等增值税。在这种情况下，纳税人须单独核算其应缴增值税的交易和免缴增值税的交易，并将与免缴增值税的销售有关的进项增值税计入其生产成本。在投入的成本中只有部分是用于生产应缴增值税的货物或提供应缴增值税的服务的情况下，相应的进项增值税只能按比例抵销。例如，在提交详细方案的前提下，如果新建造的建筑物有一部分直接出租给俄罗斯认可的免征增值税的外国法律实体的代表处或分支机构，以确保上缴全部增值税。

对于易货贸易，按照一般规则，纳税人无须以现金方式将增值税转给对方。就货物、工作和服务纳税人必须恢复以前收回进项增值税并缴纳给国家预算，包括适用于0%增值税的活动的固定和无形资产（例如，出口已购货物或生产出口货物）。当税基已备妥一整套经确认出口业务的单据后，该等增值税可被抵销。

为了就将来用于出口并免征增值税的货物已缴纳的增值税申请进项增值税退税，纳税人必须向俄罗斯税务机关提交各种证明文件。只有在对各项增值税申报表和文件经审计（应在三个月内完成）后才会准予增值税退税。俄罗斯《税法》规定，执行0%的增值税率可通过合同加以确认，该合同可以是经各方签署的一份文件，也可以是表示各方同意并还有实质性条款的多项文件。对某些交易的0%增值税可以通过提供服务的电子形式加以确认，包括海关申报、装运单据和其他文件。纳税人如符合下列要求之一，可在税务审计结束前获得增值税退税：①纳税人已存续三年以上，在前三个日历年度内缴纳的增值税（进口增值税除外）、消费税、企业所得税和采矿税的税款总额不少于100亿卢布；②纳税人已提供经授权的俄罗斯银行提供的银行保函，能为全额收回增值税提供担保。获授权银行名单由俄罗斯财政部掌握。在基建工程中，缴纳给货物、工作和服务供应商的进项增值税可随着工程的进展根据一般程序加以抵销。

在俄罗斯各地注册了多个代表处或分支机构的外国法律实体可在公司层面合并所有应计和抵销的增值税税额。出于合并计算和抵销的考虑，外国法律实体必须选择由某一代表处或分支机构负责在公司层面申报增值税，并将其决定通知在俄罗斯境内注册的每个代表处和分支机构的地方主管税务机关。

外国公司如果在俄罗斯没有办理税务登记但从事经营活动（开展销售或提供服务），则该外国公司的俄罗斯客户必须从汇给外国公司的款项中代扣9.09%或15.25%的逆向征收增值税（逆向征收的增值税代扣比例取决于已适用的是10%还是18%的基础增值税率），并必须自行直接向国家预算缴纳该等逆向征收的增值税。

增值税纳税申报单仅可以电子形式提交给税务机关。

## （二十三）对有地下资源使用权的人的特定税项

《税法》第26章规定的采矿税，自2002年1月1日起生效。采矿税一般是结合从地下开采的矿产资源的价值，基于其销售价格计算的（这里不包括增值税和消费税，须遵守《税法》的转让定价规定，实际不得低于市场价格）。纳税人须分别计算开采的每种矿产资源的税基，并按月纳税。

特别是第 26 章规定黄金的采矿税税率为 6%，白银的采矿税税率为 6.5%。

自 2014 年 1 月 1 日起，符合地区投资项目参与者资格的纳税者（相关要求根据单独的复杂程序加以规定）所开采的除矿泉水、石油天然气以外的矿产资源可享受免税期。

自 2014 年 7 月 1 日起，俄罗斯开始采用一项全新的天然气和天然气凝析油税率计算公式，这是矿产资源行业税收改革的一个渐进步骤。新公式类似于用于确定原油税率的公式，它还反映了天然气的平均市场价格和其他因素，包括天然气回收的复杂性。

天然气税率按以下规定确定：

税率 = 每 1000 立方米天然气 35 卢布 × $U_{sf}$ × $C_c$ + $T_e$

其中：

$U_{sf}$ 是标准燃料单位的基准价值，根据《税法》规定的公式确定。

$C_c$ 是反映天然气和天然气凝析油回收之复杂性的系数。$C_c$ 系数等于以下乘数之一的最小值：反映天然气储量消耗的系数、反映矿藏地区特征的地区系数、反映天然气和天然气凝析油开发深度的系数、反映地下地块对地区供气系统之属性的系数、反映开发特定地下地块之特殊性的系数。$C_c$ 从 0.1 到 1 不等。

$T_e$ 是相关天然气运输费用。从 2015 年 1 月 1 日开始，$T_e$ 根据《税法》规定的公式确定。

同一天，天然气凝析油的税率采用相似的公式得以确定。

税率 = 每 1 吨天然气凝析油 42 卢布 × $U_{sf}$ × $C_c$ × $F_{ad}$，

其中：

调整系数（$F_{ad}$）是根据《税法》规定的公式确定的。

同时，纳税人等到了一项期待已久的免税政策，它适用于在开采天然气凝析油时为保持地层压力而注入地层的天然气，免税对象须是同时满足以下要求的地下资源使用人：①自费对油田进行勘探和探矿；②在 2001 年 6 月 1 日之前获得签发的有关许可证确认了就矿产资源基地的恢复免于征税。符合条件的地下资源使用人有权按照通常从相关许可油田开采的自然资源所需缴纳的税款的 700% 纳税。自然资源使用人向国家预算缴纳的采矿税可包含在其可抵扣费用中，降低企业所得税的应税税基。《税法》第 26 章没有向地下资源适用人提供任何特别优惠。

自 2017 年 1 月 1 日起，原油的采矿税是根据以下新公式确定的税率乘以脱水、淡化和稳定后的开采量来确定的：

税率 = 每 1 吨原油 919 卢布 × $C_p - D_m$.

反映乌拉尔原油世界价格波动的系数（$C_p$）每月按以下公式确定：

$C_p = (P - 15) \times K/261$

其中：

P 是前一个月国际石油市场（地中海和鹿特丹石油市场）中乌拉尔原油的每桶美元平均价格，K 是俄罗斯中央银行确定的该日历月卢布/美元平均汇率。

代表石油开采系数（$D_m$）的数字按以下公式计算：

$D_m = C_{met} \times C_p \times (1 - C_d \times K_z \times F_c \times F_{cd} \times F_r) - K_k$

其中：

采矿税系数（$C_{met}$）从 2016 年起等于 559。

如果油田储量消耗率等于或超过 80%，则适用储量消耗率（$C_d$）系数。储量消耗率按以下公式计算：

$C_d = 3.8 - 3.5 \times N/V$,

其中：

N 是根据国家矿产储量余额信息油田产出的累计原油量（包括采矿损失）。

V 是总储量（所有类别的储量总和）。

$C_d$ 这一系数有效地降低了贫化油田的采矿税税率。对于消耗率超出 100% 的油田，最小系数为 0.3。在上文未提及的其他情况下，$C_d$ 系数为 1。

储量率（$K_z$）系数在油田总储量（$V_z$）少于 500 万吨和油田储量消耗率（$C_d$）不超过 5% 的情况下适用。$K_z$ 系数根据以下公式计算：

$K_z = 0.125 \times V_z + 0.375$，

其中：

$V_z$ 是以万吨为单位的总储量。

产出石油回收复杂性系数（$F_c$）单独针对特定类型的油矿加以确定，从 0.2 到 1 不等。

某一特定的油矿消耗系数（$F_{cd}$）按与 $C_d$ 相同的方式针对每一油矿计算。

地区和油质系数小（$F_r$）通常等于 1。对于特定类型的石油（稠油）以及从位于俄罗斯的某些地区的油田生产的石油，$F_r$ 等于 0。

Kk 在 2017 年 1 月 1 日至 2017 年 12 月 31 日的期间内等于 306，在 2018 年 1 月 1 日到 2018 年 12 月 31 日的期间内等于 357，在 2019 年 1 月 1 日到 2020 年 12 月 31 日的期间内等于 428，从 2021 年 1 月 1 日起等于 0。

石油公司对于难以开采的原油可享受免税期，但须满足特定条件。（例如，从位于俄罗斯的某些地区的油田生产石油，高黏度稠油。）

从 2014 年 1 月 1 日起，从新的近海油气矿开发的油气适用特别的征税规则。采矿税的计算方法是将（从新的油气矿开发的）首次达到使用质量标准的油气其价值乘以指定的稳定期内的适用税率。油气价值根据相关月份纳税人的油气销售价格减去增值税、消费税和运输费用（计算的价格）加以确定，但条件是得出的油气单位价格不低于最低单位价格；或根据最低单位价格确定油气价值。根据新的近海油气矿的位置不同，税率从 1% 到 30% 不等。

## （二十四）产品分成协议的参与者所适用的特殊税制的主要内容

根据《税法》第26.4章的规定，自2003年6月10日起，根据产品分成协议开采矿产的公司（投资者）适用特殊（与采矿税相比属于完全不同的）税制。例如，投资者在达到产品分成协议中规定的一定规模的商业化生产前，按采矿税税率的50%就石油和天然气凝析油纳税。一旦投资者达到了该水平，应按完整的采矿税税率就石油和天然气凝析油纳税。

同时，投资者可被免征地区和地方税（假设在地区级政府有适用的法律）、企业物业税和运输税（仅适用于直接用于产品分成协议项下油气开采目的的固定资产和车辆）。此外，根据产品分成协议的条件，投资者还可进一步获得增值税、底土使用费和水税、国家税项、关税和海关收费、土地税、消费税和以前根据产品分成协议条款缴纳给国家预算的生态税的退税或返还。

《税法》第26.4章规定的产品分成协议税制增加了投资者需遵守的税法规定，并提高了投资者应缴纳的税款金额。这些修订很可能使产品分成协议变更不再是对投资者具有吸引力的提议，特别是因为俄罗斯只有三项产品分成协议（都是在第26.4章颁布之前早已订立的，因此免于适用第26.4章的规定），而自20世纪90年代中期起便未再订立任何新的产品分成协议。

## （二十五）俄罗斯企业物业税的主要内容

企业物业税是一项地区税，即由相关地区的法律规范，最高税率为2.2%。税基包括纳税人在俄罗斯拥有的动产和不动产性质的固定资产，并基于根据会计原则（而不是税务会计原则）确定的该等资产的折旧后账面价值计算。从2014年1月1日开始，某些类型的不动产，其税基应根据由国家地籍评估机构确定的地籍价值计算。例如商业和购物中心、办公室、交易场所、餐饮和消费者服务场所以及在俄罗斯不设常设机构的外国实体拥有的物业，或不用于此类常设机构业务活动的物业。对于位于莫斯科地区和俄罗斯联邦所有其他地区的物业，根据新规则计算的2018年最高税率不应超过2%。

应税资产不包括计入纳税人资产负债表的存货、任何成本或无形资产、土地和水体。从2015年1月1日起，使用年限为一至两年（第一折旧组）以及使用年限为两年以上但不超过三年（第二折旧组）的固定资产免于征税。从2018年1月1日起，在俄罗斯联邦层面停止实施2013年1月1日以来入账的动产（从关联方收到的除外）所适用的企业物业税免税措施。俄罗斯各地区可继续根据有关企业物业税的地区法律向当地纳税人实施此项免税措施。

投资房地产的共同基金管理公司须就基金持有的物业缴纳物业税。企业物业税由管理公司从基金持有的物业中缴纳，并且有效适用于公司和个人投资者持有的物业。

《税法》第30章进一步对某些类别的物业免于征税，例如位于俄罗斯联邦领海的海床、大陆架、里海河床位于俄罗斯的部分和/或专属经济区内用于勘探开发新的海上油气资源的不动产。此外，在征收物业税时，地区政府可以对不同类别的纳税人或不同类型的应税物业设定较低或差别化的税率。

企业物业税按年缴纳，每季度预缴。但是，俄罗斯联邦的地区政府可以豁免某些类别的纳税人（包括俄罗斯和外国组织）评估和预缴企业物业税的义务，有时还可以为这类纳税人提供物业税免税或投资鼓励。

前曾所述的《去离岸化法》引入新的规定，要求在俄罗斯持有不动产外国公司和"外国非法人机构"在提交物业税申报表的同时披露直接和间接所有者（包括个人受益人在内的完整所有权链）。

## （二十六）俄罗斯是否实行社会保险税

俄罗斯征收社会保险缴款，用于分别向国家养老基金、社会保险基金和联邦强制性医疗保险基金供款。社会保险缴款应向联邦税务局缴纳。

社会保险缴款对于员工年度工资不超出下列上限（社保缴款上限）的部分按30%的合计比率征收：

· 国家养老基金缴款1021000卢布。

· 社会保险基金缴款815000卢布。

· 联邦强制性医疗保险基金缴款无上限。

社会保险缴款按下列规定缴纳：①国家养老基金缴款，不超出上限的部分按22%缴纳，超出部分按10%缴纳；②社会保险基金缴款，不超出上限的部分按2.9%缴纳，超出部分无须缴纳；③联邦强制性医疗保险基金缴款，按全额的5.1%缴纳，无上限。

社会保险缴款适用于向个人（包括采用简化税制的个人）支付的所有款项，即便款项是用净收入中的资金支付的。社会保险缴款期限为一年并按月缴纳。

在2011年至2027年的过渡期内，某几类缴款人将适用下调的社会保险缴款比率，例如IT公司、农产品生产商、采用简化税制和专利税制的某些公司。设于某些经济特区和社会经济发展优先地区的公司、国家预算内的科研机构和法律规定的其他类别的社保缴款人按0%到30%不等的下调比率缴纳社会保险缴款。[1]

---

[1] 例如，下列社会保险缴款费率将视雇员类别而适用：0%的费率适用于俄罗斯国际船舶登记册上登记在案的船只所雇用的船员的薪酬；13.8%至14%的费率适用于2015年IT公司雇员的薪酬；等等。

向在俄罗斯境内临时居住并根据劳动合同工作（不论劳动合同的期限长短）的外国公民支付的工资或其他付款须缴纳社会保险缴款，具体如下：①国家养老基金缴款，不超出国家养老基金缴款上限的部分按22%的正常比率缴纳，超出部分按10%缴纳；②社会保险基金缴款，不超出社会保险基金缴款上限的部分按1.8%缴纳，超出部分无须缴纳。向对于尚未获得俄罗斯税务居民身份但被视为《劳动法》所定义的"特级外国专家"（即工作经验丰富、技能卓著和成就非凡，工资水平高于2002年7月25日第115号法律规定的门槛水平的外国公民或无国籍人士）支付的报酬免缴社会保险缴款。

## （二十七）俄罗斯个人所得税的主要内容

被定义为"俄罗斯税务居民"的个人，即在连续12个月内在俄罗斯逗留183天以及以上的个人，其所有收入（包括在俄罗斯赚得的以及在其他地方赚得的收入）都要缴纳个人所得税。不符合这一标准的个人须要为源于俄罗斯的收入纳税。从2001年1月1日起，俄罗斯颁布了各种所得税税率，包括适用于俄罗斯税务居民取得的大多数类型收入（包括股息收入）的13%的固定税率；适用于赌博所得、彩票奖金、被视为从低息或免息贷款中取得的收入（用于新建住宅或购置住宅的贷款除外）和过高银行利息的35%的税率；适用于非居民税务所取得的俄罗斯来源收入以及在取得此种收入的相关外国名义持有人不能及时向俄罗斯存托机构提供适当的汇总信息的情况下，适用了从外国名义持有人和类似账户（而不是所有者账户）持有的某些类型的证券取得的收入的30%的税率。对于尚未获得俄罗斯税务居民身份但被视为俄罗斯劳动立法所定义的"特级外国专家"（即有实质工作经验、技能和成就的外国公民或无国籍人，其工资高于2002年7月25日《第113号法律》所规定的标准），他们在俄罗斯的工资按13%的税率缴纳俄罗斯个人所得税。

针对为税务目的记录不同类别证券和衍生品交易的财务结果的个人，《税法》规定了具体的规则。个人投资者可以在自结算之日起十年内对可交易证券和交易衍生品的亏损加以结转。在满足前面章节所讨论的适用于公司的要求的条件下，俄罗斯对个人出售或赎回（2011年1月1日后取得的）俄罗斯公司股份的所得全额也予免税。俄罗斯税务居民投资于在俄罗斯证券交易所上市的证券的，可享受旨在吸引长期证券投资的投资税减税。

纳税人取得的收入如果在支付来源处未被扣缴所得税，则纳税人必须在下一年的4月30日以前，根据其前一年的实际收入进行纳税申报，并在当年的7月15日之前履行完毕上一年的纳税义务。外国个人只有在取得非俄罗斯来源的收入或未在支付来源处被扣缴所得税的收入的情况下，才有必要在报告年度的下一年4月30日以前向税务机关进行年度纳税申报。外国个人如果在某一个日历年中离开俄罗斯，则应在离境前至少提前一个月就有关纳税期间进行纳税申报。

## （二十八）自愿披露机制的主要条款

俄罗斯总统于2018年2月19日签署了《关于个人自愿申报财产和银行账户（存款）法》修正案。该法规定了俄罗斯个人纳税人（申报人）在不缴纳税款和罚款的条件下申报之前未曾披露但在俄罗斯须征税的财产和外国银行账户（存款）的第二个阶段。即使动产（包括现金和股票）位于境外管辖区域，也不需要将资产汇回俄罗斯境内。该法保证针对申报人在2018年1月1日之前在购置（累积资金）、使用和处置已申报财产的行为免于被追究刑事、行政和税务方面的责任（除非此人被起诉或接受调查）。申报人必须在2018年3月1日至2019年2月28日期间向俄罗斯税务机关提交特别申报。申报人必须与专业法律顾问仔细规划资金的披露，以便符合适用税务特赦及有关豁免和保证的条件。

### （二十九）俄罗斯其他地区和地方税的适用性

地区和地方立法机构可酌情就地区和地方税实施各种税收优惠和抵免政策。地区税目前包括公司财产税、运输税和赌博税。地方税目前包括个人财产税、土地税和贸易税。虽然这些税项由地区和地方征收，但联邦立法对其整体税率设定了限制。

## 九、海关、贸易和世界贸易组织（WTO）

### （一）概述

关于俄罗斯海关立法基础。俄罗斯海关立法建立在欧亚经济联盟（EAEU）统一规则的基础上。欧亚经济联盟于 2015 年 1 月 1 日成立，成员包括俄罗斯、白俄罗斯、哈萨克斯坦、亚美尼亚和吉尔吉斯斯坦。所有俄罗斯对外贸易法规（包括关税和非关税条例）主要都以在欧亚经济联盟超国家层面制定的规则为基础（有关该联盟的更多细节，请参见下文第 4 节）。欧亚经济联盟取代了俄罗斯、白俄罗斯和哈萨克斯坦的关税同盟（CU）。该关税同盟于 2010 年 1 月 1 日开始运行，并于 2011 年 7 月 1 日确定其主要立法架构。

### （二）加入世界贸易组织

#### 1. 俄罗斯何时加入

2012 年 8 月 22 日，俄罗斯正式成为世界贸易组织（以下简称 WTO）

的第 156 个成员。

### 2. 加入 WTO 的主要好处是什么

WTO 是确立国家间国际贸易规则的主要国际组织。该组织已发布一揽子经世界大多数国家谈判和签署并获该等国家议会批准的国际协议。WTO 的主要目标是确保国家和外国制造商平等参与当地和外国的商品以及服务贸易并开展业务。WTO 的所有成员必须遵守 WTO 规则，且一般可平等地进入其他成员国的市场。

### 3. 俄罗斯加入世贸组织的条件是什么

俄罗斯的承诺和义务是在日期为 2011 年 12 月 16 日的俄罗斯加入世界贸易组织议定书（入世议定书）和日期为 2011 年 11 月 17 日的俄罗斯加入 WTO 工作组报告（入世工作组报告）[①] 中确立的。入世议定书中规定了俄罗斯的关税和非关税义务，即逐步减少和维持特定类型商品的进出口关税和关税配额，以及关于金融、保险和其他类型服务的市场准入的"水平承诺"。入世工作组报告包括俄罗斯经济政策、对外贸易体制和对国民经济所有部门进行外国投资的条件的总体描述，包括俄罗斯加入 WTO 的某些具体条款和承诺。

### 4. 俄罗斯的欧亚经济联盟成员资格是否符合世贸组织规则

俄罗斯是欧亚经济联盟的成员国，欧亚经济联盟规则以 WTO 规则为基础。

2015 年 7 月，哈萨克斯坦签署了加入 WTO 的协议，该协议于 2015 年 10 月获得批准。自 2015 年 11 月 30 日起，哈萨克斯坦成为世界贸易组织第 162 个成员。根据哈萨克斯坦的 WTO 承诺，进口产品有法律拘束力的平均最终关税税率将为 6.5%（农产品为 10.2%，制成品为 5.6%）。而欧亚

---

[①] 俄罗斯加入 WTO 的官方文件公布在 WTO 网站，网址为 https://www.wto.org/english/thewto_e/acc_e/completeacc_e.htm。

经济联盟统一关税则根据俄罗斯在 WTO 的承诺，确立了更高的平均最终税率。为了在欧亚经济联盟中平衡这类产品贸易，哈萨克斯坦对欧亚经济联盟作出了承诺，即所有以较低进口关税税率进口到哈萨克斯坦的产品都不能自由转卖到其他欧亚经济联盟国家（必须首先补偿关税差额）。相关规定（包括所有此类产品的完整清单）于 2015 年 10 月发布，并于 2016 年 1 月 11 日生效。

值得注意的是，欧亚经济联盟已经开始扩大与其他贸易集团的合作。2015 年 5 月，欧亚经济联盟与越南签署了自由贸易协定。2017 年底，与伊朗签订的临时自由贸易区协议生效，协议对欧亚经济联盟和伊朗最感兴趣的出口商品制定了一项优惠贸易制度。该协议有效期为 3 年，在此期间将进行关于全面自由贸易区协议的谈判。2018 年 1 月，欧亚经济联盟和印度开始关于自由贸易区协议的正式谈判，与以色列关于同一事项的谈判也在进行中。

### 5. 俄罗斯对 WTO 的主要关税承诺是什么

①商品市场准入–关税和配额承诺

到 2017 年适用于俄罗斯联邦的具有法律拘束力的最终平均关税上限降至 7.8%，而所有产品 2011 年的平均关税上限为 10%：

· 农产品的平均关税上限降至 10.8%，低于加入之日的平均水平 13.2%。

· 制成品的平均关税上限降至 7.3%，而加入之日的平均水平为 9.5%。

俄罗斯还同意降低一系列产品的关税。全面实施关税削减后的平均关税已降至：

· 乳制品为 14.9%（加入之日的关税为 19.8%）；

· 谷物为 10%（加入之日的关税为 15.1%）；

· 油料油脂和油为 7.1%（加入之日的关税为 9%）；

- 化学品为5.2%（加入之日的关税为6.5%）；
- 汽车为12%（加入之日的关税为15.5%）；
- 电气机械6.2%（加入之日的关税为8.4%）；
- 木材和纸张为8%（加入之日的关税为13.4%）；
- 糖为每吨223美元（加入之日的关税为每吨243美元）。

到2015年，棉花（加入时）和信息技术产品的进口关税为零。

2015年9月，欧亚经济联盟根据俄罗斯对WTO的承诺进一步降低了4061种产品（主要为电子设备、家具、家用电器、纺织品）的进口关税。2016年9月，欧亚经济联盟降低了大约1700项关税细目的进口关税税率。2016~2017年，进口关税总税率进一步降至5.2%~5.3%（2015—2016年为5.42%）。2017年9月，欧亚经济联盟额外降低了有关商品、纺织品、轻型汽车和食品等产品的约800项关税细目的进口关税税率。

**6. 俄罗斯是否履行《入世议定书》所规定的关税义务**

在加入时，欧亚经济联盟统一关税所列进口关税税率的90%均低于《入世议定书》中的进口关税税率。这意味着俄罗斯保留提高某些商品的进口关税税率的权利，但目前来看发生这种情况的可能非常之低。

在加入之日，超过三分之一的国家关税细目开始执行最终约束性税率，另外四分之一的关税削减将在为每一个特殊项目提供的三至七年的过渡期内落实。过渡期最长的是家禽，为期8年（至2020年），其次是汽车、直升机和民用飞机，均为7年（至2019年）。

**7. 俄罗斯在关税配额和出口关税方面的主要承诺是什么**

俄罗斯已为牛肉、猪肉、家禽和一些乳清产品确立了关税配额。在配额内进入市场的进口产品将享受更低的关税，而较高的关税适用于在配额以外进口的产品。

配额内和配额外的税率如下，括号内的为配额外税率：

・牛肉-15%（配额外税率55%）。

・猪肉-0%（配额外税率65%）。2020年1月1日起，猪肉关税配额将由25%的固定最高税率取代。

・特定的禽类产品-25%（配额外税率80%）。

・某些乳清产品-10%（配额外税率15%）。

・这些配额中的一些还受限于针对特定成员的分配。

②出口关税

在加入WTO之日，超过700项关税细目的出口关税开始生效，包括某些鱼类和甲壳类、矿物燃料和油、生皮和皮、木材、纸浆和纸张以及贱金属制品。2016年9月，俄罗斯降低了某些鱼类产品、木材和矿石矿物、钻石、宝石、金属及其制品的约200项关税细目的出口关税。

### 8. 俄罗斯在服务市场准入方面的承诺是什么

俄罗斯就11个服务部门和116个分部门作出了市场准入承诺。30个行业不设市场准入限制，这些行业包括广告、市场调研、咨询和管理服务等。与此同时，俄罗斯没有对包括管道、铁路和国内水路运输、医疗服务和科学研究活动在内的39个行业作出任何承诺。因此，在这些领域，外国公司的市场准入仍然受到限制。

俄罗斯对其《入世议定书》中规定的各种服务的市场准入和国民待遇有一定的限制。例如，俄罗斯实体可优先作为承包商、供应商和承运商参与矿物原料勘探、开发和生产的产量分成协议。

在俄罗斯加入WTO的9年后（即2021年），外国保险公司将获准在俄罗斯设立分支机构。

外国银行可在俄罗斯设立子公司。对个别银行机构中的外资比例不设上限，但俄罗斯联邦银行体系的总体外资参与比例以50%为限（不包括投资于可能被私有化的银行的外国资本）。为了控制俄罗斯银行业的外资比例，建立外国参与的信贷机构、增加其法定资本以及以非税务居民为受益人让渡股份均需俄罗斯中央银行事先授权。从加入 WTO 之日起，俄罗斯便允许 100% 外资企业从事专业化商业服务，包括法律、建筑、会计、工程、医疗、广告、市场和管理服务、视听服务、分销服务（包括快递）以及批发和零售服务。俄罗斯对能源服务、计算机及其相关服务的外国提供者承担了额外的市场准入义务。

### 9. 加入 WTO 后，俄罗斯是否保持了对民族工业的支持

俄罗斯承诺逐步减少对农业的国内支持，从 2012 年的 90 亿美元减至 2018 年的 44 亿美元。2015 年和 2016 年，国内支持金额分别低于 36 亿美元和 39 亿美元。2017 年，国内对农业部门的支持金额为 44 亿美元。2018 年，根据俄罗斯加入 WTO 时所作的承诺，俄罗斯计划在国内支持农业方面投入 44 亿美元。

目前，俄罗斯采用工业装配汽车和零部件制度，以期为制造商提供符合某些本地化要求的进口关税优惠税率。根据俄罗斯加入 WTO 的承诺，俄罗斯应从 2018 年 7 月 1 日起取消上述优惠。重要的是，俄罗斯与汽车及零部件制造商之间达成的所有关于汽车和零部件工业装配的协议在 2020 年底之前均保持有效。欧亚经济联盟层面也建立了类似的工业装配制度。在取消工业装配计划后，俄罗斯政府当时预计在 2019 年制定可以向当地制造商提供的优惠，以补偿取消的进口关税豁免。

俄罗斯联邦代表确认，根据 1 号汽车投资计划和 2 号汽车投资计划以及在该等计划项下达成的协议采用的所有与 WTO 不符的措施（包括优惠关税或关税豁免）于 2018 年 7 月 1 日之前取消。俄罗斯联邦代表还确认，俄罗斯联邦不会与任何部门的投资者缔结与 WTO 协议（包括 WTO 与贸易有关的投资措施协议）相悖的任何新协议。入世工作组记录了这些承诺。

俄罗斯保留了在能源、电信和教育等领域对外国人在市场准入和国民

待遇方面实施严格限制的权利。在电信方面，俄罗斯在加入后的四年中取消了49%的外国股权限制。俄罗斯联邦还同意适用WTO基本电信协议的条款。虽然俄罗斯没有签署《世界贸易组织政府采购协议》（GPA），也没有在这方面承担任何义务，但同意作为政府采购协议的观察员，并在4年内开始加入政府采购协议的谈判。因此，俄罗斯政府保留了限制外国公司和原产于外国的商品进入该国最大市场的权利。

俄罗斯已经对以下几种外国产品进入其政府采购市场进行了限制：

·重型机械（包括军民两用和军用）。

·机器和机动车。

·轻工产品。

·医疗设备。

·软件程序。

·某些药用制剂。

·某些无线电电子产品。

·某些类型的食品。

·某些类型的家具和锯木工业产品。

此外，从2017年开始，所有属于"俄罗斯制造"或"欧亚经济联盟制造"的产品在公开招标中相比外国产品均可享受15%的优惠。

### （三）世界贸易组织争端解决

#### 1. WTO成员如何解决国际贸易冲突

WTO成员可就任何与贸易有关的问题提请争端解决。如果任何WTO成员认为任何其他成员违反了WTO协议的任何条款或该成员在WTO内的承诺，则这一成员可对该等其他成员提请争端解决。

WTO内的争端由争端解决机构（DSB）解决。在1995年1月至2016

年12月期间，WTO成员提起了约520起争端，其提出争端的权利基于一项假设，即违反WTO规则和承诺对其他WTO成员具有不利影响。

争端解决机构是WTO的一个特殊机构，位于WTO总部，旨在解决WTO成员之间的争端。争端解决机构由所有成员组成，通常由大使或同等人员代表，由主席领导。

争端往往在争端前阶段通过在争端解决机构的指导下征求相关WTO成员的意见来解决。目前只有WTO成员才享有参与争端解决机构的权利，私营公司没有这一权利。

WTO争端解决程序包括四个阶段：①磋商（60天）；②专家组对投诉进行审议（9个月）；③上诉程序（90天）；④以取消某项措施、补偿或报复的形式执行决定（15个月）。实践中，这些期限可能会延长。

如果被诉方败诉，则将受到争端解决机构（专家组或上诉机构）最终决定的约束，并应向争端解决机构告知其执行争端解决机构裁决的意图和措施。当被诉方不能立即执行决定时，必须给予其"合理的时间"加以执行。

争端解决机构应监督其裁决的执行情况，并就其执行情况出具正式报告。如果被诉方在合理期限内未能遵守争端解决机构的裁决，则投诉方有权申请临时措施，包括要求赔偿或中止减让（报复）。如果在争端解决机构确定的合理期限内，被诉方未能执行争端解决机构决定，被诉方应与投诉方协商，并就双方可接受的补偿（一项利益，非金钱付款）达成一致。

在合理期限届满后20日内，如未能达成令人满意的补偿，投诉方可要求争端解决机构单方面中止其减让或其他义务（如提高关税）以补偿损失。这时适用的对象应优先考虑争端标的（有关货物、服务或受影响的知识产权）。

## 2. 俄罗斯是否有解决世界贸易组织争端的经验

2012年8月22日起,俄罗斯对任何其他WTO成员采取的任何贸易措施都必须遵守俄罗斯在WTO中的承诺和WTO规则。如果任何WTO成员认为俄罗斯没有遵守其在世贸组织中的任何承诺,或正在实施不符合WTO规则的规定,则可以采取对立措施,或向WTO争端解决机构提起诉讼。俄罗斯还可以质疑WTO成员对俄罗斯采取的任何不合规措施。尽管加入WTO,俄罗斯仍然可以采取即时保护措施,但采取措施的前提是:

· 该措施针对的是与WTO规则不符的另一个WTO成员的措施。

· 在俄罗斯加入WTO时无法预测到的对俄罗斯经济的负面影响。

据统计,俄罗斯与其他WTO成员之间最可能发生争端的领域包括:补贴、卫生和植物检疫措施、技术贸易壁垒、与贸易有关的投资措施、反倾销、反补贴、特殊保障措施、原产地规则、海关估价和一些行业的进口许可[例如,石油和天然气、农业、汽车和汽车工业、飞机、牛肉、钢铁和管道行业、航空运输服务、能源(电力)价格,等等]。

涉及俄罗斯的第一项WTO权利主张由欧盟在2013年提起,事关俄罗斯就机动车征收"使用费",欧盟认为进口车辆须缴纳使用费而俄罗斯本土生产的汽车免除该等费用的做法存在歧视。2013年10月,争端解决机构成立专家组(案号DS462)。在此之后,俄罗斯取消了这一规定,该案终止。此外,俄罗斯就机动车和零配件征收的"使用费"也受到了日本的质疑(案号DS463)。

在2014年和2015年期间,俄罗斯卷入了一系列由欧盟、日本和乌克兰发起的争端解决机构内的争端。特别是欧盟对俄罗斯采取的以下措施提出了质疑,在欧盟看来,该等措施与WTO的规定不符:

· 声称由于对非洲猪瘟病例的担忧,对从欧盟进口生猪及其衍生物质、猪肉、猪肉产品和某些其他商品施加法定限制(案号DS475)。2016

年8月，WTO争端解决机构专家组发布报告并拒绝就欧盟的要求作出裁决。2017年2月，上诉机构即专家组发布报告，确认俄罗斯禁止从欧盟进口生猪、猪肉和其他猪产品的禁令违反了国际贸易规则。

·俄罗斯根据欧亚经济委员会执委会2013年5月14日第113号条例对来自德国和意大利的轻型商用车征收反倾销税（案号DS479）。2017年1月，专家组宣布俄罗斯阻碍意大利和德国轻型商用车出口的反倾销关税不符合规则。

·俄罗斯适用于农业和制造业的某些商品的关税规定（案号DS485）。2016年8月，专家组发布报告并宣布一些俄罗斯关税未遵守1994年关贸总协定（WTO前身）的某些规定。专家组建议俄罗斯作出改变使之符合其在1994年关贸总协定项下的规定。这是WTO首次对俄罗斯做出负面决定。

2015年10月，乌克兰向争端解决机构提出权利主张，质疑俄罗斯在2013年对进口铁路设备及其部件的限制（案号DS499）。当时专家组预计将于2018年4月向当事方发布最终报告。

在2016年和2017年期间，乌克兰还在争端解决机构对俄罗斯提出了两项权利主张，质疑俄罗斯采取的以下措施与WTO的规定不符：

·对从乌克兰通过俄罗斯联邦到第三国的中转运输的多重限制（案号DS512）；

·影响来自乌克兰的某些产品（如果汁、酒精饮料、糖果和墙纸）贸易的措施（案号DS532）。

**3. 俄罗斯是否曾在世界贸易组织内部提起争端**

2015年，俄罗斯对欧盟提出了四项争议，质疑欧盟在与所谓的"第三次能源改革分案"指令、条例、实施法律和决定相关的反倾销调查和审查中用于计算倾销幅度的"成本调整"法（案号DS476）。俄罗斯还作为原告就乌克兰对从其进口的硝酸铵采取的反倾销措施提起争议（案号 DS493）。专家组当时预计不早于 2018 年第一季度向当事方发布最终报告。

2017 年 1 月，俄罗斯要求与欧盟就欧盟对从俄罗斯进口的某些冷轧扁钢产品实施的反倾销措施进行磋商（案号 DS521）。2017 年 5 月，俄罗斯起诉乌克兰，质疑乌克兰在货物、服务贸易和过境贸易方面所采取和维持的限制、禁止、要求和程序（案号 DS525）。

## （四）独联体自由贸易协定

**1. 什么是独联体自由贸易协定，其成员国有哪些**

2011 年 10 月 18 日，独联体国家签署《独立国家联合体自由贸易区协议》（以下简称《独联体自由贸易区协议》），于 2012 年 9 月 20 日对俄罗斯、白俄罗斯和乌克兰生效。到 2012 年 12 月中旬，《独联体自由贸易区协议》获得批准，并开始对亚美尼亚、哈萨克斯坦和摩尔多瓦生效。阿塞拜疆和土库曼斯坦没有签署，乌兹别克斯坦也没有签署，但在 2013 年 12 月 28 日，乌兹别克斯坦批准了关于《独联体自由贸易区协议》成员国与乌兹别克斯坦之间日期为 2011 年 10 月 18 日的《独联体自由贸易区协议》之应用的议定书。根据议定书，已批准议定书的乌兹别克斯坦和其他《独联体自由贸易区协议》成员国将共同受《独联体自由贸易区协议》一般规则的约束，议定书中同时规定了某些重大例外情况除外。2017 年 11 月，议定书获俄罗斯、哈萨克斯坦、白俄罗斯、摩尔多瓦、乌克兰和亚美尼亚批准。

2014 年和 2015 年，《独联体自由贸易区协议》分别获吉尔吉斯斯坦和塔吉克斯坦批准。

《独联体自由贸易区协议》规定了独联体国家领土内货物的自由流通，

独联体成员国之间的贸易无进口关税、无歧视、逐步减少出口关税和取消数量限制。《独联体自由贸易区协议》所涵盖源自缔约国的货物包括：

·源自《独联体自由贸易区协议》成员国的货物在进口国免缴进口关税，某些情况除外（即源自乌克兰的糖）。

·《独联体自由贸易区协议》确定了出口关税的最高税率，就俄罗斯而言主要包括原材料和农产品（即纤维素－10%、油、煤等）。

·缔约国同意在贸易中不适用数量限制。

·确立免费运输（应由缔约国另行商定的管道运输除外）。

《独联体自由贸易区协议》规定，WTO规则将规范货物的海关过境、特殊保障的适用、反倾销和反补贴措施、技术贸易壁垒以及提供补贴和在缔约国之间的贸易中适用的其他措施。

《独联体自由贸易区协议》成员国之间的争端应通过共同协商解决。如果该等协商不能解决，则可将争端提交给专家委员会（根据《独联体自由贸易区协议》所拟的程序），或独联体经济法院。独联体经济法院发布了若干关于解释《独联体自由贸易区协议》的协商结论和决定。由成员国酌情决定，因WTO规则产生的争端也可以根据WTO争端解决程序解决。

预计成员国将在《独联体自由贸易区协议》的法律框架内解决某些重要的相互贸易问题（即运输天然气、出口某些产品的关税、参与政府采购等）。

**2.《独联体自由贸易区协议》是否为所有成员国确立了平等的条款和条件**

《独联体自由贸易区协议》规定了若干例外情况，包括进口关税和对某些产品取消国民待遇，并在某些情况下允许补贴。此外，《独联体自由贸易区协议》并不阻止缔约国采用非关税措施。

2014年，《独联体自由贸易区协议》的2个成员国，即摩尔多瓦和乌克兰批准了与欧盟的联盟协议。欧盟联盟协议的法定要求可能会导致与摩尔多瓦和乌克兰实施《独联体自由贸易区协议》相冲突。就此而言，《独联体自由贸易区协议》的其他成员国可以在该协议中调整摩尔多瓦和乌克兰的成员条件。

从2016年1月1日起，俄罗斯因乌克兰与欧盟订立联盟协议并由此在某些选定行业进入欧洲单一市场而暂停对乌克兰适用《独联体自由贸易区协议》。欧盟与乌克兰的协议自2016年1月1日起临时生效，并于2017年9月1日全面生效。根据《独联体自由贸易区协议》的规定，乌克兰不能同时参与与欧盟和与独联体国家的自由贸易区。

## （五）欧亚经济联盟（EAEU）和关税同盟（CU）

**1. 建立关税同盟的主要目的是什么**

早在2010年，俄罗斯、白俄罗斯和哈萨克斯坦启动了关税同盟，这是一个货物自由流通、统一关税和实行非关税法规和间接税适用法规的统一关税区。

**2. 关税同盟和独联体的主要区别是什么**

一旦货物被出口到任何一个关税同盟成员国，该等货物可以在整个关税同盟领土内自由流通，某些特定类型的货物除外（例如，药物制剂、医疗设备、军民两用产品等）。关税同盟还采纳统一的技术性法规、动植物检疫控制等规则。独联体则不设立统一的关税区。

**3. 欧亚经济联盟何时建立？成员国有哪些**

2014年5月29日，俄罗斯、白俄罗斯和哈萨克斯坦签署了《欧亚经济联盟条约》，据此，从2015年1月1日起，关税同盟变为欧亚经济联盟。关税同盟和关税同盟的规定均成为欧亚经济联盟的一个组成部分。欧亚经济联盟制定了一套统一的规则来规范最重要的经济部门，到2020年将覆盖所有成员国。2015年1月1日起，欧亚经济联盟由俄罗斯、白俄罗斯、哈萨克斯坦和亚美尼亚组成，于 2015 年 8 月 12 日，吉尔吉斯斯坦加入欧亚经济联盟。

亚美尼亚与其他欧亚经济联盟成员之间没有共同边界（阿塞拜疆和格鲁吉亚的领土将与欧亚经济联盟分离）。因此，若要与亚美尼亚进行自由商品贸易，其他欧亚经济联盟国家亦须申请通过阿塞拜疆和格鲁吉亚领土的适用海关过境手续。

**4. 将关税同盟变为欧亚经济联盟的理由是什么**

创立欧亚经济联盟是建立统一经济区的后续阶段。除了 2010 年以来已经落实的关税同盟统一关税区，欧亚经济联盟规定了服务领域的自由贸易，除了包括自然垄断行业（如铁路、能源）市场准入、金融服务准入（包括资本和劳动力自由流动）、统一竞争法、宏观经济政策以及统一的税收和知识产权法规，还应该包括统一的医药制剂和医疗器械等的流通规定。由于欧亚经济联盟是关税同盟的后继，下面我们将在关税同盟层面实施的所有规定称为"欧亚经济联盟"的规定。

**5. 欧亚经济联盟的管理机构是什么部门**

欧亚经济联盟的主要监管机构是欧亚经济最高理事会。与关税同盟类似，欧亚经济委员会保留了欧亚经济联盟执行机构的地位，并被授权发布欧亚经济联盟的实施条例。

## （六）关税同盟统一关税条例

**1. 俄罗斯的关税以什么为基础，其与《商品名称及编码协调制度国际公约》和世界贸易组织规则是否一致**

俄罗斯海关目前的货物分类按照《欧亚经济联盟统一关税》进行，统一关税系基于 1983 年 6 月 14 日的《商品名称及编码协调制度的国际公约》（以下简称《协调制度公约》），规定向通过欧亚经济联盟海关区域的所有货物分配根据《协调制度公约》解释的一般规则所确定的海关分类代码（HS编码）。海关当局控制货物分类的正确性。

自2011年起，《欧亚经济联盟统一关税》定期进行修订，按照俄罗斯在入世议定书所述的WTO内的义务设定了进口关税税率。

## （七）初步分类决定

### 1. 俄罗斯进口商能否获得初步分类决定

能。在评判进口商记录的情况下，俄罗斯海关当局可以对货物的分类作出初步决定，效力相当于美国和欧盟使用的有约束力的关税信息。

### 2. 发布初步分类决定的程序是什么，发布时间是何时

为获得初步分类决定，俄罗斯备案进口商应该准备一套标准文件，通常包括申请表、产品买卖合同、概述商品特点和功能的文件、某些组成文件和确认付款责任的文件。申请人提供的初步分类的资料和文件（如技术说明、图片、样本等）应详尽无遗，并应包含适当确定海关分类代码所需的所有数据。初步分类决定以申请人（备案进口商）的名义发布，且只能由其使用（详情可参阅下文的"备案进口商"部分）。初步分类决定的发布时间是在提交申请之日起90个日历日内，可以法律规定的若干理由延长。初步分类决定有效期为三年，就被分类的货物而言，分类决定对所有俄罗斯海关当局均有适用的强制性。

## （八）卫生及流行病控制措施

为了确保在欧亚经济联盟地区进口和分销的货物符合所有安全要求且不会对生命和健康构成任何威胁，采取了统一的欧亚经济联盟卫生措施。

### 1. 在俄罗斯，哪些类型的货物受到卫生控制

统一的卫生规则包括以下三项受管制货物清单：

·须进行卫生及流行病控制的货物清单（包括几乎所有食品和消费品）。该清单所列货物必须符合规定的卫生和安全要求。

·须进行国家登记的货物清单，以便确认符合卫生及流行病的要求，该清单适用于儿童食品、家用化学产品、酒精饮料等。货物进口到欧亚经济联盟国家之前必须进行国家登记。

·国家登记豁免清单（例如为展览目的进口须进行国家登记的货物时）。

**2. 卫生控制措施在哪里实施，监管当局是什么机构**

货物越过欧亚经济联盟海关边界以及在欧亚经济联盟区域内时，在欧亚经济联盟海关入境点执行卫生及流行病控制。受管制货物的国家登记证书（如有）必须在货物进口到欧亚经济联盟国家领土之前签发。在俄罗斯，由联邦消费者权利保护和公益监督局的区域分部实施卫生流行病控制。

## （九）技术条例（确认合规）

**1. 俄罗斯产品安全要求以什么为基础**

确认合规旨在验证货物符合法定质量和消费者特性要求。在俄罗斯，确认合规以俄罗斯的国家规定和欧亚经济联盟的立法为基础。

**2. 如何识别受管制商品**

欧亚经济联盟的技术规则确立了统一的商品清单（其中的商品须以认证或合规声明的形式强制性确认合规）以及由获欧亚经济联盟成员国认可的认证机构签发，并确立了在整个欧亚经济联盟有效的合规证书和声明的统一形式。

除应强制确认合规的欧亚经济联盟统一商品清单外，欧亚经济联盟的技术规则还包括载明对统一清单所涉商品之要求的若干技术条例，包括47项优先级关税同盟和欧亚经济联盟技术条例。截至2017年11月，欧亚经济联盟已发布44项技术条例，其中36项（包括关于机械设备安全、电梯、低压设备、衣服、粮食、食品、果汁、香水和化妆品、玩具、烟草制品、烟火、包装、电磁兼容性等的法规）生效。2017 年，欧亚经济联盟的技术条例有了以下发展：

・鱼类产品技术条例生效。

・欧亚经济联盟四项技术条例获批准，但将在 2018 年至 2021 年期间生效（即关于化学产品、儿童游乐设施设备、消防安全产品和包括天然矿泉水在内的包装水的技术法规）。

2018 年，欧亚经济联盟的下列技术条例生效：关于液化石油气、游乐设施、儿童游乐设施设备以及电工和放射电子产品生产中使用的危险物质的技术条例。

根据欧亚经济联盟委员会 2017 年 9 月 15 日的《第 66 号决定》，计划在 2018 年底前编制关于在爆炸环境中工作的设备的安全技术条例。

**3. 俄罗斯国家和欧亚经济联盟对货物安全的技术要求有什么矛盾吗**

一旦欧亚经济联盟技术条例生效，相同产品的相关俄罗斯国家要求（标准）即应废止。从 2015 年 1 月 1 日起，欧亚经济联盟各成员国不得在国家层面对未列入统一货物清单但须强制性确认合规的所有产品发布任何额外的技术要求。

目前，在欧亚经济联盟国家仍可能分别存在欧亚经济联盟的技术规则和国家（即地方）标准以及须强制性确认合规的产品的国家清单。因此，目前欧亚经济联盟中存在两种不同的合规确认体系，即欧亚经济联盟统一体系以及俄罗斯、白俄罗斯、哈萨克斯坦、亚美尼亚和吉尔吉斯斯坦个别适用的国家（地方）技术规则。在将货物进口到任何一个欧亚经济联盟成员国之前，确保货物符合这两个体系十分重要。

**4. 俄罗斯在技术条例方面的主要监管机构是什么部门**

为促进并改进俄罗斯技术条例体系，俄罗斯在 2011 年底成立了联邦认证局，负责认可认证机构和测试实验室、管理登记册和国家监督。①

俄罗斯和欧亚经济联盟的强制性技术条例以及俄罗斯关于保护消费者权利的法律对受管制货物适用以下要求：

· 最低技术安全要求。

· 强制性认证/合规声明。

· 强制性标识和标签要求。

· 使用特定标志，包括使用市场上流通的标志（"EAC"）。

此外，可能在消防安全条例方面就货物（即专门用于消防的各种建筑产品和商品）以及在保护个人资料及其他类型的保密信息方面就硬件和软件产品适用某些特定的认证要求。

自2014年起，俄罗斯海关当局不再要求进口货物在通关的过程中提交合规证书或声明的纸质或电子副本，但是备案进口商须在进口报关单上注明上述证书或声明（如有）的相关细节。尽管如此，在实践中，备案进口商有时依然会被要求提供证书或声明的纸质副本（例如，在对某些装运货物实行额外海关控制的情况下）。

俄罗斯技术条例方面主要的监管机构一是联邦消费者权利保护和公益监督局；二是俄罗斯技术法规和计量局。俄罗斯海关当局在受管制产品的清关过程中掌控合规证书和声明的有效性。

## （十）动植物检疫控制

### 1. 俄罗斯的动植物检疫规则以什么为基础，主要的监管机构是什么部门

将某些产品（如活的动物、动物食品、肉类、肉类产品、海产品、植

---

① 参见官网 http：//fsa.gov.ru/。

物等）进口到俄罗斯须依照欧亚经济联盟统一兽医和植物检疫规则的规定受到特别监督（控制）。因此，可控货物可按欧亚经济联盟统一动物检疫要求和俄罗斯联邦动植物检疫监督局按确立的程序签发的特殊许可（动物或植物检疫证书）进口到俄罗斯。该局负责监测可控商品，管理获授权向俄罗斯出口某些货物的外国公司登记册以及禁止从第三国进口到俄罗斯的某些产品的清单。这里需要注意的是，除了在欧亚经济联盟有效的超国家法规外，俄罗斯仍然在兽医和植物检疫控制方面适用某些地方规定（例如，对进口种子适用该等要求）。

2015 年，《联邦植物检疫法》生效，确立了俄罗斯进出口隔离检疫植物的一般要求，包括适用于进口低和高隔离检疫风险植物的特殊要求、进出口植物海关边境控制的特殊程序等，这一规定取代了日期为 2000 年 7 月 15 日的《联邦植物检疫法》的有关规定。

## （十一）进出口许可

### 1. 俄罗斯是否控制潜在危险或经济敏感货物的进口和出口

进口许可制度的法律依据是关于非关税措施的欧亚经济联盟立法。许可措施的目的是监测和控制被欧亚经济联盟各成员国或国际社会列为敏感的货物的进出口。进口和出口许可证在下述情况下是必需的：①在对某些类型商品的进口实行临时数量限制的情况下；②因国家安全、健康、安全或环境保护的理由，对某些货物实施进口管理；③授予进口或出口某些货物的独家权利；④履行国际义务。在欧亚经济联盟层面确立了一份统一的限制和禁止进出口货物清单，基于该清单，某些类别的货物（例如，肥料、稀有动物和植物、具有高度加密保护的商品、有害废物、药品、具有文化价值的物品、宝石和金属等）需要进口或出口许可证才能通过欧亚经济联盟边境。在俄罗斯，由工业和贸易部根据欧亚经济联盟的统一许可规则颁发许可证。包含任何加密设备或功能且不需要进口许可证的产品（包括电子产品等大部分信息技术硬件和软件产品、手机、电脑、笔记本电脑、调制解调器、软件等）必须经由俄罗斯联邦安全局的强制性通知程序。俄罗斯被许可方只能将许可货物进口到俄罗斯，之后有权通过其他欧亚经济联盟成员国的领土运输这些货物。2013年，欧亚经济委员会发布了关于许可证和通知程序的法规。

根据WTO关于对外贸易中的非歧视要求，2011年在关税同盟中废除了药物制剂的进口许可要求。在俄罗斯成为WTO成员的那一刻，关税同盟中酒精产品的进口许可要求也自动取消。

## （十二）欧亚经济联盟新《海关法》

### 1. 制定欧亚经济联盟新《海关法》的主要原因是什么

2015年，欧亚经济联盟成员决定用欧亚经济联盟新《海关法》取代原有的关税同盟《海关法》（从2010年起生效）。新《海关法》草案已经制定了17项欧亚经济联盟超国家法规，其中包括海关估价规则、个人输入和输出现金、国际邮件等内容。

### 2. 欧亚经济联盟新《海关法》预计何时生效

最初，欧亚经济联盟计划在2016年初采用新的《海关法》，但随后将这个期限延长至2017年。截至2017年11月，欧亚经济联盟《海关法》已获白俄罗斯和俄罗斯批准。2017年11月，欧亚经济联盟各成员国的领导人正式宣布，2017年年底前将完成批准程序，当时预计欧亚经济联盟《海关法》将于2018年1月1日生效。

### 3. 欧亚经济联盟新《海关法》的结构如何

欧亚经济联盟《海关法》分为九个部分，具体如下：

- 一般规定。

·海关付费、特殊保障、反倾销和反补贴措施。

·海关手续和从事海关领域活动的当事人。

·海关程序。

·穿越欧亚经济联盟海关边界的某些类型货物的特性。

·进行海关控制。

·海关当局。

·海关领域活动和获授权经济经营者地位。

·过渡规定。

新《海关法》还包括下述两个附件：①在办理海关过境手续时，各成员国海关当局之间关于收取海关付费的相互影响；②欧亚经济联盟各成员国海关当局定期交换的数据清单。

**4. 欧亚经济联盟新《海关法》的主要新规定是什么**

新《海关法》包括以下主要新内容：

·所有清关程序应以电子方式进行（只有在某些例外情况下才允许使用纸质文件）。

·货物可以自动放行，无须使用海关当局的信息系统由海关检查员介入。

·货物必须在报关后四小时内由海关当局放行（目前此过程需要一天）。

·除非海关当局特别要求，否则不需要任何证明文件来申请进出口报关。

·对于受权经济经营者地位的权利与简化应扩大范围，特别是获授权经济经营者：一是将在开展海关业务方面享有优先权；二是在某些情况下没有义务为缴纳关税和税款提供担保；三是享有海关开展的试点项目和实验的优先权等。

·将主要在欧亚经济联盟超国家层面上制定海关法规，相比关税同盟的《海关法》，欧亚经济联盟新《海关法》应较少涉及欧亚经济联盟成员国的国家立法。

·备案进口商应采取特别程序，向海关当局初步通知货物的进口。

·应建立进口商与海关当局之间的单一联系人，通过其完成所有程序和手续。

## （十三）俄罗斯海关当局

### 1. 俄罗斯海关当局的结构如何

关税同盟和欧亚经济联盟的引入并没有影响到俄罗斯海关的内部结构，其结构保持如下：

·联邦海关署。

·区域海关署。

·海关大楼。

·通关站点。

### 2. 进出口货物可以在海关边境通关吗

随着关税同盟的形成，目前俄罗斯对外边境已开始适用新的货物清关概念，这将促使联邦海关署和整个当地通关基础设施进行重大重组。根据这一概念，当时预计从 2012 年 1 月 1 日起，将在俄罗斯对外边境执行公路运输货物的清关。然而，由于需要进行大量的基础设施改革，这一期限有所延迟，相关概念于 2013 年才开始适用。从 2020 年 1 月 1 日起，将在俄罗斯对外边境实施铁路运输货物的清关。预计在该等重组完成后，往俄罗斯运输货物通常会与放行以自由流通同时进行。

由于执行这一概念，预计远离俄罗斯海关边界的许多区域海关署和海关大楼将被关闭，或大幅减少其工作人员和职能。这一概念将要求俄罗斯边境地区进行重大的经济和基础设施建设，以便提供足够的海关、后勤和仓库资源，以处理穿越俄罗斯边境的几乎所有交通和货物的清关和管制。与此同时，要在 2020 年成功实施这一概念，仍然需要大量的政府和私人投资。

**3. 俄罗斯当局有没有实施任何奖励和安排以提高其机构性能**

2012 年 12 月 28 日，俄罗斯政府颁布了关于 2020 年之前俄罗斯海关当局发展战略的决议，为俄罗斯海关当局就每个类型的活动确定了关键的优先考虑因素，包括海关费用收取、执法活动、提高提供给俄罗斯进口商的服务质量和支持欧亚经济联盟内部的整合过程。

根据该战略，在 2020 年之前，俄罗斯海关当局应大大简化和加快清关程序。因此，到 2014 年，海关提供的所有服务均转入电子表格，而在 2012 年，只有 1% 的服务以电子方式提供。海关当局在 2014 年亦实现了计划在不提供纸质文件的情况下，将以电子方式进行的报关总数从 2012 年的 40% 增加到 2014 年的 100%（除了潜在的危险物品和危险品）的目标。

与此同时，俄罗斯海关当局应提高其收取海关付款、实施海关管制和（一般而言）执法行动的业绩指标。例如，由于对俄罗斯海关当局的作为（不作为）提出的索赔要求而向备案进口商偿付的海关付款额不应超过每年征收的海关税款总额的 5%。海关当局提起的行政案件的定罪总数将从 2012 年的 82% 上升到 2020 年的 89%。相比 2012 年的 72%，到 2020 年，通过海关审查发现海关违规行为的比例应达到 85%。这意味着，除了努力简化海关通关程序和提高服务质量外，俄罗斯海关当局仍将审查进口到俄罗斯的货物，并对进口货物和进口商的对外贸易活动进行广泛的清关和清关后海关管制。

2015 年，俄罗斯政府宣布一项动议，旨在将俄罗斯联邦海关署分为两部分，即财政和执法。如果动议被采纳，就可以将与征收进口关税和税收有关的财政职能委托给俄罗斯联邦税务局，而执法职能可以委托给联邦安全局。俄罗斯还计划由俄罗斯联邦税务局和联邦海关署在2018年之前建立一个综合信息系统，由此放宽0%出口增值税的确认程序（出口海关程序项下的某些类型的货物（包括石油产品）可能适用0%的增值税率）。

### （十四）报关人（备案进口商）

**1. 谁能作为俄罗斯的备案进口商**

欧亚经济联盟适用居民原则，即只有那些属于欧亚经济联盟成员国本地居民并且是跨境供应协议的当事方的公司才可作为海关当局认可的备案进口商。作为备案进口商从事相关活动，普遍而言，都一定在对外贸易交易中对进口的货物享有直接利益（如拥有、占有、处置进口货物的权利）。

**2. 外国实体可以作为备案进口商吗**

外国实体通常不得作为备案进口商，但在有限的例外情况下，在俄罗斯已获认证的外国法律实体的代表处或分支机构可进口货物。

**3. 对外国公司而言新《海关法》是否会改变备案进口商的法律地位**

"备案进口商"或"报关人"一词已作实质性修订以适用于欧亚经济联盟新《海关法》的某些变更。

新《海关法》就外国人士作为备案进口商的资格要求规定了更详细的标准，包括：

·根据外国公司因其在欧亚经济联盟成员国境内设立和/或注册的分支机构或代表处的需要，可在任何海关程序下通过海关边界转运货物（旧《海关法》则规定只在临时进口或再出口程序下）；

·在适用临时进口或再出口海关程序，以及在适用海关仓库程序或特殊海关程序的情况下，外国公司拥有和使用通过海关边境转运之货物的权利；

·外国人士按欧亚经济联盟成员国与第三方签订的国际条约持有某文

件，该文件授权外国人士在海关仓库、再出口或出口海关程序下从欧亚经济联盟领土出口货物。

此外，新《海关法》规定了作为海关程序下货物的报关人所必须遵守的附加条件。各成员国的立法可为确定报关人地位设定附加条件，但仅限于新《海关法》规定的有限情况。

## （十五）向当地海关当局进行备案进口商登记

### 1. 在俄罗斯办理清关手续，备案进口商是否需要通过任何特殊程序

俄罗斯海关规定不要求进口商和出口商向俄罗斯海关当局进行登记。然而，通关站点必须为每一个通过海关进行货物清关的备案进口商和出口商开立文档。该文档应包含一套标准文件，这些文件必须连同第一份报关单一起提交给通关站点，文件通常包括：

· 申请以及确认法定名称、地址、税号的文件。

· 法定文件的核证副本。

· 银行出具的证明有效银行账户的核证函件。

该文件清单并非详尽无遗，根据特定海关的要求可能会有所不同。为了避免任何可能的延误，备案进口商和出口商倾向于在海关放行货物之前提交上述文件。

俄罗斯海关当局已开始将一套统一电子数据库适用于所有文件，包括备案进口商的文档。因此，一旦备案进口商在任何俄罗斯海关通关处开立文档，该进口商只需要提供与其法定文件相同的电子文件，即可在另一海关站点办理清关手续。虽然不再需要，但备案进口商仍可自行决定使用纸质版。

根据欧亚经济联盟新《海关法》，如果海关当局可从其统一电子数据库或与之有信息交换合作的欧亚经济联盟成员国国家机构的统一电子数据库取得相关文件或信息，则备案进口商不再需要为清关向该当局提供文件

和/或资料。然而，在新《海关法》的这一规定实施之前，对进口商进行"登记"的现行做法可能会维持一段时间。

## （十六）报关行（代表/代理）

### 1. 俄罗斯报关行是否需要正式注册

报关人可以通过报关行（关税同盟《海关法》和欧亚经济联盟《海关法》中使用"海关代表"一词）进行货物清关，报关行指代表报关人或被授权开展海关业务的另一人、以其名义并按其指示履行清关手续的中介法人实体。海关代表可对申报的货物缴纳关税和税款。每一位海关代表都应被海关当局列入正式的海关代表名单（在俄罗斯，相关负责机构为联邦海关署）。海关代表与报关人就遵守海关法律共同承担连带责任。根据官方名单，2017年俄罗斯有400多个注册海关代表。

### 2. 俄罗斯进口商能否不经持牌报关行办理清关手续

海关报关人可选择聘用海关代表或自行办理清关手续。

### 3. 欧亚经济联盟新《海关法》是否会改变持牌报关行的地位

欧亚经济联盟新《海关法》不会显著改变海关代表的法律地位。

## （十七）受权经济经营者（AEO）

### 1. 受权经济经营者可适用什么法定简化程序

受权经济经营者是俄罗斯海关基于《京都议定书》授予俄罗斯进口商和出口商的特殊地位，类似于欧盟已经确立的概念。授权经济经营者的地位可确保其适用某些法定简化程序，包括但不限于：

· 在受权经济经营者场所临时存置和放行进口货物。

· 在向俄罗斯海关当局申报之前，放行进口货物以自由流通。

· 简化海关过境手续。

·关税同盟和欧亚经济联盟海关规定可以向授权经济经营者提供的其他海关优惠。

截至 2017 年 7 月，已有大约 158 个俄罗斯法律实体被授予受权经济经营者地位。

**2. 欧亚经济联盟新《海关法》是否会改变受权经济经营者的法律地位**

根据欧亚经济联盟新《海关法》，受权经济经营者将受限于新的资格、注册和其他要求，并将适用和获得更多海关简化程序和特权，其中包括：①开展某些海关业务的优先权；②在某些条件下不须承担为缴纳关税和税款提供担保的义务；③发展海关开展的试点项目和实验的优先权；④在海关风险管理系统中较低的风险评分；⑤向在货物所在地区的站点以外的海关站点申请清关的权利（前提是两个海关站点均位于同一欧亚经济联盟成员国的领土）；⑥使用海关当局认定的识别办法（须遵守某些条件）。

可用的简化程序和特权类型取决于受权经济经营者在向海关当局注册时获得的证书类型。欧亚经济联盟新《海关法》提供了三种类型的证书。每种类型都要求受权经济经营者遵守某些严格的标准，具体包括：①遵守海关和税务要求；②没有与授权经济经营者股东、高级管理人员或首席会计师这三类人员经济活动有关的犯罪行为；③在海关业务范围内受权经济经营者自身能力的展示和证明；④财务偿付能力；⑤令人满意的商业记录管理系统。

## （十八）清关

**1. 进口货物经过欧亚经济联盟海关边境后如何清关**

通过欧亚经济联盟成员国的领土进入俄罗斯的货物在联盟外部边界须遵守过境海关制度，并由俄罗斯海关最终放行，以实现自由流通的目的。

在俄罗斯，海关以电子方式通知报关人货物放行信息后，该进口商品被依法放行而后即可自由流通。进口货物通常在运往俄罗斯之前，或到达指定的海关或站点（在必要的情况下，存放在特殊的临时海关仓库）时清关。

海关清关通常由备案进口商（或受其委托行事的海关代表）提交报关单（主要文件）和填写其他必备文件予以完成。在每一种具体情况下，海关清关所需的文件清单取决于货物的种类、特征及进口条件（例如所选适用的关税制度）。值得注意的是，欧亚经济联盟新《海关法》规定了一项一般性条款，根据该条款，进口商和出口商无须随海关申报单附上支持性文件。海关可另行要求提供支持所申报资料的任何文件。此举旨在简化商业企业的报关手续，消除烦琐的手续和免除过重的责任。

**2. 俄罗斯海关清关操作和放行货物的法定时限如何**

海关清关程序的时限是在俄罗斯海关登记之日的后一个工作日，前提是已提交了所有需要的文件。根据欧亚经济联盟新《海关法》的规定，海关放行货物的标准时限将缩短至 4 小时（须满足某些条件）。然而，在实践中，清关过程可能比法定时限要长。

新《海关法》规定海关检查员有权将标准期限延长至 10 个工作日，具体由海关站站长酌情决定。根据欧亚经济联盟新《海关法》，只有当海关检查员要求进口货物的额外证明文件，或报关人决定修改在清关期间提供的报关资料时，才可延长期限。此外，新《海关法》还规定海关当局有权在特殊情况下再延长 10 个工作日的清关期限（例如，海关专审期限超过 10 天者）。

## （十九）电子报关

**1. 俄罗斯海关是否采用电子报关方式**

自 2010 年 1 月 1 日起，俄罗斯海关已开始使用电子报关进行清关，这将大大加快报关人和海关代理办理清关手续的流程。目前，俄罗斯的清关是通过电子方式进行的。从 2014 年 1 月 1 日起，除以国际邮件发送货物的个别情况外，几乎所有的海关申报文件都以电子形式提交（即没有任何纸质文件）。海关站点配备了执行"电子报关"的技术设施，从而可以采用以下方式实施操作：①通过互联网预先通知海关当局；②以电子形式提交报关单和其他证明文件；③以电子方式放行货物。电子报关也使那些远离清关站点的进口商可以远程完成俄罗斯边境的清关手续并使货物得以放行，也就是说，进口商无须实际在场并提供纸质文件就可完成清关手续。

**2. 欧亚经济联盟新《海关法》是否会引入电子清关程序的新规则**

根据欧亚经济联盟新《海关法》，几乎所有清关手续都应以电子方式进行。很大程度上只有在下列例外情况下才允许使用纸质文件：①货物海关过境；②进口或出口个人专用商品；③以国际邮件发送货物；④国际运输车辆报关；⑤使用运输、商业或其他文件（包括欧亚经济联盟各成员国和第三方签订的国际条约所拟的文件）报关；⑥欧亚经济委员会确定的其他情况。

此外，根据欧亚经济联盟新《海关法》的规定，海关放行货物应由系统自动执行（目前海关放行由海关人员执行），海关出具的相关报告也应以电子邮件发送。

## （二十）关税制度

**1. 对俄罗斯备案进口商而言，有哪些适用的关税制度**

与大多数国家一样，俄罗斯和欧亚经济联盟海关法规建立了进出口、再进口和再出口的标准关税制度，以及为特殊和非常规情况（如海关保税仓库、临时进口、免税区等）指定的经济关税制度。货物可适用基于《商品名称及编码协调制度的国际公约》的《关税同盟和欧亚经济联盟海关编码》所确立的相关关税制度。下文简要描述最常用的关税制度。

**第一类：《商品名称及编码协调制度国际公约》所确立的关税制度**

（1）国内（家庭）消费

①这一关税制度的主要范围是什么？

在俄罗斯领土为国内（家庭）消费而进口货物（在实践中通常使用"以自由流通为目的的放行"的说法）适用于进口的主要关税制度，已缴纳所有适用关税和税款后，货物在俄罗斯的自由流通没有任何额外的海关限制或清关后的管制。

②外国公司能在俄罗斯的这一关税制度下可以进行产品清关吗？

外国公司的当地分支机构和代表处在俄罗斯境内消费的产品可以在满足一定条件的情况下被放行。

（2）临时进口

①临时进口的用途是什么？

临时进口被认为是一种特殊的"经济"关税制度，根据该制度，一段时间内（临时进口期间）在俄罗斯关税地区使用的外国货物，可全部或部分免缴进口关税和税款（如果适用进口增值税和消费税）。

②对临时进口货物是否设置特殊条件或限制？

临时进口货物必须保持完整无损，但因正常运输、船运、储存和使用等状态造成的自然磨损或自然耗损而引起的变化除外。俄罗斯进口商可以对临时进口货物进行操作，以保有和维持产品的消费特性，可以按货物的存储条件在清关并获准临时进口到俄罗斯之前保存产品。

③临时进口货物是否有海关应付款？

某些产品（如为促进国际贸易、旅游、科学、文化、电影和体育交往等临时进口货物的托盘和其他类型的可回收包装）可以临时进口并全额免除进口费用。

临时进口制度规定，部分免除进口关税的货物每在俄罗斯停留一个月，便须支付（在货物已完成进口并自由流通的情况下本应支付的）进口关税总额3%的费用。

④临时进口的期限如何？

临时进口的一般许可期限为两年。为取得免征关税的资格，须满足一些法定要求，尤其是临时进口货物不得出售或转让给任何第三方。海关还可以在适用临时进口制度之前要求备案进口商就关税提供担保（最可能的是银行担保或保证金）。

（3）保税仓库

①这一关税制度的主要范围是什么？

在保税仓库关税制度下，进口到欧亚经济联盟的货物存放在海关监管下的特殊场所（保税仓库），无须缴纳进口关税和税款。在保税仓库内存放须定期缴付与保税仓库所有者经合约约定的不可退还的保管费用。（根据海关当局的许可）按此模式进口并适用该等海关制度的货物被视为外国货物。

②货物能在海关仓库存放多久？

进口货物在保税仓库内存放的最长期限为3年，并可在海关允许的情况下延长这一期限。一般来说，使用寿命和销售周期较短的货物必须适用其他海关制度，并在到期前至少180天从保税仓库运出（对于加速变质的产品，可以缩短在保税仓库的存放期限）。

③备案进口商是否可以出售或转让存放在海关保税仓库中的货物？

经海关同意，备案进口商或其他利害关系人可以将在保税仓库存放的进口货物出售或转让给第三方，但该种转让需保持相同的海关状态。在转让后，由取得该等货物的第三方合法取代备案进口商的法律地位。但请注意，该等销售或转让可能须缴纳俄罗斯当地的税目，这是因为除特别关税制度外，保税仓库与俄罗斯领土上的任何其他仓库没有区别。

存放在保税仓库的货物可以进一步出口，该种出口适用包括为国内（家庭）消费而进口的制度在内的另一种海关制度。如果为在当地市场自由流通的目的将货物出售给俄罗斯消费者，这些货物应按"国内消费"关税制度报关，并支付相应的进口关税和税款。

（4）过境

①这一关税制度的主要范围是什么？

根据海关过境制度，货物经过欧亚经济联盟成员国海关边境并在俄罗斯海关境内运输的过程中受海关管制，期间没有义务缴纳进口关税和税款。只有外国货物适用该等关税制度，但需要俄罗斯海关当局批准。如果承运人或促进人为俄罗斯法人实体或者欧亚经济联盟实体，则通常适用该制度。当货物实际运出俄罗斯时，过境关税制度即终止。过境关税制度申报需要进行特别过境报关。

②过境关税制度可否使用国际公路运输证？

在货物适用海关过境程序之前，进口商通常需要为关税和税款支付提供担保。然而，俄罗斯海关仍接受国际公路运输证作为提供该担保的豁免。值得注意的是，国际公路运输证的使用在2015年2月28日之前是允许的，随后即不被允许，直到2016年1月22日才又恢复了对国际公路运输证的使用。

（5）销毁

关于货物何时可以销毁或遗弃在俄罗斯的问题。属于外国货物的产品可以在海关工作人员面前宣布销毁，这意味着必须在海关管制下完成销毁工作，且进口商无须就该等被销毁的产品缴纳进口关税和关税。然而，销毁费用必须由主张适用该制度的进口商全额承担。此外，根据一般规则，因该等销毁而产生的废物须遵守清关要求并缴纳进口关税和税款。对不能进一步用于商业目的的废物或须以另一种方式掩埋、中和、利用及去除的废物，根据清关要求的规定不适用销毁行为。原因在于这类废物属于欧亚经济联盟货物，不受海关管制。

（6）遗弃于俄罗斯

进口到俄罗斯的外国货物可丢弃于俄罗斯，这是备案进口商可以选择的一种特殊关税制度。在这一制度下，进口货物的所有权无偿转让给进口国，且进口商无须缴纳任何进口关税和税款，包括海关处置费。进口产品可凭海关的许可证在该制度下清关。这一制度可能是一种避免不合理通关费用的简便方法（例如，海关对货物的分类导致进口关税大大高于进口商愿意缴纳的金额，或进口商没有提供海关所要求的许可证明，而且如将货物从俄罗斯运回，费用太高或程序太过烦琐）。

（7）出口

货物出口关税制度是适用于将货物最终出口到俄罗斯海关区域之外的主要海关制度。出口某些种类的货物须缴纳出口关税。所有货物的出口还须缴纳特殊的税率为0%的俄罗斯增值税（见下文）。

（8）再出口

①再出口关税制度的主要范围是什么？

再出口关税制度适用于最初交付到俄罗斯领土但之后用于出口的货物，该类制度赋予进口商免缴海关关税、费用或税款或取得海关关税、费用或税款退费（如已支付）的权利。一般来说，再出口制度只适用于"外国货物"，即交付到俄罗斯领土但还没有办结全部海关通关程序且没有在特定关税制度下获得放行的货物。

②再出口是否有法定限制？

一般来说，再出口关税制度不适用于进口到俄罗斯并在俄罗斯自由流通的货物。对于被放行自由流通的货物，如果在其过境俄罗斯海关边境时确定其有缺陷或以其他方式在质量、数量、描述或包装方面不符合对外贸易合同的规定，并因此被退还给供应商或其他指定人，则可适用再出口关税制度。该等货物在下述情况下可适用再出口关税制度：①未被使用或修改，为发现缺陷而需要使用或修改的除外；②可获俄罗斯海关认可；③自进入俄罗斯之日起一年内再出口；④有所需文件的支持，该文件能确认有再出口的合法理由并遵守俄罗斯和欧亚经济联盟法律载明的货物进口限制和禁止规定。

（9）再进口

再进口关税制度的主要范围与再出口关税制度相反，旨在对最初从俄罗斯海关出口的货物免征进口关税和税款，且不适用俄罗斯法律和欧亚经济联盟法律规定的任何经济限制。

**第二类：欧亚经济联盟新《海关法》引入的海关制度**

（1）欧亚经济联盟新《海关法》建立了哪些海关制度？

欧亚经济联盟新《海关法》规定了三种海关制度，这些制度以前由欧亚经济联盟成员国立法规定并监管，包括特别关税制度、自由关税区和自由保税仓库制度。

（2）这些关税制度的主要范围是什么？

特殊关税制度适用于某些类型的外国货物，即进口到欧亚经济联盟境内、置放或使用于欧亚经济联盟境内或境外的货物。在自由保税仓库这种关税制度下，外国货物和源自欧亚经济联盟的货物在自由保税仓库中置放和使用，无须缴纳关税并遵守反倾销、反补贴和特别保障措施。在海关免税区制度下，外国货物和源自欧亚经济联盟的货物可在自由经济区内置放和使用。该关税制度允许在一定时期内对与该货物有关的当地加工、制造和维修等进行操作。

在上述所有关税制度下，备案进口商可免于缴纳关税并遵守反倾销、反补贴及特别保障措施（前提是满足该制度的所有要求并按该制度使用货物）。

## （二十一）海关估价规则

### 1. 为什么海关估价对俄罗斯海关很重要

进口到欧亚经济联盟的货物的海关估价被用作计算进口关税和税款的基础，其中包括货物的成本、保险费和将货物运输到欧亚经济联盟国家海关边境的费用。根据实际情况（包括合约安排），备案进口商可能还须将专利使用费（为转售货物而使用商标和其他知识产权所应付的）或其他收入（如运费、保险费等）纳入这些货物的海关估价，前提是进口商因直接进口在海关估价的货物而直接或间接（例如，通过第三方）支付使用费、其他许可费用和/或其他收入。

### 2. 俄罗斯海关是否可以单方面改变申报的海关估价

对于俄罗斯海关单方面增加进口货物的海关估价的行为，备案进口商有权在法庭上就此调整提出质疑。司法实践表明，在大多数案件中，法院都会支持备案进口商。

### 3. 俄罗斯的主要海关估价规则是什么

目前，货物的海关估价应按照《关于确定跨关税同盟海关边境商品海关费用的协定》（以下简称《协定》）规定的六种方法确定。欧亚经济联盟新《海关法》的生效，将建立相关海关估价规则，并将取代《协定》之规定。然而，欧亚经济联盟海关估价规则的主要原则不太可能改变，因为要以 WTO 的规定为基础。

### 4. 备案进口商可以取得海关估价的初步裁定吗

欧亚经济联盟新《海关法》确立了一种新的裁决类型——对海关估价方法的初步裁决。取得该等裁决的申请程序尚须由财政部制定。

### 5. 在俄罗斯可以适用什么类型的海关付款

在俄罗斯适用的海关付款包括以下类型：

·进口和出口关税。

·税款。

·清关（处理）费用。

进口商转移凭证在通过欧亚经济联盟成员国边境时，可能需要向海关支付其他款项（例如使用费）。

### 6. 俄罗斯进口关税是如何计算及如何估价的

进口关税以向海关申报并经俄罗斯海关确认且接受的价值为基准征收。俄罗斯进口关税的税率通常确定为 0% 到 80% 的从价税率或基于欧亚经济联盟统一关税的特定税率（以欧元表示，具体税率取决于进口商品的物理特性）。除了适用关税优惠和自由贸易制度（例如，《独联体自由贸易区协议》）外，统一进口关税税率适用于来自关税同盟或欧亚经济联盟之外的所有国家的货物。

自 2010 年 7 月 1 日起，进口关税均向关税同盟或欧亚经济联盟的统一预算支付，之后在关税同盟或欧亚经济联盟成员间分配。如上所述，进口关税税率以俄罗斯对 WTO 的承诺为基础。

### 7. 哪些类型的货物须缴纳出口关税

即使在关税同盟和欧亚经济联盟成立之后，出口关税的设定仍属成员国的权力范围。一般来说，俄罗斯的矿产资源和原材料（如石油、石化产品、天然气、木材、金属等）都须缴纳出口关税。俄罗斯没有统一的出口关税清单，由俄罗斯政府单独为特定类型的产品确定出口关税。俄罗斯政府以一个月为间隔期对石油和石化产品设定出口关税。俄罗斯可为企业利得税的目的扣除出口关税。从 2011 年 1 月 1 日起，俄罗斯规定向白俄罗斯供应的石油免税，在离开白俄罗斯的外部边界时征收出口关税。

### 8. 俄罗斯进口增值税是如何计算的，适用税率是多少

从 2010 年 7 月 1 日起，根据成员国间签署的一项特别协定来缴纳进口增值税并在各成员国之间分配该增值税。海关增值税适用于海关估价和关税的总和。进口货物一般须缴纳俄罗斯进口增值税，税率与俄罗斯销售增值税相同（即 18% 和 10%）。增值税针对所有进口到俄罗斯的商品，适用于在俄罗斯的货物销售、工程和服务。一般增值税税率为 18%，适用于大多数类型的商品、工程和服务。10% 的增值税税率适用于有限种类的商品，如药品、儿童产品、部分食品，但某些医疗用品、艺术品、文化用品等可能被免征增值税。进口增值税一般可以抵销向当地客户收取的产品增值税。

根据俄罗斯《税法》的明确规定，对列入俄罗斯政府许可清单上的产品，虽非俄罗斯生产，亦可比照类似产品免除增值税。这项豁免于 2009 年 7 月 1 日生效。

### 9. 俄罗斯备案出口商是否须缴纳出口增值税

从俄罗斯关税地区出口货物须缴纳 0% 的增值税。要想适用 0% 的出口增值税，俄罗斯备案出口商必须遵守一项特别的法定程序。

### 10. 需要哪些文件来确认 0% 的出口增值税，法定程序是什么

通常必须向俄罗斯税务当局提供以下文件：

·货物出口合同。

·带有俄罗斯海关标志的报关单，证明货物实际从俄罗斯出口。

·装运单据副本（确认货物从俄罗斯运出的转移和接受单据、运单、发票等）。

如果这些出口货物此前进口到关税同盟成员国领土，俄罗斯对此还存在额外要求。

纳税人必须在出口货物后 180 天内提交上述文件。如果纳税人未能满足上述要求，纳税人即丧失适用 0% 出口增值税税率的权利，此时根据货

物种类，将适用标准增值税税率（10%或18%）。

**11. 在欧亚经济联盟国家之间的内部贸易中如何管理出口增值税**

货物从俄罗斯出口到其他欧亚经济联盟成员国还须缴纳0%的出口增值税。该种情况下之0%税率的确认程序，由关税同盟或欧亚经济联盟层面设立，该确认程序具有一定的特别要求（例如，确认文件清单应包括货物进口和间接税款缴纳申请、银行确认收到为出口货物支付的资金的摘要等）。

**12. 在俄罗斯，哪些产品须缴纳进口消费税**

消费税适用于俄罗斯进口的有限种类的产品，如烟草制品、烈酒和酒精、啤酒、汽车、石油产品、柴油和机油。

**13. 使用费是什么**

所有进口或当地制造的车辆必须支付使用费，其目的是保护环境并为国家预算作出贡献。某些类型的车辆可免除使用费，它们包括：①作为难民和某些类别的入境人员的个人物品而进口的车辆；②由外交和领事使团及国际组织进口的车辆；③使用年限超过30年且并非专门用于商业运输的进口车辆（复古车）。根据车辆的某些技术特性（例如，发动机容量和年限），通过将基本费率（汽车为2万卢布，商用车为15万卢布）与增加系数相乘计算出使用费。

**14. 俄罗斯何时开始征收使用费**

俄罗斯从2012年9月1日起对轮式车辆征收使用费。

**15. 除车辆外，是否有其他类型的产品须支付使用费**

除了车辆的使用费，从2015年1月1日起，俄罗斯政府引入了生态费。某些货物的进口商和制造商必须按照用途限制来利用这些货物产生的废物。如果这些制造商和进口商未利用这些废物，将须支付按照特定公式计算得出的生态费。俄罗斯政府于2016年4月确定了须进行废物利用的货物（包括其包装）清单，以及相应的生态费费率和用途限制。从 2016 年起用途限制开始适用，如何适用具体取决于商品的特定类型。根据俄罗斯政府的决议，从 2017 年开始，应在每年 4 月 15 日前支付生态费。此外，政府还颁布了关于生态费支付程序的实施条例。

## （二十二）实物出资

### 1. 以进口货物对法定资本进行实物出资是否免税

以进口货物作为对俄罗斯法律实体法定资本的实物出资是免税的。进口货物后，备案进口商须证明货物已被记录在法律实体资产负债表上且没有被处理。

### 2. 对作为实物出资的进口货物是否有法定限制

对作为法定资本实物出资的免税进口商品实行有条件地放行，如果货物被进口商以任何方式让渡，进口商须缴纳进口关税（在某些情况下，还须缴纳进口增值税）以及整个免税期间的适用罚款和逾期利息。

《欧亚经济联盟协定》载明，应在欧亚经济委员会层面上确定关于实物出资税收优惠的规定（直到适用 2011 年发布的关税同盟理事会决议，在俄罗斯则由政府法令进行地方层面的调整）。

## （二十三）海关检查和责任

### 1. 进口货物应由海关管制多久

一般来说，俄罗斯海关可以在货物清关后三年内进行海关检查。

根据欧亚经济联盟新《海关法》的规定，海关可在新《海关法》所载的事件发生后三年内进行海关管制，事件包括：①由外国货物变为欧亚经济联盟货物；②货物实际出口至欧亚经济联盟境外；③宣布销毁的货物已被实际销毁；④通过欧亚经济联盟领土转运外国货物。上述期限不是一定的，欧亚经济联盟成员国的立法可将海关管制期限延长至 5 年。

**2. 海关在海关管制期间可以做什么**

在海关查验期间，海关可查验关于进口货物的放行以及在清关过程中向海关提交的报关单和其他文件所载信息的准确性。请注意，海关不仅可以检查货物的报关人、报关行、临时存储和保税仓库所有人及海关承运人，也可以检查获授权在俄罗斯关税区处理进口货物的法人实体（例如，商品出口国在当地下游的批发商和零售商）。

**3. 有些什么类型的海关检查**

海关检查可以是文件检查或现场检查。当海关在文件检查（根据货物通关时备案进口商提交的文件在海关内部执行）中发现违反海关法律行为时，可能会进行有针对性的现场检查。现场检查应在两个月内进行。但是，在某些情况下可以延长一个月。海关可以使用俄罗斯银行提供的文件和资料、库存清单和审计结论，以及他国海关当局得出的结论。

**4. 俄罗斯海关当局什么时候能扣留哪些进口货物**

海关当局如果发现下述情况，有权在特别海关检查期间扣留相关货物：

· 货物进口时没有任何特殊标记、标志或其他根据俄罗斯法律使用的证明其进口合法性的元素。

· 报关单中未含相应关税制度的"以自由流通为目的的放行"或其他适用的印章，或者海关认为该等印章虚假或有关文件缺失。

· 海关许可目的之外使用或处置的有条件放行的货物。

如果违反海关法律的情形未得以确认，扣留的货物应在海关检查的最后一天退还给货主。

**5. 俄罗斯海关能查封和没收进口货物吗**

在海关检查期间，如果相关货物向俄罗斯市场的出口是直接被禁止的或对该货物的移动加以简单限制，扣押货物又无法实现目的，则可以查封货物。但该等查封不得超过一个月，且只能在海关检查期间进行。一般来说，查封的货物会被移到一个临时仓库。如果确认不存在违反海关法律的情形，货物应在海关检查的最后一天放行，否则货物只能根据法院判决没收。

**6. 谁有权对违反俄罗斯海关条例的行为实施行政处罚，最高行政处罚是什么**

根据海关检查的结果，海关可以对经检查违反海关规定的公司进行行政处罚。俄罗斯《行政法》第 16 章规定了行政罚款和没收进口货物等制裁方式。请注意，在没收货物的情况下，如果货物同时涉及违反海关法规，该制裁不仅适用于实际的违法者（备案进口商），而且适用于善意的下游货主。根据违法行为的类型，对公司的制裁包括最高为货物价值的 300% 或未就清关的相关货物缴纳应该缴纳的关税和进口增值税的 200% 的罚金，而且可能还要没收相关货物。

**7. 自我披露可使备案进口商免受行政处罚吗**

2015 年 2 月，俄罗斯议会通过了一部法律，根据该法的规定，俄罗斯备案进口商在自我披露有关少缴进口关税和税款的违法行为的情况下，可免予行政处罚，这种免于处罚的前提是进口商证明其是善意行事且立即向海关报告违法行为并采取所有可能的措施纠正该违法行为，以符合法律规定。

此外，俄罗斯《行政法》第 16 章的一些条款在 2016 年被修订，目的是对海关监管领域的行政责任放宽限制。自 2016 年 7 月起，以下修订条款得以适用：

（1）减少了一些违法行为的行政罚款，包括：

·在报关单上提供不准确信息或提供无效文件，且该文件可能影响对限制和禁止规定的遵守—向法律实体收取的最低罚款金额由 10 万卢布降为 5 万卢布。

·向海关代表提交不准确的资料，导致或可能导致取得海关奖励或可能影响对限制和禁止规定的遵守—向法律实体收取的最低罚款金额由10万卢布降为5万卢布。

·在法律规定的情况下，未能及时提供会计报表或提供包含不准确信息的会计报表—向法律实体收取的罚款金额由2万卢布至5万卢布调整至在5000卢布至3万卢布之间。

（2）引入可适用于一些违法行为的"警告"形式的行政处罚，如：①未能及时向海关提供其为实现海关管制目的所确定的文件；②未经海关的许可，销毁、迁移、变更或置换识别方式。

此外，2017年1月29日，放宽海关领域违法行为行政责任的新修订内容生效。根据这些新规定，备案进口商如未能向海关当局提供货物流动的统计数据（包括未及时提供统计表格或表格中包含有不准确信息），可能面临行政处罚。行政处罚包括对法律实体的罚款（最高10万卢布）及其公司高级职员的罚款（最高3万卢布）。新确立的罚款金额低于俄罗斯《行政法》规定的罚金（对法律实体和公司高级职员最高分别为15万卢布和5万卢布）。

**8. 追究违反海关规定的行政责任时效期间是多少，何时开始**

违反海关规定行政责任的一般追究时效期限为两年（在某些情况下例外，例如，自2017年1月29日起，未能提供货物运输统计数据的，时效期限为一年）。

一般来说，时效期限从违反规定之时开始计算。但是，在持续或反复违反规定的情况下，该期间则从俄罗斯海关当局发现违反规定事实之日开始计算。重要的是，海关稽核的时效期限（一般为三年）期满后，海关不能自行强制执行海关付款。

请注意，某些行政制裁（例如，没收货物）只能根据法院的决定作出，海关不能凭职权没收货物。

在 2017 年的 6 个月期间，俄罗斯海关提起了 53716 起行政案件，比 2016 年同期增加了 33%。

**9. 俄罗斯的刑事处罚能否适用于公司，还是只适用于个人**

俄罗斯法律没有企业刑事责任的概念。只有对某一特定罪行负有责任的个人（如备案进口商或报关行的管理人员）可能面临刑事处罚。重要的是，俄罗斯法律并不将公司的刑事责任限定于犯罪的相关法人实体的雇员。有关犯罪可包括逃避海关付款、逃税和贿赂。

**10. 对偷逃海关付款的最高处罚和时效期限是什么**

偷逃海关付款的最高处罚是 12 年监禁或罚款 100 万卢布，或对被定罪人处以最长 5 年期间的薪金或其他收入的罚款。这一罪行的最长诉讼时效期间为 15 年。

**11. 有关偷逃海关付款的罪行的一般执法统计数字如何**

在 2017 年的 6 个月期间，俄罗斯海关提起了 1327 起刑事案件，比 2016 年同期增加了 24%。

**12. 自我披露可使备案进口商免受刑事处罚吗**

2016 年，在与经济相关的犯罪领域，刑事立法明显放宽。目前，在某些特定条件下，备案进口商可以被免除与逃避海关付款有关的某些种类犯罪的刑事责任。

此外，俄罗斯《刑法典》的规定提供了主动悔罪免除刑事责任的可能性。法院有权酌情决定免除责任人的刑事处罚。

## （二十四）保障措施

**1. 俄罗斯采取了哪些贸易保障措施**

为了保护国内市场和国内制造商免受外国竞争对手的不利影响，抵销货物倾销，进口货物补贴或增加造成的损失，俄罗斯采取了一定的保障措施。

**2. 保障措施是否仅限于在俄罗斯实施，还是可以覆盖整个欧亚经济联盟地区**

自 2015 年 1 月 1 日起，这一领域的主要规定见《欧亚经济联盟协定》，而日期为 2008 年 1 月 25 日的关税同盟《关于对第三国适用特别保障、反倾销和反补贴措施的协议》则至此废止。与此同时，在关税同盟和欧亚经济联盟内实施的任何反倾销、反补贴和保障措施一般都可以适用 WTO 规则，并可根据欧亚经济委员会特别调查的结果强制实施。从 2015 年 1 月 1 日起，由欧亚经济委员会根据《欧亚经济联盟协定》规定的程序实施保障调查和措施。

**3. 俄罗斯何时可以实施保障措施，是否可对 WTO 成员采取此类措施**

如果产品倾销、补贴或增加产品进口对俄罗斯民族工业造成或可能造成严重损害，俄罗斯可以针对相关国家（包括 WTO 成员）被迫实施保障措施。

如果特别调查结果确认对某一国家造成了严重损害或负面影响，俄罗斯可以据此采取保障措施。关于保障措施，关税同盟和欧亚经济联盟法规以及 WTO 规则规定了进行调查、审核和举证的特别程序和期限，以及针对规避所实施的保障措施的特别措施。任何事实和证据都将在彻底的经济分析和评估后得到独立专家审查的支持和确认。

**4. 有关保障措施及相关调查的资料是否可以公开取得**

关于欧亚经济联盟实施的保障措施和开展调查的俄语版信息在欧亚经济联盟官方网站可公开获取。①

---

① 参见 http：//www.eurasiancommission.org/ru/act/trade/podm/Pages/default.aspx。

截至 2017 年 11 月，俄罗斯有 16 项有效的保护措施，它们全部是对下述产品征收反倾销税的：来自中国和乌克兰的钢铁和聚酰胺制造的某些产品；来自中国的推土机、卡车轮胎和柠檬酸；来自德国、意大利和土耳其的轻型商用车；来自印度的石墨电极。

**5. 外国公司能否质疑在俄罗斯或欧亚经济联盟实施的保障措施**

根据欧亚经济联盟规则，外国公司可对欧亚经济联盟实施的影响其业务的保障措施向欧亚经济联盟法院提出质疑。或者，如果施加的保障措施不符合 WTO 规则，同时出口国又属于 WTO 成员还可以向 WTO 的争端解决机构提出申诉，并要求取消该等措施、补偿或报复。

## （二十五）出口管制

**1.《关于常规武器和两用物品及技术出口控制的瓦森纳安排》是否对俄罗斯有约束力**

俄罗斯是 1998 年《关于常规武器和两用物品及技术出口控制的瓦森纳安排》（以下简称《瓦森纳安排》）的缔约国，但存在一些特殊之处，对其不产生约束力。

**2. 哪些产品受俄罗斯出口管制**

俄罗斯建立且目前保留了几份基于《瓦森纳安排》的受管制物品清单。受管制物品清单由总统法令规定。除军用民用清单外，还有受管制的化学品、核相关物品、军事物品等相关清单。

**3. 如何确定产品或技术是否受俄罗斯出口管制**

如果产品出现在俄罗斯出口管制产品清单上（所谓的"俄罗斯两用物品清单"），从俄罗斯出口此类产品将需要特别出口管制许可［俄罗斯联邦技术和出口管制局（FSTEC）签发的出口管制许可证或执照］。在某些情况下，进口两用产品须遵守出口管制要求。

如果产品据其海关编码、描述或名称可能适用俄罗斯出口管制条例，则须进行特殊出口控制识别和测试，以确定是否需要取得特别出口管制许可（即俄罗斯联邦技术和出口管制局就产品进出口签发的出口管制许可证、执照或最终使用证）。在某些情况下，俄罗斯备案进口商和出口商须接受由俄罗斯联邦技术和出口管制局认可的实验室进行的独立识别出口管制测试。

### 4. 俄罗斯的出口管制是否在欧亚经济联盟层面上得到统一

目前，欧亚经济联盟成员国正在考虑在超国家层面建立统一的出口管制规则。已经制定规章草案，但尚未选定在欧亚经济联盟层面采用的日期。

### 5. 俄罗斯出口管制是否适用于进口受管制物品

进口一些特定类型的受管制物品需要出口管制许可证。

### 6. 俄罗斯出口管制领域的主要监督机构是什么部门

俄罗斯联邦技术和出口管制局在受管制物品的无形转移领域（跨境电子下载等）进行入境控制和监督。联邦海关署负责监督海关边境的受管制物品。

### 7. 俄罗斯联邦技术和出口管制局是否向受出口管制的外国物品签发最终用户证

是的，但最终用户证只能由俄罗斯法律实体获得，而且只涉及受俄罗斯出口管制的物品（最终用户证不能发给外国公司的当地分支机构或不属于俄罗斯受管制物品清单的产品和技术）。

## 十、货币管理

### （一）在俄罗斯使用的结算货币

《民法典》规定，卢布是俄罗斯联邦的国家货币。虽然交易合同或协议中可提及卢布的等值外汇金额，但在俄罗斯联邦内进行的所有交易一般都必须以卢布来结算。但是，《民法典》允许在法律规定的情况下可以使用外汇进行结算。

日期为 2003 年 12 月 10 日、经修订的《第 173 – FZ 号关于货币管理和货币管制的联邦法律》（以下简称《货币法》）确立了俄罗斯货币管理和管制制度的基本规则。该法还提到了何种情况下在俄罗斯可以使用外汇进行交易结算。

### （二）在俄罗斯哪些交易受到货币管制

《货币法》对多种货币操作进行管制，具体包括：

· 外汇付款。

· 外国证券转让。

· 俄罗斯居民与非居民之间或两名非居民之间的卢布转账。

· 在居民和非居民之间或两名非居民之间转让国内证券。

· 卢布和证券出入境。

· 居民境外账户与国内账户之间的资金转账和证券转移。

· 非居民其国内账户之间的卢布转账和证券转移。

· 清算、结算。

· 佣金代理和委托人之间与清算有关的结算。

· 衍生交易的结算。

### （三）俄罗斯货币管制规定对居民和非居民的界定

《货币法》将个人和法律实体划分为两类：居民和非居民。居民包括：

· 俄罗斯公民和其他永久居住地位于俄罗斯联邦境内的个人，但在俄罗斯境外连续居住超过一年的个人除外。

- 根据俄罗斯法律设立的法人实体。
- 俄罗斯法人实体在俄罗斯境外的代表处（分支机构）。
- 俄罗斯联邦政府、俄罗斯联邦的组成实体和市政单位。

非居民包括：

- 永久居住地位于俄罗斯境外的个人。
- 在俄罗斯境外注册成立的法人实体。
- 在俄罗斯联邦境外组建并且位于俄罗斯联邦境外的不属于法人实体的企业或组织。
- 外国法人实体在俄罗斯境内的代表处或分支机构。

## （四）俄罗斯有何特殊的货币管制规定

截至 2018 年 1 月 1 日，俄罗斯并无适用于外国交易的实质性（"同意、授权或许可"等形式的）货币管制要求。

但是，有些具体要求仍适用于俄罗斯居民：

- 俄罗斯公司必须将所有外汇出口收入汇至其在俄罗斯境内银行开立的账户（外汇收入汇回），某些例外情形除外。
- 为在俄罗斯境内银行进行某些交易（对外贸易、贷款），须提交与所进行交易（此表述的定义见《货币法》）相关的文件。
- 大多数俄罗斯居民被禁止与其他俄罗斯居民进行外汇交易（《货币法》规定了一些例外情形）。
- 外汇买卖只能在被授权的俄罗斯银行进行。
- 现金出境受到限制。
- 当俄罗斯公司或个人开立境外银行账户时，必须通知俄罗斯税务机关，并定期报告账户中的现金流。
- 俄罗斯居民对境外银行账户的操作受到一定限制。

## （五）俄罗斯法律对资金汇回的要求

根据《货币法》第 19 条的规定，俄罗斯公司必须根据有关对外贸易合同的条款，将其在该等对外贸易合同项下的应收款全额汇回其在俄罗斯境内银行开立的账户（所谓的"资金汇回规则"），但某些情形除外，例如，如果所得款项将用于归还经济合作与发展组织或反洗钱金融行动特别工作组居民提供的期限超过两年的贷款，则俄罗斯公司可将款项贷计入其在外国银行开立的账户。此外，某些商品和服务款项除须汇回境内银行账户外还应按俄罗斯政府规定的比例以卢布支付。

《货币法》第 19 条没有明确允许俄罗斯供应商转让或抵消其在对外贸易合同项下对外国买方的债权。但这一规则也存在一些例外情形。仅在特定的情形下允许抵销债权，包括针对俄罗斯运输和渔业公司以及在再保险合同项下的款项。俄罗斯天然气出口商也可在与非居民之间的天然气买卖合同和天然气运输合同项下抵消债权。

另一个例外情形是，允许俄罗斯供应商根据代理合同将其在对外贸易合同项下的债权转让给俄罗斯代理商。在这种情况下，供应商应确保将对外贸易合同项下的应付款项转到俄罗斯代理商在其境内银行开立的账户中。代理商必须以书面形式通知供应商收到了该对外贸易合同项下的资金或相应转让债权。

## （六）俄罗斯《货币法》对本国和外国交易当事人之间的交易要求

俄罗斯交易方（银行以外的）必须遵守与向外国贷款人或另一外国交易对方（出口或进口交易）付款有关的某些要求。

2018 年 1 月 1 日，俄罗斯中央银行 2017 年 8 月 16 日签发的第 181 – I

号指令生效，废除了交易护照和货币操作证书，并建立了一项要求交易当事人向银行登记以下合同信息的新程序：

·提供与货币操作有关的文件。

·在授权银行进行信息备案和合同登记，条件是（就进口和贷款合同而言）该合同项下的负债金额不少于300万卢布（约合5万美元）或（就出口合同而言）600万卢布（约合101000美元）。

俄罗斯居民不须向其银行提供每笔付款的货币操作证书，但须提交与相关货币操作有关的文件。

第181-I号指令不适用于支付合同项下金额在20万卢布（约合3300美元）以下的外汇付款，针对此等付款，俄罗斯居民仅须提供付款的货币操作码（"VO码"）。

如果合同项下的付款是以卢布支付的，且金额在20万卢布以下，则无须提供该VO码。

### （七）适用于俄罗斯居民的外国银行账户的规定

当一家俄罗斯公司或个人开立境外银行账户时，他们必须通知俄罗斯税务机关，并定期报告账户中的现金流状况，但从2018年1月1日起，在国外居留超过183天的居民个人除外。

《货币法》包含了一份清单，其中列明了允许俄罗斯居民使用境外银行账户进行的操作。

某些个人群体（国家官员、国有企业的某些官员、俄罗斯银行的官员、他们的配偶和未成年子女）被禁止在外国银行开立银行账户。

### （八）适用于所有俄罗斯居民的规定

俄罗斯居民可将下列资金转入其境外账户：

·来自俄罗斯账户或境外账户的资金。

·来自另一个俄罗斯居民的本国账户或境外账户内的俄罗斯卢布。

·对外贸易合同项下的付款，条件是所得款项将用于归还经济合作与发展组织成员国或反洗钱金融行动特别工作组居民提供的期限超过 2 年的贷款。

·现金。

·利用境外账户中的资金进行外汇交易的收益。

·《货币法》规定的其他情况。

如果境外账户是在位于经济合作与发展组织成员国或反洗钱金融行动特别工作组成员国境内的外国银行开立的，俄罗斯居民可将与其居民之间贷款协议项下的借款金额转入该账户。该贷款的期限应超过两年。

## （九）适用于俄罗斯居民个人的观点

根据《货币法》项下的一般规定，俄罗斯居民个人可以在其境外账户中收取来自非居民的以下资金：

·工资及其他与雇用有关的款项。

·根据外国法院判决获得的金额（国际商业仲裁除外）。

·养老金、奖学金、赡养费和其他社会福利付款。

·保险付款。

·退款和错误的付款。

如果俄罗斯居民个人在位于经济合作与发展组织成员国或反洗钱金融行动特别工作组成员境内的外国银行开立账户，他们也可以在该境外账户中收取来自非居民的以下资金：

·境外物业的租金付款。

·外国证券所得收入。

·出售在俄罗斯证券交易所上市的外国证券收入或 1996 年 4 月 22 日签发的第 39 – FZ 号关于证券市场的联邦法律规定的清单中所列的在外国证券交易所上市的外国证券收入，该法律经修订后，将包括 2018 年 1 月 1 日后发生的所有交易（销售）。

·资金和/或证券转由非居民受托管理所得的收入。

## （十）违反俄罗斯货币管理规定会受到何等处罚

货币监管系统由俄罗斯央行、政府、联邦税务总局和联邦海关总署监管。货币监管是通过货币监管制度的代理人执行的，包括授权银行和证券市场的专业参与者。

违反俄罗斯货币监管规定的行为可能导致行为人承担民事、行政或刑事责任。对违反俄罗斯货币监管规定的行政处罚包括各种罚款，罚款适用于个人、法人实体和公司高管。罚款金额可与违反货币监管规定的交易的总价值一样高。其他制裁措施包括吊销执照（主要适用于银行）和监禁。

违反货币监管要求的行为包括不遵守向俄罗斯授权银行提交货币操作报告的条款。货币监管法律规定，视违反条款的情节，可对个人处以高达 3000 卢布的罚款，对法人实体处以高达 5 万卢布的罚款。在屡次违规的情况下，可对个人处以高达 1 万卢布的罚款，对法人实体处以高达 15 万卢布的罚款。第一次未及时提交境外账户现金流报告的罚款与未遵守向银行提交货币监管报告的罚款是相同的，但屡次违规时，这种情况对个人的罚款可高达 2 万卢布，对法人实体的罚款可高达 60 万卢布。

如果未及时将境外银行账户的开立、关闭或其详细信息的变更通知俄罗斯税务机关，个人将被处以 1500 卢布的罚款，法人实体将被处以 10 万卢布的罚款。如果没有将上述所有事宜通知俄罗斯税务机关，将会导致个人被处以高达 5000 卢布的罚款，法人实体被处以高达 100 万卢布的罚款。

此外，如果不遵守资金汇回规则的要求，会导致被处以罚款，罚款金额为每延迟汇回一天所收取的延迟汇回的资金金额乘以俄罗斯银行再融资利率（目前为每年 7.75%）的 1/150 所得金额，或高达未汇回资金金额的 100%，或对公司高级管理人员处以高达 5000 卢布的罚款，以及对法人实体处以高达 5 万卢布的罚款。如果未汇回外汇资金，罚款金额为每延迟汇回一天所收取的延迟汇回的资金金额乘以俄罗斯银行再融资利率（目前为每年 7.75%）的 1/150 所得金额，或高达未汇回资金金额的 100%。未汇回外汇资金金额超过 900 万卢布的，还可能导致公司高级管理人员承担刑事责任的后果。

# 十一、劳动

## （一）俄罗斯劳动法的渊源

### 1. 俄罗斯劳动法在联邦层面存在哪些渊源

俄罗斯有一套全面的法律，用以规范雇主和雇员之间的劳动关系。规范劳动关系的主要立法是《俄罗斯联邦劳动法典》（以下简称《劳动法典》）。《劳动法典》设定的最低雇用标准不能被双方间的协议来推翻。因此，劳动合同中对雇员享受最低雇用标准的权利产生消极影响的所有条款均不可被强制执行。此外，劳动关系还应遵守 1996 年《俄罗斯联邦关于工会及其权利和活动保障的法律》、俄罗斯关于最低工资和劳动安全的立法以及其他相关法律的规定。而且，劳动关系的许多方面还要遵守俄罗斯联邦政府条例和劳动部规章的规定。

俄罗斯劳动法同等适用于普通雇员和高级管理人员，包括俄罗斯公司的首席执行官和在俄罗斯受到认可的外国公司代表处和分支机构的负责人。此外，俄罗斯劳动法还适用于俄罗斯或外国企业在俄罗斯雇用的外籍人员。所有雇主均应遵守相关移民法律中对于外籍雇员的特殊要求。

### 2. 雇主是否有义务订立集体劳动合同

雇主和雇员可以订立集体劳动合同，以规范本组织机构中的社会和劳动关系。虽然在俄罗斯法律项下并未规定订立该类合同的义务，但是，只要经过正式授权的一方提议订立此种合同，另一方就不得拒绝这样做。集体劳动合同可以规定雇主和雇员有关下列事宜的义务：

- 劳动报酬的形式、制度和标准。
- 福利和薪酬的支付。
- 雇用、再培训和解雇雇员的条款。
- 工作时间和休息时间，包括关于休假和休假期间的问题。
- 双方确定的其他事宜。

### 3. 俄罗斯境内的雇主必须采取哪些本地行动

俄罗斯境内的所有雇主均须发布《内部劳动规章》、个人资料处理政策、工作安全政策和工作安全须知、消防安全须知、反腐败政策，并制定民防培训计划和薪酬政策（如果相关规定未被纳入《内部劳动规章》）。此外，如果相关职责未被纳入劳动合同，则强烈建议采用对雇员职位进行描述的方式。所有雇员均应凭其原始签名（已有增强型加密电子签名的远程雇员除外）确认他们熟悉这些文件。这一程序对于确认相关政策、程序和其他强制性要求对雇员产生约束力而言至关重要。雇主的政策和程序应以俄文发布（或者采用双语版本），并应由公司首席执行官或者代表处、分支机构负责人以内部命令的形式批准。

根据2016年7月3日颁布的第348-FZ号联邦法律（于2017年1月1日生效），微型企业的雇主无须制定劳动相关政策。用人单位符合下列标准的，即被认定为微型企业：

·俄罗斯联邦、俄罗斯联邦组成实体或者市政单位在用人单位的注册资本中所占的份额不超过 25%；不具备中小企业资格的法人实体或者外国法人实体在用人单位的注册资本中所占的份额不超过 49%（但有一些例外情形，而这些例外情形与按照俄罗斯政府规定的条款开展下述活动的法人实体有关。

·将智力活动的成果付诸实施，参与俄罗斯斯科尔科沃（Skolkovo）创新中心项目，以及对创新活动提供支持。

·所雇雇员不超过 15 人。

·上一个日历年度的利润额未达到 1.2 亿卢布（约合 200 万美元）。

微型企业雇主与雇员之间的关系只能由劳动合同作出规定。2016 年 8 月 27 日的俄罗斯联邦政府第 858 号决议通过了此种劳动合同的标准格式。

### （二）招聘流程

#### 1. 雇用雇员的程序要求是什么

根据《劳动法典》的规定，俄罗斯境内的雇主须对雇用过程作出适当的记录。每次雇用新的雇员或将雇员调到新的工作岗位时，雇主均须签发内部命令。雇用命令必须在雇员实际开始工作后的三天内签发并交给雇员副本。此外，雇主在招聘雇员时还须遵守个人资料保护法律（也就是说，他们需要征得求职者对于处理其个人资料的同意，而且在某些情况下，亦须征得雇员对于处理其个人资料的同意）。

雇主负责保存雇员的劳动手册，并按时作出所有记录。劳动手册是用以载明某个人的雇用历史信息的文件。在雇用时间持续超过五天的情况下，雇主必须在劳动手册中注明雇用情况。关于远程工作的劳动合同，当事方可以约定不在雇员的劳动手册作出任何记录。

#### 2. 对空缺职位可以设定哪些规范

2016 年 7 月 1 日起生效的《劳动法典》对这一问题进行了变更，变更后在确定职位空缺的时候，雇主应当查明在《劳动法典》或其他联邦法律项下是否存在适用于某一特定空缺职位的强制性职业标准。

职业标准是指雇员从事特定职业活动所应达到的资格要求和水准。每项职业标准均应载明特定职位的雇员在资格、工作经验、技能和知识方面所需满足的要求，并且说明该雇员可能会执行的工作任务。

职位规范不应包含与相关个人的职业技能无关的任何要求。对于特定性别、种族、国籍、语言、社会出身、年龄、财产状况、居住地点、宗教信仰或社团关系的要求均被视为属于歧视性要求。

如果对某一特定职位采用了强制性的职业标准，则就雇员的资格要求而言，职位说明和规范均应符合该标准。

**3. 雇主是否可以根据雇前调查的结果拒绝雇用雇员**

法律并不要求进行雇前背景调查。然而，在实践中，雇主往往都会进行此种调查。根据所适用的法律，这种调查只有在经求职者事先书面同意的情况下方可进行。

在没有求职者直接参与的情况下，某些类型的调查（如犯罪记录调查）是不被允许进行的。例如，在俄罗斯，关于犯罪记录的信息只能提供给作为调查对象的个人，或者是应政府执法机关的要求而提供。

另外，雇主不应在背景调查完成之前就提出雇用要约，订立劳动合同，或者允许求职者工作。否则，即使背景调查的结果不令人满意，公司也不能以此为由解雇该雇员。此外，一般说来，雇主不能仅仅因为背景调查的结果不令人满意就拒绝雇用求职者。

同背景调查一样，法律并不要求向被调查人核实情况，但雇主们仍在广泛采用这种做法。根据所适用的法律，这些核实只能在经求职者事先书面同意的情况下进行。根据俄罗斯对个人资料受保护的相关法律，前雇主通常不能为现招聘方提供关于其前雇员的资料，除非求职者已事先给予书面同意。

俄罗斯劳动法还规定，在签订劳动合同之前应对本拟聘人员进行强制性体检，而且，对某些类别的雇员而言，还应进行定期体检。这些类别的清单由卫生部的命令批准。清单中包括未成年人、从事危险或有害活动的雇员、教职员工等。

如果某个人未被雇用，则其有权要求公司向其提供未被录用的书面理由。公司拒绝订立劳动合同的做法可能会在法庭上受到质疑。

### （三）签订劳动合同

#### 1. 劳动合同可用什么形式订立

对于在俄罗斯工作的每名雇员，均须签订一份书面形式的劳动合同，其中规定了劳动关系的基本条款和条件。俄罗斯法律允许以电子形式与远程雇员签订劳动合同。然而，即使在此种情况下，雇主仍应寄出挂号信向雇员发送一份经过正式签署的劳动合同（纸质文本），邮寄的挂号信应附有送达确认书。

劳动合同以及与劳动关系有关的所有其他文件（雇主的当地政策、所有人力资源命令）必须以俄语书写或者采用双语形式。

#### 2. 在何种情况下可以签订固定期限劳动合同

一般来说，所签订的劳动合同都是无固定限期的。虽然可以签订期限等于或少于五年的定期合同（固定期限合同），但此种合同仅可在《劳动法典》规定的情形下签订［例如：受雇用人替补暂时离岗且在离岗期间依法有权保留职位的雇员；在由于自然条件以及某些其他情形下只能在一定的时间段（季节）从事临时性工作（不超过两个月）和季节性工作］。这些情形通常发生在工作性质或条件使得双方无法签订无限期劳动合同的时候。

与外籍工作人员之间的固定期限劳动合同同样只能在《劳动法典》明确规定的情形下签订。

### 3. 适用于第二职业的法律框架是什么

根据俄罗斯劳动法，一个人只能从事一个第一职业，而第一职业通常会是全职工作。

与此同时，一个人可在同一或不同的雇主处从事多个第二职业。在这种情形下，根据《劳动法典》的要求，假如这一天在第一职业工作地不是休息日，雇员在属于第二职业的工作岗位上工作的时间每天不得超过4个小时。在俄罗斯，除了《劳动法典》和其他联邦法律规定的若干有限例外和限制之外，不得禁止雇员在全职工作之外从事第二职业。

### 4. 远程雇用有哪些特殊性

俄罗斯《劳动法典》允许雇主与雇员签订关于远程工作的劳动合同。所谓远程工作，是指雇员在雇主所在地之外履行工作职责。具体来说，指工作职责的履行以及当事方之间的相关交流必须通过电信网络（包括互联网、电话等）进行。远程工作劳动合同的订立能为雇主带来这样那样的好处，尤其是该等合同可以规定雇主能够自行终止合同的具体理由以及使得雇主能对远程雇员实施更多控制的具体条款。此外，远程工作安排使得雇主只需承担较低的工作安全义务，并拥有更多的灵活性。

### 5. 雇主何时有权在劳动合同中规定试用期

雇主有权为多数新雇雇员设定三个月的试用期。对于为某些高管职位（如某一组织机构的负责人、总会计师及其副手，以及某一组织机构的分支机构、代表处或其他独立分支的负责人）聘用的雇员，雇主还可以设定六个月的试用期。试用期的设定必须在劳动合同等有关文件中明确规定。如果根据受聘职位而确定的标准，在试用期内雇主认定雇员不符合，则雇主可于试用期届满之前三天书面通知解雇该雇员，而无须支付遣散费。向雇员发出的此种通知必须说明雇员被认为未能通过试用期的理由。此外，雇员也有权于试用期内提前三天书面通知雇主辞职，而无须说明任何理由。

根据《劳动法典》的规定，对于某些类别的雇员（例如，孕妇和子女年龄不超过一岁半的女性雇员；不满18岁的雇员；根据雇主之间的协议受邀从一个雇主处转到另一个雇主处从事特定工作的雇员），不得设定试用期。

**6. 雇主如何才能对劳动合同作出变更**

一般说来，为了修改劳动合同，雇主和雇员应签订劳动合同的相关附则。除非工作条件存在组织或技术方面的改变，否则雇主不得对雇员的劳动合同条款作出单方面的变更。即使是在工作条件存在组织或技术方面的改变的情形下，雇主亦须不少于两个月提前向雇员发出书面通知，然后才能单方面地实施变更。

重要的是，雇主不能单方面地对雇员的工作职责作出变更，而须由双方达成协议。

如果没有组织或技术方面的改变，则对劳动合同条款的修改只能通过双方间的协议来进行。

### （四）工作条款和条件

**1. 全职雇员的最低工资是多少**

工资不得低于所适用的俄罗斯法律规定的最低月工资。最低月工资会有频繁的指数化调整。从2017年7月1日起，联邦层面的法定最低月工资为7800卢布（约合130美元），而从2018年1月1日起，增加到9489卢布（约合158美元）。此外，在地方层面，最低月工资可以定到更高的水平上。例如，根据莫斯科政府、莫斯科雇主联合会和莫斯科工会联合会达成的三方协议，从 2017 年 10 月 1 日起，莫斯科最低月工资为 18742 卢布（约合 312 美元）。俄罗斯雇员的报酬必须以俄罗斯联邦的货币（卢布）支付。

**2. 雇主每隔多长时间向雇员支付一次工资**

雇员工资至少每半个月支付一次。雇主有义务在《内部劳动规章》、集体协议或者个人劳动合同规定的日期支付工资以及与劳动相关的其他款项。《劳动法典》规定，具体的工资支付日期必须定在应计期间最后一天后的 15 个日历日内。雇主有义务按照《劳动法典》确立的规则，就延迟支付的工资以及与劳动相关的其他款项支付补偿金（利息）。此外，如果雇主延迟支付工资的时间超过 15 天，则雇员有权在提前通知雇主的情况下停止工作。

**3. 根据《劳动法典》标准的工作时长是多少**

雇主需要记录每个雇员的所有工作时间，其中包括加班时间。每周的正常工作时间为 40 小时。每周工作超过 40 小时的时间均被归为加班时间。雇主只有在《劳动法典》第 99 条规定的特殊情况下才能要求雇员加班，而且在大多数情况下，只有经雇员事先书面同意方可为之。《劳动法典》将雇员每年的累计加班时间限制在 120 小时之内，而且雇主不能要求雇员连续两天加班超过 4 小时。就任何一天的加班时间而言，前两个小时必须以正常时薪的 150% 向雇员支付加班费，其后则应以正常时薪的 200% 支付加班费。经雇员书面要求，雇主可以安排雇员补休以代替加班费的支付，补休时间不应少于加班时间。

关于加班的某些限制规定适用于受保护类别的雇员，包括不满 18 岁的雇员、孕妇、子女不满三周岁的女性雇员、残疾雇员以及一些联邦法律规定的其他类别雇员。

此外，还可以按照不定时工时制雇用雇员，在此种工时制下，雇主可以偶尔要求雇员根据雇主的指示在正常工作时间之外履行其工作职责。这样做的主要好处是，当雇主要求雇员在正常工作时间之外工作时，不需要获得雇员的同意。再者，雇员的超时工作时间雇主也无须支付加班费。取而代之的是，雇员们有权享受每年不少于三个日历日的额外带薪假期。此外，采用不定时工时制的工作岗位必须经雇主批准，并在公司的《内部劳动规章》中列明。

### 4. 法定节假日：对在节假日和非工作日工作的如何支付报酬

目前，俄罗斯联邦有14个法定节假日。具体如下：

- 1月1日、2日、3日、4日、5日、6日和8日——元旦假期；
- 1月7日——东正教圣诞节；
- 2月23日——祖国保卫者日；
- 3月8日——国际妇女节；
- 5月1日——春天和劳动节；
- 5月9日——胜利日；
- 6月12日——俄罗斯日；
- 11月4日——民族统一日。

每周的连续休息时间不得少于42小时。一般而言，雇主只有在《劳动法典》规定的特殊情况下才能要求雇员在非工作日或法定节假日工作，而且只有经雇员事先书面同意方可为之。一般说来，对于雇员在非工作日或法定节假日从事的任何工作，必须按照不少于正常工资标准的两倍支付报酬，或者安排补休而不支付额外报酬。

关于在法定节假日和非工作日工作的某些限制规定适用于某些受保护的雇员类别，包括不满18岁的雇员、孕妇、子女不满三周岁的女性雇员、残疾雇员以及联邦法律规定的其他类别雇员。

## （五）休假

### 1. 俄罗斯雇员有权享受多少天休假

俄罗斯雇员每年至少有权享受 28 个日历日的带薪年休假。一旦雇员已为雇主工作至少 6 个月的时间，则其有权享用全部休假时间。《劳动法典》要求，每名雇员的年休假日期应在相关日历年度的休假计划中载明，雇主必须在上一年的 12 月中旬之前批准该计划。此外，《劳动法典》还要求雇主在假期开始前至少提前两周书面通知雇员。每个雇员的休假津贴均应至少在假期开始前 3 天予以支付。

### 2. 为雇员提供病假的程序是什么

病假通常由医疗机构提供，并通过以法定的病假证明予以确认。一般而言，雇员因病假而缺勤期间不能被雇主解雇，并有权享受法定病假津贴。病假前三天的病假津贴由雇主支付，其余时间的病假津贴由俄罗斯国家社会保险基金支付，该基金的资金来源是雇主缴纳的强制性社保缴款。该等缴款乃是针对每个日历年度按照当年度的工资为每名雇员缴纳，缴款时有可适用的上限工资额，2018 年的上限为 81.5 万卢布（约合 13586 美元）。自 2007 年 1 月 1 日起，病假津贴和产假津贴由 2006 年 12 月 29 日颁布的《关于临时残疾和生育有关的强制性社会保险的第 255 – FZ 号联邦法律》（修订案）作出规定。根据该法的规定，在雇员患病或受伤（与劳动有关的或者其他性质的）的情况下，在雇员照顾患病家庭成员期间，以及在某些其他情形下，须向雇员支付病假津贴。

病假津贴的支付期限和金额因病假理由的不同而有所差异。在发生工伤或罹患职业病的情况下，病假津贴的金额为雇员平均工资的 100%。在其他情况下，病假津贴则根据雇员的平均工资和总劳动期限予以确定。

用于确定病假津贴的平均工资应参照雇员病假请休年度之前的两个日

历年度来计算。如果雇员的总劳动期限等于或超过 8 年，那么在 2018 年，用于确定病假津贴的法定最高日平均工资为 2017.81 卢布（约合 34 美元）。

如果雇员的总劳动期限少于 6 个月，则病假津贴不得超过联邦最低月工资。

如果雇员的受雇地点不止一个，而且在前两个日历年度中受雇于相同的雇主，则其有权在每个受雇地点都享受病假津贴和产假津贴，并有权在其选择的其中一个受雇地点享受育儿假津贴。如果雇员的受雇地点不止一个，而且在前两个日历年度中受雇于不同的雇主，则其仅有权选择其中一个现有受雇地点享受上述津贴。如果雇员的受雇地点不止一个，而且在前两个日历年度中受雇于现有雇主和其他雇主，则其有权在每个受雇地点或者在其选择的其中一个现有受雇地点享受上述津贴。

**3. 为雇员提供产假的程序是什么**

产假由雇主根据雇员的要求和相关医疗机构出具的产假证明为其提供。带薪产假由产前的 70 个日历日（在多胎妊娠的情况下为 84 个日历日）和产后的 70 个日历日构成。在分娩时发生并发症或者生出多胞胎的情况下，会提供进一步的带薪产假（分别为产后的 86 个日历日和 110 个日历日）。产假是以累计的方式提供的，也就是说，即使雇员在产前所用的产假少于 70 天，她也有权享受产假的总天数。

就像病假津贴一样，雇主应支付产假津贴。由于产假津贴是由俄罗斯国家社会保险基金来支付，所以这些款项将会以雇主向社会保障基金缴纳的社保缴款来抵消。产假津贴的全额应根据雇员的平均工资和总雇用期限予以确定。

用于确定产假津贴的平均工资应参照雇员产假请休年度之前的两个日历年度来计算。2018 年，用于计算产假津贴的法定最高日平均工资为 2017.81 卢布（约合 34 美元）。

产假津贴应一次性支付。如果雇员的总雇用期限少于6个月，则产假津贴不得超过联邦最低月工资。

儿童监护人［身为儿童的母亲、父亲、（外）祖母、（外）祖父或者看护儿童的其他亲戚的雇员］可以请带薪育儿假，直到儿童年满三岁为止。雇员在整个育儿假期间保留返回工作岗位的权利，而且在计算雇员的服务年限时会将育儿假的整个期间包括在内。

在俄罗斯，计算病假、产假和育儿假津贴的程序相当复杂。我们强烈建议根据每一个具体情况核实相关程序和文件要求。

### （六）劳动合同的终止

#### 1. 如何终止劳动合同

在俄罗斯，劳动关系的终止受到《劳动法典》的严格规制，仅可基于《劳动法典》规定的具体理由进行。因此，雇用关系可在雇主或雇员的提议下经劳动合同的双方一致同意而终止，亦可因固定期限劳动合同已经期满等原因而终止。

以下说明的是终止劳动关系的上述情况所涉及的各个方面。

雇主必须在雇员受雇的最后一天按步骤作出相应措施，以便妥善地正式终止劳动关系。第一，所有尚未支付的款项均须在解雇之日支付给雇员。该等款项应包括：

- 所有尚未支付的工资和奖金。
- 所有应计但未使用的假期的补偿。
- 下文中所述的遣散费（如适用）。
- 任何其他未付款项。

第二，雇主应该向雇员提供一份工资单（其中概述付款的各个组成部分），并出具所需的人力资源文件。

**2. 雇主在哪些情况下有权单方面终止劳动关系**

雇主仅可基于《劳动法典》规定的具体理由终止劳动关系，其中包括：（1）减少劳动力；（2）雇员多次在无正当理由的情况下未能履行其工作职责（如果雇员在前 12 个月内依法受到纪律处分）；（3）雇员在没有正当理由的情况下于一个工作日内连续超过四个小时缺勤；（4）法律规定的其他原因。雇主不能任意终止与任何雇员的劳动关系，但作为公司雇员的首席执行官除外，公司权力机构可以单方面决定解聘首席执行官，但前提是，公司应向其至少支付一笔遣散补偿金，补偿金额至少相当于其三个月的平均工资，或者相当于某一数目更高的金额（如果相应的劳动合同有此设想）。

雇主在以任何理由终止劳动关系时，都必须严格遵守《劳动法典》规定的具体程序和文件要求。《劳动法典》对多种类别的雇员（包括未成年人、女性雇员、有子女的雇员、工会会员以及其他类别的雇员）给予了额外的保护。

在组织机构进行清算或实施裁员的情况下，雇主必须至少提前两个月书面通知相关雇员。如果雇主不遵守此项要求，则可能会使劳动关系的终止归于失效，并基于失效而使雇员恢复工作。

**3. 雇员在什么情况下有权获得遣散费**

在由雇主主动提出终止劳动关系［也就是说，由于所在的组织机构进行裁员或清算（个体企业主的业务活动终止）］的大多数情况下，或者在雇员拒绝按照变更后的雇用条款工作或者拒绝随同雇主迁往另一个地方的情况下，又或者在《劳动法典》规定的某些其他情况下，雇员有权获付遣散费。

**4. 如何在双方一致同意的情况下终止劳动关系**

如果能与雇员达成一致，则经双方一致同意终止劳动关系是最有效和最安全的选择方案。

为使双方一致同意终止劳动关系的做法得到正式确定并生效，雇主和雇员应签署一份一致同意的终止协议。

经双方一致同意而终止劳动关系的，没有任何法定通知期限。在实践中，一致同意终止意味着雇主要向雇员支付补偿金。对于该等补偿金的金额，没有任何法定要求，可见这是雇主和雇员之间博弈的结果。

**5. 雇员如何终止劳动关系**

普通雇员有权在任何时候终止劳动关系，而无须说明理由，只须提前两周向雇主发出书面通知。公司的首席执行官可经提前一个月通知而主动终止劳动关系。

## （七） 在俄罗斯雇用外国人

**1. 按照正常程序，需要签证才能进入俄罗斯的外籍雇员要有哪些证件方可在俄罗斯工作**

一般来说，在雇用外籍雇员时，雇主必须在外籍人员受雇或实际开始在俄罗斯工作之前获得雇用外籍人员许可、个人工作许可证和工作签证。作为获得雇用许可和工作许可的先决条件，公司必须申请工作许可配额。俄罗斯主管部门列明了一份享受配额豁免的职业及职位清单，允许雇主在无须遵守配额要求的情况下自行雇用外籍雇员。

该程序亦适用于基于在俄罗斯从事工作或提供服务（例如担任营销顾问或销售代表）的民事合同而在俄罗斯工作的外籍人员。获得有关移民证件的要求同样适用于外国公司所设的法人实体、分支机构和代表处。与在俄罗斯所设的法人实体相比，分支机构和代表处能雇用的外籍雇员人数有限，具体人数由认可机构确定。

在莫斯科，获得雇用外籍人员许可、个人工作许可证和工作签证的过程包括多个连续的步骤，可能需要四到六个月的时间才能完成。在俄罗斯联邦的其他地区，所需的时间可能有所不同。一般来说，所签发的工作许可证和工作签证的有效期为一年。工作许可证的续期涉及相同的程序，所花的时间与获得原工作许可证的时间相同。

此外，雇主还须为其在俄罗斯的外籍雇员提供财务、医疗和社会保障，并承担移民法项下的多项义务，包括满足一般的移民监测要求以及在规定的期限内提交关于雇用或终止雇用外籍人员的通知。

为了获得正常的工作许可证，外籍人员必须向内政部下属的移民管理部门提交他们掌握俄罗斯语言、了解俄罗斯历史和基本法律原则的相关证明文件，以及健康证明。

**2. 是否对一定类别的外籍雇员实行简化雇用程序**

来自俄罗斯签证豁免国的雇员应当获得允许他们为自然人和法人工作的"特许证"（系一种按照标准的简化程序以及法律规定的格式签发的特别许可文件）。特许证的领取者是外籍雇员，而非雇主。白俄罗斯、哈萨克斯坦、亚美尼亚和吉尔吉斯斯坦的公民无须办理特许证或工作许可证，即可在俄罗斯工作。

此外，还有一种特殊类别的外籍雇员，即高层次外国专家。专家在办理工作许可证和工作签证邀请函时，适用简化程序。雇主无须获得雇用外国人的配额或者雇用外籍雇员的许可，即可为专家办理工作许可证。简化程序适用于俄罗斯公司以及获得认可的外国商业公司分支机构和代表处。专家不需要提交证明他们掌握俄语以及了解俄罗斯历史和基本法律原则的证明文件，也不需要提交健康证明。

将外籍雇员认定为专家的主要标准是其在俄罗斯获付的工资水平。为了符合这一标准，专家在当地雇用协议或民法协议项下获付的工资应达到或超过每月 16.7 万俄罗斯卢布（约合 2,780 美元）的水平。工作许可证和工作签证邀请函会在 15—17 个工作日内签发。专家可以获得有效期不超过三年、在俄罗斯联邦多个地区有效的工作许可证和工作签证，但前提是雇主在这些地区注册了分支机构。

此外，法人实体可以按照简化程序和要求（即延长签证期限、没有配额等）雇用来自 WTO 成员的外国公民担任关键岗位工作人员。

对于来自俄罗斯签证豁免国的专家和雇员（包括白俄罗斯、哈萨克斯坦、亚美尼亚和吉尔吉斯斯坦公民）而言，雇主应承担移民法项下的相关义务，如在规定的期限内提交关于雇用和终止雇用的通知以及移民登记通知等。

**3. 不遵守移民要求的后果是什么**

俄罗斯法律针对不符合移民要求的情形规定了严厉的处罚。雇主、其授权的高级职员（如人力资源总监或首席执行官）和外籍雇员可能会因违反俄罗斯的移民规定而受到行政制裁。行政制裁包括高额罚款（在莫斯科高达 100 万卢布（约合 16670 美元）），在最糟糕的情况下，甚至可能导致责令雇主在最长可达 90 天的期间内暂停开展业务活动，并将外籍雇员从俄罗斯驱逐出境。对于外籍雇员实施的行政罚款（不论金额为多少）可能会导致其在将来访问俄罗斯、取得工作许可证和俄罗斯签证方面遇到困难。

因此，在俄罗斯雇用外籍人员须预先筹划，以便有足够的时间办理所有手续。俄罗斯移民法仍在进行重大修订，因此，所涉及的程序可能会在任何时候作出修改。我们强烈建议根据每一具体情况预先核实程序和文件要求。

## （八）雇主应采取何种措施保护雇员的个人数据

所有雇主均须确保遵守有关个人数据的法律。根据《关于个人数据的第 152 – FZ 号联邦法律》，在某些情况下，雇主必须获得雇员和其他个人的事先同意，然后才能处理他们的个人数据。特别是，如果雇主将个人数据转移给任何第三方（包括跨境转移个人数据），则须获得相应个人的书面同意。

此外，在将雇员的个人数据转移给任何第三方，或者在处理求职者和其他人员的个人数据的情况下，雇主须将其处理个人数据的行为上报给俄罗斯监管个人数据处理事务的国家机关，即俄联邦电信、信息技术和大众传播监管局（Roskomnadzor）。该通知必须在个人数据处理活动实际开始之前向俄联邦电信、信息技术和大众传播监管局提交。

所有收集和处理俄罗斯公民个人数据的公司都有义务使用位于俄罗斯境内的数据库。俄罗斯境内的所有雇主均须按照"个人数据"法律的要求保存和维护其用以处理个人数据的信息系统，以确保个人数据得到必要保护。

# 十二、产权

## （一）俄罗斯产权的特点

俄罗斯联邦的《宪法》和俄罗斯联邦的《民法典》都支持拥有私有财产的权利。

由于历史原因，例如可以交易不动产（土地除外）的时间早于可以交易土地的时间，目前，俄罗斯法律仍将土地和建筑物视为不动产的两个独立标的。但是，尽管如此，如果土地和土地上的建筑物均由同一所有者持有，就不得将该土地与该建筑物单独处置，这样的规定中已经体现了"土地和建筑是单一不动产标的"的概念。当建筑物位于国家或市属土地上时，除非有第三方拥有该土地上的其他建筑物或构筑物，否则该建筑物的所有人取得出租或购买该土地的专有权。

根据俄罗斯法律，投资者享有的最常见的不动产权利类型是所有权和租赁权。

1. 土地权利的种类有哪些

《土地法典》区分土地的下列权利：对俄罗斯联邦、俄罗斯联邦的选区、城市、个人和法律实体享有的所有权、租赁权、永久（无限期）使用的权利、自由使用的权利、终身可继承的权利和地役权（役权）。

从2015年3月1日起，土地不再被授予永久（无限期）使用权和终身可继承的权利，但在此之前已授予的这些权利仍然有效。投资者通常可以通过所有权和租赁权获得土地。

2. 公共土地交易的核心原则是什么

公共土地交易的核心原则载于《土地法典》，该法典是管辖俄罗斯土地关系的核心法律。由于2014年6月23日颁布的《关于俄罗斯联邦土地法典修订案和俄罗斯联邦其他法案的第171号联邦法律》（《第171号法律》）引入了对《土地法典》的修订，从2015年3月1日起，城市或国家所属的土地的所有权或租赁权将通过公众（公开）拍卖授予，但特定情形除外（《土地法典》中详尽列出了这些特例）。根据《土地法典》的新规定（除极少数例外情况外），为发展而划定的公共土地只能以租赁的形式（通过公开拍卖）获得。我们将在后文概述获得公共土地权利的一些特殊之处。

在新的《土地法典》第39.11—39.13条中详细描述了准备、组织和实施拍卖的程序。拍卖可以以电子形式进行。以电子形式进行拍卖的程序将由联邦法律决定。截至本指南撰写时（2018年），该等联邦法律尚未被批准。

3. 允许土地的外国所有权吗

虽然没有明文规定允许外国人（包括无国籍人士）拥有土地所有权，

但《土地法典》可以明确解释为允许这种所有权，除非是特别禁止的情况。2004年，对于《土地法典》支持外国人（含无国籍人士）拥有土地所有权的解释，俄罗斯联邦宪法法院予以确认。外国公民有权获得对空地（用于建设）或现有建筑物下的土地的租赁或所有权，但须遵守《土地法典》和其他联邦法律所规定的下列限制：

·明确禁止外国人拥有以下土地。①边疆地区的土地。该等土地的清单由总统于2011年1月9日批准（即第26号总统令，以下简称26号《法令》），这是自2001年10月《土地法典》通过以来首次批准这样的清单；②俄罗斯联邦其他特定领土内的土地（根据其他联邦法律）。此外，总统还可以制定一份建筑物和其他构筑物类型的清单，该等类型的建筑物和构筑物的外国所有者将不享有购买或租赁这些建筑物和构筑物下的土地的优先权利。根据2001年10月25日颁布的《关于俄罗斯联邦土地法典生效的第137–FZ号联邦法律》（包括修订，即《土地法典实施条例》），在通过法令之前，边境限制适用于所有边疆地区。

·禁止外国人拥有农田。《农地法》进一步规定，外国公民和外国法律实体（和无国籍人士）只能租赁农业用地。对外国法律实体的这一限制也适用于以下俄罗斯法律实体：外国公民、外国法律实体和无国籍人士在该等俄罗斯法律实体中的参股比例超过50%。

·禁止外国人拥有位于海港边界内的土地。

根据法令，边疆地区被定义为毗邻边境的市辖区和城市（其地理上的全部地区）。

边疆地区包括索契市（和位于克拉斯诺达尔边疆区的其他近岸直辖市）、列宁格勒州的4个区（Kingiseppsky、Lomonosovsky、Slantsevsky和Vyborgsky区）、圣彼得堡的喀琅施塔得区；位于布良斯克、秋明、罗斯托夫、沃罗涅日和别尔哥罗德州的几个市辖区；位于加里宁格勒州的大部分市辖区；位于远东的许多市辖区以及其他的地区。

按照《土地法典》的规定，禁止在边疆地区拥有土地所有权这一规定适用于外国法律实体（包括通过分支机构或代表处在俄罗斯行事的实体）、外国个人以及无国籍人士，但是不同于农业用地，这一禁止规定不适用于全部或部分由外国投资者拥有的俄罗斯法律实体。

对于法令通过之前外国人已经在受限制边疆地区获得的土地，法令既没有规定过渡期，也没有明确规定应如何处理这些土地。《土地法典》以及《土地法典实施条例》也没有解决这些问题。可以认为，26 号《法令》中没有规定过渡期或处理规则，反映的是制订者的意图，即提醒在边疆地区合法取得土地的外国所有者应根据《民法典》中设想的一般原则处理这类土地。特别是根据《民法典》第238条的规定，如果所有者拥有其依法不得拥有的财产，则该所有者必须在所有权产生起一年内处理掉该所有权，除非法律另行规定了处理期限。法院在审理涉及外国人或无国籍人士拥有边疆地区土地的争议时，其做法是采用这个一般原则（截至本指南撰写时这种情况比较少见）。

在涉及"土地所有权和其中建造的设施（建筑物）所有权统一"这一概念的《土地法典》其他条款中，若法令中针对已开发土地的外国所有者的任何豁免不适用，外国人也必须处置掉其拥有的所有该等土地上开发的所有设施和建筑物。截至本指南撰写时（2018 年），法律和法院未就这一概念是否适用，也未就外国所有者是应当处置位于土地上的设施（建筑物）还是只须处置土地表明态度。

**4. 土地租赁的一般原则是什么**

外国法律实体和个人可以租赁土地。国家或市属土地的这种租约通常基于标准的本地格式。截至本指南撰写之日（2018 年），《民法典》和《土地法典》中均未规定土地租赁的法定最长期限，但多数情况下的租期不超过49年。其中，新的《土地法典》中第39.8条规定了国家或市属土地可适用不同的租期。尤其是，土地租赁的期限取决于土地被允许的用途，并且可以将以下期限确定为租期：①数年（从3年到49年不等）；②实施投资项目的期限；③某些其他协议的有效期限（例如，特许协议、许可协议）；④为满足国家和市政需求储备土地的期限；⑤依照联邦法律另行确定的期限。

根据新规定，位于土地上的建筑物和构筑物的所有者可以获得最长49年的租期。建筑物和构筑物的建造和重建可获批3至10年的租期。

大部分国家或市政当局批准其土地租赁的租金水平，由一般地方性法规规定。与此同时，所有公共出租人收取的租金应符合《土地法典》（经第171号法律和2009年7月16日第582号俄罗斯联邦政府法令修订）中所设想的一般原则。一般原则要求公共出租人必须遵守市场租金率或按地籍价值确定的租金率（租金按土地的地籍价值的百分比计算）。从2015年3月1日起，租金成为土地租赁协议的基本条款。

在莫斯科，承租人必须为租用超出土地上现有建筑物面积的地块支付费用。在圣彼得堡，租金水平根据2007年12月5日颁布的《关于圣彼得堡所有土地租金确定方法的第608-119号城市法律》（包括修订）确定。如果土地所有权没有被划定（划给俄罗斯联邦或其选区），这些土地的租金水平由圣彼得堡政府的决议确定。无论是哪一种情况和哪一个城市，租金率均因地段、土地用途的类型和承租人的地位和活动等而有所不同。

《土地法典》赋予了承租人某些基本权利。截至本指南撰写之日（2018年），已妥善履行租约所规定的义务的承租人有权在租期结束时优先续租。承租人在土地租约中约定的续租权，将与承租人获授的购买土地的优先权（若租赁土地是国家或市属的），以及现有建筑物和构筑物的所有者购买或租用相关土地的独家权利结合在一起处理。依照《土地法典》第

39.8条的规定，承租人没有不经拍卖就签订新协议的优先权，除非土地最初是未经拍卖出让给承租人的（例如，出让给土地上的建筑物和构筑物的所有者）或土地是在拍卖中针对园艺和农庄（别墅）活动出让的。

值得注意的是，《民法典》中关于土地租赁的条款，在《土地法典》中得到多方面的补充。特别是《土地法典》对土地承租人的权利进行了一系列调整，它们的适用性部分取决于租约的约定内容。例如，《民法典》第615条中关于承租人转租需要出租人同意的假设已被撤销。特别重要的一条规定是，依照《土地法典》第22条，租期超过五年的租约项下的国家或市属土地的承租人（国有企业除外）可自由地转让其在租约下的权利、抵押该等权利或将土地转租给第三方，行使以上权利只需要通知出租人即可。"通知出租人"这一规定也适用于个人出租人的土地租约［不同于《民法典》第615（2）条所规定的事先同意要求］，只要转让和转租在土地租赁协议项下的租期范围内。土地租赁的受让人不需要签订新的土地租约。

出租人和承租人可以通过以下方式终止租赁：①经双方一致同意终止；②单方面终止—在租约规定的情况下；③根据法院指令终止—在《民法典》《土地法典》或租约规定的情况下。《土地法典》载有根据法院指令终止土地租赁的条款。例如，以下情况构成终止土地租赁的理由：

·滥用土地（比《民法典》第619条的要求更为严格的判断，要求有重大或屡次违规行为）。

·对土地的利用导致农业土地肥力下降，尤其是对工业用户来说，导致环境状况的严重恶化。

·未能及时改正一系列其他故意违反适用的土地使用规定的行为导致环境破坏。

·如果土地的指定用途是农业生产或开发，未能将土地用于指定用途超过三年。

### 5. 法律是否承认对土地的其他权利

在 2015 年 3 月 1 日前，可以向国家和市政机构、联邦财政部所有的企业以及国家和地方机构授予永久（无限期）使用土地的权利。在《土地法典》颁布前，基于永久（无限期）权利占有土地的且不属于以上类型单位的法律实体，必须在 2004 年 1 月 1 日之前将其权利转换并重新登记为租赁权或所有权。

这一截止日期已经延后了几次，最终将 2012 年 7 月 1 日确定为一般适用的截止日期，并将 2015 年 1 月 1 日确定为交通、通讯和公用事业领域的截止日期。如果未能在规定的期限内将权利转换，将会被处以 2 万至 10 万卢布的行政罚款。罚款规定从 2013 年 1 月 1 日起生效。

由于基于永久（无限期）权利持有的土地的民间流通受到限制（例如，这样的土地不能出售、出租、抵押或转让），法律实体（不属于上述类别单位的）在处置该等土地之前始终需要将永久（无限期）使用的权利转换为另一种权利（例如，对于商业法律实体而言，应转换为租赁权或所有权）。

### 6. 为建设用途（住宅建设除外）获得土地权利的程序是什么

第 171 号法律以及均在 2014 年 7 月 21 日颁布的第 217 号、第 224 号和第 234 号联邦法律，在为建设和非建设用途提供土地的规则方面对《土地法典》作出了重大修订。如上所述，根据第 171 号法律对《土地法典》的修订自 2015 年 3 月 1 日起生效。但是，根据第 171 号法律，在 2015 年 3 月 1 日前存在的《土地法典》的条款应在 2018 年 3 月 1 日之前适用于涉及土地的租赁或永久（无限期）使用或无偿使用的土地出让程序（如果出让程序在 2015 年 3 月 1 日之前就已经启动的话）。

截至本指南撰写之时（2018 年），取得国家或市属土地的权利是按照《土地法典》中规定的程序实施的。尤其是，《土地法典》区分了两种程序：①公开拍卖（建设用途的土地只允许以租赁形式出让）；②授权机构决定不进行公开拍卖（仅在《土地法典》中规定的例外情况下，根据该等出让的依据而授予租赁权或所有权）。

一般来说，土地是在公开拍卖中以所有权或租赁权形式取得。《土地法典》详细描述了如何准备和实施这些拍卖。应该注意的是，如果土地的主要允许用途是建筑物和构筑物的建造，那么这样的土地只能被授予租赁权，租期为主管联邦政府针对工程测量工作、建筑/建设规划和建筑物/构筑物的建造规定的期限的两倍。因此，根据2015年2月27日的第137/pr号命令，俄罗斯联邦建设、住房和公用事业基础设施部采纳了公共土地标准租期的规定，确定租期最长为54个月。

拍卖只能通过现场竞价进行。在通过相关法律后，此类拍卖将通过电子（在线）竞价方式进行。拍卖可以由有意取得相关土地的人发起，但如果目标地块尚未形成，土地勘测图也尚未确定，该意向方应编制该地块的平面规划图[①]，并应安排在目标地块上开展地籍工作。

从2015年3月1日起，只有在《土地法典》规定的特殊情况下，才可以不经拍卖而被授予国家或市属土地的权利（无论是否存在土地规划文件和市政规划规定，也无论地块是否已形成）。最常见的情况是，国家或市属土地以所有权或租赁权形式出让给位于这些土地上的建筑物/构筑物的所有者。其他不经拍卖就出让国家或市属土地的情况非常少见。这样的土地可以通过以下形式出让：

（1）以所有权形式出让给订立土地上综合体开发协议的一家法律实体（按照俄罗斯《城市规划条例》第46.4条的规定，开发交通运输、公用事业和社会基础设施）。

（2）以租赁权形式出让：

---

[①] 位于有联邦地位的城市的边界内或位于新拓居地边界内的土地除外，对于这些土地，平面规划图由授权机构编制。

- 根据俄罗斯政府的决定出让，用于执行大规模投资项目，以建设符合俄罗斯政府所设立的有关标准的社会和文化设施。
- 根据俄罗斯政府组成部分的高层官员的决定出让，用于执行大规模投资项目，以建设符合地区法律规定的有关标准的社会、文化、公共和福利设施。
- 出让给特许协议的当事方（特许权受让人）。
- 出让给订立已建成区域开发（住宅开发、危房替代）协议的一家实体。
- 按新的租期出让给承租人（土地最初是在没有拍卖的情况下出让给该承租人的）。
- 出让给订立土地上综合体开发协议的一家法律实体（按照俄罗斯《城市规划条例》第46.4条的规定，开发交通运输、公用事业和社会基础设施）。
- 针对涉及地下土壤使用的工程出让给地下土壤开发许可证的持有人。
- 出让给未竣工建筑物的所有者且只出让一次用于完成建设。
- 某些其他情况。

### 7. 什么是专有权利规则

正如上文所提到，国家、俄罗斯联邦政府组成部分或市属土地上建筑物和构筑物的所有者享有购买或租赁相关土地的独家权利（《土地法典》第39.20条）。就《土地法典》生效后在该等土地上建造的设施而言，这一规则意味着该设施的所有者在完成所有权国家登记后可选择：①延长租期；②延长租期并随后取得土地所有权；③立即取得土地所有权。拥有有效的租赁合同并不妨碍该等设施的所有者在租约届满之前获得相关土地的所有权。《土地法典》并没有规定设施的所有者行使其权利的截止时间。就《土地法典》生效之前在土地上建造的设施而言，规则大体是相同的，但是，如果相关土地是在永久（无限期）使用的基础上出让的，则按照经修订的《土地法典实施条例》的规定，位于该等土地上的设施的所有者必须在 2012 年 7 月 1 日之前（对于交通运输、通信和公用事业路线下的土地，则应在 2016 年 1 月 1 日之前）购买或租赁该等土地。

根据俄罗斯法律，如果土地是国家或市政需要的，该土地可以被国家或市政当局征用，并需要向土地所有者提供补偿。经 2014 年 12 月 31 日第 499 - FZ 号联邦法律修订并于 2015 年 4 月 1 日生效的《民法典》和《土地法典》详细描述了为国家或市政需要征用土地的程序。

**8. "未竣工建筑"（在建工程）的含义是什么**

根据为支持《土地法典》中关于出让建设用途公共土地的规定而通过的《民法典》第 239.1 条（从 2015 年 3 月 1 日起生效），位于国家或市属土地上但尚未竣工的建筑物（在建设施）可以根据法院令撤销并在土地租赁协议期满后通过拍卖出售（这个规则适用于 2015 年 3 月 1 日后订立的土地租赁协议），除非所有者可以证明它无法完成建设是由于法律具体规定的原因造成的。

《土地法典》规定，可以不经拍卖以租赁形式向通过公开拍卖取得相关建筑物所有权的在建工程所有者或（若未发起或履行撤销）向在建工程的初始所有者出让国家或市属土地。土地租赁权只出于完成工程之目的而被授予，这种授予的前提条件是该土地之前不曾基于同一依据提供给该在建工程的任何所有者。

## （二）关于其他不动产

### 1. 所有权有什么特别之处

俄罗斯法律允许俄罗斯和外国公民以及法律实体拥有不动产（土地除外）所有权，例如建筑物、房屋（如建筑物的部位）、构筑物和其他设施

（包括停车场）。一般来说，有关不动产的使用、处置和出售的规则都是在《民法典》中规定的，这样就保证了出售、出租和执行其他与不动产有关的交易的自由。不动产的所有权通常是通过买卖交易或新建不动产的方式获得的。对于在国家或市属企业的私有化过程中成立的法律实体，通常会由于这种私有化而获得建筑物和构筑物的所有权。

在过去，对于协议签署之时尚未完工的或尚未登记在卖方名下的建筑物和构筑物的买卖协议，俄罗斯的法院大都视为无效（基于各种不同的理由）。在这种情况下，想要购买或出售这种"待完成"不动产的双方必须签订初步买卖协议（在该等建筑物和构筑物竣工并在卖方的所有权登记完成后，再签署主要买卖协议）或投资协议，这两种类型的协议就可执行性而言具有不确定性，因此对买卖双方都缺乏安全性。

但是，2011年7月11日"关于解决未来拟开发或取得不动产的协议引发之争议的特定事项"的最高仲裁法院全会第54号决议明确确认了该等"未来不动产"买卖协议的效力。同时，所有权从卖方转移至买方的登记，即买方取得所有权，将只能在不动产投入运营（由地方行政机构出具的试运营许可作为证明）且卖方的所有权完成国家登记后获得。全会还认为，过去签署的投资合同，如果符合某些标准，也应被解释为出售和购买"未来不动产"的合同。

依照《民法典》规定，产权在国家登记（如法律有此要求）后产生。不动产的所有权和关于该等权利上权利负担的国家登记程序，适用1997年7月21日的《关于不动产权利和相关交易国家登记的第122–FZ号联邦法律》（经修订，《旧登记法》），并从2017年1月1日开始适用《关于不动产国家登记的第218–FZ号联邦法律》（《登记法》）。经权利的合法获得者申请（或经买卖协议项下的双方申请），负责不动产权利国家登记的机构必须对所有权进行国家登记并出具登记系统的摘要作为所有权登记的证据。

对于所有的不动产所有者，所有权必须按照《登记法》中规定的程序进行国家登记。可豁免这条规则的特例是在《旧登记法》之前获得的不动产权利。该等不动产的所有者没有义务对其权利进行国家登记，除非它想要进行涉及该不动产的任何交易（例如，租赁、抵押、出售）。

不动产所有权的国家登记是一个相当简单的过程，只要想登记所有权的申请人可以明确证明所涉不动产是按照法律规定的程序购买、建造或私有化的。一般来说，在不动产的所有权完成国家登记之前，该不动产必须在登记系统中进行地籍登记。从2017年1月1日起，在登记系统中进行的不动产地籍登记和所有权国家登记被设计成一个单一（同一窗口）流程。

通过私有化获得的不动产的所有权有时会因相关私有化文件的缺陷而无法登记。在过去，国有企业被授予对国有不动产进行经济管理或使用的权利。在20世纪90年代早期的私有化过程中，这些不动产通常被转移到在苏联国有企业的基础上形成的企业，这些企业在各种"使用"类型的权利基础上经营和使用这些不动产。一个新私有化的企业从国有企业"继承"了这样的不动产，只要国有企业资产负债表上记录的不动产在新成立的（私有化）企业的私有化计划中能被轻易地辨认即可。所有权登记的问题对于作为苏联时期国有企业的合法继承者的法律实体而言并不罕见。但是，如果这些法律实体已经根据法院命令，在诚信、公开和不间断基础上持有和使用该等不动产满15年（取得时效），即可以因此登记其所有权。

### 2. 什么是共同财产制度

直到最近，共同所有权制度（一种不动产属于若干业主的情况）只适用于有多间公寓的房屋内的业主，而非住宅用的建筑物仍然不受共同所有权制度监管。审议非住宅楼宇（办公楼、仓库、零售、行政大楼等）业主之间的纠纷时，法院（包括最高仲裁法院）经常拒绝采用法律比照类推，并在此基础上拒绝承认申请人在非住宅建筑中享有共同所有权。最高仲裁法院全会在2009年7月23日"关于业主就建筑物内共同财产权引发之争议的法院做法特定事项"的第64号决议（以下简称第64号决议）中则采纳了截然不同的立场，明确表示在没有直接法规的前提下，非住宅建筑独立房屋的业主必须遵循法律比照类推——即适用关于多间公寓大楼内共同所有权的规定。因此，这个长期不明确的法律问题终于有了明确的结论。

依照第64号决议，非住宅建筑物内独立房屋的业主对建筑物内的公共财产始终享有共同财产权——无论该等权利是否在登记系统中登记。

第64号决议认可了非住宅建筑物内共同财产的概念，包括以下各项：指定用于服务大楼内多个单位的房屋，以及平台、楼梯、大厅、电梯、电梯井和其他井、走廊、设备层、阁楼、放置服务于大楼内多个单位的工程、通信或其他设备的地下室（设备地下室）、屋顶、建筑物的支撑和非结构性构筑物、位于大楼外部或内部且服务于大楼内多个单位的机械、电力、卫生和其他设备等，但相关土地没有被最高仲裁法院全会直接认定为非住宅建筑的公共财产。第64号决议对于共同财产的这个定义几乎是《俄罗斯联邦住房法典》中关于多间公寓大楼内共同财产之定义的逐字重复。虽然将法律比照类推运用到复杂的关系中，使一个基本问题变得清晰明了，但不可避免地会引起某些新的含糊不清之处。

目前还不清楚放置工程通信设备的地下停车场是否被认为是设备地下室（根据定义，这属于公共财产）。

### 3. 关于租赁有哪些值得注意的问题

外国法律实体和个人可以签订其他不动产（土地除外）的租约。与国家或市属土地的租约一样，国家或市属的其他不动产的租约通常基于标准的本地格式。

《民法典》为承租人提供某些基本权利。当物业被出租时，它必须处于租约规定的状态。此后，除非租约另有规定，出租人对房屋瑕疵的修复负有责任。如果出租人没有进行必要的维修，承租人可以选择减少租金，或终止租约并就由此产生的损失获得赔偿。妥善履行其在租约项下义务的承租人具有优先承租权（就同一个房产订立新的租约，但条款不一定与之前租约的条款相同），除非租赁合同中明确排除了这一优先承租权。

除非发生符合特定标准的丧失抵押品赎回权事件，否则在租赁物业的所有权发生变更时租约应继续有效。租用建筑物和构筑物即取得使用（无论是在租赁下还是在另一种使用权下）运作和使用该等建筑物和构筑物所必需的，位于该等建筑物和构筑物下的土地的权利。与土地的租赁一样，出租人和承租人可以通过以下方式终止租赁：①经双方一致同意后终止；②在租约规定的情况下单方面终止；③在《民法典》或租约中规定的情况下依据法院命令终止；④由出租人的破产接管人按照《破产法》终止。

租赁协议有效期为一年或更长的，必须办理国家登记，并按照《民法典》第433条的规定在完成该等国家登记后被视为已达成。在2015年，《民法典》第433条的修正案规定，除非法律另有规定，否则，须进行国家登记的交易。就交易双方而言，在签署租赁协议时生效，除非交易文件另有规定。就第三方而言，将被视为在完成国家登记后达成。但是，《民法典》第二部分（第651条）还规定，租约在国家登记后生效，不区分国家登记对第三方和租赁双方的不同影响。因此，根据对法律的一种保守解释，即使是对长期租约的当事方，租约也只在其国家登记后生效。但是，俄罗斯最高法院对法律给出了不同的解释，认为对须要国家登记的交易双方而言，交易签署后对双方即具有约束力（即使是在国家登记前），目前市场主要是在此基础上进行操作的。

租赁协议期限少于一年的，不要求进行国家登记，并在协议签署时生效。为了避免国家登记工作的繁复（国家登记可能耗时较长），租约通常按不超过一年的期限订立，并定期续约。如果在租约中恰当地描述了续约程序，则一旦续约即表示达成期限不超过一年的新租约。

### （三）何时需要对不动产权利进行国家登记

不动产中的所有权和其他财产权，其创设、权利负担（如抵押、期限为一年或以上的租赁、地役权等）、转让和终止均须经国家登记。不动产的权利（物权）只有在国家登记后才会存在。

《登记法》规定了不动产权利的认定和登记程序。在许多情况下，所有权的登记是涉及不动产交易有效性和可执行性的先决条件。

在2013年3月1日前，住宅买卖、企业买卖、年金合同、馈赠合同等不动产交易须要完成国家登记后才有效。从2013年3月1日起，这些交易不要求进行国家登记，并被视为自双方签署协议的那一刻起达成。但是，当此类交易规定了所有权转让（例如买卖住宅物业）时，所有权的取得必须要进行国家登记。

期限为一年或以上的不动产（除权利或产权外）租赁交易，须进行国家登记，并在登记后生效。国家登记以租赁协议上的登记印章为准。但是，最高法院对法律的最近解释（即2015年6月23日"关于对《民法典》第一部分第一章若干条款的法院解释"的第25号决议第3项）确认，需要国家登记的不动产交易（例如租赁）的双方受到其交易条款的约束，无论是否进行国家登记。这一解释也符合最高仲裁法院早些时候作出的解释。根据这一解释，为节省时间和精力，业主和租客订立长期租约但不进行登记，这种做法越来越普遍。

《登记法》规定了对所有基本类型的不动产进行国家地籍登记的统一

制度，包括土地、建筑物、房屋、在建工程、复杂的不动产物项、区域和功能区以及设定用途条件的区域。《登记法》不适用于地下资源、船舶或航空器。

在进行所有权的国家登记之前，土地和不动产（建筑物、构筑物、房屋）必须进行地籍登记。在《土地法典》中，只有经过国家地籍登记的土地才可以买卖或开展其他交易。《登记法》中概述了土地和建筑物（包括建筑物内的房屋）国家地籍登记的程序和规则。履行地籍登记和不动产权利国家登记的政府机构是联邦国家登记、地籍和制图（Rosreestr）局。

对不动产的地籍登记和不动产权利的国家登记的申请可以同时提出，也可以分为两个不同的阶段。如果同时提交地籍登记和国家登记的申请，这两项登记将在 10 个工作日内完成。如果申请人只申请地籍登记，其完成的法定期限为 5 个工作日。申请人仅申请国家登记的，其完成的法定期限为 7 个工作日。但是，在任何一种情况下，地籍登记和国家登记都可以因申请被中止或拒绝而延长至 6 个月。《登记法》中规定了中止或拒绝地籍登记和权利（交易）登记的理由。若被拒绝，申请人只能通过在法院进行抗辩解决。

根据《登记法》的规定，从 2017 年 1 月 1 日起，不动产地籍登记和不动产权利国家登记整合为一个统一的登记和数据管理系统——即不动产统一国家登记系统（EGRN）。该登记系统载有有关所有不动产的地籍详情的资料，包括土地、建筑物、构筑物、房屋及其他设施，表明一个不动产的过去及现在的法律地位。在登记系统中还包括关于已进行国家登记的不动产交易的资料。该登记系统还记录了不动产上各种"可登记的"产权负担（包括长期租赁、抵押贷款和地役权）以及限制（如针对不动产的冻结令或法庭争议以及某些禁制令）。从 2013 年 3 月 1 日起，该登记系统还包括了前业主对新业主的国家登记所有权的异议，前提是在异议登记后的 3 个月内，该等前业主向法院提出相关主张。但是，法律并未规定前业主可申请在登记系统中录入其异议的期限。

有关不动产地籍详情、权利持有人及该等权利的限制（产权负担）的基本资料向公众开放，任何人向登记机关递交书面申请并付费后，即可在3个工作日内获得这些资料，也可以以电子方式向登记系统申请获得资料。

按照《登记法》的规定，从2017年1月1日开始，不动产权利或不动产交易的国家登记申请以及相关不动产的地籍登记申请，均可以向政府机构设在当地的主管部门提交。《登记法》还规定，可以在俄罗斯联邦境内的任何地方以电子方式提交这类申请。但是，依照2012年12月1日的俄罗斯联邦政府第2236—r号决议，要求在2018年12月之前，这些法律规范全面实施并且相关服务应该完全可以在俄罗斯联邦境内任何地方被提供（实际上，在俄罗斯某些地区会更早实现，例如在莫斯科）。

此外，为了简化申请提交的过程，俄罗斯对《登记法》作了修改，规定：权利以及相关权利负担（限制）的国家登记的申请可以以纸质和电子两种方式提交，无论是直接提交给国家登记机关还是通过多职能的政府和市政服务中心（MFC）提交。

完成地籍登记或国家登记后，登记机关以法定格式文本出具概述不动产地籍信息的登记系统摘录，确认由哪一法律实体或个人持有相关不动产的哪种权利，以及该不动产上存在哪些权利负担和/或限制（如有）。

### （四）不动产是否有分类

俄罗斯法律中没有对不动产（财产）的正式法定分类。在实践中，不动产按其预期用途分类（例如，住宅或非住宅建筑、农业用地或工业用地等）。租约、登记系统（由相关摘录确认）以及技术文件和地籍文件中均应注明指定用途。

建筑物、构筑物和其他设施都需要各种强制性的国家许可和批准。2004年12月29日的《城市规划条例》(经修订)中规定了开展建设活动时需要取得的文件和需要遵循的程序。建设活动也受区域和市政立法的约束，例如，2008年6月25日第28号莫斯科城市法律通过并于2008年7月10日生效的莫斯科城市规划条例(经修订)。

## （五）对租赁和购买不动产的付款有哪些外汇限制

根据2003年12月10日颁布的《关于货币监督和管制的俄罗斯联邦第173-FZ号法律》(经修订，以下简称《货币管制法律》)，可以用卢布或外汇对不动产(买卖、租赁、其他交易)进行付款，但如果以外汇付款，则付款必须遵守货币管制法律以及其他货币管制规范性法案和法规中所载的对该等付款的要求。俄罗斯居民之间的付款只能采用卢布。买方、卖方或买卖双方(或者出租人和承租人)是外国法律实体的，可以使用外汇结算。外国居民(包括法律实体和个人)之间的结算可以通过外国(非俄罗斯)银行账户进行。但是，不动产交易即使是在俄罗斯境外进行，也可能会受到俄罗斯税收制度的管辖。

## （六）住宅类不动产的监管

在20世纪90年代初之前，俄罗斯联邦的大多数公寓都是国家或市属的。但是，现在其中大部分公寓已经被私有化，并且投资者开发了许多新的住宅项目且其中大部分公寓都是私人拥有的。与住宅类不动产有关而产生的法律关系，由2004年12月29日颁布并于2005年3月1日生效的《住房法典》(经修订)监管。《住房法典》定义了住宅物业的类别，其中包含住宅(别墅)、多层(多户型)公寓或公寓内的房间，以及对住宅物业的各种形式的权利。《住房法典》规定住宅物业的用途是由个人用于居住。个人也可以将住宅用于职业和创业活动（作为个体企业家），但这类活动不得违反：①其他个人的权利和合法利益；②为住宅物业制定的法定要求。

### （七）根据俄罗斯法律，不动产抵押的界定

#### 1. 抵押的一般原则是什么

抵押通过法律或抵押协议产生。抵押权必须进行国家登记，未经登记一律无效。

1998年7月16日颁布的《关于不动产抵押的第102-FZ号联邦法律》（经修订，以下简称《抵押法》）规定了抵押贷款协议的以下基本条款：①抵押财产的描述（描述的程度应足以能够识别该财产）、其位置和估价；②抵押所担保债务的性质、范围和到期日；③抵押人对抵押财产持有的权利；④登记抵押人对抵押财产之权利的登记机关的名称。经申请并在支付国家收取的税费后，国家登记机关的地方办事处可以提供某一具体不动产是否被抵押的信息。这些信息以登记系统摘录的形式提供。

根据《抵押法》的规定，以下类型的不动产可以抵押：

· 土地（包括农业用地）。但是，已经退出流通领域或者有流通限制的土地以及国家或市属土地（《抵押法》规定的少数特例除外）不得抵押。

· 企业（作为单一不动产登记的不动产和动产综合体）、建筑物、构筑物和用于业务活动的其他不动产。

· 住宅、公寓以及其中由一间或多间单独房间组成的部位。

· 别墅、车库和其他供个人使用的构筑物。

· 飞机、太空物体、（海运和河运）轮船。

· 停车位。

·承租人对不动产的租赁权—"前提是租赁权的抵押与联邦法律和租赁关系的性质不冲突。"

建筑物和构筑物只能与这些建筑物和构筑物下的土地一起抵押，或与该土地的租赁权一并抵押。

除非抵押协议另有规定，土地的现有抵押自动涵盖抵押人在该土地上建造的建筑物或构筑物。《抵押法》的这一条款赋予了抵押权人将土地抵押权扩大到其上开发的所有建筑物和构筑物的权利，而不需要后续再对抵押协议补遗。

抵押的条款和条件可能会限制业主或用户处置该物业的能力，包括将其注入法定资本和将其租赁给第三方的能力。除非抵押协议另有规定，抵押财产的处置一般需要取得抵押权人的同意。即使有这样的同意，在抵押财产的所有权变更或该等财产的持有人变更后，抵押仍应继续有效，除非且直至抵押所担保的主要义务履行完毕。在此之后，抵押财产必须解除抵押。通过在登记系统中取消抵押登记，就可以将财产解除抵押。

《抵押法》规定，除非抵押协议或联邦法律另有规定，用银行或其他贷款人提供的贷款购买或建造的建筑物、构筑物或任何其他非住宅物业和相关土地以及住宅或公寓，均被认为从相关买家或投资者对相关非住宅或住宅物业（和相关土地）的所有权完成国家登记之日起被抵押。对于住宅类不动产，《抵押法》进一步规定，抵押权人对抵押住宅或公寓止赎以及处置该等物业，均构成终止抵押人及与其一起居住的家庭成员对该住宅或公寓的居住权的理由，只要该住宅或公寓已根据一项抵押协议设置了抵押，作为偿还为购买或建造该住宅或公寓而提供的贷款或为对之前的建造或购置贷款进行再融资而提供的贷款的担保。

《抵押法》这些条款的含义是，如果抵押权人拟对抵押财产止赎，抵押权人现在可以要求抵押人腾出抵押财产。但是，这一规则只适用于以下情况：抵押财产被抵押，是作为偿还抵押人为购置或建造不动产或为对之前建造或购置贷款进行再融资而取得的贷款的担保。同样需要注意的一点是，根据租约或"租用"协议（根据俄罗斯法律，这种租赁协议属于承租人为私人的一种特定类型住宅租约）占用抵押财产的个人，不能因抵押财产止赎而被赶出。在抵押协议之前或在抵押协议之后但经抵押权人同意后签订的租约或租用协议将继续有效，只有在《民法典》或适用住房法规规定的特定情况下才能终止。

**2. 抵押财产的止赎程序是什么**

对抵押财产的止赎有两种：庭内和庭外。关于庭外止赎，在2012年3月7日之前，当事人可以订立一份合同，仅在发生所担保义务项下的违约事件时将抵押财产转让给抵押权人以履行所担保的义务。在没有该合同的情况下，如果发生违约，抵押权人不能自动获得对抵押财产处置的权利，在大多数情况下，抵押财产必须在公开拍卖中出售，所得收益用于偿还债务。

从2012年3月7日起，如果当事人在抵押协议中约定，就可以在发生违约事件后将抵押财产转让给抵押权人。有三种方法可用于庭外止赎：①通过公开竞价出售；②通过公开拍卖出售（在某些例外情况下，也可以通过非公开拍卖出售）；③抵押权人对抵押财产的占用。

抵押财产的庭外止赎被禁止用于某些类别的不动产，如国家和市政当局拥有的不动产和个人拥有的住宅物业。《民法典》（经修订）规定了不允许在庭外止赎的不动产的其他适用情况：

·属于个人拥有的唯一住宅的住宅物业。但是，在确定了止赎的理由后，当事人可以就庭外止赎达成协议。

·抵押财产具有重大的历史和文化价值。

·抵押人是以法律承认的形式被认定为失踪人士的人。

- 抵押财产是根据前后两个抵押协议抵押的，但两个协议规定了不同的止赎程序。
- 抵押财产抵押给不同的抵押权人用于担保不同的义务。

上述清单是可以修订的，法律可能会规定禁止庭外止赎的其他理由。

根据一般规则，抵押财产的庭外止赎应通过拍卖完成，拍卖按照法定要求或抵押人和抵押权人之间的协议进行。但是，根据新规则，如果抵押人从事商业或创业活动，抵押人与抵押权人之间的协议也可以规定通过以下方式止赎：①抵押权人占用抵押财产；②抵押权人将抵押财产出售给第三人。但是，在这两种情况下，抵押财产的估价都不应低于其市场价值。如果担保债务的未清偿金额低于抵押财产的市场价值，差额将返还给抵押人。

### 3. 抵押证书

抵押证书可由登记机关在抵押办理国家登记后的任何时候向抵押权人签发，直至担保义务终止。抵押证书可转交给存托人进行登记和托管，由文件上的相应附注为证。该等附注中还应注明托管是临时的（证书持有者可以随时要求取消其证书的登记和托管）还是强制要求的。托管类型可以由签发人选择，也可以由抵押证书的后续持有者选择。①

### 4. 抵押协议与抵押证书

根据《抵押法》的规定，如果抵押协议或包含担保义务的主协议条款与相关抵押证书的条款不一致，则应以抵押证书的条款为准，除非在抵押证书取得之时取得人已知悉或本应知悉该等不一致。事实上《抵押法》的这一规定保护了抵押证书持有者的利益。

---

① 译者注：根据2017年11月25日颁布的《关于抵押法和俄罗斯联邦某些规范性法案的修订的第328-FZ号联邦法律》所引入的最近修订，如果抵押协议中有此规定，那么持有电子数字签名的抵押权人可以通过电子形式申请并取得抵押证书。

5. 质押

根据 2013 年 12 月 21 日颁布的《第 367－FZ 号联邦法律》（以下简称第 367 号法律）所引入的对《民法典》第一部分的某些修订，从 2014 年 7 月 1 日开始，建立了"质押等级"的概念，使得质押人和质押权人可以通过协议变更质押的优先等级。质押财产可以质押给若干名质押权人，这些质押的优先等级相同，且这些质押权人将对质押财产享有同等的权利（共同质押权人）。

第 367 号法律还明确规定，《抵押法》和旧《登记法》中关于抵押协议国家登记的规定不适用于 2014 年 7 月 1 日以后的抵押协议。这就意味着，虽然抵押协议从当事人签字的那一刻起就生效，但是，抵押作为一种权利负担只有在其进行国家登记后才生效。目前，关于抵押的登记程序具体情况有具体的操作规定。土地和建筑物的抵押在 7 个工作日内登记，住宅物业的抵押在 5 个工作日内登记。公证过的任意抵押的国家登记在 5 个工作日内进行。

## （八）2013 年－2015 年间《民法典》有哪些修订

根据 2008 年 7 月 18 日的第 1108 号总统令，俄罗斯联邦最高仲裁法院拟订了一份法案的草案，其中引入了许多对《民法典》的修订，如果俄罗斯立法者按照草案内容通过该法案，将带来俄罗斯不动产法律中基本条款的重大改变，尤其将影响《民法典》中关于不动产租赁以及建筑物和土地所有权的现有规定。这些修订还将引入新的所有权类型，使持有人可以开发和使用不动产。不过也无须担心，对《民法典》的修订是分批引入的。2012 年至 2013 年期间关于不动产的修订对《民法典》第一部分的条款作出了修改。

《民法典》第一次修正案（第一部分第一章至第四章）是由 2012 年 12

月 30 日颁布的第 302-FZ 号联邦法律引入的，其中大部分自 2013 年 3 月 1 日起生效。修正案包括对财产所有权进行国家登记的一般规定（若其他法律规定该等财产要进行国家登记）。对不动产权利国家登记的修订，重复了旧《登记法》的要求。

下列法律对《民法典》涉及不动产的规定作出了后续修订：

· 2013 年 5 月 7 日颁布的《第 100-FZ 号联邦法律》（以下简称第 100 号法律）修订了关于交易、声明、条款和时效期间的一般规定，尤其是那些违反法律的交易将被认为是可争辩判断的而不是像以前那样直接就被认定为无效。授权委托书三年有效期的规定亦被废除。目前，授权委托书可以是任何期限的。该修订于 2013 年 9 月 1 日生效。

· 2013 年 7 月 2 日颁布的《第 142-FZ 号联邦法律》（以下简称第 142 号法律）涉及公民权利，修订细化了客体（可分离和不可分离的客体）、证券和其他客体的定义，并引入了"单一不动产综合体"的概念。第 142 号法律下的修订于 2013 年 10 月 1 日生效。

· 第 367 号法律涉及有关质押的修订，上文已有详细的描述。

· 2014 年 5 月 5 日颁布的《第 99-FZ 号联邦法律》（以下简称第 99 号法律）涉及许多关于法律实体的修订，这些修订在一定程度上影响不动产交易。

· 2015 年 3 月 8 日颁布的《第 42-FZ 号联邦法》，于 2015 年 6 月 1 日生效，提出了一系列涉及商业协议一般监管的修订：新类型的担保（保证非货币义务按时履行的担保、独立担保、保证金）；对无诚意谈判的缔约责任；保证和赔偿以及对其违约的补救措施。在起草和订立任何类型的不动产协议时，应考虑这些修订。

· 2015 年 7 月 13 日颁布的《第 258-FZ 号联邦法律》，授予市政当局以下权利：如果建筑物和设施所处地块的出让违反规定程序或不符合市政规划和建筑法规，则市政当局可以在庭外确认该等建筑物和设施属于"未经授权构筑物"（在未取得必要批准或许可情况下建造的建筑物或设施）。根据俄罗斯法律，不得对"未经授权构筑物"开展任何交易，并且"未经授权构筑物"的开发商不会获得对该等"未经授权构筑物"的所有权。

# 十三、私有化

## （一）什么是私有化

私有化是指有偿地处置公有财产，将其交给私人经营。

## （二）对私有化的监管

监管俄罗斯联邦境内私有化活动的核心法律是2001年12月21日颁布的《关于国家和市政资产私有化的法律》（包括其修订版本）。

## （三）哪些资产可以私有化

作为一般规则，任何国有资产都可以被私有化。但是，俄罗斯法律规定了排除在此项一般规则之外的特例，如土地、自然资源、位于俄罗斯境外的资产等。同时，处置这些特例资产往往受独立的监管，并且，授予私人与这些特例资产相关的权利，可能会有特别的程序（例如，关于地下资源的地下开发许可证）。

实践中，私有化通常与俄罗斯国有股份或股权有关。

## （四）私有化中由谁作为资产的卖方

卖方是相关资产的所有人，可能是俄罗斯联邦、俄罗斯联邦的组成区域或市政单位。它们通常由各自的机构代表。例如，俄罗斯联邦由联邦国有资产管理局代表。

### （五）谁可以购买私有化的资产

俄罗斯和非俄罗斯的自然人和法律实体都可以参与私有化，但以下法律实体不能参与：

- 俄罗斯国有实体。
- 离岸公司（俄罗斯财政部制定受限制的离岸国家/地区名单）。
- 由离岸公司或其集团控制的实体。

### （六）私有化流程的实施

私有化流程通常取决于相关财产私有化的方式。一般情况下，私有化是通过以下连续步骤（在联邦层面）实施的：

- 俄罗斯联邦政府制定并批准关于特别财产的有关期间的私有化计划（方案）。
- 联邦国有资产管理局决定相关财产私有化的方式。
- 联邦国有资产管理局在官方网站[①]上公布有关私有化的资料。
- 潜在买家提交申请书和其他必要文件。
- 联邦国有资产管理局基于所提交的申请确定获胜者（即相关财产的买方，在拍卖中，中标者成为相关财产的买方），之后与买方签订买卖协议。

### （七）最常见的公有财产的"私有化方式"

最常用的私有化方式是通过拍卖出售公有财产。

---

[①] 参见俄罗斯联邦国有资产管理局网站：http://torgi.gov.ru//。

# 十四、语言政策

## （一）俄语作为国家官方语言的意义

根据俄罗斯联邦《宪法》第 68 条的规定，俄罗斯联邦全境的国家官方语言为俄语。然而，这并不意味着在公共生活的所有方面必须且仅可使用俄语。俄罗斯联邦《国家语言法》只规定了某些领域必须使用俄语。因此，所有正式选举材料、立法和其他法案必须以俄语文本发布。地理位置也必须以国家官方语言命名。宪法法院、最高法院、军事法院和联邦仲裁法院的司法程序须使用俄语进行。正如最高仲裁法院指出的那样，外文证据只有在附有俄语认证翻译文本后方可被俄罗斯法院接受。

## （二）俄语是俄罗斯境内唯一的国家官方语言吗

是的，但俄罗斯同样尊重语言的多样性。《宪法》规定，俄罗斯联邦内每个共和国均有权确定自身的国家语言。因此，俄罗斯自治共和国内的区域联邦机关和地方自治机构可以使用两种语言开展国家公务活动：俄语和共和国民族语言。

俄罗斯《民族语言法》规定，在享有一般管辖权的联邦法院、治安法院和俄罗斯联邦组成实体的法院，可使用相关法院所在共和国的民族语言开展司法程序。在某些领域（工业、电信、交通运输、能源），当地语言可与俄语一并使用。

除俄语外，亦可使用外国语言或俄罗斯联邦各共和国的国家语言进行交流，但俄语和该种语言必须在其内容、声音和表现形式上完全相同。当使用俄语作为共和国的国家语言时，禁止使用与俄罗斯语言规范不符的词语或表述，但没有对应的常用俄语词汇的外国词汇除外。

### （三）在哪些特定领域必须使用俄语

俄罗斯联邦《国家语言法》列出了强制使用俄语的广泛领域，其中包括：

·广告：俄罗斯联邦境内的所有广告必须使用俄语或广告播放所在共和国的国家语言。

·消费者保护：根据消费者保护法规的规定，应以清晰易懂的俄语向消费者告知制造商（卖方）、其经营模式及其生产或销售的商品（工作、服务）的相关信息。

·媒体和公共表演：所有媒体应当以俄语进行活动。电影展播和公开文艺表演须强制使用俄语。在使用俄语的同时，允许在俄罗斯联邦组成实体的领土上使用共和国的民族语言及其他民族语言。

·教育：在所有教育机构接受教育时，必须强制性使用俄语。与此同时，根据俄罗斯《民族语言法》的规定，俄罗斯保护根据教育法律规定自由选择教育语言的权利。因此，只要相关共和国的教育主管机构有此规定，就可以在联邦教育机构学习和教授共和国民族语言。然而，学习共和国民族语言不得妨碍强制学习俄语。

### （四）在俄罗斯经营公司应使用的语言

所有在俄罗斯经营的公司（以及所有俄罗斯国家和市政机构），包括外国投资者拥有的公司，都须在其活动中（例如在记账、税务申报和办公文书方面）使用俄语,。俄罗斯联邦各共和国的官方文书工作也可以这些共和国的民族语言开展。商业领域内的文书工作，还可以按照商业伙伴之间的协定规定的外语进行。

## （五） 公司名称能否使用外语

在俄罗斯经营的公司的名称，必须采用俄语，或以音译的俄语表示。除强制性使用俄语的名称外，通常还允许公司使用外语或俄罗斯联邦境内共和国的国家语言名称。法律实体以俄语或俄罗斯联邦各共和国的语言表示的公司名称，可包含以俄语或俄罗斯联邦各共和国的语言音译的外来外语词汇，但反映法律实体法律形式的术语和缩写词除外。名称不符合法律要求的公司将被拒绝登记。

## （六） 可用俄罗斯的正式国名标明个人的公司名称吗

在公司名称中使用以西里尔字母表示的"Rossiya"（俄罗斯）、"Rossiyskaya Federatsia"（俄罗斯联邦）或派生词语［如"Rossiyskiy"（俄罗斯）］，需要获得俄罗斯联邦司法部的特别准许，并会使该公司面临某些税种的征收。只有下述公司方可申请该等特别准许，在其公司名称中包含"俄罗斯联邦""俄罗斯"和其他派生词语：（1）在俄罗斯联邦超过一半的组成实体设有分支机构或代表机构的公司；（2）被列入最大纳税人行列的公司；（3）25%以上的有投票权股份或授权资本由俄罗斯联邦持有的公司；（4）根据特别法律由俄罗斯联邦注册设立的公司。

但是，正如俄罗斯最高法院和最高仲裁法院所指出的那样，使用以西里尔字母表示的意指民族而非正式国名的词语，如"Russkiy"或"Russkaya"（意思为"俄罗斯人"或"俄罗斯族"），则不需要批准。

## （七） 俄语的强制使用是否有例外

可以使用商标的来源国语言（非俄语）来表示并在俄罗斯注册的商标和服务标志，而无须附上俄语同义词语。

在俄罗斯联邦法律具体法案规定的案件中，不懂俄语的人有权获得俄文翻译。例如，俄罗斯保障在其境内面临刑事诉讼的外国公民免费获得俄语翻译的权利。

### （八）强制使用俄语规定的监管机构

在俄罗斯联邦，没有一个单一的国家机构负责执行俄语使用政策。语言政策的某些方面，尤其是广告中违反了俄语使用规范的行为，由俄罗斯反垄断局监管。俄罗斯反垄断局可对违反可适用语言规则的公司处以罚款，并且命令责令其停止违法行为。

国家登记机关也在一定程度上监督俄语政策的执行，如果公司不遵守有关法律实体名称的语言规则，国家登记机关可责令公司修改其商业名称。

## 十五、合同法

### （一）根据俄罗斯法律，是否有强制性的合同条款

为订立合同，当事人应就其所有基本条款达成一致，否则合同将被视为未成立。

如无相反规定，标的条款被默认为是任何合同或协议的基本条款，而其他基本条款可由法律规定，也可由任何一方宣布成为拟达成之协议的基本条款。例如，根据俄罗斯法律，建设施工协议必须至少包含以下基本条款：标的和施工工程的实施期限（截止日期）。

除非合同条款与俄罗斯法律的强制性条款相抵触，否则当事人可以自行约定合同条款。

## （二）俄罗斯法律承认哪些类型的合同

当事人可以自由签订任何类型的合同，不论这种类型的合同是否被法律所列明。

特定类型的合同直接由法律规定，包括：销售和购买合同；捐赠合同；租赁合同；承包合同；服务履行合同；交通运输合同；货运合同；贷款合同；银行存款合同；存储合同；保险合同；代理合同；信托管理合同；特许经营合同和简单合伙合同。

俄罗斯法律还规定了各种合同文契，如期权协议、框架协议和认购协议（依请求履行的合同）。

虽然当事人可自由订立任何合同，包括那些法律没有规定或与法律规定的框架不同的合同，但现行的司法实践表明，当事人不能约定违反法律的强制性规定或与法律的目标（所谓的"监管立法的目的"）相悖的条款。

## （三）签订合同的规定

《俄罗斯民法典》规定了签订合同的各种规则。例如，当一个文件由双方签署时，合同即被签订。其他要求包括订立合同的要约及承诺、有条件承诺、签订协议的选择权、延迟承诺、在拍卖中订立合同。

在谈判和订立合同时，双方必须本着诚意行事，其中包括有义务提供法律要求的准确、完整的信息或所谈判之交易的实质。一方当事人因另一方的不诚信行为而遭受损害的，可以要求对方赔偿其遭受的损害。

## （四）如何在俄罗斯法律下确保合同的适当履行

俄罗斯法律规定了保证合同适当履行的方式，包括质押、担保、独立担保、押金、保证金、扣押财产和罚款（罚金）。双方可以自由约定选择上述任何一种方式以及任何其他方式，即使法律未特别列明该方式。法律没有明确规定的其他担保方式包括关于延期支付合同、尽职调查、控制权变更等信用限额管理方式。

### （五）合同变更或终止的相关规定

合同可以经双方一致约定而变更或者终止。此外，一方当事人可以单方面通过法院主张协议的变更或者终止。如果另一方有重大违约行为，或者双方签订协议所依据的情况发生重大变更，任何一方可以在法庭上提出该等请求。

除法律另有规定外，一方当事人也可以在法律或协议本身确立了其变更或终止协议的权利的情况下单方面变更或者终止协议。根据具体协议中的条款，单方面变更或终止协议的当事人，应当向另一方支付额外的赔偿。然而，需要注意的是，在某些情况下（例如在"遵守协议"的情况下），俄罗斯法律会保护弱势一方的权利，并限制强势的一方单方面变更或终止协议的权利。

对双方不能就单方面变更或终止协议达成一致且相关变更或终止违反法律目的的情况，俄罗斯法院的实践形成了类似规则。例如，俄罗斯法院认为，一项无限期的租赁协议不能限制当事人终止该协议的权利，因为这一限制将实际导致租赁协议永远存续。

基于同样的规则，俄罗斯法院确定，如果相关权利有法律规定，则双方不能约定罚金以实际限制一方终止或变更协议的权利。例如，根据俄罗斯法律，承包商可以单方面终止服务协议，前提是承包商赔偿客户的损失。虽然法律同时规定承包商终止协议的权利以承包商向客户支付额外的罚金为条件，但俄罗斯法院认为，该等处罚的金额不能与客户的潜在损失不成比例，否则，该等处罚会实际剥夺承包商依法享有的终止服务协议的权利。

## （六）合同无效的相关规定

无效合同有两种类型：①所谓的"可撤销交易"，该等交易可根据法院的决定宣布无效；②"无效交易"，无论法院判决如何，该等交易均无效。

下列时效期间适用于对无效合同的索赔：①对于无效交易，从一方知道或应当知道该交易时起 3 年；②对于可撤销交易，从一方知道或者应当知道该交易时起 1 年。无论如何，自一方的权利受侵害时起，时效期间不能超过 10 年。

请注意，根据俄罗斯法律，不诚信行事的一方无权主张交易无效。例如，如果该方知道交易无效，或其行动已经表明其有意维持交易或使他人有理由相信交易有效，则该方不能主张交易无效。

无效合同的当事人必须归还在该合同项下全部所得，如果无法归还特定资产，例如，该财产已被消费，则需补偿其价值。

## （七）合同责任及其限制

除非法律或当事人的协议另有规定，否则受损失的一方有权要求全额赔偿其损失及特定履行（如果特定履行可能的话）。

特别是，受损失的一方可以要求赔偿其实际损失（俄罗斯法律项下的"真实损失"）、违约方造成的其利润损失以及对商业信誉的损害或对个人的道德伤害。请注意，俄罗斯法庭不仅支持赔偿经完全证明的损失，而且还支持赔偿不超过被证明是合理可信赖的损失金额（可参见俄罗斯联邦最高法院日期为 2016 年 3 月 24 日的第 7 号决议）。

根据俄罗斯法律，签订协议的商业伙伴有权同意限制其自身在协议下的责任。也就是说，公司将对任何违反协议的行为承担责任，但以该协议规定的限额（例如合同价格）为限。

重要的是，如果合同将当事人的责任限制在非常低的象征性水平，那么就存在这样的风险，即法院可能认为这种限制实质上完全免除了当事人的责任，而这是法律禁止的。在这种情况下，当事人的责任将被认为是无限责任。特别是，如果在合同中，相对方在交易中的投入比该当事人须承担的责任多很多倍，则法院可能认为对于该相对方来说合同义务太过沉重。因此，法院可能认定责任限制条款无效。

需要注意，根据俄罗斯法律，当事人不能限制或排除以下类型的责任：

- 非合同责任（如侵权责任、侵犯知识产权）。
- 对于非合同当事人的第三方的责任。
- 故意违反合同的责任。
- 对人身、个人财产或者法人财产造成"损害"的责任。
- 道德损害责任（商业信誉损害）。
- 俄罗斯法律没有限制的其他责任。

# 十六、知识产权

## （一）俄罗斯知识产权保护的监管环境

俄罗斯的知识产权立法主要由俄罗斯联邦的《民法典》组成，具体是依据2006年12月18日颁布的《第230-FZ号联邦法律》生效的《民法典》第四部分。《民法典》第四部分和2006年12月18日颁布的"关于俄罗斯联邦民法典第四部分"的《第231-FZ号联邦法律》，自2008年1月1日起已取代或修订了此前所有单独的涉及知识产权的法律。《民法典》的

第四部分是对已有的知识产权法律的编纂，这些法律连同一些重要修正案已被汇编成《民法典》第四部分的章节。《民法典》第一至第三部分还规定了某些与知识产权法律保护有关的一般规定。日期为2014年3月12日的《第35－FZ号联邦法律》对《民法典》第四部分进行了大量修订，部分于2014年10月1日生效，其余部分于2015年1月1日生效。

只要符合国家法律的要求，任何外国法律实体或个人均可在俄罗斯寻求其知识产权的保护。俄罗斯是知识产权的主要国际条约的签署国，这些国际条约包括：《世界版权公约》《保护文学和艺术作品伯尔尼公约》《保护工业产权巴黎公约》《专利合作条约》（PCT）、《关于欧亚专利申请和欧亚发明专利的欧亚专利公约》、《工业品外观设计国际注册海牙协定》（从2018年2月28日起生效）、《专利法条约》（PLT）、《商标国际注册马德里协定》《商标国际注册马德里协定有关议定书》《商标法新加坡条约》《商标法条约》《保护表演者、音像制品制作者和广播组织罗马条约》《保护唱片制作者防止唱片被擅自复制日内瓦公约》《保护奥林匹克会徽内罗毕条约》《国际承认用于专利程序的微生物保存布达佩斯条约》《国际专利分类斯特拉斯堡协定》《建立工业品外观设计国际分类洛迦诺协定》《关于商标注册用商品和服务国际分类尼斯协定》《世界知识产权组织表演和录音制品条约》《世界知识产权组织版权条约》和《视听表演北京条约》。

### （二）在俄罗斯，哪些知识产权可受到保护

俄罗斯法律区分了两类财产，这些财产可以在俄罗斯获得知识产权保护：

（1）智力活动的成果：

·科学、文学和艺术作品和软件（在作者权体系下受保护）。

·数据库、表演、录音制品和有线传输的电台或电视节目（受邻接权

制度保护)。

·发明、实用新型、工业设计(见后文"专利"部分)。

·选择成果。

·集成电路的拓扑结构(参见后文"集成微电路拓扑"部分)。

·生产秘密(专有技术)。

(2)公司、商品、作品和服务个性化的方式,即:

·商标和服务标志、原产地名称(见后文"商品的商标、服务标志及原产地名称")。

·商业名称、商号［见下文"公司名称及商号(商业名称)"］。

## (三) 在俄罗斯受知识产权保护的对象

### 第一类:专利

在俄罗斯,专利可以从发明、实用新型和工业设计中获得。

#### 1. 什么是发明

发明是指任何与产品(包括设备、物质、成分、系统、微生物菌种、植物和动物细胞培养)有关的领域的技术解决方案、方法或过程,包括已知产品和方法的新用途。如果发明符合新颖性、创新性(先前工艺中不明显)及产业可应用标准,并在描述中充分披露实施方法,就能获得专利保护。通过向专利争议局提交撤销申诉,可撤销专利,但必须对前述任何一项要求提出充分的质疑。

发明专利保护的最长期限从提交申请之日起为20年,条件是从提交申请之日起的第三年且在专利授予后开始支付专利年费。药品、杀虫剂或农药［必须获得特别许可(营销授权)才可使用］的专利期限,经专利所有者申请可延期,但延期不超过五年,并针对受专利保护的相应发明授予［即所谓的"专利延期"(PTE)］。

获得专利的权利属于发明人及其雇主（在雇员发明的情况下）以及他们的受让人。专利申请须提交给俄罗斯联邦的联邦知识产权局，即俄罗斯专利局。申请人可以获得俄罗斯专利和欧亚专利。后者是由位于莫斯科的欧亚专利组织（EAPO）授予的。

2. 什么是实用新型专利

实用新型是与设备相关的技术解决方案。实用新型保护与发明保护类似，但有一定的限制和限定。如果一种实用新型符合新颖性和产业可应用性标准，并在描述中充分披露实施方法，就可获得专利保护。实用新型专利保护期限自提交申请之日起10年，条件是专利年费自第一年起支付。一个申请只能针对一个设备，自2014年10月1日起不允许为实用新型的转化形式申请专利。

3. 什么是外观设计

工业外观设计是一种艺术和建筑解决方案，它通过外形来决定工业或手工艺产品的外观。如果在工业外观设计的外形上可通过视觉观察到的本质特征能支持其在全球范围内的新颖性和独创性（可授予专利的两项要求），工业外观设计就可获得专利保护。如果工业外观设计外形上的各项本质特征组合在一起，依据在工业外观设计优先权日之前全球可公开查询的信息，是未曾出现过的，则该工业外观设计即被视为具有原创性。如果工业外观设计外形上的实质特征与已知的设计相比能反映产品的新颖性，就可被认为是原创的。2015年1月1日之前授予的工业外观设计专利的法律保护期限为15年，需支付专利年费，并有可能延期（具体延期在申请中载明，但不超过10年）。从2015年1月1日起，工业外观设计专利有效期的初始期限为5年，可延长4次，每次可延长5年（共25年）。《关于工业外观设计国际注册海牙协议》自2018年2月28日起在俄罗斯适用。

#### 4. 如何保护可申请专利的作品

俄罗斯有两个有效的发明专利制度：国家制度和地区制度。地区专利制度是基于 1995 年《欧亚专利公约》，根据该公约，一个欧亚专利可覆盖八个独立国家联合体（独联体）成员国（更多信息请访问 https：//www.eapo.org/en/）。俄罗斯是《欧亚专利公约》的成员国。俄罗斯和欧亚联盟的发明专利都可以用来保护俄罗斯的发明。实用新型和工业外观设计不受公约的约束，只能受国家专利法的保护。

#### 5. 已授予的专利是否可以撤销

已授予的俄罗斯专利可基于有限的几个理由撤销，例如，已获得专利的发明、实用新型或工业外观设计不符合俄罗斯《专利法》所规定的专利要求；已获得专利的发明、实用新型或工业外观设计未被充分披露，使具备技能的人员不能够实施；在授予专利时，存在着针对具有同一个优先权日的相同发明、实用新型或工业外观设计的若干专利申请；专利中所示的发明人或专利权人不是真正的发明人或专利权人，或未在专利中说明发明人或专利权人。

#### 6. 专利权人有哪些权利

专利权人有独家使用受专利保护的发明、实用新型或者工业外观设计的权利。未经专利权人许可，任何人不得以任何方式将受专利保护的对象用于商业用途，包括进口、制造、应用、营销、销售或其他商业交易，或为此目的储存。根据俄罗斯的法律，可以转让或授权受专利保护的发明、实用新型和工业外观设计。转让和授权协议必须在俄罗斯联邦知识产权局登记，否则视该等转让或授权从未发生。这些协议自登记之日起生效，但可以通过在有效期条款中声明使其追溯适用于当事方协议之前的关系。

#### 7. 什么构成专利的使用

如果产品包含了（或方法使用了）受专利保护的发明或实用新型的独

立权利主张中所述的每一特征或与之同等的特征（2014年10月1日开始，"同等"仅适用于发明），就视为该产品或方法中已使用了该发明或实用新型。是否属于同等特征通常根据以下标准评估：在优先权日之前为公众所知的、达成同一个技术功能或效用的相同或是充分的替代方法以及实现方法。

8. 俄罗斯有哪些专利侵权救济措施

根据适用法律，侵犯专利权可能导致承担民事、行政甚至刑事责任（具体见后文关于知识产权执行的问题）。

民事救济措施包含在《俄罗斯联邦民法典》中（具体见后文关于知识产权执行的问题），并经权利人或独家受许可人在相关授权下提出请求时适用。

救济措施包括初步或临时禁令，但在目前的专利案件中很少适用。如果在针对同一专利产品或工艺的其他诉讼中已经被证明了的侵权屡次发生，那么获得初步或临时禁令的可能性较大。

专利纠纷也有刑事和行政诉讼，但很少使用。

9. 关于俄罗斯的专利诉讼应该知道什么

在提起诉讼之前有必要掌握所有的资料和证据，这是因为：

·没有证据开示流程。

·法庭不支持旨在从第三方获取信息的请求。

·一旦提起诉讼，程序将快速推进。

·法官很大程度上依据法庭鉴定结果审理案件，因此有必要聘请合适的专家就法庭鉴定提出建议。

专利无效不能作为专利侵权行为的抗辩，因为这是两种不同的诉讼。俄罗斯专利局专利纠纷处负责处理专利无效申诉，俄罗斯法院受理专利侵权诉讼。因此，如果专利被宣告部分或全部无效，专利侵权案件就可能被驳回或重新审议。

在起草索赔主张的时候，必须小心谨慎，因为法庭可能拒绝模糊不清的主张，即使原告有足够的证据证明侵权。

目前，自2013年起在俄罗斯运作的知识产权法院将专利纠纷案件指定为由第三法庭（上诉法庭）审理的案件（见后文关于知识产权法庭的问题）。

**第二类：商品的商标、服务标志和原产地名称**

**1. 什么是商标**

在《民法典》第四部分中，商标（和服务标志）指针对法人和个体经营者的产品或服务的个性化标志。一个标志可以用一个词或多个词、图片、三维标志和其他标志或其组合来表示。商标可以用任何颜色或颜色组合注册。

**2. 如何在俄罗斯获得商标保护**

商标和服务标志是通过在俄罗斯联邦知识产权局注册或者通过俄罗斯联邦加入的国际协议来获得法律保护的。俄罗斯是执行"先到先得"的法域。作为商标使用的未注册标志不受法律保护。如果该商标本身不具有独特性，但在申请注册前广泛的使用可能有助于证明其已具备独特性。

建议在使用商标或申请注册商标之前，先在类似商品和服务的已注册商标以及待定注册申请中进行初步的优先权搜索。俄罗斯的商标法律没有规定正式的异议程序。第三方只有在商标注册后才可对其提出质疑，但是，该第三方可以在其提出异议的商标等待注册的期间提交"非正式异议"，表示其反对注册。所有申请都由俄罗斯联邦知识产权局审核，以确定其是否符合正式和实质性的要求，包括与先前的权利是否有冲突。与优先权持有人达成共存协议（或取得其对注册的书面同意），可能有助于解决注册申请被暂时拒绝。

商标保护从注册申请提交之日起为期 10 年，在有效期的最后一年可以续期，续期保护也是 10 年。若未续期，商标注册到期即告失效。经相关方提出请求，可以全部或部分指定商品和服务未使用相关商标为由，终止商标保护。如果在相关撤销申请提交之日，注册的商标或服务标志已连续三年未在俄罗斯使用，就可向知识产权法院提出撤销申请。任何可能影响注册的变更，如商标所有者的名称和/或地址变更、转让、合并或其他交易，必须尽快登记。

### 3. 著名或驰名的商标如何在俄罗斯得到保护

在俄罗斯，广泛使用的商标和未注册标志可被认为是驰名商标。驰名商标的法律保护是永久性和可追溯的，并且在某些情况下不仅限于商标注册所针对的商品和服务。因此，驰名商标常用于禁止第三方针对其他商品和服务使用相同或易混淆的类似商标，驰名商标无须就所有类别商品注册，从而避免因注册后不使用而被撤销的风险。商标和服务标志的转让和许可必须在俄罗斯联邦知识产权局登记，如未登记，商标相关权利的转让则被视为未发生。

### 4. 什么是原产地名称

货物的原产地名称是指构成或包含一个国家、居住地、地区或其他地理区域（以下简称地理区域）当前或既往的名字，又或是用于特定商品（该商品的具体特征主要或完全由该地理区域所特有的自然条件或人文因素所决定）而被他人所知的、包含该名字的衍生叫法。一个名称虽然代表或包含了某个地理区域的名称，但是它是作为某一类商品的名字而在俄罗斯联邦为公众所知的（并成为通用名称），且与该商品的产地无关，它就不得被视为商品的原产地名称。

### 5. 如何获得原产地名称保护及原产地名称使用权

如商品的原产地名称已在俄罗斯联邦知识产权局注册，即获得法律保护。商品的原产地名称可以以一人或多人的名义注册。如果该人所生产的商品符合上述标准则，已正式注册原产地名称的一人或多人有权使用该名称。在同一区域内生产具有相同特定特征的商品的任何法律实体或个人，可获得使用该原产地名称的权利。原产地名称保护的有效期为提交申请之日起10年，并可续期10年。权利所有人不得向他人授予使用原产地名称的许可。

**6. 如何行使商标或原产地名称的权利**

商标、服务商标或原产地名称的侵权可能导致民事、行政或刑事责任（参见下文关于知识产权执行的问题）。

**7. 什么是公司名称和商号（商业名称），它们如何受到保护**

公司名称是指在进行商业活动时用作识别或区分不同法律实体的名称。公司名称的法律保护是由《民法典》和《保护工业产权巴黎公约》（俄罗斯联邦是该公约的缔约方）规定的。在俄罗斯联邦，公司的名称由两个部分组成：表示企业法律组织形式的标示和公司的独特名称。只有经俄罗斯政府的同意，一家公司才可以在其公司名称中使用俄罗斯联邦的官方名称或由此产生的任意衍生词汇。对公司名称的权利自法律实体完成国家注册之日起产生。公司名称的所有者可以独家使用其公司名称，并禁止他人未经授权使用。公司名称的所有者可以不转让其公司名称或者授权他人使用该名称。对于任何法律实体而言，如果两家法律实体从事类似业务，且一家法律实体的公司名称在另一家法律实体完成国家注册之前就已经在国家法律实体注册处注册，则后者不得使用与前者的公司名称相同或易混淆的相似的公司名称。非法使用其他法律实体名称的法律实体，经公司名称所有者的请求，应当停止使用，并赔偿由此造成的损失。公司名称所有者可以将其公司名称或其个别元素作为其商号或商标（服务标志）的一部分。纳入商号或商标（服务标志）的公司名称受法律保护，不论该商号或商标本身是否受保护。

商号受《民法典》的保护。《民法典》第四部分载有关于商号法律保护的专门章节。商号（所谓的"商业名称"）指的是将法律实体和个体企业家所拥有的贸易、工业或其他类型的企业个性化的名称。商号不同于公司名称，它们不需要注册，也不需要被强制纳入商号所有者的成立文件之中。商号所有者享有该商号专用权，并可以通过任何合法方式使用该商号名称。如果作为商号使用的名称具有足够的独特性，并且在某一特定区域内已取得名声，那么就会产生商号专用权。对位于俄罗斯联邦境内的企业基于标识自身特性的目的而使用的商号所提供的保护，仅限于俄罗斯联邦境内。如果商号所有者在连续一年的时间内未能使用该商号，则该商号的专用权终止。商号所有者可以根据企业许可协议或特许经营协议向另一人授予使用其商号。

**第三类：著作权和邻接权**

**1. 哪些作品受到著作权保护**

《民法典》第四部分保护科学、文学和艺术作品（著作权作品），并为表演者、音像作品录制者、广播和有线电视播放组织、数据库编辑者和出版商的权利（邻近权利）提供保护。艺术作品一旦创作出来，无须注册即获得著作权保护。

**2. 作者有什么权利**

作者享有人身（道德）权利（署名权、姓名权、公开披露权、保护作者名誉权）和财产权利（复制、发行、公开展示、公开表演、翻译、修改等权利）。人身（道德）权利是不可剥夺的，不能被转让。著作权作品的财产权利可以通过著作权协议来许可或转让。《民法典》第四部分允许以独家或非独家许可协议的形式及让渡著作权的形式转让著作权。

**3. 俄罗斯的著作权保护期限是多久**

所有作品（包括软件程序或数据库）的著作权保护期限均为作者终生

加其去世后 70 年。作者的道德权利（署名权、姓名权和保护作者名誉权）将被永久保护。侵犯著作权要承担民事、刑事或行政责任。

### 第四类：软件程序和数据库

对于软件程序和数据库在俄罗斯是否受到保护的问题。

著作权保护规定也适用于软件程序和数据库。根据《民法典》第四部分的规定，软件程序作为文学作品受到保护，而数据库作为汇编成果受到保护。虽然注册不是获得保护的强制性条件，但作者可以选择在俄罗斯联邦知识产权局注册和存储软件或数据库。已注册的软件和数据库的转让必须在俄罗斯联邦知识产权局登记。软件程序或数据库在作者有生之年及死后 70 年内受到保护。可以根据软件许可协议授予他人使用软件程序的权利。

### 第五类：集成微电路拓扑结构

对于集成微电路拓扑结构在俄罗斯是否受到保护的问题。

根据《民法典》第四部分的规定，对作者开发出的集成微电路原始拓扑结构提供法律保护。作者享有在其认为合适的情况下使用该拓扑结构的专用权，包括禁止第三方未经授权使用。作者享有根据书面转让协议或许可协议向他人全部或部分转让使用拓扑结构的权利。虽然注册不是获得拓扑结构保护的强制性条件，但作者可以自愿在俄罗斯联邦知识产权局对其进行注册。拓扑结构专用权的有效期为其初始使用日期起或拓扑结构注册日期起 10 年（以较早日期为基准）。

### 第六类：商业秘密（专有技术）

**1. 在俄罗斯，哪些信息被认为是商业秘密（专有技术）并受到保护**

关于商业秘密（专有技术）的规定，包含在《民法典》第四部分和日期为 2004 年 7 月 29 日的《关于商业秘密的第 98 – FZ 号联邦法律》（以下简称《商业秘密法》）及其修订案中。

根据《民法典》的规定，与科学和工程领域的智力活动成果以及与开展专业活动的方法相关的任何性质的信息（生产、技术、经济、组织等方面的信息），均可以被视为商业秘密（专有技术）并受到知识产权保护，前提是：

・这些信息具有不被第三方所知的实际或潜在的商业价值。

・没有免费的合法渠道获取这些信息。

・这些信息的所有者已采取合理的措施来确保这些信息的机密性，特别是通过建立一个关于这些信息的特别商业秘密制度。

任何信息必须满足上述条件，才可根据俄罗斯法律作为商业秘密（专有技术）受到保护并认定为知识产权。如果不符合上述任何一项条件，相关法律实体就可能无法获得对其商业秘密的法律保护（例如，对违反商业秘密制度的行为提起刑事或行政诉讼，要求赔偿损失，解雇泄露机密的员工，等等）。

**2. 应该采取什么措施才可以让商业秘密（专有技术）获得法律保护**

根据《商业秘密法》的规定，商业秘密制度包括相关法律实体为保护（并让他人尊重）其商业秘密（专有技术）而采取的以下步骤和行为：

・制定一个构成商业秘密的信息清单。

・通过建立和实施监控流程对接触商业秘密的权限设定限制。

・列出有权限接触商业秘密的人员名单，包括商业秘密所有者的员工和对手方等。

・对员工基于雇用协议使用商业秘密以及承包商基于民事协议使用商业秘密制定规范。

・在包含相关商业秘密并提及其所有者，以及该所有者全称和地址的有形媒介（文件）上附上"商业秘密"标示。

在商业秘密所有者完成上述所有行为后，商业秘密制度即告建立。否则，公司可能无法证明某些信息属于俄罗斯法律项下的专有技术，因此无法将其宝贵信息作为有效知识产权加以保护。

## （四）在俄罗斯，域名是否作为知识产权受到保护和承认

《民法典》第四部分没有将域名列为知识产权对象。已注册域名本身不被认为是妨碍商标注册的优先权。

".RU"和".PФ"表示的域名在俄罗斯由几家注册机构按照"先到先得"的原则注册。注册域名时，注册机构既不检查也不要求域名申请人证明他们有合法的权利使用其想要注册的名称。

根据《民法典》第四部分的规定，未经商标所有者许可，任何人不得在相关商品和服务（即已注册的相关商标所针对的商品和服务）或类似商品上使用与该已注册商标易混淆的相似标志。法律规定了商标所有者可以使用商标的形式，但该清单不是穷尽的。商标专用权尤其可以通过互联网来行使，包括在其域名和其他地址上使用。

### 1. 目前在域名纠纷中，法院的做法是什么

近年来，域名争议的数量明显增加。

在俄罗斯，没有类似于《统一域名争议解决政策》的程序。因此，所有以".RU"和".PФ"表示的域名的争议，若无法通过协商友好解决，都需要提交给法院。

几年前，基于高等仲裁法院的立场，法院的做法比较一致。根据这种做法，商业活动中使用域名的相关争议，通常由仲裁（国家商业）法院审理，不区分被告是自然人还是法人或个人企业。

然而，根据俄罗斯最高法院最新的观点，涉及自然人（非法人实体或专职开展经营活动的个体企业家）被告的争议应由具有普通管辖权的法院来审理，而不是由审理商业争议的仲裁法院来审理。

根据高级仲裁法院最初采用的、之后获得俄罗斯知识产权法院支持的立场，法院应核实以下内容来认定域名持有者侵犯商标权：

· 争议涉及的域名是否与商标易混淆地相似。

· 域名持有者是否对域名有任何权利或法定权益。

· 域名是否被恶意注册并使用（例如，域名注册的目的是打算随后出售或出租给合法的权利持有人或其竞争对手，或注册域名是为了给竞争对手的业务制造障碍，或故意误导消费者等）。

## （五）根据俄罗斯法律，员工发明创造的知识产权归谁所有

作为俄罗斯法律的一般规则，雇主对雇员在其严格意义上的职责范围内所创造的知识产权享有权利（包括专有权利）。因此，为了确保所有的权利都归雇主，必须妥善起草与俄罗斯开发人员所要签订的雇用协议和其他相关文件，以确保开发人员创造的知识产权中的所有权利全部合法归于雇主，而不受任何限制或不产生财产负担。

### 1. 在创造知识产权的雇员的报酬方面有哪些规则

给雇员创造知识产权的报酬金额及其支付条款规定在雇员和雇主之间的协议中。如果雇员和雇主未能达成协议，则该等报酬金额及其支付条款可以经任何一方申请后由法院确立。

俄罗斯政府规定了应付给发明专利性解决方案（包括发明、实用新型或工业外观设计）的雇员发明人的报酬计算规则。

具体来说，根据这些规则，雇员发明人有权获得一笔相当于其（创造前12个月内）月平均工资的30%（发明适用）或20%（实用新型或工业外观设计适用）的款项。此外，雇员发明人有权获得一笔额外款项，即发明、实用新型或工业外观设计被雇主每使用12个月，有权获得一个月的月平均工资。雇员发明人还有权获得雇主在专利许可项下获得

的许可使用费的10%，以及雇主为转让该专利而获得的对价的15%。如果雇主和雇员之间没有就报酬问题达成具体的协议，即应适用上述关于报酬的规则。

**2. 如何确保雇员发明创造的权利属于雇主**

为确保雇员所创造的知识产权的所有权利都归于雇主，雇主应采取以下步骤措施：

·起草一份劳动合同以及其他劳动关系文件（工作描述），以确保雇员应当或可能创造的知识产权属于该雇员的工作职责范围。

·确保劳动合同明确规定创造知识产权的报酬纳入雇员的工资，或者雇员和雇主签订独立的报酬协议（强烈建议与可能发明专利解决方案的雇员签订这样的协议，以避免适用俄罗斯政府规定的报酬规定）。

·雇主应及时采取《民法典》第四部分规定的步骤，以取得其雇员所创造的知识产权的所有权（即将创造的知识产权保密，向俄罗斯联邦知识产权局提交专利申请，开始使用创造的知识产权等）。

## （六）许可和特许经营协议适用的法律规定

根据俄罗斯法律的一般规则，在俄罗斯，可以通过双方签署书面许可或特许经营协议的形式来授予使用知识产权的权利。

在许可协议或特许经营协议中授予注册专利或商标的使用权利，必须在俄罗斯联邦知识产权局办理强制性国家登记。如果没有登记，许可或特许经营权在俄罗斯将被视为无效。

许可或特许经营协议下的权利授予，可基于由许可方和被许可方（特许权人和加盟商）签署并提交给俄罗斯联邦知识产权局备案的申报书登记。该申报书必须包含有关协议的基本条款。另外，为了对许可或特许经营协议下授予知识产权的使用权利进行登记，双方可以将完整的协议或一份经公证的协议摘要提交给俄罗斯联邦知识产权局。

国际许可方或特许权人与俄罗斯被许可方或加盟商之间的许可和特许经营协议可受非俄罗斯法律的管辖。但是，俄罗斯法律某些强制性规定和要求将适用于许可和特许经营协议，与当事方的法律选择无关。例如，许可或特许经营协议必须载有被许可知识产权的详细描述（例如，注册商标的注册号码），并明确被许可方获得授予的权利范围。从俄罗斯法律的角度来看，如果关于知识产权的任何使用权未在许可协议中明确规定，则该使用权将被视为未被授予。

根据俄罗斯法律，如果有人针对特许商品和服务的质量向加盟商提出索赔，特许权人也将承担附带责任，甚至须与加盟商一起承担连带责任。这种责任的范围依加盟商是否生产特许经营协议下与索赔相关的商品而有所不同。对于商标许可，如果有人针对被许可方提起与其以许可商标生产的商品或提供的服务相关的索赔，则许可方也将承担连带责任。

## （七）如何在俄罗斯强制执行知识产权侵权，可获得哪些救济措施

侵犯知识产权将导致承担民事、行政或刑事责任。

### 1. 在对知识产权侵权提起公诉时，适用的程序和处罚有哪些

刑事和行政诉讼是由警察、联邦反垄断局、当地海关和有权调查知识产权侵权行为的其他国家机关（如即俄罗斯联邦消费者权益保护和公益监督局）提起，或由商标所有人通过向上述机构提出申诉提起。

侵权行为使知识产权或商标所有者或消费者受到严重损害时，即可认定达到刑事诉讼程序的标准。如果损害等于或超过25万卢布，即认定为"严重损害"。屡次侵权也有可能被追究刑事责任。主管部门将对案件进行调查，并将案件文件提交给法院以供进一步审理和作出决定。对一审法院

的判决可以上诉到上诉法院和上诉庭。

在俄罗斯，不能对法律实体的刑事犯罪行为作出刑事处罚。可以向侵犯著作权和相关权利（《刑法典》第146条）、专利（《刑法典》第147条）、商标、服务标志和原产地名称（《刑法典》第180条）的法律实体中的董事提起刑事指控。根据犯罪的规模和严重性，审理该刑事案件的法院可以对其处以罚款、强迫或强制性劳动或监禁等处罚。

行政处罚（罚款、没收侵权产品）适用于自然人和法人。适用于法律实体的处罚比适用于自然人的处罚更为严厉。如果法律实体多次或严重侵犯知识产权，法院可决定对其清算。

商标权人可以在刑事诉讼中提起民事索赔，但若为行政责任，要想取得损害赔偿，必须同时提起民事诉讼。

**2. 在俄罗斯，知识产权侵权可获得哪些民事救济措施**

民事诉讼下的救济措施包括：

·法院确认知识产权。

·停止侵犯知识产权或造成此类侵权威胁的行为。

·支付损害赔偿，或就专利、商标、原产地名称、著作权和相关权利持有人而言，可选择下列一种金钱补偿，金额为：

（1）从1万到500万卢布；

（2）假冒产品价值的两倍（就著作权、相关权利、商标、原产地名称而言）

（3）类似情况下本应支付的特许权使用费的两倍（就专利、商标、著作权和相关权利而言）。

·查封含有非授权的知识产权载体的材料。

·发布关于侵权的法庭判决。

·除了上述可适用于所有知识产权的执行选项，俄罗斯法律还规定，可以通过莫斯科城市法庭屏蔽侵犯著作权作品（照片除外）专有权的网站（参见下文"在俄罗斯，知识产权所有者可以利用哪些机制来打击网络盗版"这一章节）。

## （八）俄罗斯是否设有专门的知识产权法院

俄罗斯知识产权法院是俄罗斯第一个专门针对知识产权的民事司法机构。它于2013年7月3日开始运行。它有审理涉及知识产权纠纷的专属管辖权，既作为一审法院也作为上诉法院。

·作为一审法院，知识产权法院解决对联邦国家机构在知识产权领域的行为提出质疑的争议，以及与知识产权法律保护的授予或终止相关的争议，包括联邦反垄断局关于承认某些行为属于不公平竞争的决定，这些行为包括：通过对法律实体、商品、服务和业务的个性化处理方式收购专有权。

·作为上诉法院，知识产权法院审理其之前作为一审法院解决的案件，以及全国其他仲裁法院解决的与保护知识产权有关的案件。

·不论案件当事方是谁，该法院有权解决联邦立法中提到的所有争议。

·知识产权法院作为一审法院作出的司法判决，除申请撤销外不能被上诉，并在作出司法判决后立即生效。

无论是一审还是申请撤销判决的上诉，知识产权法院均以同僚共享权力的方式审理知识产权争议，而知识产权法院的主席团审理知识产权法院作为一审法院审理的撤销请求案件。

## （九）知识产权所有者可资利用打击网络盗版的机制

2013年8月，俄罗斯针对电影和电视节目著作权人引入了全国范围内的禁播禁令制度，并为信息媒介制定了安全港原则。

2015年5月1日，禁播禁令也提供给其他类别的著作权内容的所有者（照片除外）。

**1. 申请禁令禁止网上侵权的程序是什么**

寻求初步禁令的申请应向莫斯科城市法院提交。除可采用常规的纸质文件方法，还可以选择在莫斯科城市法院的网站上通过在线表格提交申请。在这两种情况下，申请人都必须证明已被侵权，并提供有关权利存在的充分证据。目前，莫斯科城市法院是唯一一个负责审理涉及互联网上播放侵权内容的争议的司法机构。

一旦禁令获得批准，莫斯科城市法院会规定提出索赔的最后期限（不超过15个日历日）。如果没有提交索赔申请，初步禁令将被撤回。执行禁令的裁决将在其网站上公布并发送给申请人和电信管理局。被执行方有权要求法院让申请人提供担保，以弥补潜在的损害。

此外，法律还规定了电信管理局执行禁令的程序。电信管理局必须确定互联网服务提供商，并发送一个通知，其中的细节将有助于识别特定的网站和作品（作品名称、作者、权利持有人、IP地址），同时记录发出通知的日期。

互联网服务提供商必须通知客户并要求其在一个工作日内立即删除侵权信息。如果客户没有采取行动，互联网服务提供商必须在客户收到通知后的3个工作日内限制其访问网站。如果互联网服务提供商未能采取上述行动，此信息将发送给相关的网络运营商，该网络运营商必须在一天内屏蔽该网站或网页。

如果屡次作出违法行为，莫斯科城市法院可以永久封锁整个网站。

此外，有关修正案从2017年开始，权利持有者有权联系电信管理局，并要求其屏蔽因屡次侵犯著作权而被莫斯科城市法院永久封锁的网站的

"镜像网站"。一旦电信管理局收到这样的请求，它可以发布相关裁决，宣布新网站为被永久封锁网站的"镜像网站"，并且"镜像网站"应该被电信运营商屏蔽，并从搜索引擎的搜索结果中删除。

## （十）互联网服务提供商（ISP）是否要对第三方用户置入的侵权内容负责

法律明确规定，互联网服务提供商不会因根据禁令程序作出的限制访问行为而承担责任。

法律明确了三种类型的互联网服务提供商：

·网络传输资料服务提供商（即接入服务提供商）。

·网络置入资料服务提供商，或为获取此类资料所需信息的提供商（即网站及平台运营商）。

·网络置入资料访问服务提供商（如主机托管提供商）。

**是否存在允许互联网服务提供商规避责任的"安全港"规则**

如果互联网接入服务提供商不发起传播、不改动资料（技术目的除外）、不知道而且也不可能知道发起传播的人使用这些资料是非法的，那么互联网接入服务提供商无须承担责任。

如果网站和平台运营商不知道而且也不可能知道在这些资料中使用相关知识产权是非法的，且收到书面侵权通知并迅速采取必要和足够的措施，那么网站和平台运营商无须承担责任。

对于网络置入资料访问服务提供商而言，法律直接规定其适用于上述规则，但没有作出任何进一步的具体说明。

尽管有上述规定，但是新的法律也同时规定，即使互联网服务提供商满足上述要求，仍有可能对其提出侵权索赔。但是，救济是有限的，不会包括损害赔偿金或法定赔偿。

## 十七、破产

### (一) 概述

自 1992 年以来,俄罗斯已经制定实施了一系列破产法律和法规,并经常予以修改和修订。俄罗斯的破产法律内容相当广泛,为相关人员提供了多种选择作为清算/破产的替代方案,其中包括破产公司的重组和整顿、个人的债务延期。

在实践中,破产尚未被广泛认为是解决债权债务问题的可靠、透明的程序。迄今为止,债权人通常将其视为债务人用以转移资产、逃避债权人的程序。因此,法律中针对"假破产"概念及债务人的可疑和优惠交易概念作出了规定,在破产程序中,这些交易可能受到质疑(被取消)。为改善人们对破产的态度而引入的手段之一是,明确了负责公司破产事务的控制人的责任(这里所说的控制人指管理层、股东、参股人和其他与债务人有某种关联的人)。

俄罗斯的破产法律同时适用于公司和个人,包括那些没有从事任何商业活动的公司和个人。但核心公司、农场、金融机构(如银行、保险公司等)、战略性企业、自然垄断实体和开发商的破产,适用单独的规则。

### (二) 适用法律

在俄罗斯,破产和重组规定于《民法典》第 1 部分及颁布日期为 2002 年 10 月 26 日的第 127-FZ 号《联邦破产法》(修正案,以下简称《破产法》)。此外,除最高法院和其他法院的判例外,联邦政府、经济发展部和各个国家机关还通过了各种规章和法规,旨在规范破产实践。

## （三）提起破产程序的要求

在俄罗斯，破产程序可由债权人或债务人提起。

**由债权人提起**：任何债权人均可提起破产程序，只要相关公司欠债权人的债务已得到法院裁定或仲裁裁决的确认，或金额超过30万卢布（按当前汇率约合5000美元）并至少逾期了3个月。

上述标准同样适用于个人的破产，但规定债务额必须超过50万卢布（约合8400美元）。

信贷机构可以在没有法院判决的情况下提起破产程序。

**由债务人提起**：根据《破产法》的规定，如果债务人不能履行其偿还义务，且负债总额超过30万卢布（约合5000美元，这一债务标准适用于公司）或50万卢布（约合8400美元，这一债务标准适用于个人），则必须向法院提出破产申请。

法院作出判决的基点旨在保护债务人不被随意提起破产申请。但它的缺点是会导致债权人寻求的快速提起程序被延迟。该规则对信贷机构存在例外，只要债务人有破产迹象，信贷机构即可据此在没有法院判决的情况下提起破产程序，但前提是，须在提起此类程序前15天向国家公共登记机关提交通知。在当前的司法实践中，"信贷机构"一词不仅涵盖拥有俄罗斯执照的银行，而且还包括根据其注册成立地法律拥有执照的银行。此外，税务机关和海关亦被授权在其作出决定从债务人处收取应付款项后30天启动破产程序，而无须等到法院判决。

按照法律要求，身为债务人的公司和个人，如果被认定向某一个债权人清偿将使其无法全额清偿其他债务，或者逾期向其现任雇员支付工资或向前任雇员支付遣散费已超过三个月，则须在一个月内申请破产。

从2018年1月1日起，债务人的债权人、债务人、债务人的雇员或前任雇员，只有在事先向法律实体活动信息统一联邦登记处发出其有意提交破产申请的通知后，方可向法院提交破产申请并启动破产程序。该等通知应在向法院提交破产申请前至少提前 15 个日历日作出。

## （四）破产流程

一旦申请破产的理由得到证实，债务人公司即进入该程序的第一阶段，即所谓的监督阶段。每一破产程序都涉及一个监督期。其他阶段则根据破产的具体情况而定，包括财务整顿、外部管理、清算和和解阶段几种类型。

对于个人而言，《破产法》提供了两类程序——债务延期程序和财产扣押程序。

根据《破产法》须公布的信息应被记入破产信息统一联邦登记簿中，并应在报纸 *Kommersant* 上刊登。

法律不再允许税务机关将进入破产程序的非经营（非活跃）实体从俄罗斯法律实体联邦国家登记簿中除名。这一原则由《俄罗斯宪法法院法》确立，主要目的是保护债权人的利益，确保其受偿权。

### 1. 监督

监督的主要目的是设置一名由法院委任的临时（破产）管理人，取得债务人公司的资产、评估其价值，并编制债权人名单。一旦完成这些任务，将召开第一次债权人会议，决定后续步骤。

在监督阶段，债务人的业务经营在很大程度上不发生变动，因为临时管理人对债务人的活动仅拥有有限的权力。公司的管理层继续在任，除非管理人收到法院的批准可以解散管理层。如果管理层被解散，则新的管理层将由法院从该公司股东代表提出的候选人中选任。

与此同时，法律也规定了须加以考虑的某些限制。第一，在监督阶段，下列事项须临时管理人的批准：①涉及大于等于监督开始日时债务人账面价值5%的公司资产的交易；②授予或接收贷款、转让权利、转移债务、给予担保或保证、将债务人资产予以信托等。第二，债务人（其管理机构）被禁止从事下列行为：向其股东购买股份，发行债券或支付股息，决定重组、清算或建立分支机构或代表处，参与合营、联营和控股公司。

在监督阶段开始后，不得因债务人未履行其义务而对债务人处以任何罚款或任何其他经济处罚。相反，债权人主张的金额将按俄罗斯中央银行设定的再融资利率计息。

在监督阶段结束时，临时管理人应向法院提交一份报告。在该报告和债权人会议决定的基础上，法院将决定下一步适用于债务人的程序。

理论上监督阶段的期限不应超过7个月，但在实践中这一期限常被延长。

2. **财务整顿**

这一程序很少在实践中使用。如果债务人公司的债权人和法院认为债务人有合理的机会可避免破产清算，则可采用这一程序。在这一阶段，债务人的管理层继续在任，业务在很大程度上与监督阶段一样开展，但有一些小的例外。

在财务整顿阶段，债务人可以提出一项偿还未偿款项（债务）的计划，根据该计划，未偿还债务中的很大一部分将被冲销。如果债务人成功偿还债务，则破产程序终止。

在我们的经验中，这时的财务整顿可以非常有效，特别是当有投资者准备投资并发展相关业务时尤其如此。

3. **外部管理**

外部管理旨在使债务人公司恢复财务正常。债务人的管理层将被解散，法院委任的管理人根据外部管理计划管理债务人。外部管理计划由管理人编制并经债权人会议批准。外部管理必须在18个月内完成，但在某些情况下可以延长这一期限。

### 4. 破产清算

在其他国家司法管辖区域，破产程序通常被用来保护公司免受债权人的主张，并帮助其从财务困境中恢复过来，但在俄罗斯，大多数破产程序都以公司的清算告终。因此，法院通常在监督阶段后即下令进行破产清算。

在此阶段，债务人的所有资产被变卖，并按法律规定的顺序支付债权人的债权。一旦清算结束，债务人即被停业，不再存在。破产清算可能需要6个月到6年的时间才能完成。实际所用期限很大程度上取决于公司及其业务的规模、债权人债权的数量和复杂性，以及破产管理人提出的权利主张的数量。

### 5. 债务延期

债务延期可适用于个人，允许其最多在三年内偿还债务。如果债务人预计将破产，无力偿还债务或没有足够的财产支付相关款项，则债务人可提起该程序。

如果法院裁定破产申请理由正当，则该裁定名义上导致类似于公司破产的法律后果，即债务人可不履行其对债权人的义务，可不进行义务性支付，不用支付的款项中包括法院有效裁定所要求的支付。就破产程序而言，法院的裁定还使所有义务提前到期。

债务延期的程序从债务延期计划草案开始，该计划由债务人或债权人编制。如果在法院决定提起破产程序后两个月内仍未提交草案，则财务经理应建议扣押财产。

该计划须经第一次债权人会议按简单多数原则批准。如果债权人投票赞成，该计划还须得到法院的批准。即使该计划未获债权人会议批准，法院仍可强制执行债务延期计划，但前提是，法院认定债务延期将比立即扣押财产能清偿更多的债权（至少为登记债权的50%）。

如果所有债权均得到清偿，则经法院裁定债务延期将被终止。如果并非所有债权均得到清偿，则债权人可在规定的还款期限结束前不晚于14天向法院提出动议，要求取消债务延期计划。

6. 扣押财产

主管法院可在下列情况下启动扣押个人财产程序：

· 债务人和债权人尚未提出债务延期计划草案。

· 债权人会议未批准债务延期计划草案，法院拒绝批准债务延期计划。

· 债务延期计划已被取消。

扣押财产程序必须在6个月内进行，但法院可以延长这一期限。只有财务主管有权行使债务人财产的任何权利，其任务是对债务人的财产进行估价并出售。

一旦扣押完成，债务人即被解除其义务，除非存在下列情形：

· 在破产程序中，债务人被认定对非法行为负有刑事或行政责任。

· 债务人故意提供不完整或虚假信息。

· 在债权人提出债权诉求或在债务人履约时，债务人违法行事。

· 债务人在上次破产后5年内被宣布破产。

个人不得在破产后5年内再申请自愿破产。法律禁止该个人在破产后3年内管理法人，并规定该个人有义务在破产后5年内将其已被宣布破产的情形告知信贷或贷款协议项下的债权人。

7. 和解

债权人和债务人公司或者个人有权在破产程序中的任何阶段签署和解协议。该等协议须经法院批准。一旦和解协议达成并经法院批准，破产程序即告终止。

### （五）破产管理人的作用

《破产法》规定，债权人应当提出将被提名担任破产管理人的人选。被提名者应是出自专业的负责制订和监督破产管理人要求和标准的俄罗斯自律组织的破产管理人。如果法院认为提议的人选符合法定要求，则批准其成为破产管理人。根据最近的法律修正案，即使破产程序由债务人提起，债务人也不再能提议破产管理人的人选。取而代之的是根据经济发展部出台的指导意见而建立的自律组织。最近，破产管理人的权利被扩大到可要求和获取有关管理人员、控制人的相关信息和保密性质数据资料。

破产管理人在破产程序中起着关键作用，因此他们的身份至关重要。破产管理人有权主张债务人的股东承担第二位责任或有权主张破产程序开始之前或之后破产公司所进行的交易无效。

与此同时，《破产法》规定，如果破产管理人履行职责不当，或有法律规定的其他情形，法院可以解除破产管理人的职务。

### （六）什么情况下交易会被撤销

根据《破产法》的规定，债务人的交易可因与破产相关的可疑交易和优惠交易原因被取消（质疑）。2014年通过的法律修正案扩大了有权撤销交易之人的范围，使其不再仅限于破产管理人。根据现有法律的规定，如果破产债权人拥有的债权超过债权登记册所载破产债权总额的10%，则债权人亦有权撤销交易。

两种类型的交易被定义为可疑交易：低价交易和被认为侵犯债权人权利的交易。如果在破产程序中被证明低价交易具有下列情形，则法院可推翻该等交易：

- 该等交易的对手方向债务人提供了不相称的对价。
- 该等交易是在对债务人提起破产程序前后一年内达成的。

如果下列条件同时满足，则可以撤销侵犯债权人权利的交易。

- 为了损害债权人的权利而达成交易，并实际导致该等侵害。
- 交易对手一方知道或应当知道该等交易的目的。
- 该等交易是在对债务人提起破产程序前后三年内达成的。

给予一名现有债权人以优惠的交易，如果是在对债务人提起破产程序前后6个月（在某些情况下是1个月）内达成的且同时具有下列情形，则可被撤销：

- 为现有债权人提供担保。
- 必须改变现有债权人债权清偿的优先次序。
- 可能导致清偿尚未到期的债权。
- 导致一名债权人的债权优先于其他债权人的债权得到清偿。

从2016年起，与履行贷款协议产生的金钱义务相关或与向其他破产债权人（获授权机构）作出执行时已到期的强制性付款义务相关的交易，不能以上述理由予以撤销。如果交易因上述理由被宣布为无效，则法院将适用恢复原状的规定，所有在该等交易下转让的资产将归还给债务人，并构成其破产财产的一部分。无效交易如被认为侵犯债权人的权利或属于某些类型的优惠交易，则该等交易对手方的债权只有在所有优先债权人的全部债权得到清偿后才可以获得清偿。而无效低价交易的受益人的债权可与其他无担保债权一起按第三位优先顺序获得清偿。

根据最近的法律修正案，关于提出交易无效的请求和法院相应判决的信息，必须通过破产信息统一联邦登记处公之于众。

### （七）破产程序中债权人如何获得偿付

俄罗斯法律规定了以下债权（债权人）顺序：

**优先级**：当期费用，即向法院提交破产申请后产生的金钱义务，如法庭费用和破产管理人费用，优先于所有其他债权人的债权。俄罗斯法律规定当期费用按以下顺序清偿：（1）法院费用、破产管理人报酬和与聘用《破产法》强制要求参与其中的其他人有关的费用；（2）关于工资和遣散费的债权；（3）与聘用破产程序中非强制性参与人员有关的费用；（4）公用事业和维护费用；（5）其他当期债权。

**第一等**：与身体伤害或其他健康受损情形有关的债权。

**第二等**：关于员工工资和遣散费的债权，以及应付知识产权作者的版税或特许权使用费。首先偿付的是，在每人每月3万卢布的范围内与员工工资和遣散费相关的债权，其次偿付员工与其工资、遣散费相关的剩余债权。如果此后有剩余财产，则应偿付知识产权作者的版税或特许权使用费。

**第三等**：所有其他债权人的债权，包括有担保债权人的债权、国家机关的债权（如联邦、地方政府、税务、养老基金等）。地区政府在关闭矿山方面的潜在债权也属于这一类。

可用于分配的财产（包括出售资产所得）将随后在各等级的债权人之间按比例分配。

对于以债务人资产质押担保的有担保债权人，可以通过取消抵押品赎回权的方式强制执行其担保。该等有担保债权将优先在同等级债权中得到清偿。在质押资产取消赎回权的情况下，债权人将获得资产出售所得的70%，剩下的30%将用于偿付第一等级和第二等级债权人的债权、法院费用和破产管理人费用。如果质押是为了担保债务人在信贷协议项下的债务，则出售资产所得的80%归债权人，而剩下的20%用于偿付第一等级和第二等级债权人的债权、法院费用和破产管理人费用。

对个人而言，所得的80%将用于履行出质人的被担保义务，10%用于清偿第一和第二等级债权人的债权，其余10%用于支付法院费用和其他费用。

## （八）有担保债务的处理

以债务人资产质押担保的债权人可以主张执行质押财产，从而在财务整顿或者外部管理程序的初期获得债权清偿。如果有担保债权人行使这一选择权，则质押资产将在公开拍卖中出售，所得全部用于清偿债权人的债权。如果该等拍卖所得款项不足以清偿债权人的债权，则在清算开始后，未获清偿的金额将与第三等级债权人的债权一起按相同地位予以清偿。如果质押资产与其他资产一起出售，则必须获得有担保债权人的书面同意。重要的是，如果对质押资产执行将导致无法恢复债务人的偿付能力，则法院可以禁止该等执行。

2015年，俄罗斯法律扩大了有担保债权人在债权人会议上的投票权。在此之前，有担保债权人只可在监督阶段、财务整顿阶段或外部管理阶段投票，前提是这些债权人没有对质押财产进行强制执行。现在，有担保债权人还可就下列事宜投票表决：选举破产管理人，申请解除破产管理人职务，以及债务延期或扣押个人财产时的任何事项。

有担保债权人可以选择放弃或者不行使在债务人被宣告破产之前对质押资产实施强制执行的权利。在这种情况下，质押资产将在清算期间公开拍卖。所得收入的70%（如果质押所担保的相关义务为银行贷款，这一比例为80%。）将用于履行出质人的相关担保义务（无论其他等级的债权人提出的任何债权），所得收入的20%将用于清偿第一等级和第二等级债权人的债权，而剩余的10%将用于支付法院费用和其他费用（对于担保义务为银行贷款，则20%和10%的比例分别调整为15%和5%）。

## （九）控制人承担第二位责任的依据

### 1. 第二位责任

根据《破产法》的规定，在破产公司的所有资产被分配后，控制人可能被要求对公司的破产承担责任，并被责令赔偿债权人的损失。这种情况可能在下述情形下出现：①虽然公司有明显的破产征兆，但控制人未向法院提出破产申请；②完全由于控制人的过错，无法全额清偿债权人的债权。

从2017年7月30日起，《破产法》大幅修改了关于第二位责任的规则，并扩大了承担第二位责任主体的范围。

根据《破产法》的新规定，控制人被宽泛地定义为可以控制债务人活动或向债务人发出强制指令的人（个人或法律实体）（拥有债务人超过50%股份的所有权人；在破产程序启动前3年内，通过亲属关系或职位控制破产人的行动，又或者对之有重大影响力或能迫使破产人达成无利可图的交易的其他人）。某个个人可能由于对公司行使公司控制权被视为具有控制人的地位。此外，即使某人和公司没有任何正式关联（既不是董事，也不是股东），但如果其仍然受益于公司董事、管理人员和股东的非法恶意行为，则其须承担第二位责任。

根据《破产法》的规定，控制人将被推定在给债权人造成损害方面具有过错，但控制人可对这种推定加以反驳。如果控制人遵守诚信并为了债务人的利益行事，因此控制人的行为不是导致破产的原因，则其不应当承担责任。

此外，如果债权人由于控制人的过错作为或不作为发生的损失，明显低于债权人因控制人的作为或不作为而仍未获得清偿的债权总体金额，则法院可降低控制人的责任金额。

《破产法》规定了使控制人须承担第二位责任的两项主要理由：①未适时申请破产；②完全由于控制人的过错而无法全额清偿债权人的债权。

①未申请破产的责任

公司的董事有义务在一个理性诚信行事的董事应当知道公司将会破产且资金或资产不足以满足公司义务的一个月期限内，向法院提交破产申请，以宣布公司破产。如果未提交此等申请，则该董事须承担第二位责任。

监督债务人的财务状况并在必要时申请破产的责任，不仅适用于公司董事，也适用于其股东。如果有明显的破产迹象，但公司董事不申请破产，则股东必须召开股东大会，决定申请破产。如果董事和股东均未照上述规则行事，则将对公司债务承担连带责任。

下列情形视为有必要提出破产申请：

·如果履行对某一债权人或某一部分债权人的义务将导致无法满足其他债权人的债权。

·如果根据某些债权人请求扣押公司资产将使商业活动无法进一步进行。

·如果公司有无力偿债或破产迹象。

②不能完全满足债权人的债权应承担的责任

《破产法》还规定，如果债权人的债权由于控制人的作为（非法不作为）而无法得到满足，则控制人应承担第二位的责任。

要基于该等理由确认应承担第二位责任，则应证明下列事项：（1）控制人的行为对公司造成了损害；（2）控制人的行为是非法的（过错标准）；（3）控制人的非法行为与所发生的损害之间存在因果关联。

在下列情况下，公司董事和管理人员被认为存在过错：

·向国家登记机构（公司登记处、法律实体活动登记处）提供不准确的信息。

·会计报告和公司文件有不实陈述或缺失，如果该等行为妨碍了破产程序（如果经查确有该等情形，则除了公司首席执行官和总会计师外，受聘用编制记录的外部会计师和机构可能须承担责任）。

在下列情形下，可证明未正式参与公司组织机构的股东及其他控制人存在过错：

·这些人的行为严重恶化了已经破产的债务人的财务状况；

·事实证明，他们的行为（或不作为）使债务人无法满足债权人的债权，其中超过一半的债权是由行政、刑事或税务犯罪行为引起的。

如果公司在完全能够满足债权人债权的情况下申请破产，则控制人也可能须对损失负责。在破产程序提起时或在破产过程中，如果控制人未对债权人无根据的债权提出质疑，则法院也可向控制人追索损害赔偿。

根据《破产法》的新规定，控制人必须证明其在公司破产中没有过错。在实践中，这意味着控制人必须向法院证明，其是一个理智的管理者并已尽最大努力将公司破产的风险降到最低。对第二位责任规则的修订反映了加大控制人对公司债务承担责任可能性的趋势，并极大地简化了寻求他人承担第二位责任人的举证责任。

法院判例中涉及第二位责任的案件正在不断出现，而控制人被要求承担第二位责任的案件数量预计将会增加。

在实践中已有一个引人注目的案例，其中，债权人成功地在英国法院获得了要求披露并冻结控制人在全球的资产的命令，以为在俄罗斯的破产程序提供协助。然而，应该指出的是，此时英国法院必须对此案有管辖权，方能对俄罗斯的破产程序提供协助。

法律规定必须通过破产信息统一联邦登记处向公众公布关于因第二位责任向控制人提出的权利主张的信息以及之后法院对该等事项作出的裁定的信息。

2. **刑事责任**

董事还可能面临被追究刑事责任,在实践中,这可被政府机构用作向许可证持有人施压的工具,以避免不作为现象,并确保公司履行其在地下矿产许可证项下的某些义务。特别是,根据俄罗斯《刑法典》,董事和/或其他控制人(包括股东)可能须对下述行为负刑事责任:

- 旨在隐匿债务人资产的欺诈行为。
- 蓄意破产(即董事故意采取最终导致债务人破产的商业行为)。
- 假破产(董事故意让公众相信公司已破产)。

这些罪行的责任各不相同,从刑事罚金到监禁不等。俄罗斯法律没有规定公司的刑事责任(例如,如果股东是法律实体的情形),但在这种情况下,其董事可能被追究刑事责任。

# 十八、自然资源(石油、天然气、采矿)

## (一) 俄罗斯地下矿产资源管理的主要特点

在一些国家,地下矿产归私人所有,土地所有者拥有其土地下所有矿产资源的所有权。与这样的国家不同,俄罗斯所有的地下矿产资源(包括石油、天然气、黄金和其他矿产),除非已被开采,否则都属于俄罗斯国家所有,不论谁拥有有关土地的所有权。

俄罗斯采用一套许可制度。地下矿产许可证指俄罗斯政府向许可证持有人签发的用于勘探或开采自然资源的许可证。按一般规则,地下矿产许可证授予持有人对采发自然资源的所有权。

## （二）地下矿产资源使用的法律框架

俄罗斯联邦《宪法》规定，地下矿产利用的立法属于联邦和地区联合权限范围。然而，在实践中，地区当局对某些常见的矿产资源和无关紧要的矿床具有管辖权。

采矿和石油天然气领域的核心法律是经修订的、于 1992 年 2 月 21 日颁布的《俄罗斯联邦矿产资源法》（以下简称《矿产法》）。《矿产法》为俄罗斯地下矿产资源的使用提供了一般法律框架，其涵盖了几乎所有与地下资源相关的地质调查、勘探和生产（开采）有关的主要问题。

另一项适用于俄罗斯地下矿产资源使用的主要法律是经修订的、于 1995 年 12 月 30 日颁布的《联邦产量分成协议法》（以下简称《产量分成协议法》）。该法律规定了俄罗斯和外国对地下矿产资源的地质调查、勘探和生产进行投资的法律框架。

在俄罗斯，对贵重金属和宝石开采进行规范的主要立法是经修订的、于 1998 年 3 月 26 日颁布的《联邦贵金属和宝石法》（以下简称《贵金属法》）。《贵金属法》为贵金属、石材的加工、使用和处置提供了一般法律框架，并对该等金属和宝石的地质勘查、勘查和开采设有具体规定。

## （三）在俄罗斯可以签发的许可证的种类

在俄罗斯有以下类型的矿产资源许可证：地质勘查许可证（包括勘探和评价活动）、勘探与生产（采矿）许可证（包括详探和生产活动）和综合许可证（包括地质调查和勘探与生产/采矿活动）。

## （四）有关地下矿产资源许可证的一般条款

地质调查许可证的期限最长为 5 年（在某些俄罗斯地区可以获得七年

期的地质调查许可证），而针对海上矿产资源的地质调查许可期限最长可达 10 年。许可证可以为完成工程所需而延期。勘探与生产（采矿）许可证以及综合许可证的期限可等于项目期限，然而在实践中，授予期限通常为 20 或 25 年，且一般可以续展，但前提是许可证持有人没有违反许可条款和条件。

### （五）地下矿产资源许可证的领证主体

地下矿产资源许可证由联邦地下矿产资源使用局（Rosnedra）颁发。地下矿产资源使用局负责就所有陆上矿产（"战略"矿产除外）授予地下矿产资源权利。只有在俄罗斯联邦政府作出特别决定的基础上，才可授予"战略"矿产（包括所有海上矿产资源）的权利。

### （六）对外国投资者在俄罗斯获取地下矿产资源许可证是否有限制

根据《矿产法》，俄罗斯公司和外国公司都可以在俄罗斯联邦持有除战略矿产外的地下矿产资源许可证，战略矿产的地下矿产资源许可证只能由俄罗斯公司持有。海上矿产资源的许可证只能由俄罗斯政府拥有 50% 以上股份的俄罗斯公司持有，而且该公司至少有 5 年的海上矿产资源开发经验。

尽管允许外国公司就非战略矿产拥有地下矿产资源权利，但在实践中，只有少数外国公司直接持有俄罗斯地下矿产资源权利的案例。因为外国公司在俄罗斯子公司被允许获得陆上矿产的地下矿产资源权利，所以，外国投资者通常通过其俄罗斯子公司间接持有俄罗斯矿产的地下矿产资源权利。

## （七）如何获得地下矿产资源许可证

地质调查许可证是在没有招投标或拍卖的基础上，根据利害关系方的申请签发的。

生产（采矿）许可证和综合许可证可以：

- 通过招投标或拍卖授予。
- 授予拥有地质调查许可证并通过商业性勘探而获得开发的权利人。

签发战略矿产许可证的强制性先决条件是俄罗斯政府的决定。该等许可证也可以在没有招投标或拍卖的情况下签发。

## （八）地下矿产资源许可证所规定的权利是否可以转让

俄罗斯的地下矿产资源权利不能自由转让，这意味着不能直接出售、质押或以其他方式设定产权负担。

然而，在某些情况下，《矿产法》允许转让地下矿产资源权利（向有外国参与的公司转让战略矿产的权利除外），这使该等权利可以在有限的范围内转让。这些情况包括：

- 将地下矿产资源权利从母公司转让给其子公司，反之亦然，以及在同一母公司的子公司之间转让。
- 许可持有人与另一家公司合并后的转让。
- 许可持有人与另一家公司联合后的转让。
- 随着剥离或拆分形成的新公司进行转让。

任何该等地下矿产资源权利的转让都需要地下矿产资源使用局特别批准。除非俄罗斯政府就特定矿产另行作出决定，否则战略矿产的权利不能转让给外国参与的公司。

## （九）相关许可证授予的地下矿产资源权利如何转让

地下矿产资源许可证通常不可转让，只有在有限的情况下，地下矿产资源许可证才可以转让给另一个实体（例如转让给子公司、姐妹公司、母公司，反之亦然，又基于剥离或分拆而转让，或者随着许可证持有人的资产作破产出售而转让）。在大多数情况下，为实施相关许可证下授予的权利的转让，受让方应：

· 遵守俄罗斯法律所规定的适用于地下矿产资源许可证持有人的所有相关要求。

· 具有开展相关许可证所涉及的工作以及适当履行许可证义务所需的所有相关设备和资产（包括现场基础设施）（向受让方转让资产是相关许可证转让的强制性先决条件）。

地下矿产资源许可证的转让最长可能需要140天。在转让时不能修改或修订地下矿产资源使用条款和许可证义务（即有关许可证需要以授予转让方的同等条款和条件重新签发给受让方）。

## （十）"战略"矿产是什么

关于战略地下矿产资源地块（对联邦具有重要性的地下矿产资源地块），2008年俄罗斯引入了一套经长期论证的对外国投资者的限制机制。该等限制已在"促进对俄罗斯的外国投资"一节中进行了讨论。

战略矿产包括以下内容：

· 含铀、高纯石英、钇族稀土、镍、钴、钽、铌、铍、锂、钻石硬岩矿产或铂族金属硬岩（矿石）矿产并在国家储量登记处登记储量（不论其规模）的底土地块；

· 在国家储量登记处所显示的含有下述矿产的地下矿产资源地块：

·可采石油储量达到或超过 7000 万吨。

·天然气储量等于或超过 500 亿立方米。

·硬岩（矿石）黄金储量等于或超过 50 吨。

·铜储量等于或超过 50 万吨。

·位于俄罗斯联邦内陆水域、领海或大陆架的地下矿产资源地块（即海上矿产）；

·只能用于国防和安全用途的地下矿产资源地块。

对俄罗斯联邦具有重要意义的地下矿产资源地块清单由联邦地下矿产资源使用局发布，其中包括大约 1000 个战略矿产，而且这份清单会定期更新。值得注意的是，该清单举例未穷尽，任何符合上述标准的矿产都将被视为具有战略意义，不管是否包含在清单中。

## （十一）按产量分成协议开采自然资源是否属于地下矿产资源许可证的可行替代

在俄罗斯联邦，产量分成协议为采矿、石油、天然气和其他开采领域的外国投资者提供了一个特殊的法律框架。产量分成协议立法的主要目标是为这些行业的投资者提供长期的财政和监管的稳定性。俄罗斯规范产量分成协议的主要法规是《产量分成协议法》。

自 2003 年起，只有在地下矿产资源地块被拍卖且流拍的情况下，投资者才可在《产量分成协议法》下开发地下矿产资源地块。也就是说，只有那些在标准许可条款和条件下无法吸引地下资源使用者的地块，才可以通过产量分成协议进行开发。因此，最好的矿产都是在地下矿产资源许可证下分配的，而应用产量分成协议的地块对地下矿产资源使用者来说并不很有吸引力。

由于上述原因和同时建立的产量分成协议税收制度，在实践中，产量分成协议基本无法吸引外国对俄罗斯的投资。

## （十二）是否可以从俄罗斯出口天然气和液化天然气

俄罗斯天然气工业股份公司及其全资子公司拥有天然气出口的独家权利。自2013年12月1日起，除俄罗斯天然气工业股份公司及其全资子公司外，出口液化天然气的权利已被授予下列类别的出口商：

·持有战略矿产地下矿产资源许可证的地下矿产资源使用者，如果其地下矿产资源许可证自2013年1月1日起即拟建设液化天然气厂或回收天然气用于在液化天然气厂进一步液化；

·符合下列各项标准的俄罗斯公司：

·俄罗斯联邦拥有该公司50%以上的股份。

·持有俄罗斯海上矿产资源的地下矿产资源许可证。

·利用从上述矿产资源或根据产量分成协议开采的天然气来生产液化天然气；

·对于符合上述项目规定标准的公司，其子公司持股50%以上的公司（如果这些子公司利用根据产量分成协议回收的天然气来生产液化天然气）。

## （十三）对贵金属和宝石需要重点了解的规定

根据《贵金属法》，贵金属包括金、银、铂、钯、铱、铑、钌和锇；宝石包括天然钻石、绿宝石、红宝石水晶、蓝宝石、翠绿宝石、天然珍珠和独特的琥珀。人工制造的材料即使有与宝石一样的特性，也不适用《贵金属法》。贵金属和宝石的两份清单都是穷尽的。

## （十四）谁可以提炼贵金属

除了原生金属以外，提炼贵金属的组织应是列明在获授权公司特别名单上的组织。该名单由俄罗斯政府保存。在提炼之后，贵金属可以在国内市场上出售。出口还另行需要单独的出口许可证，在实践中，这类出口许可证通常会授予银行和主要生产商。

### （十五）贵金属是否可以自由交易

值得注意的是，俄罗斯联邦享有从矿业公司购买贵重金属和宝石的优先购买权。在这种情况下，贵金属的价格以国际市场价格为准。宝石的定价由专家委员会根据国际市场价格确定。

## 十九、电力

### （一）对俄罗斯电力行业的监管框架

俄罗斯电力行业受到严格监管。其核心内容规定于以下联邦法律：

· 发布于 2009 年 11 月 23 日（经修订）的《联邦电力法》（以下简称《电力法》）。

· 发布于 2009 年 11 月 23 日（经修订）的《联邦能源节约和能源效率法》。

· 发布于 2003 年 3 月 26 日（经修订）的《关于过渡期电力运行具体问题的联邦法律》。

· 发布于 2010 年 7 月 27 日（经修订）的《联邦供热法》。

更详细的内容主要规定于俄罗斯政府公布的下列法令中：

· 发布于 2010 年 12 月 27 日（经修订）的《关于批准电力和容量批发市场规则的法令》；

· 发布于 2012 年 5 月 4 日（经修订）的《关于零售电力市场运作、

全部或部分限制用电条件（基于零售电力市场运作的基本情况、全部或部分限制用电条件的规则）的法令》；

·发布于2004年12月27日（经修订）的《关于批准［各种行业］服务非歧视性准入规则和［消费者、发电厂、电网基础设施对象］的输电电网系统技术依从性规则的法令》；

·发布于2011年12月29日（经修订）的《关于管制价格范围内定价（标准电价）（基于定价基本情况和政府定价监管）的法令》。

能源部、俄罗斯联邦反垄断局和经济发展部也参与监管电力行业。在2005年至2011年俄罗斯电力行业进行的一次重大改革后，非商业伙伴关系市场委员会（以下简称市场委员会）被授权作为一个自律机构，代表主要市场参与者为市场参与者制定规则。例如市场委员会通过（并定期更新）的关于遵守交易系统的协议（以下简称《遵守协议》），该《遵守协议》的条款对批发市场所有参与者均具有约束力。它为市场运作制定了一套非常详细的规则，并确定了参与者的各项权利和义务。

## （二）主要市场监管机构和商业基础设施参与者

俄罗斯电力市场由下列机构负责管理和监督：

·俄罗斯能源部，全面负责电力行业。

·俄罗斯经济发展部，负责监督该行业宏观经济指标和能源效率的国家机构。

·俄罗斯联邦反垄断局——监管标准电价，旨在确保市场的竞争环境。

·市场委员会——监督市场运作，拟订适用于市场并对其参与者具有强制性的标准格式协议。

许多国有实体（所谓的"基础设施公司"）的参与确保了俄罗斯电力

系统的技术和商业稳定性。这些实体有：

·俄罗斯联邦电网公司，负责管理俄罗斯统一输电电网系统——电压为220千伏以上的输电线路及相关的电网基础设施和设备，其目的是确保俄罗斯输电电网系统的稳定性。

·系统运营商，确保电力调度和俄罗斯统一输电电网系统的稳定运行。

·区域配电控股公司（俄罗斯语为"MRSK"），拥有和运营配电资产——由电压为110千伏以下的中低电压电网组成的地区电网。区域配电控股公司由国有控股公司"Rosseti"控制。

其他基础设施参与者有：

·俄罗斯交易系统管理局（ATS），一个由市场委员会控制的实体，负责管理批发电力和容量市场，并通过为卖方和买方牵线搭桥促进按标准条款进行的交易；

·金融结算中心，由市场委员会和交易系统管理局拥有的公司，在批发市场上充当付款中介。

### （三）俄罗斯电力市场的划分

俄罗斯电力市场具有双层结构，整个市场划分为零售和批发市场。在零售市场上由供电商向行业和国内消费者销售电力。供电商可仅在一个市场上经营或同时在两个市场上经营，前提是它符合批发市场参与者资格所要求的装机容量和其他条件。零售市场的价格受限于标准电价。

在批发市场上主要是由发电企业、供电商和某些大型终端消费者进行供电交易。装机容量和电力在批发市场上单独进行交易。俄罗斯电力批发市场在地理概念上划分为三类区域：

·横跨俄罗斯欧洲部分、乌拉尔和西伯利亚西部的价格区域。

·包括加里宁格勒、阿尔汉格尔斯克、科米和远东地区南部的非价格区域。

·包括西伯利亚和远东的大部分地区在内的单独区域。

价格区域遵从竞争性定价,而非价格区域的电力价格则受到国家监管(特别是确定标准电价)。单独区域仅有零售市场,没有电力批发市场。此等划分因很多原因而显得重要——特别是,只有在同一定价区内的参与者之间才可以按自由价格进行供电交易。

### (四)外国投资者如何进入俄罗斯电力市场

电力行业的法规并未规定电力市场监管机构应当对此作出任何特别审批。然而,外国投资者可能会受到一般审查(如反垄断审查和战略性公司审查)和限制的制约。详情参见"促进外国对俄罗斯的投资"和"产权"章节。另外,在实践中,在电力市场上开展业务的公司经常须处理在俄罗斯被归类为"国家机密"的信息。因此,他们须确保能够查阅有关资料的管理团队成员得到适当的授权,但成员中不包括非俄罗斯公民的人员。尽管如此,根据我们的经验,这并不能阻止外国投资者在俄罗斯电力行业进行投资和开展经营业务。

### (五)从俄罗斯出口电力的可能性

俄罗斯法律没有对开展出口(以及进口)业务的电力批发市场参与者施加任何限制。同样根据《遵守协议》,只要符合下列条件,任何参与者均可从国内市场出口电力:

·符合批发市场规则和《遵守协议》的若干规定。

·在市场委员会注册为开展进出口业务的公司。

但是,在实践中,由于国家控制的联合股份公司"国际统一电力系统"集团的隐性出口垄断地位，想要取得向俄罗斯境外销售电力的权利是困难的。取得出口公司地位的过程需要处理好与市场委员会的微妙关系。

### （六）对可再生能源项目是否有鼓励措施

俄罗斯针对可再生能源企业的监管框架和各项鼓励措施目前正在制定中，尚未完全成形。可再生能源生产企业可能会得到政府的支持，前提是在市场委员会办理所谓的"可再生能源来源对象资格"。该办理程序涉及对可再生能源来源对象进行文件审查和现场稽查（大约需要 1.5 – 3 个月完成）。在此之后，合格的可再生能源来源对象将被纳入市场委员会的登记簿中。这类对象的资格无期限限制，但须经市场委员会定期审查。

俄罗斯法律为零售和批发市场的参与者都提供了鼓励措施。可再生能源的零售市场标准价格每年固定不变，以建立确保投入可再生能源来源对象建设的投资将得到回收的机制。可再生能源生产企业享有优先向电网运营商出售能源的权利，而电网运营商有义务购买这些能源以补偿其在此过程中受到的损失。此外，可再生能源生产企业可获得一笔拨款，以补偿其与容量不足 25 兆瓦的合格可再生能源来源对象有关的技术整合支出。这笔拨款以生产企业支出 50% 为限，在任何情况下都不能突破每个可再生能源来源对象 3000 万卢布（约合 511600 美元）。

批发市场规则允许可再生能源生产企业通过拍卖程序竞标，以达成长期供电合同。发布于 2013 年 5 月 28 日（经修订）的《关于批发市场可再生能源来源激励机制的政府法令》针对使用太阳能、风能、小水电和生物质能的发电厂规定了特殊定价机制。根据规定，此等发电厂可以在 15 年的期限内每月获得容量费，以补偿它们的支出。从本质上讲，此类合同的目的是通过在 15 年期限内以受保证的可支付的容量费的方式，来确保投资者对可再生能源项目的投资获得回报。有资质的生产企业和电力批发市场消费者之间按标准格式通过金融结算中心签订供电协议。供电协议项下的权利可转让给第三方，但须经市场委员会初步批准并符合市场委员会的要求。

除联邦层面的鼓励措施外，俄罗斯远东地区也有一些地区性的鼓励措施。

# 二十、银行

## （一）俄罗斯的银行体系

俄罗斯银行体系的上层是俄罗斯联邦中央银行（也称"俄罗斯中央银行"），它既是银行业的主要监管机构，也是负责货币政策的机构。俄罗斯中央银行负责监管银行业活动。俄罗斯中央银行通过其指示、规定和其他法案，为俄罗斯联邦各地的银行和非银行信贷机构制定规则、标准和强制性要求。俄罗斯银行体系的下层由信贷机构和外国银行的代表处组成。

根据日期为1990年12月2日的《关于银行和银行活动的第395-1号联邦法律》（以下简称《银行法》）的规定，俄罗斯主要有两种信贷机构：银行和非银行信贷机构。银行属于有权开展法人实体和个人银行账户开户和管理、吸引法人实体和个人的存款并自行承担费用将该等资金置于自身名下等银行业务的信贷机构。相反，非银行信贷机构指被允许开展其执照所载的有限数量的指定银行业务的实体。

银行和非银行信贷机构从收到俄罗斯中央银行颁发的银行执照时起即有权开展银行业务。两种类型的信贷机构均可参与银行集团（当控股公司是一家信贷机构时）和银行控股（当控股公司是一家非信贷机构时）。

截至 2017 年 12 月 1 日，在俄罗斯注册的共有 523 家银行、44 家非银行信贷机构和 51 家外资银行代表处。

## （二） 有关俄罗斯银行业立法的主要渊源

银行立法的主要来源包括：

・《民法典》；

・日期为 1990 年 12 月 2 日的《关于银行和银行活动的第 395 – 1 号联邦法律》。

・日期为 2002 年 7 月 10 日的《关于俄罗斯联邦中央银行的第 86 – FZ 号联邦法律》。

・日期为 2003 年 12 月 23 日的《关于俄罗斯联邦银行个人存款保险的第 177 – FZ 号联邦法律》。

・日期为 2013 年 12 月 21 日的《关于消费信贷（贷款）的第 353 – FZ 号联邦法律》。

・日期为 2011 年 8 月 7 日的《关于打击洗钱和资助恐怖主义的第 115 – FZ 号联邦法律》。

## （三） 外国银行是否能在俄罗斯经营

外国银行目前不得在俄罗斯联邦开设分行，但可以在俄罗斯设立当地子公司或代表处。

## （四） 对外国银行在俄罗斯设立子公司的要求

外国银行可以俄罗斯法人实体（股份公司或有限责任公司）的形式在俄罗斯设立子公司。

在俄罗斯银行系统的所有信贷组织的法定资本中，外国投资的总份额不得超过50%。如果达到该限额，俄罗斯中央银行有权拒绝对有外国投资的俄罗斯信贷机构进行登记和向其发放银行执照。此外，如果非居民增加法定资本或者向非居民处置股份（参与者权益）将使该信贷机构的外国投资的份额超过法定资本50%的限额，俄罗斯中央银行可以限制该等法定资本的增加或股份（参与者权益）处置。违反该等限制而向非居民处置的股份（参与者权益）将被视为无投票权，且俄罗斯中央银行将有权向法院申请撤销该交易。

外国银行在俄罗斯市场的参与受到一定的限制。特别是，非居民需要得到俄罗斯中央银行的事先批准方可获得俄罗斯银行或非银行信贷机构的10%或更多股份。当非居民获得的股份超过1%但少于10%时，只须通知俄罗斯中央银行。这与适用于俄罗斯居民的规定类似。此外，俄罗斯中央银行可能不会就强制性比例和最低法定资本对外国银行的子公司设定额外的要求。但是，仍可能对外国银行代表办事处和子公司的报告程序、管理机构核准以及获准业务提出额外要求。

## （五）对在俄罗斯设立外国银行代表处的要求

外国银行可以在俄罗斯设立代表处。

外国银行的代表处和代表处雇用的外国公民应被俄罗斯中央银行认可。外国银行代表处的认证期限不超过3年。如果一家外国银行的代表处在俄罗斯中央银行授予此类认证后6个月内开始运作，则认证生效。认证可无限次续展，每次续展期限不超过3年。俄罗斯中央银行可允许符合下列标准的外资银行设立代表处：

- 外资银行已在其设立国运营至少5年。
- 外资银行的财务状况稳定。

关于外国银行是否符合后一标准，应经外国银行设立国的相关监管机构的确认，并应取得相关监管机构的同意或无须该等同意的确认。

根据俄罗斯法律，外国银行的代表处仅有有限的行为能力。俄罗斯法律允许代表处研究俄罗斯银行业的经济状况、与俄罗斯银行保持和发展联系并发展国际合作。外国银行的代表处不得为银行招揽新客户，但可以向外国银行的现有客户提供咨询服务。

外国银行代表处由俄罗斯中央银行监管。如果代表处存在威胁到俄罗斯主权、政治独立、领土完整和国家利益或其他不符合俄罗斯法律规定的行为，如果相关银行的银行执照被撤销或者银行或其客户不遵守反洗钱法规，则俄罗斯中央银行可关闭该代表处。

### （六）俄罗斯的银行经营活动及其监管

根据《银行法》的规定，只有持有俄罗斯中央银行颁发的相关执照的信贷机构才能开展某些称为"银行业务"的活动。银行业务清单包括如下内容：

·吸收活期和定期存款资金，并将该等资金置于相关信贷机构名下（费用由相关信贷机构承担）。

·持有存款和存放贵金属。

·开立和管理个人和法人实体银行账户。

·收兑钱款、本票、汇票、付款和结算单据。

·向个人和法人实体提供现金服务。

·外汇兑换。

·出具银行担保。

·在开立或不开立银行账户的情况下转账（包括电子货币）。

银行和非银行信贷机构也有权开展某些非银行业务，包括：

·提供财务担保。

·受托管理。

·进行贵金属和宝石经营。

·出租保险箱。

·参与融资租赁业务。

·提供咨询和其他信息服务。

在符合有关许可要求的情况下，信贷机构可作为证券市场的专业参与者。信贷机构不得从事任何工业、贸易或保险活动，但衍生品交易除外。

在俄罗斯，银行可以在两种类型的银行执照下开展业务活动：

·通用执照，该等执照允许开展所有银行业务并在境外设立子公司和分支机构（须事先获得俄罗斯中央银行的批准）和代表处（须事先通知俄罗斯中央银行）。

·基本执照，该等执照对外国个人、外国法人实体和其他外国组织进行的某些银行业务进行限制，且对银行的法定资本要求低于通用执照。

持有基本银行执照的银行不得与外国个人、外国法人实体和其他外国机构进行下列银行业务和交易（与在通用银行执照下经营的银行不同）：

·自行承担费用将吸收的活期和定期存款资金置于自身名下。

·持有存款和存放贵金属。

·出具银行担保。

·取得对该等外国人的债权。

·参与融资租赁业务。

·提供担保。

与通用银行执照银行不同，基本银行执照银行不能在外国银行开立账户，包括开立代理银行的对应账户（参与国外付款系统除外）；不能参与未首发上市且未获俄罗斯中央银行批准的证券的交易。在准备金和审慎监管方面，对基本银行执照银行的要求低于通用银行执照银行。

281

### （七）俄罗斯企业贷款的特点

在俄罗斯，信贷机构的主要活动之一是放贷。在向俄罗斯企业实体放贷时，应考虑一系列问题。

涉外交易的当事方（外国合作方）一般会选择外国法律作为其合同关系的适用法律。因此，如果外国银行向一家俄罗斯公司提供融资，贷款协议通常受外国法律管辖（通常采用英国法律和贷款市场协会模版风格的协议）。然而，担保文件适用法律的选择通常取决于拟议抵押物所在或创设抵押物的地点。

值得注意的是，俄罗斯法律不承认信托的概念。因此，在银行担保融资中直接使用担保受托人可能在俄罗斯行不通，俄罗斯适用的是其他替代担保结构。

尽管俄罗斯在2007年取消了大部分的货币管制的限制，但外国银行在向俄罗斯企业借款人放贷时仍应考虑到一些货币管制的规定，例如，需要收集货币经营和出口收益资金汇回国的批关规定。

根据贷款协议，俄罗斯借款人向外国贷款人支付的款项可能因付款人为俄罗斯纳税人而被认为是俄罗斯来源收入。在这种情况下，俄罗斯借款人支付的款项可能以20%的税率被征收俄罗斯预提税，但须按照适用的税收协定条款予以减免。

### （八）俄罗斯对消费信贷的监管

对个人的贷款特别由日期为2013年12月21日的《关于消费信贷（贷款）的第353-FZ号联邦法律》（以下简称《消费信贷法》）进行规范，该法案全部条款于2014年7月生效。

根据《消费信贷法》的规定，消费信贷协议的条款和条件分为一般或者个别条款。一般条款由贷款人起草并大规模适用，其中必须包括：

·银行提供的每一种信贷计划的信贷总收费范围。

·关于履行信贷协议项下义务的担保类型。

·借款人为取得贷款必须签订的协议的相关信息。

个别条款由贷款人和借款人商定，并应在信贷协议中单独规定。个别条款通常包括：

·信贷金额、还款期、利率或利率确定方式。

·借款人不适当履约的责任。

·分配协议项下债权人权利的可能性的相关信息。

·相关消费信贷的总费用。

个别条款还可能包含当事方同意的其他条款和条件。即使个别条款应由当事方达成一致，俄罗斯中央银行仍须采用标准的个别条款，而各个银行都要遵守这些条款。若一般条款与个别条款之间存在分歧，则以个别条款为准。

《消费信贷法》还引入了关于信贷总费用的规定，通常包括贷款还款和应计利息付款、协议要求的有利于债权人的其他付款、向第三方（如保险公司）的付款和其他一些付款。在当事方签订信贷协议之日，信贷总费用不得超过俄罗斯中央银行计算和公布的平均市场信贷总费用的三分之一。俄罗斯中央银行按季度就不同类型的信贷计算和公布平均市场信贷总费用。

《消费信贷法》一般允许将债权人的权利转让给第三方（包括非银行机构），除非法律或信贷协议的个别条款禁止此类转让。在转让时，初始债权人有权转让借款人的个人信息和在消费信贷协议下提供担保或抵押品的法人实体（个人）的信息。

## （九）俄罗斯为监管银行业经营活动而设立的金融监管机构

俄罗斯联邦银行业的主要监管机构是俄罗斯中央银行。俄罗斯中央银行是俄罗斯立法机构（而非行政机构）控制下的少数几家机构之一。国家杜马不仅有权批准俄罗斯中央银行行长的提名，还有权批准行长的辞职。根据俄罗斯《中央银行法》的规定，俄罗斯中央银行内设有一个特别机构，即国家银行理事会，该机构人员由各行政和立法机构的代表组成。国家银行理事会对俄罗斯中央银行的董事会进行控制，并参与制定俄罗斯银行业和金融政策的基本规则。

俄罗斯中央银行和政府共同规范货币政策。俄罗斯中央银行负责货币资金的流通并确保卢布的稳定。作为其监管职责的一部分，俄罗斯中央银行为信贷机构建立国家登记、会计、报告和许可规则，规定贷款业务的最低准备金要求、强制性比例（资本充足率、流动性等）和对法定资本数额的要求。俄罗斯中央银行在整个俄罗斯联邦设有区域办事处。

虽然不是传统意义上的监管机构，但在某些情况下，国家企业"存款保险局"可履行法律规定的监管职能。例如：

· 监管俄罗斯的存款保险制度。

· 经俄罗斯中央银行委任，可以作为信贷机构的临时管理者。

· 与俄罗斯中央银行等一起参与某些防止俄罗斯银行破产的程序。

## （十）购买俄罗斯银行股份需要的批准

如果买方获得超过以下比例的控制权，则须要事先获得俄罗斯中央银行的批准：

· 俄罗斯银行股份的10%、25%、50%或75%（如果该银行是一家股份合作公司）。

·俄罗斯银行参与性权益的10%、1/3、50%、2/3（如果该银行是一家有限责任公司）。

获得对拥有俄罗斯银行10%以上股份（参与者权益）的股东直接或间接的控制权也须事先取得俄罗斯中央银行的批准。

计划购买俄罗斯银行股份（参与者权益）的股东应符合俄罗斯中央银行关于财务状况和商业信誉的某些要求。

在某些情况下，银行必须与联邦反垄断局合作。例如，在兼并的情形下，如果买方取得银行的法定资本超过25%，同时目标银行的资产超过310亿卢布，则要求银行获得反垄断局的初步许可。目标银行的资产不超过310亿卢布的，有关信贷机构向反垄断局通知其合并即可。

如果反垄断局拒绝批准对俄罗斯银行股份（参与者权益）的相关购买且新进入的股东不满足俄罗斯中央银行关于其财务状况和商业信誉的要求，又或是某些特定的其他情况下，俄罗斯中央银行可以拒绝批准相关人员对俄罗斯银行股份（参与性者权益）的购买。

## （十一）俄罗斯中央银行的监管权力

继特定程序之后，信贷机构必须在俄罗斯联邦登记，并必须得到俄罗斯中央银行的许可。新成立的银行可以获得批准其在有限范围内经营的执照。持有执照期限达两年或以上的银行有资格申请扩大经营范围的执照。

俄罗斯中央银行在下列情况下可拒绝颁发银行执照：

·申请文件不符合俄罗斯法律要求。

·信贷机构创始人的财务状况不佳，或未能履行其关于联邦预算、俄罗斯联邦主体的预算或地方预算规定的义务。

·信贷机构首席执行官或首席会计师（或其副手）的人选未满足资格要求和商业信誉要求，或信贷机构董事会（监事会）成员的人选未满足商业信誉要求。

俄罗斯中央银行对俄罗斯所有的银行有控制权：俄罗斯中央银行批准所有对信贷机构高级管理人员的任命，持有由信贷机构存放的强制性准备金，并监督信贷机构对适用要求的遵守情况。如果信贷机构不符合这些要求，俄罗斯中央银行有权行使各种制裁，从警告和罚款到暂停某些银行业务和吊销银行执照，信贷机构可能由此解散或破产。

### （十二）俄罗斯对银行存款的保护

日期为2003年12月23日的《关于俄罗斯联邦银行个人存款保险的第177-FZ号联邦法律》为个人存款建立了保险制度。该法律规定所有接受个人存款的银行必须是存款保险系统的成员。存款保险局负责监管该系统。

持有有效零售银行执照的银行需要向俄罗斯中央银行申请登记才能成为强制性存款保险系统的参与者。根据法律规定，银行只有通过一系列的测试才能加入该系统。俄罗斯中央银行要求必须确保：

- 银行的财务账目和报告准确无误。
- 银行完全符合俄罗斯中央银行要求的各种强制性比例。
- 银行有足够的偿付能力。
- 俄罗斯中央银行没有取消银行的银行执照。

如果银行未通过上述测试，或选择不参与存款保险系统，则无法吸收个人存款或开立个人账户。参与存款保险系统的银行必须向存款保险局管理的特别存款保险基金缴款。该等缴款按特定银行个人存款每日平均余额的百分比计算，一般规定不能超过0.15%。在存款保险系统成员银行存款的所有个人储户就每家银行可获得总金额最高140万卢布的100%全额补偿。但存款保险不涵盖电子货币存款。

### （十三）俄罗斯的反洗钱要求

根据反洗钱金融行动特别工作组的建议，国家杜马通过了日期为2001年8月7日的《关于打击洗钱和资助恐怖主义的第115-FZ号联邦法律》（以下简称《反洗钱法》），该法案于2002年2月1日正式生效。

《反洗钱法》对信贷机构、证券市场的专业参与者、保险和租赁公司、邮政、其他处理货币或其他贵重物品传输的机构规定了某些要求。这些实体必须满足下列要求：

·根据特定程序确定客户和受益人。

·在付款通知中要求提供付款人的某些信息。

·向联邦金融监督局报告某些类型的60万卢布或以上（或等值外币）的交易，并报告涉及不动产的300万卢布或以上（或等值外币）的交易及所有复杂或异常的、没有明显的经济或合法目的的交易方案（不论交易金额多少）。

·确定外国政府官员及其资金和其他财产的来源。

·提高对外国政府官员与其近亲之间的货币资金和其他财产转移的关注度。

《反洗钱法》禁止建立和维系匿名账户。

### （十四）俄罗斯对资本充足率的要求

俄罗斯银行须遵守俄罗斯中央银行规定的资本充足率要求。俄罗斯中央银行负责执行巴塞尔银行监管委员会制定的《巴塞尔协议 III》，并承担俄罗斯国际清算银行的监管职能。

日期为2012年12月28日的《俄罗斯中央银行关于信贷机构资本计算方法的第395-P号条例》（以下简称《第395-P号条例》）规定了俄罗斯

银行的资本充足率要符合《巴塞尔协议 III》的规定。应当注意的是，在违约规则方面，新的资本充足率规定比巴塞尔委员会建议的更为严格。

根据俄罗斯法律的规定，银行须维持的最低资本充足率是根据银行自有资金（其资本）与风险加权资产总额的比率计算得出的（未合并计算）。从 2016 年初开始，俄罗斯中央银行要求的最低资本充足率为 8%。如果银行的资本充足率低于 2%，那么中央银行应吊销其银行执照。

从 2017 年 6 月 1 日起，申请通用银行执照的新设俄罗斯银行应至少拥有 10 亿卢布（约 1700 万美元）的法定资本。申请基本银行执照的新设俄罗斯银行应至少拥有 3 亿卢布（约 500 万美元）的法定资本。现有的银行要么在 2019 年 1 月 1 日之前将其法定资本增加到高于 10 亿卢布（约 1700 万美元）的水平以维持通用银行执照，要么申请基本银行执照。

### （十五）对在银行监管资本中纳入次级金融票据的资格要求

《巴塞尔协议 III》在俄罗斯的实施极大地影响了对银行普遍用来补充其资本金的次级金融票据的监管。为了获得将次级金融票据纳入银行资本的资格，次级金融票据应符合下列要求：

·借款人在到期日之前没有义务偿还次级贷款，债权人无权要求提前偿还债务。

·次级金融票据（包括利率）的条款和条件不应与市场条件有重大差别。

·次级金融票据应明确规定，未事先经俄罗斯中央银行同意，不得提前支付、修改或终止。

·在借款人破产的情况下，只能在满足其他债权人的权利主张后偿还次级贷款。

·如果基础资本充足率下降到低于规定的阈值水平或俄罗斯中央银行

的银行监督委员会批准存款保险局参与银行破产防止措施这一计划中，那么借款人偿还次级贷款和支付利息及罚金的义务即终止，那么贷款人的权利将转换或交换成银行法定资本中的股份（参与者权益）。该股份额应与为恢复基础资本充足率所需的金额等额。

·次级贷款不得用于：①银行或第三方（如果银行同意就此向其偿付）直接或间接提供的任何担保；②非货币形式的结算（联邦贷款债券形式的贷款除外）；③自然人（不适用于次级债券）、子公司或关联公司作为次级金融票据的持有者。

·提供次级贷款的最短期限为5年，在某些情况下至少50年或永久。

## （十六）俄罗斯实施《巴塞尔协议Ⅲ》流动性覆盖率规定的情况

日期为2014年5月30日的《关于流动性覆盖率计算的第421-P号条例》（以下简称《流动性覆盖率条例》）于2014年7月1日生效。《流动性覆盖率条例》的目的是体现银行在经济不稳定时期从计算流动性覆盖率时起的30个日历日内适当履行其货币和其他义务的能力。目前，只有俄罗斯国内具有系统重要性的银行应计算流动性覆盖率。但随着时间的推移，俄罗斯中央银行将会要求更多的俄罗斯银行遵守《流动性覆盖率条例》的规则。

## （十七）俄罗斯实施《巴塞尔协议Ⅲ》项下的薪酬政策的情况

俄罗斯中央银行通过了日期为2014年6月17日的《关于信贷机构薪酬评估程序和纠正违反薪酬规则行为的第154-I号指令》，该指令于2015年1月1日生效。该指令规范影响银行风险状况的银行管理层和员工的薪酬，其中规定，该等薪酬中至少40%应是可变动的，并应考虑到员工的风险管理水平和整体表现。但允许银行为更广范围内的员工引入关于可变薪酬部分的更高标准。银行应制定薪酬政策，该等政策应由俄罗斯中央银行批准。

从2017年1月1日起，银行对与银行相关的一个人或一群人的最高信用风险敞口不得超过按照《第395－P号条例》计算的银行资本的20%。

## （十八）俄罗斯银行适用的会计准则和报告标准

俄罗斯对会计和报告的要求与其他经济体（尤其是西方）不同。俄罗斯联邦的所有信贷机构必须编制符合"俄罗斯会计准则"的法定会计报告，并根据国际财务报告准则每年编制其财务报表。银行集团的母公司信贷机构也必须按照国际财务报告准则编制季度财务报表。

俄罗斯中央银行为信贷机构设计了报告表格，并制定了编制报告和提交报告的程序。银行有义务向俄罗斯中央银行提交大量信息，并定期提交一些报告。这些应当提交的信息可能会根据特定信贷机构所开展的业务类型和所持有的执照数量而有所不同。因此，所有信贷机构均应披露关于其关联方的信息，提交会计报表，提供类似索赔的信息和组合贷款的信息，还有就是关于信贷机构资产质量的信息和信贷机构取得的证券的信息、贷款和市场风险数据、各种强制性比例及其存在的差距的信息、远期交易信息等。

银行如果是股份制公司和证券市场参与者，还必须在每次证券发行的各个阶段披露信息。这些信息以发行说明书、季度证券发行人报告和影响银行财务和业务活动的重大事实披露报告的形式披露。需要披露的信息必须由经授权机构发布。此外，特定发行人可以使用自身的或某些其他互联网站点发布信息。信息披露的相关规则由俄罗斯中央银行制定。

# 二十一、俄罗斯的保险

## （一）俄罗斯对保险市场的法律监管

在俄罗斯开展保险业务和销售寿险产品，主要受1992年11月27日发布的《关于在俄罗斯联邦开展保险业务的第4015-1号联邦法律》（业经修订，以下简称《保险法》）和俄罗斯联邦《民法典》的规范。根据《保险法》，联邦执行机关可以进一步制定规范保险程序的监管条例。自2013年9月1日起，保险业务一直都由俄罗斯中央银行监管，其负责颁发保险许可证，监督保险公司对适用法律和法规的遵守情况。

目前呈现出对保险市场进行整顿的趋势，其主要原因是俄罗斯中央银行推出了旨在加强境内保险机构的金融稳定性以及减少"虚假"保险提供者或者不守法保险公司数量的政策。

在再保险[①]领域，俄罗斯保险公司通常与外国的再保险公司密切合作。

## （二）需要获得的许可类型

在俄罗斯开展保险业务需要获得许可。根据《保险法》的规定，保险公司必须是依照俄罗斯法律注册成立的法律实体，而且须取得在俄罗斯开展保险业务的许可。但未在当地获得许可的外国再保险公司可以在俄罗斯提供再保险服务。保险代理人或经纪人可在俄罗斯保险市场上开展中介业务。依照俄罗斯法律的规定，保险经纪人与保险代理人的区别是：经纪人不得以保险人的名义或者按照保险人的指示行事，而代理人则不得以被保

---

① 译者注：再保险指在原保险合同的基础上，通过签订分保合同，将其所承担的部分风险和责任向其他保险人进行保险的行为。

险人的名义或者按照被保险人的指示行事。此外，经纪人应由俄罗斯中央银行颁发许可证，而代理人则无须获得许可证。在俄罗斯法律项下，经纪业务和代理业务不得混业经营。代理人和经纪人不得在俄罗斯联邦境内从事涉及与外国保险机构或外国保险经纪人签订保单（再保险保单除外）或者履行该等保单的活动。

### （三）对外商投资的限制

外国投资者可以通过其俄罗斯子公司进入俄罗斯市场。俄罗斯法律对身为外国投资者的子公司的或者外国投资者在其注册资本中拥有超过49%份额的保险公司予以限制（但有下述例外情形）。

外资持有部分权益的保险公司不得提供强制性保险（适用于某些类别的政府雇员的保险），亦不得提供下列任何保险：

·与在合同项下取得满足国家或地方需要的货物和服务有关的保险。至于保险在什么情况下被视为与该等合同"有关"并因此而应受到限制，法律的规定尚不明确。

·旨在保护国家和地方机构财产权益的保险（如民事责任保险、强制性国家保险或财产保险）。

自2017年8月22日起，注册资本中外资超过51%的保险机构已经可以提供机动车第三者强制责任保险。

《保险法》第6条第10款规定了一种免于适用上述限制的豁免情形。此项豁免适用于在2012年8月22日之前设立的且在设立时有权提供目前属于限制类险种（如上所述）的外国公司的子公司和外资比例超过49%的限制的公司。

目前在俄罗斯开展经营的保险公司的资本总额中，外资占比存在最高限额。按照在俄罗斯加入WTO时谈定的条款，这一限额被设定为保险公司资本总额的 50%。如果投入保险行业的外资金额超过了这一限额，则监管机构不得再向身为外国保险公司的关联方的或者外资比例超过 49% 的保险公司颁发许可证。

在 2011 年 12 月 16 日的《俄罗斯联邦加入〈在日内瓦建立世界贸易组织的马拉喀什协定〉的议定书》中，俄罗斯在保险服务方面承担了一些义务。具体而言，自 2021 年起，外国保险公司将被允许在俄罗斯设立分支机构。俄罗斯中央银行将负责对该等分支机构的设立和经营进行监督管理，该等分支机构将是税务意义上的常设机构。作为 WTO 成员，俄罗斯还承担了其他义务，以使其保险市场对外国公司更加开放。

### （四）对保险市场和保险产品的监管

《保险法》对俄罗斯保险市场的组织、许可要求、保险企业的经营与清算、对保险公司财务稳定性的要求以及俄罗斯保险市场其他参与者（如保险经纪人和经销商）的监管作出了概述。

《民法典》规定了险种、保险合同的概念和强制性条款、保险合同当事方的权利义务、保险合同当事方和受益人变更规则、保险合同终止规则以及与保险相关的其他基本条款。特别是，《民法典》第 934 条确立了人身保险（人寿保险和健康保险）的法律基础和依据，《民法典》第 929 条确立了财产保险（财险、责任险和商业风险保险）的法律基础和依据。

自 2015 年起，保险公司有义务为其与客户之间的在线交流提供支持。特别是，客户可以通过保险公司的官方网站申请投保或接受给付。

### （五）俄罗斯的险种

俄罗斯法律规定了两类基本保险，即人身保险（如人寿保险和健康保险）和财产保险（财产险、责任险和商业风险保险）。寿险业务不得与其他类型的保险业务混业经营,也就是说,保险公司仅可提供人寿保险,或者仅可提供健康保险和财产保险。

此外,就人寿保险而言,法律还提及了出具包含投资成分的保险单的可能性。不过,由于未对此种工具作出进一步的规定,以及存在若干其他原因,目前尚不清楚法院将会如何对待此种保单的投资条款。

2015年,俄罗斯《民法典》作出了修订,将其适用范围扩展到出口信用保险,以及抵御商业和政治风险的投资保险。

## 二十二、制药和医疗行业

### (一)俄罗斯卫生健康系统监管的一般法律框架

保障公民的健康是俄罗斯宪法确立的俄罗斯政治制度的原则之一,俄罗斯卫生健康系统是围绕这一原则建立起来的。

《关于俄罗斯联邦公民健康保障基本原则的第323-FZ号联邦法律》(以下简称《基本原则》)中确立了俄罗斯卫生健康系统的正式基础。该法自2012年1月1日起完全取代了1993年7月22日的《俄罗斯联邦保障公民健康立法基准的第5487-1号联邦法律》。《基本原则》(其中一些条款仍未生效)对医疗保健进行了规范,大大限制了制药公司的营销行为和促销活动。1999年7月17日修订的《关于国家社会关怀的第178-FZ号联邦法律》(以下简称《社会关怀法》)也是监管俄罗斯卫生健康系统的一项重要立法。专门管辖俄罗斯药品市场的主要立法是2010年4月12日修订的《关于药品流通的第61-FZ号联邦法律》(以下简称《药品流通法》)。2014年底俄罗斯对《药品流通法》进行了重大修订,大部分修正案自2016年初起已生效。

目前，经修订的《药品流通法》有以下特点：①与之前的版本相比，数据排他性方面的保护有限；②恢复了近期变更其注册文件的药品的宽限期；③为国家价格管制的修订奠定了基础；④引入了生物药品或生物仿制药品和罕见病药品方面的新规定；⑤确立了药品的可替代性（可互换性）。

到目前为止，《基本原则》中只有三项条款专门用于规范医疗器械。关于医疗器械流通的一项法律草案仍在编制之中。

对制药和医疗行业具有重要意义的其他法律包括：2002年12月27日颁布的《关于技术规范的第184-FZ号联邦法律》（经修订）（即药品和医疗器械的合格声明和认证）（以下简称《技术规范》），该法管辖技术规范事务；2006年3月13日颁布的《关于广告的第38-FZ号联邦法律》（以下简称《广告法》），该法管辖医药、医疗器械和医疗服务的广告事务；2011年5月4日颁布的《关于特定活动许可经营的第99-FZ号联邦法律》（以下简称《许可法》），该法管辖俄罗斯联邦境内的许可经营事务。

2018年对俄罗斯市场具有影响力的法规将会有大量新的重大推进，很有可能通过关于互联网零售药品的新法规，远程医疗、欧亚经济联盟药品和医疗器械的共同市场届时应该全面启动。

针对互联网零售药品的法规草案已进行了一段时间的讨论，俄罗斯现正在起草一项法律草案，旨在修订《药品流通法》，以便允许药店远程销售非处方药品。药店须获得单独的许可证才能从事远程销售活动，但仍须经营实体药店业务。换言之，在俄罗斯境内不允许经营只有网店的药店。法规草案针对此类销售的具体细节也进行了讨论。例如，目前的法规草案要求药品的送货员接受医药知识教育，以便他们也能为病人提供咨询。法规草案也在考虑允许通过这种远程方式来销售处方药品，至少对这一设想加以测试。当时预计这项法规将在2018年底开始执行。

一项允许提供远程医疗的单独法律已经于2018年1月1日通过。该法除其他事项之外修订了《药品流通法》和《基本原则》。远程医疗将允许医疗专业人员之间进行电子通讯，以便在评估病人的健康状况时进行咨询，明确诊断，确定预后及医疗检查和治疗的策略，或者评估将病人转移到医疗机构内的专科诊室或依靠紧急运送就医手段是否是可取的做法。医疗专业人员也将能够通过进行医疗劝谕来讨论同样的问题。

远程医疗还将允许医疗专业人员与病人之间进行电子通讯，以预防疾病、收集和分析病人对健康状况的不满和既往病史，以评估治疗和诊断手段的有效性，对病人的健康状况进行医疗监测。远程医疗也可以用来决定是否需要病人亲自就医。但是，据我们理解，远程医疗可能不能完全取代病人亲自前往医疗机构就医，因为远程医疗可能不包括作出诊断和制定治疗方案。

远程医疗中还允许出具某些医疗文件，最重要的是药品的处方，在大多数情况下，药品处方需要使用增强型的合格电子签章（须从正式批准的供应商处获取加密工具）。

最后，还值得一提的是，欧亚经济联盟内药品和医疗器械立法的统一工作正在进行中，而且似乎已接近准备就绪阶段。统一欧亚经济联盟内现行药品和医疗器械立法的基本文件有：《欧亚经济联盟条约》、2014年12月23日颁布的《关于在欧亚经济联盟内药品流通的共同原则和规则协议》以及2014年12月23日颁布的《关于欧亚经济联盟内医疗器械（医疗器械和医疗设备）流通的共同原则和规则协议》（以下简称有关协议）。

上述文件及其大量的附属文件，包括 GxP[①] 文件，确立了欧亚经济联盟内药品和医疗器械的共同市场以及药品和医疗器械的自由流通。然而，由于技术问题，欧亚经济联盟内的药品和医疗器械注册程序在本指南撰写

---

① "GxP" 一词是质量管理准则和规章的统称。

之日尚未开始运行，因此欧亚经济联盟内药品和医疗器械的共同市场尚未完全启动。据此前预测，旨在获得欧亚经济联盟层面的批准（而不仅仅是国家层面的注册）的首个产品申请在2018年获得受理。

《关于欧亚经济联盟内药品流通的共同原则和规则协议》规定了从2016年1月1日开始至2025年12月31日结束的过渡期。2014年12月23日颁布的《关于欧亚经济联盟内医疗器械（医疗器械和医疗设备）流通的共同原则和规则协议》规定了从2016年1月1日开始至2021年12月31日结束的过渡期。

因此，统一的药品市场规则应最终在2026年生效，统一的医疗器械市场应从2022年起全面生效。由于这一规则的统一，欧亚经济联盟成员国境内将执行统一的规则。

## （二）主要监管机构

俄罗斯联邦医疗系统和药品市场的监管机构有俄罗斯联邦卫生部、俄罗斯联邦工业和贸易部（以下简称工贸部）和联邦卫生监督局。

俄罗斯已成立药品生产质量管理规范（GMP）检查局，授权其检查位于国外的生产基地以确保其药品生产符合俄罗斯GMP要求。工贸部负责检查位于俄罗斯境内的生产基地。

卫生部负责制定国家层面的医疗保健、人用药品流通、公共卫生和流行病社会救治以及许多其他卫生政策规定。卫生部向政府提交关于医疗保健的联邦法律及总统和政府法案的草案。卫生部还根据法律要求制定了大量有关药品流通的实施条例。

除此之外，卫生部还负责：

·制定一般药典专著规则，出版国家药典。

·注册人用药品和生物医学细胞产品。

·颁发人用药品和生物医学细胞产品的临床试验许可证。

·为办理国家注册而进行临床试验、专家审查以及向症状极其危重的病人提供医疗援助,为特定批次的未注册药品颁发进口许可证。

·登记基础药品清单和最重要药品清单(亦称为基本药物清单)中所列药品的最高出厂价格。

·认证药品生产商和生物医学细胞产品生产商的专业人员。

·制定关于临床试验和药品注册等科学咨询服务的规则。

工贸部负责:

·在管理药品、医疗器械合格声明和认证方面发挥重要作用。

·颁发药品生产许可证。

·保留已颁发许可证的登记册。

·就药品生产商符合药品生产质量管理规范的情况出具报告,并保管此类报告的登记册。

卫生监督局负责:

·监管医疗器械的流通。

·监控药品和生物医学细胞产品的流通。

·监控药品和生物医学细胞产品的质量。

·监测基本药物清单中药品的种类和价格。

·监测药品和生物医学细胞产品的安全性。

·为制药活动颁发许可证。

·保留已颁发许可证的登记册。

·监控医疗活动的质量和安全性。

## (三)针对药品临床试验和医疗器械临床研究的监管

《药品流通法》与其之前的法律类似,规定了临床试验的广泛定义,将临床试验定义为在将药品施用于人类和动物的过程中使用科学的方法对药品的诊断、治疗、预防和药理特性进行的研究，包括研究其吸收、分布、转化和排出的过程，以取得：①有关药品安全性、质量和功效的证据；②有关人类和动物不良反应的数据；③与其他药品、食品、动物饲料相互作用所产生影响的数据。

对于医用药品而言，临床试验是通过科学的评估方法对有关药品的临床、药理和药效学效应（包括研究其吸收、分布、转化和排出过程）进行的研究，目的是取得有关药品功效和安全性的证据、有关预期副作用的数据及其与其他药品相互作用所产生影响的数据。

卫生部2016年4月1日第200n号令制定的新的《药品临床试验质量管理规范》是该领域的重要法规。该规范基本上以人用药品注册技术国际协调会议（ICH）制定的药品临床试验质量管理规范（GCP）为基础，于2016年9月4日生效。

《药品流通法》第38条为临床试验规定了以下目标：

·确定药品对健康志愿者的安全性或健康志愿者对药品的耐受性（在俄罗斯境内对俄罗斯境外生产的药品进行临床试验是不允许的）。

·选择药品的最佳剂量，患有特定疾病的患者的疗程，以及免疫生物药品对健康志愿者的最佳剂量和疫苗接种方案。

·确定药品对患有特定疾病患者的安全性和有效性，以及免疫生物药品对健康志愿者的预防效果。

·研究是否有可能扩大注册药品的药物适应症，查明未知的副作用。

经修订的《药品流通法》对药品的国家注册监管和临床试验加以划分。这些监管程序在修订前的《药品流通法》中存在部分合并的情况。划分之后，对更多未注册的药品可以进行某些类型的临床试验，因为相关的未注册药品无须启动国家注册程序，或者通过一个国际多中心计划的组织便可以在俄罗斯进行未注册药品的临床试验。

《药品流通法》还将生物等效性和治疗等效性研究划入药品临床研究的范畴。

进行临床试验须获得卫生部的许可。该许可通过向卫生部提交申请以及必要的文件而获得。卫生部在收到申请后对有关临床试验文件进行两次专家审查：

· 药品临床试验许可申请文件的一次专家审查关注的是有关临床试验的科学方面，相关药品之前的临床前试验结果以及（如有）该药品的临床试验；

· 第二次审查是伦理专家审查，其关注的是有关临床试验的伦理方面，目的是为了保护患者的健康和生命。

这两项专家审查分别由国家药物专家审查机构（聘请的是经过认证的专家，组织专家审查是其工作职责的一部分）和伦理委员会（由医学和科学组织以及高等职业教育机构的代表，连同社会团体和宗教组织以及大众媒体的代表组成）进行。申请临床试验许可除上述提到的文件外无须再提交其他文件，临床试验中不允许申请人和专家机构之间进行直接的沟通。

目前，俄罗斯医疗器械的临床研究，特别是医疗器械的国家注册程序，受 2012 年 12 月 28 日颁布的《关于批准医疗器械注册规则的第 1416 号政府令》的规范（以下简称《医疗器械注册规则》）。因此，下一节将介绍取得医疗器械临床研究许可证的程序。

## （四）如何办理药品和医疗器械的注册

药品注册受《药品流通法》第 6 章规范。

只有在卫生部注册的药品方可在俄罗斯联邦境内生产、储存、运输、进口、出口、做广告、转让、使用、出售和销毁。具体而言，下列药品

（包括俄罗斯本国的和外国的）须办理国家注册：

（1）所有首次进入俄罗斯市场的药品。

（2）之前已注册过但（按照药剂形式名称清单）按新剂量以不同药剂形式生产的药品，条件是临床意义和功效已得到证明。

（3）之前已注册药品的新复方。

《药品流通法》目前禁止为相同制药商生产的具有相同国际非专利名称但商品名称不同的药品办理国家注册。这被认为阻碍了俄罗斯合约制造的发展。但是目前存在一项旨在废除这一禁令的法律草案，目的是促进俄罗斯的代工。

经修订的《药品流通法》的术语与之前版本大为不同。

首先，"原创药品"的术语被替换为"参照药品"。参照药品是在俄罗斯首次注册的药品，其质量、功效和安全性通过临床前和临床试验的结果得到证明，用于确定仿制药品或生物仿制药品的生物等效性或治疗等效性、质量、功效和安全性。参照药品始终使用其自身临床试验的结果来进行注册。

仿制药品，即通用名药品，是与参照药品具有相同药剂形式、相同的活性物质特性和定量成分的药品，与参照药品的生物等效性或治疗等效性已通过相应的研究而得到证实。

其次，经修订的《药品流通法》规定了人们期待已久的新药类别，即生物药品（对免疫生物药品、人类或动物血液/血浆衍生药品、生物技术和基因疗法药品的合称）、生物仿制药品和罕见病药品。"生物"药品监管的主要目的是将生物仿制药与普通仿制药加以区别。这样做是为了使生物仿制药品不能基于生物等效性研究办理注册，而须要进行临床试验。罕见病药品被定义为仅用于诊断或治疗罕见疾病、针对疾病发展机制的药品。

最后，经修订的《药品流通法》已引入注册证拥有人（持有人）的概念，并规定了各种监管职责。在生物技术药品或罕见病药品方面，注册证拥有人（持有人）必须向愿意使用这些药品进行临床试验（包括比较性临床试验）的其他公司提供样本。

整个药品国家注册程序所需时间不应超过 160 个工作日（注册申请或档案中发现信息不准确的情况下，卫生部向申请人发送要求以及接收相关答复所需的时间不计算在内），启动注册程序需要向卫生部提交申请及一整套的必要文件。

《药品流通法》极为详细地说明了为办理药品国家注册须与申请一并提交的一整套文件和资料。这套文件和资料被称为通用技术文件。这些通用技术文件中的要求可能会针对特定类型的药品而适当作出某些修改。

在俄罗斯注册药品的默认规则是，对俄罗斯市场而言属于新药的药品，办理注册须提交至少部分在俄罗斯境内进行的临床试验的结果。这项一般规则有三个例外情形。所有这些例外情形都是非常不同的。

首先，罕见病药品可基于在国外进行的临床试验结果办理注册。

其次，某些仿制药品无须进行任何临床试验（即使是生物等效性试验）即可办理注册。此类仿制药品包括：

· 非消化道给药（皮下、肌内、静脉、眼内、腔内、关节内、髓室内给药）的水溶液。

· 口服溶液。

· 用于制备溶液的粉剂或冻干物。

· 气体。

· 水溶液形式的耳科或眼科药品。

· 局部给药的水溶液。

· 使用雾化器吸入的水溶液，或作为使用类似装置给药的鼻腔喷雾剂的水溶液。

但是，这些药品应与相关参照药品具有完全相同的成分（包括辅料成分）。如果辅料成分不同，申请人应证明仿制药品所用的辅料不影响其安全性或功效。

俄罗斯临床试验要求的最后一个例外，适用于在俄罗斯境内允许用于医疗用途的期限超过20年的药品。

根据《药品流通法》的规定，药品的国家注册申请可以由开发相关药品的公司（该公司拥有药品临床前试验和临床试验结果及其制造技术受保护的权利）或其代表（另一法律实体）提交给卫生部。

在提交完整申请文件后10个工作日内，卫生部下令进行下列专家审查：

·对文件进行专家审查，以确定是否可以将有关药品视为罕见病药品（如果申请者申请了罕见病药品认定）；

·对建议的药品质量控制方法以及使用该等方法生产的药品样本的质量进行专家审查（以下简称药品质量专家审查），对使用药品的预期益处与可能发生的风险之间的比率进行专家审查（或通过加快的专家审查程序进行相同的专家审查）。

第一项专家审查应由专家机构在30个工作日内进行。如果得出肯定性的结果，则该药品在俄罗斯被视为罕见病药物，然后卫生部指令进行其他两项专家审查。

对药品质量进行的专家审查和对使用药品的预期益处与可能发生的风险之间的比率审查，这两项专家审查应在110个工作日内完成。如果这两项专家审查均得出肯定性的结果，则允许办理药品注册。

上述专家审查程序都可以申请加快进行，内容并无不同，但时间将缩短到80个工作日。

加快的专家审查可适用于：

- 罕见病药品。
- 前三种仿制药品。
- 专门用于治疗未成年人的药品。

加快的专家审查不得适用于：

- 生物仿制药品；
- 参照药品（罕见病药品除外）；
- 仿制药品（前三种仿制药品和专门用于治疗未成年人的药品除外）；
- 之前已注册药品的新复方；
- 之前已注册过但（按照药剂形式名称清单）按新剂量以不同药剂形式生产的药品。

快速专家审查的资格与药品注册豁免临床试验结果的要求之间并无关联性。某些药品可能有资格适用这两种优待制度，而另一些则可能只有资格适用其中之一。

经修订的《药品流通法》限制了对临床前试验和临床试验数据加以保护的情形。目前，仿制药的国家注册只有在参照药品注册满 4 年（生物仿制药为 3 年）后方可启动。此举旨在允许在 6 年的数据排他期届满后的仿制药能够立即投放俄罗斯市场。

经修订的《药品流通法》恢复了近期变更其注册文件的药品的宽限期，并允许按照原注册文件生产的药品，能够在注册机构决定修订注册文件后 180 天内（直至药品保质期届满为止）进行流通。

医疗器械的注册由卫生监督局负责办理，并受《医疗器械注册规则》的规范。在俄罗斯联邦境内流通的所有医疗器械均须办理国家注册，但供个别病人使用的定制化医疗器械以及计划用于国际医疗团体的医疗器械除外。

目前，任何医疗器械都须进行临床研究方可办理注册。可进行临床研究的医疗机构是经卫生监督局批准负责进行临床试验的医疗机构，这类医疗机构的名单公布在卫生监督局的官方网站上。

根据《医疗器械注册规则》的规定，医疗器械的国家注册申请可以由相关医疗器械的研发公司（研发机构）或制造公司（制造商）或者由制造商的授权代表提交给卫生监督局。制造商的授权代表是在俄罗斯联邦境内注册的法律实体，由医疗器械制造商授权其在俄罗斯联邦境内代表制造商在流通等方面（包括合格评估和国家注册方面）的利益，医疗器械的注册证可签发给该授权代表。

但是，《医疗器械注册规则》并未明确要求将注册证签发给制造商授权代表，或必须签发给一个俄罗斯法律实体。因此，注册证书仍可以签发给外国法律实体。

医疗器械国家注册程序的第一步是向卫生监督局提交一套必要的申请文件，整个程序从卫生监督局决定开始国家注册之日起不应超过50个工作日（不包括进行临床研究的时间）。在提交上述文件后的6个工作日内，卫生监督局将组织进行两次专家审查：（1）由独立的联邦国家机构审查注册申请和相关证明文件，以确定是否可能进行临床研究；（2）如果相关临床研究涉及人类活体试验，则由医疗器械流通领域的道德委员会进行专家伦理审查，以确定是否可能对医疗器械进行临床研究。第一项专家审查应在20个工作日内完成。第二项专家伦理审查的时间长度在《医疗器械注册规则》中并没有详细规定。在收到上述专家审查的肯定性结论后，在进行临床研究期间卫生监督局将暂停注册程序。

在临床研究完成后，申请人须向卫生监督局提交另一份申请以及临床研究的结果，以恢复注册程序。注册程序恢复之后，在收到上述文件后4个工作日内，联邦监督局组织对医疗器械已进行的技术测试、毒理学研究和临床研究的完整性及其结果进行审查。这项专家审查应在10个工作日内完成。如得出肯定性的结论，联邦监督局将在收到结论后的 10 个工作日内办理医疗器械的注册。

## （五）针对药品和医疗器械生产的监管

根据《许可法》的规定，生产药品属于须经许可的经营活动。许可程序按照 2012 年 7 月 6 日颁布的《第 686 号政府决议批准的药品生产许可条例》（以下简称《药品生产许可条例》）执行。药品生产许可证永久有效。

一般来说，只有注册药品才可以在俄罗斯生产。在下列情况下禁止生产药品：

· 生产未列入国家药品注册清单的药品，但为进行临床试验和出口而生产的药品除外。

· 假药。

· 生产商没有药品生产许可证。

· 药品的生产违反了药品生产组织和质量控制规则。

从事生产活动的法律实体应当对不符合许可要求的情况负责。该《药品生产许可条例》列出了为获得许可证申请人须满足的不同要求以及被许可人为维持许可须满足的不同要求，包括遵守根据工贸部 2013 年 6 月 14 日颁布的《第 916 号批准 GMP[①] 的命令》确立的药品生产规则。《药品流通法》规定，应在 2013 年 12 月 31 日以前逐步过渡到按照 GMP 标准生产药品，如今必须遵守这一标准。

在实施强制性遵守 GMP 的规定后不久，生产商必须通过 GMP 检查，从而获得一项名为"GMP 合规结论"的文件。如上文所述，工贸部负责对位于俄罗斯境内的生产基地进行监督检查，而俄罗斯 GMP 检查局则负责对

---

① GMP：药品生产质量管理规范。

外国生产场所进行监督检查。值得注意的是，必须对GMP合规情况作出结论并非许可条例的一部分，但对办理药品注册程序（初次注册、确认注册和变更）而言则是必须的。但有一项法律草案旨在放宽这一要求，外国制药商在没有GMP合规结论的情况下，可用提交工贸部对外国生产商进行检查的决定副本作为替代。这样便能加快注册程序，否则会因为缺乏完整的GMP合规结论而延迟注册程序。

《药品生产许可条例》对所列的一些特定情形，规定需要申领生产许可证。当许可证持有人开始进行其当前许可证中未列明的新事项时，持有人必须申请重新颁发许可证。如果生产场所的地址发生更改，也必须重新颁发许可证。

根据《许可法》的规定，制造医疗设备属于须经许可的生产活动。随着《技术法规》的生效，医疗设备制造许可证将被取消。

目前，许可程序由2013年6月3日颁布的《俄罗斯政府第469号决议批准的医疗设备制造许可和技术维护（内部需要除外）条例》进行规范。

在某些情况下，仅仅取得医疗设备的制造许可证还是不够的，为了合法制造某些类型的医疗设备，可能需要额外的许可证。例如，在制造X射线设备，还需要一项涉及电离辐射源活动的许可证。

### （六）针对药品和医疗器械进口的监管

根据《药品流通法》，仅允许下列机构从事药品进口：

·为自身生产目的药品生产商。

·经卫生监督局批准，进行特定活动的外国药品开发机构或外国制药商，或其合法代表。这些活动包括：进行临床试验、国家药品注册、将药剂物质纳入国家药品注册目录，以及控制药品质量。

·从事药品批发业务的机构。

·对于科研机构、高等专业教育机构或制药商，仅限用于下列目的的进口：药物开发、药物试验和控制药物的安全、质量和功效，但须经卫生监督局准许。

·对于医疗机构和本清单第1~4项中提到的其他组织，仅限于向症状极其严重的特殊病人提供医疗援助之目的，但须经卫生监督局的批准。

药品进口至俄罗斯联邦境内受2010年9月29日颁布的《俄罗斯政府第771号决议批准的医用药品进口条例》规范。此外，由于俄罗斯是欧亚经济联盟的成员之一，欧亚经济委员会的决定对俄罗斯也具有约束力。根据欧亚经济委员会理事会于2012年8月16日作出的第134号决定，在关税同盟境内经正式注册的药品进口许可证被废除，这标志着药品进入俄罗斯联邦境内的方式发生了重大变化。不过，这项措施仅旨在减少相关部门的文书工作，并不会影响药品进口控制机制。该控制将直接在药品的海关程序阶段进行。

进口药品只有在确认（除其他事项外）其符合应当适用的俄罗斯法律后才会进入俄罗斯市场。在这方面必须指出的是，早前强制性药品认证已被合格声明取而代之，这一变化引起了俄罗斯制药市场极大的反应，因为该项旨在最大限度地减少国家参与制药市场的程序，对外国制药商造成了相当繁重的负担。虽是这样说，但这一变化发生后某些药品已重新转而办理认证。

同样，进口医疗器械（除其他条件之外）只有在被确认合格后才会进入俄罗斯市场。

### （七）针对药品和医疗器械批发的监管

根据《许可法》的规定，制药活动（包括生产、批发、零售）属于须经许可的经营活动。许可程序受2011年12月22日颁布的《俄罗斯政府第

1081 号决议批准的制药活动许可条例》（修订）规范。制药业务许可证永久有效。

管理药品批活动的法规是 2016 年 8 月 31 日颁布的《卫生部第 646n 号命令批准的医用药品贮存和运输质量管理规范》（以下简称《医疗用药品贮存和运输质量管理规范》）。

药品批发商可以销售药品的对象是：

- 从事药品批发业务的其他机构。
- 用于生产的药品生产商。
- 药房机构。
- 科研机构。
- 拥有医疗或制药活动许可证的个体企业。
- 医疗机构。

只有正式注册的药品才能在俄罗斯联邦境内出售。俄罗斯法律明确禁止出售假药、劣质药品和仿冒药品。在准备出售每种特定药品时均必须签署一份随附文件，除其他事项外，文件应载明药品的名称（国际非专利名称、商品名称）、到期日、制造商、供应商和买方的信息等。

在俄罗斯境内，违反《医用药品贮存和运输质量管理规范》出售假药、仿冒药品或劣质药品的，行为人将受到行政处罚（如果出售假药、仿冒药品或劣质药品导致对健康造成危害或有危害风险的，还将另行定罪）。

在俄罗斯从事医疗器械批发业务不须申领许可证，除非所涉及的医疗器械属于特殊类型（例如 X 光医疗器械）。销售特殊类型医疗器械，须取得从事涉及电离辐射源活动的许可证。

### （八）针对医药制剂和医疗器械零售的监管

医药制剂的零售由 2005 年 12 月 14 日颁布的《卫生部第 785 号命令批

准的药品销售程序》进行规范。但是，由于修订后的《药品流通法》中的新规定，该销售程序很可能会被《药房质量管理规范》所取代。不过，这一取代尚未发生。

允许从事药品零售业务的机构为：药房组织、拥有药业活动许可证的个体企业、医疗机构及其在未设药房的农村地区建立的独立分支机构。药房组织包括药房（出售现成的医药制剂、制作型药房和有权制作无菌医药制剂的制作型药房）、药站和药亭。

在2011年之前，法律曾规定了一份非处方药的清单，而所有其他药品均默认属于处方药。2011年8月26日，卫生部第1000an号命令取消了该清单。现在卖家应完全按照药品说明书的规定类别进行配药。

医药机构和拥有药业活动许可证的个体企业须遵守提供医疗救治所需的医药制剂最低种类的要求。医药制剂的最低种类要求见于2017年10月23日发布的第2323－r号政府决议。

与批发活动类似，进行药品零售须取得许可，只有注册药品可以在俄罗斯联邦销售。

俄罗斯针对违反药品零售规则的行为（例如批发伪造药品、假冒药品或劣质药品）规定了应当适用的行政制裁，如果伪造药品、假冒药品或劣质药品的销售对健康造成危害或有造成这种危害的威胁，该行为将会被单独定罪。

在俄罗斯进行医疗器械零售不须取得许可证，除非是批发销售且医疗器械属于特殊类型。

## （九）针对医药制剂和医疗器械价格的监管

《药品流通法》规定了国家管理医药制剂价格的依据及其普遍适用的规则。经修订的《药品流通法》与以前的版本相比，相关规定更具普遍性且更简洁。

根据《药品流通法》和2010年10月29日颁布的第865号政府决议（《关于基本药物清单中所列医药制剂的国家价格管理的第865号决议》）的规定，清单所列医药制剂的价格由国家控制，并受国家注册和登记条例的约束。基本药物价格管理是医疗保健系统使用的一个重要工具，它确保所有公民都能获得基础和最重要的药品。根据法律的规定，应当每年对基本药物清单进行修改。目前有效的基本药物清单由2017年10月23日发布的第2323-r号政府决议制定。

根据《药品流通法》，国家对基本药物的价格管理通过下列措施进行：

·国家对医药制剂的最高出厂价格进行登记（在联邦一级进行）。

·确定医药制剂最高批发和零售利润率（在地方一级进行）。

基本药物清单中所列药品的制造商须在下一年度的10月1日前提出申请，登记的最高出厂价格可在每个日历年重新登记一次。

医药制剂的最高出厂价格根据2015年9月15日发布的第979号政府决议批准的计算方法进行计算。

根据《药品流通法》，第865号决议和1995年3月7日修订的《关于改进国家价格管理的措施（关税）第239号俄罗斯政府决议》（以下简称第239号决议），基本药物清单所列药品的最高批发和零售利润率由地方政府部门确定。

其他药品（不包括在基本药物清单之内）的价格目前在俄罗斯不受管制。

关于规范医疗器械价格的国家条例是2015年12月30日发布的第1517号政府法令。该法令仅适用于国家购买的植入式医疗器械。为了建立这一制度，俄罗斯当局会向医疗器械制造商和医疗器械注册证持有人提出请求，要求其提供该等医疗器械的价格及向俄罗斯市场供应数量方面的信息。以该等信息为基础，将根据官方名称为某些组别的医疗器械计算加权平均价格。该价格将成为该组别内每种医疗器械的最高价格。然后须对每种具体医疗器械的价格进行登记，这个程序相当简单，因为届时该产品的最高价格已经确立。医疗器械只有进行价格登记后方能参与国家采购。

在 2017 年 9 月 1 日之前，除价格登记外，俄罗斯联邦的成员（地区）还有权确定适用于实际销售价格的最大利润率。

该法令本定于 2016 秋初实施，但该期限延后了一年，延至 2017 秋初，故价格登记申请应于 2017 年 7 月 15 日前提交。

卫生部应与经济发展部、财政部和反垄断局合作，在对医疗器械最高销售价格国家登记做法进行分析后，于 2017 年 10 月 1 日之前就医疗器械最高销售价格重新登记程序向俄罗斯联邦政府提出建议。

### （十）对医药制剂和医疗器械的可互换性（可替代性）的定义

经修订的《药品流通法》现在规定了可互换的医药制剂的定义及可互换性参数（最重要的是属于同一种药物，应使用同一个国际非专利药名）。

确定可互换性的程序由 2015 年 10 月 28 日发布的第 1154 号政府决议（以下简称第 1154 号决议）确定。

新医药制剂的可互换性在国家医药制剂注册过程中得以确定。

2015 年 7 月 1 日之前、当日及之后已经注册的医药制剂，其确定可互换性的工作截止日期为 2017 年 12 月 31 日。从 2018 年 1 月 1 日开始，关于可互换性的信息将列入国家医药制剂注册清单。

可互换性基于药物有效成分的等效性和相同定量标准、相同剂型、相同或类似的辅助成分、相同的给药方式、生物等效性评估过程中未发现重大临床差异及制造商遵守 GMP 标准来确定。

可互换性的规则及第 1154 号决议不适用于参照药品、草药和顺势疗法医药制剂，亦不适用于在俄罗斯获准用于医疗用途已超过 20 年且无法进行生物等效性审查的医药制剂。

《基本原则》（即本部分开头提到的《关于俄罗斯联邦公民健康保障基本原则的第 323－F2 号联邦法律》）确立了医疗器械可互换性的定义，即如果医疗器械在功能和目的、质量以及技术特征等方面具有相似性且可相互替代，则它们将被认为具有可互换性。《基本原则》进一步要求国家医疗器械登记册记载关于其可互换性的信息。但是，据悉对于如何确定医疗器械可互换性仍有待实践的进一步发展。

## （十一）对医疗器械的技术维护的管理规定

医疗器械的技术维护是根据《许可法》获得许可的一种经营活动。许可证程序受 2013 年 6 月 3 日发布的第 469 号俄罗斯政府决议批准的《医疗器械的制造和技术维护（内部需要的除外）许可证条例》的管辖。医疗器械维护许可证长期有效。

在某些情况下（与制造医疗器械的许可类似），仅有医疗器械技术维护许可证是不够的，还须取得其他许可证才能合法地对某些类型的医疗器械进行技术维护（例如，在为 X 射线设备提供服务时，必须取得开展电离辐射源相关活动所需的许可证）。

## （十二）政府管理项目药品供应的运作

与药品供应有关的最重要的政府管理项目是为特定类别的公民提供额外药品的项目，最近被称为基本药品供应项目［所谓的"DLO 项目"或"ONLS 项目"（俄语简称）］，根据该项目，某几类公民（社保受益人）将会免费收到某些药品。在 2004 年，通过修订《社会福利法》设立了这一项目（2005 年是第一个项目运行年）。2007 年最后一个季度对基本药品供应项目进行了重大改革。

对基本药品供应项目进行改革后,这个领域的价格管理被取消并移交给地方,使其接受通常的政府采购规则管辖,因此基本药品供应项目内的药物采购是在地方一级通过竞价方式进行。

但是,对基本药品供应项目的部分管理仍是联邦层面的(但不再使用这个名称),其设立的目的是提供昂贵药品以治疗某些疾病(血友病、胰管黏稠物阻塞症、垂体性侏儒症、戈谢病、恶性淋巴肿瘤、造血组织及其他相关组织、脑脊髓多发性硬化及移植后的治疗)。提供的方式是卫生部通过竞价购买昂贵药品。目前这类药品的清单由2017年10月23日发布的第2323-r号政府决议确定。

在基本药品供应项目中进行的药品采购,以及为国家或市政需要进行的其他药品采购,都是按照2013年4月5日修订的《关于满足国家和市政需要而进行的货物供应、工程履行和服务提供的第44-FZ号联邦新法》的规定进行。

自2008年以来,在公开采购中,来自国外的医药制剂均须受限于强制性的15%减价规定限制。这通常被称为本地产品优先。此类优先选择规定见于2014年3月25日修订的第155号经济发展部命令。

在公开采购竞价中会涉及该项措施的适用(具体见下文),这是俄罗斯公开采购医药制剂的主要机制。只有当竞价中同时有关于国外医药制剂和本地医药制剂的报价时方适用15%减价限制的规定。其中"本地"指来自任何欧亚经济联盟国家。如果"外国"的报价较低,则将由其中标;但是,基于中标签订的供应协议并不是按照中标价格签订,而是按照中标价格减少15%的价格签订。

在实践中,这意味着国外医药制剂投标人在报价时需要考虑中标后降价这一因素,以确保一旦它中标,供应协议的价格仍然有利可图。换言之,外国投标人须提高其投标价格,但是这样一来,与当地产品相比,其价格竞争优势则会减弱。

这项措施在招标中的适用则有所不同,招标与竞价均是俄罗斯公开采购医疗器械的机制。在进行比价时,会对"外国"医疗企业的报价适用15%的减价限制规定。此后,如果这一报价仍然获胜,则在签订采购合同时将采用原价,无须降价15%。

2015年12月,俄罗斯政府通过了《关于外国医药制剂准入及纳入满足国家和市政需要而采购的关键基本药品清单的限制和条件的第1289号政府决议》(以下简称第1289号决议)。第1289号决议是政府早些时候制定的反危机计划的一部分,旨在发展当地药品制造行业。

第1289号决议只适用于基本药物清单所列的医药制剂。在为购买基本药物清单所列的医药制剂订立单一合同(单批次)的招标中,如果有两个或两个以上投标符合以下条件的报价,则国家或市政采购方不得只接受提供一种外国医药制剂(或提供多种医药制剂,但其中有一种为外国医药制剂)的任何报价:

·提供一个或多个原产地位于欧亚经济联盟境内的医药制剂。

·不提供来自同一集团的一个或多个制造商的同一种医药制剂(相关定义见反垄断有关法律的规定)。

根据第1289号决议的规定,医药制剂的原产地由2009年11月20日颁布的《独联体原产地确定规则协定》(以下简称《海关规则》)所载明的原产地确定形式和标准签发的货物原产地证书予以证明。

在此之前,俄罗斯政府于2015年2月通过了一项类似的决议,即《为国家和市政需要进行采购时对原产地为外国的某些类型的医药制剂的准入限制的第102号政府决议》(以下简称第102号决议)。

第102号决议载明了适用其规定的医疗器械清单。2016年俄罗斯政府扩大了该清单的范围。对于列入清单的医疗器械，如果有两个或两个以上的投标方符合以下条件的报价，则国家采购方不得只接受一种外国医疗器械（但原产地位于欧亚经济联盟的医疗器械除外）的任何报价：

·提供清单所列的一个或多个原产地位于欧亚经济联盟境内的医疗器械。

·不提供来自同一制造商的同一类型的医疗器械。

原产地的判定亦根据《海关规则》予以证明。

### （十三）对医药制剂和医疗器械的推广的管理

在俄罗斯药品市场中，广告是唯一合法的促销活动。除简单的广告外，俄罗斯法律中关于如何管理药品推广或营销活动的规定很少。这意味着，为了确定适用于诸如研讨会、招待、娱乐和类似活动的规则，在大多数情况下必须参考俄罗斯法律中普遍适用的规定。

《广告法》第3条规定，广告是指以任何手段、任何形式、通过任何媒介向不确定人群进行的、旨在吸引该人群关注广告产品、引发或维持其对该产品的兴趣从而对该产品进行市场推广的信息传播。

就像对任何其他产品的限制规定一样，《广告法》规定了对药品和医疗器械广告的一般限制。基本要求是广告应当公允和真实。就医药制剂和医疗器械广告而言，《广告法》还要求，在广告中对医药制剂或医疗器械的性质和特点（包括其使用方法）进行说明时，必须与该等医药制剂或医疗器械的使用说明书内容保持一致。

《广告法》还载有适用于医药制剂和医疗器械广告的更具体规定。

《广告法》明确规定，处方医药制剂、含有麻醉药品或精神药物且已获准用于医疗的药物、预防、诊断、治疗和医疗康复的方法、须经过特殊培训方可使用的医疗设备，只能在指定为医疗和医药专业人士提供的专业出版物以及医疗或医药活动中进行广告宣传。

此外,《广告法》要求,医药制剂、医疗服务(包括预防、诊断、治疗和医疗康复的方法)以及医疗器械的广告,必须附有警示信息,载明其使用和应用的禁忌症、阅读使用说明书的必要性或咨询专家的必要性。该警示在电台节目的广告中应持续至少三秒;在电视、电影和视频的广告中应持续至少五秒(该警示所占帧区不得少于广告总帧区的7%);在其他形式的广告中所占面积或声音比例不得少于5%。但是,这项规定不适用于在医疗或医药活动中传播的广告、在专为医疗和医药专业人士提供的专业出版物中所包含的广告或仅向医疗和医药专业人员发布的其他广告。

《广告法》进一步介绍了适用于药品广告的一系列限制,这类限制包括:

(1) 针对未成年人。

(2) 提及因使用广告药品而疾病痊愈或健康状况得到改善的具体案例(专门针对医疗和医药专业人员的广告除外)。

(3) 包含个人就使用广告产品所表达的感激之情(专门针对医疗和医药专业人员的广告除外)。

(4) 提及广告产品办理国家登记所需的试验过程已经完成的事实,使人产生对该产品产生正面印象。

(5) 声明或假设消费者患有某些疾病或存在健康受损的情况。

(6) 造成一种健康人十须使用广告产品的印象(这一限制不适用于预防疾病的药物)。

(7) 造成一种不须咨询医生的印象。

(8) 保证广告产品的正面效果、安全性、有效性并无不良副作用。

(9) 声称广告产品是膳食补充品或其他非药物产品。

(10) 声明广告产品的安全性和有效性是由其天然性给予保证。

禁止对人工流产的医疗服务进行广告宣传。上述第（2）至第（5）项的限制也适用于医疗服务的广告，包括诊断、预防、治疗和医疗康复的方法；而上述第（1）至第（8）的限制同样适用于医疗器械的广告。

《广告法》中还有一项重要的禁止性规定，总体上禁止在任何广告中使用医疗和医药专业人士的图片，但医疗服务、个人护理产品广告及专门针对医疗和医药专业人士的广告除外。

此外，根据2012年1月1日生效的《基本原则》相关部分（第74条）的规定，医药和医疗器械公司与俄罗斯医疗和医药专业人士之间的交流会受到实质性的限制。虽然这些规则并非专门为了限制营销活动，但它们不可避免地会对这些活动产生重大影响。还必须指出，这些规则并非为了限制医药和医疗器械公司与俄罗斯医疗机构之间的合法交流。

重要的是，《基本原则》禁止医疗和医药专业人士：

·接受公司代表的拜访，但与医药制剂临床试验或医疗器械临床研究相关，或医务人员参加的与其职业发展有关的会议，或其他活动或就医药制剂和医疗器械的安全性提供信息（均按照医疗机构管理层制定的程序进行）的情况除外。

·接受来自制药公司和医疗器械公司的礼物或金钱，包括娱乐、度假和旅行费用的支付（根据医药制剂临床试验或医疗器械临床研究协议支付的报酬，或教学和科学活动除外）。

·参加由公司或公司代表支付费用的娱乐活动。

·接受医药制剂和医疗器械样品，并将其进一步分发给病人（临床试验的情况除外）。

《药品流通法》此后进行了修订，加入了一条关于如何与医疗和医药专业人士交流的规定，其内容大部分源自《基本原则》的第74条。此外，俄罗斯还对《药品流通法》作了以下修改：

· 《药品流通法》已经列出了制药公司（其代表）在组织或资助旨在协助医务专业人士专业发展的科研活动和其他活动或提供药品警戒信息时必须满足的要求。

· 《药品流通法》规定，医药公司组织或资助相关活动时，不得妨碍制造或经销相似药理机制产品的公司参与相关活动。

· 公司（其代表）还必须在举办活动至少两个月前将活动的相关信息（日期、地点、议程、计划和参与者）公布在其官方网页上。他们还须将上述信息提供给卫生监督局，由卫生监督局将该等信息公布在该局官方网站上。

未根据医疗健康法律向经授权的国家机构提供相关信息，即构成一项单独的违反行政规定的行为。尽管目前尚不确定，但这条规则有可能适用于未将其组织和资助的相关活动信息告知卫生监督局的制药公司。

虽然这一举措备受期待，但截至本指南撰写时，俄罗斯政府尚未启动对《行政违法行为法典》的修改（因其违反了《基本原则》第 74 条关于和医疗及医药专业人士之间交流的规定）。

# 二十三、电信、信息技术与大众传媒

## （一）电信

### 1. 电信领域适用哪些相关法律，主管的国家机构是什么部门

俄罗斯联邦电信领域适用的通用规则，由 2003 年 7 月 7 日颁布的《通讯法》确立。《通讯法》规范俄罗斯联邦境内的通讯活动，并将某些政策与监管职能赋予不同的机构。《通讯法》还制定了各种电信领域牌照和证书的申领程序。

与电信服务及提供其他电信活动相关的国家法规，由总统、俄罗斯政府和联邦政府通讯主管机构电信与大众通讯部（以下简称电信通讯部）提出。

电信通讯部负责起草通信与信息技术领域联邦法律、总统命令和政府决定草案。电信通讯部自身还有权发布行业规章，如制定编号资源使用规划、无线电频率使用规章、向用户提供通讯服务规定等。

电信领域其他国家机构则有：联邦电信、信息技术与大众传媒监督服务局（以下简称电信监督服务局）和联邦通信署（以下简称通信署）。

电信监督服务局负责实施通讯和大众传媒领域的日常监控、频谱使用的监控、频率指配登记、大众传媒登记、通讯和大众传媒领域牌照发放和个人信息保护。

通信署负责信息技术与通讯领域的国际协调、运营商编号容量资源的指配、设备合格认证、联邦通信、国家信息和电信基础设施运营、开发及现代化的组织安排工作。

电信通讯部还组织安排国家无线电频率委员会（以下简称无委会）的工作。无委会由多个部委和国家机构的代表组成。无委会的主要工作是指配频谱。无委会还负责频谱使用领域的科技研究、频谱的军转民、频谱使用技术政策的制订以及无线电电子设备电磁兼容性问题。

电信通讯部、电信监督服务局和通信署作出的任何决定，相关方可在法院提出上诉。

**2. 联合通信网络由哪些构成**

《通讯法》规定，俄罗斯联邦的联合通信网络由位于俄罗斯联邦境内的下列各类通信网络构成：

·公共交换电信网络（以下简称公共交换网）。

·专用通信网络。

·与公共交换网连接的企业通信网络。

·特殊用途网络和其他使用电磁系统的数据传输通信网络。

公共交换网有偿向俄罗斯联邦境内的任一通讯服务用户提供电信服务，并与外国的公共交换网相连接。

专用通信网络向一个或多个特定用户群提供有偿电信服务。专用通讯网络不与公共交换网、外国的公共通信网络相连接。专用网络建设的技术规范由网络业主自行确定。在符合公共交换网的要求的情况下，专用通信网络可与公共交换网相连接（届时其将被重新归类为公共交换网的一部分）。

企业、通信网络支持企业的经营活动及生产经营流程的管理。企业通信网络不与公共交换网连接，仅可为联合生产经营活动的实施而与外国企业的企业通信网络相连接。如果通信网络有富余容量，而且与公共交换网相连接的部分可通过技术、程序、人工手段与企业通信网络相断开，则企业通信网络的一部分可与公共交换网相连接。在这种情况下，适用于公共交换网的所有法规将适用于该网络与公共交换网相连接的部分，而企业通信网络的该部分将被视为公共交换网的一部分。

特殊用途通信网络满足与国家、国防、国家安全和执法相关的各种需要，但是该类网络不能用于有偿提供通讯、互联和流量传输的服务。

**3. 提供通讯服务是否需要牌照以及牌照取得程序是什么**

通讯服务仅可凭牌照有偿提供。被强制要求取得牌照的通讯服务有如下各项：

·本地电话通信服务（附带或不附带公用电话或公共接入点服务）。

·通过专用通讯网络提供的电话服务。

·国际与国内长途电话通信服务。

·电报通讯服务。

・个人呼叫服务。

・无线电、蜂窝或卫星通讯服务。

・通信信道的提供。

・数据传输服务（附带或不附带网络电话）。

・远程信息处理服务。

牌照可经申请取得。在下列情况下，牌照应按拍卖或投标结果发放：

・通讯服务须使用无线电频率，但无委会认定，可供用于提供通讯服务的无线电频谱限制了区域内通讯服务提供商的数量。

・区域内公共交换网资源（即号码容量资源）是有限的，国家主管机构认为区域内通讯服务提供商的数量应予限制。

电信监督服务局在申请提交后30日内作出是否发放牌照的决定。如果在提供通讯服务的过程中，运营人同时提出申请使用无线电频率（包括用于电视和电台广播目的）、开展有线电视播出、有线声音广播、传输声音数据（包括通过数据传输网络进行）、提供范围及于俄罗斯联邦组成区域之外或俄罗斯联邦境外的通信信道及提供邮政服务，则电信监督服务局应在申请提交之日后75日内决定是否发放牌照。

牌照的有效期限最高为25年。

电信监督服务局发放一个电信牌照将收取7500卢布的费用。

牌照中将载明牌照的有效适用地域。对于一个持牌人可持有的通讯牌照的数量或类型没有限制。

《通讯法》不允许将牌照转让或持牌人将其权利转让给任何人。牌照仅可由电信监督服务局重新发放给持牌人的法定承继人。

如果运营商被清算、因重组停止其活动（转型形式的重组除外）或申请吊销其牌照，则电信监督服务局有权不向法院申请即可吊销牌照。

如果发现运营商有违法行为或有违反牌照获得条件的行为，或未提供服务达 3 个月以上，又或者自相关牌照中规定的提供服务的开始日期起从未提供服务，则电信监督服务局可暂停相关牌照。

### 4. 无线电频率使用程序是什么

《通讯法》规定了公开透明的频率分配程序和全国频率指配表。频率指配根据频率指配表组织进行，该表至少须每 4 年接受一次审核。

通讯服务提供商如拟使用无线电频率提供通讯服务，则在取得相关通讯牌照前应符合关于无线电频带指配的要求，在取得牌照后应遵守关于无线电频率或无线电频道指配的要求。

无线电频带指配、无线电频率指配和无线电频道指配的程序由无委会和电信监督服务局确立。实践中，无线电频带的指配、无线电频率的指配无线电频道的指配至少需要 6 个月。无线电频率、无线电频带和无线电频道指配的有效期限最高为 10 年。

频率的使用须缴纳一次性的无线电频率指配费用，并须为无线电频率的使用缴纳年费。

《通讯法》不允许运营商将无线电频率使用权转让给另一个运营商。

如违反无委会关于无线电频率指配的决定或电信监督服务局关于无线电频率和无线电频道的指配决定所载条款和条件，上述关于无线电频率或无线电频道的指配决定可能暂停，暂停期限为纠正违反行为所用的时间，但不得超过 90 日。

通常，电信提供商要使用无线电频信号，则必须取得下列各项文件：①无委会关于无线电频带分配的决定；②无线电频率服务代理机构关于运营商拟用无线电设备与其他设备电子兼容性的报告；③电信监督服务局关于无线电频率和无线电频道指配的决定。但是，无委会在其通用规则中已将部分无线电频带指配用于特定目的，该类无线电频带不需要再取得无委会的额外授权。此外，某些无线电频率在俄罗斯境内可自由使用，不需要另行取得授权。最后，移动虚拟网络运营商（MVNO）不需要取得无线电频率授权，因为它们是根据约定的网络合作计划使用移动网络运营商（MNO）的网络和无线电频率。

**5. 无线电频率发射器需要登记吗**

发射无线电信号的电信设施和设备需要登记。负责登记机关为电信监督服务局。相关法律包含须登记的设备清单（大部分无线电发射设备）和部分免于登记程序的设备［如移动电话、无绳电话（DECT）、蓝牙等］。

发放登记证的一个必要条件是取得无委会和电信监督服务局关于无线电频率指配的决定（除非根据俄罗斯法律规定不需要该类决定）。

是否发证的决定应10个工作日内作出。登记证期限与频率指配许可证期限相对应。如果不需要频率指配许可证，则发放的登记证的期限最长可达10年。

**6. 通讯提供商是否有本地存储义务规定**

通讯提供商须在对客户的语音数据、文本讯息、图片、声音、视频和其他电子讯息进行接收、传输、提交和处理后，将有关业务操作的信息（元数据）在俄罗斯保存3年。

自2018年7月1日起，通讯提供商须在对客户的文本讯息、语音数据、图片、声音、视频和其他电子讯息进行接收、传输、提交和处理后，将该类文本讯息、语音数据、图片、声音、视频和其他电子讯息在俄罗斯保存，最多6个月。该类信息的存储程序、期限和范围，由俄罗斯政府规定。

**7. 通讯提供商是否须播放法定公共电视频道和广播电台**

通讯提供商根据其与法定公共电视频道、广播电台的播出商达成的协议实施该类频道和电台的播出工作。播出法定公共频道和电台的提供商名单须由俄罗斯联邦总统批准。目前，联邦国家单一企业"Rossiiskaya Televisionnaya i Radioveschatelnaya Set"是唯一的授权播出商。法定公共电视频道和电台清单也由俄罗斯联邦总统确定,目前包含 10 个电视频道和 3 个电台。

提供电信播放服务的通讯提供商须遵守的牌照要求中包含免费播出法定公共电视频道和电台(由提供商承担费用)的要求。

### 8. 有哪些法定截听规则

俄罗斯法律规定电信提供商(根据相关牌照提供电信服务的法律实体或个人企业主)有义务向开展刑事调查的国家机构提供有关客户的信息、上文"通信提供商是否适用本地存储义务规定"一节所述信息以及该类机构履职要求的其他信息。

负责俄罗斯联邦安全的机构根据法定截听规则,已开发出一套截听和拦截通讯所需的用于通信控制设施的技术设备 SORM(以下简称截听设备)。截听设备安装于提供商的设备现场,由有关机构从特殊控制台远程操控。截听设备提供了无须提供商的介入控制通信的方法。根据法律规定,只有事先取得法院命令方允许开展此种调查,但如果犯罪可能即将发生,也可事后由法院批准。

这些规定影响通信活动,尤其是卫星通信信道的应用。在某些情况下,卫星通信的下行链路设备必须安置于俄罗斯境内,并安装截听设备。

### 9. 有哪些技术监管要求

根据《通讯法》的规定,所有通信设备均须遵守强制确认程序。这通过强制的认证或强制的合格声明的方式完成。需强制认证设备清单由俄罗斯政府于 2009 年 6 月 25 日颁布的第 532 号条例批准。所有其他设备则须作出的强制设备合格声明。

合格声明书是申请人确认其生产的产品符合合格要求的文件。相关电信设备的合格声明书须在通信署登记后方为有效。申请人将合格声明书提交登记的同时，应一并提交在认证检测实验室协助下取得的设备合格相关证据。

认证的法定主管机构为认证署。设备制造商或供应商向认证署提出申请，由其开展认证检测。随后将根据认证规章中规定的认证规则签发一年或三年的认证证书。整个过程的费用差异巨大，具体取决于所认证的设备。

须完成强制确认程序的电信设备，如没有相关的合格声明书/认证证书（以适用者为准），则无法进口，也不能在俄罗斯联邦销售或使用，因为海关在办理设备清关时需要该类相关文件。

合规证书申请仅可由制造商、卖方或"在俄罗斯联邦登记的根据与制造商达成的协议安排办理通信设备合规事宜的法律实体或个人企业主"（即制造商代理人）提交。但合格声明书仅可由制造商代理人或在俄罗斯联邦登记的制造商作出。

俄罗斯法律对违反认证规定行为规定了处罚措施：在法律规定通信设备须强制认证的情况下，在通信网络中使用未经认证的通信设备或因此提供未经认证的通讯服务行为，将被处以行政罚款，并可同时没收未经认证的通信设备。

**10. 俄罗斯法律如何监管信息基础设施**

2017年7月26日发布的《关键信息基础设施安全法》（以下简称《关键信息设施安全法》）自2018年1月1日起生效。

《关键信息设施安全法》旨在监管关键信息基础设施的主体，其定义宽泛，在健康防护、科学、交通、通讯、能源行业、银行及金融市场领域、燃料和能源综合体领域、核电、国防、火箭和太空、采掘，冶炼和化学工业领域拥有、租赁、依法持有信息系统，信息和通信网络、自动管理系统的国家机关、国有企业、俄罗斯公司或个人企业主以及提供上述系统和网络之间交互作用的俄罗斯公司（以下统一简称为关键信息设施主体）。因此，到目前为止，凡在上述行业领域开展经营并拥有、租赁或持有信息技术网络的任何公司，均在《关键信息设施安全法》的监管范围之内。

关键信息基础设施包括关键信息基础设施的客体，即关键信息设施主体的信息系统、信息和通信网络、自动管理系统（以下简称关键信息设施客体）以及用于安排上述客体交互作用的电信网络。

关键信息设施主体必须对其拥有、租赁或持有的关键信息设施客体进行分类。关键信息设施客体按下述重要性程度分为3类：

· 社会重要性——评估可能对人的生命或健康造成的潜在损害，使生命支持设备、交通基础设施和通信网络运营停止或中断的概率、造成全国服务停供的最长时间。

· 政治重要性——评估在内外政策方面可能对俄罗斯联邦利益造成的潜在损害。

· 经济重要性——评估可能对关键信息设施主体和俄罗斯联邦预算造成的潜在的直接或间接损害。

· 生态重要性——评估对环境的影响水平。

· 关键信息设施客体对于国防、国家安全、法治的重要性。

如果关键信息设施客体不符合上述的任何一类，则不予归类。相关标准由俄罗斯政府规定。

被归为某一类型的关键信息设施客体将被纳入特别登记中。

《关键信息设施安全法》规定所有关键信息设施主体均有义务向信息技术基础设施安全主管机构和俄罗斯中央银行（如果相关主体在银行业及金融市场领域开展业务）报告其关键信息设施客体发生的计算机事故。

关键信息设施主体应为其被归类并纳入关键信息设施客体登记中的关键信息设施客体建立和维持安全系统。

## （二）信息技术

### 1. 俄罗斯法律如何监管互联网通讯

互联网通讯运营商（提供互联网用户电子讯息接收、传输、交付、处理的计算机信息系统，以及程序运行服务的公司）必须做到下列要求：

· 应电信监督服务局的要求提供关于其作为互联网通讯运营商的活动的申报书（该类申报可自愿主动作出）；

· 在互联网用户语音数据、文本讯息、图片、声音、视频和其他电子讯息接收、传输、交付、处理业务操作结束后，将有关业务操作信息（元信息）和用户信息在俄罗斯保存一年。

· 自 2018 年 7 月 1 日起，在其接收、传输、交付或处理活动结束后，将互联网用户的文本讯息内容、语音数据、图片、声音、视频和其他电子讯息在俄罗斯保存，时间最长 6 个月。该类信息存储程序、期限和范围，由俄罗斯政府规定。

· 向刑事调查机构和国防机构提供该类信息。

· 确保其设备符合法定要求，从而使开展刑事调查或确保国家安全的授权国家机构可履行职责，并采取措施防止泄露上述机构开展调查的组织方法和行动策略。

· 向俄罗斯联邦安全局提供接收、传输、交付和处理的电子讯息解密所需的信息（如果相关公司对互联网用户电子讯息的接收、传输、交付或处理进行了加密并且向其用户提供了这种加密手段）。

上述要求不适用于通讯提供商在俄罗斯进行须经许可的经营活动。

如果互联网通讯运营商未遵守上述要求，则可根据法院命令或主管国家机构的决定封锁其互联网入口。

## 2. 俄罗斯法律如何监管私人讯息服务

自 2018 年 1 月 1 日起，关于俄罗斯法律如何监管互联网通讯的部分所述对互联网通讯运营商的要求并同时适用于具有下述情形的互联网从业者：运行仅用于在信息系统和/或计算机程序用户之间进行电子讯息交流的信息系统（计算机程序），而且由发件人确定收件人；互联网用户不在互联网上发布可公开获得的信息；无法向不特定人群发送讯息（分别为"互联网讯息程序"和"互联网讯息运营商"）。

除对互联网通讯运营商规定的义务外，互联网讯息运营商还承担下列义务：

· 根据互联网讯息运营商与移动服务提供商达成的身份识别协议通过电话号码确认互联网讯息程序用户身份。

· 在收到主管的国家机构要求后的一天内，限制该类要求中指明的互联网讯息程序用户传输包含下列内容的讯息：禁止传播的信息或违反俄罗斯法律散布的信息。

· 向其互联网讯息程序用户提供拒绝接收其他用户讯息的选择权。

· 确保被传输的数据保密。

· 提供应国家机构的要求传输讯息的机会。

· 在法律规定的情形中不向互联网讯息程序用户传输讯息。

互联网讯息运营商如系俄罗斯法律实体，可通过确认其互联网讯息程序用户电话号码的方式独立确认出互联网讯息程序用户的身份。互联网讯息运营商如系俄罗斯法律实体，还必须将有关互联网讯息程序用户电话号码识别的信息存储于俄罗斯。该信息可能被转给第三方，但通常需用户同意。

## 3. 俄罗斯法律如何监管搜索系统运营商

搜索系统指一种信息系统，该系统应用户要求实施具体信息的互联网搜索，并为其提供发布于其他实体或个人网站中用户所要求信息的网页入口信息，用于履行国家和地方职责、提供国家和地方服务及履行联邦法律规定的其他公共职责的信息系统除外。

应请求在互联网上发布针对俄罗斯消费者的广告的搜索系统运营商，必须停止提供广告请求人具有下列信息的网页数据（关于某些违反行为的信息除外）：①违反俄罗斯法律发布的信息；②不准确信息；③因情势或广告请求人的行为对请求人而言已成为过时或可忽略不计的信息。

**4. 俄罗斯法律如何监管互联网新闻发布**

任何计算机的程序、网站或网页，以俄罗斯联邦官方语言、俄罗斯联邦各共和国官方语言或俄罗斯联邦各民族的其他民族语言在互联网上处理和发布新闻，以及可能发布针对俄罗斯消费者的广告且在任何一天内此计算机程序、网站或网页有超过100万互联网用户访问（"新闻集合站点"），则该新闻集合站点的所有权人必须遵守下列（但不限于下列）要求：

·不允许新闻集合站点被用于实施犯罪行为、泄露国家和其他秘密、散布违禁信息。

·使用新闻集合站点发布重要公共信息前应核查其准确性，并应国家主管机构要求立即停止发布相关信息。

·不允许新闻集合站点被用于隐瞒或篡改重要公共信息、以真实信息的幌子发布不实的重要公共信息，不允许违反俄罗斯法律发布信息。

·不允许发布以在性别、年龄、种族、民族、语言、宗教、职业、住所、工作、政治观点方面诽谤公民的相关新闻。

·不允许违反俄罗斯法律发布公民私生活新闻。

·遵守俄罗斯法律规定的关于公投和选举的禁令与限制。

·遵守适用于大众信息传播的俄罗斯法律要求。

·尊重公民和公司的权利及法定利益，包括公民的荣誉、尊严及公司的商誉。

·在新闻集合站点上公布该站点所有权人的电子邮件地址和姓名（公司名称）。

·应在 6 个月内保存通过其新闻集合站点发布的新闻及关于该等新闻来源和发布期间的信息，并允许电信监督服务局访问该类信息。

·安装电信监督服务局提议的能够计算相关信息资源用户数量的计算机程序。

·电信监督服务局实施新闻集合站点登记。

只有俄罗斯法律实体或俄罗斯公民方可成为新闻集合站点的所有权人。

### 5. 俄罗斯法律如何监管提供音视频内容的行为

音、视频服务所有权人是指用于形成各种音频作品、视频作品或组织在线发布的网站、网页、信息系统、计算机程序的所有权人，但前提条件是，该类网站、网页、信息系统或计算机程序为有偿访问，或要求观看针对俄罗斯消费者的广告，且在任何一天内拥有超过 10 万名位于俄罗斯境内的访问者。

音、视频服务所有权人必须遵守下述义务：

·不得允许其有音、视频服务被用于实施犯罪行为、泄露国家和其他秘密、散布违禁信息。

·通过音、视频服务发布这类作品前，应标明观看或收听作品的年龄分级标志，除非相关作品本身已由其制作商或发行人标明年龄分级标志（但音、视频服务用户自己上传的这类作品除外）。

·遵守俄罗斯法律规定的有关公投和选举的禁令和限制。

·遵守适用于大众信息传播的俄罗斯法律要求。

·不允许通过其音、视频服务播放未根据俄罗斯法律登记为大众传媒的电视频道和电视节目。

- 在其音、视频服务上公布其电子邮件地址和姓名（公司名称）。
- 安装电信监督服务局提议的能够计算音、视频服务用户数量的计算机程序。

所有音、视频服务均将被纳入电信监督服务局设立的登记中。

俄罗斯法律对音、视频服务的外资控制或外资持股规定了如下限制：

- 一级限制：只有俄罗斯公民（无双重国籍）和俄罗斯法律实体方被允许拥有该级音、视频服务；
- 二级限制：作为一般原则，除俄罗斯订立的国际条约中另有规定外，外国、国际组织或其控制的公司、非俄罗斯个人、拥有双重国籍的俄罗斯公民、无国籍者、外国法律实体、外资持股超过20%的俄罗斯法律实体及上述各方的关联方（下文统一称为相关实体），均不得直接或间接拥有、管理或控制拥有音、视频服务的法律实体超过20%的股份（或其授权资本参股权）。但共同或独自拥有用于在互联网上发布音、视频产品的信息资源（如网站、网页、信息系统和/或计算机程序），且该类信息资源在俄罗斯境内的用户比例低于50%，且上述相关实体取得了俄罗斯政府相关委员会同意，可条件是该等相关人员根据法律规定，基于有益于"俄罗斯音、视频服务市场发展"给予上述的同意。

二级限制不适用于从事某些战略活动的公司。

音、视频服务一旦在电信监督服务局维护的音、视频服务登记，该机构将会向该音、视频服务所有权人发出通知。音、视频服务所有权人有义务在收到通知后两个月内，向电信监督服务局提交文件，确认其遵守上述限制。

但该规定不适用于下列情形：

- 作为俄罗斯大众传媒登记的网站。
- "俄罗斯运作如何监管搜索系统运营商"一节所述的搜索系统。
- 音、视频作品主要由互联网用户上传的信息资源。

俄罗斯法律确立了四项标准,以确定音、视频服务是否属于上述最后一种情形。该标准如下所述:

・信息资源使用户能上传或删除以及修改音、视频作品。

・信息资源使权利人能要求删除未经其同意上传的著作权和邻接权客体。

・音、视频服务所有权人之外的人员在一个月内上传的音、视频作品数量,超过了音、视频服务所有权人或基于许可协议的第三方上传的音、视频作品数量。

・上传和传播根据与权利人达成协议的音、视频作品,不构成信息资源设立和运营的主要目的。

其音、视频作品主要是由互联网用户上传的信息资源的所有权人,必须自觉或在电信监督服务局提出要求后,向电信监督服务局通报相关信息,确认其满足了上述四项标准。电信监督服务局将在收到所有权人提交的该信息后30个工作日内审核。电信监督服务局将根据审核结果,决定该信息资源是否可被视为音、视频作品属于主要由互联网用户上传的信息资源。

## 6. 俄罗斯法律如何监管VPN(虚拟专用网络)、匿名网站和类似在线工具

发布某些类型的信息在俄罗斯是被禁止的。如果违反俄罗斯法律,在线传播该类信息(如侵犯著作权的内容、与毒品相关的广告、儿童色情等),则依据俄罗斯主管机构或法院的决定传播该类信息的在线资源可能被封锁访问。该决定由俄罗斯互联网服务提供商严格实施和执行,其必须封闭对特定域、IP地址和统一资源定位符(URL)的访问。

但是,在实践中,某些在线工具(如匿名网站或网页缓存服务)可以使俄罗斯用户能够访问载有违禁内容的网站并绕过俄罗斯互联网服务提供商实施的限制,无论其是故意还是无意的。新规定的主要目的在于避免上

述行为，并实施强制执行机制以保证在线工具所有权人遵从。

规定并未完全禁止所有匿名网站、VPN 或其他在线工具和服务，它只是为该类工具的所有权人规定了额外义务，以避免该类工具被俄罗斯用户用来访问违禁信息。

该规定可概述如下：

·可用于访问违禁内容的通信网络或在线资源（以下简称访问工具）的所有权人，不得允许其在俄罗斯的网络或资源被利用来访问违禁内容。由于其文字措辞相当宽泛，因此该等访问工具可包括但不限于 VPN 和云过滤服务。

·电信监督服务局与开展刑事调查、保障国家安全的联邦国家机构合作取得关于访问工具的信息。

·电信监督服务局查明访问工具的所有权人，并以俄语和英语向其发出通知，要求该类所有权人将其访问工具与政府 IT 系统（以下简称相关系统）相连接，该系统包含在俄罗斯境内必须予以封堵的网络和在线资源清单。

·访问工具所有权人必须在收到上述通知后 30 个营业日内与相关系统相连接。

·访问工具所有权人接入到相关系统后 3 个营业日内，必须确保其访问工具不再能被用于访问违禁内容。

·如果访问工具所有权人未履行其职责，电信监督服务局将发布决定，禁止在俄罗斯境内访问其访问工具。该访问工具将被纳入违禁内容清单。

·如果相关被封堵的访问工具的所有权人履行了相关职责并通知电信监督服务局之后，对其的访问可被恢复。

上述规定不适用于具有下述情形的访问工具：

·该工具的用户群由工具所有权人预先确定。

·该工具用于维持某一法律实体的运营这一技术目的。

**7. 在何种情况下公司在俄罗斯可能面临 IP 被封堵情形**

俄罗斯法律规定了针对违反俄罗斯法律的网站（某些情形下为在线资源）的封禁规则。封禁程序略有差异，具体取决于封禁原因。以下为网站（某些情形下为在线资源）可能被封禁的情形：

（1）情形1——传播下述信息/资料：

·带有未成年人图片的色情资料和吸引未成年人参与色情性娱乐活动的资料。

·关于毒品、精神类物质及其前体和具有潜在危险性的作用于精神的新物质的制备、生产和使用方法的信息、可获得上述物品的地点信息，制毒作物培育方法和地点信息。

·关于自杀方法的信息及宣扬自杀的信息。

·联邦法律禁止传播的关于遭受不法行为（不作为）侵害的未成年人的信息。

·违反俄罗斯关于赌博的法律法规的信息。

·含有关于提供异地零售酒类产品或含酒精营养品或乙醇或含酒精非食用物品的信息，而该类产品的销售是被相关法律限制或禁止的。

·在互联网上传播被届时有效的法院判决禁止传播的信息。

·违反著作权或邻接权传播的信息。

·鼓吹宣扬集体暴乱、极端主义活动或参与违反相关法规开展的公共活动的信息。

（2）情形2—互联网通讯运营商违反相关规定。

（3）情形3—违反俄罗斯个人信息法律处理信息。

（4）情形4—音、视频服务所有权人违反相关规定。

（5）情形5——违反适用于访问工具所有权人的要求。

上述每一种情形均有单独的俄罗斯主管机构、存储空间提供商和互联网服务提供商之间的合作机制，以封堵具体的网站/在线资源。

## （三）大众传媒监管

### 1. 大众传媒适用哪些法律，主管国家机构是什么部门

在俄罗斯联邦境内的广播活动，受1991年12月27日修订的《大众传媒法》和《通讯法》的管辖。

《大众传媒法》规范广播领域的活动，并为大众传媒制定了规则。

对广播活动实施控制的国家机构为电信监督服务局。电信监督服务局对大众传媒予以登记，并为广播活动发放牌照。

大众传播领域的另一国家机构为联邦出版和大众传播局（以下简称出版传播局）。出版传播局在出版和大众传媒领域提供国家服务，并管理国家资产。

### 2. 大众传媒是否须注册登记

根据《大众传媒法》的规定，大众传媒涵盖纸质印刷期刊，网络期刊，电视和电台频道，电视、电台和视频节目，新闻节目，其他以固定名称定期出版信息的形式。

在俄罗斯联邦境内设立的大众传媒，须在电信监督服务局注册登记。

外国公司设立大众传媒的权利有限。

下列限制适用于外国投资者：

·除俄罗斯为订约方的国际条约另有规定外，外国、国际组织以及受其控制的组织、外国法律实体、有外资持股的俄罗斯法律实体、外国公民、无国籍者、拥有（同时或分别）另一国国籍的俄罗斯公民，不得是大众传媒的设立人或参股人，或任职于编辑委员会或广播公司的人员；

·除俄罗斯为订约方的国际条约中另有规定外，外国、国际组织以及受其控制的组织、外国法律实体、外资持股超过 20% 的俄罗斯法律实体、外国公民、无国籍者、拥有（同时或分别）另一国国籍的俄罗斯公民，均不得在系大众传媒设立人的股东或参股人、大众传媒编辑委员会或一家广播公司的实体的授权资本中直接或间接（包括通过其控制的实体或通过在该类实体共持有超过 20% 股权的方式）拥有、管理或控制超过 20% 的持股。

此外，禁止上述列出的实体对大众传媒设立人及其编辑委员会或播出公司、大众传媒设立人的股东或参股人的实体确立任何其他形式的控制权，导致上述人员可直接或间接地拥有和管理该设立人及其编辑委员会或广播公司，对其行使控制权，或实际上决定其所通过的决定。

导致违反上述限制的交易无效。

此外，如果大众传媒的编辑委员会、广播公司或出版人收到下列实体的资金：(1) 外国；(2) 国际组织；(3) 外国组织；(4) 以外国代理人身份行事的非商业组织；(5) 外国公民；(6) 无国籍者；(7) 其设立人/参股人/股东由前 6 项所述实体拥有的俄罗斯实体，则其必须每季度一次（不得晚于报告期后次月的第 10 日）向电信监督服务局提供从上述实体收到的资金的相关信息。

在下列情形下收到资金，则不承担相应的报告义务：

·从大众传媒设立人处收到资金。

·因广告发布收到资金。

·经销相关大众传媒的产品收到资金。

·一次性资金，累计金额低于 15000 卢布。

为进行注册（含修改注册资料），申请人必须向电信监督服务局或其地方机构提交下述文件①：

· 大众传媒进行国家注册的申请文件，包含登记费支付信息（其产品在全俄罗斯、在俄罗斯境外或在俄罗斯两个或两个以上组成区域的经销，其大众传媒的注册费为 8000 卢布，其产品仅在俄罗斯一个组成区域或地方行政区域经销，其大众传媒的注册费为 4000 卢布）；

· 如果申请人为个人，需要身份证明文件和确认申请人注册地址的文件。

· 如果申请人为法律实体，需要申请人的设立文件。

· 股东注册或参股人注册摘要。

· 如兴办互联网期刊，需提供确认有权使用相关互联网网站域名的文件。

· 大众传媒编辑委员会章程以及大众传媒设立人与编辑委员会（主编）之间的协议（如属于变更注册资料）。

· 确认大众传媒设立人的权利与义务已转让给第三方的文件、主编委任令或确认其权限的另一文件（如为变更大众传媒参股人）。

· 如果申请人为个人需要提交养老保险单。

审核期通常为 30 个工作日。在大众传媒注册库中对大众传媒作出记录即视为大众传媒已经注册。

大众传媒设立人应在大众传媒注册日后一年内开始大众传媒产品的制作。如果其错过该规定期限，则大众传媒的注册即被视为无效。

拒绝大众传媒注册申请的理由限于以下各项：

· 申请系由代表根据《大众传媒法》规定无权设立大众传媒的个人或

---

① 如果大众传媒产品将在整个俄罗斯境内外传播，则应向电信监督服务局提出申请。如果该等产品的传播仅限于一个或数个组成区域或地方行政区域，则应向相关的地区下属机构提出申请。

法律实体提出的。

・申请包含虚假信息。

・大众传媒的名称、暂定主题和/或专业领域被视为在滥用根据《大众传媒法》确定的大众传媒自由。

・主管机构已注册具有相同名称和传播方式的大众传媒。

拒绝注册大众传媒决定书会以书面形式提供,并具体阐明《大众传媒法》预先规定的拒绝注册理由。

在下列情形下,申请书不经审核即可退回申请人:

・提交的申请书违反《大众传媒法》要求。

・申请书由无权人士提交。

・未支付国家注册登记费。

**3. 大众传媒运营还须履行哪些其他措施**

开展该类业务的俄罗斯法律实体不仅须获得大众传媒登记,还须设立编辑委员会并招收必要的工作人员。编辑委员会是制作和编辑大众传媒的组织或人员群体。大众传媒设立人应审批大众传媒编辑委员会章程或与编辑部订立协议。此外,如果设立人不止一位,还须有设立人协议。

**4. 广播业务须要取得牌照吗**

俄罗斯法律对于有线或无线广播业务在广播业务本身和提供通讯服务之间作出了区分,每种业务均需要单独的牌照——大众传媒牌照和通讯牌照。通讯牌照取得的要求已在上文列出。

**5. 如何获取大众传媒牌照**

大众传媒牌照使广播人有权在遵守牌照条件的情况下,使用技术广播设备发布已根据《大众传媒法》注册登记的大众传媒产品。广播人被理解为根据广播牌照设立并传播电视、电台频道内容的俄罗斯法律实体。

如果广播人是电视或电台频道的编辑委员会,根据广播牌照的规定,该广播人被允许在俄罗斯联邦全境内使用包括空间传输、卫星传输、有线传输在内的（通用牌照）任何种类的播放方式传播电视、电台频道内容。

如果广播人并非电视或电台频道的编辑委员会，根据广播牌照的规定，该广播人被允许在俄罗斯联邦全境内使用特定的播放方式按照编辑委员会授予的权利广播电视、电台频道内容。

牌照获取程序由《大众传媒法》规定。所发放的牌照，有效期限最高10年。

为获取牌照，牌照申请人必须向电信监督服务局提交申请。申请应包含（但不限于）下列信息：

- 电视或电台频道的广播名称。
- 电视或电台频道的广播主题。
- 电视或电台频道的广播区域。
- 电视或电台频道的广播能力（以小时计）。
- 电视或电台频道预计播放周期和开播日期。
- 电视或电台频道广播方式信息（卫星、空间、有线传播或其他方式）。

此外，牌照申请人还应向电信监督服务局提交下述文件：

- 股东注册登记摘要（适用于为股份公司的申请人），或提供法律实体设立人（参股人）在其授权资本中的参股权益相关信息的文件（适用于以股份公司之外的形式设立的申请人，但不包括有限公司），以及确认遵守外商投资限制的文件。
- 电视、电台频道编辑委员会章程或与电视、电台频道编辑委员会之间的协议。

文件的审查期为45天，自上述文件提交之日起计。申请牌照的费用为7500卢布。

下述广播牌照按投标方式发放：

·广播区域的人口等于或超过10万人或广播业务在俄罗斯联邦组成区域的首府开展时的地面模拟电台广播牌照。

·地面模拟电视广播牌照。

·地面数字广播牌照。

·使用卫星轨道和频率资源的卫星广播牌照。

### 6. 是否有必要对信息产品进行年龄分级

俄罗斯法律要求信息制作人或传播人有义务按照可接触信息的年龄组对在俄罗斯传播的信息进行分类和标记。该义务规定载于2010年12月29日《保护儿童健康与发展不受信息损害法》（以下简称《儿童保护法》）

《儿童保护法》规定了有害儿童健康和发展的信息需满足的传播要求。该类信息根据儿童年龄划分为禁止在儿童中传播的信息和限制在儿童中传播的信息。上述两类信息，如果没有附上可接触该信息的年龄范围的特别信息标志（年龄分级标志），则禁止在俄罗斯传播。

年龄分级标志分为以下五级：

·"0＋"（适合6岁以下儿童）。

·"6＋"或以"适合6岁以上儿童"警示语形式出现（适合6岁及6岁以上儿童）。

·"12＋"或以"适合12岁以上儿童"警示语形式出现（适合12岁及12岁以上儿童）。

·"16＋"或以"适合16岁以上儿童"警示语形式出现（适合16岁及16岁以上儿童）。

·"18＋"或以"儿童不宜"警示语形式出现（针对禁止在儿童中传播的信息）。

产品分级的责任在于制作人，分级必须在产品于俄罗斯传播前完成。

该法还对可以参加产品分级的专家的要求作出了规定。

《儿童保护法》对信息标明年龄分级标志的规定存在个别自相矛盾之处。一方面，有一项普遍豁免规定，指出通过互联网传播的信息（但登记为大众传媒的网站及关于"俄罗斯法律如何监管提供音、视频内容的行为"的内容所述音、视频服务传播的信息除外）没有必要标注年龄分级标志。但另一方面，俄罗斯法律只规定要求电视节目单及其他信息产品目录单必须标注年龄分级标志，包括在线发布的内容。尚不清楚上述自相矛盾的规定如何相互解释。因此，我们建议将信息产品的在线目录单及其中包含的产品标注年龄分级标志。

《儿童保护法》还规定，未登记为大众传媒的网站，可根据儿童年龄，对通过该网站在儿童中传播的信息标识标示年龄分级或显示限制传播警示语。该分类可由网站所有权人作出。

# 二十四、气候变化

## （一）概述

### 1. 俄罗斯是否普遍参与国际气候法律和政策的制定与实施

作为世界第五大碳排放国，俄罗斯于1992年签署了《联合国气候变化框架公约》（以下简称《框架公约》），并于1994年批准了《框架公约》。1999年，俄罗斯签署了《京都议定书》，并于2004年批准了《京都议定书》。俄罗斯实施《京都议定书》对该议定书的生效至关重要。

俄罗斯只参加了《京都议定书》的第一承诺期。鉴于许多俄罗斯企业对参加《京都议定书》项下的联合履行机制表现出了浓厚兴趣，不少外国企业购买了通过联合履行机制而产生的减排指标，所提交的联合履行机制参加申请超过了 150 份，获得批准的项目超过了 100 个，这些项目覆盖了各个行业（包括石油天然气、冶金、化工、林业和其他行业），但是，由于不合适的时间安排和行政执行上存在一些困难，这些项目的最终获利令人失望。

俄罗斯是最早在 2016 年 4 月签署《巴黎气候协定》（以下简称《巴黎协定》）的国家之一。与 1990 年的水平相比，俄罗斯的国家自定预期贡献是到 2030 年将温室气体排放量减少 25%～35%。人们往往会说，这并不需要付出什么重大努力。目前，在私营部门的大量参与下，立法机关和行政机关正在讨论《巴黎协定》得到批准问题。总而言之，政府官员确认《巴黎协定》的批准势在必行，但是具体的批准时间尚不清楚。

· 2016 年 11 月，俄罗斯政府通过了一项行动计划，该计划表明，批准将于 2019 年获得。

· 2017 年 6 月，俄罗斯环境部的谢尔盖·东斯科伊指出，关于批准的最终决定将于 2019 年 1 月之前作出。[1] 几乎与此同时，普京先生指出，之所以推迟批准，是因为"缺少分配资源的规则和其他技术手段"[2]。

· 2017 年 11 月，俄罗斯外交部长谢尔盖·拉夫罗夫表示，批准《巴黎协定》对整个世界来说至关重要，俄罗斯不会推迟这一进程。[3]

在《框架公约》第 23 次缔约方大会上，出现了一些看似令人乐观的报道，其中提到大型国有公司和私有公司对低碳项目以及《巴黎协定》的实施情况感兴趣。

---

[1]《俄罗斯要到 2020 年才批准〈巴黎协定〉》，Vesti Finance（2017 年 6 月 2 日），参见 http://www.vestifinance.ru/articles/86290.

[2]《普京道出了俄罗斯批准〈巴黎气候协定〉的时间》，Ria Novosti（2017 年 6 月 2 日），参见 https://ria.ru/world/20170602/1495690540.html.

[3] 俄罗斯外交部长谢尔盖·拉夫罗夫接受墨西哥《至上报》（Excelsior）的采访（2017 年 11 月 17 日），参见 http://inosmi.ru/politic/20171117/240786105.html.

## 2. 俄罗斯是否有专门针对温室气体排放的法律

俄罗斯对限制温室气体排放没有任何具体的立法，而是制定了实现减排的政府计划。在时任总统德米特里·梅德韦杰夫于2009年批准的《俄罗斯联邦气候原则》（以下简称《气候原则》）重点强调了气候变化问题的重要性，并确定了所要实现的若干目标，例如提高建筑物和工业设施的能效，提高工业燃料和汽车燃料的使用效率，以及增加替代能源的使用。此外，还根据《气候原则》以及看似与《气候原则》存在重复的其他方案进一步制定了数项法令。① 随后，又接着俄罗斯出台了（尤其是在能效领域出台了）若干法令。②

## 3. 俄罗斯自愿减排市场目前的状况如何

（1）历史背景

俄罗斯法律并不禁止或限制企业进行自愿（或经核实的）减排（以下简称 VER）。在俄罗斯市场上，已经看到了一些俄罗斯 VER 交易的实例。

---

① 根据《气候原则》，俄罗斯总统普京于2013年发布了第752号总统令，该命令设定的目标是将2020年的温室气体排放量限制在1990年水平的75%以内，也就是说设定了25%的减排目标。

2014年，政府通过了执行这一总统令的计划。该计划对《监测、报告和监督温室气体排放的概念》的制定作出了规定。

监测、报告和监督温室气体的概念是在2015年4月制定的。重要的是，这一概念规定了在2017年至2018年对年度二氧化碳排放量超过5万吨（将间接排放计算在内）的商业实体施加报告排放量的义务。

2015年，政府还提出了《联邦环境保护法》修正案草案。这些修正旨在赋予政府设定温室气体排放限制以及制定促进温室气体减排的经济激励措施的权利。在公开征求各大企业协会的意见后，此项权利已从法律草案的最后版本中删除。

2016年11月，政府批准了《关于采取一系列行动改善国家对温室气体排放的监管并做好批准〈巴黎协定〉的准备的实施计划》。除了别的内容之外，这个计划规定在2017年12月之前编制完成对社会和经济影响作出估计的报告，在2017年制定温室气体排放的监管模式，在2019年6月之前出台关于温室气体监管的联邦法律草案，在2019年12月之前编制完成一直适用到2050年的低碳发展战略的草案，在2019年12月之前出台关于2030年减排目标的总统令草案，以及在2020年3月之前出台关于实施该命令的政府计划草案。

② 详见《俄罗斯欧洲企业协会立场文件》（第70页），参见 http：//www.aebrus.ru/upload/iblock/8b3/position‐paper‐2016_2017.pdf.

阿尔汉格尔斯克制浆造纸厂就进行了这样的交易。

（2）最新进展

2016年推出了一个气候倡议综合项目（以下简称IPCI）和一个基于该项目的碳登记系统。IPCI的目标是使企业能够购买和出售通过减排项目产生的碳补偿。同时IPCI正在参与全球区块链计划。

作为这个项目的一部分，俄罗斯建立了一个基于区块链技术的去中心化碳减排单位登记系统。2016年12月，在法国气候金融集团Aera的参与下，使用该登记系统进行了第一次试点交易。① 2017年10月9日，Khimprom有限公司所属工厂的第一个后京都温室气体减排项目按照国际标准ISAE 3410接受了认证，其目的是通过基于IPCI区块链的生态系统进行后续销售。②

（3）VER市场的潜力

如前所述，俄罗斯没有参加《京都议定书》的第二承诺期。此外，《巴黎协定》规定的市场机制预计要到2020年才会付诸实施。在俄罗斯，通过国家排放交易计划似乎也会至少推迟到2019年。

另一方面，俄罗斯的减排成本可以说比其他许多国家都低。因此，购买俄罗斯VER项目所带来的碳补偿看似具有商业上的优势。

此外，活跃在国际市场上的俄罗斯企业也对VER市场表现出了一定程度的兴趣。

**4. 在气候变化领域是否存在影响立法过程的私营部门行动计划**

2016年，俄罗斯的一些大型金融、工业和咨询企业成立了俄罗斯气候

---

① 《清洁未来的平台》，Climate Russia（2016年12月6日），参见http：//climaterussia.ru/politika – i – finansy/platforma – chistogo – buduschego.

② 《怀着对自愿购买者的希望》，Kommersant（2017年10月11日），参见https：//www.kommer-sant.ru/doc/3435132.

合作伙伴关系组织，以优化减缓气候变化的经济机制，特别是碳排放税。

此外，各种企业协会定期举行会议，讨论碳定价问题以及其他气候政策问题。俄罗斯工业家和企业家联盟（RSPP）、商业俄罗斯（Delovaya Rossiya）和欧洲企业协会（Association of European Businesses）在这方面表现得尤其积极。

### （二）能效与节能

#### 1. 俄罗斯能效法律的一般背景是什么

根据欧洲企业协会的估计，俄罗斯的节能潜力相当于2.52亿吨石油当量。这大约相当于法国的能源消耗总量（大约3亿吨石油当量）。俄罗斯的GDP能源强度比经济合作与发展组织成员要高2.6倍。[①] 2009年，俄罗斯在执行国际能源署（IEA）关于能效的25项建议方面排名最后。[②] 联邦《能效与节能法》就是为了应对这种情况得以通过的。

#### 2. 能效要求是否适用于商品销售

《能效与节能法》载有适用于商品流通的能效规则。它还规定，能效方面的国家监管可能包括在高能效替代品有足够供应的情况下禁止或限制低能效商品的生产和流通。

《能效与节能法》还规定，某些类型商品的生产商和进口商均有义务在附于商品、商标和标签的技术文件中列明关于该等商品的能效等级的信息。

商品的能效等级根据生产商和进口商根据国家主管部门批准的规则以

---

[①] 《俄罗斯欧洲企业协会立场文件》（第6页），参见 http://www.aebrus.ru/upload/iblock/8b3/position-paper-2016_2017.pdf.

[②] 俄罗斯能效措施与发达国家实行的能效措施（包括国际能源署的措施）之比较，参见 http://www.europarl.europa.eu/meetdocs/2009_2014/documents/d-ru/dv/dru_20131017_11_/dru_20131017_11_en.pdf.

及 2009 年 12 月 31 日颁布的第 1222 号俄罗斯政府令（与《欧洲理事会第 92/75/EEC 号指令》大体保持一致）确立的原则得以确定。根据第 1222 号政府令，生产商和进口商均有义务对冰箱、洗衣机和电视机等家用电器进行认证。

俄罗斯和欧亚经济联盟的其他成员拟定了一份"关于向消费者提供能耗产品的能效信息"的技术条例草案。该草案目前正在等待各会员国家相应国家机构的批准。它与相应的欧盟法规大体保持一致，旨在为消除欧亚经济联盟与欧盟之间的技术壁垒作出贡献。

### 3. 照明能效方面是否有具体的能效要求

在俄罗斯的立法中，国际能源署关于照明能效的大多数建议都被采纳了。《能效与节能法》规定从 2011 年 1 月起禁止销售 100 瓦的白炽灯泡。但是，禁止销售 75 瓦白炽灯泡的禁令以及禁止销售 25 瓦白炽灯泡的禁令的预想尚未实现。

为了应对关于能效的上述规定，一些企业已开始生产和销售 95 瓦至 99 瓦的灯泡，因为非法销售会受到行政罚款的处罚。某些调查研究表明，由于俄罗斯的电价大大低于欧盟，俄罗斯消费者仍然没有购买节能灯泡的动力。

### 4. 是否存在适用于建筑行业的能效要求？

《能效与节能法》规定了建筑物和其他构筑物在试运行和后期运行期间应满足的适用能效要求的一般原则。联邦法律中建筑物和构筑物安全技术规范明确规定，在设计方案和工程实施中须有效使用能源，杜绝浪费。

能效要求是由有关国家机构按照俄罗斯政府制定的规则批准的。有关国家机构对能效要求的审查至少应每 5 年进行一次。此类能效要求必须包括：

· 能源消耗指标。

· 对于影响能效的建筑、技术、设计和工程解决方案的要求。

· 在建造改造工程中消除因操作失当和材料浪费造成的能源消耗。

开发商必须确保建筑物符合能效要求，并为之配备能够测量能源用量的装置。如有违规情形，则建筑物的业主可以自行选择，可以要求开发商在合理的时间内免费消除违规情形，也可以要求开发商对业主自行消除违规情形的花费作出补偿。

国家建设监督部门给住宅楼宇确定能效等级。能效等级必须在新建建筑物的正面标明。

在俄罗斯，节能型的"绿色"技术在建筑施工中并不常用。尽管如此，在莫斯科，越来越多的办公楼通过了按照 BREEAM（BRE 环境评估方法）或 LEED（能源和环境设计领导）标准进行的认证。此外，GOST R 54964-2-12"合规评估对房地产场地的环保要求"以及 STO NOSTROY 2.35-2011"绿色建筑，住宅和公共建筑-用于环境可持续性评价的评级体系，也被认可为符合 ISO 标准的国家绿色建筑标准。[①]

### 5. 国家采购领域是否存在能效标准

根据《能效与节能法》的要求，国家和市政采购货物、工程和服务的招投标必须符合若干能效要求。为国家和市政需要而提供的货物、工程和服务应能带来最佳的能效和成本节约效果。

### 6. 对能源服务合同有特殊规定吗

根据能源服务合同（以下简称 ESC）的规定，承包商承诺采取旨在为

---

[①] 莫斯科管理学院 SKOLKOVO，新兴市场研究院，可持续商业实验室-《可持续发展的俄罗斯：跨国公司指南》〈https://iems.skolkovo.ru/downloads/documents/SKOLKOVO_IEMS/Research_Reports/SKOLKOVO_IEMS_Sustainable_Business_Lab_Research_2016-07-13_en.pdf〉。

客户节约能源以及提高能源消耗效率的措施。

ESC 规定承包商所应达到的节能程度以及合同期限（不得短于为实现该等节能目标所需的时间）。ESC 中可能还会作出某些其他强制性的规定，例如，按管辖国家和市政采购的法律要求作出的规定。

根据能源服务公司协会（Association of the Energy Service Companies）的数据，在俄罗斯运营的能源服务公司有 96 家。当时预计，2017 年第一季度的能效市场规模为 53.482 亿卢布。①

**7. 对节能技术的实施是否有激励措施**

《能效与节能法》通过提供投资税收信贷和提高折旧率来鼓励能效和节能技术的使用。

（1）投资税收信贷

在下列情况下，银行可以提供投资税收信贷：

·通过研发或现代化举措对生产设施进行升级改造，以提高能效；

·投资创造属于最高能效等级的资产（包括住宅楼宇），或者属于可再生能源的资产，或者属于输出效率超过 57% 的发热发电设施的资产，或者根据第 600 号政府决议所批准的清单属于高能效性质的物项或技术。

实际上，投资税收信贷可以延长纳税的最后期限。投资税收信贷是按照分步支付信贷金额和应计利息的方式偿还的。对于利润税以及某些地区税和地方税，银行可能会提供信贷。信贷期限可以是 1 到 5 年。

目前，获得投资税收信贷的程序相当复杂。据我们所知，只有少数公司获得了此种信贷。例如，某一大型石油公司的一家子公司已获得在 2013 年 1 月到 2017 年末的期间不缴纳利润税金额的 50% 的权利。信贷利率为

---

① RAESCO Research：《俄罗斯能源市场评论》（2017 年第 1 季度），参见 http://escorussia.ru/publication/592aa17c56c2ff1a7c010000。

俄罗斯中央银行再融资利率的50%（即8.25%）①。

（2）提高折旧率

对于涉及第600号政府决议所批准的清单项下的高能效物项或者属于高能效等级的物项的固定资产，纳税人可以按特殊比率提高基本折旧率（但以提高两倍为限）。

## （三）可再生能源

### 1. 俄罗斯可再生能源市场的现状如何

尽管落后于全球指标，但多份研究报告均强调，俄罗斯全境都具有发展可再生能源（RES）的巨大潜力。② 一些人甚至认为，俄罗斯可能会成为可再生能源的出口国。③ 然而，根据截至2017年1月1日的公开资料显示，俄罗斯各发电类型的总装机容量为244.1吉瓦，④ 当中，可再生能源所占的比例不到1%，可再生能源中包括0.6%的生物质，0.3%的小水电，0.1%的风能、太阳能和地热发电。⑤

### 2. 俄罗斯可再生能源市场的主要参与者是谁

能源部和市场理事会（Market Council）是决定俄罗斯的可再生能源未来的关键机构，市场理事会被授权管理可再生能源供应商的资格认证程

---

① "TNK—BP借用税款"，RBC（2015年2月15日），参见 https：//www.rbc.ru/newspaper/2013/02/15/56c1be319a7947ac7f7abfef.

② 《俄罗斯努力激发清洁能源潜力》，载《金融时报》2017年5月7日，参见 https：//www.ft.com/content/638e1dc6-1bb2-11e7-bcac-6d03d067f81f.

③ 俄罗斯初创企业竞相实现可再生能源目标，载 Skolkouo，2016年11月9日，参见 http：//sk.ru/news/b/articles/archive/2016/11/09/russian-startups-race-to-meet-renewable-energy-targets.aspx.

④ 俄罗斯联邦能源部，《俄罗斯电力工程的主要特点》，参见 https：//minenergo.gov.ru/node/532.

⑤ 《替代能源：碳氢化合物的时代快要结束了吗？》，载 Tass，2016年6月6日〈http：//tass.ru/pmef-2016/article/3342511〉。

序，而通过资格认证是获得国家支持的一项条件。俄罗斯能源网络的运营商和区域能源委员会（以下简称能源委）在创造条件以扩大可再生能源发电能力方面发挥了重要作用。俄罗斯能源网络的运营商提供了大多数可再生能源发电厂的技术连接。能源委调整和实施适用于可再生能源生产商的电价法规。

"Rostec（俄罗斯科技集团公司）""Rusnano（俄罗斯纳米技术集团公司）"和"Rosatom（俄罗斯国家原子能公司）"这几家国有公司位居 RES 的主要推动者之列。私营部门主要由"Renova"集团为代表。

最近，EuroSibEnergo（俄罗斯最大的私营能源公司）在哈卡西亚共和国的 Abakan 设立了西伯利亚最大的太阳能发电厂。

芬兰能源公司 Fortum 目前正在推进乌里扬诺夫斯克地区的 35 兆瓦风力发电厂项目，并已与 Rusnano 公司建立了合资企业，以在风能领域携手合作。几家中国公司正在开拓市场。

意大利国家电力公司（Enel）计划在俄罗斯政府的支持下，在太阳能领域实施两个项目，项目涉及的总容量为 291 兆瓦。[①]

此外，还有诸多规模相对较小的科技生产型企业在从事可再生能源设备的生产。

**3. 发电可再生能源发电的目标是什么**

政府于 2009 年 1 月 8 日通过了第 1—R 号政府令（业经修订），批准了"在 2024 年之前利用可再生能源提高能效的国家的主要政策方向"的文件。这些文件为可再生能源的利用设定了在 2020 年之前达到在总能源中占 4.5% 的目标。2015 年，达到 4.5% 的目标的时间被延至 2024 年。尽管

---

① REVE：意大利国家电力公司进入俄罗斯可再生能源领域，获准的风力发电能力为 291 兆瓦（2017 年 6 月 15 日），参见 https：//www.evwind.es/2017/06/15/enel－enters－russian－renewable－sector－with－291－mw－of－wind－energy－capacity－awarded/60179.

如此，到2030年，这一份额仍可能达到11%。①

### 4. 俄罗斯法律是否为利用可再生能源提供了激励

迄今已为促进可再生能源发展进行了多次立法尝试。虽然这些尝试总体来说并不成功，但其仍然表明这一议题已经被提到公共议程上。

例如，1999年，俄罗斯议会上下两院都批准了一项法律草案，其中规定，在投入能源部门的国家投资总额中，至少有3%应用于发展可再生能源。然而，该草案被总统否决了。随后，俄罗斯又进一步进行了旨在支持可再生能源市场的一些立法尝试。

2004至2007年俄罗斯讨论了旨在促进可再生能源使用的若干个《联邦电力法》修正案。这些修正案第一稿建议，电网公司有义务购买借助可再生能源产生的能源，并确立了从发电企业购买此种能源的固定价格——类似于德国的《可再生能源法》（EEG）的规定。

修正案的最终版本仅限于出台了电力溢价方案。该方案规定，对由标准的可再生能源装置所产生的电力而言，其定价方式是在批发市场均衡价格的基础上加上了按照俄罗斯政府制定的程序所确定的溢价。这一方案尚未付诸实施，其原因主要是考虑到其对最终消费者能够承受的电价产生的潜在负面影响。② 能源部随后建议将这一方案从立法中排除。

①用于补偿电网连接成本的补贴

联邦可向装机容量不超过25兆瓦的发电设施的所有权人提供补贴，用于补偿该发电设施的电网连接成本，因为该发电设施应是经过市场理事会认可的合格设施。获得补贴的条件规定在2010年11月20日发布的第850

---

① Gazeta："可再生能源之风将在俄罗斯劲吹"（2017年4月6日），参见 https：//www.gazeta.ru/business/2017/04/06/10612961.shtml.

② 国际金融公司：《俄罗斯的可再生能源政策：唤醒绿色巨人》，参见 https：//www.ifc.org/wps/wcm/connect/bf9fff0049718eba8bcaaf849537832d/PublicationRussiaRREP－CreenGiant－2011－11.pdf?MOD=AJPERES.

号政府令和 2013 年 7 月 22 日发布的第 380 号能源部命令中：

·按照 2008 年 6 月 3 日俄罗斯第 426 号政府令所确立的程序，该发电设施被确认为是以可再生资源为基础开展运行的。

·内容是关于以可再生能源进行运营的发电设施的认定的装机容量不超过 25 兆瓦。

·该发电设施是从《因实施用于改革俄罗斯统一能源系统的措施而对若干俄罗斯联邦法律进行修正的联邦法律》生效之日起投入运行的；

·所有权人并未进入破产或清算程序。

②基于容量的支持计划

2013 年，联邦政府通过了关于在电力和容量批发市场推广可再生能源的第 449 号政府令。国际金融公司对这份文件进行了评估，认为该文件是朝着制定用于在俄罗斯推广可再生能源的监管框架迈出的重要一步。[1] 第 449 号政府令基于对可再生能源项目的选择确定了具体的可再生能源支持计划。

③如何选择可再生能源项目

交易系统管理者（以下统一简称为 ATS）每年都要为每一种可再生能源选择项目，即：风能、太阳能光伏和小水电。

由政府决定每年投入使用的风力、太阳能光伏和小水电的装机容量。然而，投资者可以选择该等项目的地点，这些项目应该位于俄罗斯批发市场的价格区域。

选择过程包括两个阶段。第一阶段，由 ATS 选择符合支持计划参与要求的项目：

---

[1] 国际金融公司：《俄罗斯新制定的基于容量的可再生能源支持计划——对第 449 号政府令的分析》，参见 http：//www.ifc.org/wps/wcm/connect/f818b00042a762138b17af0dc33b630b/Energy－Suppor－Scheme－Eng.pdf？MOD＝AJPERES。

・注册成为批发市场的临时供应商。

・遵循对可再生能源投资项目施加的资本成本限制。

・遵守国产化要求（2016—2020年达到65%—70%）

・订立与进入电力批发市场和注册为临时供应点相关的合同。

第二阶段，由ATS决定其中哪些项目将被邀请签署可再生能源容量供应协议。这个选择是基于拟议的资本成本来确定的。ATS可以选择最大的数量，而该数量则取决于为达到额外的可再生能源容量目标所需的装机容量的多少。

④可再生能源容量供应协议为可再生能源开发商规定哪些权利和义务

可再生能源容量供应协议规定了在某一特定期间内建设可再生能源装置并将其投入运行的义务。可再生能源装置应由市场理事会进行资格认证。在容量供应协议中，开发商还须对每年发电的最低电量作出承诺。

该协议规定了从能够收回投资成本和运营费用的管制电价中受益的权利，而管制电价是根据装机容量确定的。

第449号政府令将容量供应协议的有效期限定为15年，并确定了管制电价的计算公式。

⑤可再生能源装置的资格认证程序是什么

国家对可再生能源的支持以可再生能源装置获得市场理事会的资格认证作为前提条件。在完成建设、接入网络并投入试运行后，装置必须按照关于可再生能源装置资格认证的第426号政府令所规定的程序进行资格认证。装置须满足对特定容量和类型的可再生能源的定义要求，装有计量装置，并配有运营设施。

⑥是否有关于基于容量的支持计划在实践中的实施情况的信息

根据ATS网站，2013年到2017年向其提交的申请数量以及经其批准的申请数量的统计数字如下表所示：

表5 相关申请数及批准数

| 项目类型＼年份（申请数） | 2013 | 2014 | 2015 | 2016 | 2017 |
|---|---|---|---|---|---|
| 提交的申请 | | | | | |
| 太阳能 | 60 | 52 | 20 | 0 | 26 |
| 风能 | 9 | 1 | 1 | 26 | 78 |
| 水电 | 0 | 3 | 2 | 0 | 2 |
| 项目类型＼年份（获批数） | 2013 | 2014 | 2015 | 2016 | 2017 |
| 太阳能 | 32 | 33 | 14 | 0 | 26 |
| 风能 | 7 | 1 | 1 | 26 | 43 |
| 水电 | 0 | 3 | 2 | 0 | 2 |

有些人指责，市场准入标准具有一定歧视性。

⑦按照管制价格购买电力

零售市场的可再生资源支持机制已由2015年1月23日的第47号政府令（修订了与可再生资源激励有关的若干其他规定[①]批准。在这一机制下，电网机构有义务按照管制电价从合格的可再生资源发电企业购买电力，以补偿用于建造可再生资源设施的投资。

为了有资格享受上述电价，可再生资源设施必须获发资格证书，并被纳入所在区域的电力行业发展规划中。可再生资源项目是根据以下标准在竞争的基础上被选定的：

·资本支出金额。

·投资回收期。

·基本盈利水平（自2017年以来是12%）。

---

[①] 特别是该项命令对2011年12月29日"关于电力行业管制价格领域的定价"的第1178号政府令作出了修订。

·可再生资源所产的电量不应超过俄罗斯联邦某一组成实体（地区）的电能损失总量的5%；

·俄罗斯联邦组成实体（地区）独立制定的其他社会和经济标准。

# 二十五、电子商务

## （一）监管电子商务的法规

电子商务相关的立法有很多，包括：

·日期为2006年7月27日的《关于个人数据的第152－FZ号联邦法律》（以下简称《个人数据法》）及相关细则。

·日期为2006年7月27日的《关于信息、信息技术和信息保护的第149－FZ号联邦法律》。

·日期为1992年2月7日的《关于保护消费者权利的第2300－1号法律》。

·日期为2007年9月27日的《关于批准商品远程销售规则的俄罗斯联邦政府第612号决议》。

·2006年3月13日的《关于广告的第38－FZ号联邦法律》。

·适用于互联网销售和提供金融产品和服务的各项金融和行政法规。

## （二）电子商务、数据保护和互联网的行政监管部门

没有任何一个行政机构对电子商务的监管负有全面的责任，但其中有很多机构的职能是确保适用于电子商务的某些法律得到执行。例如，俄罗斯负责数据保护的主要机构是联邦电信、信息技术和大众传播监管局，该机构有权在俄罗斯阻止访问特定的域名。

联邦反垄断局负责监督广告法规的合规情况和执行反不公平竞争行为的法律，包括那些在互联网上出现的情况和行为。

至于消费者产品和产品安全问题，包括产品召回、对遵守强制性要求的监控和监督（包括通过互联网进行的销售），由联邦消费者权利保护局负责处理。

### （三）在被告居住在境外、从境外提供商品或服务的案件中，俄罗斯法院对与互联网有关的交易或纠纷享有管辖权的规则

互联网相关交易的管辖权由国际私法（法律冲突）原则界定。因此，双方可以自由地约定，非俄罗斯法律适用于他们的交易，只要交易涉及外国成分。当交易的一方是非俄罗斯实体或当合同包含另一个外国成分（例如，合同的标的位于国外），就可以认定交易具有"外国成分"。如果无法根据上述规则（包括合同中的法律选择条款）确定适用的法律，那么适用与合同关系最有关联的国家的法律。

但是，当俄罗斯消费者是目标群体时，俄罗斯的一些法规将被适用，无论当事人选择什么法律适用于他们的交易。因此，俄罗斯的竞争、广告、资料保护法规和其他一些法规将被适用在交易中。另外，如果管辖合同的法律为消费者提供的保护少于俄罗斯法律所提供的保护，则俄罗斯的消费者保护法律将被适用。

至于对争议解决管辖权的选择，需要注意的是，对于俄罗斯境外法院作出的判决，只有在俄罗斯和该国之间存在相关条约的情况下才能在俄罗斯被执行。曾有过外国的判决基于国际互惠原则在俄罗斯得到执行的案例。然而，这一原则的应用数量少之又少，许多外国的判决并没有得到执行，即使已经使用了国际互惠原则来据理力争，因此，平时在商务中不能对此加以依赖。

同时，双方可以自由地将其争议提交给当地或外国仲裁，根据《联合国承认和执行外国仲裁裁决公约》，外国仲裁一般可以在俄罗斯得到执行。

但是，需要注意的是，消费者可以向俄罗斯国家法院提起申诉，而这些法院通常会接受并基于事实审查这些申诉，而不考虑双方协议中的争议解决条款。

### （四）通过电子方式起草和订立合同

根据俄罗斯法律，可以采用以下手段以电子方式来形成和订立合同：(1) 电子签名，包括所谓的"有资格的电子签名"（一种在一个特殊认证中心注册的电子密钥），(2) 交换电子文件；(3) 开始履行要约中所述的合同条款。

在以交换电子文件形式订立合同时，双方必须遵守以下要求：交换的方式应让双方可以确定有关文件已由有关缔约方发出。

当双方使用电子签名时，应视真实性认定要求已被满足。当双方不使用电子签名时（例如，发送电子邮件或通过点击相应的框表示接受网站上发布的条款），他们须确保其有足够的证据证明文件交换是由相关方的授权代表进行的。就双方可以用来确认这种授权交换的证据而言，俄罗斯法院接受下列来源的证据资料，前提是它们包含了俄罗斯法律规定的有关协议的所有实质性条款：

· 来自双方授权代表的正式信函或电子邮件（由其官方地址、域名或电子邮件发出）。

· 客户的购买订单。

· 付款文件。

· 通过安全通信通道输入的个人代码。

如果客户在回应要约时便开始履行合同条款，也被视为合同已订立。

"点击接受"或"点击生效"的方法是否代表合同履行的开始，即便被接受的条款明确有此规定，对于这个问题是有争议的。因此，我们建议在条款和条件中规定客户所须作出的行动清单，如果这些行动得到执行，则表明客户已接受所要约的条款，例如，资料激活、批准技术规范、同意交付条款、下订单或付款。如果在网上销售商品或服务的被告可以证明客户已经采取了要约条款项下所要求的所有行动，那么在发生争议时，局面会对商品或服务的销售者有利。

此外，如果客户接受了被告的履约，那么客户主张没有达成协议的胜算应该很小。

在实际操作中，需要注意，通过互联网销售商品和服务的公司若使用已签署的电子文件但不使用电子签名的话，可能面临问题。比如，一些银行、税务机关和海关可能不会认可这些文件能正式确认合同关系。虽然有法律论据可以支持"这种文件必须被认可用来正式确认合同关系"这一立场，但我们不能排除某一特定的公职人员或银行代表采取更为保守的做法的这种风险。

## （五）互联网广告的监管规定

互联网广告与其他渠道的广告受到相同法规的监管，但对于特定的产品，可能还要适用一些特别针对互联网广告的法规，例如，关于在互联网上发布赌博、烟草、酒类和其他互联网广告的限制。

如果俄罗斯消费者是目标群体，广告商和/或广告发布商在发布广告时必须遵循以下原则：

· 在通过电子通讯渠道（包括互联网）显示广告之前，先获得消费者的同意。

·允许消费者选择不接受广告。

根据俄罗斯的广告法律以及俄罗斯法院的执法实践，对接受广告的同意方式必须是特定的同意，而且最后是与该互联网的主要条款和条件相分离。选择不接受广告的权利不能放弃。

# 二十六、个人数据

## （一）个人数据适用的法律及国家主管机构

在俄罗斯，个人数据的处理一般受 2006 年 7 月 27 日颁布的第 152－FZ 号有关"个人数据"的联邦法律（以下简称《个人数据法》）及相关的法规。处理某些类型的数据主体或由某些类型经营者的个人数据的处理可能还须遵守规范特定行业或特定活动的法律，雇员个人数据的处理便属于这种情况。但是，这些规定与《个人数据法》都是基于相同原则确定的。

俄罗斯的主要数据保护机构是俄罗斯联邦电信、信息技术和大众传播监管局。

## （二）个人数据和数据处理

根据《个人数据法》的规定，个人数据被非常宽泛地定义为与直接或间接地已识别的或可识别的个人有关的任何信息。

直到最近，监管机构才将个人数据的概念狭义地解释为：（1）可以明确识别个人的数据；（2）与该已识别的个人有关的所有信息。但是，这一解释并不是明确地由法律中得出的，且正慢慢地被一种更宽泛的解释所取代。联邦电信、信息技术和大众传播监管局的官方信函已经表明，个人的全名本身就属于个人数据，而在其口头声明中联邦电信、信息技术和大众传播监管局经常认定IP地址和类似的信息也应看作是个人数据。

个人数据处理被定义得非常宽泛,即使用或不使用计算机设备对个人数据实施的任何一项行动(操作)或多项合并的行动(操作),包括个人数据的收集、记录、整理、积累、存储、验证(更新和修改)、检索、使用、转移(发布、披露、访问)、删除其中的个人信息、禁止访问、删除和销毁等。

俄罗斯数据保护法律的监管对象范围包括个人数据的手动处理和自动处理。

### (三) 数据处理的基本要求

根据《个人数据法》的规定,数据处理必须基于合法的理由。

从实践角度看,在大多数情况下,这意味着个人数据经营者必须以适当的方式从数据主体那里征得所有必要的同意。作为一项一般规则,可以采用任何能够核实的方式征得数据主体的同意,包括书面、电子方式和通过默示行为的方式。然而,在某些情况下,经营者须通过特殊方式征得数据主体书面的同意。

经营者也可以将数据主体作为一方当事人或受益人签署或履行协议当作数据处理的合法理由。但是,在这种情况下,数据处理必须是在该协议中直接规定的,或者至少是可通过该协议的目的和标的事项被合理证明的。在大多数情况下,任何涉及数据的过度操作或在协议终止后处理数据都将被视为违法行为。

《个人数据法》还规定以数据经营者承担的法律责任作为数据处理的合法理由。然而,这一合法理由仅适用于俄罗斯法律直接规定的可以通过特定方式收集和处理某些数据的少数情况(例如俄罗斯反洗钱法律)。

法律还规定了数据处理的其他理由,但实际上它们大部分与商业无关。

《个人数据法》要求个人数据的处理应符合数据主体同意中所称的数据处理目的，或者是根据与数据主体达成的协议，或者是根据法律。也就是说，禁止收集和存储过多类别的个人数据或进行过度的操作。《个人数据法》还要求经营者在实现所称的处理目的后停止处理数据。

### （四）将个人数据转移给第三方的条件

主要经营者向第三方（包括亲属公司）转移数据必须是：

·在数据主体的同意中直接说明的（或有其他合法理由，如履行与数据主体的合同）。

·根据单独的数据传输协议（DTA）或合同条款进行转移，且该DTA或合同条款必须：①合理地限制由接收方做的数据处理；②设定保密义务；③规定数据接收方在组织和技术方面采取数据保护措施。

·与最初收集个人数据过程中所称的个人数据处理目的一致。

各个组织可将个人数据转移至俄罗斯境外的管辖区域，但这些区域应是被视为能够确保充分保护个人数据主体权利的区域，但转移的条件是：①受影响的数据主体已获通知或已表示同意；②已经采取了合理的措施，以保障将转移的个人数据。此外，如果已签署适当的数据转移协议（标准合同条款）或实施了其他规定的措施，国际数据转移将被认为是合法的。

如果某一管辖区域被视为不能够确保充分保护个人数据主体的权利，则只有在征得数据主体的书面同意后或基于履行（而非签署相同的）以数据主体作为一方的合同为目的，才可以将个人数据转移至该管辖区域。

### （五）个人数据的储存

收集个人数据的数据控制人应确保使用位于俄罗斯联邦境内的数据库

来记录、整理、积累、存储、验证（包括更新和修改）和检索俄罗斯联邦公民的个人数据。这一要求非常笼统并适用于收集俄罗斯公民数据的本国和外国数据控制人。

这一要求存在几个被狭义定义的例外情形。例如，如果处理个人数据是按照俄罗斯法律履行一项俄罗斯联邦签署的国际条约所必须做的，则属于例外情形。基于这些理由，以前航空公司预订机票被认为无须遵守本地化要求。

重要的是，数据控制人不须将俄罗斯境内的所有IT系统本地化，且俄罗斯境内的数据库也无须与经营者所属集团其他公司使用的国外数据库属于同一类型（采用相同）的技术以及技术设施。因此，根据目前通行的做法，不须为经营者所属集团的下属公司使用的每一个国外数据库建立单独的本地化俄罗斯数据库。为最初收集俄罗斯公民个人数据在俄罗斯境内建立一个单独的主数据库便足够了（或者，在实践中更有可能的是针对每个类别的数据主体——雇员、客户等——在俄罗斯境内建立多个主数据库）。一旦将个人数据收集到俄罗斯境内的主数据库中，就可以在满足跨境数据要求的条件下将个人数据转移到俄罗斯境外的各个数据库、系统和应用程序。

## （六）如果公司开始处理个人数据，是否须通知国家机构

在数据控制人开始处理个人数据之前，必须向联邦电信、信息技术和大众传播监管局提交其有意处理个人数据的通知。通知可以在线提交（在这种情况下，必须以有资格的预先的电子签名方式签署）。通知也可以使用普通邮件发送。通知必须包含数据控制人的详细信息、数据和数据主体的类别、数据处理的时期、所依据的合法理由、数据处理的目的和方法以及所采用的安全措施。负责数据处理的人员必须由数据控制人指定并通知

主管部门。数据控制人及其所处理数据的相关信息是公开可得的。

履行通知义务有某些例外情形，例如，如果数据处理是为了与数据主体签署合同，则没有必要通知相关国家机构。

## （七）公司在俄罗斯境内如何保护个人数据

《个人数据法》要求个人数据经营者在组织和技术方面采取必要的措施，以保护个人数据免遭非法行为的侵害。

所有这些措施可分为两类：

（1）组织方面的措施。这是法律对任何经营者都强制规定和适用的，而不考虑其IT系统的特点（例如，公司任命一名雇员负责个人数据的处理；颁布数据处理政策；使违反签字的工作人员熟悉制定雇员数据处理程序的内部文件和政策等）。

（2）组织和技术方面的措施。这类措施必须由经营者独立地根据其强制性的对IT系统内部检查的结果视具体情况来确定。也就是说，为了了解应用于特定IT系统的一套要求，经营者必须考虑：

·个人数据的类型，即特殊的（关于种族、国籍、政治观点、宗教信仰等）、生物识别的（生理和生物数据）、公开可得等；

·个人数据主体的总数。

·IT系统面临的实际威胁的类型。

## （八）违反个人数据保护应承担的法律责任

如果经营者未遵守俄罗斯的个人数据保护法律，可能会面临承担行政或民事责任，包括禁用其违反俄罗斯法律进行处理个人数据的网站。

民事责任可采用下列形式："道德伤害"赔偿（这是一个俄罗斯法律概念，类似于美国的痛苦和受难的损害赔偿）和/或法院责令停止侵权。

追究首次不遵守个人数据法律的经营者的行政责任，可以采用行政罚款的形式，最高金额为每次违法罚款 7.5 万卢布。最高的制裁是针对未经数据主体同意处理个人数据而规定的。

经营者的如果没有将个人数据处理的事实通知联邦电信、信息技术和大众传播监管局，将导致承担特殊行政责任，其形式为金额最高可达 5000 卢布的行政罚款。

基于行政或民事案件中的有效裁定，或其生效后的任何其他法院法令（包括但不限于初步或临时禁制令等），联邦电信、信息技术和大众传播监管局可禁止访问一个网站，前提是法院法令确认了该网站违反了个人数据法律的任何要求（如前文所述）。

联邦电信、信息技术和大众传播监管局须向主供应商发送通知，主供应商则必须在一天内通知网站所有者。网站所有者有一天的时间来纠正违反《个人数据法》的行为，否则，主供应商必须在收到联邦电信、信息技术和大众传播监管局首次通知后的三天内禁止对该网站的访问。如果网站所有者和主供商均未遵守要求，联邦电信、信息技术和大众传播监管局将把该网站（其网址、域名和/或 IP 地址）列入黑名单，并要求俄罗斯境内的所有互联网服务提供商禁止对该网站的访问。

重要的是，即使经营者很快纠正了违法行为，这也不会立即使联邦电信、信息技术和大众传播监管局立即取消对其网站的禁用。

如果持续不遵守监管局的命令或法院判决，除网站被禁用外，还可能会面临其他的制裁。不遵守监管局要求纠正违法行为的命令，可能会导致经营者承担行政责任，被处以高达 2 万卢布的行政罚款，责任人员可能被取消资质，而不履行法院判决可能导致承担行政责任甚至刑事责任。

# 二十七、消费者保护

## （一）向俄罗斯消费者销售商品适用的法律法规及负责执行的行政机构

向俄罗斯消费者进行销售的行为适用俄罗斯联邦《民法典》《消费者权益保护法》（1992年2月7日第2300-1号关于消费者权益保护的法律）和俄罗斯政府根据上述法律通过的决议。在这些法律法规中，最主要的决议包括上门推销规则，即所谓的"远程销售"（包括互联网销售），以及有关特定类型产品销售的规则。

根据俄罗斯冲突法原则，即使俄罗斯消费者已签订了一项适用非俄罗斯法律的协议，但与该协议所选择适用的法律相比，俄罗斯法律的强制性规则会提供更高层次的保护，从而不会剥夺俄罗斯法律的强制性规则向消费者提供的保护。

俄罗斯消费者有权向具有一般管辖权的俄罗斯法院提起其对外国卖家和制造商的索赔，该等俄罗斯法院可能会根据俄罗斯程序规则受理此类索赔并加以审查和审理，而不考虑任何外国管辖权条款。不过，在实践中，俄罗斯消费者很少起诉外国制造商，因为在制造商注册国执行俄罗斯法院的裁定需要时间，而对消费者来说可能成本过高。

在消费者保护领域进行国家监管的主要机关是俄罗斯联邦消费者权益保护和福利局。在实践中，该局可能会与其他国家机关（例如警方）联手以确保消费者保护和有关法规得到执行。

## （二）向消费者销售商品的界定

如果购买者仅是为个人、家庭、家用及其他与商业活动无关的需求而订购、获取或使用产品和服务的个人，即可认为发生了向消费者进行的销售，且相关的法律法规将被适用。如果销售是向公司进行的，或者是为个人的商业活动而向消费者进行的，则应适用俄罗斯联邦《民法典》的一般规则。

## （三）俄罗斯消费者一般可获得的救济（制造商和卖家的保证承诺）

根据俄罗斯法律，消费者针对有瑕疵的产品可自行酌情决定向卖家主张下列任何一种救济之一：

·以相同型号、品牌和/或规格的新产品替换有瑕疵的产品。

·以不同型号、品牌或规格的新产品替换有瑕疵的产品，并结清被替换的产品和新产品之间的价差。

·按比例降低购买价格。

·立即无偿维修有瑕疵的产品或赔偿消费者因维修产品瑕疵而产生的费用。

·终止购买协议和退还购买价款。消费者须应卖家的要求，在卖家承担退回费用的条件下，将有瑕疵的产品退回给卖家。

除上述救济方式外，消费者还有权要求销售方赔偿因购买有瑕疵的产品而蒙受的损失。重要的是，根据俄罗斯法律，消费者可以直接针对有瑕疵产品的制造商提出上述第一项和第四项所述的要求。消费者可以不向制造商提起此类索赔，而是将有瑕疵的产品退回给制造商，并要求制造商退还其为该产品支付的购买价款。

消费者可在制造商和卖家确定的保修期内，向有瑕疵产品的制造商和卖家（以适用者为准）提起上述索赔。如果未确定保修期，则消费者可在收到有瑕疵的产品后两年内提起相关索赔。如果保修期不到两年，消费者在收到有瑕疵的产品后的两年内仍可提起上述索赔，但消费者须证明有关瑕疵是在交货之前发生的，或者是由于交货之前发生的原因而引起的。

此外，在产品使用期限内，或者如果未规定使用期限，在产品交付给消费者之后的 10 年内，消费者都可要求制造商免费为产品消除瑕疵。如果制造商在收到消费者的此项要求之日起 20 天内不能满足其需要，则消费者有权提出上文第一项和第四项所述的要求，或将有瑕疵的产品退回制造商，并要求退还为该产品支付的购买价款。

## （四）能否在与消费者的合同中对制造商和/或卖家的责任加以限制

根据俄罗斯法律的规定，不能通过合同限制制造商和/或卖家对消费者负有的责任，但可以通过界定产品的质量、使用条款和使用产品的适用限制等市场常规做法来限制制造商和/或卖家对产品的责任。需要注意的是，除非卖家在合同中明确规定消费者有关的预期用途不适用而产品应用于其他目的，否则排除产品预期用途的相关责任的限制可能被俄罗斯法院视为无效。由于俄罗斯法律要求卖家在与消费者签订合同之前明确说明预期用途的所有限制和具体使用条款，因此我们建议谨慎采取限制责任的做法，因为这可能会影响制造商和卖者两方的声誉以及他们的品牌。

## （五）产品信息披露义务

根据《消费者权益保护法》的一般要求，在签订合同之前，制造商必须向俄罗斯消费者提供以下信息：

· 确认产品符合俄罗斯法律规定的质量标准的技术法规或其他指标名称。

· 产品主要质量信息。

·卢布价格。

·制造商或卖家确定的保修期。

·有效和安全使用的规则。

·使用期限及使用条款的相关信息，包括使用期限到期后需要消费者采取的措施。

·制造商、进口商、卖家及其授权机构（如有）的注册地址和完整名称。

·引用产品的质量标准和规定。

·适用销售规则的相关信息（例如远程销售规则）。

·提供服务的特定实体（如适用）的信息（完整名称、注册地址和联络方式）。

·瑕疵（如有）的相关信息。

·在远程销售的情况下提供说明退货政策。

特定产品的额外披露要求可在有关技术法规和国家标准中查找到。

## （六）消费者在通过"远程销售"方式购买产品时要求退货和退款的权利

除上文所述的退货和退款机会之外，俄罗斯法律还赋予通过远程销售方式购买产品的消费者下列权利：

·在交货之前或在交货后7天内取消订单；

·要求退还为取消的订单支付的任何款项（产品退货的费用除外）。

如果卖家未告知消费者其有权取消订单，消费者可以在交货后3个月内取消订单。

如果产品的外观和质量未发生变化，未受损的产品就可以退货。

退货规定的唯一例外情形涉及只能供特定个人使用的个性化产品，例如为特定个人定制的产品。

### (七) 俄罗斯"远程销售"规则的适用性

俄罗斯的"远程销售"规则适用于互联网销售、商品目录邮购、通过电视商店、电信渠道和卖家使用的向买方提供商品一般说明的其他工具（不包括直接熟悉产品的途径）进行的销售。虽然远程销售规则一般而言重复了《消费者权益保护法》的主要规定，但在披露和接受未受损产品的退货方面规定了卖家方更广泛的义务。

根据俄罗斯法律，向俄罗斯消费者披露的所有资料都必须使用俄语。我们知道有时直接针对俄罗斯消费者的公司在与俄罗斯消费者的互动中没有使用俄语，我们同样注意到这种违规行为可能导致各种不利后果，例如(1) 由于没有产品的相关俄语资料，俄罗斯法庭很可能认定消费者对产品造成损坏是有可能的；(2) 针对每一项违反披露义务的行为，卖家可能被处以高达1万卢布（约合180美元）的行政罚款（在实践中是针对每一项已签署的协议书处以一笔处罚）；(3) 因卖家违反俄罗斯法律要求的负面宣传而造成声誉受损等。

## 图书在版编目（CIP）数据

"一带一路"国别投资法律指南.俄罗斯卷／奋迅·贝克麦坚时联营办公室编著.—北京：中国法制出版社，2020.12

ISBN 978-7-5216-1485-5

Ⅰ.①一… Ⅱ.①奋… Ⅲ.①外国投资法-俄罗斯-指南 Ⅳ.①D996.4-62

中国版本图书馆 CIP 数据核字（2020）第 238014 号

策划编辑 陈兴　　　　责任编辑 陈兴 孙静　　　　封面设计 李宁

## "一带一路"国别投资法律指南·俄罗斯卷
"YI DAI YI LU" GUOBIE TOUZI FALÜ ZHINAN · ELUOSI JUAN

编著/奋迅·贝克麦坚时联营办公室
经销/新华书店
印刷/三河市紫恒印装有限公司
开本/730 毫米×1030 毫米　16 开　　　　印张/ 24.25　字数/ 252 千
版次/2020 年 12 月第 1 版　　　　　　　2020 年 12 月第 1 次印刷

中国法制出版社出版
书号 ISBN 978-7-5216-1485-5　　　　　　定价（全三册）：499.00 元

北京西单横二条 2 号
邮政编码 100031　　　　　　　　　　　传真：010-66031119
网址：http://www.zgfzs.com　　　　　　编辑部电话：010-66070046
市场营销部电话：010-66033393　　　　邮购部电话：010-66033288

（如有印装质量问题，请与本社印务部联系调换。电话：010-66032926）

主　编：贾殿安　王英哲

编　委：卢付强　邬美珍　吴　昊　梁世杰　吴伟伦
　　　　王湘红　王　航　鲍　治　施　淼　阮振宇

策　划：佟　伟　林燕芸　赵金萍　田书政

# LEGAL GUIDE FOR CHINESE OUTBOUND INVESTMENT IN BELT AND ROAD COUNTRIES

本国别投资法律指南的编写获得了奋迅·贝克麦坚时联营办公室在各地相关办公室的大力支持。

Baker
McKenzie
FenXun.
奋迅·贝克麦坚时

5周年

# "一带一路"
# 国别投资法律指南

·捷克、波兰、匈牙利卷·

奋迅·贝克麦坚时联营办公室 ◎ 编著

中国法制出版社
CHINA LEGAL PUBLISHING HOUSE

本书受著作权保护。除用于私人学习或研究并符合相应著作权法的合理使用外，未经奋迅·贝克麦坚时联营办公室事先书面许可，不得复制或转载本书中的任何内容。本书中的文章及观点仅供学术交流之用，所提供的信息可能并不能反映最新的法律法规、司法解释、案例裁判、司法实践和监管发展，不构成奋迅·贝克麦坚时联营办公室及其律师就任何特定事项（无论法律、程序或其他事项）提供正式法律意见或建议，亦不应视为如此。任何客户及读者在未就特定事实和情况寻求适当的法律咨询或其他专业咨询的情况下，都不应仅根据本书中所包含的内容采取或不采取任何行动。

www.bakermckenziefenxun.com
www.bakermckenzie.com
www.fenxunlaw.com

Ning.Zhang@bakermckenzie.com
zhangwei@fenxunlaw.com

# 目 录
contents

## 捷克投资法律指南

一、捷克 / 3
 （一）概况 / 3
 （二）政治与经济稳定 / 4
 （三）投资保护 / 5
 （四）财产权利的保护 / 5
 （五）利润的汇回 / 6

二、公司登记注册与合规 / 6
 （一）向新公司监管体系过渡 / 6
 （二）商业组织形式 / 7
 （三）公司治理 / 16
 （四）法定与监事机构成员要求和职责 / 20
 （五）营业执照 / 22
 （六）外汇 / 23

三、税务 / 24
 （一）概述 / 24
 （二）企业所得税 / 26
 （三）个人所得税 / 35
 （四）增值税（VAT） / 40

（五）其他税项 / 45

（六）其他义务 / 46

（七）会计、审计与公布要求 / 47

**四、劳动** / 50

（一）法律框架 / 50

（二）基本关系 / 51

（三）劳动关系中的主要条件 / 51

（四）对捷克国民的雇用 / 52

（五）在捷克共和国工作的外籍人员 / 54

**五、不动产** / 56

（一）新法律规定所导致的变化 / 56

（二）捷克法律项下的不动产定义 / 56

（三）地籍登记 / 58

（四）不动产所有人 / 59

（五）不动产的转让 / 59

（六）第三方拥有的不动产权利（他物权）/ 60

（七）分区规划、规划许可证、建筑和使用许可证 / 65

**六、环境保护** / 66

**七、竞争规则** / 69

**八、产品安全与消费者保护** / 71

（一）一般规定 / 71

（二）特种产品 / 72

（三）消费者保护 / 73

# 波兰投资法律指南

一、概述 / 77

  （一）民族和语言 / 77

  （二）政府、政治和法律制度 / 78

  （三）地区和行政结构 / 79

  （四）宪法法庭 / 81

  （五）最高行政法院 / 81

  （六）经济 / 82

二、外商投资 / 85

  （一）在波兰经商的形式 / 86

  （二）在波兰登记商业实体 / 96

  （三）外商投资限制 / 97

  （四）许可制度 / 98

  （五）交易许可证 / 100

  （六）反征用保护 / 100

  （七）利润汇返以及出售股份产生收益的汇出 / 100

  （八）投资激励 / 101

三、私有化 / 103

四、证券与金融 / 105

  （一）发售要求 / 106

  （二）大量持股要求 / 108

  （三）民事、行政与刑事责任 / 110

（四）债券／110

（五）银行／111

（六）担保交易／111

（七）租赁／112

**五、税收制度／112**

（一）公司所得税／112

（二）个人所得税／113

（三）增值税／114

（四）社会保障／114

（五）其他税项／115

**六、竞争法律／115**

（一）概述／115

（二）限制竞争协议与行为／116

（三）滥用支配地位／117

（四）并购审查／121

（五）消费者集体权益／123

（六）滥用条款／124

（七）承诺决定／125

（八）《反不正当竞争法》／126

（九）《反不正当商业行为法》／127

（十）国家救助规则／128

**七、房地产法／129**

（一）房地产所有权和权属问题／129

（二）所有权／129

（三）永久使用权／129

（四）不动产应然权利：租赁和租佃 / 130

　　（五）登记 / 131

　　（六）优先购买权 / 132

　　（七）外国买家 / 132

　　（八）农业土地 / 133

　　（九）建设工程 / 133

　　（十）大型商业综合体位置 / 134

八、合同法 / 134

　　（一）消费者保护 / 135

　　（二）波兰语言要求 / 135

　　（三）民事和商事法律冲突 / 135

九、劳动法 / 137

　　（一）劳动法案 / 137

　　（二）劳动合同的定义 / 137

　　（三）合并或收购后继续雇用 / 137

　　（四）经通知而终止 / 138

　　（五）不经通知而终止 / 139

　　（六）薪酬规定 / 140

　　（七）限制和竞争 / 140

　　（八）工作规章 / 141

　　（九）大规模裁员 / 142

　　（十）程序 / 142

　　（十一）遣散费 / 143

　　（十二）社会福利基金 / 144

　　（十三）劳资联合委员会 / 144

（十四）信息和协商 / 145

十、破产 / 146

　　（一）一般规定 / 146

　　（二）宣告破产请求 / 146

　　（三）宣告破产 / 147

　　（四）预备清算（购买债务人业务资产的特殊工具）/ 148

　　（五）诉求类别 / 148

　　（六）有担保的债权人 / 148

　　（七）时间 / 148

　　（八）跨境破产程序 / 149

　　（九）新破产重组程序 / 149

十一、知识产权 / 149

　　（一）专利 / 150

　　（二）实用新型 / 152

　　（三）工业设计 / 152

　　（四）商标 / 153

　　（五）著作权 / 154

　　（六）边境防伪 / 155

十二、争议解决 / 156

　　（一）国家诉讼 / 156

　　（二）仲裁 / 160

　　（三）调解 / 162

# 匈牙利投资法律指南

一、匈牙利 / 167

  （一）概况 / 167

  （二）政治制度 / 167

  （三）经济 / 168

二、匈牙利外国投资法规和公司制度 / 168

  （一）外国投资法规 / 168

  （二）公司制度 / 169

  （三）商业组织 / 169

  （四）商业组织的一般属性 / 170

  （五）商业组织经营的一般规定 / 176

  （六）公司治理 / 178

  （七）成立与注册 / 181

  （八）以其他形式投资匈牙利 / 183

三、不动产 / 184

  （一）不动产登记 / 184

  （二）取得不动产 / 184

四、环境与能源 / 187

五、税务 / 191

  （一）企业税收 / 191

  （二）当地营业税 / 191

  （三）增值税 / 192

（四）公共卫生产品税 / 192

（五）消费税 / 192

（六）转让税 / 192

（七）金融机构应缴的银行税和附加税 / 193

（八）交易税 / 193

（九）个人所得税 / 194

六、匈牙利对投资者的激励 / 194

（一）概述 / 194

（二）匈牙利的投资补贴 / 195

（三）减免税 / 195

（四）基于个别政府决定的补贴 / 196

（五）基于资产投资的补贴 / 196

（六）基于创造工作岗位的补贴 / 197

（七）研发项目 / 198

（八）培训补贴 / 198

（九）来自欧盟基金的补贴 / 199

七、出入境 / 199

（一）第三国国民出入境要求的适用法律 / 200

（二）在任何 180 天期间内在匈牙利境内居留不超过 90 天的适用规则 / 200

（三）第三国国民居留超过 3 个月的适用规则 / 201

（四）工作许可 / 204

八、劳动 / 205

（一）匈牙利劳动法 / 205

（二）劳动合同条款 / 206

（三）试用期 / 207

（四）工时和加班 / 207

（五）年假 / 209

（六）病假 / 210

（七）其他休假 / 211

（八）公共节假日 / 211

（九）终止劳动关系 / 212

（十）《劳动法典》项下的高管定义 / 213

（十一）工会 / 214

（十二）劳资协定 / 214

（十三）工人理事会 / 215

（十四）欧洲工人理事会 / 216

九、竞争法律 / 216

（一）竞争法律 / 216

（二）《竞争法》的适用范围 / 217

（三）限制性协议、滥用支配地位 / 217

（四）禁止不正当竞争 / 222

（五）禁止不公平操纵商业决定 / 222

（六）经营者集中审查 / 223

十、知识产权 / 224

（一）对匈牙利具有影响的各类知识产权 / 224

（二）知识产权法的强制执行 / 227

十一、高科技领域和数据保护方面的立法 / 228

（一）电子通信 / 229

（二）媒体 / 230

（三）电子商务与某些相关立法 / 231

（四）网上通信监视与加密规定的最新修订 / 233

（五）数据保护、传送和隐私制度 / 234

十二、匈牙利银行系统 / 238

（一）综述 / 238

（二）法律概况 / 240

十三、破产和重组 / 248

（一）破产 / 249

（二）清算程序 / 250

（三）重组——私下改造 / 253

十四、争议解决 / 253

（一）法律来源 / 253

（二）国家法院 / 254

（三）仲裁 / 255

# 捷克投资法律指南

# 一、捷克

## （一）概况

| 首都 | 布拉格 |
|---|---|
| 语言 | 捷克语 |
| 货币 | 捷克克朗（CZK） |

捷克共和国位于欧洲中部内陆国家，毗邻德国（西部）、波兰（北部）、斯洛伐克（东部）和奥地利（南部）。捷克由历史上的三大区域组成：波希米亚、摩拉维亚和西里西亚。约 1/4 的人口生活于全国面积位于前五的五座城市，分别是：布拉格，布尔诺，俄斯特拉发，比尔森和利贝雷茨。首都布拉格约有 129 万居民，历史上布拉格即被视为欧洲的"地理中心"。城中卵石铺就的街巷曲折蜿蜒，舒适的餐馆、店铺、画廊和酒吧林立，令人如入迷宫。布拉格拥有优良的商业设施、提供最先进商业服务的酒店及发达的经济，令在此开展业务具有得天独厚的优势。

捷克为多党议会制共和国。国家立法机构由两院组成：下院为众议院，有议员 200 名；上院为参议院，有议员 81 名。选举制度规定采用直接普选决定政党代表议席的比例，最低为 5%。自 2000 年 1 月 1 日起，捷克被分成 14 个州级行政区［高度区域自治区，捷克语为 Vyšší územně - správní celky（"VÚSC"）］。这些地区又被进一步细分为 205 个扩权市政区

(捷克语为 Správní obvody obcí s rozšířenou působností)。

捷克的历史始终与欧洲的历史交织在一起。第一次世界大战前，它是哈布斯堡王朝的一部分。1918年，奥匈帝国战败，哈布斯堡王朝数百年的统治宣告终结，捷克和斯洛伐克联合为一个单一国家，独立的捷克斯洛伐克随之诞生。在两次世界大战之间，第一共和国是一个快速发展的工业社会，拥有稳定的民主治理体系和充满活力的文化精神生活。但1938年10月签订的《慕尼黑协定》基本上决定了捷克斯洛伐克的命运，并最终导致其于1939年3月被纳粹德国占领。"二战"结束时，捷克斯洛伐克被划入苏联事实上的势力范围。捷克斯洛伐克于1948年被全面控制，并持续40年之久。1989年，苏联在欧洲的部分开始分崩瓦解，同年11月17日被称为天鹅绒革命的和平民众示威。1993年，捷克斯洛伐克经历了"天鹅绒式分手"，和平地分拆为捷克和斯洛伐克两个共和国。

虽然不无曲折与挫折，但捷克在迈向多元、民主的市场化社会过渡进程中取得了巨大进步。捷克拥有一支受教育程度高的高技能人才队伍，外商对该国直接投资逐年增加。1998年捷克政府推出大规模投资优惠政策后尤其如此，该政策以法律汇编（Coll.）第72/2000号形式成为法律。捷克于2004年5月1日成为欧盟成员国，目前是欧洲失业率最低的国家之一。

## （二）政治与经济稳定

捷克是一个议会制民主国家，是欧共体（欧洲经济共同体）中最为发达的国家之一。经济政策具有持续性和前瞻性。自1991年起，独立的中央银行（捷克国家银行）维持了货币的高度稳定。

捷克立法与欧盟法律保持一致。捷克的商事、会计和破产法律与西方标准相统一。根据捷克法律的规定，外国和本国实体在所有领域均被同等对待，从财产权利的保护到投资优惠方面，无不皆然。除国防与银行领域外，政府不筛查其他任何外商投资项目。在私有化出售方面，捷克承诺无差别化对待外国投资者，但上述除外情形例外。

捷克克朗是可以完全自由兑换的货币。所有与投资相关的国际转账（如利润与特许权使用费）均可自由、毫无延迟地进行。

捷克是最早获准加入经济合作与发展组织（OECD，以下简称经合组织）的欧共体国家。捷克是北大西洋公约组织（以下简称北约）成员国，并充分融入欧洲复兴开发银行（EBRD）、世界贸易组织（WTO）和国际货币基金组织（IMF）等其他国际组织。

### （三）投资保护

捷克是多边投资担保机构（MIGA）的成员之一，该机构是世界银行－国际货币基金组织系列中的投资保护国际机构。捷克与许多国家订立了诸多支持并保护外商投资的双边国际协定，如澳大利亚、奥地利、比利时、加拿大、中国、芬兰、法国、德国、卢森堡、墨西哥、荷兰、挪威、波兰、西班牙、瑞典、瑞士、土耳其、英国和美国。

### （四）财产权利的保护

捷克是《伯尔尼公约》、《巴黎公约》和《世界版权公约》的签约方。现有法律保障一切形式的合法财产均能得到保护，包括专利、著作权（版权）、商标和半导体芯片布图权。商标法律和著作权法律与欧盟法令相统一。

在捷克，外国人或实体的财产可能被征收的唯一情形，就是在无法以其他手段满足的前提下以公共利益为由征收，但这种征收须通过议会法案实施，并按市场价值全额补偿。

## （五）利润的汇回

除股份有限公司和有限责任公司承担的缴纳预提税的义务外，在捷克，一家公司的子公司向其外国母公司分配和汇回利润方面不存在任何限制。自2014年1月1日起，有限责任公司不再需要设立金额最高为公司注册资本10%的储备基金。

捷克与许多国家订有避免双重征税协定，包括所有欧盟成员国、澳大利亚、加拿大、日本、瑞士和美国。

避免双重征税协定囊括股息、利息和特许权使用费的税款。实际预提税税率由具体协定确定，从0到15%不等。

# 二、公司登记注册与合规

## （一）向新公司监管体系过渡

2012年，捷克议会通过了新的《商业公司法》和新的《民法典》，以取代之前的《商法典》和《民法典》，新法自2014年1月1日起生效。这两部新法律的通过，是自1991年通过《商法典》以来，捷克商业公司法律方面最为重大的修订，影响根据捷克法律经营的所有公司。为与《商业公司法》和新《民法典》保持一致，捷克还通过了许多其他的配套法规（包括新的商业登记处登记法规）。

《商业公司法》约束于2014年1月1日后设立的商业公司。该日前业已存在的商业公司有义务在新《商业公司法》规定的范围内，按照新法的规定修订其组织文件，并在2014年6月30日前将修订后的组织文件提交相关商业登记处的契据汇编簿。

此外，2014年1月1日前业已存在的商业公司，可在2016年1月1日前决定其是否愿意全面接受新《商业公司法》规定的体制的管辖并在商业登记处登记其意愿书。在这种情况下，商业公司之后则完全仅受《商业公司法》规范。对于2014年1月1日前业已存在但不全面遵从《商业公司法》规定的体制的商业公司，如果参股人（股东）在组织文件中未违背《商法典》的规定，或者并不违背规范参股人（股东）与《商业公司法》的法定权利和责任，《商法典》的规定仍将适用。

虽然上述截止期限业已过去，但法律界大多人士倾向认为，上述期限并非过期禁止期限。因此，迄今为止尚未接受新体制管辖的公司，仍可在该期限后接受管辖。

在向新法律过渡的过程中，公司还有义务在2014年6月30日前修订履职协议，以与新法律保持一致。否则，自2014年7月1日起，履职原则上即为无偿行为。

## （二）商业组织形式

捷克《商业公司法》和新的《民法典》承认在其国内开展业务可采用各种法律实体形式和商业组织形式。但其中一些（如分支机构）并非法律实体。

外国投资者通常采用及面对的法律认可的实体或可登记的商业组织形式有下列各项：

（1）有限责任公司（通常称为"s. r. o."或"spol. s r. o."）（společnost s ručením omezeným）；

（2）股份有限公司（通常称为"a. s."或"akc. spol."）（akciová společnost）；

（3）有限商业合伙（通常称为"k. s."或"kom. spol."）（komanditní

společnost）；

（4）一般商业合伙（通常称为"v. o. s."或"veř. obch. spol."）（veřejná obchodní společnost）；

（5）分支机构（"pobočka"，如已在商业登记处登记，则称"odštěpnj5 závod"）；

（6）合作社（"družstvo"）；

（7）欧洲公司（evropská společnost）；

（8）欧洲经济利益集合体（evropské hospodářské zájmové sdružení）；

（9）欧洲合作公司（evropská družstevní společnost）；

（10）个人独资企业（fyzická osoba – podnikatel）。

上述部分组织形式须在商业登记处登记。

专门法律也可基于上述常见形式规定其他旨在促进具体领域业务的商业组织形式。典型的例子为股本可变型股份有限公司（akciová společnost s proměnnj5m základním kapitálem）或签发出资证明书的有限商业合伙（komanditní společnost na investiční listy），二者均接受有关投资公司和投资基金的法律汇编第240/2013号法的管辖。

此外，捷克法律规定可以设立联营（spolek）。该等联营为法律实体，故必须登记。但联营的主营活动不得是经营企业性或其他营利性活动，该等企业性或其他营利性活动可由联营作为附属性活动开展。

**1. 有限责任公司**

有限责任公司的主要特点有：

（1）组织文件：有限责任公司可依据组织文件（如公司章程）设立，如果公司参股人多于一人，则组织文件为组织章程大纲（společenská smlouva）。如果公司仅有一名参股人，则组织文件为设立契据（zakladatelská listina）。无论属何种情况，组织文件均须采用公证契据形式拟就。《商业公司法》对组织文件的必备内容规定了相关要求。

（2）没有股份：参股人没有股份，而是获得有限责任公司的参股权益（亦称为定额权益或所有权权益）。但如果有限责任公司发放参股证明书（见后文所述），则该规定不适用。

（3）参股权益：有限责任公司的组织文件，允许存在各类参股权益形式并允许其附有各种权利和责任（固定利润分成，由参股人享有或承担特别权利或责任）。如果组织文件允许，则参股人可增持参股权益（不论属同一类型还是不同类型）。

（4）参股权益可转让：在遵守有限责任公司组织文件或《商业公司法》规定的任何转让限制或优先购买权的前提下，参股权益可转让给另一参股人或第三方。除非公司组织文件另有规定，参股人向另一参股人转让其参股权益，一般无须公司任何机构的批准；向第三人转让，只须经参股人大会批准。

（5）参股权益可质押：除非法律或组织文件禁止，否则有限责任公司的参股权益可按法律对转让规定的相同条件予以质押。组织文件还可对参股权益质押规定更多限制。

（6）参股证明书：如果组织文件对此有规定，则公司可发放代表并体现参股权益的参股证明书（kmenový list）。参股权益体现于参股证明书中，将使参股权益易于转让（其转让只需带有参股证明书背书的协议及随后转交相关证明书即可。这不同于无参股证明书代表的参股权益的转让，其需达成参股权益转让书面协议并有公证签名）。

（7）公司机构：有限责任公司不设董事会；而公司由一名或多名高管代表。但如果有限责任公司组织文件有相应规定，则高管亦可组成委员会。公司无须设立监事会。

（8）注册资本：有限责任公司的每一参股人的最低起始资本为1捷克

克朗，除非组织文件规定更高的起始资本金额。在商业登记处提交注册登记有限责任公司的申请前，必须先支付出资手续费［contribution premium（vkladové ážio）］的全额及参股人初始资本的30%（初始资本的余额于有限责任公司在商业登记处注册登记后5年内支付完成，组织文件规定了更短期限的除外）。但实物出资须在注册登记前完全缴付。

（9）所有权结构：有限责任公司必须至少拥有一名参股人，对参股人最高人数则没有限制。

（10）没有储备基金：有限责任公司无须提取储备基金以弥补公司亏损。

（11）参股人责任：参股人对有限责任公司的责任是有限的（参股人以公司债权人要求参股人支付时，其在商业登记处登记的注册资本中未缴纳的出资总额为限，对公司债务作出连带保证）。

（12）税：就捷克税务目的而言，有限责任公司不是一个可以当期计列的实体（flow – through entity）。

**2. 股份有限公司**

股份有限公司的主要特点有：

（1）组织文件：股份有限公司可依据组织文件即章程（stanovy）的形式设立。组织文件必须采用公证契据形式拟就，并包含《商业公司法》规定的最低要求；

（2）股份：股本分成若干股份，可采用记名或无记名股份形式发行。记名股份可采用凭证式股份形式发行，也可以采用账面记账（计算机记账）证券方式存放于由股份有限公司 Centrální depozitář cenných papírů, a. s.（www.centraldepository.cz）维持的中央证券存托机构的特别账户中，或以非流通证券形式发行。本着提高股份有限公司所有权结构透明度的目的，无记名股份仅可采用记账式证券或非流通证券形式发行。

根据捷克《提高股份有限公司透明度措施法》的规定，2014年1月1日前未成为非流通证券的凭证式无记名股份，自2014年1月1日起已自动转变为凭证式记名股份。此外，任何股东如持有的股份超过注册资本的10%，则其身份必须为公司所知，以便参与公共采购程序，因为公共采购规则要求股东名录作为标书的一部分提交。

股份有限公司可发行有票面价值或无票面价值（kusové akcie）的股份。每一无票面价值的股份，代表公司注册资本中的同等份额。如果公司发行了无票面价值股份，则不允许再发行有票面价值股份。

股份有限公司可发行附有特别权利的股份。《商业公司法》明确规定，股份有限公司可以发行拥有不同、固定或次级利润份额的股份以及有着不同表决权重的股份。但这类附有特别权利的股份，必须载明于组织文件中。

股份有限公司还可发行优先股。该等股份享有股息、公司其他自有资源或清算所得分成方面的优先权。除非组织文件中另有规定，优先股一般无表决权。无表决权股份的票面价值不得超过股份有限公司注册资本的90%。

（3）股份质押：在遵守法律或组织文件规定的限制的前提下，股份有限公司的股份可按法律对转让规定的相同条件予以质押。

（4）成立后两年内资产转让限制：如果公司在公司成立后两年内，以超过认缴注册资本10%的对价，从其设立人或其股东处取得资产，则该等资产的款项不得超过专家（或以《商业公司法》施行的另 方式）确定的被购资产的价值。该等转让（包括付款）还必须经股东大会批准。但如果资产收购按公平交易条件进行，或者收购是在国家机构的提议或监督下进行的，又或是在欧洲受监管市场中进行的，则不适用上述规定。

（5）一元/二元结构：股份有限公司可采用一元或二元公司治理结构。二元结构设想中，公司机构（在股东大会之外还）将包括董事会（představenstvo）和监事会（dozorčí rada）。一元结构则意味着，除股东大会外，公司机构将包括受托人委员会（správní rada，其权限基本与二元结构中的监事会相当）和法定董事（statutární ředitel，其权限基本与董事会权限相当）。法定董事可同时兼任受托人委员会主席。

对于采用二元结构的股份有限公司，董事会和监事会各设三名成员（除非组织文件另有规定）。董事会和监事会成员的任职期限在组织文件或履职协议中规定。如果两种文件均未规定任职期限，则默认董事会成员任职期限为一年，而监事会成员任职期限为三年。董事会和监事会前任成员可被重新委任。

对于采用一元结构的股份有限公司，受托人委员会设三名成员（除非组织文件另有规定）。受托人委员会成员任职期限，在组织文件或履职协议中规定。如果两种文件中均未规定任职期限，则默认受托人委员会成员任职期限为三年。受托人委员会选举其主席（předseda správní rady），主席须为自然人。受托人委员会主席的任职期限，不得超过其作为受托人委员会成员的任职期限。法定董事的任职期限，在组织文件或履职协议中规定；如果两种文件中均未规定任职期限，则默认法定董事任职期限为一年。

（6）注册资本：股份有限公司的最低资本为200万捷克克朗。如果股份有限公司以欧元记账，则根据特别规定，其可以用欧元规定注册资本。在这种情况下，股份有限公司的最低资本为8万欧元。

（7）所有权结构：股份有限公司必须至少拥有一名股东，但对股东人数没有限制。

（8）可单独转让的权利：组织文件中规定的利润分配权，新股、可转换债券和优先债券认购优先权，清算盈余分享权及其他类似专有权利，可独立于股份本身转让。此外，如果组织文件或法律许可，该等权利亦可纳入证券中。

（9）债券：股份有限公司可发行可转换债券和优先债券。

（10）无储备基金股份有限公司无须提取储备基金以弥补公司亏损。

（11）关于网页的法定要求：股份有限公司必须维护网页运营并在网页上公布法定信息如商业文件中必须载明的信息、股东大会召开信息等。

（12）股东责任：股东不对公司债务承担责任，但公司以其全部资产承担责任。

（13）税：就捷克税务目的而言，股份有限公司不是一个可以当期计列的实体。

### 3. 有限商业合伙

有限商业合伙的主要特点有：

（1）组织文件：有限商业合伙可依据组织章程大纲（společenská smlouva）设立，组织章程大纲无须以公证契据形式拟就，具有经正式认证的签名的书面格式即可。《商业公司法》规定了组织章程大纲必备内容的要求。

（2）所有权结构：合伙必须由至少一名有限合伙人和一名普通合伙人设立。有限合伙人的最低出资额在组织章程大纲中规定。

（3）责任：一般合伙人和有限合伙人一起承担连带担保合伙债务，但最高以商业登记处登记的其未缴付出资额为限。一般合伙人对合伙债务承担无限责任。组织章程大纲可以规定，有限合伙人最高按组织章程大纲所述金额（该金额不得低于有限合伙人的出资）担保合伙债务。

（4）业务管理：只有一般合伙人获授权开展合伙的商业管理。

（5）税：就捷克税务目的而言，有限商业合伙对于一般合伙人来说是可以当期计列的实体。

### 4. 一般商业合伙

一般商业合伙的主要特点有：

（1）组织文件：一般商业合伙可依据组织章程大纲（společenská smlouva）设立，其无须以公证契据形式拟就，具有经正式认证的签名的书面格式即可。《商业公司法》规定了组织章程大纲必备内容的要求。

（2）所有权结构：一般合伙必须由至少两名合伙人设立，全体合伙人连带担保合伙的全部债务。

（3）利润分成：利润由合伙人平均分享。

（4）参股权益的转让：参股权益不得转让给另一合伙人或第三人。

（5）税：就捷克税务目的而言，合伙为可以当期计列的实体。

### 5. 分支机构

分支机构的主要特点有：

（1）组织文件：分支机构由分支机构设立人以简单决议形式设立。该等决议的格式要求（如有），由设立人注册设立的公司章程规定。

（2）无法人资格：分支机构并非独立法律实体，其在捷克法律下不具备法律资格，其作出任何合法行为、采取任何措施的能力，均来自其设立人的法律资格。

（3）依赖于设立人：分支机构的活动，依赖于其设立人的指令和指示。分支机构在捷克开展的业务活动，不得超出其设立人可开展的业务活动范围。

（4）重组限制：除非设立人同时被出售或合并，否则分支机构不得被转让或与另一分支机构合并，但可出让分支机构的业务或资产。

（5）分支机构的组织：分支机构主管（前提是分支机构本身及分支机构主管均已在商业登记处登记）有权在所有与分支机构相关的事宜中代表设立人。

（6）无注册资本：对分支机构无资本金要求。

（7）会计：分支机构须根据捷克会计标准按权责发生制记账。

（8）税：在遵守任何适用税收协定规定的前提下，分支机构须就分支机构活动产生的所有收入缴纳捷克税款。

### 6. 选择实体或组织形式

大多数外国投资者选用有限责任公司、股份有限公司或分支机构作为其在捷克开展业务活动的组织形式。

分支机构的首要优势在于没有资本金要求。劣势则在于，因为其并非独立法律实体，所以其海外"母公司"面临直接为分支机构的活动承担责任的风险。

表1 选择有限责任公司或股份有限公司的决定因素

|  | 有限责任公司 | 股份有限公司 |
| --- | --- | --- |
| 最低资本 | 1捷克克朗（每一参股人的最低初始资本） | 200万捷克克朗或最终8万欧元（最低注册资本额） |
| 所需委任人员的最低数量 | 1名（高管） | 2名，如为二元结构（一名董事会成员和一名监事会成员）<br>2名，如为一元结构（两名受托人委员会成员；其中一人可同时受委任担任法定董事一职） |
| 监事会 | 选择性 | 强制性（如为一元结构，则不设立监事会，而是设立具有监事会权限的受托人委员会） |
| 在知名捷克证券交易所上市 | 否 | 自行选择 |
| 在中央存托机构登记 | 否 | 取决于股份形式 |

| | 有限责任公司 | 股份有限公司 |
|---|---|---|
| 网页 | 选择性（如果有限责任公司实体为已告知的控股结构的一部分，则为强制性） | 强制性 |

### （三）公司治理

《商业公司法》规定，在相关会计期间结束后 6 个月内召开公司大会，以批准相关会计期间的正常财务报表。

对于有限责任公司，参股人大会以与会参股人投票的简单多数通过决议，除非法律规定或公司组织章程大纲要求更高的票数。如果与会参股人拥有总计至少一半的表决权，即构成法定人数（除非组织章程大纲要求不同的法定人数标准）。

对于股份有限公司，股东大会以与会股东投票的多数通过决议，除非法律规定或公司章程要求更高的票数。如果与会股东拥有的股份的票面价值总额（如果股份无票面价值，则拥有的股份数量）超过股份有限公司注册资本的 30%，即构成法定人数，除非股份有限公司章程另有规定。

关于关联方报告，其须由公司法定机构在公司会计期间结束后 3 个月内编制完成。该报告必须说明下列情况：关联方（控制实体、受控实体、受同一控制实体控制的其他实体）之间的关系结构、受控实体在该等关系中的角色、控制方式与手段、上一会计期间控制实体或受该实体控制的实体指示作出或为其利益作出的行动概述（但前提是该等行动涉及的资产超过受控实体上一年度财务报表所述股本的 10%），关联方之间达成的协议概述，对受控实体是否出现了任何不利因素及是否已消除该等不利因素的评价。报告还应评估关联方关系产生的利弊，说明利与弊中何者突出及受控实体面临哪些风险。此外，报告还应说明最终的不利因素是否、如何及在何期间已被或将被抵消。

报备公司年度大会决议、财务报表和关联方报告后应提交商业登记处维持的相关公司的文件汇编簿。如果公司的财务报表须经审计，则审计师报告连同公司年度报告也应一并提交文件汇编簿。该等报备必须在批准审计师（如适用）及年度大会被批准后 30 天内完成。无论如何，即使缺失审计师报告或年度大会的批准，公司仍必须在下一财务期间（年度）结束前向商业登记处的文件汇编簿报备上述文件。

自 2016 年 1 月 1 日起，捷克《会计法》对于法定审计区分出 4 类负有会计责任的实体：

（1）微型实体—截至资产负债表日期时，尚未达到下列三项规定标准中的任意两项：

①资产总额超过 900 万捷克克朗；

②一年净营业额超过 1800 万捷克克朗；

③会计期间平均雇员人数超过 10 人；

（2）小型实体—并非微型实体且截至资产负债表日期时尚未达到下列三项规定标准中任意两项的实体：

①资产总额超过 1 亿捷克克朗；

②一年净营业额超过 2 亿捷克克朗；

③会计期间平均雇员人数超过 50 人；

（3）中型实体—并非微型实体或小型实体且截至资产负债表日期时尚未达到下列三项规定标准中任意两项的实体：

①资产总额超过 5 亿捷克克朗；

②一年净营业额超过 10 亿捷克克朗；

③会计期间平均雇员人数超过 250 人；

（4）大型实体—截至资产负债表日期时，至少已达到下列三项规定标准中的任意两项：

①资产总额超过 5 亿捷克克朗；

②一年净营业额超过 10 亿捷克克朗；

③会计期间平均雇员人数超过 250 人。

对于以上所述，下述实体须进行法定审计（但法律规定的例外情形除外）：

①大型实体；

②中型实体；

③系小型实体且截至相关会计期间和前一会计期间的资产负债表日期时，至少已达到下列三项规定标准中的一项的股份有限公司：

（a）资产总额等于或超过 4000 万捷克克朗；

（b）一年净营业额等于或超过 8000 万捷克克朗；

（c）会计期间平均雇员人数等于或超过 50 人；

④截至相关会计期间和前一会计期间的资产负债表日期时，至少已达到下列三项规定标准中的两项的其他小型实体：

①资产总额等于或超过 4000 万捷克克朗；

②一年净营业额等于或超过 8000 万捷克克朗；

③会计期间平均雇员人数等于或超过 50 人。

数据邮箱可通过互联网访问并仅以捷克语运营，一方面，作为来自国家行政管理机构的文件的电子接收站；另一方面，作为向国家行政管理机构发送文件的平台。数据邮箱自动设立，由在捷克商业登记处注册登记的法律实体及外国法律实体在商业登记处注册登记的分支机构免费使用。一般而言，有权访问数据邮箱的人员登录之时即视为文件已被交付。如果文件交付至数据邮箱后 10 日内未有登录行为，则文件视为在该 10 日期限最后一天时交付，但法律排除适用该等推定替代交付方式的情形除外。

2015年6月25日，捷克颁布法律2015/849号《反洗钱四号令》，实益所有权人就是该法律的实施结果之一，自2017年1月1日起，每一法律实体必须获得并持有关于其实益所有权人的下列信息：

（1）姓名及临时居住地址及经常居住地址（如果不同于临时居住地址）；

（2）出生日期及出生证号（如获发）；

（3）国籍；

（4）关于下列各项的信息：

①表决权份额（如果实益所有权人的地位基于直接参与相关法律实体）；

②财产分配份额（如果实益所有权人的地位基于其为该等财产接收人的事实）；

③其他情形（如果实益所有权人的地位以其他方式确立）。

在上述范围外，相关实体还有义务在整个实益关系期间及其结束后的10年时间内，维持其实益所有权人的记录及证明相关人员地位的文件。

此外，在捷克商业登记处注册登记的法律实体，必须在2019年1月1日前将上述信息提交实益所有权人登记簿。而在其他公共登记处注册登记的法律实体则须在2021年1月1日前提交该等信息。

实益所有权人是指事实上或依法有可能对某一法律实体实施直接或间接决定性影响的个人。捷克法律规定了具体的假定条件，根据这些条件，商业公司的实益所有权人系指有下列情形的个人：

（1）其自身或与其一致行动人共同拥有超过25％的表决权或在注册资本拥有超过25％的份额；

（2）其自身或与其一致行动人共同控制着前面第（1）项所述实体；

（3）至少可以获取该商业公司利润的25%；

（4）是法定机构的成员，在该等机构中担任法律实体的代表，并且或者拥有与法定机构成员类似的地位［如果没有实益所有权人或无法根据前面第（1）至（3）规定确定实益所有权人］。

有关实益所有权人的信息一般并不公开。除了相关实体本身，部分信息可由证明在预防法定犯罪行为方面享有法定权益的人员接触、查阅。此外，部分国家机构，如捷克国家银行、法院和警察，可接触、查阅该等信息。

每一企业均须在所有商业文件中注明其商业名称和地址，并在通过远程访问方式（网页）公布的信息中向公众提供该等详细信息。如果企业已在商业登记处注册登记，则还须提供注册登记详情，包括相关的章节与插页编号。任何企业如在其他公共登记处注册登记，则须提供该等注册登记的详情。如果企业未在公共登记簿中注册登记，则须在他处说明其登记情形。如果企业获得识别号（识别编号），则还应在商业文件中注明该等识别号。企业还可注明其他细节，但前提是其不得具有误导性。

## （四）法定与监事机构成员要求和职责

公司内部机构的成员——有限责任公司高管、二元结构股份有限公司董事会成员和监事会成员、一元结构股份有限公司受托人委员会成员——既可是自然人，也可是法人，但一元结构股份有限公司的法定董事则必须是自然人（合称"股份有限公司机构成员"）。如果公司机构成员为法人，则该法人必须授权某一人在该公司机构中代表该法律实体；否则即由该公司法定机构成员在该公司机构中代表该法律实体。

公司法定机构或监事机构的成员如为个人，则须具备履行法定行为的完全行为能力（一般而言，个人年满18岁即具备履行法定行为的完全行为能力），具备捷克《营业执照法》规定的不受质疑的端正品行，而且也不存在《营业执照法》规定的妨碍其开展业务的因素。不受质疑的端正品行由相关国家的犯罪记录登记簿（取决于其国籍）摘要予以证明。作为公司机构成员的法人的代表也必须满足上文所述个人担任公司法定机构或监事机构成员的条件。

非捷克公民可被委任为有限责任公司和股份有限公司的高管或机构成员。该等人员在商业登记处登记，无须提供居住许可证或签证。

分支机构主管如非捷克人，在商业登记处登记时亦无须拥有居住许可证或签证。

**利益冲突**　商业公司机构成员在履职过程中，如发现与商业公司的利益已有或可能存在冲突，则其负有通知义务。在这种情况下，商业公司机构成员应毫不延迟地将冲突情形通知其作为成员所属的机构和控制机构（如已设立）或公司的最高机构（即股东大会或唯一参股人）。如果公司与同商业公司机构成员关系密切的人员或受该成员影响或控制的人员之间出现利益冲突，或者该成员受某一有影响力或控制权的人员的行为影响，则适用类似程序。控制机构或最高机构随后可暂停商业公司机构相关成员履行职务。

**自我订约**　如果商业公司机构成员有意与该商业公司达成协议，则该成员应毫不延迟地通知其为成员的机构和控制机构（如已设立）或公司的最高机构（即股东大会或唯一参股人）。与此同时，其必须说明协议据以达成的条件。前述规定适用于公司与同公司机构成员关系密切的人员、受该成员影响或控制的人员订立的协议，以及该成员受某一有影响力或控制权的人员的行为影响的情形。如果公司担保或确认上述人员的义务或者与上述人员一起成为连带债务人，则亦适用上述规定。但该等要求不适用于按公平交易条件达成的协议。

## （五）营业执照

大部分商业活动（无论由分支机构、有限责任公司还是股份有限公司开展）均需捷克任何地方政府机构的营业执照部门（主管机构）签发营业执照。所需营业执照的类型取决于分支机构或法律实体的经营范围。某些业务活动，如银行、保险和广播活动，需要相关国家机构直接颁发的特别执照。

请注意，业务分为两种类型："申报型"业务，只需向相关主管机构申报即可开展；"特许型"业务，仅可凭相关主管机构授予的特许方可开展。如欲开展"申报型"业务范围内的商业活动，申请人只需（采用规定格式）向相关主管机构申报其有意开展该等活动即可。在满足一般条件的前提下，申报本身即足以使公司（申请人）可以开始相关活动。而另一方面，"特许型"业务范围内的商业活动，只有在相关主管机构授予准许（特许）后方可开展。对于新注册设立的实体，其开展业务活动的授权最早从该新实体在商业登记处注册登记之日开始。

下列业务活动类型被归为"申报型业务"：

（1）非受监管业务（如商品买卖、咨询服务）；

（2）手工艺（如木工、金属加工、印刷、皮革制造与加工）；

（3）受监管业务包括专业资格（如工程）。

除非受监管业务（系可取得的最简单的营业执照）之外，对于"申报型业务"的开展还需要满足人员合格的条件。对于自然人而言，合格人员可以是营业执照持证人，但前提是其具备必要资格。但对于法人而言，则该法人应委派其所谓的"负责代表"，负责妥善、正当开展业务活动并履行营业执照规定。营业执照持证人如为自然人，也可自愿委任该等负责代表。

关于负责代表，有下列各项要求：

（1）与相关公司（营业执照持证人）之间无须存在劳动关系——与相关公司之间任何种类的合同关系均可接受；但营业执照负责代表不得是相关公司（营业执照持证人）监事会或另一控制机构的成员；

（2）不必为捷克居民（不需要永久居住地址）；

（3）不必证明其懂得捷克语或斯洛伐克语（但在固定场所、店铺向消费者出售商品或提供服务的营业执照持证人必须在其营业场所安排一名会说捷克语或斯洛伐克语的人员）。

负责代表必须满足一定的教育程度与执业要求，具体取决于从事的业务类型。

## （六）外汇

非居民在捷克进行投资，通常没有具体的限制。但可根据捷克《危机管理法》（法律汇编第 240/2000 号法）的规定对非居民适用某些限制。紧急情况下，捷克政府尤其可禁止下述行为：

（1）以捷克货币购买外币资产、捷克境外居民或住所在捷克境外的发行人发行的证券和记账式证券；

（2）从捷克向境外进行一切实体付款，包括支付服务提供商与其分支机构之间的付款；

（3）将资金存入境外账户；

（4）出售证券和记账式证券，且该等证券的发行人为捷克居民或在捷克有注册办公场所，或为永久住址或注册办公场所在捷克境外的人员；

（5）从永久住址或注册办公场所在捷克境外的人员处取得贷款；

（6）在捷克为住址或永久住址在捷克境外的人员开立账户并存入资金；

（7）支付服务提供商与其分支机构之间从境外向捷克境内进行的一切付款行为。

此外，对非居民还适用某些通知责任。某一实体如被捷克中央银行以通知方式归为具有重大统计意义的实体类型，则需将某些投资通报捷克中央银行。至于直接投资，捷克国内公司如接受外国投资者的直接投资，并且在相关日历年度结束时，外国投资者在该国内公司业务中的股份或在对捷克的直接投资中提供或接受的贷款金额至少等于 2500 万捷克克朗，则国内公司必须向捷克国家银行报告该等直接投资。

# 三、税务

## （一）概述

### 1. 适用的税项

在捷克，适用以下税项：

（1）所得税，分为个人所得税和企业所得税；

（2）增值税；

（3）消费税（对烃基燃料、酒精类、烟草、啤酒和葡萄酒征收）；

（4）道路税（对商用车辆征收）；

（5）环境税；

（6）不动产转让税；

（7）不动产税。

目前，捷克并无印花税（登记税）或增资（出资）税。环境税〔对其他燃料（煤炭、天然气、电）征收的消费税〕，于 2008 年 1 月 1 日引入。

## 2. 税务机关和税务裁决

税务事务由区内的"财政办公室"管理，而"财政办公室"向"财政局"汇报工作。税务机关的决定可由行政法院审查。区域行政法院的裁决可由最高行政法院审查。

捷克的税务机关不发布任何对个人具有法律约束力的税务裁决（有少数例外）。此外，税务机关亦未对某个税法颁布具有法律约束力的指导原则。财政局会颁布一般性的指导原则，对税法的某些规定加以解释。财政局发布的这些指导原则对税务管理人员具有约束力，但对纳税人并无约束力，虽然实际上纳税人亦会遵守该等指导原则。

## 3. 税务审计

税务机关可在纳税申报到期之日起 3 年内进行税务审计并重新核定税款。税务审计结束后前文提到的税务审计期限将自动延长 3 年。如果在过去 12 个月内，纳税人进行了额外的纳税申报，税务机关的决定或审核决定已交付给纳税人，或者发生其他特定情形，则该期限还将自动延长 1 年；不过，在纳税申报到期之日满 10 年之后，绝大多数情况下不能重新核定税款，法院终局裁定存在税务犯罪的情况是唯一的例外。发生税务亏损的纳税人则适用特殊期限。

## 4. 税务罚款

- 在法定截止日期到期后进行纳税申报的纳税人，每天按实际应纳税额的 0.05% 缴纳罚款（最高为实际应纳税额的 5%，但不得超过 30 万捷克克朗）。
- 如果税务机关在税务审计中提高纳税人的应纳税额或减少其免减税额，纳税人则应就差额缴纳应纳税款 20% 的罚款。
- 如果税务机关减少纳税人的税务亏损额，则纳税人应缴纳应纳税款 1% 的罚款。

- 逾期税款的滞纳金按捷克国家银行的回购利率（目前约为每年0.05%）加上14%的比例缴纳。最多可核算五年的滞纳金。
- 此外，纳税人未履行行政义务还可被处以如下金额的罚款：

　　（1）未履行登记或其他申报义务的，最高可处50万捷克克朗的罚款；

　　（2）纳税人未满足某些电子申报的提交要求时，将被处以2000捷克克朗的罚款。情节严重时，最高将被处以5万捷克克朗的罚款。

## （二）企业所得税

### 1. 征税范围

对于捷克的法律实体以及其管理场所位于捷克境内的外国实体（"捷克居民纳税人"）而言，应税所得一般为全球总收入（不包括免税所得）减去税前可扣除费用、非应税收入及允许的扣减项目。

### 2. 合伙

一般合伙和有限合伙（就捷克税务目的而言，二者属于部分或完全"透明"的公司）适用特殊的税务制度。一般合伙的收入在合伙人这一级征税，而有限合伙的收入则在公司一级征税，在某些情况下可能会对分配股息征收预提税。

### 3. 常设机构

从税收目的而言，外国实体的分支机构在捷克通常被视为外国企业的常设机构。如果税务机关无法确定分支机构在捷克的经营活动实际产生的利润，则可将类似规模实体的利润推定为该分支机构的利润。税务机关还可对"非贸易型"分支机构使用特别征税方式。

常设机构概念在捷克《所得税法》和捷克达成的避免双重征税协定中的定义比较宽泛。但是，除了外国企业据以开展业务的固定经营场所标准外，如果某一企业在任意12个月期间内有超过6个月的期间（部分避免双重征税协定对该期间作了修改）在捷克境内提供服务，则亦视为存在常设机构。

**4. 税率**

法律实体在自2011年及其后开始的纳税期产生的所得须按19%的公司税率纳税。而某些投资、共同基金和养老基金的收入则适用特别的5%税率。法律实体的资本利得被作为普通收入对待，按19%的标准税率征税，在某些情况下，还可享有参股收入免税待遇。

**5. 收入来源**

捷克居民纳税人在全球范围内的收入均须缴纳捷克所得税。捷克非居民纳税人则仅须就其源于捷克的收入缴纳捷克所得税，下述各项均被视为来源于捷克的收入，无论其由何人支付，但（5）项除外：

（1）常设机构开展的活动所产生的收入；

（2）在捷克提供的服务产生的收入（但建设组装项目除外），包括来自商业、技术或其他咨询服务、管理或中介服务及类似种类服务的收入；

（3）出售位于捷克境内的房地产及其相关权利产生的收入；

（4）使用位于捷克境内的房地产或其部分，包括公寓或其部分产生的收入；

（5）来自捷克居民纳税人及捷克非居民纳税人的在捷克境内的常设机构的收入条下述类型的收入：

①为他人的无形工业（知识）产权、软件、生产与技术诀窍、其他具有经济利用价值的诀窍的使用或使用权支付的款项；

②为著作权或其类似权利的使用或使用权支付的款项；

③支付给隐名合伙人的商业实体（包括合作社）的利润分成、和解款

项分成、清算所得分成、其他资本收入和税后利润的比例份额。利润分成还指关联人交易中约定价格与正常公平交易价格之间不当差额产生的收入，以及因低资本规则被视为非税前扣除项目的利息费用；

④信贷、贷款、存款和证券的利息和其他收益；

⑤在捷克使用动产或其部分产生的收入；

⑥出售下述各项取得的收入：常设机构业务财产中包含的动产、注册办公场所在捷克的纳税人发行的证券、在捷克登记的财产权、注册地在捷克的商业实体的所有权权益或股份；

⑦商业实体股东因注册资本减资取得的收入；

⑧通过转让取得的应收款项结清所取得的收入；

⑨违约金；

⑩无偿取得的收入。

（6）出售捷克居民商业公司的参股权益所获得的收入。

上述关于来源于捷克的收入须缴纳捷克所得税的规定，可由相关避免双重征税协定修改。

### 6. 税基

税基以经济效益为基础，按照捷克法定会计标准计算，并按照非税前可扣除费用和非应税收入加以调整。某些税基减免项目（如慈善捐赠）可从税基中扣除。而按最终税基计算得出的纳税责任，可减去某些税收减免项目（如残疾员工税收减免）。

### 7. 税前可扣除费用

一般而言，任何费用如果系为产生、维持和取得应税所得而发生，且纳税人能够证明费用已发生，则就税务目的而言，该等费用即可扣除。该一般性定义同时附有明确规定为税前可扣除项目的费用的不完全目录。税前可扣除费用包括但不限于下述各项：

- 有形资产的税收折旧与无形固定资产的税收摊销（对于无形固定资产，适用各种法律规定，具体取决于资产取得年份）；

- 有形与无形资产通过出售或变现方式处置时的税收账面净值；

- 雇主缴纳的法定医疗与社会保障费（前提是其缴纳时间不晚于纳税期结束后一个月）；

- 经营场所租赁的租金（但当租赁资产为承租人购买时则适用某些限制）；

- 融资租赁分期付款（适用若干法定限额）和普通租赁分期付款；

- 某些已缴税项（包括房地产税、房地产转让税和所得税）；

- 银行与其他专项费用（如证券交易经纪费用、雇主设立费用），但不包括公司行会费用（如商会入会费）；

- 业务差旅费用（如住宿费用、交通费用和餐费补贴，但有一定的法定限额）；

- 因任何内部公司规章、与任何相关工会达成的集体协商协议、雇用或其他协议产生的雇员福利（如因雇主一方原因造成的终止劳动关系时应付的离职赔偿金），除非税法对某些种类的福利另有规定；在雇用协议项下，仅为已履行的工作提供雇员福利。

### 8. 非税前扣除费用

某些非税前扣除费用同样被明确规定。下述非税前扣除费用目录为不完全目录，包括但不限于下述各项：

- 应收账款出售损失（减去所设立的法定坏账准备金）；
- 持有子公司股份的费用，包括利息费用；
- 代表另一纳税人缴纳的税款。

### 9. 税收折旧

有形固定资产通常按购买价值折旧。

如果价格超过 4 万捷克克朗且使用寿命超过一年，则按年折旧（仅有少数例外）。最低税收折旧期限因具体的有形资产被划归的折旧类型而各不相同。目前，捷克税法将有形固定资产划分为六类，折旧期限从 3 年到 50 年不等。

一般可采用两种税收折旧方法：直线折旧法和加速折旧法。选择何种方法，必须按资产逐个选择，一旦选定则不可更改。某些资产（如自然资源、土地）不可折旧。

同样，无形固定资产，如果价格超过 6 万捷克克朗且使用寿命超过一年，则按月折旧（仅有少数例外）。折旧期限从 18 个月到 72 个月不等。

如果为固定资产技术改进作出的超过一定限额的支出，提高了相关资产的购买价值或残值，必须与被改进的资产一并折旧；对于承租人融资租赁的资产作出的任何改进，如果该等改进能够由承租人按单独固定资产折旧，则适用特别折旧机制。

10. **税损利用**

以往年度的税损可从税基中减去，税损不得移前抵免，但可最多推后 5 年进行抵免。此外，利用以往纳税期结转的税损的可能性通常受到限制，其前提条件是，公司经历所有权变更或发生法律形式转变，使公司的经营范围与税损发生的纳税期相比发生了实质性改变。对于具体情形中可否利用税损，可从捷克税务机关取得具有法律约束力的裁定。

11. **资本利得与损失**

固定资产与金融资产出售所获得的资本利得，按 19% 的一般公司所得税税率（共同基金、投资基金和养老基金则为 5%）纳税。捷克非居民纳税人向捷克居民纳税人（或捷克非居民纳税人在捷克的常设机构）出售其在捷克公司的股份或所有权权益实现的资本利得，构成该非居民纳税人来源于捷克的收入，须缴纳捷克所得税。但这一资本税项通常被相关的避免双重征税协定取消（但有某些例外）。

处置有形和无形资产产生的资本损失，通常被认为是税前可扣除项目（但土地出售损失除外）。证券、非按市场价值估价的股份（子公司股份）、本票和其他项目（如应收款项、有限责任公司的所有权权益）方面的损失，为非税前可扣除项目，且不得结转。

12. **参股收入豁免**

根据 2008 年 1 月 1 日生效的捷克新税收法律的规定，股息和母公司出售其在子公司的股份和参股权益时实现的资本利得，如满足一定的条件，则有资格免缴公司所得税。

一般来说，这些条件可分为两类：即适用于所有子公司的条件和因子公司所在地而有所区别的条件。两类条件简述如下：

（1）公司所得税豁免的总体条件为：

①资本利得由在捷克设立或实际管理的母公司或另一欧盟成员国、挪威或冰岛的居民纳税人实现；

②母公司具有捷克商法规定的有限责任公司、股份有限公司或合作社这样的法律形式，或具有 1990 年 7 月 23 日欧共体关于母公司与子公司分属不同成员国时适用的共同税收制度的第 90/435/EEC 号理事会指令附件提及的法律形式；

③母公司为资本利得的实益所有权人；

④在至少 12 个月的期间，母公司保有子公司至少 10% 的注册资本；

⑤子公司不在清算过程中；

⑥被出售的股份或参股权益并非在业务或部分业务转让过程中取得的。

（2）公司所得税豁免的特别条件为：

·子公司—如为捷克实体

①该子公司在捷克设立或实际管理；

②该子公司具有捷克商法规定的捷克有限责任公司、股份有限公司或合作社这样的法律形式。

· 子公司—如为位于欧盟、挪威和冰岛的外国实体

①该子公司为欧盟成员国、挪威或冰岛的居民纳税人；

②该子公司具有1990年7月23日欧共体关于母公司与子公司分属不同成员国时适用的共同税收制度的第90/435/EEC号理事会指令附件提及的法律形式；

（3）该子公司须缴纳1990年7月23日欧共体关于母公司与子公司分属不同成员国时适用的共同税收制度的第90/435/EEC号理事会指令附件提及的税项；

（4）该子公司未被豁免缴纳公司所得税，没有豁免选择权，也不享受公司所得税（或类似税项）零税率待遇。

子公司——如为位于欧盟、挪威和冰岛之外的外国实体，认定标准为：

①该子公司为与捷克订有避免双重征税协定的国家的居民纳税人；

②该子公司具有类似于捷克有限责任公司、股份有限公司或合作社的法律形式；

③该子公司须缴纳与捷克公司所得税类似的税项且税率至少为12%。必须在转让所在纳税期及上一个纳税期内满足这一标准，这是最低要求。

要享受公司所得税豁免，则必须满足上述所有条件。不满足任何一项条件，则股份转让的资本利得将缴纳19%的公司所得税。被转让股份的初始购买价格及某些其他相关费用可用作税前扣除项目（但有某些例外）。

### 13. 转移定价

以资本或其他方式相关联的人员之间约定的转让价格，应基于公平交

易原则。否则，税务机关即有权按认定的差额调整纳税人的税基。

当转让双方中有一方来自与捷克订有税收协定的国家，则税务机关在确定纳税人之间的公平交易价格时，需要遵循经济发展与合作组织转移定价指南。

以资本相关联的人员指一家公司在另一家公司资本或表决权中的直接或间接参股权益超过25％时所涉及的双方人员。而通过其他方式相关联的人员指具有直接或间接参与管理或控制的人员之间的关系的人员或为减少税基或增加税损目的达成法律关系的人员。

### 14. 集团纳税和税务合并

集团纳税尚未在捷克引入，因此，每一纳税人必须提交自己的纳税申报单，而从捷克所得税的角度看，任何集团内交易无法被合并。此外，财务统一体的概念尚未引入，因此无法抵销集团内亏损与利润（但合伙适用某些例外）。

### 15. 纳税期

会计与纳税期采用日历年度或经济年度来计算。经济年度指一月之外任一月份首日开始的12个月期间。会计与纳税期从日历年度改为经济年度或相反变更，均须在计划改变前至少3个月通知主管税务局。

新设公司如欲采用经济年度计算，则须在设立后30天内作出决定。该决定必须在公司设立后30天内通知税务机关。

### 16. 所得税申报表和缴纳

最迟须在年度纳税期结束后3个月内提交纳税申报表。届时还必须结清相关纳税申报表中申报的应缴税款。

如果纳税人根据授权委托书委任税务顾问或代理人提交纳税申报表，则提交日期可再延长3个月；对于财务报表依法须审计的纳税人而言，该等延期自动适用。

### 17. 预提税

15%的预提税适用于经相关避免双重征税协定及（在某些情况下）捷克税法修正的股息。15%的税率适用于捷克债务人向境外支付的经相关税收协定修正的利息。15%的税率还适用于捷克被许可人向境外支付的经相关税收协定修正的特许权使用费。

自2013年1月1日起，引入35%的预提税税率。该税率适用于下述收入者的收入：

（1）其并非另一欧盟成员国或欧洲经济区成员国的居民；

（2）其并非与捷克订立有效地避免双重征税协定或税收相关信息交流协定的国家的居民。

如果源自捷克的收入向境外支付，且不适用于预提税时，则在捷克的付款人可被要求按1%到10%的税率预提税款（但在某些情况下不适用，如收款人为另一欧盟成员国或欧洲经济区成员国的居民纳税人）。

### 18. 欧盟母、子公司指令

该指令纳入捷克税法实施，适用于2004年5月1日后批准的股息分配。在下述条件下，分配的股息免税：

（1）股息的收取方为在捷克设立或实际管理的母公司或另一欧盟成员国、挪威、冰岛或瑞士的居民纳税人；

（2）该母公司具有捷克商法规定的有限责任公司、股份有限公司或合作社这样的法律形式或具有1990年7月23日欧共体关于母公司与子公司分属不同成员国时适用的共同税收制度的第90/435/EEC号理事会指令附件提及的法律形式；

（3）该母公司系股息的实益所有权人；

（4）该母公司至少在12个月的期间内（不论是在此之前还是之后）保有该子公司注册资本的至少10%；

（5）捷克子公司具有有限责任公司、股份有限公司（stock exchange company）或合作社这样的法律形式；

（6）捷克子公司未在清算过程中。

### 19. 欧盟合并指令

合并（以及拆分、注资和换股）通常被视为税收中性行为，对于合并产生的未实现收入不征税。合并过程中不适用节税的往上分摊（step-up）法。

在某些条件下，存续公司可利用被清算公司（最早在2004年开始的纳税期间核定的）的节税准备金、备抵和损失；但是，如果合并是在税务目的驱动下进行的，则不得结转税损，也就是说，如要利用税损，则存续公司的经营范围必须在一定程度上由存续公司保留。

### 20. 欧盟利息与特许权使用费指令

捷克公司向其在另一欧盟成员国设立的关联公司支付的利息，免缴捷克预提税。从2011年1月1日起特许权使用费适用同样的免税待遇。收款方必须收到捷克税务机关就免税适用作出的特别决定。

### 21. 欧盟私人储蓄指令

位于其他欧盟成员国境内的个人的私人存款利息的免税待遇已开始实施。这些规定在指令生效（2005年6月1日）后即立即有效。

## （三）个人所得税

### 1. 应税所得与税率

在捷克拥有永久居所或在某一日历年度内在捷克实际居留超过183天的个人，即被视为捷克居民纳税人，并须就其全球收入纳税（但根据避免双重征税协定可能享有税收优惠，如减免税）。个人的税收地位或住所可能受到适用税收协定的避免双重居民身份规定的影响。

其他无捷克居民纳税人地位的个人则就其源于捷克的收入纳税。这尤其包括在捷克境内从事的非独立活动产生的收入。相关的避免双重征税协定的规定可能为捷克居民纳税人和非居民纳税人提供了捷克税收优惠。

目前的个人所得税税率为15%。但这一税率可增加7%的所谓"个人所得税高收入调节附加",该附加自2013年1月1日起适用。

个人所得税高收入调节附加税尤其适用于下述收入差额:

(1) 非独立活动总收入与独立活动总税基之和;

(2) 平均工资金额乘以48（例如2018年的总额为1438992捷克克朗）。

### 2. 非独立活动收入

这包括因个人必须遵守雇主指令开展活动取得的工资、薪水、奖金和其他报酬（无论这些收入的性质和名称）。此收入还包括支付给公司董事、法定机构成员、就其履行的工作支付给有限责任公司高管及合伙人的费用,即使他们没有义务遵从另一人的命令。

计算非独立活动的个人所得税的税基包括:（1）雇员的总收入,包括雇员缴纳的法定社会与医疗保险缴款;（2）雇主缴纳的法定社会与医疗保险缴款。

可在相关应税期结束后按实际金额要求获得税务减免（如住房储蓄贷款和抵押贷款利息）。而须提交书面凭证的税务抵免（如年度个人税务抵免、残疾配偶税务抵免、受抚养子女税务抵免等）可按年度减免额1/12的金额按月主张。

根据自2008年1月1日起施行的有关工资管理的规定,雇主有义务从按上述规定经税收减免调整的税基中,按15%的比例预提税款。

支付给捷克法律实体法定机构的非捷克成员的费用,须按源头缴纳15%的最终预提税。

### 3. 业务活动收入

个人来自业务活动和专业服务的税基包括:

- 来自于商贸和其他独立业务活动的收入;
- 一般合伙与有限合伙的一般合伙人的收入;
- 著作权(版权)和工业产权特许使用费收入;
- 财产(包括商业地产)租赁收入。

纳税人必须选择税基计算方式。下述方式可用于该目的:

- 会计计算所得经济成果;
- 基于税务凭证的收支差额;
- 收入与收入一次性扣减30%到80%间的差额(但有限额)。

如经济成果用于税基计算,则收入可减去税前可扣除费用,对于所有法律实体均是如此。

### 4. 资本收入

个人的资本收入尤其包括下述各项:

- 利息收入;
- 股息收入;
- 有限合伙人收入;
- 银行存款收入;
- 单一存款所得。

股息和银行私人储蓄利息收入须缴纳15%的最终预提税。构成个人税基一部分的其他收入,则按正常所得税税率纳税。

### 5. 租金收入

租金收入包括但不限于房地产或公寓的出租收入以及动产租赁收入,但临时性租赁收入除外。

租金收入计入按正常所得税税率纳税的普通税基。计算税基时,为产生、取得或维持应税所得发生的费用,通常为可扣税项目。个人如果未表明所发生的可扣税费用的实际金额,则其可选择一次性扣除总额费用。该等一次性总额费用适用总收入30%的比例，可主张应税费用的最高金额为30万捷克克朗。

6. 其他收入

该类收入包括增加纳税人的财产但未在其他收入类型中规定的任何其他收入；例如，如果未根据其他法律规定被免于纳税，则该类收入可包括某些股份出售收入、有限责任公司参股权益出售收入、房地产出售收入、无偿取得的收入（如赠与）。

7. 税收减免

部分税基总额可减去下述税收减免项目：

· 用于满足个人住房需求的住房储蓄贷款和抵押贷款利息（年最高额为30万捷克克朗）和同一户家庭的所有贷款的利息；

· 合格寿险的寿险保费（每一纳税期最高额为24000捷克克朗，但须满足某些条件）；

· 养老金缴费中超过12000捷克克朗的部分（每一纳税期最高额为24000捷克克朗）；

· 工会会费（最高为个人雇用税基的1.5%，但不得超过3000捷克克朗）；

· 慈善捐赠（最高为个人税基的15%，但须满足某些条件）。

8. 税务抵免

纳税责任可进一步减去下述税务抵免项目：

· 24840捷克克朗的年度个人税务抵免额；

· 首胎15204捷克克朗的税务抵免、二胎为19404捷克克朗、三胎及更多孩子为每个孩子24204捷克克朗；

· 子女入学前机构（如幼儿园）费用所对应的年度税务抵免。可抵免的最高金额为12200捷克克朗。

### 9. 纳税申报单

取得应税收入的个人必须提交年度纳税申报单,但下述收入除外:(1)须缴纳捷克工资税的雇用所得收入;(2)须缴纳最终预提税的收入;(3)非应税收入与免税收入。纳税申报单须在下一年度的 4 月 1 日前提交;可为具体个人再延期 3 个月。应缴税款必须在同一纳税期结清。

### 10. 法定社会与医疗保险缴费

非独立活动及从事独立商业活动所取得的收入,须缴纳法定社会与医疗保险缴费,但前提是,个人须(义务性或自愿性)参加捷克社会保障体系。

在捷克就业的个人一般必须参加捷克的社会保障体系(由养老保险、疾病保险、失业保险和医疗保险组成),并支付相关费用,这与劳动合同是受捷克法律还是外国法律管辖无关。但是,自 2004 年 5 月 1 日起,欧盟社会保障法律已开始在捷克适用,并修改了捷克社会保障体系对于某些流动人员的适用。

表 2　2018 年适用社会保障与医疗保险缴费比率表

| 项目名称 | 雇主 | 雇员 | 总计 |
| --- | --- | --- | --- |
| 社会保障 | 25% | 6.5% | 31.5% |
| 医疗保险 | 9% | 4.5% | 13.5% |
| 总计 | 34% | 11% | 45% |

社会保险缴费计算的年度基准的上限为雇员月平均工资的 48 倍。平均月工资的计算采用特殊规则进行计算。2018 年社会保险年度上限额为 1438992 捷克克朗。

医疗保险上限额的规定于 2013 年废止。

2013 年 1 月 1 日,养老体系引入第二支柱。是否参与养老体系第二支柱,由个人自行选择。如果雇员决定参与养老体系第二支柱,则该雇员有义务将其参与决定通知雇主。养老体系第二支柱已于 2016 年 1 月 1 日取消。

如果雇员参与养老体系第二支柱，则与上文所述缴费比例略有不同。

表3 参与养老体系第二支柱缴费比例表

| 项目名称 | 雇主 | 雇员 | 总计 |
| --- | --- | --- | --- |
| 社会保障 | 25% | 8.5% | 33.5% |
| 医疗保险 | 9% | 4.5% | 13.5% |
| 总计 | 34% | 13% | 47% |

雇员的缴费必须由雇主从雇员报酬中扣除，并与雇主的缴费一起上交社会保障与医疗保险机构。

计算来自非独立活动的个人所得税的税基包括：（1）雇员的总收入，包括雇员缴纳的法定社会与医疗保险缴费；（2）雇主支付的法定社会与医疗保险缴费部分。

## （四）增值税（VAT）

### 1. 概述

捷克增值税法律与欧盟增值税法律相统一。捷克增值税征收对象为在捷克开展的下述交易：

·商品供应（包括某些房地产转让）和服务提供（包括权利转让）。

·从另一欧盟成员国购买商品（欧盟内购买）和从另一欧盟成员国和第三国获取服务（反向收取）。

·从第三国进口货物。

这里有几点，必须区分和注意：

·增值税非应税货物，如业务单位（企业）的出售或注资或自有应收账款的转让，对此不须缴纳销项增值税，但可能须扣除进项增值税。

- 增值税应税货物，对此须缴纳销项增值税，但可对收到的货物扣除进项增值税。

- 有权扣除进项增值税的增值税免税货物，如向非欧盟国家出口商品或在欧盟范围内向位于其他成员国的增值税纳税人供应货物，或者与货物进出口相关的国际运输服务，对此不须缴纳销项增值税，但可扣除进项增值税。

- 有权扣除进项增值税的增值税免税货物，如广播、金融、社会与教育服务以及某些建筑物或其部分的所有权转让或房地产租赁，对此不须缴纳销项增值税，但不可扣除进项增值税。

**2. 增值税纳税人**

任何在捷克拥有住所、营业地或机构的人员或法律实体，如开展经济活动且在过去最高连续12个月期间内营业额超过100万捷克克朗，则有义务进行增值税登记。如果未达到登记起始标准，但能够证明自身确实已开展经济活动，则可进行自愿登记。外国实体一旦开始提供应税供应行为地在捷克的应税货物（如果该实体有义务估定并交纳增值税）或其一旦开始从捷克向另一欧盟成员国供应货物，则该实体有义务进行捷克增值税登记；对这类实体未规定登记起始标准。

某些情况下适用特别的增值税登记起始标准：

- 从另一欧盟成员国购买商品，其价值在相关日历年度超过326000捷克克朗。

- 纳税人从另一欧盟成员国以异地销售方式向捷克非商业人士销售商品，其价值在相关日历年度超过114万捷克克朗。

**3. 指定人士**

与增值税纳税人一起，《捷克增值税法》还认定了增值税登记的指定人士，其有义务进行增值税登记，但该指定人士权利与义务和增值税纳税人并不相同。

指定人士包含但不限于下述人士：

（1）非捷克增值税纳税人但从另一欧盟成员国购买须缴纳增值税的货物的应税人员；

（2）人员或实体：在捷克拥有住所、营业地或机构，但该增值税纳税人从未在捷克设立的人员处接受服务，此类人员或实体被视为指定人士；

（3）在捷克拥有住所、营业地或机构的，但该增值税纳税人提供应税行为地在其他欧盟成员国的服务，此类人员或实体被视为指定人士。

指定人士仅有义务申报与跨境供应行为有关的增值税。针对本地供应行为，从捷克市场角度而言，指定人士被视为未进行增值税登记的应税人员。

与增值税纳税人不同，指定人士无权要求增值税抵扣。

**4. 增值税率**

大多数商品与服务按21%的标准税率征税。某些商品（如食品）和某些服务（如某些住房建设服务、文化活动和社会看护服务，前提是其未被免除增值税），则按15%的低税率征税。从2008年1月1日起，只有因有限的建筑面积被划分为社会住房的居民住房可享有15%的优惠增值税率。

从2015年1月1日起，为书籍、部分婴儿食品和某些医疗用品（如疫苗）引入了10%的第二种优惠增值税率。

**5. 增值税纳税期、申报表和缴纳**

纳税期主要以日历月为单位计算。

纳税人可决定申请适用季度纳税期，但前提是：

（1）其上一日历年度的营业额未超过1000万捷克克朗；

（2）其未被视为不可靠纳税人；

（3）其在相关日历年度的一月内申请变更纳税期。

纳税人不得在增值税登记当年和次年申请适用季度纳税期。

增值税申报表必须在相关增值税纳税期结束后 25 天内以电子方式提交。增值税的应缴时间与增值税申报单的应提交时间相同。

指定人士仅须在其实现跨境供应行为的月份提交增值税申报表。

### 6. 账单对比报告

自 2016 年 1 月 1 日起，规定了捷克的增值税纳税人须履行提交账单对比报告义务。

在账单对比报告中，增值税纳税人披露某些已实现交易（如商品或服务的本地供应行为、本地购买行为、从其他欧盟成员国购买商品行为）。报告中应包含客户增值税识别号、账单号、应税供应行为日期、应税金额和增值税税额等信息。

法律实体应按月在相关日历月结束后 25 天内以电子方式提交账单对比报告。

个人应在其纳税期（月度或季度纳税期）结束后 25 天内以电子方式提交账单对比报告。

### 7. 不可靠纳税人

如果纳税人严重违反其纳税义务，税务机关可决定该纳税人被视为不可靠纳税人。

关于纳税人是否被视为可靠或不可靠纳税人的信息，可在互联网上公开查询。

### 8. 进项增值税扣减

增值税纳税人如果有有效的增值税发票，则有权通过其增值税申报单，扣减其收到的并用于自身经济活动的应税货物（包括进口货物）的进项增值税。

如果相关增值税纳税期的应退进项增值税金额超过该期间的应缴销项增值税，则多缴的增值税将在相关增值税纳税期的增值税申报单的提交截止期限结束后 30 天内退还增值税纳税人。

提供无权要求进项增值税扣减的增值税免税供应货物时收到的货物，其进项增值税不可退税。如果增值税纳税人完成了应税供应和免税供应两种行为，则其有权就与用于两类供应行为的进项相关的进项增值税主张部分退税。其金额为相关纳税期的进项增值税总额乘以比例系数计算所得。

下述应税货物免缴增值税且无权要求进项增值税扣减：

·邮政服务。

·声音与电视广播。

·金融服务。

·保险服务。

·某些房地产的转让和租赁。

·教育培训服务。

·医疗服务与用品。

·社会服务。

·彩票及类似博彩活动及其经营活动。

·提供用于增值税免税供应行为的货物，且其在取得时不可扣减进项增值税。

## 9. 进项增值税退税

非捷克居民经济实体可要求退还其作为购买价格一部分为须缴纳捷克增值税并用于其应税活动的货物支付的进项增值税。增值税退税规则原则上以欧盟退税指令为基础。

退税在外国实体申请后作出。如果是欧盟实体，则申请应提交至其设立地所在成员国的相关机构。非欧盟实体应按规定格式将退税申请提交至布拉格一区金融办公室。

### 10. INTRASTAT 报告①

INTRASTAT 报告系统自 2004 年 5 月 1 日起在捷克开始适用。根据这一系统，就商品供应或购买完成共同体内交易的捷克增值税纳税人，必须采用特别表格向捷克海关报告这些交易，但前提是，共同体内交易金额超过规定的起始标准。货物的共同体内购买与共同体内供应使用相同的起始标准，即 800 万捷克克朗。

所需数据应以书面或电子形式就每一日历月期间报告。仅有最低数量在欧盟内交易的实体免于履行 INTRASTAT 报告义务。

## （五）其他税项

### 1. 房地产转让税

房地产的任何有偿转让，均须缴纳 4% 的房地产转让税，由受让方缴纳。税基为约定转让价格或根据具体规则计算所得金额（以较高者为准）。房地产转让税特别豁免适用于以房地产向注册资本实物出资情形及并购中的房地产转让行为。

### 2. 房地产税

房地产税征收对象为登记于房地产地籍中的建筑物和地块，具体计算取决于面积与位置。房地产税通常由业主缴纳；纳税期为日历年度，税额根据每年 1 月 1 日时的情形核定；税额与房地产的任何转让行为无关。纳税申报单必须在实际纳税期当年的 1 月 31 前提交。税额缴清的到期日期取决于评定税额金额及房地产类型。

### 3. 道路税

在捷克登记并用于商业目的的所有机动车辆，均须缴纳道路税，无论

---

① 译者注：指欧盟内部商业统计报表。

车辆是否由商业实体拥有；雇员的车辆，如用于雇主的商业差旅，亦须缴纳道路税。纳税期为日历年度。纳税申报单必须于次年 1 月 31 前提交。每类机动车辆税基的计算方式各不相同。

### 4. 关税

作为欧盟成员国，捷克遵循欧盟海关法律，包括统一欧盟海关商品分类与税则表。从欧盟之外的第三国进口至捷克的商品，均须缴纳进口关税与进口增值税（除非该等商品已明确免缴关税和进口增值税）。关税也可通过双边方式（根据欧盟达成的关税优惠协定）或多边方式（根据欧盟针对发展中国家的关税优惠）全部或部分减免。

进出口商品还可能面临其他限制进出口的非关税措施，如进出口许可证和配额及兽医检验。

## （六）其他义务

### 电子报告系统

捷克引入了电子销售报告系统（捷克语缩写为"EET"），并于 2016 年 12 月 1 日起生效实行。

根据这一系统的规定，某些企业（法律实体和个人），如以现金、支票、汇票或类似支付工具（如礼品卡、餐券、代金券等）收到其货物或服务的款项，则有义务在该电子销售报告系统中报告相关交易。

电子销售报告系统分 4 个阶段在捷克推出：

（1）自 2016 年 12 月 1 日起，电子销售报告系统适用于住宿、餐饮企业；

（2）自 2017 年 3 月 1 日起，电子销售报告系统适用于零售与批发企业；

（3）自 2018 年 3 月 1 日起，电子销售报告系统计划适用于从事其他业务（活动）的企业（如运输服务、律师、医生），但下文所述第 4 阶段的活动除外。

（4）自 2018 年 6 月 1 日起，电子销售报告系统计划适用于从事部分手工和制造业务的企业（如纺织生产、木工、各类产品的制造活动）。

但近期，第 3 阶段和第 4 阶段已被取消，这些企业的电子销售报告系统的推出将被推迟。

电子销售报告系统规定每一相关卖方或服务提供商有责任购买电子收银设备，其须与现金收银网络相连接并将每笔交易的相关信息（兑现的现金、银行卡、支票、汇票或类似支付工具）发送给当地相关的各金融管理机构。

## （七）会计、审计与公布要求

### 1. 会计准则

所有捷克商业实体以及外国实体的任何捷克分支机构、在商业登记处登记的个人和年营业额超过 2500 万捷克克朗的个人，均须根据捷克法定会计规定编制保存会计记录。此外，当个人与编制会计记录的另一个人或法律实体达成联营时，则新成立的联营体亦须编制保存会计记录。

银行、保险公司和其他金融机构、市政法人和其他非企业实体则适用特别会计法规。而小企业或个人则仅需要基于税务目的编制保存记录。

账目与财务报表必须主要以捷克本地货币和捷克语编制。以外币计值的资产与负债还必须以该等外币予以记录。

捷克公司如发行获准在欧盟监管市场中交易的证券，则还须根据国际财务报告准则（IFRS）编制账目。捷克会计标准目前在许多方面与国际财务报告准则存在不同，包括下述各项：

（1）备件被视为存货；它们不予折旧，其价值的降低反映于降低后价值的备抵中；

（2）与资产投资相关的利息的资本化并非义务性的（在资产投入使用前发生的利息可作为经营费用对待）；

（3）所有租赁均作为经营租赁对待并记入资产负债表中；

（4）会计政策变动的影响必须反映于变动发生所在的会计期间，而不反映为上一年度调整。

### 2. 财务报表、年度报告和控制报告

捷克的财务报表包括资产负债表、损益表、解释性附注、现金流量表和权益变动表。解释性附注必须包含与具体会计期间相关的下述信息：

·与资产、负债、财务状况和经济效益相关的信息。

·会计政策、估值方法和折旧率。

·会计政策变动和估算方法的说明、变动原因及对财务状况的影响。

财务报表须进行法定审计的个人与法律实体，还需编制年度报告。年度报告必须包含下述内容：

·财务报表。

·合并财务报表（如适用）。

·审计师报告。

·关于资产负债表日期后发生的事件、预计未来业绩、研究开发活动、自有股份购买、雇用与环境事宜及外国分支机构的说明。

如果控制实体与被控制实体之间未订立控制协议，则被控制公司必须编制报告，说明控制实体与被控制实体之间的关系及被控制实体与受同一控制实体控制的其他实体之间的关系。该报告必须附于公司年度报告后。

### 3. 合并报表

合并财务报表必须由控制公司或对另一受控制公司的控制或经营发挥

巨大影响力的公司编制。合并编制报表的公司必须是出于合并编制的目的而推行统一和一致的会计政策。

控制公司如发行获准在欧盟监管市场中交易的证券，则须根据国际财务报告标准编制合并财务报表。其他实体可选用国际财务报告标准作为编制合并财务报表的依据。

由于未引入合并税基，因此合并财务报表仅用于会计目的，并不用于税务目的或用于计算可分配利润。

### 4. 记录的公布与存档

年度报告必须在经审计师认证及法定机构批准后 30 内（但不得晚于下一会计期间结束之时），通过向记录汇编簿提交的方式予以公布；如果年度报告到下一会计期间结束时仍未被审计，则应在提交的年度报告中加以说明。

表4　会计文件类型及存档最低年限

| 记录类型 | 期限 |
| --- | --- |
| 用于养老金和疾病支付的工资数据 | 30 年 |
| 财务报表和年度报告 | 10 年 |
| 工资登记册 | 10 年 |
| 用于增值税目的的税务文件 | 10 年 |
| 其他记录 | 5 年 |

但是，由于会计文件通常也与税务目的相关，因此，该等文件保存的期限还必须反映是否可进行税务审计。

### 5. 审计要求

经过一定的简化后，编制会计记录的公司和个人如果在本期和上一会计期间至少达到下述条件中的两项（对于股份有限公司，如果达到其中一项），则要求进行财务报表和年度报告的法定审计：

- 营业额超过 8000 万捷克克朗；
- 资产总额超过 4000 万捷克克朗；
- 平均雇员人数超过 50 人。

## 四、劳动

在捷克雇用人员时，尤其应牢记下列各项考虑因素：

### （一）法律框架

2007 年 1 月 1 日生效的捷克《劳动法典》（法律汇编第 262/2006 号法）是捷克用以管辖劳动关系的主要立法。《劳动法典》反映了捷克的社会经济关系所达到的发展水平，符合雇用法律的国际发展趋势，包括在与劳动法相关的欧盟指令项下存在的各种概念。其他相关立法主要包括《劳动法》（法律汇编第 435/2004 号法，业经修订）、《集体谈判法》（法律汇编第 2/1991 号法，业经修订）以及多部与《劳动法典》有关的法令。此外，2014 年 1 月 1 日生效的捷克《民法典》（法律汇编第 89/2012 号法）亦普遍适用于劳动法律关系。

劳动法律法规中的大多数规定均具有强制性，旨在确保雇主能够遵守那些最为重要的原则，尤其是平等对待和禁止歧视的原则。此外，《劳动法典》尊重并依循当事方自由订立契约的契约自由原则，因此，劳动关系可以通过相关劳动合同的条款进行变更，但前提条件是，上述原则以及《劳动法典》中规定的雇员基本权利和工作条件必须得到遵守。例如与《劳动法典》中的终止规定不同，而且对雇员的有利程度低于该等规定的终止条款，则这类规定一般都不可强制执行。

## （二）基本关系

《劳动法典》将劳动关系的主题界定为"完成非独立的（即从属性的）工作"。在《劳动法典》项下，此种劳动关系通常是基于下列情形下在私有部门的雇员和雇主之间产生的：

· 在劳动关系范围内基于劳动合同（在捷克称为"pracovní smlouva"）而产生；

· 在劳动关系范围外基于（1）关于完成特定工作任务的协议（在捷克称为"dohoda o provedení práce"）或者（2）关于工作活动的协议（在捷克称为"dohoda o pracovní činnosti"）而产生。

只有经雇员个人和雇主一致同意，才可建立起劳动关系。

## （三）劳动关系中的主要条件

形式：劳动合同必须采用书面形式。

试用期：劳动合同可以规定一个在劳动关系开始之日后连续不超过3个月（或者，对管理类雇员而言，则是在劳动关系开始之日后连续不超过6个月）的试用期。如果为劳动关系约定了确定的期限，则试用期不得超过劳动关系时长的一半。

工作时间：每周的正常工作时间不得超过40个小时。不过，每周正常工作时间的长短存在下列例外：

1. 雇员在地下开采煤炭、矿石或非金属原料的，或者进行矿山工程施工的，或者从事矿场地质勘查工作的，每周工作时间不得超过37.5个小时；

2. 实行三班制或连续工作制的雇员，每周工作时间不得超过37.5个小时；

3. 实行两班制的雇员,每周工作时间不得超过 38.75 个小时;

4. 不满 18 周岁的雇员,每个班次工作时间不得超过 8 个小时,而且就其作为雇员的所有劳动关系而言,每周工作总计不得超过 40 个小时。

休假:基本假期为每个日历年度至少 4 个星期。在休假期间,雇员有权获得金额为其平均收入的报酬。

薪酬:自 2018 年 1 月 1 日起,捷克的最低工资为每月 12200 捷克克朗或者每小时 73.2 捷克克朗,此金额可由政府修订。对于非全职雇员而言,最低工资额可以按照比例减少。除了最低工资之外,捷克《劳动法典》还认可"保证工资"。依照所从事的工作的复杂程度、责任大小和难度高低,保证工资分为 8 级。最低一级的保证工资与最低工资一致。

### (四)对捷克国民的雇用

捷克的法律,尤其是《劳动法典》,普遍适用于捷克法律实体或者设有捷克分支机构的外国法律实体与其在捷克境内的雇员之间的劳动关系。外国法律实体的捷克分支机构与其在捷克境内的捷克雇员之间的劳动关系,可以受捷克法律以外的其他法律管辖(如果雇主与雇员有此约定的话)。不过,无论法律选择条款如何规定,捷克法院或其他有关机构总是会适用捷克劳动法和公法中的某些条款,以维护公共秩序和善良风俗,如禁止歧视、工作安全与健康保护、遵守安全规章等。与欧盟国家以外(如美国)的常见情形相比,捷克《劳动法典》的规定通常具有较低的灵活性,而对雇员的保护力度则更强。

例如,在《劳动法典》项下,雇主很难在没有正当理由的情况下终止其同雇员的劳动关系。如果雇员故意实施某一犯罪行为或者特别严重地违反与其劳动关系有关的义务(如在工作中处于醉酒状态、盗窃公司财物等),则可以此作为正当理由立即终止雇员的劳动关系。例如,如有下列任何情形，则通常可以经过 2 个月的通知期，以正当理由终止雇员的劳动关系：

・在收到正式书面警告后，雇员未在特定的期限内令人满意地履行其工作义务、完成其工作任务或者履行其他劳动义务。

・在曾收到书面警告的前提下，雇员仍实质性地违反与其劳动关系有关的义务，或者以不那么严重的方式一再违反该等义务。

・雇员丧失了为从事其工作而需要具备的资格。

・雇员的健康状况不允许其继续从事其工作。

・雇员特别严重地违反休病假的法定条款。

在下列情形下，雇主亦可终止劳动关系：

・因裁减冗员而终止；

・因雇主或其任何部分迁址或被注销而终止；

・在试用期内的，可以终止，而无须说明理由。

在以通知方式终止雇用某一雇员时，或者在立即解除劳动关系时，必须就此征求雇员所属工会或劳资联合委员会（如果设有任何此种组织）的意见（在通过协议终止劳动关系的情况下无须如此，但也存在某些例外）。在特定情况下，可能需要获得他们对于以通知方式终止劳动关系或者立即解除劳动关系的同意。

在因裁员、雇主或其任何部分迁址或被注销而终止劳动关系的情况下，均应支付遣散费。遣散费的金额应至少等于：

・雇员平均月收入的 1 倍（如果其与雇主的劳动关系持续不到 1 年）。

・雇员平均月收入的 2 倍（如果其与雇主的劳动关系持续至少 1 年，但还不到 2 年）。

・雇员平均月收入的 3 倍（如果其与雇主的劳动关系持续 2 年或多年）。

除非集体劳动合同中约定了更高金额的遣散费，或者雇主的内部规章有此规定，或者双方之间另有约定。

在因工伤、与工作有关的疾病或者存在罹患某种疾病的威胁而终止劳动关系的情况下，则适用大大高出上述标准的遣散费，其金额至少应等于雇员平均月收入的 12 倍。

**1. 雇员代表**

雇员享有知情权和协商权。雇主需要与雇员或雇员代表（如果设有此种代表）讨论某些特定话题，并向雇员提供某些类别的信息。《劳动法典》规定了特别协商和告知义务。

雇员代表分为以下三类：

（1）工会；

（2）劳资联合委员会；

（3）雇员的工作安全和健康保护代表。

**2. 集体劳动合同**

集体谈判程序受《劳动合同集体谈判法》管辖。集体劳动合同旨在规制雇主与工会之间的关系以及雇员的权利，尤其是工资和其他劳动待遇。雇员个人通过集体劳动合同取得的权利应与由于雇员的劳动关系而产生的其他雇员权利同等对待。此外，工会还应代表不是工会会员的雇员订立集体劳动合同。

## （五）在捷克工作的外籍人员

关于工作许可和居留签证的规定如下：

**1. 外籍雇员：任何欧盟成员国的公民**

不需要获得工作许可；但是，雇主或派遣接受方负有通知义务。在捷克境内雇用外籍雇员（任何欧盟成员国的公民）的任何雇主，或者在捷克境内接受外籍雇员（任何欧盟成员国的公民）的派遣的任何人（接受方），有义务以书面形式将下列情形通知劳动局的相关地方分局：

·外籍雇员的雇用（包括派遣），通知义务须在外籍雇员开始工作之日履行。

·外籍雇员雇用（包括派遣）的终止，通知义务最晚须在终止雇用/派遣之日起的10个日历日内履行。

此外，上述外籍人员还应在警务机关办理居留登记（存在某些例外）。在捷克境内受雇工作无须办理签证。

**2. 外籍雇员：欧盟成员国以外的任何国家的公民**

雇员在捷克境内开始就业之前，需要获得一项单一许可（即所谓的"就业证"）（可以给予某些豁免，例如，在雇员是欧盟成员国公民的亲属或是专家的情况下）。对于来自特定国家的外籍雇员，可以签发适用于特定工作岗位的蓝卡，以替代捷克工作许可和签证。

对于集团内的雇员调派而言，适用一种特别类型的许可。

如果雇员在捷克境内从事工作的时间连续不超过7个日历日，或者在一个日历年度内总共不超过30天，则无须获得工作（居留）许可，但前提条件是，雇员同时还符合下列条件：

·是表演者（表演艺术家）、教育工作者或大学的学术研究工作者。

·是参加科学会议的科研或开发工作者。

·是年龄不超过26岁的学生。

·是运动员。

·是在捷克境内交付货物或提供服务或者按照业务协议交付该等货物或提供安装、保修或维修服务的人员。

此外，按照捷克与相关国家签订的国际条约的规定，对外籍人员可能会适用某些例外或特殊待遇。

上述外籍人员应在警务机关办理居留登记（但有例外）。需要指出的是，办理就业证或蓝卡的手续管理很严，而且也很费时。

此外，另有某些移民方案可供选择，例如，对专家或庇护申请者而言。

# 五、不动产

## （一）新法律规定所导致的变化

捷克的不动产法律受到了一项重大变化的影响，即于 2014 年 1 月 1 日生效的《民法典》（法律汇编第 89/2012 号法）的影响。结果，此前适用的多部法律被废止，其中包括但不限于先前的《民法典》《非住宅用房租赁与分租法》《地籍登记法》《所有权及其他物权登记法》。目前，相关法律规定主要载于《民法典》和新《地籍登记法》（法律汇编第 256/2013 号法）中。新法律规定带来的重大变化将在下文详细叙述。

## （二）捷克法律项下的不动产定义

捷克法律将不动产定义为包括下列有形物和无形物（即权利）：

- 地块；
- 地下构筑物（如被指定用于特定用途）；
- 上述之物的物权；
- 法律规定的其他权利。

此外，《民法典》还将公寓（作为法律意义上的物）明确地定为不动产的一部分。除非有特别法规另行作出明确规定，否则在捷克法律项下，所有其他资产均不被视为不动产。

自 1964 年起，在捷克法律项下，就一直没有适用"土地附着物构成土地一部分"的原则（该原则将每一地块与其上所建之物视作单一的不动产）。其结果是位于某一地块上的建筑物并不构成该地块的一部分。因此，某一地块的所有人与该地块上的建筑物的所有人有可能不是同一个法人或自然人。

然而，上述"土地附着物构成土地一部分"的原则已由《民法典》重新引入捷克法律。《民法典》明确规定下列各项均被视为地块的一部分：

·该地块表面以下和以上的空间；

·其上所建的建筑物和其他设备（不包括临时建筑物）；

·其上生长的植物。

用于连接公用设施和相关管线（如给排水）的连接物不是地块的一部分。

为使上述原则在实践中得到运用，《民法典》采用了若干暂行规定。从根本上说，如果在2014年1月1日，某一地块的所有人与其上建筑物的所有人是同一人，则该建筑物就不再作为独立之物单独存在（亦即变成该地块的一部分），现在地块的所有人所拥有的只是该地块，因为该等建筑物也已成为该地块的一部分了。在所有其他情况下，地块和建筑物继续属于彼此分开而单独存在之物（即建筑物尚未成为地块的一部分），土地所有人和建筑物所有人均对地块或建筑物所有权的转让拥有优先受让权，直到其所有权都集中到同一个人的手里。

在建筑权（见下文）所未涵盖的情形下，一个不拥有某一地块所有权的人（建筑者）自担费用在该地块上新建的建筑物依照法律就归该地块的所有人所有，而该地块的所有人则须向建筑者偿付其合理发生的费用，但前提条件是，该建筑物的建造是由该建筑者本着善意实施的。如果建筑者无权在该地块上建造建筑物，则地块所有人还可请求法院裁定将该建筑物拆除，将该地块恢复到原有状态，并由建筑者承担与此有关的一切费用。

如果建筑者是本着善意建造的，而且地块所有人知道建造的进行却没有在无不当延迟的情况下予以制止，则建筑者可以要求地块所有人按照那时那地的通常价格向其转让地块的所有权。而且地块所有人亦有权要求建筑者购买该地块。此外，任何一方均可请求法院裁定由建筑者取得该地块的所有权并为此支付对价。

如果某人使用其他人的材料在其自有地块上建造建筑物，则该建筑物成为该地块的一部分，只是地块所有人应向材料所有人偿付材料的价值。

如果建筑者在其自有地块上建造的建筑物有一小部分伸进了另一个人的地块，则建筑者即依法成为相关地块的这个较小部分的所有人，但前提条件是该建筑物的建造是由该等建筑者本着善意实施的。以此方式取得某一地块的较小部分的通常价款应偿付给其前所有人。

### （三）地籍登记

位于捷克境内的不动产均须在地籍登记册上进行登记。此项登记主要包括下列各项：

- 地块。
- 建筑物，除非其已构成地块或建筑权（见下文）的一部分。
- 公寓（法律意义上的物）。

地籍登记是指对某些不动产权利所作的官方记录，其中主要包括：

- 所有权。
- 抵押权。
- 地役权。
- 优先购买权。
- 建筑权（见下文）。
- 租赁权。

近年来，如果有关不动产的所有人要求登记或者同意登记的话，则可在地籍登记册上进行租赁登记。

地籍登记册还包含一个文件集，其中包括作为办理地籍登记之依据的公共机构决定、协议和其他契据。地籍登记册可以公开查阅，任何人均有权查阅地籍登记册，以便摘录、复印和记录。查询所应支付的费用是有限的。

地籍登记册上所作的记录被推定为准确无误，但若与实际情况不符，则主张记录有误的人可以要求对相关记录作出更正。不过，主张更正的人通常只能在法院主张其权利。

### （四）不动产所有人

根据捷克法律的规定，每一个人和法律实体均享有拥有不动产的同等权利。这一点也同样适用于来自欧盟内外的外国公民和外国法律实体。以前对该等外国公民和法律实体取得不动产所适用的一切限制均已取消。

### （五）不动产的转让

若要转让不动产的所有权，则须满足下列正式要求并遵循下述正式程序：

· 不动产转让协议必须以书面形式订立。转让人和受让人的签字必须出现同一份文件上，并须经过正式验证。

· 转让协议须对拟转让的不动产作出描述。对于已登记的不动产而言，该信息将是在地籍登记册上登记的信息。对于未登记的其他不动产而言，则须作出尽可能详细的描述。

· 对于已登记的不动产而言，其转让将于在地籍登记册上对新的所有人作出登记之日生效。但是，该转让的效力还应追溯到向有关地籍处提交登记申请之日。对于未登记的不动产而言，其转让将于有关转让协议的生效日生效。自2012年1月1日起，地籍登记申请适用了新的正式程序，并采用了标准化的格式。

不动产法律中新采用的概念包括在下列情况下从推定所有人手中取得不动产的所有权。

对于已在地籍登记册上登记的不动产而言，如果地籍登记册上的某一登记事项与实际情况不符，则在对该登记事项作出解释时，应有利于从（根据地籍登记册上的某一登记事项）有权转让相关不动产所有权的转让人手中取得该所有权的人。对于此前已在地籍登记册上记载的登记事项而言，地籍登记册的上述实质公开规则（善意相信其中所作的登记）自2015年1月1日开始适用。不过，此项规则仅适用于以金钱对价取得不动产而且取得者善意地相信转让人有权转让该不动产的情形。对于认定受让人是否出于善意而言，重要的时点是提交在地籍登记册上将取得者登记为新所有人的申请之时。

对于未在地籍登记册上登记的不动产而言，取得者仅可在其善意地相信转让人基于完全的法定所有权有权转让该不动产的情况下从推定所有人手中取得该不动产的所有权，而且前提条件是，该不动产的取得符合下述要求：（1）是在公开拍卖中取得的；（2）是在某一企业主的企业活动和正常业务关系范围内从该企业主手中取得的；（3）是在支付对价的条件下从受托处理该不动产之人那里取得的；（4）是从未经授权但已被确认享有继承权的继承人手中取得的。

### （六）第三方拥有的不动产权利（他物权）

捷克法律承认第三方的下列不动产权利：

· 建筑权。

- 地役权。
- 抵押权。
- 优先购买权。

建筑权使权利人可以在不超过 99 年的有限期间内有权在他人所有的地块上拥有建筑物。此项权利既可涉及尚待建造的建筑物，亦可涉及已有的建筑物。该等建筑物本身即是建筑权的一部分，而且，该权利的拥有者对于该建筑物享有与所有权人相同的权利。该权利可以通过协议、取得时效或主管机构根据法律规定作出的决定来确立，必须载入地籍登记册。建筑权既可转让，亦可设置权利负担，并将传给其拥有者的合法继承人。

地役权包括以他人为受益人而对不动产的所有人施加限制的（严格意义上的）地役权（即所有人负有不从事和/或容许他人从事某种活动的义务）以及与不动产所有人实施任何行为的义务有关的地役权（即所有人负有为了受益人的利益而做某事或者向受益人提供某物的义务）。地役权的受益人要么是另一不动产的所有人（对物地役权），要么是某一特定的个人或法律实体（对人地役权）。地役权项下产生的义务将转移给供役不动产的新所有人。

捷克法律认可设立地役权的多种方式，包括通过当事人的书面协议而设立或者通过时效取得而设立。不过，因协议而在已登记不动产上设置权利负担的地役权只有在地籍登记册上作出登记后方才产生。

地役权可以通过下列方式予以终止：

- 通过当事人的协议而终止。当事人可以达成终止某一地役权的协议。地役权终止的，需在地籍登记册上作出登记。当事人亦可自行达成协议，使对人地役权受到限制，以致在受益人达到特定年龄时，该地役权即不再存在。
- 依法终止。如果供役不动产不再能够为受益人或受益人的不动产供役，则地役权依法终止。

·根据国家机构的决定而终止。如果情势发生变更，以致对供役地所有人施加的限制与向受益的不动产或个人提供的利益之间存在实质性的差异，则法院可以终止（或限制）地役权。

·因受益人身故或解散而终止。如果受益人被界定为某一特定的个人或实体（对人地役权），那么，一旦该个人身故或者该实体解散，则地役权即告终止（但是，在该地役权设立之时，亦可使之延伸适用于该个人的继承人）。此等地役权一般不传承给受益人的法定继承人。如果地役权是为某一企业的利益而供役，那么，在该企业或者其中将会作为独立企业来经营的部分转让给他人之时，该地役权并不终止。

除上述地役权外，法律还对土地所有人施加了较多限制。这些限制包括但不限于土地所有人允许相邻土地和建筑物的所有人进入其不动产进行维护和修理以及在必要的限度内在该土地上耕种的义务。在其他法律法规（例如矿业条例、景观和环境保护法律以及电信和能源条例）中，亦规定了允许进入的类似义务。但是，除了罕见的例外情形外，以上该等限制应在地籍登记册上登记。

关于抵押问题，根据捷克的法律，抵押被用来为债务提供担保。如果债务人未能履行该等债务，则有担保的债权人有权以取消抵押资产回赎权的方式使其债权得以清偿。抵押担保的是相关债权及其从属权利，如果当事人作出明确约定，其亦可用于担保要求支付与之相关的违约金的权利主张。

抵押既可担保金钱债权，亦可担保非金钱债权。抵押权涵盖资产及其从属物。除了别的目的之外，可以设立特定期限的抵押权来担保将在特定的未来产生的、不超过某一特定金额的某类债权。此外，抵押权还可用来担保未来或附条件的债权。

抵押权可以通过抵押协议、遗嘱或继承人协议、法院或行政命令或者法律的适用而设立。基于协议而设立的抵押权应于其在地籍登记册上登记之后方才产生（如果相关不动产已经登记的话）。

以协议方式设立抵押权的，债权人和抵押人必须签订书面协议。对于已在地籍登记册上登记的不动产而言，抵押权只有在其登记在地籍登记册上之后方才产生。对于未在地籍登记册上登记的不动产而言，抵押协议必须以公开契据的形式拟就，而抵押权则在其于留置权登记册上登记（该等登记由公证人进行）之后方才产生。抵押协议的标的和所担保的债权必须得到充分识别，其中包括对债务人的身份的识别（如果其与抵押人不是同一实体）。

就债权本身及其性质而言，捷克《民法典》并未具体说明须在抵押协议中载明哪些其他信息。然而，债权必须得到明确而又充分的识别。因此，如果存在能够充分识别某一特定债权的其他方式（例如通过提及某一合同的方式），则不是非要设有固定的金额和固定的期限不可（虽然这样做是明显有用和可取的）。

如果某一单一资产是若干项抵押的标的，则在取消回赎权时，先设立的抵押权应先得到清偿，除非法律另有规定。对于确定优先次序而言，抵押权的设立时间具有决定性，即便抵押权是为担保未来或有条件的债务而设立的。如果是以在地籍登记册上登记的不动产设立抵押权，则决定性的日期为提交要求在地籍登记册上作出抵押登记的申请之日。此外，多个债权人也可以达成书面协议，为在某一不动产上设立的多项抵押权确定与此不同的优先次序，但该协议只有在其登记在地籍登记册或留置权登记册上之后才对第三方生效。如果该协议限制了不是协议方的某一债权人的权利，则该协议对该债权人无效。在某些情况下，经抵押人要求，某一现有的抵押权的顺位可被某一新的抵押权所取代，但这种取代的前提条件是，该现有抵押权将在新抵押权登记之时起的一年内被删除。

此外，还可以在尚未由抵押人拥有的不动产上设立抵押权；在此种情况下，抵押权在抵押人取得对该不动产的所有权时设立。如果该不动产已在地籍登记册或留置权登记册上登记，则只有经当前的所有人同意，方可将抵押权登记到该登记册中。

《民法典》使得禁止在某一特定财产上设立抵押权的做法能够成为现实；然而，此种安排只有在其登记在地籍登记册或留置权登记册上时才对第三方生效，或者只有在此种安排已为相关第三方所知的情况下方才对其生效。

只有经抵押人明确同意，抵押权人方可使用所抵押的不动产。如果所抵押的不动产是由抵押权人保管，则其必须妥善照管该资产。若其因此而发生费用，则其有权要求抵押人偿付该等费用。抵押权人不得采取会使抵押资产的价值受到对抵押人不利的减损的任何行动。如果发生了损坏、灭失或毁灭的情形，则抵押权人应对抵押人承担损害赔偿责任。

如果抵押资产的市场价值减少到了债务担保变得不足的程度，则抵押权人可以要求债务人立即提供足够的额外担保品。如果抵押人未能交付该等额外担保品，则债务中没有担保的部分立即到期。

如果某一有担保债权未得到妥善且及时的清偿，则抵押权人可以取消对于抵押资产的回赎权。如有多项不同资产被用于担保同一项债权，则抵押权人有权通过取消对于全部或部分抵押不动产的回赎权的方式使其全部或部分债权得到清偿。

取消对于抵押不动产的回赎权的基本方式有两种：（1）公开拍卖；（2）根据其他法律规定组织强制出售。此外，当事人亦可以通过书面形式约定清偿债权人债权的其他方式。

## （七）分区规划、规划许可证、建筑和使用许可证

一般而言，捷克法律要求所有房地产开发项目均需办理规划和建筑许可证。开发项目完工后，若要使用所开发的房地产，还须另外取得建筑物使用许可证。上句中提及的一切许可证均由主管的建筑管理局颁发（大多都是与其他公共机构配合，详见下文）。

规划许可证属于第一阶段的许可证，只有在申领此种许可证的申请（即开发项目）符合经批准的城市研究或分区规划的情况下方可取得。在某一城市研究和分区规划与拟进行的开发项目不符的情况下，可以对该城市研究和分区规划作出变更。但是，这个程序可能相当费时。

由于可能涉及多个公共机构，规划许可证的审批程序可能会是极其复杂和旷日持久；这些公共机构包括消防署、卫生署、遗产保护办公室、总建筑师办公室、交通运输署、环境保护局等。

在某些简单的情况下，会签发规划批准书（系一种简化形式的规划许可证），以替代规划许可证。

就建设工程而言，一般均须申领建筑许可证。不仅新开发的项目需要办理建筑许可证，而且重大的重建、更新改造或改建项目也需要办理建筑许可证。办理建筑许可证的申请必须符合之前的规划许可证。

在某些简单的情况下，可以不办理建筑许可证，而只需将建设意向申报给建筑管理局并获得相关建筑管理局对于实现所申报的建设意向的同意（即用于核准建设工程的一种简化许可）就足够了。

在既提交了规划批准书申请又申报了建设意向的情况下，建筑管理局会给申请人签发一种所谓的综合批准书，也就是说，把规划批准书与同意实现所申报的建设意向的同意书合二为一。

建设工程完工后，必须申领建筑物使用许可证。在某些情况下，可以

不办理建筑物使用许可证，而只需申报开始使用所开发的房地产的意向即可。

在整个开发期间，开发项目的所有人应保存一套经核证的、与建筑施工的实际执行情况以及所颁发的许可证相符的项目文件。在未取得项目文件的情况下，开发项目的所有人应取得"竣工"备案图。在转让开发项目的所有权时，该文件应移交给新的所有人。

# 六、环境保护

用以管辖环境保护事宜的捷克法规与欧盟各国普遍适用的环境保护法规相似。捷克法律规定，凡是开发自然资源、开发项目、建造或拆除构筑物（包括住宅项目、物流中心、花园式办公区和园林化购物中心）或者将生产和制造工艺、产品或材料引进捷克的，均需依照适用的环保法律从事该等活动。这就意味着从事这类活动的经营者首先要获得相应的许可（例如，与建立并运营空气污染源、水处理设施、废物与化学物质的处理有关的许可），并应遵循许可证中载明的条件。

此外，捷克法律还规定，特定类型和规模的项目或者对环境具有重大影响的项目，只有在完成了环境影响评估并取得综合污染防控规则项下的必要许可（如适用）之后方可实施。

废物的处理、运输和处置主要受捷克《废物处理法》（法律汇编第185/2001号法）的规制，其中包括危险废物、油类、电池、蓄电池、PCB（印制电路板）、石棉等的处理。捷克《废物处理法》和相关法规还沿用了《关于废弃电气电子设备（"WEEE"）的第2012/19/EU号欧盟指令》和《关于限制在电气电子设备中使用某些有害物质（RoHS）的第2011/65/EU号欧盟指令》中的相关规定。关于制造商和进口商在电气电子废弃物的标签、收集和回收方面的义务（包括向环境部提供财务担保并在该部登记）的废弃电气电子设备的规则于2005年在捷克生效。2014年10月生效的捷克《废物处理法》修正案，为将电气电子设备引进捷克市场的某些外国实体，确立了委任该规则指定代表的义务，该代表仅可由位于捷克境内的某一公司或企业主类自然人出任。

就污染控制而言，在遵守适用法律中规定的某些特别条件的前提下，"污染者付费"的原则普遍适用于水、地下水和土壤污染以及不同环境因素（空气、森林、动植物）所受的其他损害。上述内容反映了这样一个事实，即依照捷克法律，环境责任通常具有相同的特征，而且通常是基于与《民法典》规定的损害赔偿责任相同的原则。考虑到上述因素，《第2004/35/EC号欧盟环境责任指令》［通过《环境损害防治法》（法律汇编第167/2008号法）纳入捷克法律］的执行并未给捷克的环境责任规定带来重大改变。事实上，该指令乃是基于"污染者付费"这一相同原则，且在纳入捷克法律之后得到了进一步强化。如今，某些工业经营者会因其经营造成的环境损害而被追究严格责任，而且在发生最糟糕的环境损害时，其须就可能发生的费用提供财务担保。

2012年捷克又通过了三部新的相关法律，即：（1）《碳捕获与碳储存法》（法律汇编第85/2012号法，以下简称《碳捕获储存法》）；（2）《大气保护法》（法律汇编第201/2012号法）；（3）《获支持能源法》（法律汇编第165/2012号法）。2016年中，议会通过了新的《核能法》（法律汇编第263/2016号法）；该法于2017年1月1日生效。

《碳捕获储存法》为在中欧地区的碳捕获与碳储存项目提供了新的机遇，考虑得最多的储存场地是（位于北波西米亚的）地下蓄水层和（位于南摩拉维亚的）已枯竭的油田和可燃天然气田。但是，只有到2020年1月1日才允许在捷克境内储存，因此，《碳捕获储存法》只是表明了将来可以在何种条件下捕获二氧化碳并将其储存在地下岩层中。

另一方面，新的《大气保护法》带来了能够减少行政管理程序并且立即生效的多种变化，例如限定污染物的范围和取消金额低于 5 万捷克克朗的污染费。除此之外，各地方还获得了在某些情况下设置"低排放区域"的新权限。这些区域实行更加严格的污染防控制度，例如，只允许符合所规定的污染限值的车辆进入。

《获支持能源法》旨在促进以可再生能源和二次能源生产电力和热力的做法，并支持运用生物气进行热电联产的做法。根据《获支持能源法》，分散的电力生产者（如屋顶上的太阳能电池板、小型风轮机）可以获授某些奖励。

根据《私有化法》（法律汇编第 92/1991 号法），就私有化项目和私人投资者收购国有财产的交易而言，捷克法律还确认了一类特殊的环境损害。在某些私有化项目中，政府可能会作出决定，规定财政部（2006 年 1 月 1 日之前称为国家财产基金）必须与私有化资产的私人收购者签订一份赔偿协议。其结果是，财政部就资产私有化之前产生的环境负债的清偿给收购者提供赔偿保障。环境整治工程的范围由捷克环境检查局根据专项审查的结果予以确定。

此外，《温室气体排放配额交易条件法》（法律汇编第 383/2012 号法）执行了欧盟排放交易机制（ETS）。在某些情况下，一直到 2020 年为止，有些配额仍可免费分配；而在其他情况下，作为一项默认规则，配额实行拍卖制度。配额拍卖所得构成国家预算收入，除非法律另有规定，该等收入应被用于为温室气体减排活动提供融资、支持产业创新，以及旨在提高建筑物能效的措施等。

最后，关于化学物质的管理，捷克直接适用化学物质须经欧洲化学品管理局注册、评估和许可的《关于化学品注册、评估、许可和限制的第

1907/2006/EC 号欧盟条例》（REACH），这一规定影响到 1000 种左右的化学物质，并在处罚方面以《化学品法》（法律汇编第 350/2011 号法）对其作出补充。2015 年，《化学品法》中与化学品的分类、包装和标签有关的实质部分被废止，因此，对化学物质的规制仅适用《关于物质和混合物的分类、标签和包装的第 1272/2008/EC 号欧盟条例》（CLP）项下的规则。此外，2016 年还通过了一部与欧盟立法保持一致的新《杀虫剂法》（法律汇编第 324/2016 号法）。

# 七、竞争规则

关于竞争的捷克法律旨在保护经济竞争不受妨碍、限制和其他偏离。竞争法适用于对捷克市场产生或可能产生影响的所有活动或行为，其中包括发生在捷克境外但对捷克国内市场产生实质影响的交易。

《经济竞争保护法》（以下简称《竞争法》）适用于捷克有关机构按照《欧盟运作条约》（TFEU）第 101 条和第 102 条进行的调查和程序以及与欧盟委员会和其他欧盟机构开展的某些方面的合作。《竞争法》适用于个人和法律实体（或其联合体），只要他们（不论是不是企业主）通过从事经济活动的方式参与竞争或者可能会通过其活动对竞争施加影响。

一般而言，反垄断立法禁止下列各项行为：

### 1. 限制经济竞争的协议

此种协议包括横向协议（供应链中同级竞争对手之间的协议）和纵向协议（上游或下游市场上的竞争对手之间的协议）。反竞争的横向协议通常包括：固定价格协议、限产协议、限制其他竞争对手进入市场的协议、按照区域或客户群分割市场的协议以及搭售协议。除非是在《竞争法》豁免之列，否则不得签订导致或者可能导致竞争被扭曲的协议。例如，（1）属于欧洲共同体集体豁免条例范围内的协议,如某些纵向协议、研发协议、技术转让协议、保险合同、旅客运价和机场时隙分配的协商、汽车经销与服务合同;(2)满足个别豁免条件的协议。如果促进竞争的作用超过了对竞争的负面影响。某些协议被视为对竞争不构成明显限制,例如在相关市场上的合并份额不超过10%(就横向协议而言)和15%(就纵向协议而言)的协议。因此,除非包含核心限制,否则此等微乎其微而可忽略不计的(de–minimis)协议并不危害竞争。

### 2. 滥用支配地位

滥用市场支配地位的常见例子包括:施加不公平的条件,将接受补充履行作为订立合同的条件;对同类交易采用不同的条件,限制生产以致损害消费者的利益;以不公平的低价提供和销售商品;在若无使用机会竞争对手就无法参与竞争的情况下,拒绝向竞争对手提供使用经销网络或者其他基础设施的机会。如果一家企业所拥有的市场势力使该企业能在很大程度上不依赖于其他企业或消费者而独立行事,则该企业即被视为具有市场支配地位。就此而言,如果一家企业的任何特定产品或服务所占的市场份额低于40%,则该企业即不被视为在该产品或服务市场上拥有市场支配地位。然而,如果市场份额超过了50%,则意味着一般会被推定为具有支配地位。如果经济竞争保护局(OEC)发现出现了滥用市场支配地位的情形,则其会以一项裁定来认定该事实的存在,禁止日后再有此种行为,并对滥用市场支配地位的企业处以罚款。

### 3. 未经经济竞争保护局批准的经营者集中

存在下列情形的任何吸收合并、新设合并或收购均须经经济竞争保护局批准:(1)在上一个会计期间,各相关企业在捷克的累计境内营业额超过了15亿捷克克朗,而且,其中至少有两家相关企业的境内营业额超过了2.5亿捷克克朗。(2)在上一个会计期间,①所合并的企业中至少有一家,

②被收购的企业或其部分，③所收购的业务，④成立合营企业的至少一家实体；在捷克的境内营业额超过了 15 亿捷克克朗，且另一相关企业的全球营业额超过了 15 亿捷克克朗。就此而言，如果申请人能够证明相关交易不会对有效竞争构成重大障碍（尤其是不会通过形成或加强某一相关企业的支配地位而构成此种障碍），则经济竞争保护局有权对相关集中作出批准。在获得经济竞争保护局的批准之前，不得实施上述交易行为。例如，在股份收购交易中，除非经济竞争保护局明确批准，否则收购者不得对被收购的实体行使控制权。

对于违反《竞争法》的行为，经济竞争保护局可对相关竞争对手处以金额最高可达上一个日历年度全球营业额的 10% 的罚款。如果未进行强制性申报，经济竞争保护局亦会责令采取补救措施，例如，将所收购的股份或业务转回给原所有人。

# 八、产品安全与消费者保护

## （一）一般规定

在捷克，一般产品安全规则规定主要见于《关于一般产品安全的第 102/2001 号法》（以下简称《一般产品安全法》）中，该法于 2001 年 7 月 1 日生效。《一般产品安全法》有效地将《欧盟一般产品安全指令》（编号为 2001/95/EC，以下简称《一般产品安全指令》）所做规定的实质内容纳入到捷克立法中。

《一般产品安全法》适用于拟供消费者使用并可合理预见将会被消费者使用的所有产品。《一般产品安全法》给生产者施加了只销售安全产品的一般义务。如果某一产品的质量符合欧盟或国家的适用技术规范的要求，则该产品在《一般产品安全法》项下即被视为属于安全产品。除了制造商的义务之外，《一般产品安全法》还规定，在经销商已经知悉或者根据他们所掌握的信息和专业知识可以预期某一特定产品并不符合相关的产品安全要求的情况下，其不得销售该产品。

## （二）特种产品

除了《一般产品安全法》中的一般规定（沿用了《一般产品安全指令》的规定）之外，捷克还在施行关于特种产品的多部产品安全特别法规（该等特别法规以列表的形式在《一般产品安全法》中列明），其中主要包括：

表5 特种产品类别类目

| 产品类别 | 相关法律 | 监督管理机构 |
| --- | --- | --- |
| 可能对公众健康/或安全、财产、环境或其他公共利益构成危害的产品 | 法律汇编第22/1997号法 | 捷克贸易检验局或者某一特别法规定的其他机构 |
| 药品 | 法律汇编第378/2007号法 | 国家药品管制所、国家兽医用生物制剂和药品管理所 |
| 医疗设备 | 法律汇编第268/2014号法 | 国家药品管制所、卫生部 |
| 食品和烟草制品 | 法律汇编第110/1997号法 | 捷克农业和食品检验局 |
| 饲料 | 法律汇编第91/1996号法 | 中央农业监督检验所 |
| 肥料 | 法律汇编第156/1998号法 | 中央农业监督检验所 |
| 化学品 | 法律汇编第350/2011号法 | 捷克环境检查局 |

续表

| 产品类别 | 相关法律 | 监督管理机构 |
| --- | --- | --- |
| 枪支弹药 | 法律汇编第119/2002号法 | 捷克枪支弹药检验所 |
| 化妆品 | 法律汇编第258/2000号法 | 地区卫生站、卫生部 |
| 玩具 | 法律汇编第258/2000号法和法律汇编第86/2011号条例 | 地区卫生站、卫生部 |

然而，在上述法律未作特别规定的范围内，《一般产品安全法》中的一般产品安全规定仍然适用于特种产品。

### （三）消费者保护

在有关向捷克境内消费者销售的产品的信息提供方面，进口商、制造商和销售商所承担的一般义务规定在《消费者保护法》（法律汇编第634/1992号法，以下简称《消法》）中。在以书面形式向消费者提供《消法》强制提供的信息时，必须使用捷克语。

根据捷克法律的规定，产品必须标有制造商或进口商的身份识别信息，但不要求在产品包装上反映该产品是在哪个国家制造的。

向消费者出售的产品的保修问题在捷克《民法典》中已经作出规定。新《民法典》于2014年1月1日生效，除了已在前《民法典》中载明的规则之外，新《民法典》还规定了某些其他权利和义务，将欧洲议会和理事会关于消费者权利的第2011/83/EC号指令纳入捷克法律中，从而确保达到更高的消费者保护水平。

根据新《民法典》的规定，卖方（即在其经营范围内行事的个人或法律实体）应对其出售给消费者的货物在消费者签收货物后的24个月内出现的任何缺陷承担责任，但《民法典》另有规定的情形除外（例如，由于存在缺陷而以较低价格出售的货物）。此外，《民法典》中规定的卖方对消费品缺陷的责任不得以买卖双方之间的约定予以排除或限制（但属于旧消费品的情形除外，在此种情形下，因性能缺陷而产生的权利的行使期限可以减至一半）。不过，此等责任可以通过合同予以扩展。

# 波兰投资法律指南

# 一、概述

波兰的正式名称为波兰共和国,位于欧洲中部,西接德国,南接捷克和斯洛伐克,东临俄罗斯、乌克兰、白俄罗斯和立陶宛,北临波罗的海并与俄罗斯飞地加里宁格勒州接壤。另外,波兰还与丹麦和瑞典共享一个海上边界。波兰人口主要集中在大城市(包括波兰历史上的首都克拉科夫和当前的首都华沙)。除华沙和克拉科夫外,波兰的其他主要城市包括罗兹、弗罗茨瓦夫、波兹南、格但斯克和什切青。波兰由16个省组成。波兰是以下组织的成员国:欧盟、北约、联合国、世界贸易组织、经济合作与发展组织(OECD)、欧洲经济区、国际能源署、欧盟理事会、欧洲安全与合作组织、国际原子能机构、G6集团、波罗的海国家理事会、维谢格拉德集团、魏玛三角和申根协定。

| 概　览 ||
|---|---|
| 货币 | 兹罗提(PLN) |
| 首都 | 华沙 |
| 官方语言 | 波兰语 |

## (一)民族和语言

目前,波兰的常住人口中绝大部分为波兰籍,波兰官方认可的少数民族有9个,例如,德意志、乌克兰、白俄罗斯、立陶宛、犹太族和斯洛伐克族等。

波兰语是波兰的官方语言，属于斯拉夫语系的西斯拉夫分支。

波兰人绝大多数是罗马天主教徒。波兰人口中有90%信奉罗马天主教，其中又有70%忠实虔诚地遵守天主教的传统习俗，其余人口主要信奉东正教或基督教新教。

## （二）政府、政治和法律制度

波兰是一个民主国家，国家元首是总统，波兰现行《宪法》于1997年制订。波兰政府的结构以一个由总理为主导的部长会议为中心。总统根据总理的提名任命内阁成员，而总理从两院制国会的下院多数党成员中产生。波兰每5年举行一次总统大选，现任总统是安杰伊·杜达。2015年大选后，杜达取代布罗尼斯瓦夫·科莫罗夫斯基总统，并在2015年8月6日宣誓就职后正式担任总统职务。波兰现任总理是贝娅塔·希德沃，是波兰历史上第三位女性总理。波兰前总理唐纳德·图斯克从2014年12月1日起担任欧盟理事会主席一职。波兰选民选出一个由众议院（460名成员）（Sejm）和参议院（100名成员）（Senat）组成的两院制议会。众议院依据席位分配法（该方法与很多议会政体所采用的方法相似）采用比例代表制选出。参议院则采用简单多数（First-past-the-post）选举方法选出，在100个选区中每个选区选出一名参议员。

除少数民族政党外，只有在全国大选中至少取得总票数5%的政党候选人才可以进入众议院。众议院和参议院的成员参加联席会议时，即组成国民大会（Zgromadzenie Narodowe）。国民大会在以下3种情况下组成：新总统宣誓就职时；向国家法庭（Trybunał Stanu）提交弹劾总统的提案时；宣布总统因其健康状况永久失去行使总统职权的能力时。迄今为止，仅出现过第一种情况而组成国民大会。

司法机构在决策中起到重要作用，主要的司法机构包括：波兰最高法院（Sad Najwyższy）；波兰最高行政法院（Naczelny Sad Administracyjny）；波兰宪法法庭（Trybunał Konstytucyjny）；波兰国家法庭（Trybunał Stanu）。经参议院批准，众议院可以任命巡视官或民权保护专员（Rzecznik Praw Obywatelskich），任期为5年。巡视官负责保障波兰公民和居民的权利及自由，以及法律和有关社区生活和社会正义的原则的贯彻和执行。

### （三）地区和行政结构

从1999年开始，波兰实行三级行政划分。波兰领土划分为多个省（voivodeships），每个省再进一步划分为县（powiats），然后县再被划分为乡或市（gminas）。多数城市通常同时具有县和乡的地位。目前波兰有16个省、314个县（还有66个具有县级地位的城市）以及2477个乡。

当前的行政体系是根据波兰议会于1998年通过的一系列法案引入的，并于1999年1月1日生效。之前（在1975年至1998年期间）有49个更小的省且没有县（参见"波兰行政区划"部分）。改革后设立了16个更大的省（多数基于历史区域并按历史地名命名），并重新引入了"县"的概念。

如今每个省的边界并不总是能反映波兰各个区域曾经的历史边界。西里西亚省大概有一半的面积属于历史上的小波兰省。同样，拉多姆周边的区域虽然历史上是小波兰的一部分，目前却位于马佐夫舍省。另外，现在滨海省的范围只包括历史上的滨海省的东端以及其外围区域。

目前波兰被划分为16个省，即"voivodeships"（波兰语：województwa，单数形式：województwo）。省级行政权力在一名政府任命的省长（称为voivode，通常是政务官）、一个选出的大会（称为sejmik）以及该大会选出的一个行政机构。该行政机构的负责人称为marszałek。

**表1　波兰各省名录**

| 序号 | 名称 | 省会 |
| --- | --- | --- |
| 1 | 下西里西亚省 | 弗罗茨瓦夫 |
| 2 | 库亚瓦滨海省 | 比得哥什和托伦 |
| 3 | 罗兹省 | 罗兹市 |
| 4 | 卢布林省 | 卢布林 |
| 5 | 鲁布斯省 | 大波兰地区戈茹夫和绿山城 |
| 6 | 小波兰省 | 克拉科夫 |
| 7 | 马佐夫舍省 | 华沙 |
| 8 | 奥波莱省 | 奥波莱 |
| 9 | 喀尔巴阡山省 | 热舒夫 |
| 10 | 波德拉斯省 | 比亚维斯托克 |
| 11 | 滨海省 | 格但斯克 |
| 12 | 西里西亚省 | 卡托维兹 |
| 13 | 圣十字省 | 凯尔采 |
| 14 | 瓦尔米亚马祖尔省 | 奥尔什丁 |
| 15 | 大波兰省 | 波兹南 |
| 16 | 西滨海省 | 什切青 |

每个省划分为多个小的单位，称为县（powiats）。每个省下辖的县的数量从12（Opolskie Voivodeship）到42（Mazowieckie Voivodeship）个不等。这包括正式的县（即乡村县，波兰语：powiaty ziemskie）和具有县级地位的城市（即市辖县，波兰语：powiaty grodzkie，更正式的叫法是 miasta na prawach powiatu）。乡村县设一个选举委员会（rada powiatu），由选举委员会选出执行机构及其负责人。在市辖县，这些机构的职能由该市自己的委员会和执行机构履行。

行政区划的第三级为乡（gmina，也称公社或自治市）。县通常被划分成多个乡（3到9个），而对市辖县不做划分，是单一的乡。乡可以分类为城市（由镇或市组成）、城郊（由镇及周围村庄和乡村组成）或农村（不包含镇）。乡设一个选举委员会和一名直接选举产生的乡长（在较大的镇被称为 prezydent，在大多数城市和城郊乡称为 burmistrz，在农村乡称为 wójt）。

乡通常再被划分为更小的区划，这些区划被称为镇区（osiedle 或 dzielnica）和农村地区（sołectwo）。但是，这些区划不是很重要，在行政地位上从属于乡。

## （四）宪法法庭

宪法法庭是一个独立的国家宪法机构。建立宪法法庭是为了解决国家机构活动宪法合规性方面的争议，它的主要任务是监督成文法律是否符合宪法。

宪法法庭负责判定法律和国际协议的宪法合规性以及核准法律和国际协议，并负责裁定涉及中央宪法机构权力的争议以及裁定各政党的宗旨和活动的宪法合规性。宪法法庭还负责对涉及宪法的申诉作出裁定。

宪法法庭由 15 名法官组成，这些法官由众议院（波兰议会）选出，任期为 9 年，并具有充分的独立性。宪法法庭是确保国家依法治国的权威保障之一。

## （五）最高行政法院

对于行政案件，例如个体公民（或私人法人）与行政机构间的案件，由最高行政法院（Naczelny Sad Administracyjny）作出最终判决。该法院处理来自下一级行政法院（也被称为省级行政法院）的上诉案。最高行政法院分为三个法庭：金融庭、经济庭和一般行政庭。

## （六）经济

波兰的高收入经济，常被认为是中东欧国家中最为健康的经济表现之一，并且目前是欧盟中经济增长最快的国家之一。波兰有强劲的国内市场，有较低的私人债务水平，有自由兑换的货币，并且波兰不依赖于单一的出口行业。因此，波兰是唯一一个在2000年经济衰退中幸免的欧洲经济体。波兰是欧盟第七大经济体，并且就人口和GDP（国内生产总值）总额而言，波兰是中欧最大的消费市场。波兰的经济总量在过去十年内增长超过了40%，并且预计会有进一步的强劲增长。

2015年，即使在外部条件不利的情况下，波兰经济的增长步伐也相当快，GDP增长3.6%，高于2014年的3.3%，这一增长水平与欧盟其他国家相比仍具有相当的吸引力和竞争力。

2015年，波兰经济增长主要是靠消费和投资推动的，当然外部需求也有一定作用，但是份量比较小。劳动力市场内的活跃人数出现增长，失业率下降到个位数水平（2015年为9.8%）。2014年，波兰经济出现了通货紧缩加重的情况，这在很大程度上是由全球能源价格下降造成的。

波兰的银行业是波兰金融市场最大、最为成熟的一个细分行业，也是中东欧地区最大的行业，其监管机构为波兰金融监管局。在向市场经济转变的过程中，政府将一些银行私有化，并调整了一些其他银行的资本结构，并引入了使银行业更具竞争力的法律改革措施。这些举措吸引到了很多的外国战略投资者。波兰的银行业包含约5家内资银行、约600家合作银行组成的一个网络以及18家外资银行分支机构。另外，外国投资者在约40家商业银行中持有控股权益，在银行业资本中占到68%。由于资本要求、新的地方税务制度和技术提升，银行业在最近几年出现了合并的趋势。

1. 通货膨胀

在1989年后的很长一段时间内，波兰都面临着通胀的问题。但是，自2014年年中起，却出现了通缩的迹象。

2015年，国内平均消费者价格指数下降了0.9%，与预算法案中规定的相比，这个数字低了2.1%，这很大一部分是由于运输成本下降（下降0.8%）和服装鞋帽价格下降（下降1%）造成的，这两项价格的下降分别导致平均消费者价格指数下降了0.07%和0.05%。

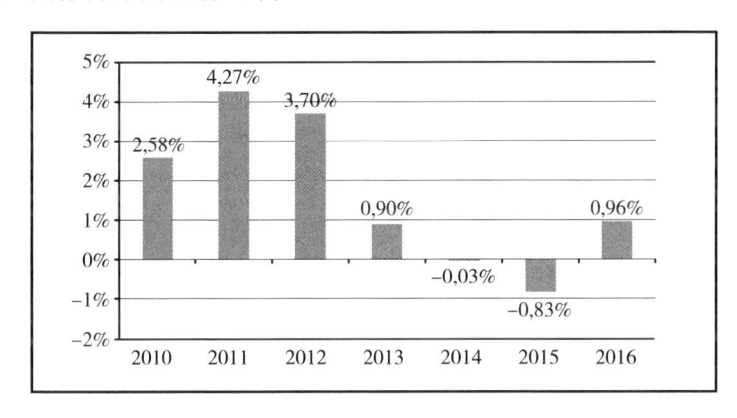

图1 2010年至2016年波兰通胀率（环比）[①]

2. 失业

截至2016年1月底，波兰登记失业率为10.3%。简而言之，失业人数为160万人。瓦尔米亚马祖尔省的登记失业率最高（为17%），大波兰省的登记失业率最低（为6.5%）。2016年2月，私营行业的平均月度薪酬为4138波兰兹罗提（约合961欧元）。根据波兰中央统计局（GUS）的统计数据，2015年第4季度全国的月度平均总薪酬为4067波兰兹罗提。在预算范围内（即公共范围和自治范围相加），平均薪酬为3900波兰兹罗提。同样根据波兰中央统计局的统计数据，工业劳动生产率（以每一名员

---

[①] 来源：国际货币基金组织（IMF）。

工出售产品之价值来衡量）在 2015 年全年提高了 3.3%，就业率在 2015 年提高了 1.5%，而月度平均总薪酬提高了 2.6%。

### 3. 预算

根据财政部的消息，2016 年的预算赤字不会超过 2.8%，即 547 亿波兰兹罗提。收入预计将达到 3137 亿波兰兹罗提，支出将达到 3685 亿波兰兹罗提。

### 4. 劳动力成本

根据波兰信息和外商投资管理局（PAIiIZ）数据，欧盟 28 国 2014 年的平均每小时劳动力成本预计为 24.6 欧元。但是，这个平均数据掩盖了欧盟成员国之间的严重差异，欧盟各国的每小时劳动力成本范围在 3.8 欧元（保加利亚）和 40.3 欧元（丹麦）之间。在波兰，每小时劳动力成本为 8.4 欧元。2015 年，波兰的最低小时工资提高了 3.5%。在所有中欧、东欧国家中，波兰记录的名义上的最低工资是最高的，达到 409.53 欧元。

### 5. 公司实体

波兰被公认为中欧地区的强大经济体，中欧范围内（收入规模）最大的 500 家公司有大概 40% 位于波兰。波兰最具竞争力的公司都是 WIG30 指数的成员，并都在华沙证券交易所上市。

知名的波兰品牌包括：KGHM（银和铜金属生产商），PKN Orlen（石油），E. Wedel（食品），PKO Bank（最大的波兰银行），PKP（铁路），PZU（保险）和 LOT 波兰航空公司。需要指出的是，私营部门的公司有很大的发展，并越来越吸引全球的目光。这些公司包括（但不仅限于）：InPost（邮政服务行业的创新企业），Inglot（彩妆），PESA and Solaris（铁路运输和公共交通），LiveChat（设计电脑系统—通信解决方案），Comarch（电脑软件生产商）和 CD Projekt（电脑游戏生产商，最出名的一款游戏为"The Witcher"）。

波兰的经济被公认具有巨大的发展潜力。波兰经济的增长速度快于早前领先波兰的那些经济体（如瑞典和比利时），并一度跃升至第七位，排在荷兰之后。自1989年圆桌协议后，波兰的外商直接投资力量一直比较强劲。当然，波兰的经济也存在着一些问题，要想进一步取得成功，很大程度上取决于能否建立一个对国内和国外投资者而言都适宜的经济环境。

## 二、外商投资

在过去的20年中，波兰管辖商业活动的法律发生了重大的变化。2001年1月1日，新的《2000年商业公司法案》生效，2004年8月21日，新的《自由商业活动法案》生效。另外，随着对商业公司法律修订案（实施简单股份公司的新形式）的编制以及用于代替《自由商业活动法案》的《商业宪章》的编制，还将有一些新的变化。上述法案的最终版本仍未确定。

在波兰开展商业活动，法律实体可采用以下形式：

· 股份公司（spółka akcyjna – S. A.）。

· 有限责任公司（spółka z ograniczona odpowiedzialnościa – sp. z o. o.）。

· 登记合伙企业（spółka jawna – sp. j.）。

· 有限合伙企业（spółka komandytowa – sp. k.）。

· 专业合伙企业（spółka partnerska – sp. p.）。

· 股份有限合伙企业（opółka komandytowo – akcyjna – S. K. A.）。

· 普通合伙企业（spółka cywilna）。

· 分支机构（oddział）。

· 代表处（przedstawicielstwo）。

· 独资企业（indywidualna działalność gospodarcza）。

上述法规是波兰法律与欧盟法律标准协调的结果,尤其是针对国民待遇和服务自由流动的原则所作的协调。

### (一)在波兰经商的形式

#### 1. 公司

公司成立和运营的基本方面受到《2000年商业公司法案》的管辖,该法取代了之前的《1934年商业法案》。关于企业主(przedsiębiorcy)、企业名称(firma)和商业代表(prokura)的条文已经被纳入《民法典》。

有限责任公司和股份公司是波兰最主要的两种公司形式,并且实质沿用了德国的模式。两者都具有法人资格,并且股东的经济责任都以其股权出资额为限。这两类公司中的股份可自由转让,除非其组织文件另行规定。

在这两类公司的主要法律差异中,有两个基本差异。第一,股份公司的股本可向公众筹措,而有限责任公司不得进行公开股份发行。第二,股份公司的股份以股份证明的形式发行,而有限责任公司发行股份证明是被禁止的。

对有限责任公司要求的股本金额最低不得少于5000波兰兹罗提,而股份公司为10万波兰兹罗提。因此,所有新设立公司的股本分别不得低于5000波兰兹罗提和10万波兰兹罗提。

外国投资者可通过现金出资或非现金出资方式对公司股本出资,也可采用债转股和股息再投资方式进行股权出资。

波兰公司的结构对商人来说并不陌生。每家公司的日常管理均由管理委员会负责。有些行动必须由股东通过决议批准。另外,由公司股东选出的履行非执行职能的监事会必须对股份公司的管理实施监督。在有限责任公司设立监事会通常是非强制性的,只有在公司有超过25名股东且公司股本超过50万波兰兹罗提的情况下，设立监事会才是强制性的。一般情况下，与股份公司相比，有限责任公司需要办理的手续和需要实施的外部监控都更少。例如，有限责任公司只有在某些情况下才必须对其资产负债表和年度报表进行外部审计，而对股份公司而言，必须每年进行一次外部审计。公司的登记分两个阶段。第一阶段，股东在公证人面前以公证契据的形式签署章程（若为有限责任公司）或组织文件（若为股份公司），届时所谓的"组建中"的公司即告设立。章程或组织文件连同其他文件（包括关于已设立公司治理机构的证据、一份关于股本已以现金或实物全额缴交的声明以及关于委任公司授权代表的委任同意书等）随后提交给国家法院登记处。第二阶段，法院审核这些文件并签发是否同意登记的决定。如果同意登记，法院即会在国家法院登记处商业登记系统中对公司进行登记。

"组建中"公司的义务由公司及代表公司行事的人士共同履行。另外，"组建中"公司的股东对公司义务承担连带责任，以该股东已同意认购但尚未缴交的股份之价值为限。但是，在公司登记后，公司可以解除股东对公司在"组建中"这一期间产生的责任。

在登记后，公司的义务由公司独立承担，在某些情况下，公司管理委员会成员也需要承担。公司股东通常不对公司负任何责任，包括债务，也就是说，不存在"刺破公司面纱"责任这一概念。

在登记后，如果提交给法院的或登记系统摘录中显示的文件有任何修改，每家公司均有义务将这些修改告知法院。这是因为，第三方已被推定知悉在国家法院登记处登记的信息。公司章程或组织文件有任何修订，或公司治理机构组成、公司股东或公司地址有任何变化，此类信息必须告知法院。另外，公司必须在官方的法院和经济公报（Monitor Sadowyi Gospodarczy）中发布特定的公告。

自2012年1月1日起，根据《2000年商业公司法案》的规定，任何人都可以通过互联网在24小时内设立一家有限责任公司。在创建一个账户、提供某些个人资料和取得由登录名及密码组成的电子签名（或以有效的合格证明验证的安全电子签名）后，即可使用该流程。

根据该流程，无须以公证契据形式（基于司法部制定并提供的一个电子模板）签署章程就可设立一家有限责任公司。但是，请注意，这种格式的章程的措辞只能作为基础，将来的任何修订仍需要采用公证契据的形式。

对于向公司初始股本进行现金出资而言，登记手续也已经简化。根据快速通道流程，公司初始股本并不一定需要在国家法院登记处对公司进行登记之前缴交，而是可以在登记后再缴交。

此外，公司不会再有"组建中"这一状态，因为一旦申请提交给国家法院登记处且支付法院费用，申请表单即转入国家法院登记处并同时进行登记。

按照标准流程需要提供的大部分资料均应当通过互联网导入。但是，某些文件（例如关于已向公司初始股本现金出资的确认书、对管理委员会成员的委任同意书等）必须在登记日期后7天内以纸质形式提交给国家法院登记处。

采用这一流程使得通过有限责任公司设立商业活动变得更为简单。另外，通过互联网设立有限责任公司有助于减少成本，因为法院费用以及在官方法院和经济公报中作出公告的费用都更低，而且不会涉及公证费用。

**2. 合伙企业**

波兰有以下几种形式的合伙企业：

·登记合伙企业（spółka jawna – sp. j.）。

·有限合伙企业（spółka komandytowa – sp. k.）。

·专业合伙企业（spółka partnerska – sp. p.）。

·股份有限合伙企业（spółka komandytowo – akcyjna – S. K. A.）。

以上清单中最后两种形式是《2000年商业公司法案》引入的新投资工具。这两种合伙企业都不具有法人资格，而且每一普通合伙人的责任（除某些特例外）均由个人承担且不受限。只有在章程允许的情况下合伙企业中的股份才可以转让。有些合伙企业（例如登记合伙企业和有限合伙企业）可以按照在线设立股份公司和有限责任公司时所适用的类似条款在线设立。

登记合伙企业是最简单的一种合伙形式。登记合伙企业通过合伙人以普通书面格式签署章程的方式设立，不需要采用公证契据的形式。在这之后，章程以及其他文件（包括合伙人的姓名或企业名称、合伙企业授权代表的姓名以及其委任同意书及合伙企业地址等）提交给国家法院登记处。法院会审核这些文件并签发是否同意登记的决定。普通合伙企业可以申请作为登记合伙企业在国家法院登记处登记。一旦登记，合伙企业即告设立。

登记合伙企业由所有合伙人或由若干或一名合伙人管理，具体以章程中的规定为准。登记合伙企业也可以由第三方管理。但是，在委托第三方管理登记合伙企业时不能将合伙人全部排除在外。每一合伙人均有权单独代表合伙企业行事，除非章程另有规定。每一合伙人均应以其全部资产不设限制地与其他合伙人及合伙企业共同对合伙企业的义务承担连带责任。但是，只有在针对合伙企业资产进行的强制执行程序证明无效的情况下，才可以针对合伙人的资产开展强制执行程序。登记合伙企业一旦登记即告设立。

有限合伙企业是登记合伙企业和有限责任公司的混合体。有限合伙企业有两类合伙人：至少一名对合伙企业的义务承担无限责任的合伙人（普通合伙人），以及至少一名承担有限责任的合伙人（有限合伙人）。有限合伙人的责任以章程中所示的特定金额（suma komandytowa）为限。

就合伙企业的管理和代表而言，合伙人的权力可以有差异。普通合伙人的身份类似于登记合伙企业中的合伙人职务，而有限合伙人仅可作为授权代理人代表合伙企业。

有限合伙企业的设立流程类似于登记合伙企业。但是，章程需要采用公证契据的形式。之后，有限合伙企业的章程连同其他文件（包括所有合伙人的姓名或企业名称、有限合伙企业授权代表的姓名、委任同意书、关于章程所示的特定金额的信息以及合伙企业的地址等）提交给国家法院登记处。有限合伙企业一旦登记即告设立。

专业合伙企业在波兰公司法律中属于一个全新的概念，它沿用了美国特拉华州的模式。专业合伙企业与登记合伙企业相比有两个主要的特征：（1）只有私人执业者（例如律师、医生、建筑师、审计师等）才可以设立专业合伙企业；（2）合伙人责任的范围。

除非章程另有规定，专业合伙的每一合伙人均有权管理合伙企业。但是，章程可以依据有限责任公司管理委员会的模式设立一个管理委员会，由该管理委员会（而不是由合伙人）负责管理和代表合伙企业。所有合伙人均对合伙企业的责任以及与其作为私人执业者工作相关的责任承担个人的、无限的责任。应当强调的是，除非章程另有规定，合伙人对于与其他合伙人的专业操作及其下属的行为相关所产生的合伙企业义务不承担责任。

专业合伙企业的设立分两个阶段。第一阶段以书面格式签署章程。之后，章程连同其他文件［包括合伙人的姓名、担任合伙企业授权代表的合伙人姓名或管理委员会（若已设立）成员的姓名、其委任同意书、普通合伙人的姓名、确认所有合伙人专业资质的文件、合伙企业地址等］提交给国家法院登记处。第二阶段法院会审核这些文件并签发是否同意登记的决定。一旦登记，合伙企业即告设立。

股份有限合伙企业是波兰公司法项下一种新的合伙企业类型，具有有限合伙企业和股份公司的双重特征。这是唯一一种需要满足最低股本要求（即5万波兰兹罗提，也可以公开募集）的合伙企业形式。此类合伙企业的股份以股份证明的形式发行。在股份有限合伙企业中有两类合伙人：至少一名承担无限责任的合伙人（普通合伙人），以及至少一名承担有限责任的股东。

股份有限合伙企业的设立和运作，部分受到有关有限合伙企业的条文的监管，部分受到有关股份公司条文的监管。

股份有限合伙企业没有管理委员会：所有承担无限责任的合伙人均负责管理和代表合伙企业，除非组织文件另有规定。股东只能作为授权代理人代表合伙企业。某些行动可能需要合伙人和股东会议（以下简称"股东大会"）的同意。另外，由合伙人和股东通过股东大会选出的、履行非执行职能的一个监事会可以对股份有限合伙企业的管理实施监督。一般情况下，设立监事会不是强制性的，但是如果合伙企业股东超过25名，那就必须设立监事会。

股份有限合伙企业的设立分两个阶段。第一阶段所有承担无限责任的合伙人以公证契据的形式在公证人面前签署组织文件。之后，组织文件连同其他文件［包括关于已设立监事会（如适用）的证据、一份关于股本已以现金全额缴交或已取得实物形式的出资的声明、普通合伙人的姓名或企业名称，股份有限合伙企业授权代表之姓名、股份类别、合伙企业地址等］提交给国家法院登记处。第二阶段法院审核这些文件并签发是否同意登记的决定。一旦登记，合伙企业即告设立。

针对所有类型合伙企业的其他申请、申报和正式公布要求，与适用于有限责任公司和股份公司的那些要求是相同的。

3. **分支机构**

《自由商业活动法案》和《国家法院登记法》规定了关于设立分支机构的流程和要求。

对于可以基于经济活动自由而自由行事的外国人而言，其可以按照互惠原则设立分支机构。互惠原则是指按照对待波兰的商业实体的相同方式来对待在外国的商业实体，无论是事实上还是依据国际协议。这一原则可能会在波兰与其他国家之间签订的、关于支持投资和相互保护投资的双边条约中规定。

互惠原则不适用于来自欧盟成员国、不属于欧盟的欧洲经济区成员国的外国人以及来自特定国家（这些国家不是欧洲经济区协议的缔约国）且根据该国与欧洲共同体及其成员国间的协议可自由设立机构的外国人。在设立外国公司的分支机构之前，有必要核实该外国公司来自的国家是否在互惠原则所覆盖的范围内。

拟在波兰设立分支机构的外国公司与波兰公司的待遇是相同的。唯一的一个正式要求是，分支机构须在国家法院登记处登记。分支机构不具有独立于其外国母公司的单独法人资格。分支机构不得从事超出其母公司经营范围的任何经济活动。

母公司必须向国家法院登记处提交登记分支机构的申请，并任命相关人士作为在波兰代表母公司的授权代表。

提交的申请中必须包含以下信息和文件：

· 将在波兰代表母公司的人士全名，及该人居住在波兰的地址。

· 母公司在波兰的授权代表的签字样本（经公证）。

· 母公司章程或成立证明以及外国商业登记处摘录（如有）的经核证波兰语副本，以及关于该登记处类型和名称、母公司在商业登记处的登记编号及保管登记簿和记录文档之机构的信息。

·母公司的企业名称、注册办公地址和法律形式（例如有限责任公司、股份公司）。

·波兰分支机构的名称和地址（即分支机构开展活动的地址）。

·如果母公司不是根据某一欧盟成员国的法律成立的公司，则应提供母公司成立所依据的法律。

2009年3月31日，波兰开始实施一项所谓的"一窗登记"制度。"一窗登记"是指在向国家法院登记处提交设立分支机构申请时，母公司也必须同时附上为在税务局、社保局和统计局对分支机构进行登记而所需的文件。

分支机构：

·名称中必须包含以下内容：母公司名称，包括母公司的法律形式，译成波兰语并以"Oddział w Polsce"（意为"波兰分支机构"）补充。

·必须按照波兰会计规定保存分支机构的财务记录波兰语本。

·在发生以下任何事件时必须于14天内告知经济部：母公司清算，或母公司失去开展商业活动的权利。

·必须将登记申请中包含的信息的任何变化告知国家法院登记处。

### 4. 代表处

设立代表处的流程和要求受到《自由商业活动法案》的监管。代表处设立不需要取得波兰经济部许可，即使波兰与相关外国公司的所在国之间不存在互惠关系。唯一的正式要求是在经济部保存的代表处记录中进行登记。这一要求不适用于银行和信贷机构的代表处。

与分支机构一样，代表处没有独立于其外国母公司的单独法人资格。但是，在设立之后，代表处可以开展与其母公司相关的宣传和推广活动。

经其所在国相关机构授权的外国人也可以设立代表处来推广其营业地所在国家的经济，但该代表处的活动范围只能包括对该国经济的推广和宣传。

母公司在提交登记代表处的申请时，必须在申请中包含以下信息和文件：

·母公司的企业名称、注册办公地址和法律形式（例如有限责任公司、股份公司）。

·母公司的经营范围。

·将在波兰代表母公司的人士全名，及该人居住在波兰的地址。

·代表处在波兰的地址（与代表处业务活动相关的所有文件之原件将保管在该地址）。

·确认母公司登记的文件（即母公司开展其业务活动所依据的文件）的经核证复本。

·确定母公司注册营业地址、代表权规则及代表母公司的授权人士之文件的经核证复本（若上述文件未提供此方面的必要信息）。

·确认母公司拥有使用代表处主要经营地址所在场所的法定产权之文件的经核证复本。

以外语编制的所有文件的经核证波兰语译文必须提交给经济部。

另外，代表处：

·名称中必须包含以下内容：母公司名称，包括母公司的法律形式，译成波兰语并以"Przedstawicielstwo w Polsce"（意为"波兰代表处"）补充。

·必须将登记申请中包含的信息的任何变化告知经济部。

·在母公司被执行清算程序或失去开展业务活动的权利时，必须在该等事件发生之日后14天内告知经济部。

·必须按照波兰强制性会计规定用波兰语保存所有财务记录。

**5. 独资企业**

个人的商业活动受到《自由商业活动法案》的监管。

来自欧盟成员国、欧洲自由贸易协定（EFTA）成员国、欧洲经济区协议缔约国的外国人以及来自特定国家（非欧洲经济区协议缔约国）并根据该国与欧洲共同体及其成员国间达成的协议可自由设立机构的外国人，可以按照适用于波兰公民的相同条款开展经济活动。

此外，属于非上文所述国家公民的以下人士可以按照适用于波兰公民的相同条款在波兰共和国境内开展经济活动：

·居住在波兰且：（1）持有居留许可；（2）持有欧洲共同体长期居民居留许可；（3）持有因《外国人法案》相关条款所述的情形而授予的特定期限内居留许可；（4）持有向（1）、（2）、（5）和（6）中所述人士的家属授予的特定期限内居留许可（且该家属抵达波兰或居留波兰的目的是与其家人团聚）；（5）持有难民身份；（6）享有补充保护；（7）持有"容许居留"的同意书；（8）持有特定期限内居留许可并嫁给居住在波兰境内的波兰公民；

·享受在波兰境内临时保护的人士；

·持有有效波兰身份文件的人士；

·属于与上文所述的"居住在波兰"的公民团聚的或与其居住在一起的家属（定义见《关于欧盟成员国公民及其家属进入、居留和离开波兰领土的法案》）的人士。

另外，对于上文所述国家之外的其他国家的公民，若其依据《外国人法案》特定条款居住在波兰境内，并且其在提交授予以下各项的申请之前，已根据在该法案项下授予其的特定期限内居留许可开展经济活动，那么其就可以按照适用于波兰公民的相同条款在波兰境内开展经济活动，这类申请有：（1）授予特定期限内居留许可；（2）居留许可；（3）欧洲共同体长期居民身份。

除上文所列之外的其他外国人只能采用股份公司或有限责任公司、有限合伙企业或股份有限合伙企业的形式在波兰经商，并且只能投资于这样的公司和合伙企业，除非国际协议中另有规定。

上述国际协议中提及的且持有特定期限内居留许可的外国人的家属（定义见《外国人法案》）可以按照适用于这些外国人的相同条款在波兰境内开展经济活动。

持有特定期限内居留许可的、并基于互惠基础上在商业登记处所作的登记而开展经济活动的外国人的家属（定义见《外国人法案》），可以在适用于这些外国人的相同范围内开展经济活动，只要该等家属也持有于特定期限内在波兰境内居留的许可或为了与其家人团聚而在波兰居留。

## （二）在波兰登记商业实体

### 1. 国家法院登记处

《国家法院登记法》（以下简称"NCR 法案"）是在 1968 年 3 月 9 日第 68/151/EEC 号第一项议会指令的基础上制订的。"NCR"法案对关于在波兰经商实体的登记制度和流程作了重大修订，并于 2001 年 1 月 1 日起施行。"NCR"法案设立了国家法院登记处，接管截至 2001 年 11 月 1 日处于运行中的大部分登记处（包括商业登记处）的职能。国家法院登记处建立起一个涵盖全国的中央电子数据库，由以下 3 个独立的登记处组成：

· 商业实体登记处；

· 协会、其他社会和专业组织、基金会及公共社会援助机构登记处；

· 资不抵债债务人登记处。

国家法院登记处包含之前未纳入原登记处的重要信息，例如关于海关、税务和社保欠款、债权人清单和未偿债务金额的信息。

### 2. 在国家法院登记处登记新商业实体的流程

录入国家法院登记处是以正式申请表单及相关附件为依据的。

首次登记商业实体的费用为 500 波兰兹罗提，借助互联网并依据电子系统提供的电子模板对登记合伙企业、有限合伙企业和有限责任公司进行登记的费用为 250 波兰兹罗提。在经济公报中作出义务性公告的费用为 100 波兰兹罗提。对已录入登记处的资料作出后续修改的费用为 250 波兰兹罗提，通过互联网并依据电子系统提供的电子模板对有关登记合伙企业、有限合伙企业和有限责任公司的资料作出后续修改的费用为 200 波兰兹罗提。公告后续修改的费用为 100 波兰兹罗提。

登记需要提供的文件包括：

· 正式申请表和相关附件。

· 章程或组织文件。

· 对获授权代表商业实体之人士的委任同意书。

· 适用法律（例如《2000 年商业公司法》《自由商业活动法案》等）要求的其他文件。

以外语编制的所有文件原件和经核证波兰语译文必须提交给法院。申请人有义务提交所有文件的原件或至少应提交经公证员公证的副本。

国家法院登记处的流程涉及复杂的登记表单，且非常正式。2009 年 3 月 31 日，波兰实施了一个名为"一窗登记"的制度，也就是说，在向国家法院登记处提交登记申请时（无论是首次登记商业实体还是变更登记，例如，变更公司的名称或地址等），公司都必须同时提交需要在税务局、社保局和统计局登记的文件（无论是首次登记还是变更登记）。一旦完成在国家法院登记处的登记，法院会将公司的申请文件直接传输给税务局、社保局和统计局，同时传输的还包括公司（首次登记）或公司变更事项已录入国家法院登记处这一信息。

（三）外商投资限制

对外国所有权的限制总体上绝大多数已经被取消，只保留了某些类型的电信和传播业务。

根据1992年12月29日的波兰《传播法案》的规定，只有登记地在波兰的公司才可以获得经营传播业务的执照。外国投资者不得在传播公司股本中持有超过49%的股份，并且其表决权不得超出49%。在管理委员会和监事会中，属于永久居住在波兰的波兰公民的成员应占多数。但上述限制不适用于登记地位于欧洲经济区国家的外国商业实体或外国商业实体的子公司。

### （四）许可制度

原则上，任何人都可以在平等的基础上自由开展商业活动，只需要满足法律规定的条件即可。法律实体开展经济活动无须申报，但这些法律实体自身必须在相关登记处进行登记。自然人要开展商业活动，必须在相关地方政府机构下属的对应商业活动登记处进行登记。

开展经济活动另外可能还需要取得相应证照或录入受监管活动登记簿。开展某些活动可能需要取得许可证。

《自由商业活动法案》对证照、受监管活动（działalność regulowana）和许可证区别对待。需要取得证照的活动必须是《自由商业活动法案》中列出的活动，而受监管活动可能是任何法律中列出的活动。《自由商业活动法案》还列出了需要取得许可证的特定活动。证照和许可证的定义总体没有变化，而"受监管活动"则被定义为需要满足法律规定的特别条件的经济活动。企业主被录入受监管活动登记簿的依据是其已在声明书中确认其满足开展此类活动所需的条件。

引入新的证照要求，只有通过修改《自由商业活动法案》才能被实施，并且只在对国家安全特别重要的领域或关乎公众利益的其他重要事项方面才可能实施。

如果证照申请被拒，可以按照《行政程序法案》提起申诉。

根据《自由商业活动法案》，在以下6个领域开展商业活动，须取得相应证照：

·矿业的某些活动。

·爆炸物、武器和弹药以及供军队或警察使用的产品和技术的生产及贸易。

·燃料和能源的生产、加工、存储、配送、分销和贸易。

·与$CO_2$的转移和地下存储相关的某些活动。

·个人及其财产的保护服务。

·航空运输。

·广播和电视节目的传播。

·经营赌场。

证照在发放时会规定期限，一般是5到50年，除非企业主申请更短的期限。如出现以下任何情形，证照发放机构可以拒绝发放证照：

·在许可流程开始前，相关商业实体未满足法律规定的条件或主管机构实施的特定要求。

·国家安全、公民或社会安全受到威胁。

·相关证照已在公开招标过程中发放给其他企业主。

·根据法律的特殊条款不能发放相应证照。

关于许可证的规定和流程载于对相关活动实施监管法律的具体条文中。《自由商业活动法案》中规定了需要取得许可证的商业活动领域。

如果法律条文规定，某一类商业活动属于受监管活动，则企业主必须满足这些条文中规定的特别条件并在相关受监管活动登记簿中登记后，才可以开展这类活动。受监管活动包括但不限于烟草产品的生产和检测服务等。波兰目前正在编制法律的修订案，修订案将限制受监管活动清单范围，这项工作体现了波兰政府机构最近在放松监管方面所作的努力。

## （五）交易许可证

### 1. 交易许可证

某些交易（尤其是涉及战略性公司的交易，此处的战略性并非指在经济方面，更多是出于安全原因）必须向国家财政部申报。财政部可以对交易提出反对。

另外，在波兰开展的不动产交易可能需要取得行政许可。更多信息请参见第 7 章。此外，目前波兰正在制订相关法律，目的是大幅限制取得农业土地的可能性。

### 2. 并购

波兰的反垄断审查监管制度包含在本书所讨论的《反垄断法案》中。

## （六）反征用保护

无论对波兰实体还是对外国实体，其所适用的反征用保护规则都是相同的。

根据波兰宪法，国家保护私产的所有权，只有在为公共目的并提供公正补偿的情况下，才允许征用。只有在涉及公共项目时（例如议会通过的项目），才可进行征用。

## （七）利润汇返以及出售股份产生收益的汇出

外国投资者可以通过向一家波兰银行购买金额与其利润等值的外汇后再将该笔外汇汇到境外的方式，来汇返其利润（但必须先支付应付税款）。

外国投资者可自由地将其股份出售给其他外国投资者或境内投资者。《2000 年商业公司法案》引入了以下规则：股份转让协议必须以书面形式达成，并且双方的签字须经公证员公证。与外国买方之间的出售协议可以规定以外币或波兰兹罗提付款。因向外国或境内投资者出售股份而取得的波兰兹罗提可以兑换成其他货币并汇至境外。外国投资者还可以将公司清算产生的款项兑换成外汇并汇至境外。

在向银行出示波兰税务局出具的、确认投资者已缴纳相关波兰所得税（如有）的证明后，银行就会将股份出售或清算所产生的收益汇出。

### （八）投资激励

波兰为吸引外国直接投资提供了很多的激励措施，其中最核心的一项激励措施为推行特别经济区政策，另外还有政府补贴和针对具体项目的激励。

**1. 特别经济区**

波兰有14个特别经济区（SEZ），这些经济区将一直存续至2026年12月31日。特别经济区分布在波兰境内的各个行政分划内，并被指定根据优惠条件开展商业活动，其中最关键的一项优惠是豁免企业所得税（CIT）。

对外商投资的扶持形式和援助力度：

·企业在特别经济区内的营业收入可豁免企业所得税（波兰当前的企业所得税税率为19%）。

·根据2014年至2020年的地区援助图，存在豁免上限（援助水平以未缴税款之金额计算视投资地点和投资者规模而定；对于大型企业，豁免上限为不超过50%）。

一般规则如下：

·企业必须取得特别经济区许可证。

·投资应当位于特别经济区范围内。

·援助的使用取决于在特别经济区存续期结束时（即2026年12月31

日）产生的收入。

·必须遵守关于给予投资的地区援助的欧盟法律。

具体要求如下：

·合格投资成本的最低金额：10万欧元。

·需要达到特定的就业水平，对这个水平的判定由企业与特别经济区管委会协商。

计算援助上限的依据如下：

·投资成本。

·新聘员工的两年劳动力成本。

### 2. 波兰政府补贴（PGG）

波兰政府补贴（PGG）制度的设立是为了扶持对波兰经济具有实质重要性的投资，特定制造业（汽车和航空、家电、电子产品等）和现代服务业的新投资项目。政府补贴是在2011年7月5日部长会议上通过的《关于在2011－2020年期间扶持对波兰经济具实质重要性的投资项目的计划》（以下称为"扶持计划"）的基础上提供的。

扶持是以补贴的形式体现的，依据是经济部与投资者达成的一项协议。该协议中会规定了支付补贴的条件，具体金额依据投资者承诺的满足程度确定比例后支付。政府补贴制度为初始投资项目提供的支持分为以下两类：创建新的工作岗位的成本以及新投资项目的成本。通常，申请者可以在全年任何时间提出补贴申请。

目前，由于预算的枯竭，扶持计划已暂停；但是，政府计划按类似或稍作修订的条件继续实施扶持计划。

### 3. 其他激励

其他激励包括：

·不动产税豁免，在地方层面根据市政援助计划提供；

・为雇用失业人员提供支持，由地方劳工局支出；

・为特定项目提供资金，主要是针对研发项目，资金由欧盟基金和国家预算提供。

# 三、私有化

波兰的私有化受到 1996 年《商业化和私有化法案》（以下简称"私有化法案"）的管辖。私有化流程可直接或间接实施，如果间接实施，必须先实施一个被称为"商业化"的初始阶段，在这一阶段，一家特定的法定国有实体转制为一家商业公司。

直接私有化包括由一家非国有投资者收购国有企业的全部资产。间接私有化可通过向国家财政部收购任何商业公司的股份或通过认购初始全资国有公司（该公司在商业化流程后设立）增加的股本的方式完成。对于后者而言，股本是在一家非国有实体进行（现金或实物）出资后增加的。

国家财政部部长在国有企业创始机构提出申请后（无论是国有企业自己提议还是其机构发起）进行国有企业商业化操作。某些企业（例如处于清算中、破产中或正在进行重组的企业）是不可以商业化的。

将企业商业化这一行为取代设立公司所需的一切行为。企业的交割资产负债表构成其作为公司的初始资产负债表。

企业的间接私有化是通过出售初始国有企业中的国有股份或配发该企业股份而进行的。国家财政部部长以国家财政部的名义出售股份。股份可通过以下任意方式出售：

・公开发行。

・公开要约出售。

・公开招标后进行协商。

·接受在公开招标中提交的要约（公开招标根据《关于在有组织的交易系统公开发行和引入金融工具及相关适用条件以及关于上市公司的法案》进行）。

·公开拍卖（若出售价格不低于股份的账面价值）。

·在受监管市场出售股份（含义见《金融工具交易法案》）。

·根据（为了发行或收购相关股份在受监管市场交易而编制的）招股书或项目融资建议书在股份公开发行中出售股份（含义见《关于在有组织的交易系统公开发行和引入金融工具及相关适用条件以及关于上市公司的法案》）。

·2003年12月22日第2273/2003号欧盟委员会法规所规定的条件下进行的辅助稳定（该法规是为了实施欧洲议会和欧盟理事会关于授予回购计划和稳定金融工具行为以及为执行辅助稳定出借股份行为豁免待遇的第2003/6/EC号指令）。

·利用由在受监管市场上运营的公司组织和运作的、连接购买和出售要约的系统，在受监管市场之外出售股份（含义见《金融工具交易法案》）。

在每一种情况下，被私有化的企业员工均有权免费取得相关公司中不超过15%的股份。

国有企业的直接私有化是通过处置该企业的全部资产进行的，不需要对企业进行清算。因此，接管被私有化企业的实体将负责其债务和其他义务。资产处置的方式包括：出售，将其注入公司资本，或将其出借并收取使用费。将资产出借给企业使用并收取使用费，这种直接私有化方式只有在出现以下情况下才可以使用：直接私有化条例发布年份的上一年内的企业出售价值高于600万欧元的等值波兰兹罗提，并且企业自己的资金金额高于200万欧元的等值波兰兹罗提。

出售企业可通过公开要约出售或通过在公开招标后买卖双方进行协商的方式进行。如果未付金额有相应担保，就可以在不超过 5 年的期限内分期支付购买价格。第一期款项必须占购买价格的至少 20%。将企业注入公司资本应在公开招标后协商进行。除国家财政部以外的公司股东应当认购至少 25% 的股本。员工有权免费取得不超过 15% 的股份。

出借企业（收取使用费）通过以下方式进行：由国家财政部部长与为使用企业资产而接收企业的法律实体之间达成一项期限不超过 15 年的协议。双方可以约定协议到期后的购买选择权。所有权的转让在至少支付购买总价格 1/3 后才完成转计。

私有化法案修订案（于 2006 年 7 月生效）给私有化法律带来了两个重要变化。第一个变化是，地方政府将有权启动商业化并获得国有企业股份的所有权，但是，地方政府只能对在其管辖区域内运营的企业且只能出于本地社区的利益这样做。第二个变化是，国家财政部部长将有权在特定条件下将国有企业资产转让给国家全资拥有的企业。

# 四、证券与金融

波兰拥有欧洲范围内较为发达、具有流动性且受到良好监管的资本市场，这为波兰和外国发行人所公认。波兰公司实体可发行波兰法律承认的股票、债券、商业票据和其他证券。债券的发行、销售和购买通常受 2015 年 1 月 15 日的《债券法》规范。股票发行受 2000 年的《商业公司法典》规范。证券的公开发行受下列法律规范：2005 年 7 月 29 日的《金融票据公开发行及进入有组织交易系统条件与上市公司法》（以下简称《公开发行法》）、2005 年 7 月 29 日的《金融票据交易法》、2005 年 7 月 29 日的《资本市场监管法》和 2006 年 7 月 21 日的《金融市场监管法》。

波兰资本市场法规遵循欧盟的指令，尤其是招股说明书指令、收购指令、透明性指令和 MiFID[①] 指令。

目前在波兰有华沙股票交易所（以下简称"华交所"，系正式受监管市场）和两个替代交易系统——面向股本证券的新联接（New Connect）系统和面向债务证券的催化系统（Catalyst）。发行人如希望公开发行证券或获准在受监管市场中交易证券，则须使其招股说明书获得波兰资本市场监管机构金融管理局（以下简称金管局）或发行人所在欧盟成员国的相关机构的批准。招股说明书必须向公众提供。此外，证券上市必须取得华交所董事会的批准。

所有获准在受监管市场上市的证券，均须为记账式证券，并在波兰中央证券结算机构全国证券存托所登记。这是一家独立的股份有限公司，其股份目前由国库（由财政部代表）、华交所和波兰国家银行持有。上市证券持有人必须在其证券登记所在的经纪公司或银行设有证券账户。全国证券存托所还运营法定赔偿系统，以便在经纪公司破产时能保护投资者不受经济损失。经纪公司每年被强制缴纳相应的法定金额。

金管局还负责监管经纪人、投资顾问和投资基金。该机构还监控上市公司的收购。可以说，金管局拥有全面的监管和调查权力。

## （一）发售要求

公开发行是一种以任何方式、任何手段作出的通告行为，须至少向150人或非特定数量的对象发出，应包含充足的有关拟发售证券及其购买条款和条件的信息，能够使投资者作出证券购买决定。对公开发行的监管严格遵循欧盟招股说明书指令进行。《公开发行法》监管证券的公开发行

---

① 译者注：MiFID 指欧盟金融工具市场指导，即 Markets in Financial Instruments Oirective 的缩写。它是欧盟地区规范金融投资公司行为的法律框架文件。

及证券获准进入受监管市场交易。

原则上，发行人在其招股说明书获得金管局批准并公布后，可通过公开发行方式发售其证券。证券在受监管市场中交易，仅可通过投资公司开展。

招股说明书的内容受欧盟第809/2004号条例规范。波兰法律未对招股说明书的内容提出任何额外要求。其必须包含有关发行人和将发行的证券的信息及投资者需要的使其能作出投资决定的其他信息。招股说明书的内容取决于发售类型、发行人和向投资者发售的证券。招股说明书亦可在互联网上公布。

对于之前的证券没有进行过公开发行或未被获准过在受监管市场交易的法律实体来说，如果想要发售证券，需要得到金管局的批准。金管局在其招股说明书提交之日起20个工作日内决定是否批准。对于有经验的发行人来说，招股说明书应在10个工作日内获得批准。

与欧盟招股说明书指令类似，《公开发行法》对公开发行招股说明书的编制、批准和发布要求规定了许多豁免情形。最重要的豁免情形有下述各项：

·完全面向合格投资者的公开发行。

·完全面向所购证券价值（按发行价或出售价计算）至少为10万欧元或等值波兰兹罗提的投资者的公开发售。

·每单位面值不低于10万欧元或等值波兰兹罗提的证券的公开发售。

·总价值（按发行价或出售价计算）在连续12个月期间内不超过10万欧元或等值波兰兹罗提的证券的公开发售。

一些公开发售可免于遵守招股说明书的编制与批准要求，但发行人必须编制发售信息备忘录（通函简略版）。下述行为须编制信息备忘录：

·发行总价值（按发行价计算）在连续12个月期间内低于250万欧

元或等值波兰兹罗提的证券的公开发售。

·因换股要约发行的证券进入受监管市场交易。

·因合并发行的证券进入受监管市场交易。

来自欧盟成员国的外国公司，如其招股说明书已被任一成员国的监管机构批准，则可凭单一欧盟通行证在波兰开展公开发售或寻求在受监管证券市场中交易。同理，波兰公司的招股说明书如果已获得金管局的批准，则也可在其他欧盟成员国开展公开发售或上市。

股票的公开发售到股票在华交所上市，通常有几个星期的时间间隔。尤其是波兰公司首次发行股票必须在国家法院登记处（Krajowy Rejestr Sadowy）登记。在完成该等登记前，股票权利（也称为"PDA"）可采用有条件预发行股票的形式在华交所交易。

公开交易证券的发行人须遵守持续的报告要求，包括当期、季度、半年报告和年报。

### （二）大量持股要求

《公开发行法》对收购上市公司大量股份作出了全面规定，包括披露义务、同意要求和提出收购要约。

任何人拥有的上市公司表决权如果达到或超过上市公司全部表决权的5%、10%、15%、20%、25%、33%、33.3%、50%、75%或90%，则必须在相关交易之日后4个工作日内，通知金管局和上市公司。如果投资者处置其股票，致使其持股比例低于上述规定的比例，则亦适用上述通知义务的规定。而且，投资者如果在全部表决权中拥有超过10%的表决权，且进行的买卖交易会导致表决权数量至少增减2%及以上时，也必须通知金管局。此外，投资者如果在全部表决权中拥有超过33%的表决权，则每次进行的买卖交易导致表决权数量至少增减1%时，也必须通知金管局。

该披露要求同样适用于间接收购、关联方与一致行动方收购、表决权协议或可换股票据购买。以下是《公开发行法》中对要约收购的要求：

·至少持有33%表决权的投资者在60天内收购上市公司在该公司股东大会上拥有10%及以上表决权的股票。

·至少持有33%表决权的投资者在12个月内收购上市公司在该公司股东大会上拥有5%以上表决权的股票。

·超过上市公司股东大会33%或66%的表决权。

·上市公司退市。

股东如希望跨越33%表决权这一界线，则有义务发出收购要约，收购使其有权持有66%表决权的股份，而股东如希望跨越66%表决权这一界线，则有义务就公开上市公司的所有其余股票发出收购要约。

某法律实体如希望宣布收购要约，则必须提供抵押，其价值至少应等于收购要约涉及的股票价值的100%。一般而言，收购要约价格不得低于过去6个月或3个月（取决于收购要约类型）的市场平均价，也不得低于发起收购要约的实体或其关联方在12个月为相关股票支付的价格。但在某些情况下，金管局也会批准低于按上述规则确定的价格的收购要约价格。

就收购要约或大量持股通知要求而言，关联实体持有的表决权比例要合并计算。如关联方的持股将合并计算。受到有关共同收购上市公司股票或在股东大会上一致表决的书面或口头协议约束的实体，同样适用于上述规定。对投资基金收购受共同管理的另一投资基金的股份规定了类似的义务。同样，如果第三方代表某一实体（"相关方"）行事并在该实体的指示下或为该实体的利益收购股票，则该实体有义务遵守上述要求。

《公开发行法》已施行一项少数股东权利，允许持有5%股票的股东在股东大会上提出动议，委任专家调查公司事务的运营。专家可以是一名注册会计师，也可以是具有适当资质的另一实体。动议必须明确说明调查对象与范围、公司必须向专家提供的文件及管理层对要求进行的调查所持的立场。如果股东大会未通过该等动议，则提出动议的股东可在 14 天内向法院提出申请，要求委任专家。

### （三）民事、行政与刑事责任

法律实体如违反资本市场适用标准的行为，将面临民事责任、行政处罚和刑事调查。

所有法律实体应确保招股说明书中的信息（如发行人、出售股东、承销商、编制或参与编制招股说明书的人员）真实、可靠和完整，如提供虚假、误导性或不完整信息，或在招股说明书中未提供重要信息，则将面临承担民事责任。该责任为连带责任，且不得通过合同排除。

金管局可以对未遵守披露义务或大量持股要求或在限制期内买卖证券的行为作出处罚。金管局将视违规行为类型，处以罚款或暂停在受监管市场中交易该证券。

此外，下述各项行为构成刑事犯罪行为：

- 招股说明书未经金管局批准即进行证券的公开发行；
- 在招股说明书中提供虚假信息或未提供重要信息；
- 内幕交易；
- 操纵市场行为；
- 未遵守披露要求。

### （四）债券

《债券法》规范各类债务票据，包括计息债券、零息债券、可转换债券、持有人有权参与分享发行人利润的债券、次级债券、无限期债券、持有人有权优先认购任何新发行股份的债券。可以发行凭证式和记账式债券。债券可由任何在波兰境内外仅为发行债券目的设立并开展业务的法人、有限股份合伙、地方政府机构和其他部分实体发行。

发行人原则上以其全部资产对债券产生的债务负责。收益债券的发行人可以将其责任限于利用债券发行所获资金资助的活动产生的所得资金的部分或全部。只有地方政府机构和公共事业公司有权发行收益债券。

债券发行人必须向投资者提供投资者要求的最基本信息,以便投资者评估发行人的财务状况和投资附带的风险。债券的公开发行受《公开发行法》规范。债券可按发行人的选择,以法律允许的任何方式担保,包括质押、抵押、银行保函或保证。

债券持有人的权益还可通过使用代表银行的方式得到保护,代表银行在债券持有人与发行人的关系中担任债券持有人的法定代表。是否委任代表银行可自行选择,但债券由国库担保且债券持有人超过 15 人时除外。发行人必须向代表银行提供具体的文件和信息,以便为评估发行人的财务状况提供依据。代表银行必须评估发行人还本付息的能力,并将任何危及债券持有人权益的因素或发行人的任何违约行为通知债券持有人。如发生违约事件,代表银行必须代表债券持有人对发行人提起法律诉讼。

（五）银行

银行业务活动受 1997 年《银行法》的规范,该法执行所有相关的欧盟银行业务指令。银行可以波兰兹罗提和外币发放贷款。许多知名外国银行已在波兰设立子公司或分支机构。

（六）担保交易

波兰法律提供数种担保权益,包括房地产抵押和动产与权利质押。这些担保不仅在交易当事方之间有效,也对第三方有效。抵押和质押受到高度监管，因此，在一定程度上限制了当事方设计这类交易结构的自由度。根据契约自由这一基本原则，当事方也可采用其他类型的担保，但这类担保对第三方的有效性受到限制，不是当然有效。

### （七）租赁

租赁合同由波兰《民法典》［第709（1）－709（18）条］规定和约束。根据《民法典》的规定，租赁合同系在其业务活动范围内行事的"贷方"与"使用人"之间达成的协议。贷方向卖方购买资产并将资产租给承租人一段时间。承租人有义务在租赁协议整个期限内，支付分期租金，其总额至少等于资产的购买价格。《民法典》详细规定了各方的具体义务，如协议终止条件等。

## 五、税收制度

### （一）公司所得税

公司所得税目前按19%的税率对净利润征收。原则上，净利润按收入与税前可扣除费用之差计算得出。

波兰居民纳税人（如公司，包括有限责任公司、组建中的公司和股份有限合伙）的全球收入须缴纳公司所得税。非居民纳税人在波兰则仅须对其在波兰境内取得的收入纳税，该税或者由该非居民纳税人结清（如为在波兰的常设机构），或者由波兰代扣代缴代理人在源头预提（如股息、利息、特许权使用费）。

法律上对具有法人资格的公司及其股东在税务方面有区别对待。其股息按19%的税率征收预提税，或者免税（如果满足下述条件）。预提税金额在避免双重征税双边协定中通常减为按5%的税率征收。波兰已实施关于母公司和子公司分属不同成员国时适用的共同税收制度的理事会指令的规定。因此，股息收入如满足下述条件，则免缴预提税：

·支付股息的实体系一家住所或管理活动在波兰并支付所得税的公司；

·取得股息的公司的全部收入（无论在何地取得）须在另一欧盟成员国或欧洲经济区成员国纳税；

·取得股息的公司在至少两年的不间断期间内直接有权享有相关波兰公司至少10%的股份；

·取得股息的公司未享有全部收入（无论在何地取得）免税待遇。

针对关联公司之间的股息和其他利润分成付款制定了反滥用条款。

税法提供若干税收激励措施。例如，在特别经济区开展的业务活动中取得的收入免税或为研发产生的费用部分双重扣除。

波兰税法根据经济发展与合作组织（OECD）的一般规定，制定了转移定价法规。企业可与税务机关达成预先定价协议，以确保适用的转移定价方法的正确性。集团内融资行为还适用低资本限制。波兰居民纳税人可组成税收资本集合体。

## （二）个人所得税

波兰居民的全球收入须缴纳个人所得税。非波兰居民从在波兰实施的工作中取得的收入及在波兰取得的任何其他收入须纳个人所得税。

个人所得税法律对收入来源规定了几种类型。原则上，来自雇用、个人服务、商业活动和其他来源的收入适用18%到32%的累进税率。32%的税率适用于每年超过85528波兰兹罗提（即约合28900美元）的收入。而来自商业活动的收入则可能按19%的单一税率纳税。19%的单一税率还适用于资本利得、股息和利息。

在波兰的非居民纳税人通常按与波兰居民纳税人相同的方式纳税。但来自某些种类的个人服务的收入（也包括担任董事会或监事会成员所取得的收入），则适用20%的单一收入税率。

## （三）增值税

目前，下述活动须缴纳增值税（VAT）：

・供应货物。

・提供服务。

・共同体内供应货物。

・共同体内购买货物。

・出口货物。

・进口货物。

目前增值税税率为23%，某些类型的货物和服务则适用降低后的税率，即0%、5%或8%。原则上，波兰增值税法律以第2006/112号欧盟共同增值税制度指令及其他欧盟法规为基础。在2017年底前，增值税税率从22%（可降为7%）到25%（可降为10%）不等，具体取决于《增值税法》中所载某些宏观经济因素的状况。

## （四）社会保障

社会保障缴费支付给波兰社会保险局（ZUS）。这类缴费在雇用合同和大多数个人服务合同中是强制性缴纳的。缴费由下述项目组成：

・19.52%的退休养老保险（由雇主和雇员按1：1分担缴纳）。

・8%的残疾养老保险（雇主支付6.5%，雇员支付1.5%）。

・2.45%的疾病保险（由雇员支付）。

·工伤事故保险（由雇主预提）。

工伤事故保费比率通常设定为0.67%到3.86%之间，具体取决于波兰商业实体全国登记册（REGON登记册）中所列的雇主业务活动在波兰业务活动分类目录（PKD）中的分类号。此外，还有医疗保险费，数额等于税基（原则上为应税收入减去社会保障缴费）的9%。但税基的7.75%将从个人所得税预缴款中扣除。

## （五）其他税项

少数民事行为被征收民法交易税，如增加股本（税率为0.5%）、出售货物和财产权（税率为1%或2%）和贷款（税率为2%）。原则上，如适用增值税，则不征收该税项。贷款可享有数种免税情形。

波兰还有房地产税及其他一些地方税项。

此外还对某些金融机构（包括内资和外国银行、保险公司、再保险公司和消费信贷机构）征税。

# 六、竞争法律

## （一）概述

波兰的竞争法律受下述法案规范：2007年2月16日的《竞争与消费者保护法》（以下简称《反垄断法》）、1993年4月16日的《反不正当竞争法》和2007年8月23日的《反不正当商业行为法》。

《反垄断法》针对三类市场行为：

·限制竞争的协议和行为。

·滥用支配地位。

·市场集中度过高。

竞争与消费者保护局（以下简称反垄断局或 AMO）局长拥有广泛的调查权力，可决定责令停止法律实体的非法行为，即限制竞争的协议和行为或滥用支配地位的行为。任何违反《反垄断法》规定达成的协议，将由民事法院宣布其为全部或部分无效。反垄断局局长作出的决定可用作其他竞争对手或消费者提出的索赔产生的损害赔偿程序的依据。

对于订立限制竞争协议或滥用支配地位的企业，反垄断局局长可处以最高其年营业额10%的罚款。此外，个人如果通过其作为或不作为，故意致使其管理的公司违反竞争法律，则反垄断局局长会获得授权对其处以罚款。最高罚款金额为200万波兰兹罗提（约合45万欧元）。

另外，《反垄断法》还规定禁止下述侵犯消费者权益的行为：

·向消费者推销不符合其需求（考虑到关于消费者的已知信息）的金融服务，或推销不适合其特点的服务（不当销售）。

·未遵守向消费者提供可靠、真实和完整信息的义务。

·不正当商业做法和不正当竞争行为。

反垄断局局长可对侵犯消费者集体权益的企业处以最高其年营业额10%的罚款。

## （二）限制竞争协议与行为

《反垄断法》还列举了禁止的企业协议、协同行为及联营决定的类型，具体如下：

·直接或间接确定价格和其他交易条件。

·限制或控制产量、销售、技术开发或投资。

·市场份额划分。

·对同等交易适用异常或严苛条件。

- 使第三方处于不利竞争地位。
- 强加严苛的合同条款，为强加条款实体带来过多利益。
- 限制进入市场。
- 多个竞争对手确定投标条款（操纵投标）。

**法定与特定豁免**

如企业协议在法定豁免或特定豁免范围内，则不在禁止之列。

法定豁免既适用于横向协议[①]，也适用于纵向协议[②]。如果相关企业在相关市场的份额未超过 5%，则允许订立横向协议。如果任何相关企业的市场份额均未超过 10%，[③] 则允许订立纵向协议。法定豁免不适用于固定价格协议、限制产量（销售或技术开发）、市场份额划分和操纵投标行为。

特定豁免包含某些横向协议（包括分销协议）、技术转让协议、研究开发（R&D）协议、汽车领域纵向协议、企业就开展保险活动达成的协议。只要遵守相关特定豁免法规中规定的条件，该等协议即是合法的。

## （三）滥用支配地位

《反垄断法》将支配地位定义为下述企业拥有的地位：该企业拥有的经济实力使其有能力在相当程度上无须顾及竞争对手、客户和消费者而独立行事，能够阻止相关市场的有效竞争。企业的市场份额如超过 40%，则被推定为拥有支配地位。

禁止滥用支配地位，滥用行为包括但不限于下述形式：

---

① 译者注：横向垄断协议是指具有竞争关系经营者之间达成的垄断协议。又作水平协议。

② 译者注：纵向垄断协议是指在同一产业中两个或两个以上处于不同经济层次、没有直接竞争关系但是有买卖关系的经营者，通过明示或默式方式达成的排除、限制竞争的协议，又作垂直协议。

③ 如果在相关水平（垂直）协议有效期内的连续两个日历年度内未超过 5% 限额（10% 限额，如为垂直协议）的两个百分点，则相关协议也是被允许的。

・直接或间接设定不公平价格（包括畸高或畸低的价格）或其他不公平买卖条款；

・限制产量、销售或技术开发，损害消费者或客户利益；

・对同等交易适用异常或严苛条件，使第三方处于不利竞争地位；

・使合同的订立取决于是否接受或履行与合同项下履行无关的对方如有选择即不会接受或履行的另一服务（捆绑合同）；

・妨碍竞争的形成与进行；

・强加严苛的合同条款，为强加条款实体带来过多利益；

・按地域、产品或与实体相关的标准划分市场份额。

滥用支配地位本身就是非法行为。

### 1. 宽大处理政策

参与违禁协议或行为的公司，可选择向反垄断局局长提出申请，请求减免相关罚款（宽大处理政策）：

・公司如作为第一申请人向反垄断局提出申请，并主动且根据反垄断局局长的要求，向其提供相关证据，而这类证据足以使他能够提起反垄断程序的有关违禁协议的信息或足以使他能够作出确认违反行为的决定，则该公司可被免除罚款（完全宽大处理）。

此外，申请人还必须：

・在相关程序过程中充分配合反垄断局局长。

・在提交宽大处理申请后立即退出相关协议。

・未公开披露申请宽大处理这一意图。

完全宽大处理不适用于诱使其他商业实体订立限制竞争协议的公司。

下述公司可获得降低罚款的处罚（部分宽大处理）：

・主动或响应反垄断局局长的要求，向反垄断局局长提供其并不掌握的，且对反垄断局局长作出确认违反行为的决定大有裨益的证据。

·在相关程序过程中充分配合反垄断局局长。

·未披露申请宽大处理这一意图。

·在提交宽大处理申请后立即停止参与相关协议。

减少罚款的标准：

·对第二申请人处以的罚款，与该申请人未申请宽大处理时将被处以的罚款相比，降低30%~50%。

·对第三申请人处以的罚款，与该申请人未申请宽大处理时将被处以的罚款相比，降低20%~30%。

·对其余申请人处以的罚款，与该等申请人未申请宽大处理时将被处以的罚款相比，最多降低20%。

宽大处理政策也将适用于违反竞争规定的公司的管理层个人。这些人员的宽大处理通常包含于相关公司提交的宽大处理申请中，但他们也可自行提出申请，即使这可能会在公司和管理人之间造成某些冲突（如该管理人届时不再任职于相关公司）。

波兰还施行"额外宽大"政策。如果公司向反垄断局局长举报其参与的另一垄断组织，则该政策允许该公司的罚款在已经减少的部分上再减少30%（而就其参与另一垄断组织的行为，其将获得免予罚款处理）。

自2015年1月18日起，希望参与宽大处理政策的企业，可利用新颁布的宽大处理政策条例[①]。

### 2. 罚款

反垄断局局长针对违反竞争法律行为制定的经济处罚条例已自2009年1月1日起发布并同时生效。该信息对于企业而言尤为重要。

根据《反垄断法》的规定，反垄断局局长有权对有限制竞争行为的企

---

① 2014年12月23日部长会议关于企业寻求减免竞争与消费者保护局局长所处罚款适用程序条例。

业处以罚款,包括滥用支配地位和达成非法协议罚款。这类罚款最高处罚额不得超过该企业在决定作出当年的前一年取得的收入的10%。反垄断局局长可对故意放任达成反竞争协议的个人处以罚款。最高罚款额为200万波兰兹罗提（约合45万欧元）。

自2016年1月1日起,反垄断局一直在适用限制竞争行为罚款确定指引。该指引为2009年1月1日发布的指引的更新版。该指引旨在提高反垄断处罚金额确定方法的透明性。反垄断局认为,指引所作的解释将有助于企业理解其从事违法活动后可能面临的罚款是如何确定的。此外,该指引还说明了对个人处以罚款的确定方法。

情节最为严重且处罚也最重的违法行为是横向竞争限制行为,即发生在同一商品经销或服务提供层级的行为。例如,生产商之间的定价协议、投标参与人操纵投标的行为、旨在或导致消除竞争（即所有主要竞争对手）的滥用支配地位行为。此外,反垄断局对于固定货物或服务转售价格行为或导致严重限制市场竞争的滥用支配地位行为所处的罚款,则金额略低一些。确定罚款额时,除了违法行为的危害性之外,反垄断局局长还考虑企业的违法所得及对市场的影响。限制竞争行为的持续时间也对罚款金额具有影响。

确定最终罚款金额时,反垄断局局长可能考虑某些减轻情节,如违法行为到反垄断局提起程序时业已停止、企业系受胁迫而违法或企业已自愿消除违法影响。反垄断局局长还可能考虑具有加重效果的情节,如系违法行为主犯或提议人或企业之前已有违反限制竞争行为禁令情形。

反垄断局局长在近期作出的关于程序透明性的声明,决定就2015年9月1日后对侵犯全体消费者利益的行为、限制竞争行为和罚款提起的所有程序中的指控向企业提供详细的合理性说明。

反垄断局局长将在完成案件证据收集后,列明该指控所依据的法律与事实依据及支持其指控的证据，以此作为指控的合理性说明。相关企业因此有机会在决定作出前应对处理相关指控。

为有效实施这一程序，在 2015 年 9 月，反垄断局局长制订了指控详细合理性说明指引与解释。

### （四）并购审查

《反垄断法》并未明确对"经营者集中"概念作出定义。它仅简单列出了需要反垄断局局长事前审核的交易。达成此等交易的意图本身就将触发并购审查的要求。

该要求适用于：

· 企业合并。

· 取得另一企业或其部分的直接或间接控制权。

· 设立合营企业。

· 某些资产收购行为。

这些交易如有下述情形，则可能需要反垄断局局长进行交割前审核：

· 参与交易的公司组成的资本集团在申报年度前的会计年度内的全球合并营业额超过 10 亿欧元的等值金额。

· 参与交易的公司组成的资本集团在申报年度前的会计年度内在波兰境内的合并营业额超过 5000 万欧元的等值金额。

此外，收购另一企业资产的一部分（该企业的全部或部分），如果被收购的财产在申报年度前的任意两个会计年度内在波兰境内实现的营业额超过 1000 万欧元的等值金额，则须经反垄断局审查。

法律对申报的作出未规定法定截止期限。但相关企业应注意，申报具有交易暂停效应，在反垄断局局长签发批准令前（或附条件批准）或者在作出决定的时间期限到期前，交易无法完成。如果交易将导致严重削弱竞争，则反垄断局局长可作出决定禁止相关交易。

目前审查分两个阶段。第一阶段最多持续 1 个月。如果案件需要进行广泛的市场分析，则审查启动第二阶段。第二阶段最长不超过 4 个月。反垄断局局长有权要求申报方提供补充信息。该等信息提供要求将停止期限的计算，直至反垄断局局长收到所要求的信息。如果反垄断局决定对有关交易进行附条件批准（情形），则法定审查期将再延长 14 天。

未申报交易或在反垄断局局长签发批准令前完成（交割）交易，可能导致参与相关交易的公司被处以最高其年营业额 10% 的罚款。此外，在这种情况下，反垄断局局长可责令合并实体进行拆分，或处置被收购的资产、股票或股份。

相关公司可在收到反垄断局局长决定之日后 1 个月内，向竞争与消费者保护法院提起上诉。

**法定豁免**

上文所列交易如果具有（但不限于）下述情形，则无须向反垄断局作出任何申报：

· 目标公司及其子公司在申报前任意两个会计年度内在波兰境内的合并营业额未超过 1000 万欧元的等值金额。

· 并购当事方中至少一方或合营方中至少一方的母公司及其资本集团在申报年度前任意两个会计年度内在波兰境内的营业额未超过 1000 万欧元的等值金额。

· 目标公司及其子公司以及拟收购的财产（如果目标公司和该等财产属于同一资本集团）在申报年度前任意两个会计年度内在波兰境内实现的合并营业额未超过 1000 万欧元的等值金额。

· 相关企业属于同一资本集团。

· 被收购证券在金融机构收购后一年内被处置，而且未行使表决权

（股息取得权除外），或者仅为了相关企业或其部分，又或其资产或被收购证券转售目的行使该等权利。

·为保障债权人利益而临时收购股份，而且债权人未行使任何表决权，但再出售权除外。

·在清算过程中取得控制权，但收购公司系被取得控制权的企业的竞争对手或与竞争对手所属集团同属一个资本集团。

### （五）消费者集体权益

反垄断局实施保护消费者的政府政策。反垄断局在该领域的主要目的在于代表公共利益，即对侵犯消费者集体权益的行为提起行政诉讼。因此，反垄断局局长可作出决定，禁止侵犯弱势市场参与者权利的行为，并最高处以作出处罚当年前一会计年度所获收入10%的罚款。

反垄断局与地方市、区级消费者权益调查保护官及受国家预算资助的非政府组织（消费者联合会、波兰消费者协会）合作，其可在个人案件中提供免费法律服务。

**侵犯消费者集体权益罚款**

根据《反垄断法》的规定，反垄断局局长有权就损害消费者的行为对企业作出罚款。处罚额最高可达企业在处罚决定作出的前一会计年度收入的10%。

侵犯消费者集体权益罚款确定规则自2013年5月10日起生效。该规则旨在提高处罚金额确定所用方法的透明性。该文件可以让企业初步估算其因损害消费者的行为可能面临的处罚金额。

根据该侵犯消费者集体权益罚款确定规则的规定，罚款金额将取决于违法行为发生所在的合约阶段。履行合同阶段发生的非法活动将被处以最重罚款，而对合同订立前及订立期间发生的侵权则规定了较轻处罚。

确定最终罚款金额时，反垄断局局长还可能考虑某些减轻情节，如特定违法行为到提起法律程序时业已停止、在调查中与反垄断局局长积极配合、主动自愿向违禁行为受害人支付赔偿。反垄断局局长也可能考虑加重情节，如行为的故意性、屡次违法及以欺诈方式获取巨额利益。

鉴于《反垄断法》修正案于2016年4月17日生效，反垄断局局长可能发布新指引，以反映下述修订情形：使用滥用条款不再被视为侵犯消费者集体权益的行为，而不当销售则被确认为新的侵犯消费者集体权益的行为。

### （六）滥用条款

合同条款如非与消费者个人协商议定，而且对消费者权利和义务的安排方式违背善良风俗并严重侵犯其权益，尤其是其具有下述情形时，则合同条款不对消费者具有约束力：

· 排除或限制人身伤害情形下对消费者承担的责任；

· 排除或严重限制不履行或不当履行合同义务时对消费者承担的责任；

· 提及消费者在订立合同前无法查阅的条款；

· 赋予与消费者达成合同之人以合同专属解释权；

· 排除波兰法院的管辖权，或将争议提交波兰或外国仲裁机构或其他组织。

上文所列仅为非穷尽式举例，具体条款并非全部相关条款。

根据《反垄断法》修正案的规定，哪些条款构成滥用条款，由反垄断局局长决定。

反垄断局局长依职权提起滥用条款的处罚程序。但是，消费者、保险投诉调查保护官、消费者组织和经法律授权举报威胁消费者权益滥用条款的外国组织，可以向反垄断局局长举报该等条款。

根据该修正案，反垄断局局长作出两种决定：

· 确认相关条款为滥用条款并禁止适用，在这种情况下，反垄断局局长可责令相关企业将该被禁条款通知消费者或发布适当内容的声明；

· 要求承诺采取或放弃某些行动；反垄断局局长可规定承诺的履行期限。

自程序提起之日起，程序应在 4 个月内完成，尤为复杂的案件，不得超过 5 个月。

**滥用条款罚款**

反垄断局局长可对企业适用滥用条款的行为处以罚款。处罚金额最高可为相关企业在决定前一会计年度内所获收入的 10%。

## （七）承诺决定

对于限制竞争行为、侵犯消费者集体权益行为及标准合同条款被认定为滥用条款，反垄断局局长可发出"承诺决定"。反垄断局局长据此接受相关企业作出的承诺，承诺如得到履行，则将消除违禁行为及其后果。承诺决定对于企业是有利的，因为它将带来全额免除罚款的优惠。而对公众和违法者而言，承诺决定则是更快捷、更经济的解决办法。

2015 年 10 月，反垄断局局长发布了《限制竞争行为与侵犯消费者集体权益行为承诺决定解释》。该解释规定了反垄断局局长可通过和解的方式终结程序的情形，并具体阐明接受企业停止违禁行为承诺的条件。在该解释中，反垄断局局长将承诺决定定义为一种协商终止程序的方式。此外，反垄断局局长表明，其不仅希望企业承诺终止违禁行为，还希望其说明消除其行为后果的方法，如修改协议、降低价格等。

虽然该解释不具有法律约束力，但反垄断局局长将依其行事，确保相关规定的适用透明、一致。

（八）《反不正当竞争法》

《反不正当竞争法》将任何损害或侵犯企业（即开展经济活动的个人、法人或其他实体）或客户利益的活动定义为不正当竞争行为。

《反不正当竞争法》规定了构成不正当竞争行为的活动范例的开放式清单，其中包括：

·冒用另一企业的名称。

·虚假或误导性贴标，或使用缺乏标明货物或服务产地、数量、质量和成分的标签。

·披露商业秘密。

·诱使另一公司的客户或雇员违反合同。

·仿冒另一生产商的产品成品。

·贿赂公职人员。

·散布另一企业的不实和混淆信息。

·通过下述方式阻碍进入市场。

①掠夺性定价；

②诱使其他方不与其他企业交易；

③歧视客户；

④不合理地区别对待某些客户，在商业利润之外，为货物的进场销售索要额外费用；

⑤采取行动旨在迫使客户选择具体的企业订约，或设置条件使第三方可强行向某一具体企业购买货物或服务；

·不实或误导性广告。

·组织传销销售体系。

·向消费者销售商品或服务，并附带向所有或部分消费者发放奖品，但奖品是所售商品或服务之外的商品或服务。

・折扣店引进销售系网络或其子公司财产的品牌产品，且数量超过其营业额价值的20%。

利益受到不正当竞争行为损害的企业可获得民事救济。其包括责令停止违禁行为的临时法院令、消除违禁行为后果、有权按特定内容与格式作出声明（无论所受损失大小）、返还不当得利及裁定部分款项用于特定社会用途。

此外，部分不正当竞争行为可能同时导致刑事责任（罚金或监禁）。

此外，如果不正当竞争行为威胁或侵犯消费者集体利益，反垄断局局长还可根据《反垄断法》提起诉讼，对违法者处以最高其年营业额10%的罚款。

## （九）《反不正当商业行为法》

《反不正当商业行为法》将有违良好惯例、对普通消费者的商业决定施加负面影响的行为定义为不正当商业行为，包括商品与服务购买。

《反不正当商业行为法》将两类行为视为极不正当行为：

・误导性商业行为，其中涉及的作为或不作为，通过剥夺普通消费者了解重要信息的机会，使消费者无法作出自由选择。这类行为具体包括下列内容：

①隐性广告，指在商业实体支付推广费用的前提下使用媒体编辑内容或通过消费者可清晰辨识的图像或声音促销某一产品，但在相关内容中并不明确说明付费行为（如软广告，advertorial）。

②在商业实体未取得必要授权的情况下展示信赖标志、质量标志或类似标志。

③诱购广告，即按特点价格销售特定产品，但并不披露下述事实：

相关商业实体可能无法就该产品、产品广告范围和价格在合理的时间，按该等价格足量提供该等特定（或类似）产品。

· 强推型商业行为，指非法施压大幅降低或可能降低普通消费者选择自由的行为，具体包括下列内容：

①通过电话、传真、电子邮件或其他远程媒介方式，不问消费者是否需要而无休止地进行推销（并非因消费者的作为或不作为所引起），但在相关法律允许的强制执行合同义务所需情形和范围内进行的除外。

②不顾消费者让其离开或请勿再来的要求，前往消费者家中走访，但在相关法律允许的强制执行合同义务所需情形和范围内进行的除外。

③造成消费者不达成合同即无法离开相关实体场所的印象。

消费者可获得的救济包括有权在民事法院要求停止不正当行为、消除影响、赔偿所受损失。此外，《反不正当商业行为法》对开展不正当商业行为规定了刑事处罚措施。

如果不正当商业行为威胁或侵犯消费者集体利益，反垄断局局长还可根据《反垄断法》提起诉讼，对违法者最高处以其年营业额10%的罚款。

### （十）国家救助规则

自2004年5月1日起，欧盟国家救助规则直接适用于波兰。因此，欧盟委员会拥有独家权力批准公共机构向在波兰经营的公司授予超过最低标准（三个日历年度内20万欧元）的救助，除非其在特定豁免规定范围内。

自2004年5月1日起，波兰反垄断局被赋予在欧盟委员会关于救助通知的程序和欧洲法院关于违反欧盟原则发放的救助程序中担任联络机构的职能。之后，反垄断局即成为波兰的国家监管机构，确保救助发放机构正确理解和适用欧盟国家救助法律和本国实施细则。

# 七、房地产法

## （一）房地产所有权和权属问题

波兰有成熟的土地登记制度以及管理土地转让的综合立法。

波兰法律认可下述类型的土地所有权及权益：所有权、永久使用权、有限财产权利、占用权以及因义务产生的权利。

## （二）所有权

在波兰，所有权指对不动产的所有权，相当于英国体系中的"业权"。所有权赋予使用的自由，包括无限期取得收益以及转让。

## （三）永久使用权

永久使用权可以转让、让与或抵押，可由国家就国有土地授予或由自治体就公社所有的土地授予。永久使用权赋予土地的自由使用权，包括取得收益以及将权利转让。"永久"一词具有一定误导性，因为永久使用权不是真的永久，而是授予年限最长99年，但可以续展。

自然人或法人可取得国家财政部或当地政府所有的土地的永久使用权。根据波兰法律的规定，永久使用权在不动产权益层级中位列第二。

2005年10月13日，当时如果是不动产永久使用权人的自然人或法人，则其可根据关于将永久使用权转为所有权的法案，申请将永久使用权转为所有权。

除上述两项外，波兰法律项下还有下述法定有限财产权利，可针对业主、所有权人或第三方执行：

· 使用权。

· 土地地役权。

· 私人地役权。

· 通行地役权。

· 房产共同所有权。

· 抵押。

## （四）不动产应然权利：租赁和租佃

除了关于民法的某些强制性规则外，合同当事方可自由规定他们之间关于不动产的关系。常用的有下述类型的协议：

### 1. 租赁

根据租赁合同，出租方承诺允许承租方使用不动产，承租方承诺向出租方支付约定金额的租金。

租赁期限超过1年的不动产租赁协议必须采用书面形式。如果租赁协议的期限超过10年（或由企业之间签订并超过30年），在此租赁期的10年（或30年）期限结束后，视为已经订立了无限期协议，并且任何一方有权随时终止。

特定期限的租赁协议在约定租赁期届满后终止，或在一方发生终止事件时通知另一方后终止。该等终止事件必须在租赁协议中明确载明。根据波兰法律的规定，如果租赁协议中约定允许一方自行发送通知终止特定期限租赁协议的（即无需向另一方提供正当理由），则该租赁协议视为无效。

租赁物业的买家可终止租赁协议，即使协议系按特定期限签署。如果租赁协议按特定期限书面签署、具名认证日期（例如公证员在租赁协议的签署本上声明其于特定日期看到过协议）且不动产（房产）已移交给承租人，则租赁物业的买家不享有上述终止权利。

2. 租佃

根据租佃协议，出租方授予租户使用不动产的权利（包括收取任何收益的权利），租户承诺向出租方支付约定金额的租金。

区别租佃和租赁的最重要特征是租佃人有权收取物业带来的收入（收益）。因此，土地（或开发场地）通常采用租佃形式，而房产（不动产）通常采用租赁形式。

租赁的典型形式是公寓或办公室短租，而租佃一般用于租用耕地，因为租户可从租佃标的中取得收益（即收获农产品）。

从当事方权利和义务的角度而言，对这两种权利适当分类十分重要，特别是最长保护期和终止制度的确立。应当注意的是，即使当事方将特定协议命名为租佃协议，但如果该协议具有租赁的特征，则从法律角度来说，当事方仍将受租赁协议的约束。

（五）登记

土地的法定所有权通常可基于相关地区法院为每一处不动产保留的土地和抵押登记簿中的记录进行评估。该等登记簿的内容决定了业主或永久使用权人持有的法定所有权。第三方的法定权益（如租赁协议、不动产出售承诺或优先购买权）也可在土地和抵押登记簿中查询，但不强制要求登记簿中反映该等内容。该等权益一旦记录在案，即对取得不动产的第三方有约束力，任何一方都不能有效主张其不知晓该等权益。抵押必须在登记簿中载明。

土地和抵押登记簿可靠性原则为取得不动产并善意依赖法院对土地和

抵押登记簿中的记录之人提供保护。无偿取得土地之人不能主张登记簿可靠性原则项下的保护。在满足适用登记簿可靠性原则其他条件的前提下，如果从土地和抵押登记簿中登记为业主的实体处取得土地，则土地所有者将自动成为新业主，即使登记有误。

土地和抵押登记簿还包含有关土地面积及其上现有构筑物的记录。但是，该等记录在法律上不具有终局性，实践中并不可靠。该等信息可根据土地测量、测地登记簿、公用事业设施平面图和详情等确认。

### （六）优先购买权

根据波兰法规的规定，有以下几种类型的法定优先购买权：

·当地社群的优先购买权。一般而言在下述情况下有效：（1）以永久使用权出售未开发的土地；（2）出售此前从社群或国库取得的未开发物业的所有权；（3）历史古迹；（4）出售指定为公共用途或已被决定用于公共投资的物业。

·租户、共有人或农业地产署的优先购买权。在属于农业地产的情况下有效（即如果当地分区规划没有另行规定，用于或可能用于农业的地产）。如果农业地产的面积达到或超过5公顷，则农业地产署享有优先购买权。

未就不动产转让通知享有法定优先购买权的实体将导致转让协议被宣告无效。

### （七）外国买家

外国主体在波兰购买不动产一般需要经内务和行政部长准许。但是，来自欧洲经济区和瑞士的公民或企业实体无须就购买不动产、收购在波兰拥有不动产或享有不动产永久使用权的公司股份取得许可。

但就外国主体（包括外国公司的波兰子公司）购买农地或林地而言，上述权利在波兰加入欧盟起的 12 年内受到限制。因此，在 2016 年 5 月 1 日前，该等购买尚须得到内务和行政部长准许。相关程序十分耗时，未取得许可将导致购买协议被宣告无效。

## （八）农业土地

波兰议会目前正在审议有关出售农业土地的一部新法。根据新法的规定，仅个体农户可以在波兰购买农业土地。波兰农业地产署署长有权力许可其他实体取得农业土地。如果出售农业土地以及出售持有波兰农业土地所有权的公司的股份，则该署享有优先购买权。

根据所拟新法的规定，被认定为国家农业所有权储备的土地通常在 5 年内不得出售。

## （九）建设工程

波兰建设工程的相关事宜适用 2003 年 3 月 27 日关于分区规划的法案及 1994 年 7 月 7 日的《建筑法》的约束。

根据《建筑法》的规定，参与建设过程的包括下述主体：

· 投资者。

· 投资者的监督检查员。

· 设计师。

· 施工现场经理或工程经理。

投资者是建设过程的主要参与者，投资者的界定依据《建筑法》具体规定的其在投资过程中的职责范围和角色来确定。

工程开始建设前，投资者须核实某些重要信息，如：

· 拟开发的不动产是否包括在当地分区规划中。

・不动产用途为农业、工业还是建设用途。

・其是否拥有土地法定所有权,以使不动产可用于建设目的。

如果不动产的法律状态明确并是根据相关法律规定用于计划的投资,则该工程可开始建设。建设期间,投资者应取得建筑许可证,许可证可基于当地分区规划直接签发,或在未涵盖相关地产的该等规划的情况下,基于现场许可证签发。

建设工程一旦竣工,即签发占用许可证。使用期间,业主或管理者应确保进行定期检查。如果是具有特定性质的投资(非典型投资或具有其他特定特征),则在开始或完成投资前还需要取得某些额外的手续。

### (十)大型商业综合体位置

2015年11月11日,关于大型商业综合体位置的新条例生效。新条例修订了《规划和空间发展法》。根据新法的规定,如果投资涉及建造销售面积超过2000平方米的商业综合体的,则只能根据有效的当地分区规划选址。

## 八、合同法

合同法规定于《波兰民法典》中。波兰合同法的原则以欧洲大陆法系模式为基础,主要为1811年至1934年期间在波兰部分地区实行的《拿破仑法典》。缔约自由是合同法的主要原则。

《波兰民法典》规管某些类型的合同(如销售合同、建筑合同、服务合同等)。当事方还可订立不明确适用民法的合同,并可自行架构合同关系,但前提是该等关系的内容或订立目的不违反公共秩序原则。

《波兰民法典》于1964年通过,历经重大修改并于2003年9月25日生效。修改包括新定义的"消费者""经营者""企业",以及关于商号、商业标示及合同签订的新规定。

### (一)消费者保护

2014年12月25日,《消费者权利法案》生效。该法规管与消费者权利及相关企业主义务有关的法律问题。施行该法是满足使波兰法律与欧盟法律规定相协调的需求。

消费者不得放弃该法赋予的权利。对消费者而言,劣于法案规定的协议条款均属无效,应以该法规定为准。该法规定了与消费者订立合同的经营者的责任、经营者与消费者签订远程合同和场外合同的规则及程序。该法还确定消费者有权退出与经营者签订的远程合同。新法案的规定扩大了对经营者关于消费者的披露要求。

### (二)波兰语言要求

根据对2000年《波兰语言法案》的修订,关于合同或协议的订立一般无须以波兰语签署,但存在以下例外情况:

· 劳动和消费协议,如果消费者或雇员一方在协议签署期间居住于波兰且协议系在波兰签署;

· 与某些公共机构的交易。

### (三)民事和商事法律冲突

订立国际交易时,最重要的事项之一是确立协议适用的管辖法律。由于波兰是欧盟成员国,自2009年12月17日起,波兰法律规定,确定适用于国际合同义务的法律时,应适用2008年6月17日经修正的欧洲议会和理事会593/2008号条例(欧共体)(以下简称《罗马条例Ⅰ》)的规则。

因此，在整个欧盟范围内有统一的"冲突法"规则，应以相同方式确定适用于每一合同的法律。

一般而言，《罗马条例I》允许当事方选择合同的适用法律。选择适用的法律可在协议中明确规定，或由合同条款或具体情况证明。当事方可选择对整个合同或仅其一部分适用的法律，但这种类型的选择有一些限制。如果与合同相关的因素位于所选法律的国家之外，则当事方将被适用在所选国无法通过合同排除的具有强制性的法规。《罗马条例I》还规定了在协议当事方未选择适用法律的情况下确定适用法律的规则。

此外，波兰规定自2009年1月11日起，在涉及"冲突法"的情况下，适用2007年7月11日的欧洲议会和理事会864/2007号条例（欧共体）（以下简称《罗马条例II》）来确定民事和商事非合同义务的适用法律。该条例确定下述各项引起的非合同义务的适用法律：

- 侵权/不法侵害。
- 不当得利。
- 第三方业务的管理（无因管理）。
- 合同谈判中违反对另一方的责任（缔约过失）。

一般而言，非合同义务的适用法律应为违约地国家的法律。此外，当事方还可通过导致违约的事件发生后签订的协议来约定非合同义务适用的法律，或者，在所有当事方都从事某一商业活动的情况下，通过该等事件之前协商的协议作出约定。

在《罗马条例I》或《罗马条例II》均不涵盖的、涉及冲突法的情况下，将适用2011年2月4日波兰《国际私法法律》的规定。

# 九、劳动法

## （一）劳动法案

波兰劳动法规范了劳动关系中的大部分内容。通常允许雇主在劳动合同或公司内部规章中规定优于法律规定的条件。

## （二）劳动合同的定义

如果作为薪酬的回报，一方有义务在雇主规定的时间和地点在雇主监督下履行规定职责，则当事方之间签署的每份协议均应被视为劳动合同。劳动合同可分为固定期限和无固定期限，双方可另外签订试用期最长为3个月的试用期合同。

一般而言，一份固定期限合同的雇用期以及同一当事方之间就劳动关系签订的多份固定期限合同的总雇用期不得超过33个月，这里的多份不得超过3份。超过该等限制将导致订立无固定期限合同。

## （三）合并或收购后继续雇用

如被新雇主合并或收购，雇员自动转入新雇主且无须签订新的劳动合同。原雇主和新雇主对合并或收购前产生的劳动关系导致的义务承担连带责任。

如果特定受雇公司没有设立工会组织，则当前雇主，还有收购或合并后公司的新雇主均有义务向各自的雇员书面通知拟议合并或收购的时间、合并理由及其可能对公司的录用政策造成的影响。通知应在计划的合并或收购日前30天发送给雇员。如果公司设有工会组织，则雇主有义务直接向工会发布上述信息。

如果当前雇主或新雇主有意修订劳动关系（劳动合同条件），其有义务与工会协商，以便在作出通知后30天内签订相应的合同。如果没有签订合同，雇主有权采取必要行动，但仍须遵守与工会的协商安排。

在合并或收购日导致的劳动关系转移日起的2个月内，雇员有权通过提前7天通知而终止其合同。但是，雇主不得以合并或收购作为终止劳动关系的理由。

转移雇员还应与劳资联合委员会协商。

### （四）经通知而终止

劳动关系双方均可经通知对方而终止劳动合同。

通知期取决于雇员的受雇期限，在特殊情况下，如果雇员系由新雇主接收，则取决于该雇员受雇于前雇主的期限。雇主如决定经或不经通知而终止无固定期限的劳动合同，应随附声明说明终止的正当理由和雇员有权向劳动法庭上诉的相关信息。雇主应与代表雇员的工会协商并向其书面提供终止劳动合同的理由。但是，工会无权否决雇主的决定。

在无固定期限和固定期限合同中，雇员的终止通知期取决于作出通知时实际的受雇时间。波兰劳动法规定的通知期如下：

- 2周——雇员受雇不满6个月；
- 1个月——雇员受雇满6个月但不满3年；
- 3个月——雇员受雇已满3年。

如果雇员针对终止劳动合同提出上诉，且在法庭程序中，法庭认定雇主所做无固定期限合同的终止通知无正当理由，或违反终止劳动合同的相关规定，则法庭将裁定终止通知无效。如果合同已经终止，经雇员要求，法庭可判令雇主按原有条件恢复雇员的劳动关系，或向雇员作出赔偿。法庭如认定无法恢复劳动关系或考虑相关请求毫无意义，则可能无视雇员要求恢复劳动关系的请求，取而代之以判令雇主支付赔偿。赔偿金额为两周到3个月的薪酬，且不低于通知期对应的薪酬。

劳动法规规定了不能终止其劳动合同的几种雇员，如工会或劳资联合委员会管理层成员、孕妇、产假期内妇女及其他雇员。

### （五）不经通知而终止

在下述情况下，雇主有权因雇员过错不经通知而终止劳动合同：

· 雇员严重违反其基本职责；

· 雇员明显犯罪或经法院判决确认犯罪，使其无法继续任职；

· 雇员因自身过错而失去履行其岗位工作所需的资格。

如果自雇主获知相关情况起已过去1个月，则不得因雇员过错而不经通知即终止劳动合同。在该等终止前，雇主须征求代表雇员的工会的意见，但该等意见对雇主没有约束力。

在下述情况下，雇主有权非因雇员过错不经通知而终止劳动合同：

· 雇员因患病无法工作并持续超过3个月（如果雇员在该业务机构受雇不满6个月）；或超过患病补贴期及康复补贴期的前3个月（如果雇员在该机构受雇已满6个月）；或雇员无法工作系因工作事故造成或因履行其工作任务直接导致；

· 雇员因上文所述之外的正当理由缺勤超过1个月。

雇员为照顾孩子而缺勤或因传染病而被隔离并因此享受补贴时，雇主不得非因雇员过错不经通知而终止劳动合同。

如果雇主不经通知而非法终止劳动合同，雇员有权向劳动法庭上诉并要求按原有雇用条件恢复劳动关系，或取得赔偿。

在下列情况下，雇员有权终止劳动合同：

·出具诊断书说明雇员的工作有害其健康，且雇主未在诊断书所载的时间内将雇员转至适于其身体状况和职业技能的岗位；

·雇主严重违反对雇员的基本责任。

如果雇员在上述情况下不经通知而错误终止劳动合同，雇主有权向劳动法庭上诉并要求赔偿。

### （六）薪酬规定

雇主雇用满20人且该等人员不适用公司签订的集体劳动合同，雇主须制定书面薪酬规定。

雇员不得放弃其薪酬权利或将该等权利转给另一人。

适用书面薪酬规定时，工作薪酬须在提前确定的每月同一日期延后支付，每月至少一次，但不晚于下一日历月的10号。

如果雇员已为履行工作做好准备，但因雇主相关原因不能开始，雇员有权按其个人的工作小时或每月工资领取报酬，如果还未确定该等薪酬，则取其正常薪酬的60%，但不低于最低工资。

雇主须向因残疾或退休而终止劳动关系的所有雇员支付相当于1个月工资的养老金奖励。

### （七）限制和竞争

根据波兰《劳动法》的规定，雇主可与雇员另外签订合同规定雇员在受雇期间或劳动关系终止后一定期限内不能从事竞争性活动或接受竞争对手提供的工作机会。

这一限制仅适用于从事与雇主的业务直接相关的活动的人员。在劳动关系存续期间，雇主可对所有雇员施以该等限制。劳动关系终止后，限制仅适用于接触过与雇主相关或属于雇主的商业秘密和保密信息（如果披露该等信息，可能对雇主造成损害）的雇员。

劳动关系终止后生效的不竞争协议应载明限制条款以及应向雇员支付的补偿金额，补偿不能低于雇员在劳动关系终止前就限制期对应的期间所获薪酬的25%。雇主应就整个限制期支付补偿。当事方可约定按月支付补偿或订立其他支付条款。

### （八）工作规章

在雇主雇用满20人且雇主和雇员没有签订集体劳动合同规定相关事项的情况下，雇主须制定工作规章，其中包含工作组织和秩序的相关规则以及雇员和雇主的相关权利和义务。

工作时间为每天8小时，每周平均40小时（每一工作周平均5天）。《劳动法》允许采用不同的工作制度，比如通过集体劳动合同减少工作时间。法定年度加班时间上限为每年150小时，可在集体劳动合同、薪酬规章或（在某些情况下）在雇用合同中设定更高的加班时间限额。但是，雇员在任何一周工作的最长小时数在约定的结算期内平均不能超过48小时。

在平常工作日、根据特定地方的工作制度属于工作日的周日和公共假日加班的，雇员有权额外取得日工资50%的补贴。在夜晚、对雇员而言不属于工作日的星期日和公共假日加班，以及在就星期日或因公共假日履行工作而授予雇员的补休时间加班的，雇员可额外取得100%的补贴。

工作年限不满10年的雇员，带薪假期最少为20天；满10年的，最少为26天。计算假期天数时以累积工作时间计算（不论雇主是谁）。初等教育以后的受教育年限亦考虑在内。关于计算带薪假期天数，中学毕业生可计4年，大学毕业生总共可计8年。

首次参加工作的雇员在开始工作的日历年中享有带薪休假权利，工作满一年，每工作 1 个月可享全年休假天数的 1/12。雇员在今后每一日历年取得后续休假权利。

### （九）大规模裁员

大规模裁员适用 2003 年 3 月 13 日颁布《大规模裁员法案》（修订）（以下简称《大规模裁员法》）。但是，该法不适用于雇员人数少于 20 名的雇用机构。

至少有 20 名雇员的雇主在不超过 30 天的期限内经通知而与下述雇员终止劳动关系的，视为大规模裁员：

·至少 10 名雇员，如果雇主雇用人数不满 100 名。

·10% 的雇员，如果雇主雇用人数满 100 但不满 300 名。

·30 名雇员，如果雇主雇用人数满 300 名。

如果至少有 5 名雇员以当事方一致约定的方式终止劳动关系，则该等终止包含在上述规定情形之内。

### （十）程序

根据《大规模裁员法》的规定，大规模裁员的程序如下：

·雇主应就计划的大规模裁员与工会和劳资联合委员会进行协商。特别是协商应考虑避免或减小大规模裁员范围的可能性以及与裁员相关的劳动问题，特别包括重新取得资格或职业培训的可能性以及为被裁雇员寻找其他工作。

·雇主应向公司工会和劳资联合委员会书面告知以下各项：计划大规模裁员的理由、雇员人数及其所属的职业团体、裁员所涉雇员所在的职业团体、裁员时间、选择裁员对象的建议标准、裁员顺序以及关于如何解决与拟议裁员相关的任何劳动问题的提议。如果被裁员工有现金福利，雇主应额外说明该等福利水平的确定方法。通知应及时提交给公司工会，以便工会通过协商就上述事项提出建议。

·应当同时向当地劳动部门发送书面通知。

·如果在 20 天内不能就协议内容达成同意，雇主须特别考虑协议协商过程中与公司工会达成的约定以制定规章，确定大规模裁员的程序。

·如果未达成协议，雇主须将每一劳动关系的终止告知代表雇员的公司工会。公司工会须在收到该等信息后 5 天内记录所有反对意见。

·如果特定雇主没有公司工会运转，则由在该雇主采纳的程序中所选的雇员代表行使工会关于大规模裁员的权利。雇主应在与该雇员代表协商后制定关于大规模裁员程序的规定。

·雇主应向相关劳动部门书面通知就裁员事项与公司工会或代表达成的约定，包括雇员总数和被裁雇员、裁员理由及裁员时间。

·完成该程序后，雇主方可向雇员发出裁员通知。

·因该等通知而与雇员终止劳动关系不得早于向当地劳动部门通知后的 30 天。

·根据有关终止通知期限、雇员特殊保护等规定交付终止通知。

·对于受保护雇员（如即将退休人员、孕妇及产假期内雇员），仅可变更其现有的工作及薪酬条款和条件。如果上述程序导致薪酬减少，该等雇员有权取得均等化付款，直至其保护期结束。

·如通知期为 3 个月的无固定期限劳动合同，雇主可将通知期缩短至 1 个月。雇员有权就其余 2 个月的通知期取得补偿。

### （十一）遣散费

雇主需根据计算未休假期现金等价物的适用规则，向被解雇雇员支付遣散费。

遣散费金额取决于雇员受雇于特定雇主的年限，具体如下：

·如果雇员工作不满2年，向其支付的遣散费相当于1个月工资；

·如果雇员工作2~8年，向其支付的遣散费相当于2个月工资；

·如果雇员工作了超过8年，向其支付的遣散费相当于3个月工资。

遣散费不得超过政府于雇用终止之日公布的最低月工资的15倍。

### （十二）社会福利基金

在特定年份的1月1日雇有至少20名全职雇员的所有雇主均有设立社会福利基金的法定义务，为文化、教育、体育和娱乐活动等社会活动提供资金。该基金还应为学龄前儿童提供托儿所、幼儿园或类似资金以及住房贷款和补助。该基金的资金源于年度缴款，按前一年或前一年下半年（如果当时的平均月工资较高）国内平均月工资（每名雇员）的37.5%计[①]。中央统计局局长每年会在官方报纸《Monitor Polski》上公布平均月工资。

基金资源分配的适用规则在公司规章中规定，并须获得工会同意，或在没有工会的情况下，取得职工推选代表职工利益的雇员同意。

### （十三）劳资联合委员会

人员编制满50名雇员的所有雇主均有法定义务向雇员告知其有权根据雇用地已有的程序成立劳资联合委员会。否则，雇主可能被处以限制自由的处罚或罚金。

劳资联合委员会组成如下：

·雇员数为50~250名的公司，由3名成员组成；

·雇员数为251~500名的公司，由5名成员组成；

---

① 特别提示：2016年，波兰规定根据2010年下半年的平均月工资计算缴纳社会福利基金，即2917.14波兰兹罗提。

·雇员数超过 500 名的公司，由 7 名成员组成。

雇主如在《雇员信息和协商法案》（以下简称《信息法》）生效日之前签订了约定的信息和协商框架不劣于《信息法》规定的雇员信息和协商协议，则成立劳资联合委员会的义务对其不适用。

委员会成员根据《信息法》规定的规则选举。

## （十四）信息和协商

雇主须向劳资联合委员会提供下述方面的信息：

·其活动及财务的近期状况及未来可能的发展。

·人员情况、结构和未来可能的发展以及拟为保持现有人员水平采取的所有措施。

·可能导致工作组织或合同关系实质性变化的措施。

如果预期会有任何变化或计划采取任何行动，或劳资联合经委员会书面要求，雇主须通知雇员。

雇主应按可使劳资联合委员会成员熟悉相关主题事项并分析信息的时间、方式和措辞提供信息。

劳资联合委员会意见如获过半数成员批准，即属通过。

雇主须就下述事项与劳资联合委员会进行协商：

·雇用情况、结构和可能的发展以及拟为保持现有人员水平采取的任何措施。

·可能导致工作组织或合同关系实质性变化的措施。

协商应按适当的时间、方式和内容进行，以便雇主可就协商主题事项采取行动，并促成劳资联合委员会和雇主达成协议。

协商意见和结果对雇主均没有约束力。

未遵守该等义务的，雇主可能被处以限制自由的处罚或罚金。

## 十、破产

2003年2月28日颁布的《破产法》于2003年10月1日施行，主要规范所有破产事宜，包括关于银行、保险公司和债券发行人破产的特殊程序。

### （一）一般规定

《破产法》的主要目的在于清算债务人的财产并将其货币化，目的是在可能的范围内补偿其债权人。

债务人如资不抵债（定义见《破产法》），可被宣告破产。债务人为企业实体（如有限责任公司）的，在下述情况下视为资不抵债。

· 无力偿还其未偿债务（延迟偿还未偿债务超过3个月的，推定债务人无力偿还该等债务），仅仅延迟偿还债务不足以视为资不抵债。

· 其负债金额超过其财产的价值且该等负盈余持续24个月（但是某些负债不计入）。

但是，破产法院在某些情况下有权驳回宣告破产请求，尤其在下述情况下：

· 债务人的财产不足以涵盖破产程序的费用［如果债务人的财产大量设有抵押或质押（及某些其他类型的对物担保）且没有该等产权负担的资产价值不足以涵盖破产程序的费用，法院也可驳回宣告破产请求］。

· 提交宣告破产请求的债权人提出的诉求存在争议，且对该等诉求的争议在提交请求之前产生。

### （二）宣告破产请求

债务人和债权人（包括外国债权人）均有权提交宣告破产请求。特别是债权人应在请求中证明债务人资不抵债并存在其他未获偿款的债权人，该债权人至少还应证实其对债务人的诉求。

提交宣告破产请求后，将启动债务人破产程序。在此程序中，破产法院会对请求进行审核，以决定是否宣告债务人破产。债务人有权参加该等程序并可主张其并未资不抵债，或以其他理由主张应驳回宣告其破产的请求。《破产法》规定，法院应在请求提交日起 2 个月内作出决定，但在实践中，通常需要更长时间作出该等决定（甚至需要 3 到 6 个月）。需要注意的是，即使债务人在请求提交后破产法院作出决定前，仍应向债权人偿还，破产法院亦可无视债权人撤回请求并宣告债务人破产。

破产法院有权签发禁制令以保全债务人的财产，直到作出关于债务人破产的决定。如法院可指定临时的法院监督人监督债务人的行为及其财产，及/或中止针对债务人的财产实施的执行程序。

### （三）宣告破产

如果破产法院接受申请宣告破产的请求，则会宣告债务人破产并指定破产受托人。宣告债务人破产即启动相关破产程序。债务人的财产（即破产财产）应连同与破产财产相关的所有文件（包括会计账簿和税务资料）一起移交给受托人。受托人应对破产财产进行盘点，一旦完成，应清算财产（将其货币化）以在可能的范围内偿还破产债务人的债权人。

有意参加破产程序的每一债权人应向监督破产程序的法官提交诉求（这也适用于之前提交宣告破产请求的债权人）。通常，每一债权人应在宣告破产的决定公布后 30 天内提交诉求。诉求将由受托人审核，如果被接受（并仅在接受的范围内），则会列入应收款清单，且债权人有权参加破产程序。

### （四）预备清算 （购买债务人业务资产的特殊工具）

破产法院在签发宣告破产的决定时，可能批准按特定价格将债务人的企业或企业的一部分或实质性业务资产出售给特定买家。这一方案被称为预备清算，旨在加速破产程序。有兴趣采用这一方案的债权人有权向法院申请批准债务人资产的该等预备出售，即使没有经过债务人同意（但是，在实践中，这一方案通常需要与债务人预先安排方能有效执行）。在此情况下，债权人需要向法院提交有权作为法院指定专家的评估机构编制的债务人资产的评估报告。

### （五）诉求类别

受托人须予偿付（利用从破产财产货币化所得的资金）的诉求分为4种类别。第一类诉求包括（尤其是）破产程序费用（包括受托人费用）及债务人被宣告破产后产生的其他支出和诉求。贸易应收款被视为第二类诉求（这一类别也包括税款），仅在第一类诉求完全得到偿付的情况下偿还。

### （六）有担保的债权人

值得一提的是，有担保的债权人（通常为银行）在破产程序中享有优先待遇。有担保的诉求（如由针对破产债务人的财产设定的抵押或质押担保的诉求）并非从破产资金池（破产财产货币化所得的收益）中偿付，而是从出售设有产权负担的资产所得的收益中偿还［偿付有担保诉求后的余额才会转入所有（无担保）债权人共享的破产资金池］。

### （七）时间

破产财产的清算以及向债权人偿还在可能的情况下应尽快进行。但是，完成破产程序的确切时间取决于个案的具体情况。在实践中，破产财产完全清算并将从受托人处收到的资金偿还给债权人甚至可能需要几年（2年至5年）的时间。

### （八）跨境破产程序

关于在境外针对在波兰拥有资产的债务人开展破产程序，《破产法》设有专门规定。该等规定对非欧盟国家普遍适用。该等程序如获波兰法院承认，则在波兰法律下有效。

在境外宣告破产不妨碍同样在波兰宣告破产。但是，一旦外国破产程序被波兰承认，在波兰宣告的破产将仅涉及位于波兰的资产。

在欧盟范围内宣告破产的相关事宜适用2000年5月29日关于破产程序的1346/2000号理事会条例。因此，在某一欧盟国家宣告的破产在波兰自动获得承认。

### （九）新破产重组程序

2016年1月1日，新《破产重组法》（即《重组法》）生效。新法的主要目标是引入有效的手段开展债务人公司的重组并防止其被清算。该法引入并详细定义了4种类型的重组程序：批准制度程序、加速重组、偿债安排和补救程序。

财务状况困难的经营者（资不抵债或可能资不抵债）可选择适合其需要的重组程序。重组程序的目的是促成资产、负债、业务和雇用结构的改善。

## 十一、知识产权

波兰知识产权法律涉及多项法案，其中最重要的是2000年6月30日颁布的《工业产权法》和同年 2 月 4 日颁布的《著作权和相关权利法案》。此外还有各项民事、刑事和行政规定与波兰的知识产权保护相关，特别是海关程序。

《工业产权法》主要保护有关发明、实用新型、工业设计、商标（包括知名及驰名商标）、地理标志和集成电路布图。该法案还防止第三方对所有上述权利的民事和刑事侵权。其他原产地商业标记，比如未注册的商标、公司名称以及不正当竞争行为、数据专属权等适用各项单行条例。

根据《工业产权法》的规定，允许当事方亲自或由法定代理人代表向专利局申请专利、保护权利或注册权利。居住地或注册地不在欧盟的主体由法定代理人代表。

如果在位于西班牙阿利坎特的欧盟知识产权局（EUIPO）（前身为内部市场协调办公室）注册，上述某些权利（即商标和外观设计）还可作为欧盟商标和共同体的注册外观设计在整个欧盟范围内（包括波兰）得到保护。

知识产权的限制原则之一是知识产权用尽的原则。同时，作为欧盟的强制性要求，波兰法律规定注册知识产权在欧洲经济区适用用尽原则。

（一）专利

《工业产权法》为发明提供保护。可申请专利的发明指并非明显来自现有技术并能应用于实际或工业的任何技术性新解决方案（需要在全球范围内具有新颖性）。专利授予不适用于下述对象：

·其使用可能违反公共政策或道德（不能仅因法律禁止某项发明使用而视其违反公共政策）。

·植物品种或动物品种及纯生物学植物和动物生产流程（不适用于微

生物流程或通过该等方式获得的产品）。如果植物或动物的生产方法完全借助自然现象（比如交叉或选择），即属纯生物学流程。

·适用于人或动物的外科手术或治疗及诊断方法（不适用于诊断或治疗所用的产品，尤其是物质或混合物）。

下述类别因不能被视为发明而无法获授专利：

·发现、科学理论和数学方法。

·仅有审美特征的创造。

·精神活动、业务或游戏计划、规则和方法。

·可根据公认的科学原则证实无法予以利用的创造。

·无法证实能够使用或其使用可能不会带来申请人预期结果的创造或方法。

·计算机程序。

·信息编排。

此外，人体（其形成和发展的各个阶段）不能被视为发明，人体要素之一的共同发现也是如此，包括基因序列或部分序列。

专利保护涵盖化合物、药物和食品，保护期限为20年。对于有关医疗或植物保护产品的专利，波兰专利局可授予补充保护证书，将保护额外延长5年。2004年3月1日，波兰加入《欧洲专利公约》并成为欧洲专利组织的成员国。自此，波兰可享受欧洲专利保护。波兰的专利相关法律由此与《欧洲专利公约》统一，且在此领域亦与共同体法律相一致。

拥有专利权即享有在整个波兰使用发明的专属权利。专利权归发明人或发明受让方所有。如果发明系由发明人在作为雇员履行职责期间或在执行合同的过程中创造，则专利权属于雇主或委托方，相关当事方另有约定的除外。想要申请专利，须向波兰专利局提交申请以及发明的描述、权利要求及描述摘要和图纸（如需要）。波兰专利局将在首次申请日后的18个月公布专利申请。

发明自注册申请公布时起享受临时保护，自注册申请提交日起生效。为保持专利有效，专利权人须从专利保护的第 1 年至第 20 年支付累进费用。专利权利或专利本身可以转让和承继。专利持有人可以许可协议的方式授权另一人使用其发明。

## （二）实用新型

实用新型亦称"小专利"，指影响物体形状、构造或永久组合的任何实用的技术性新发明。实用新型是一种"复杂程度不足以"获得专利保护的技术解决方案保护方式。因此，在波兰就实用新型取得保护相对简单，且如果专利局在评审专利发明的过程中发现不能授予专利，申请人可将专利申请转为实用新型。

实用新型权利受法律保护，即在向专利局申请之日起 10 年内，在波兰境内为盈利或其他专业目的排他性使用用实用新型的专属权利。

## （三）工业设计

外观设计指对源自产品本身或其装饰的线条特征、轮廓、色彩、形状、质地或材料的产品，或其部分的新颖外观（外壳）的专属权利。这类保护的基本要求是设计的新颖性和独特性。

工业设计可在波兰专利局注册，但也可以就注册或未注册的外观设计取得版权保护。注册外观设计的保护期限最长为申请日起 25 年。注册工业设计不影响其版权保护。但是，进行权利注册十分重要，可在侵权的情况下提供更大的确定性和可靠性。

未注册的共同体外观设计自设计首次在欧盟范围内公开之日起享有 3 年的保护期。该等设计的持有人仅有权防止被复制。如果设计在注册之前公开并突然受到侵犯，则适用该等权利，这是因为未注册的外观设计享有的权利较少（只针对直接复制）并只有 3 年的保护期。此外，也很难证明其在共同体范围内公开的日期。

## （四）商标

根据《工业产权法》的规定，商标指可以图形表示的任何标记，前提是能够区分不同企业的商品。商标保护可通过注册或依据《反不正当竞争法》通过使用取得。通常，商标的第一个申请人有权注册并独家使用该商标。波兰的商标规定与《欧盟商标法》完全一致。但是，波兰法院对于遵守欧洲法院的解释有时可能反应不同。

商标申请应向波兰专利局提交，涵盖一种或多种类别的产品或服务。在审查商标形式、是否可注册以及是否与先前商标注册相冲突后予以注册。应注意，《工业产权法》近期作出了许多重大变更，其中最重要的是引入了波兰法律此前没有的基于异议的商标注册程序。目前，该等程序将波兰专利局的义务仅限于审查阻碍注册的绝对事由，比如相关标记包括或包含波兰的国旗、国徽、国歌或其他标志，或包括或包含不道德、欺骗性或诽谤性内容，或可能贬低任何人（无论是否在世）、机构、信仰或国家象征或错误暗示与之相关的内容。此外，权利持有人目前有义务注意波兰专利局就可能与该持有人的商标相冲突的任何申请提供的信息。《工业产权法》也为驰名和知名商标提供保护。后者受到的保护（根据共同体法律）不仅涉及类似商品和服务，而且涉及不同商品和服务。商标保护期自申请日起为期 10 年，并可能无限延长保护，每次 10 年。

商标注册后产生的权利可以转让或许可。商标持有人可要求停止任何侵权行为、返还非法取得的利润，以及在处罚侵权行为的情况下，根据波兰《民法典》的一般原则或作为使用商标的许可费请求赔偿损失。如果商标持有人在注册后连续5年未在波兰使用商标，或未在规定期限内支付商标保护续展费，则商标保护失效。如果未满足注册要求，注册可被撤销。

波兰的商标注册可在马德里系统下用作国际商标注册的依据，前提是其持有人为马德里系统缔约国国民或在该等缔约国设有诚信分支机构。马德里系统使商标持有人可通过直接向国家商标局申请而在多个缔约国获得商标保护。如此注册的国际商标在申请人指定的每一国家享受与根据直接申请授予的同等保护。

2004年5月1日起，商标还可作为欧盟商标（EUTM）在波兰受到保护。通过简单程序，欧盟商标的持有人享有在所有欧盟成员国适用的统一权利。欧盟商标可直接向欧盟知识产权局（2016年3月前原名为内部市场协调办公室）、波兰专利局、世界知识产权组织或任何特定成员国的任何其他国家专利和商标局申请。

### （五）著作权

在波兰，著作权适用于各种不同作品，包括文学、艺术、音乐和戏剧作品，还包括具有创造性的数据库。此外，计算机程序（软件）在某种程度上也受《著作权法》的保护。财产性著作权包括使用和处分作品的专属权利以及取得报酬的权利。作品可在特别列举的"利用领域"（受著作权保护作品的使用类型）使用和处置。财产性著作权可以转让或许可。此外作者还享有精神权利，但不能转让。作者的精神权利举例如下：

·作品署名权。

·以作者真名或笔名署名或匿名发表作品的权利。

·作品内容和形式完整权以及合理使用权。

·作品使用监督权。

在波兰，保护著作权无须办理任何手续。著作权在作品创作后自动授予并存在。人们无须（并且也无法）在波兰进行著作权注册。受《著作权法》保护的多数类型的作品针对未经授权的复制自动享受保护，直至作者逝世后满70年。

## （六）边境防伪

来自东欧和亚洲的假冒产品越来越多，其中许多在欧盟销售。因此，波兰海关常常是防止该等假冒产品大量流入的主要"防火墙"。

知识产权持有人向海关署长提交适当的申请有助于在波兰保护知识产权。此外，波兰海关官员有权依职权自行没收侵犯知识产权的商品。但是，知识产权持有人自行提交海关申请往往更加有效，因为海关当局可能并不熟悉知识产权的特性，在面对侵权商品时行动可能不够及时。

该等海关申请有两种类型：

·欧盟申请。在一个欧盟成员国提交，要求该成员国或其他成员国采取行动。

·国家申请。要求某一欧盟成员国的海关在该成员国采取行动。

提交海关申请无须行政费用，但要求书面承诺承担海关就此产生的任何责任或支出。如果经海关查验，波兰海关官员有充足的理由怀疑违反知识产权，其将出具决定，命令没收该等商品并立即通知相关当事方。根据欧共体条例的简化程序，经知识产权持有人要求，海关可销毁侵权商品，前提是海关得到申报人（即侵权商品物主）书面允许。

如果没有作出该等同意，知识产权持有人可提起刑事诉讼，据此销毁假冒商品。

## 十二、争议解决

### （一）国家诉讼

#### 1. 法院

司法权通过最高法院、具有一般管辖权的国家法院、行政法院（包括最高行政法院和省级行政法院）以及军事法庭行使。

根据波兰《宪法》的规定，法庭程序分两个阶段。

最高法院在波兰的法律制度中扮演特殊的角色，权限包括但不限于审查上诉。

具有一般管辖权的国家法院包括地区法院、区域法院和上诉法院。初审法院的职能由地区或区域法院履行。某些类型的诉讼由区域法院审理，尤其是金额超过 75000 波兰兹罗提（即约 18000 欧元）的事项。地区法院的裁决可向区域法院上诉。区域法院的初审裁决可向上诉法院上诉。

民事案件一般在初审法院由一名法官审理。在某些情况下，如与某些劳动法规或家庭关系相关，则案件由一名主审法官和两名非专业法官组成的合议庭审理。上诉案仅由三名法官组成的合议庭审理。

法官独立行使其职权并仅以宪法和成文法为准。

#### 2. 执行诉求

1964 年波兰《民事诉讼法》适用于法院的民事案件程序。

可通过向有管辖权的法院提交诉状来提起诉讼。诉状须采用书面形式并包括（但不限于）下述信息：

・诉求性质描述。

・诉求金额。

- 证明诉求所依据的事实。
- 要求法院判令保全诉求标的的请求（如有）。
- 原告指定的任何证人或专家的详情及原告所依据的书面证据。

一般而言，应在被告住所地或所在地有管辖权的初审法院提起诉讼。

诉状由法院送达给被告。被告随后可作出回应或提起反诉。

当事方有责任提交请求，要求提出相关证据或请求批准指定专家、提交文件和传唤证人。

程序性行为应由当事方在《民事诉讼法》规定的时限内作出。

审理在提早证据及当事方有机会发表意见之后结束。如果被告未出庭或未参加听审，法庭可作缺席判决。审理结束后，法庭作出判决。判决通常公开公告。

《民事诉讼法》还规定了某些情况下的特殊规定，包括简化程序和电子程序。

一般来说，初审阶段的程序预计约两年。

### 3. 临时禁令

临时禁令旨在确保诉求可通过国家法院或仲裁庭执行。法院如认为诉求合法，且如果不保全其诉求，原告可能无法主张，则法院可签发临时禁令禁止转让或处置被告的资产。

原告可在提起诉讼前或在诉讼过程中向法院提交请求，以取得临时禁令。法院须在请求提交后一周内进行审议。

临时禁令不直接导致诉求得到满足。原告须首先获得判决，然后按通常的方式申请执行被告的财产。如果法院在提起诉讼前签发临时禁令，将设定应向法院提交诉状的截止日期。如果原告未遵守该等截止期限，其诉求的保全措施将被解除。

如果保全诉求的理由不存在或发生变化，或债务人向法院存入一笔金额足以担保诉求的款项，债务人可随时要求取消或修改临时禁令。

### 4. 证据保全

如果相关延迟可能阻碍提交重要证据或其他原因，法院可保全证据。证据保全可以在提起诉讼之前或之后，需经当事方请求或法院提议而进行。

### 5. 诉讼费用

民事诉讼费用包括但不限于法院费用，比如原告在提交诉状时支付的法院费用、法律代理费用及与之相关的额外支出。

一般而言，法院费用占诉求价值的5%。但是，费用最高不超过10万波兰兹罗提（即约25000欧元）。

没有足够资金支付法院费用的一方可被全部或部分免除支付该等费用的义务。

败诉方通常须承担双方发生的所有费用，包括根据《2002年9月司法部长关于辩护律师费用和法律顾问费用的规定》所确定的法律代理费用。

### 6. 上诉

初审法院作出的裁决可向上诉法院上诉。《民事诉讼法》没有规定提起上诉的理由。但是，最常见的理由包括实体法错误以及违反程序法。

上诉法院将审理初审期间提交的材料及上诉期间提供的任何新证据，但可能不会考虑未向初审法院提交过的新证据。

上诉法院可能驳回上诉、受理上诉并作出改判，或在某些情况下撤销初审法院的判决并将案件发回初审法院重审。

对上诉法院的判决可基于实体法错误或违反程序规定（如果该等违反会对案件结果有重大影响）的理由向最高法院上诉。向最高法院上诉一般需要几年结案，属于特殊上诉方式。

一般来说，如果争议金额低于5万波兰兹罗提（即约12000欧元），则无法向最高法院提出上诉。涉及离婚、分居、维护、租赁或租金支付和违反土地占有权利等的案件亦无上诉权。

### 7. 执行判决

执行程序基于"执行文件"提起，即确定原告有权针对被告的资产执行诉求的文件。

执行文件应包括下述各项：

·法院终审判决、须立即执行的法院判决和法庭和解。

·仲裁庭的裁决或经仲裁庭达成的和解。

·调解程序期间达成的和解。

·其他裁决，如破产程序中的裁决。

·在某些情况下，债务人声明其自愿付诸执行的公证书。

除应当由法院自身进行的程序外，如监督拍卖等，执行由法院执法人员进行。

可用的执行方式包括冻结债务人的银行账户、没收债务人的工作报酬及没收并出售动产或不动产。

### 8. 承认和执行外国判决

外国法院作出的民事判决一般按法律效力自动承认。在下述情况（但不限于该等情况），判决不被承认：

·在作出判决的国家非属最终判决。

·在由波兰法院专属管辖的案件中作出的判决。

·被告因未被适当送达起诉文书且没有足够时间进行抗辩，未对就案件的实体问题提出答辩。

·当事人在程序中被剥夺为自身抗辩的机会。

·与相同当事方之间的相同诉求有关的案件在外国法院作出判决前在波兰还未审结。

·与涉及相同当事方之间相同诉求的案件中，波兰法院此前的最终判决或外国法院此前的、符合在波兰得到承认的条件的最终判决与当前判决相悖。

·如果承认会违反波兰法律秩序（公共秩序条款）的基本原则。

可以强制执行的外国民事判决一旦由波兰法院宣布可予执行，即成为执行文件。如果判决可在其作出国执行，且在判决承认方面没有障碍（包括上文所述的障碍），即宣布可以执行。

欧盟成员国法院作出的判决的承认和执行适用2012年12月12日关于民事和商事管辖权及判决承认和执行的1215/2012号欧共体条例。

此外，欧盟设有旨在帮助跨境诉讼的完善的法律制度。在某些涉及在非欧盟成员国作出的判决的案件中，适用国际协定中规定的特定规则。例如，波兰是关于民商事管辖权及判决执行的《卢加诺公约》成员。

## （二）仲裁

### 1. 一般规定

自20世纪90年代以来，波兰的仲裁案例日益增多。自由化导致企业实体之间的争议数量增加，并由此导致各种贸易组织、合伙企业和基金等成立越来越多的常设仲裁法庭。

波兰的仲裁适用波兰《民事诉讼法》及波兰缔约的相关国际公约，特别是1958年《纽约公约》和1961年《欧洲公约》。有关仲裁的波兰法律以《联合国国际贸易法委员会国际商事仲裁示范法》为基础。

波兰还须遵守与许多国家签订的司法协助条约及旨在保护外国投资的条约，其中一些条约规定将仲裁作为争议解决方式。

### 2. 提起仲裁程序

根据波兰《民事诉讼法》的规定，可在法院解决的争议一般可以仲裁。为使争议可提交仲裁，当事方首先须以仲裁协议的形式书面证明其有仲裁的意愿。在仲裁协议中，当事方须载明争议主体及引起或可能引起争议的法律关系。

有效的仲裁协议须采用书面形式并由双方签署。协议还可载明仲裁员身份或其指定方式等事项。如果双方愿意，可由专业机构等第三方指定仲裁员。

### 3. 仲裁庭

当事方可自由规定仲裁员人数。如果未作规定，则仲裁庭由 3 名仲裁员组成。当事方还可选择指定仲裁员的方式，否则应适用波兰《民事诉讼法》的规定。

法律上具有完全行为能力的任何自然人均可担任仲裁员，无论为哪国公民。根据波兰法律的规定，国家法官不能作为仲裁员，但此规定对退休法官不适用。

仲裁员应保持公正、独立。如果对其公正性或独立性存在疑问，或其不具备当事方协议中规定的资质，则不能成为仲裁员，否则会受到公众质疑。同样地，如果被指定为仲裁员，则其应毫不延迟地向当事方告知可能引起对其公正性或独立性质疑的任何情况。

### 4. 仲裁程序

仲裁程序的当事方可自由选择程序的适用规则，由此享有较大的自主权。

此外，仲裁庭须公平对待当事方，每一方均有权进行陈述并提呈陈述书和支持性证据。

波兰的仲裁程序以保密和时效原则为基础。

### 5. 仲裁裁决

仲裁程序结束后，仲裁庭将作出仲裁裁决。《民事诉讼法》对仲裁裁决的内容作出了具体规定。

如果任一仲裁员拒绝签署裁决或因某些原因无法签署，则必须在裁决中注明。不同意多数裁决的仲裁员可签署裁决但注明反对意见。但是，只要裁决由多数仲裁员签署，在法律上即属有效。

### 6. 国家法院在仲裁中的作用

国家法院在仲裁程序中的作用有限，其可指定替代仲裁员或首席仲裁员、罢免仲裁员、会见证人或在当事方无法达成约定时确定仲裁员的报酬。

法院还可审理仲裁裁决撤销请求。经利害关系方申请，法院还可审议要求承认和执行仲裁裁决的请求。

### 7. 承认和执行仲裁裁决

仲裁庭作出的仲裁裁决一旦由法院承认或宣布可以执行，即与国家法院的判决同等有效。

承认或执行仲裁裁决需向波兰国家法院申请。一般而言，波兰《民事诉讼法》中规定的拒绝承认或执行仲裁裁决的理由与纽约公约中的规定类似。

### 8. 上诉及撤销仲裁裁决的权力

仲裁裁决不得上诉，且不允许国家法院审议仲裁事项的实体问题。唯一的救济是当事人有权向国家法院请求撤销仲裁裁决。

申请撤销仲裁裁决的理由与申请法院拒绝承认或执行仲裁裁决的理由类似。

## （三）调解

为在波兰更多地运用调解，尤其是在企业实体之间，有关方面正在积极努力。调解通常被视为更快、更有效的争议解决方法，对希望节省时间和金钱的当事方也可能较有吸引力。

2005年起，波兰《民事诉讼法》规定可选择进行自愿调解，包括根据调解协议调解和按法庭指示调解。

在调解协议中，当事方应载明协议对象以及调解员（或载明调解员的指定方法）。协议可以通过任何形式签署。调解协议可为插入协议主体部分的某一条款或当事方之间签署的单独协议。

尽管没有调解协议，一方也可提出调解请求，另一方可由此同意调解请求。还可经法庭提议进行调解。初审结束之前，法庭可指示当事方进行调解（以法庭裁决的方式）。经当事方同意，也可以之后再开始调解。

任何人均可担任调解员。根据波兰法律的规定，国家法官不能担任调解员，但不适用于退休法官。

调解属于自愿，当事方可随时退出。调解程序应秘密进行。调解员有义务对其获知的与调解有关的所有事实保密。

调解程序的当事方能够取得的最好结果是达成和解。该等和解可由法庭批准并须按法庭和解的同等方式予以执行。

如果和解不符合法律规定、违反善良风俗、试图规避法律、无法理解或含有不一致内容，法庭可拒绝批准和解。

# 匈牙利投资法律指南

# 一、匈牙利

## （一）概况

匈牙利综合国力稳步提升，其经济已从中央计划经济转型为正常运转的市场经济，属中等发达国家并建立了重要的民主政治制度，是欧盟、北约和多个重要国际组织的成员国。

由于上述变革和经济发展，匈牙利能够为商人提供大量机会。由于其处于中欧内陆，是通往几乎整个欧洲市场的通道，且由于工资水平适度、教育水平高以及适于投资的法律规定和税务制度，匈牙利已成为具备进行各种商业投资的优良环境和条件的理想地点。本部分介绍了在匈牙利开展业务的现实情况和重要背景。

## （二）政治制度

匈牙利实行议会民主制，即立法权由国会掌握。只有国会有权制定法律，但匈牙利政府及其部门和地方政府也有权在某些领域发布法令，只要该法令不与国会立法相悖。国会议员根据按比例及直接代表制度在多党选举中普选产生，任期4年。

政府拥有执行国会法案及其他法律规定的必要的行政权力。政府首脑为总理，由国会经总统提议而选举。总统由国会选举，最多任两届，每届任期5年。根据匈牙利《宪法》的规定，总统拥有有限的行政权力并代表国家。此外，总统享有广泛的任命权，有权缔结国际协定，有权签署或否决国会制定的法案，兼任军队总司令。除中央政府外，匈牙利还设有具备独立立法和行政权力的地方政府机构。这些地方市政机构包括布达佩斯市、19个县和其他7个地方市。

### （三）经济

在过去20年中，中央计划市场经济已成功转型为正常运转的市场经济。在破产、会计、银行、税务和公司法领域施行了有效的法律，特别是关于公司结构和经营。建立了证券交易所、银行、保险公司及其他金融机构，由于其私有权通过近期制定的法律得到保证和保护，目前均独立运作。相关匈牙利法律与欧盟指令协调后，自由竞争得到保证并蓬勃发展。

匈牙利真诚欢迎外国投资商，由此提供各项法律和财务优惠以协助建立并运作成功的商业模式。其他国家的公民可与匈牙利公民在同等条件下开展任何商业活动，如成立公司或其外国公司的分支机构、取得匈牙利公司的权益等等。此外，所有在匈牙利注册的公司，无论其所有者结构或国籍，均享受平等待遇（即所称"国民待遇"）。因此，匈牙利有很多企业由外国人所有和投资。

匈牙利已完全融入世界经济，匈牙利最大的贸易伙伴是欧盟成员国，同时与美国、中国、印度等国家建立了良好的经济关系。

## 二、匈牙利外国投资法规和公司制度

### （一）外国投资法规

匈牙利签署了《关于解决国家与他国国民之间投资争端的公约》（以

下简称《华盛顿公约》），公约旨在消除非商业风险和缺少解决投资争端的专业国际方法对私人投资的自由国际流动造成的重大阻碍。

一般而言，根据1988年关于外国人对匈牙利投资的XXIV号法案的规定，外国人可在匈牙利从事或开展商业活动，或通过在匈牙利设立商业机构（例如公司、分支机构等）经营。

### （二）公司制度

匈牙利国会通过的2013年关于《民法》的V号法案于2014年3月15日生效，取代了匈牙利此前的民法制度。《民法》旨在加强对债权人的保障，以及广而言之，就商业组织的运营提供法律确定性。

除《民法》外，2006年关于公开公司信息、公司注册和清盘程序的V号法案（以下简称《程序法》）载明了商业登记处注册和适用于公司的自愿和非自愿清盘程序的相关规定。

### （三）商业组织

**1. 发起人**

匈牙利居民可以与非居民自然人和法人成立商业组织共同从事商业经营。此外，该等主体可作为成员参加商业组织或取得其中的参与权益。

除有限责任公司和私人股份公司外，成立商业组织至少需要2名成员。

**2. 商业组织形式**

仅可以《民法》或相关欧盟法律规定的公司形式成立商业组织。目前，可根据民法成立以下类型的商业组织：

（1）有限责任公司；

（2）私人股份公司；

（3）普通合伙企业；

（4）有限合伙企业。

自《民法》于2014年3月15日生效以来，在匈牙利便不再能设立公共股份公司，但私人股份公司可通过相关特殊程序转为公共股份公司。

自2006年7月1日起，在匈牙利不再能设立合资企业（匈牙利语为"közös vállalat"）。

## （四）商业组织的一般属性

### 1. 有限责任公司

（1）一般规则

有限责任公司指以配额持有人（quotaholder）提供的预先确定的初始资本金额成立的商业组织。配额持有人的股权出资不能发行证券，而是由所谓的"配额"（quotas）代表。根据上述规定，有限责任公司的成员称为配额持有人而非股东。有限责任公司的配额持有人记录在公司的成员名单中。

（2）资本要求

设立有限责任公司最低需要资本300万匈牙利福林（约11872美元）。注册资本由配额持有人的资本出资组成，可以现金或实物出资或以两种形式共同出资。有限责任公司可仅通过实物出资的方式设立。特定规则适用于实物出资，如为独资有限责任公司，则必须在向商业登记处提交注册申请前提供出资。在其他情况下，必须提前全额提供的出资金额取决于以现金还是实物提供，以及新设立的公司为多个配额持有人共有还是独资实体。

（3）配额持有人的责任

一般而言，公司配额持有人的责任仅在于提供资本出资（公司章程或设立契约所规定的现金或实物出资），且他们通常不对公司负债负责。

（4）配额转让

配额可在公司配额持有人之间自由转让，公司自身的配额（即财库配额）除外。配额持有人可在公司章程中彼此授予优先购买权，或以其他方式限制或增加向第三方转让配额的条件。该等条件必须纳入公司的成员名单，方对第三方有效。

①公司的配额持有人；②公司本身；③配额持有人会议指定之人就拟通过配额买卖协议转让给第三方的配额按此顺序享有优先购买权，前提是该等权利未在公司章程中排除，亦不受章程限制。

如果通过买卖出售配额，上述第①款的配额持有人有意通过行使其优先购买权购买配额的，必须在出售持有人向其他配额持有人告知其要约（称之为"出售要约"）之日起15天内宣布其意图。如果配额持有人未在出售要约后15天内宣布购买出售持有人的配额，其优先购买权应视为已被放弃。如果上述第②款的公司或上述第③款的公司指定之人有意购买配额，则回复上述出售要约的截止期限将被延长。在此情况下，上述第②和③款的主体有30天时间回复出售要约。

**2. 股份公司**

（1）一般规则

股份公司是指以发行股本金额成立的商业组织，该等股本由预告确定的发行数量和票面价值的股份来代表。股份公司股东的责任以其对股份公司股本的出资额（即其股份的票面价值）为限。

就股份公司的经营形式而言，匈牙利存在以下两种类型的股份公司。

①私人股份公司

私人股份公司指不向公众发行股份的公司，亦指最初曾向公众发售但现在已不再向公众发售股份的任何股份公司，或股份被终止在受监管市场交易的任何股份公司。此外，只有一名股东或成为独资公司的任何股份公司都必须以私人股份公司的形式经营。

②公共股份公司

《民法》于2014年3月15日生效后，在匈牙利便不能再成立公共股份公司。尽管有此限制，但是私人股份公司的股份仍可获准在受监管市场交易，之后，该公司将作为公共股份公司经营。因此，公司仅可在其股份获准在受监管市场交易的情况下作为公共股份公司经营。

（2）资本要求

①私人股份公司

私人股份公司在经股东签署公司的设立契约或章程以及股东承诺认购公司发行的所有股份后成立。

私人股份公司的注册资本不得低于500万匈牙利福林（约合19786美元）。也可通过现金出资或实物出资成立私人股份公司，但要求成立时现金出资的金额不得低于已发行股本的30%。如果私人股份公司超过25%的股本由实物出资构成，则必须在成立时向公司全额提供资本出资。

②公共股份公司

公共股份公司的注册资本至少应为2000万匈牙利福林（约合79142美元）。

### 3. 普通合伙企业

普通合伙企业指成员以无限连带责任共同从事业务经营并向合伙企业提供企业活动所需的资本出资的商业组织。

原则上，利润和亏损应按成员的出资比例在成员中分配。

普通合伙企业的最高机构为成员会议，所有成员均应参与其事务。

普通合伙企业应由从成员中选举的一名或多名董事总经理进行管理。如果没有选举董事总经理，所有成员均被视为董事总经理。章程中任命（或允许任命）非成员担任董事总经理的任何规定均属无效。

一般而言，合伙企业应以自有资产承担其债务。但是，如果其资产不能涵盖其债务，合伙企业的成员以其私有财产负有无限连带责任。

如果合伙企业的成员数减至一名，合伙企业必须在 6 个月内向登记法院报告至少一名新成员，否则将导致合伙企业终止。

4. 有限合伙企业

有限合伙企业指至少有两名成员（一名普通合伙人和一名有限合伙人）的商业组织。

有限合伙企业的成员应承诺共同从事业务经营，至少一名成员（普通合伙人）对合伙企业资产不能涵盖的债务与所有其他普通合伙人共同承担无限连带责任，而至少一名其他成员（有限合伙人）仅有义务提供出资且在原则上不承担合伙企业的债务。

对于过去曾为有限合伙企业普通合伙人的有限合伙人，如果有限合伙企业对第三方的债务系在该合伙人为普通合伙人之时产生，则此人自其职务变更起 5 年内仍须就该等债务在合伙企业资产无法负担的情况下承担责任。

与普通合伙企业类似，有限合伙企业应由董事总经理管理。一般而言，只有普通合伙人可被任命为董事总经理。但是，有限合伙企业的章程可规定有限合伙人也可获任此职位。

原则上，利润和亏损应按成员的出资比例在成员中分配。

如果合伙企业的成员数减至一名，合伙企业必须在 6 个月内向登记法院报告至少一名新成员，否则将导致合伙企业终止。

5. 外国公司匈牙利商业代表处（以下简称"CRO"）

成立 CRO 主要适用经修订的 1997 年关于外国企业分支机构和商业代表处的 CXXXII 号法案（以下简称《商业代表处法》）及《程序法》的规定。

（1）允许的活动范围

CRO 作为法律形式受《商业代表处法》认可并授权，下述实体可通过它在匈牙利经营：

·外国法人。

·无法人资格的外国组织。

·在境外注册的其他经营者（均被称为"发起人"）。

商业代表处法仅允许 CRO 开展下述活动：

·合同谈判。

·合同起草。

·开展信息、广告和促销活动。

但是，CRO 不得从事任何其他企业或业务活动。作为没有法人资格的实体，CRO 以发起人的名义代表发起人行事。因此，CRO 仅有权就与 CRO 的经营相关的事项，以发起人的名义代表发起人订立合同。根据《商业代表处法》的相关规定，为 CRO 工作的雇员或服务提供者（视情况而定）要与发起人有实际的合同关系。

（2）存续

《商业代表处法》载明，CRO 在有管辖权的注册地相关登记法院商业登记处进行登记后即告成立。CRO 只能在商业登记处登记后才可开始其经营并从事法律允许的活动。

（3）CRO 代表

可向下述人员授予 CRO 的代表权：

①CRO 雇用或派至 CRO 的人员；

②在匈牙利国内有居所并与 CRO 签订服务合同（即民法合同）的人员。

因此，可任命发起人的执行官担任 CRO 的代表，前提是该等人员与发起人有劳动关系、委派关系或服务合同。

**6. 外国公司的匈牙利分支机构**

（1）注册

成立分支机构主要适用《商业代表处法》及《程序法》的规定。

分支机构作为法律形式受《商业代表处法》认可并授权，与前文关于外国公司匈牙利商业代表处允许的活动范围这部分内容所列相同的人员或组织可通过它在匈牙利经营。

《商业代表处法》载明，分支机构在匈牙利商业登记处注册后即告成立，自该日起可开始其业务经营并从事法律允许的活动。但是，授权签字人可在分支机构向有管辖权的登记法院提交注册申请后以分支机构的名义代表分支机构开展事务，在此情况下，在提交注册申请日至注册日期间，必须在分支机构的名称以及分支机构发出或代表分支机构签署的所有通信和文件中载明"注册中"字样。

在商业登记处注册前，分支机构不得从事需要正式授权或需要许可方可开展的任何活动（包括与业务场所的购买和租赁相关的活动）。

（2）代表

分支机构可由下述①或②所列人员代表：

①分支机构雇用或派至分支机构的人员；

②在匈牙利国内有居所并与分支机构签订服务合同（即民法合同）的人员。

根据《商业代表处法》的规定，分支机构雇用的人员（雇员或代表，视情况而定）与发起人存在法律关系。因此，如果发起人的执行官与发起人有劳动关系，可任命该执行官担任分支机构的代表。无须在匈牙利商业登记处将发起人的所有执行官指定为分支机构的代表。我们建议指定（登记）至少两到三名最可能被要求代表发起人签署与分支机构相关的文件的执行官。

分支机构的代表权包括签署对该分支机构具有约束力的文件的权利。

### 7. 欧洲公共责任公司

在欧盟层面，欧洲公共有限责任公司受关于欧洲公司（SE）适用法律的〔2157/2001〕号理事会条例规管。

根据某一成员国的法律成立、注册办事处和总部位于欧共体内的数家公共有限责任公司可通过合并组成一家欧洲公司，前提是至少其中两家适用不同成员国的法律。

除此之外，根据某一成员国法律成立、注册办事处和总部位于欧共体内的数家公共和私人有限责任公司可发起设立一家控股型欧洲公司，前提是其中每家或至少两家公司满足以下条件之一：

（1）适用另一成员国的法律；

（2）持有适用另一成员国法律的子公司或位于另一成员国的分支机构至少两年。

欧洲公司的认缴资本不得低于 12 万欧元（约合 147936 美元），应以欧元出资。欧洲公司的资本划分为股份。股东的责任以其认缴额为限。

## （五）商业组织经营的一般规定

### 1. 业务活动

商业组织可开展法律或政府法令不禁止或不限制的任何业务活动。匈牙利法律规定的某些特定经济活动仅可通过特定公司形式开展。举例而言，银行仅可以股份公司的形式经营。

### 2. 注册地

所有商业组织均须有注册地。商业组织的注册办事处一般作为其总部。注册办事处还作为商业组织的邮寄地址，在此接收、存档、保存并归档所有业务和正式文件，并在此履行某些其他法律中规定的公司总部的义务。公司总部须以公司标志标明。

### 3. 代表和签字权

"代表权"指有权通过以商业组织的名义代表商业组织签字来代表该商业组织。

签字权可授予一人或共同行事的数人。如果授予数人，授权书可载明向某些高级职员授予个别授权以及向其他人授予共同授权，或签字人之一始终为特定人员。但是，一人仅可有单独或者共同签字权，也就是说，匈牙利《公司法》排除下述签字结构：如高级职员在日常事务中单独签字，但在代表较高价值的事务中共同签字。经授权的职员应始终以相同方式单独或共同行使代表权。

### 4. 成立前公司

自公司成立文件（即设立契约或章程）在公文契约中由公证员签署或由律师或发起人的法律顾问会签之日起，至公司注册（即签发在匈牙利商业登记处对公司进行注册的登记法院命令）期间，公司可以成立前公司的形式经营。成立前公司应视为具有法律能力。

在向登记法院提交公司注册申请后，成立前公司可开始其实际业务经营。

在注册期间，应在公司名称中以附注"bejegyzés alatt"或"b. a."（表示"注册中"）载明成立前公司状态。

成立前公司不能：

（1）变更成立前公司的成员，除《民法》另有规定外；

（2）修订章程，除为遵守登记法院或主管授权机构的任何要求外；

（3）提起排除某一成员的法律程序；

（4）通过关于无承继终止、变更为另一公司形式、合并或分拆的任何决议；

（5）成立商业组织或成为其成员。

如果登记法院拒绝登记公司，则公司的配额持有人对公司在作为成立前公司期间承担的任何义务负有连带责任。

### （六）公司治理

#### 1. 最高机构

《民法》规定某些决定只能由商业组织的最高机构（由所有成员组成）作出。除法定权力范围外，设立文件可能将其他事项交由最高机构专属处理，因此，只有最高机构可以决定该等事项。

作为一项主要规则，最高机构应以成员、配额持有人或股东的简单多数票通过其决定。但是，章程或适用法律可能要求以 2/3、3/4 或单方面投票作出某些决定。

商业组织的最高机构如下：

（1）普通合伙企业和有限合伙企业的最高机构为成员会议；

（2）有限责任公司的最高机构为配额持有人会议；

（3）公共股份和私人股份公司的最高机构为股东大会。

商业组织的所有成员、配额持有人或股东以及根据法律或章程受邀的任何列席人员（如管理层、监事会成员、审计师）有权参加商业组织最高机构的会议。商业组织的所有成员、配额持有人或股东有权参加最高机构的活动。

#### 2. 执行官

商业组织的执行官有权作出与商业组织的管理和经营相关且不属于最高机构专属职权的所有决定。

各类商业组织的管理职责由下述主体履行：

（1）普通合伙企业和有限合伙企业中有权作为董事总经理进行管理的成员；

（2）有限责任公司中一名或多名董事总经理；

（3）公共股份公司的董事会；私人股份公司的首席执行官。

私人股份公司的董事会应有至少 3 名成员。董事会作为独立机构行使其权利并履行其义务。

如果公共股份公司的董事会被授予监督职能，则董事会应由至少 5 名自然人组成。在此情况下，董事会成员的多数应为民法定义的独立主体。

执行官的任期可为无限期或固定任期（最长 5 年）。如果成员未规定执行官的任期，则应视为 5 年固定任期，除非商业组织设定了更短的期限。

执行官的委任自其接受任命起生效。执行官可连任并随时可由商业组织的最高机构罢免（不论其相关任命期限），且无须说明罢免理由。

下述人员不能担任执行官：

· 被法院终审生效判决判处有罪并入狱之人，直到摆脱与其刑事记录相关的不利法律后果。

· 被法院终审生效判决禁止担任执行官并在禁止期内之人。

· 被法院终审生效判决禁止从事该商业组织开展的业务活动并在禁止期内之人。

· 曾为因强制注销程序而从商业登记处注销的商业组织的执行官或承担无限责任的成员，又或者具有多数控制权的成员（如为以成员形式的有限责任经营的商业协会）之人，且在该等注销后不满 5 年。如适用本规则，该人须在发生强制注销程序之日或发生强制注销程序的日历年或强制注销程序的前一年担任相关职务。

· 被法院终审生效判决认定对在清算过程或强制注销程序中发生的未决索赔负责之人，且该人未履行根据该判决要求其履行的付款义务。

・作为商业组织的成员，未履行其支付该商业组织债务的无限责任之人。

・被登记法院处以罚款但未遵守该等付款义务之人。

下述关于利益冲突的禁止规定亦适用于执行官：

・执行官不得取得主营业务与其担任执行官的公司相同的任何其他公司的配额或股份，但公共股份公司的股份除外。

・执行官不得接受主营业务与其担任执行官的公司相同的公司的任何其他执行官职位。

・除公司设立文件允许该等交易外，执行官及其亲属不得以自己的名义为自身利益订立主要事项在公司主营业务范围之内的任何合同。

・执行官及其亲属不得被任命为其担任执行官的公司的监事会（如有）成员。

执行官可根据《民法》中关于服务合同的规定或《劳动法》的规定行使其权利并履行其职责。

法人亦可被任命为适用《民法》的任何类型商业组织的执行官。在此情况下，获任的法人应指定一名自然人以其名义代表其履行执行官的职能。有关执行官的规定亦适用于该等指定人员。

3. **监事会**

为监督商业组织的管理，成员可成立监事会。

在下述情况下，成立监事会具有强制性：

（1）公共股份公司，除单层控制的公司外（即董事会同时履行监事会的职能）；

（2）如果商业组织雇用的全职雇员的年度平均数超过200名，且劳资委员会未放弃由雇员参加监事会。如果雇员参加监事会，则其有权代表监事会成员的1/3；

（3）如果法律要求，不论公司的形式和经营结构。

### 4. 审计师

商业组织的审计师应负责按照匈牙利《会计法》的规定对会计文件进行审计。因此，审计师须确定商业组织按《会计法》要求编制的上一会计年度的年度报告是否符合适用的法律要求，以及是否公允、真实地反映公司的资产和负债、财务状况、利润和亏损。

商业组织有义务在会计法、其他法律或公司章程（设立契约）规定的情况下指定法定审计师。

一般而言，在下述情况下，公司须指定法定审计师：

（1）其财务与其成员或配额持有人/股东或与任何其他集团公司合并；

（2）在当前会计年度前的两个会计年度，公司的雇员平均数超过50名；

（3）在当前会计年度前的两个会计年度，公司的净营业额超过3亿匈牙利福林（即约369840美元）。

此外，一般而言，所有股份公司均应指定审计师，但私人股份公司的章程可作与上文相反的规定，前提是该等规定不违反《会计法》或其他法律。

## （七）成立与注册

### 1. 成立

商业组织可通过签订章程①；或在登记法院登记成立。

章程应由公司全体成员签署，并采用经公证的公文契约或律师或成员的法律顾问签署的私人文件形式。

---

① 章程名称因公司形式不同而异，如为公共和私人股份公司以及独资公司，称为"设立契约"，如为共有有限责任公司，则称为"章程"。

设立契约（章程）的内容主要由匈牙利《民法》的具体规定确定，但公司成员可自由地修改《民法》规定或在设立契约（章程）中加入额外条款，但这些条款不能与《民法》或其他法律的强制性、有约束力规定相冲突。

一般而言，设立契约（章程）应包含下列内容：

（1）商业组织的公司名称和注册办事处；

（2）商业组织的成员，如为自然人，至少载明其姓名和地址，如为法人，载明其公司名称和注册办事处；

（3）商业组织的主营业务或业务目的；

（4）规定的财务出资、该等出资的价值以及如何及何时向公司提供该等出资；

（5）至少载明成员任命的首批执行官的名称（姓名）和地址（注册办事处）；

（6）《民法》就各种形式的商业组织要求的任何其他信息。

### 2. 注册机制

一般认为商业组织在商业登记处注册后设立并于该等注册之日生效。商业组织成员签署章程到商业组织在商业登记处完成注册这段期间，商业组织可作为成立前公司经营。

注册申请应在章程签署日起 30 天内提交给登记法院。但是，如果开展业务活动需要执照或许可，提交注册申请的截止日期为取得该等执照或许可后的 15 天。

目前有两种注册机制：

（1）一般注册程序；

（2）简化注册程序。

注册程序的长短取决于选择何种机制进行公司注册。如果选择一般注册程序，可在 15 个工作日内完成注册。如果选择简化注册程序，主管登记法院应在相关公司的税号确定后 1 个工作日内作出关于注册申请的决定。每一种情况下，工作日的天数从提交需要的所有文件之日起算，前提是假设商业登记处法官对于该等文件没有问题且不要求任何额外文件。

简化注册程序虽然注册更快，但也有潜在的缺点。为能适用简化程序，必须使用所谓的格式成立文件作为公司章程。格式成立文件的条款依法制定，不得以任何方式变更。根据该等规则，通过该等程序注册的公司必须按与日历年相应的会计年度成立，且必须使用匈牙利福林作为其会计币种。

### （八）以其他形式投资匈牙利

#### 1. 合资企业

匈牙利旧《公司法》取消了"合资企业"的公司形式，因此，公司自 2006 年 7 月 1 日起不能选择合资企业作为其业务活动的形式。

但是，尽管有上述关于取消合资公司作为一种公司形式的规则，外国投资者仍然可以与匈牙利实体以目前有效的《民法》规定的公司形式共同设立合资公司，以通过特定项目进行合作，或者建立持续的业务关系。

#### 2. 风险投资

风险投资是一种通常提供给早期且增长潜力高的公司的私募股权资本，旨在通过最终变现事件获得回报。风险投资对经营历史有限、规模小而无法在公开市场募集资本、不够成熟而无法获得银行贷款或发行债券的新公司最具吸引力。作为风险投资者对投资小型、不成熟的公司所承担的高风险的交换，除拥有绝大部分的公司所有权（及其价值）外，风险投资者通常对公司决策享有重大控制权。

## 三、不动产

### （一）不动产登记

在匈牙利，与不动产有关的所有重要信息均记录在公共土地登记系统中。每一处不动产均有一份土地登记表，描述面积及不动产状况并载明业主和不动产抵押、地役权和土地使用权的相关信息。但是，土地登记不含租赁协议的相关信息。土地登记表中登记的资料属于公共信息。

转让不动产需有书面的不动产买卖协议，协议须由匈牙利律师编制并签署，且必须在签署后 30 天内向主管土地登记处备案。

### （二）取得不动产

#### 1. 取得

一般而言，在匈牙利注册的公司（不论所有人的国籍）均可取得不动产。有关取得农业用地的一般规则和限制见后文有关农业用地的内容；有关取得非农业用地（包括已开发和未开发的土地）的一般规则和限制见后文关于非农业用地的内容。

不动产可通过资产交易或股份交易取得。如为资产交易，则直接购买不动产，但在股份交易的情况下取得拥有目标不动产的公司所有权权益。两种类型的取得均须对目标不动产进行所有权尽职调查。此外，在进行股份交易的情况下还须对目标公司开展法律尽职调查。

目前，股份交易和资产交易均需：（1）就目标不动产最高 10 亿匈牙利福林的总值（包括增值税）部分缴纳 4% 的转让税；（2）就目标不动产超过 10 亿匈牙利福林的总值（包括增值税）部分缴纳 2% 的转让税，每一处不动产最高不超过2亿匈牙利福林。股份交易免缴增值税。

**2. 农业用地及相关限制**

关于农业用地和森林不动产，需要：（1）对土地重新分类；（2）新分区规划得到批准，以确保可在不动产上进行开发。

（1）重新分类的前提是：①土地登记处许可；②支付土地缴费；③当地市政的公证员就农业用地开发签发有约束力的规划建筑许可证；④有约束力的占用许可证；⑤业主批准；

（2）新分区规划则由当地市政大会负责批准。

新分区规划程序通常为期6个月至8个月，建筑许可证程序一般另需3个月至5个月。但是，如果是不动产开发，则任何利害关系方均可就相关许可证和新分区规划提出反对意见，这可能导致推迟施工工程的开工和竣工。

关于取得农业用地，根据匈牙利法律的规定，公司目前无权取得农业用地（包括森林）以及农业用地的期权。因此，公司仅可就任何农业用地与业主签订初步买卖协议。初步买卖协议包括订约方签订最终买卖协议的义务，但是，根据匈牙利法律，双方可适用某些退出规定终止初步协议。

分区规划获得批准后，将签发有约束力的概念性建筑许可证并完成农业用地的重新分类，公司和业主可就取得重新分类的开发区域签订最终买卖协议。

根据2014年5月生效的农业用地法案的规定，欧盟、欧洲经济区和国际条约项下的同等国家的公民可以按与匈牙利公民同等严格的条件取得农业用地。欧盟和欧洲经济区的法人以及欧盟和欧洲经济区之外的公民仍无法取得农业用地。

如果买卖农业用地，相关法律按顺序赋予优先购买权：国家优先于农民。考虑到匈牙利旨在使农业用地由相关主体掌握，已经拥有土地使用权的农民优先。

### 3. 非农业用地

关于非农业用地（包括已开发和未开发的土地），外国公司或个人（这里的"外国"指欧盟以外的国家）能否取得非农业用地取决于相关政府部门的决定。此外，根据其分类，不动产可能受到某些限制，比如优先权和当地政府规定的强制招标程序。

对于这些类型的不动产，可能还需要修改现有分区规划和地基图。

一般而言，如果是涉及建筑物的交易，卖方应向买方提供能源证书，作为签署买卖协议的条件。根据2014年3月15日起生效的新民法的规定，不动产业主可要求在土地登记系统中将土地及地上建筑分开登记。

### 4. 相关许可事项

关于许可，施工工程仅可在收到有约束力的最终建筑许可证后开工。建筑许可证由当地市政的公证员签发。

关于农业用地，分区规划得到批准是签发建筑许可证的前提条件。

就道路基础设施而言，根据道路管理部门的实践和市场惯例，施工方通常有义务建设必要的私人和公共道路，并计入开发费用。道路建设须持有道路管理部门签发的单独的道路许可证。

施工工程竣工后，必须申请占用许可证（如果涉及道路建设，还需有道路占用许可证）。仅可基于有约束力的占用许可证并在收到该等许可证后使用开发工程。

根据目标不动产的现场情况，施工方可能还需要进行考古挖掘或环境净化，这可能导致施工推迟并产生额外费用。此外，作为考古挖掘的前提条件，根据其情况，目标不动产可能需要进行弹药拆除和检查。

如果是与总承包商签订的总值超过5225000欧元[①]（数据每年由欧盟

---

[①] 本数据为截至2018年的数据。

确定）的建筑合同，应指定一名项目资金管理人（商业银行或国库）控制和管理涵盖建造成本的资金并确保分包商能够获得付款。

5. 关于施工工程，以简单通知程序代替授权程序[①]

为减少与施工工程相关的繁杂程序，匈牙利规定：（1）可建造净建筑面积最大 300 平方米的新住宅建筑；（2）可将现有非纪念性的住宅建筑扩建到净建筑面积最大 300 平方米；（3）现有的非纪念性的住宅建筑如由自然人建造，可重建为超过上述面积限制而无须建筑许可证。但是，该等住宅建筑的施工承包商仍有义务在开始施工工程前通知主管部门。该等规定不适用于商业建筑的建造、扩建或重建，此等工程仍需持有建筑许可证。

如建造和重建总建筑面积超过 400 平方米的购物中心，以及将购物中心扩建至最大 400 平方米，正式施工程序中需要 Hajdú–Bihar 县的县政府办公室作出行政建议。

如为销售日用消费品的商业建筑，应建造规定数量的停车位。对于总建筑面积超过 300 平方米的建筑，每 100 个停车位中应有 2 个配备电动汽车用充电站。该等义务的实施时间因商业建筑所在城镇的人口规模和建筑物的净销售面积而异。

## 四、环境与能源

匈牙利在能源和环境领域为投资者提供了大量机会。

匈牙利的大部分发电厂已老旧，发电效率低而环境污染高。匈牙利主要依靠核能及化石原料发电厂；在化石原料发电厂中，燃气发电厂所占比

---

① 译者注：就 2018 年而言。

例较高。匈牙利减少排放并增加可再生能源的使用的责任将给匈牙利的能源战略带来改变，也将为有可再生能源项目的投资者创造机会。

因此，匈牙利需要建设新产能。在这方面，对可再生能源的利用的增加应给予高度重视。

按照欧盟关于促进使用来自可再生资源的能源的 2009/28/EC 指令，匈牙利承诺在 2020 年前将可再生资源生成的能源份额提高到 14.65%。

投资者可通过参与各种机制享受补贴，比如可能使匈牙利取得转移减排单位和补贴的联合履约项目①或绿色投资计划。小型光伏项目特别适合匈牙利的地理特点，是 2017 年 1 月 1 日起新施行的强制性启动补贴计划的最大受益者。除补贴计划外，匈牙利银行还倾向于资助越来越多的可再生能源电厂项目，以在能源领域建立新的投资组合。

**环境条例**

**1. 一般规则**

1995 年关于环保一般规则的 LIII 号法案（以下简称《环保法》）确立了环境法律的一般框架并载明了相关原则。基于《环保法》的原则和一般规定，其他法案、法令和法规规定了关于各项环境因素（水、土壤和空气）、噪音和振动、辐射、废物（有害废物）及自然保护的具体规则。具体的分类规则一般与欧盟环境指令相符。

一般规则适用于上述就环境规划、责任和许可证而言影响或可能影响环境的不同活动。

法律规定了需要各式许可证的活动。利用或威胁环境的活动可在取得授权或许可证（合称为"许可证"）后开展。根据对环境的影响水平以及在某些情况下，根据受相关活动影响的行业，取得该等许可证的程序因活

---

① 译者注：联合履约项目指依据《京都议定书》的约定，发达国家之间通过项目级的合作，其实现的减排单位，可以转让给另一发达国家缔约方。

动所需的许可证而异。许可证的主要类型有：

·环境许可证。

·综合污染预防和控制（"IPPC"）许可证。

·场地许可证。

·其他行业特定运营许可证。

运营商通常必须从主管区域环境局（或从当地市政）取得该等许可证，或在某些情况下，必须通知相关机构。相关机构在签发许可证时可能施加义务或条件，一般包括规定排放限值。一些法律规定了取得许可证后关于排放污染物（成分）的定期报告义务。

其他立法内容反映了从上述"命令和控制"到经济及其他激励的转变：就排放或使用自然资源有几种类型的应付费用，目的是减轻对环境的影响。

如果破坏环境或存在其他类型的违规（如未能及时履行报告义务），则应当承担责任。责任原则见于《环保法》及其实施细则规定，其他立法则含有与环境目的相关或可能相关的环境规定。关于环境的法律义务和标准一般属于行政法的内容。因此，环境行政责任可被视为环境责任最重要的领域。《环保法》规定了行政责任的法律框架，并进一步提出了《民法》《刑法》《行政法》中特定的环境责任规定（略有不同）。

一般而言，《环保法》规定有义务停止威胁或污染环境的活动，并纠正因该等活动而对环境造成的任何污染或损害。法院和相关部门亦可限制、中止或禁止开展危害环境的活动。在某些情况下，使用者可能被要求为可能的环境损害提供担保，或购买责任保险。

超出相关法规规定的允许污染或排放限值或违反环境法律规定的其他要求的活动，须根据污染、造成的环境损害或违反适用义务的数量、严重性和频率按比例支付环保罚款。关于环保罚款的不同具体规定见适用的部门法令规定。

2. 能效

2015年关于能效的LVII号法案（以下简称《能效法》）确立了能效要求的一般框架并落实了能效指令（2012/27/EU）规定的一般原则。作为一项一般要求，《能效法》要求大型企业（雇员数超过250名、年营业额超过5000万欧元或年度资产负债表总额超过4300万欧元的企业）每四年进行一次能源审计。大型企业还须在匈牙利HEA（能源和公用事业管理局）登记并每年向其报告其能源消耗数据。能源审计还须涵盖大型企业所有或租用的物业。该项要求所依据的基本原则是改善相关企业内部的能效措施，由此优化其能源使用。

大型企业在下述情况下免于承担该义务之一：（1）其持有EN ISO 50001证书，在此情况下，企业必须每四年向HEA进行证书备案，或其企业集团持有该等证书并涵盖该企业（如果该等证书载明亦适用于集团成员）；（2）为其企业集团进行的能源审计涵盖该企业；（3）非其所有或租用的物业总面积不超过相关物业全部面积的50%。

如果大型企业未履行其审计义务，HEO可书面要求该公司履行义务并设定截止时间。如果相关大型企业不遵守其行政义务或不在收到HEO通知起90天内开展义务性能源审计，HEO可分别处以最高100万匈牙利福林（约3200欧元）的行政罚款（逾期登记等）以及最高1000万匈牙利福林（约32000欧元）的高额罚款。

2016年12月21日起，任何能源消耗超过相关政府法令规定的一定水平的公司均须聘用一名能源政策官。新规定旨在促进并推动大量耗能的商业组织的能效措施和节能运营。如果公司在相关年份前3年的平均能源消耗超过以下三项之一：（1）40万度电；（2）10万立方米天然气；（3）34000吉焦热，则须聘用能源政策官。

匈牙利自然人或法人，或在欧洲经济区成员国居住的自然人或在欧洲经济区成员国成立的法人均可担任能源政策官，前提是其符合相关法律的要求。能源政策官须独立于其聘用公司。需要指定能源政策官的公司必须向 HEO 报告其任命（及相关数据），未遵守聘用能源政策官或未对其聘任进行报告义务的，可能被处以最高 200 万匈牙利福林的罚款。

# 五、税务

匈牙利的税收规定经常变化，但税收的主要原则不变，税务制度也是稳定的。

## （一）企业税收

### 1. 企业所得税

企业所得税税率统一为 9%。税基为公司的税前利润并适用税基增减因素（结转亏损、折旧等）。

### 2. 无预提税

匈牙利对企业实体之间匈牙利来源的股息、使用费和利息付款不征预提税。

## （二）当地营业税

当地市政有权就下述税基征收最高为 2% 的当地营业税：销售净收入减去所售商品成本和中间服务费用、分包商费用、材料费用和研发费用。

所售商品成本和中间服务费用可逐步扣除。最高 5 亿匈牙利福林的净销售额可全额扣除。如果净销售额超出该金额，可扣除较低百分比的所售商品成本和中间服务费用（70%–85%，取决于净销售额）。上文所述的分包商费用，材料费用和研发费用可全额扣除，不论净销售额多少。

布达佩斯市采用最高的2%税率。

### （三）增值税

目前，匈牙利适用三种增值税税率。27%的标准增值税税率适用于大部分产品和服务，18%的减低增值税税率适用于基本食物（比如乳制品和谷物或面粉制品）、地区供暖和某些娱乐服务，超低的5%税率适用于某些基本食物（鲜奶、鸡蛋、家禽、鱼）、基本药物、书籍、现场制作食物和饮料的餐饮服务（不包括酒精烈酒）、网络访问服务和新住宅物业（不超过150平方米并位于包含数个住宅物业的建筑物内）以及新的独立式住宅物业（不超过300平方米）。

### （四）公共卫生产品税

匈牙利对糖、盐或咖啡因含量超过相关法案规定的预包装食品征收公共卫生产品税。税率以产品的糖、盐或咖啡因含量为基础（例如，如果软饮中添加的糖分超过每100毫升8克糖，则为7匈牙利福林/升）。

### （五）消费税

对烟草、酒精饮料和矿物油等征收消费税。

### （六）转让税

不动产及其相关权利的转让须根据不动产的市场价值缴纳转让税。转让税应由受让方缴纳。不动产转让的普通税率为4%（适用于最高为10亿匈牙利福林的市场价值）和2%（适用于超出上述价值的部分），应缴税款以每一处不动产 2 亿匈牙利福林为限。如果不动产由不动产代理、融资租赁公司或不动产投资基金购买，则适用特殊转让税率。转让持有匈牙利不动产的公司的，也须按上述税率缴纳转让税。

赠与动产、不动产和无形权利须缴纳赠与税。普通赠与税税率为 18%。取得住宅物业相关权利（包括所有权）的赠与税税率为 9%。近亲属之间的赠与免缴赠与税。

### （七）金融机构应缴的银行税和附加税

匈牙利引入了针对信贷机构、保险公司、金融企业、投资企业、证券交易所、商品交易人、对冲基金管理人和投资基金管理人的银行税，税率因金融机构的不同类别而异。例如，对于投资企业，税基为针对投资企业目标年份之前的第二个会计年度编制的财务报表中记录的投资服务收入与支出的差额，税率为 5.6%。如为信贷机构，最高 500 亿匈牙利福林的税基税率为 0.15%，对于超出该金额的部分，2018 年时适用的税率为 0.21%。当时预计税率在之后的税务年度会有所变更。

除银行税外，信贷机构还须缴纳基于利润的附加税。该等"信贷机构附加税"的税率为 30%，但最高不超过银行税税额，并可从应缴的银行税税额中扣除。

### （八）交易税

信贷机构须就其开展的每笔银行交易缴纳 0.3% 的金融交易税，比如银行转账、收款、付款账户现金收付及现金电汇。但是，每笔交易的交易税以 6000 匈牙利福林为限。关于来自付款账户的现金付款，交易税税率为 0.6%，但不设上限。

## （九）个人所得税

受雇所得收入一般须同时缴纳：

· 固定税率为15%的个人所得税；

表1 匈牙利个人所得税雇主付款部分

| 付款 | 基数 | 百分比 |
| --- | --- | --- |
| 社保税 | 工资总额 | 19.5% |
| 职业基金缴款 | 工资总额 | 1.5% |
| 总计 | — | 21% |

表2 匈牙利个人所得税雇员付款部分

| 付款 | 基数 | 百分比 |
| --- | --- | --- |
| 养老金缴款 | 工资总额 | 10% |
| 健康保险及失业缴款 | 工资总额 | 8.5% |
| 总计 | — | 18.5% |

# 六、匈牙利对投资者的激励

## （一）概述

匈牙利相对于该地区其他国家的竞争优势之一，是政府致力于简化商业流程并增强匈牙利中小型企业和大型企业的竞争力。为实现这一目标，匈牙利提供范围广泛的激励（包括返还和非返还型）以促进外国直接投资和本地企业的再投资。激励的主要类型有现金补贴（来自匈牙利政府或来自欧盟基金）、税款激励、低息贷款和无偿或降价土地。

## （二）匈牙利的投资补贴

匈牙利的所有投资补贴以欧盟共同法律框架为法律依据。欧盟委员会设定了下述最高区域补贴强度比例。

匈牙利北部、大平原北部、大平原南部和外多瑙地区南部最高补贴强度为50%；外多瑙地区西部为25%；外多瑙地区中部为35%；匈牙利中部为0%、20%或35%。匈牙利中部的部分地区十分接近欧盟发达地区平均水平，因此不享受任何补助。

对于不超过5000万欧元的投资，最高强度比例就中型企业而言提高10%，就小型企业而言提高20%。

表3　中小型企业类别判断标准

| 规模 | 人数 | 营业额 | 或 | 资产负债表 |
| --- | --- | --- | --- | --- |
| 小型 | <50 | <=1000万欧元 | 或 | <=1000万欧元 |
| 中型 | <250 | <=5000万欧元 | 或 | <=4300万欧元 |
| 大型 | >=250 | >5000万欧元 | 或 | >4300万欧元 |

表4　大型投资项目的补贴受限于经调整的区域补贴的上限

| 符合条件的支出 | 经调整的补贴上限 |
| --- | --- |
| 最高5000万欧元 | 区域上限的100% |
| 5000万～1亿欧元之间的部分 | 区域上限的50% |
| 超过1亿欧元的部分 | 区域上限的34% |

## （三）减免税

新投资和研发适用广泛的减免税激励。匈牙利为控股结构提供免税待遇，股份和知识产权资本收益在某些情况下免税，使用费收入享受减免税50%。匈牙利公司向外国公司支付的股息、利息和使用费不缴预提税。匈牙利签订了 80 多项国家间双向税收条约。

**开发税收激励**

在最初申请激励起最长 16 年期间，可在企业所得税申报表中申请开发税收减免 13 年（自开发完成起开始，或自下一税务年度开始）。在任何特定税务年度，最高可就 80% 的应缴税款取得税收激励，但总计最高为国家补贴比例上限。税收激励申请必须提交给国民经济部，且匈牙利政府有权对符合条件的总额超过 1 亿欧元投资费用授予许可。如果投资低于这一门槛，纳税人只须要在开始投资前通知国民经济部即可。

## （四）基于个别政府决定的补贴

与投资有关的现金激励的主要类型侧重于资产投资（例如购买资产、施工工程等）、创造新工作岗位和培训雇员。基于 210/2014 号（VIII. 27.）关于利用投资激励针对性拨款的政府法令，可能根据现有立法授予 VIP 现金补贴（基于个别政府决定的补贴）。

匈牙利政府为创造一定数量新工作岗位并高于 5000 万、1 亿或 2 亿欧元的投资提供 VIP 补贴机会，具体取决于投资目的和地点。VIP 补贴金额通过投资者和匈牙利部门之间的谈判程序来确定。补贴申请可以英文或匈牙利文提交给 HIPA（能源和公共事业管理局）。

吸引支持的主要领域为资产投资（绿地、棕地投资或扩大产能）、旨在创造工作的投资及研发项目。

## （五）基于资产投资的补贴

为取得 VIP 现金补贴，如为旨在创建或扩建区域共享服务中心的投资，投资者应在匈牙利可以享受补贴的所有区域创造至少 50 个新工作岗位。

如为任何其他类型的资产投资，标准包括 2 个因素：新创造的工作数和投资额。在 Vas，Zala，Veszprém，Somogy，Baranya，Tolna，Bács – Kiskun，Csongrád，Jász – Nagykun – Szolnok，Hajdú – Bihar，Heves 和 Borsod – Abaúj – Zemplén 县，投资者应创造至少 50 个新工作，且符合条件的投资成本至少为 1000 万欧元。

在 Nógrád，Szabolcs – Szatmár – Bereg 和 Békés 县，合格条件是创造至少 50 个新工作以及最低 500 万欧元的投资额。

在 Fejér，Komárom – Esztergom 和 Győr – Moson – Sopron 县或者可以享受补贴的匈牙利中部区域，为符合 VIP 现金补贴的条件，投资者应创造至少 100 个新工作，且符合条件的投资成本至少为 2000 万欧元。

这里需注意，大型企业进行的投资仅可在匈牙利中部获得补贴，投资需位于能够享受补贴的地区，且投资者因投资而设立新机构或与此前开展的活动相比拓展新的公司活动。

自 2017 年初起，匈牙利政府引入一项新激励措施，以支持在匈牙利雇用超过 250 人的大型企业的技术密集型投资。基于资产的新补贴旨在促进不会导致雇员数增加的产能扩大和技术密集型投资项目。符合条件的标准是在三年期间实现至少 3000 万欧元投资并在投资开始后第三个会计年度增加工资成本或销售净收入 30%。可享受的最高补贴不超过适用的最高区域补贴的 1/4。

符合条件的资产投资成本包括购买地块、建设成本或建筑租金（在执行阶段期间）、基础设施费用、购买新设备和机器、无形资产等。投资期由投资者确定（技术密集型投资除外），但通常短于 5 年。监测期自投资完成起开始，在大型企业的情况下为 5 年，中小型企业则为 3 年。

## （六）基于创造工作岗位的补贴

关于基于创造工作的 VIP 现金补贴的资格条件，举例来说，如旨在创建或扩建区域共享服务中心的投资，投资者应在匈牙利可以享受补贴的所有区域创造至少 50 个新工作岗位。

在匈牙利北部、大平原北部、大平原南部和外多瑙地区南部以及 Vas，Veszprém 和 Zala 县，投资者应创造至少 50 个新工作，且符合条件的投资成本至少达到 1000 万欧元。在 Fejér, Komárom – Esztergom 和 Győr – Moson – Sopron 县或可以享受补贴的匈牙利中部地区，合格条件是创造至少 100 个新工作，且符合条件的投资成本至少为 1000 万欧元。

请注意，大型企业进行的投资仅可在匈牙利中部获得补贴，投资须位于能够享受补贴的地区，且投资者因投资而设立新机构或与此前开展的活动相比拓展新的公司活动。

符合条件的成本包括 24 个月的工资和 3 年内对新雇人员的缴款。这些成本必须至少达到 1000 万欧元（旨在创建或扩建区域共享服务中心的投资除外）。

（七）研发项目

匈牙利政府在 VIP 补贴制度中引入了新办法，自 2017 年起为整个匈牙利（包括布达佩斯）的大型企业的研发活动（工业研究和实验开发）提供支持。除支持已在匈牙利从事研发活动的公司之外，研发现金补贴旨在促进研发中心的建设。

合格条件为在最短 1 年、最长 3 年期间达到 300 万欧元的研发项目相关支出并增加 25 名研发雇员。最高补贴强度为 25%。

符合条件的成本为项目期间与研发项目相关的成本（租金、建筑和设备折旧、有关研究员和开发员的人员成本等）。

（八）培训补贴

匈牙利政府还为雇员培训提供 VIP 补贴机会。创造至少 50 个新工作岗位的投资者可享受补贴。补贴额由投资者实现的雇员增加数确定，但补贴最高以 200 万欧元为限。

该补贴是针对培训提供的，最高补贴比例（国家补贴金额相对于受补贴公司生产成本或者项目投资成本的比）为 50%。如为中小型企业以及面向残疾或弱势工人的培训，补贴强度可进一步提高。请注意，该补贴可在匈牙利所有区域授予。

### （九）来自欧盟基金的补贴

低于 1000 万欧元的投资也可以申请各种欧盟基金补贴。作为欧盟成员国，匈牙利可就一系列发展目标享受欧盟资金，比如取得资产、基础设施开发、新建、改造、服务发展、创造工作和人力资源成本融资。相关补贴的申请条件、时间和总金额根据不同投标有所不同。当前 7 个财政年度可退税和不可退税型激励的首批相关投标于 2014 年秋宣布。

## 七、出入境

匈牙利于 2004 年 5 月加入欧盟，但在 2007 年底才成为申根区的一部分。

《申根协定》[①] 通过《阿姆斯特丹条约》被纳入欧洲法律，自那时起有进一步的发展。目前有 22 个欧盟成员国和 4 个其他欧洲国家[②]实施了申

---

[①] 译者注：《申根协定》于 1995 年 7 月生效，《申根协定》的成员国称为"申根国家"，成员国的整体称为申根区。《申根协定》的目的是取消相互之间的边境检查点，并协调对申根区之外的边境控制。即成员国家之内取消边境管制，持有任意成员国有效身份证件或签证的人可在所有成员国境内自由流动。

[②] 22 个欧盟成员国为：奥地利、比利时、捷克、丹麦、爱沙尼亚、芬兰、法国、德国、希腊、匈牙利、意大利、拉脱维亚、立陶宛、卢森堡、马耳他、荷兰、波兰、葡萄牙、斯洛伐克、斯洛文尼亚、西班牙、瑞典；4 个其他欧洲国家为：列支敦士登、挪威、冰岛和瑞士。

根条款，并且申根条款规定取消参与国之间的系统化边境管制，在申根区的边境设立共同管制，实施共同的签证政策以及与这些事项有关的所有措施。

根据《申根协定》的条款，申根成员国的国民在出入申根成员国边境之时不再需要出示护照。因此，匈牙利公民无须护照即可自由进入其他申根成员国。但是，第三国国民适用不同的规则。

### （一）第三国国民出入境要求的适用法律

欧洲议会和理事会第 810/2009/EC 号条例/欧共体条例（以下简称《签证法》）以及欧洲议会和理事会第 562/2006 号关于跨境人员流动规则的欧共体条例（以下简称《申根边境法》）规定了签发欧洲联盟成员国短期逗留和过境签证的程序和条件，并列出了其国民在通过成员国机场的国际过境区域时必须持有机场过境签证的第三国，并规定了签发此种签证的程序和条件。

2007 年关于第三国国民入境和居留权的第二项法案（以下简称《第三国国民法》）规定了第三国国民入境匈牙利和在匈牙利境内居留的有关规则。《第三国国民法》针对在匈牙利境内第三国国民在任何 180 天期间内不超过 90 天的居留期和在任何 180 天期间内超过 90 天的居留期规定了不同的适用规则和要求。

### （二）在任何 180 天期间内在匈牙利境内居留不超过 90 天的适用规则

在符合下列规定的条件下，第三国国民可入境匈牙利并在任何 180 天期间内在匈牙利境内居留最多 90 天：（1）拥有有效的旅行文件或授权其穿越边境的文件，且有效的旅行文件应是在过去 10 年内签发的且其有效期在预定离开成员国领土之日起应至少还有 3 个月；（2）如 2001 年 3 月 15 日第 539/2001 号《理事会条例》（EC）有此要求，应持有有效的签证，但持有有效居留许可的除外；（3）预定逗留有合理的目的和条件，并且具有预定逗留期间以及返回原籍国或过境前往确定允许其入境的第三国所需的充分生活资料（谋生手段），或有能力合法获得所需的生活资料（谋生手段）；（4）并不是申根信息系统（SIS）内有针对其发出的警报拒绝其入境之人；（5）不被视为对任何成员国的公共政策、内部安全、公共卫生或国际关系构成威胁，也未遭到驱逐或排斥。

除非欧共体规则、国际条约、《第三国国民法》或基于《第三国国民法》的任何其他立法另有规定，否则，第三国国民必须获得签证后方可入境匈牙利以及在任何 180 天的期间内在匈牙利居留最多 90 天。

任何 180 天的期间内居留最多 90 天的签证有：

（1）机场过境签证，用于进入申根国家机场的国际区域；

（2）入境申根国家或在六月内居留不超过三月的签证。

所有上述签证有效期最长 5 年。

## （三）第三国国民居留超过 3 个月的适用规则

在满足下列要求的条件下，第三国国民可入境匈牙利并在任何 180 天期间内在匈牙利境内居留超过 90 天：（1）拥有有效的旅行文件；（2）持有签证或相关许可，但持有有效居留许可的除外；（3）拥有返回或继续旅行的必要许可；（4）有合理的入境和逗留目的；（5）在匈牙利有住所或居住地；（6）具有支付其在匈牙利境内的住宿费用、返回原籍国或过境前往确定允许其入境的第三国所需的充分生活资料（谋生手段）和财力，或有能力合法获得所需的生活资料/谋生手段；（7）有医疗保险或者有足够的财力来支付医疗服务费用；（8）不受到入境限制或居留限制，不被视为对匈牙利的公共政策、公共安全、公共卫生或国家安全构成威胁；（9）不受到申根信息系统入境限制或居留限制警告标志的影响。

法律区分了下列类型的签证和许可：（1）在任何180天的期间内居留超出90天的签证；（2）居留许可；（3）移民许可；（4）定居许可；（5）临时定居许可；（6）国家定居许可；（7）欧共体定居许可；（8）欧盟蓝卡。

名为"公司内部转调"的许可已获通过，并于2016年9月30日生效，此类许可允许转调至欧洲境内的属于第三国国民的管理人员、专家或受训雇员在欧盟各成员国境内同一公司集团的各个实体居住和工作。受训人员可获得为期一年的许可，管理人员和专家可获得为期3年的许可。前者必须由该集团雇用3至6个月、后者必须由该集团雇用3至12个月才能获得这一许可。

**1. 在任何180天期间内居留超过90天的签证**

在任何180天期间内居留超过90天的签证有：（1）获得居留许可的签证；（2）单次或多次入境的季节性工作签证，用于在任何180天的期间内为期至少90天但不超过6个月的工作；（3）可根据特定国际协议签发在任何180天期间内居留超过90天的单次或多次入境的国家签证。

**2. 居留许可**

拥有居留签证或国家签证的第三国国民在签证有效期届满后可获得居留许可。根据居留许可，第三国国民有权在任何180天的期间内居留超过90天，但此种许可的有效期只有两年，偶尔可延长两年。如逗留的目的是工作，则首次签发的居留许可的有效期最长为3年，但之后还可延长3年。但是，如果第三国国民打算从事需要得到工作许可的活动，居留许可的有效期必须与工作许可的有效期相同。

此外，在特定情况下，可为家庭团聚、工作、学习、科研等目的签发居留许可。

为匈牙利雇主从事工作之目的而在任何180天的期间内，在匈牙利居留超过90天的第三国国民必须通过合并程序获得工作居留合并许可。

即需要获得工作许可方可从事工作的第三国国民申请人必须向出入境管理机构提交合并许可申请，出入境管理机构将向劳动中心进行正式调查，为第三国国民的工作获得批准。在获得劳动中心的批准后，出入境管理机构将确定是否满足居留条件，以及是否授予合并许可。

### 3. 定居许可

适用法律规定了三种定居许可：（1）临时定居许可；（2）国家定居许可；（3）欧共体定居许可。然而，《第三国国民法》也承认在该法生效之前签发的定居许可。

计划在匈牙利定居的第三国国民如果满足以下要求，可获得：（1）临时定居许可；（2）国家定居许可；（3）欧共体定居许可。

（1）第三国国民有能力支付其在匈牙利境内的生活和住宿费用；

（2）第三国国民拥有全面的医疗保险，或有足够的财力来支付其医疗服务的费用；

（3）第三国国民不受有关法律规定的任何禁止的影响。

根据2003年11月25日第2003/109/EC号理事会指令的规定，若持有欧盟成员国签发欧共体定居许可的第三国国民，打算为下列目的留在匈牙利境内，则可获得临时定居许可：（1）从事工作，季节性就业除外；（2）学习或职业培训；（3）其他经核准的理由。此种许可的有效期为5年，但有时还可延长5年。

持有居留签证或居留许可或临时定居许可的第三国国民如果满足下列条件，可向其签发国家申请定居许可：

（1）在提交国家定居许可申请之前，已在匈牙利合法连续居住至少三年；

（2）是具有移民或永久居民身份或已获得庇护的第三国国民的家庭成员（配偶除外）或受抚（赡）养人、直系亲属，且在申请提交之前他们在同一家庭中已至少居住一年；

（3）是具有移民或永久居民身份或已获得庇护的第三国国民的配偶，但在申请之前至少已结婚两年；

（4）曾经是匈牙利公民但其国籍已被终止，或其直系尊亲属是或曾经是匈牙利公民。

第三国国民如果满足下列条件之一，可得到由匈牙利签发的欧共体定居许可：（1）在提交该许可的申请之时已在匈牙利合法连续地居住至少5年；（2）持有欧盟蓝卡，在提交该许可的申请之时已在匈牙利合法连续居住至少2年，且已在欧盟成员国合法连续居住至少5年。

**4. 欧盟蓝卡**

欧盟蓝卡是工作许可和居留许可二合一的一项文件，允许高技能的第三国国民在成员国境内从事要求高级资历的工作及居住。

第三国国民在满足下列要求的条件下可获得欧盟蓝卡：（1）拥有有效的旅行文件；（2）有合理的入境和逗留目的；（3）不受入境限制或居留限制，不被视为对匈牙利的公共政策、公共安全、公共卫生或国家安全构成威胁；（4）不受申根信息系统入境限制或居留限制警告标志的影响；（5）具有将担任的职务所需的高级资历；（6）未曾向有关机关提交虚假或不实的信息；（7）其在匈牙利的工作是就业政策所支持的；（8）有医疗服务方面的保险；（9）已报告其在匈牙利境内的地址。

欧盟蓝卡有效期最短一年；最长4年，还可延长4年。

**（四）工作许可**

根据关于许可第三国国民在匈牙利工作的第445/2013号政府令，一般而言，如果第三国国民打算在匈牙利从事工作，则必须取得工作许可。如果外国公司雇用的外籍人士外派至匈牙利从事工作，也必须获得工作许可。

在外商参股经营的匈牙利公司中担任高管或监事会监事的外国公民，其从事工作不需要获得个人的工作许可。

# 八、劳动

因为匈牙利于2004年加入欧盟，所以匈牙利劳动法几乎与现行的欧盟法律完全一致。

## （一）匈牙利劳动法

匈牙利劳动法的主要渊源是2012年劳动法典法案一（以下简称《劳动法典》），该法于2012年7月1日生效，之后1992年法案二十二（以下简称《旧劳动法典》）被废止。除《劳动法典》外，关于劳动事务、健康安全、社会福利和移民问题等的其他各种匈牙利立法也可用于管辖特定的劳动关系。

有三级匈牙利劳动法可管辖劳动关系，即：

（1）《劳动法典》和其他劳动立法；

（2）劳资协定；

（3）员工个人与雇主订立的劳动合同。

**单方面说服力概念**

"单方面说服力"雇用原则是《劳动法典》的主要概念之一，这一原则大大保护了雇员的权利。这项法律原则规定，劳动合同的双方只可就某些特定事项偏离《劳动法典》的法定条文，而且只有在该等条款比法定条文对雇员而言更为有利的情况下才可发生偏离。截至 2012 年 7 月 1 日，匈牙利《劳动法典》已引入了各种倾向性原则。因此，劳动合同的当事方有权在比以往更大的范围内偏离《劳动法典》的法定条文，而且有关劳资协定的条文也规定了偏离《劳动法典》法定最低限度原则的宽泛裁量权。

## （二）劳动合同条款

《劳动法典》要求由雇主通过书面方式确立劳动关系。劳动合同如未以书面方式订立，雇员在开始工作后 30 天内可宣布其无效。劳动合同不得违反劳资协定，除非劳动合同为雇员规定了更优惠的条件。

劳动合同中必须始终明确当事方的姓名和其他重要的就业相关信息、员工的基本工资、工作概况和工作地点。工作地点可以是一个永久性的地点，也可以是劳动合同中规定的一个较广泛的地理区域。

除上述规定外，作为对上文所述最低条件的补充，雇主最好在劳动合同中确定劳动关系的重要条款。如果劳动合同中没有规定这些条款，雇主必须在订立劳动合同时通知雇员有关工作条件的某些重要信息，并且雇员必须在 15 天内以书面方式作出确认。

劳动关系可以按固定期限或无固定期限确立。除双方另有约定外，否则劳动关系是按无固定期限确立的。固定期限的劳动关系最长为 5 年（高管雇员除外），包括固定期限劳动关系的期限以及在上一个固定期限劳动关系终止后 6 个月内确立的新的固定期限劳动关系的期限。如果在相同当事方之间续展或延长固定期限的劳动关系，且雇主方面未附加任何正当权益，而合同的订立旨在损害雇员的正当权益，则劳动关系应视为按无固定限期确立。

除劳动合同另有约定外，劳动关系应当以全职工作为基础。

## （三）试用期

劳动合同中可以规定试用期。试用期最长为 3 个月，并可以延长一次，但延长后试用期合计不得超过 3 个月。劳资协定①可规定最长 6 个月的试用期。劳动合同的当事方不能偏离与试用期有关的上述规则。在试用期内，任何一方无须有正当理由即可立即终止劳动关系。

**工作条件**

**1. 基本工资**

除法律另有规定外，一般情况下基本工资必须以匈牙利福林计算和支付。除当事方另有约定或劳动法律法规另有规定外，工资必须在相关月份后下一个月的第 10 天以前支付。

**2. 固定工资相对于与业绩挂钩的工资**

雇员可以领取固定工资，固定工资与其本人或公司的业绩无关；同时，雇员工资也可以与其业绩挂钩。如果绩效要求不完全取决于雇员，则必须保证雇员的最低工资。

**3. 奖金**

除上述工资结构外，雇主在工资外还可以向雇员发放奖金。奖金的发放通常由雇主自行决定，雇员不可要求发放奖金。但是，如果雇主已事先承诺在完成某项特定任务后向雇员发放奖金，则该雇员可以要求雇主发放此项奖金。

## （四）工时和加班

**1. 一般规定**

工作时间的一般法定上限为每天工作 8 小时。

---

① 译者注：劳资协定（Collective Bargainig Agreement）是资本主义国家中雇主和自由推选的工人代表或工会代表之间签订的书面合同。

## 2. 弹性工时制

雇员的工作时间也可采用所谓的弹性工时制。如果雇主执行所谓的弹性工时制，则雇员的工作时间可超出正常的每天 8 小时（每周 40 小时）的上限，但不得超出每天 12 小时，且弹性工作时间的平均值必须符合正常的每天 8 小时（每周 40 小时）的上限。

## 3. 特殊工作

在特殊情况下，雇员可能有义务从事特殊工作。在计划工作时间外工作、在每周休息日和公共节假日工作以及在规定时间内在指定地点待命均属于特殊工作。

只有在合理和特殊的情况下，才可以要求雇员从事特殊工作。只有在原本可以要求雇员在相关之日工作的情况下，或者为防止或减轻意外事故、自然灾害或严重损害迫在眉睫的危险或对生命、健康或人身安全的任何危险之目的，才可要求雇员在公共节假日从事特殊工作。

如果特殊工作将对雇员的人身安全或健康构成任何危险，或就雇员的个人、家庭或其他情况给雇员造成任何不合理的困难，则不能要求雇员从事特殊工作。

在任何特定年度内，雇员被要求从事特殊工作的时间不得超过 250 个小时；或不得超过 300 个小时，如劳资协定中有此规定的话。

女性雇员从被确诊怀孕之日起至子女年满 3 周岁以前，单亲照顾子女的男性雇员在子女年满 3 周岁以前，以及在其他法律规定的有害健康的条件下从事工作的雇员，不得要求其从事特殊工作；子女年龄在 3 周岁至 4 周岁之间的单亲雇员，须征得其同意后方可要求其从事特殊工作。

在正常工作时间以外从事特殊工作的，雇员有权按额外工作的小时数安排倒休，或按额外工作的小时数获得相当于其工资 50% 的加班费。在雇员的每周休息日从事特殊工作的，雇员有权按额外工作的小时数获得相当于其工资 100% 的加班费，或者获得相当于其工资 50% 的加班费并有权按额外工作的小时数安排倒休。

4. 休息时间

如果每天工作时间超过 6 小时，雇员有权连续休息至少 20 分钟。除此之外，雇员在工作 9 小时之后，有权连续休息至少 25 分钟。在每日工作结束和下一日工作开始之间，必须允许雇员至少休息 11 小时。即使劳资协定或劳动合同的规定可能偏离上述规则，但在每日工作结束和下一日工作开始之前仍必须为每个雇员提供至少 8 小时的休息时间。

5. 每周休息日

雇员有权每周休息两天。按不固定工作日受雇（如轮班连续作业的和季节性工作）的雇员，其每周休息日可以不固定地安排。但是，即使在这种情况下，在每周工作 6 天之后仍必须安排休息一天。在安排休息的日子里，每个月至少有一个休息日必须是星期日。

## （五）年假

年假包括基本年假和额外年假。雇员每年可享受 20 天的基本年假。雇员在达到特定年龄后有权享受额外的年假天数。

表5 不同年龄对应的年假天数

| 年龄 | 基本年假天数 | 额外年假天数 | 年假总天数 |
| --- | --- | --- | --- |
| 不满 25 岁 | 20 | 0 | 20 |
| 25 岁 | 20 | 1 | 21 |
| 28 岁 | 20 | 2 | 22 |
| 31 岁 | 20 | 3 | 23 |
| 33 岁 | 20 | 4 | 24 |
| 35 岁 | 20 | 5 | 25 |

续表

| 37 岁 | 20 | 6 | 26 |
|---|---|---|---|
| 39 岁 | 20 | 7 | 27 |
| 41 岁 | 20 | 8 | 28 |
| 43 岁 | 20 | 9 | 29 |
| 45 岁 | 20 | 10 | 30 |

年假的排定应由雇主决定。但是，年假总天数中有 7 天应按雇员的要求排定。

年假应在到期当年内分配请休。如果劳资协定中有规定，雇主可以按规定将请休年假的时间分配至下一年度的 3 月 31 日之前。如果雇员因患病或其他不可避免的限制情形受到影响，则应在该等限制情形结束后的 60 天内请休年假。如劳动关系起始日期为 10 月 1 日或之后，则可将年假分配至次年 3 月 31 日以前请休。除非劳动合同另有规定，一般必须向雇员提供超过 14 天的年假。雇主和雇员可以商定将根据雇员的年龄可享受的额外年假分配至下一年度结束以前请休。

## （六）病假

在雇员因患病而无法工作的期间内，雇员每个自然年度有权向雇主请 15 天的病假，但不包括其他法律规定的工伤事故和职业病。雇员病假期间有权领取 70% 的缺勤工资。

病假超过 15 天的，雇员有权按照社保制度的规定和在社保机构的支持下，获得病假的最长期限为一年。

雇员请病假必须提交医生出具的证明书，以核实其患病期间缺勤的原因。

## （七）其他休假

### 1. 产假

所有怀孕的雇员有权请最长为 24 周的产假，最短为 2 周的产假。雇员可以从预产日期前 4 周开始休产假。

雇员有权请额外的无薪产假，直至：

（1）子女年满 3 周岁，以便在家照顾子女；

（2）子女年满 10 周岁，条件是该雇员在此期间有资格享受保育津贴，且必须确实在家照顾子女。

### 2. 陪产假

在子女出生后的 2 个月内，作为父亲的雇员有权请 5 天陪产假。

### 3. 长期家庭护理假

雇员可要求雇主允许其请无薪假期，用于在护理期内长期护理或居家照顾近亲属，条件是雇员本人亲自提供此等护理，并且休假天数大概会超过 30 天。长期家庭护理假的期间必须反映家庭护理的持续时间，且不得超过 2 年。长期家庭护理假应由有资质护理需要护理之人的医生出具证明。

### 4. 额外子女假

有年龄不足 16 周岁子女的雇员有权享受额外的休假。有一个子女的可请休两天，有两个子女的，可请休四天，有 3 个以上子女的，可请休 7 天额外假期，这些假期必须按年分配给雇员。

## （八）公共节假日

匈牙利的公共节假日如下：1 月 1 日、3 月 15 日、耶稣受难日、复活节、5 月 1 日、圣灵降临节、8 月 20 日、10 月 23 日、11 月 1 日、平安夜。

## （九）终止劳动关系

根据匈牙利《劳动法典》的规定，劳动关系可通过以下方式之一终止：（1）通知；（2）立即生效的通知；（3）雇主和雇员一致同意。

**1. 以通知终止劳动关系**

（1）无固定期限劳动关系

雇主和雇员都可以向另一方发出通知，终止无固定期限的劳动关系。

雇主的终止通知必须包含雇主明确和合理的终止理由，除非雇员是《劳动法典》所界定的雇主的高管（如董事总经理或董事会成员）。如终止通知未包含正当理由，则属非法。

终止的原因只能是因为以下方面：（1）雇员的能力；（2）雇员在雇用方面的行为；（3）雇主的经营情况。

如果雇员以通知终止无固定期限的劳动关系，则该雇员无须为此等终止提供正当理由。

《劳动法典》规定，在某些情况下（如雇员怀孕），禁止雇主仅仅以发送终止通知来终止劳动关系。

（2）固定期限劳动关系

在以下情况中，雇主可以以通知方式终止某一固定期限劳动关系：（1）雇主处于破产或清算程序；（2）终止原因为雇员的能力问题；（3）雇主因不能归责于其的外部原因而无法维持劳动关系。

如果发生使雇员无法维持劳动关系或为雇员带来不当负担的情况，则雇员亦可以向雇主发送终止通知的方式终止固定期限的劳动关系。

**2. 立即生效的劳动关系终止通知**

发生下列任何情况时，雇主和雇员均可以发送终止通知而立即终止劳动关系：

（1）另一方实质上和故意违反因劳动关系而产生的任何重要义务或者违约是由任何一方的重大过失造成的；

（2）另一方的行为妨碍了维持劳动关系的可能性；

（3）双方不得扩大或限制可作为立即终止依据的理由的范围。双方可在劳动合同中载明具体范例，说明在上述范围内哪些情况可能会导致立即生效的终止。

终止通知必须包含终止方明确和合理的终止理由。

以立即生效通知终止劳动关系的一方必须在知悉此种特殊终止的原因后 15 天内行使这项权利。但是，终止方可在实际产生终止权的事实发生之日起一年的最长期限内行使终止权。此外，如果立即终止的理由是另一方犯下的罪行，则终止劳动关系的一方可在适用的法定时效期限内这样做。

除上述规定外，任何一方均可在试用期内立即终止劳动关系，而无须为此提供任何理由。

此外，只有雇主可以终止固定期限劳动关系，但前提是雇主必须向雇员支付相当于一年缺勤费用的款项。但是，如果剩余的雇用期不足一年，则必须支付相当于在此剩余期间缺勤费用的款项。

立即生效的通知将立即终止劳动关系。

### （十）《劳动法典》项下的高管定义

与雇主的普通雇员相比，《劳动法典》对最高管理层适用不同规定。

就《劳动法典》而言，高管是雇主的主管（即有限责任公司的经理和股份有限公司的董事会成员）及其副手。

此外，雇用合同中双方可以约定，如果雇员的工资至少是法定最低工资的 7 倍，履行重要职责且作为主要雇员，则属于《劳动法典》项下的高管。

高管负责对其故意或疏忽行为造成的一切损害承担责任。

## （十一）工会

### 1. 定义

根据《劳动法典》的定义，工会为旨在促进和保护雇员与劳动关系有关权益的一种雇员组织。

### 2. 职能及某些权利

《劳动法典》允许雇员在雇主组织内建立工会。工会可以在公司内部成立相应组织，并允许其成员参与此类活动。

工会可将有关其成员在物质、社会、文化、生活和工作条件方面的权利和义务告知其成员，并在有关劳资关系和劳动关系的事项上代表其成员与雇主或国家机关进行交涉。

工会可根据授权在法院或任何其他机关或组织在涉及其成员的生活及工作条件的事项上代表其成员。

## （十二）劳资协定

雇主或代表雇主利益的组织与工会之间的劳资协定，涵盖劳动关系产生的权利和义务、行使和履行该等权利和义务的方式、与之相关的程序规则以及该等协议当事方之间的关系。其候选人在工人理事会选举中获得至少50%票的，工会被视为此类谈判的代表。如果一个雇主选举了一个以上的工人理事会，则将合并考虑每次选举的结果来确定代表权。如果一个工会的成员如果包括雇主同一雇用集体内至少2/3的雇员，则该工会亦被视为代表。如有资格作为代表的工会要求雇主就劳资协定与其进行谈判，则雇主不得拒绝展开此类谈判。

雇主必须每年就与代表工会签订的劳资协定中规定的工作报酬问题进行谈判。

除非当事方另有约定，一般来说，劳资协定可由任何一方在终止日期前提前 3 个月向另一方发送终止通知，但不得在劳资协定签署后的 6 个月内终止。

## （十三）工人理事会

《劳动法典》规定，任何雇主或雇员人数超过 50 的雇主独立场所或场地均必须选举工人理事会。

如果雇员人数总数或在雇主任何独立部门的雇员人数少于 51 人，但超过 15，则不要求必须选举工人理事会，但必须由雇员选举一名工人代表。《劳动法典》关于工人理事会权利和义务的规定同样适用于工人代表。

工人理事会和工人代表的任期为 5 年。

雇主必须在作出决定前至少 15 天内，就其拟议的影响更大雇员群体的措施征询工人理事会的意见，特别是涉及重组计划、雇主转型、组织单位转换为独立组织、现代化转型等问题时。

此外，雇主必须至少每半年向工人理事会通报其经济状况、薪酬变化、工作条件变化、雇员人数变化及远程履行职责或借调给雇主的雇员职位变化。

此外，工人理事会可要求雇主提供所有问题的相关信息，并可要求雇主就之前指明的某些问题与工人理事会商讨。雇主无权拒绝工人理事会的此项要求。

工人理事会和雇主可以签订工人理事会协议，在该协议中，双方可就可以由劳资协定涵盖的所有问题作出规定，但与报酬有关的事项除外。如雇主正受限于某一劳资协定或在雇主内部设有有权签订劳资协定的工会，则雇主不得与工人理事会签订协议。

### （十四）欧洲工人理事会

关于建立欧洲工人理事会的 2003 年第二十号法律令和雇员征询及信息程序，规范了欧洲工人理事会在匈牙利境内的设立和运作。

根据该法的规定，除了已经存在的本地工人理事会外，那些自己在欧洲开展经营活动或其所属集团在欧洲开展经营活动的公司（如果公司或公司集团在欧洲经济区雇用至少 1000 名雇员并在两个或两个以上成员国中雇用至少 150 名雇员，则属于在欧洲开展经营活动）还必须组建欧洲工人理事会。

欧洲工人理事会的目的是确保雇主遵守雇员获得信息的权利，并以正式方式就公司和雇员的地位征询雇员意见。欧洲工人理事会有权每年至少一次向公司索取和接收一般信息，并获悉影响雇员的某些特定情况。

## 九、竞争法律

### （一）竞争法律

匈牙利竞争法律的主要规则载于 1996 年第 LVII 号《关于禁止不公平市场做法和不公平竞争的法律》（以下简称《竞争法》）中。自 1997 年生效以来，《竞争法》已多次修订。《竞争法》的实质性条款符合欧盟的反垄断规则（101 和 102TFEU）。

《竞争法》包含禁止下列各项的条款：不公平竞争、不公平操纵商业决定、兼并控制、滥用支配地位及限制性协议和做法。

违反反垄断规则可能会触发行政、刑事和民事责任。

行政执法是竞争办公室的任务，它有权发出禁令，对侵权公司处以行政处罚。只有在与特许投标和公共采购程序有关的案件中才可能导致个人刑事责任。在这种情况下，刑事法院可同时对被发现违反反垄断规则的个人和公司实施刑事制裁。除行政和刑事制裁外，违反反垄断规则也可能导致他人在民事法院提起私人诉讼，私人原告可以请求停止侵权行为或提出损害赔偿要求。

## （二）《竞争法》的适用范围

《竞争法》适用于个人和法律实体（无论是否具有法律人格）的市场活动。个人和法律实体合称为"企业"。企业一词包括所有参与货物销售或服务提供的个人和实体。但是，个人只有作为私人经营者（即非法人实体）开展市场活动时才会受到《竞争法》反垄断规则的管辖。

在匈牙利境内造成或可能造成影响的所有竞争限制均受《竞争法》的约束。因此，即使外国企业未在匈牙利设有法人机构或其他类型的机构，也受这些禁止性规定的限制。同样，即使行为仅在国外进行，但对匈牙利市场造成（至少潜在的）限制性影响，竞争办公室也对其有管辖权。

## （三）限制性协议、滥用支配地位

竞争办公室不仅受《竞争法》的约束，在某一协议或单方面滥用行为可能影响欧盟成员国之间的贸易时，亦适用《欧盟运作条约》第101条和第102条通过的第1/2003号欧盟条例的约束。

《竞争法》的主要实质性规则包括禁止限制性协议和禁止滥用支配地位的规则。

**1. 限制性协议**

企业之间的协议或协同做法以及企业、上市公司、组织协会或其他类似组织共同做出的决定（以下统称为"限制性协议"），如果其目的是禁止、限制或扭曲竞争或者具有此等潜在或实际影响，则应当禁止。不相互独立的企业之间缔结的协议不构成限制性协议。

此项禁止性规定特别适用于下列情况：

· 直接或间接确定购买或销售价格或其他商业条款和条件。

· 限制或控制生产、配送、技术开发或投资。

· 分配供应来源或限制供应来源的选择，以及排挤某一特定消费者群体或交易方，限制其购买某些商品。

· 分配市场，销售排挤或限制营销可能性的选择。

· 妨碍市场进入。

· 与价值或性质相同的交易相比，在交易方之间存在歧视，包括价格、付款期、歧视性销售或购买条款、条件或方法，从而使某些交易方处于竞争劣势。

· 订立合同须以接受义务为前提，而该等义务从其性质或商业用途来看不属于此类合同的范畴。

除了横向价格卡特尔[①]和市场分割及纵向转售价格维持以外，对于竞争对手之间达成的协议而言，如果双方的市场份额合计低于10%，或者对于非竞争对手之间达成的协议而言，每一方的市场份额低于15%（即所谓的最低限度协议），则该等限制性协议将不受禁止。此外，属于禁止豁免令安全港范围内的协议，或符合个别豁免要求的协议，均自动获得豁免，无须遵守该等禁止性规定。

2. **禁止滥用支配地位**

如果当事方在市场上开展经济活动时在很大程度上不需要顾及其他市场参与者，在决定其市场行为时基本上无须考虑其供应商、竞争对手、客户和其他交易方的市场反应，则该当事方应被视为在该市场上拥有支配地位。

---

① 译者注：卡特尔指两个或两个以上具有竞争关系的经营者为牟取超额利润，以合同、协议或其他方式，共同商定商品或服务价格，从而限制市场竞争的一种垄断联合。

禁止滥用支配地位，特别是下列情况：

·在业务关系上滥用支配地位，包括适用标准合同条款，设置不公平的买卖价格，或以任何其他方式规定不正当的优势或迫使对方接受不利条件。

·限制生产、分销或技术发展，对消费者或交易方造成不利影响。

·在无正当理由的情况下拒绝创建或维持适合交易类型的业务关系。

·影响交易对方的经济决策以获得不正当优势。

·在价格上涨前，或为提高价格之目的，或以可能会导致不正当竞争优势及劣势的任何其他方式，在无正当理由的情况下将货物从流通环节撤出，或暂停其交易。

·将提供或接受其他产品作为提高或接受某一产品的前提条件，并且订立合同须以接受义务为前提，而该等义务从其性质或商业用途来看不属于此类合同的主题。

·在价值或性质方面相同的交易中，在缺乏正当利益的情况下歧视交易方，包括价格的适用、付款期、歧视性销售或购买条款、条件或方法，从而使某些交易方处于竞争劣势。

·并非以比竞争对手更高的效率为基础，而是设定极低的价格，且有可能将竞争对手逐出有关市场或阻碍竞争对手进入市场。

·在缺乏正当理由的情况下以任何其他方式阻碍市场进入。

·在缺乏正当理由的情况下为竞争对手创造不利的市场条件，或影响其经济决策，以获得不正当优势。

评估是否存在支配地位时考虑的因素：

·相关市场的进入和退出的成本和风险，以及必须满足的技术、经济和法律条件。

·企业或企业集团的财产状况、财务实力和经营盈利情况及其发展趋势。

·相关市场的结构、可比市场份额、市场参与者的行为以及企业或企业集团对市场发展的经济影响力。

3. 黎明突袭

匈牙利竞争办公室或欧盟委员会可以进行未经通知的现场检查（这种检查被形象地称为"黎明突袭"），以便有效发现是否存在卡特尔。

如果竞争办公室怀疑参与集中的经营者在没有申报的情况下实施了必须申报的集中，或参与集中的经营者提交的申报表中遗漏或虚假陈述了重大事实，则竞争办公室也可以对其进行黎明突袭。

竞争管理执法机构拥有广泛的调查权力：他们可以搜查当事方的商业场所和车辆，以及其现任或前任高级职员、雇员和代理人的私人场所和车辆。在现场检查过程中，他们可以进入并搜查上述任何场所，调取证据，并查封证据所在场所。如有必要，他们亦可要求警方给予协助。在黎明突袭过程中，执法机构可以搜索、复制或扣押纸质文件和电子文件。除搜索计算机和复制某些电子文件、电子邮件之外，执法机构还可以对某些计算机或服务器上提供的所有电子数据进行完整复制。在调查过程中，执法机构可能会获取和审查商业秘密、银行机密及个人数据。针对这种情况，匈牙利规定，执法机构不得审查根据《竞争法》或《欧盟竞争法》相关规定享有特权的律师－客户特权文件。企业有责任主张某一文件受律师－客户特权的保护。在黎明突袭期间，执行审查的案件处理人员可以询问企业的代表和雇员。

接受检查的企业和个人必须充分配合竞争主管部门。对于不配合当局的受检企业和个人（例如雇员、企业代表）或被处以程序性罚款。

4. 宽大处理

（1）行政处罚豁免

作为有效检测卡特尔的另一种手段，竞争办公室实行宽大处理计划。

根据这项计划，在卡特尔检查中配合竞争办公室的企业，可能会被全部或部分免于缴纳罚款。

首个提供卡特尔相关信息和证据，进而使竞争办公室能够获得法院黎明突袭授权令或证明存在侵权的企业可免于缴纳所有罚款。

如果企业向竞争办公室提供的证据对竞争办公室已经拥有的证据具有重大附加值，则该企业可少缴罚款（少缴比例最高为50%）。

（2）刑事处罚豁免

行政豁免并不意味着以任何方式豁免可能的刑事制裁。在可能引起个人刑事责任的情况，必须提出单独的刑事"豁免"申请。

（3）私人索赔豁免

行政豁免亦不会绝对免除民事法律责任（即损害赔偿责任）。但是，享受完全豁免的企业仅对其直接和间接供应商和购买者所蒙受的损害负责。对于所有其他损害，享受完全豁免的企业只有该等损害无法从侵权的任何其他当事方收回时才承担赔偿责任。

除上文所述外，这里还须指出，行政豁免仅限于匈牙利的行政反垄断执行，而不适用于外国（包括欧盟）反垄断当局进行的调查。由于欧洲反垄断执行系统尚未能够引入一站式系统（即ECN，一个成员被授予豁免即意味着在整个网络中均享有豁免的系统），如果涉案行为可能会影响多个管辖区域时，就无法避免多次申请豁免的情况。但是，在涉及超过3个欧盟成员国的案件中，如果已向委员会提出了完全宽大处理的申请，则竞争办公室也会接受简短的简易申请，如有必要，可在以后加以完善，对申请人在（可能的）宽大处理申请人队列中的地位给予临时保护。

豁免仅限于截至2016年6月7日有横向因素的纵向垄断行为（如辐射型垄断行为），以及截至2017年1月15日的转售价格维持行为。豁免不适用于纵向垄断侵权或滥用支配地位的行为。

（4）和解

出现限制性协议或滥用支配地位的情况时，竞争办公室可邀请受调查的企业参与和解讨论。如果和解成功，企业放弃对竞争办公室所作决定提出异议的权利，则罚款可予减少，比例从10%至30%不等。

## （四）禁止不正当竞争

禁止以不公平的方式进行经济活动特别是违反或损害竞争对手、商业伙伴和消费者合法利益的方式，或违反商业诚信要求的方式。

下列情况被视为不正当行为：

（1）通过传播不实情况，或错误陈述真实情况（带有任何虚假含义）及任何其他做法，侵犯或损害任何竞争对手的良好声誉或信誉；

（2）以不公平的方式获取或使用商业秘密，并向未经授权的当事人披露或公布此类秘密；

（3）向另一方提出不公平诉求，旨在促使该方解除其与第三方之间维持的经济关系或阻止该等关系的建立；

（4）在未经竞争对手明确事先同意的情况下生产外观、包装或标记与该竞争对手产品的标志性外观、包装或标记相同的产品或服务。此外，不得使用竞争对手或其产品的标志性名称、标记或产品标识；

（5）以任何方式干预在交易市场进行的招标（特别是公开招标、邀请招标）、拍卖和交易的完整性和公平性。

## （五）禁止不公平操纵商业决定

禁止在经济竞争中误导商业伙伴。具体而言，下列行为应被解释为会误导商业伙伴：

（1）披露关于产品价格和基本质量的不实情况，错误陈述真实情况

（带有任何虚假含义），在产品上附加具有误导性的标记，或提供旨在误导消费者与产品基本质量相关的任何信息；

（2）隐瞒产品不符合法律规定或该产品通常需要满足的要求，以及产品使用需要满足与惯常方式有重大区别的条件和事实；

（3）与产品的销售和分销相关且会误导商业伙伴的信息被披露并影响商业伙伴的决定，特别是与分销方法、付款条款、任何附赠礼品、折扣和任何获胜机会相关的信息；

（4）虚假宣称购买异常划算。

除上文所述外，法律还禁止采用旨在无理限制商业伙伴自选择的商业方法。

### （六）经营者集中审查

在进行公司合并时，如果所涉所有公司集团的净营业额总额以及由所涉公司集团成员与其他公司共同控制的公司的净营业额，在上一会计年度超过 150 亿福林，并且在所涉公司集团中，至少有两个集团在上一会计年度的净销售额与该集团成员与其他公司共同控制的公司的净销售额之和超过 10 亿福林，则应向竞争办公室进行申报。

如果所涉所有集团在上一会计年度的净营业额总额超过 50 亿福林，且不确定集中是否会显著减少竞争，则即使不符合上述门槛限制，仍应进行申报。但是，在进行该等集中时，交易暂停的义务并不适用，并且匈牙利竞争部门仅在集中已经实施后的 6 个月内启动调查，对集中进行评估，并且不会针对未申报一事处以罚款。

满足上述营业额门槛的集中必须向竞争办公室申报，但竞争办公室只有在不清楚集中是否会显著减少竞争的情况下才会启动正式程序。如果从申报来看集中很简单且没有问题，竞争办公室将在八天内作出裁定并签发正式证书。如果已进行申报前咨询程序，申报表格填写完整且集中没有问题，竞争办公室签发正式证书的速度还可更快（1个工作日）。如果不能完全排除竞争问题，或者（除申报中已经提供的之外）需要提供更多信息，则竞争办公室会在30天内通过简易程序作出决定或在4个月内通过全面审查程序作出决定。

在收到竞争办公室的批准之前不能实施集中。

如果达到欧盟合并条例的门槛，则集中必须得到欧盟委员会的批准，而不是竞争办公室的批准。

# 十、知识产权

匈牙利法律保护各类知识产权，其中包括商标、地理标志和原产地名称、外观设计权、著作权及相关权利、专利、补充保护权、植物新品种权以及实用新型保护。匈牙利立法机关提供了强制执行知识产权的不同方式，其中包括民事和刑事诉讼程序以及海关监管系统。

## （一）对匈牙利具有影响的各类知识产权

### 1. 商标

商标是指能够以图文表示并能在贸易过程中将本企业的商品或服务与其他企业的商品或服务区分开来的任何标志。该等标志可包括文字、图形、字母、商品的形状及其包装。它是用于经济竞争的基本手段之一，在营销和广告中起着非常重要的作用。

在匈牙利，受到保护的注册商标有三类：

（1）匈牙利国家商标

匈牙利注册商标是由位于布达佩斯的匈牙利知识产权局管理的全国性

权利。

（2）欧盟商标（又称"EUTM"）

欧盟商标提供了一种可在整个欧盟范围内（包括匈牙利）强制执行的单一权利。欧盟的商标制度由欧盟知识产权局（EUIPO）负责实施。

（3）国际商标（马德里体系下的商标）

通过马德里体系注册并提及匈牙利的国际商标。马德里体系是一个基于两项国际条约（即《马德里协定》和《马德里议定书》）而建立的跨国体系，由世界知识产权组织（WIPO）负责管理。

### 2. 地理标志和原产地名称

地理标志和原产地名称用来保护其特色在某种程度上是基于其地理原产地的产品。原产地名称旨在表明某一产品或其质量与某一特定地区、其自然环境有着非常密切的联系，如塞格德红辣椒（粉）。地理标志表明产品的质量和声誉同某一地区有着密切的联系，例如 Csabai 香肠。

### 3. 外观设计

外观设计旨在保护产品的全部或局部外观，可包括轮廓、颜色、形状、质地或装饰。

### 4. 著作权和相关权利

著作权旨在向作者授予利用其作品的排他性权利，用来防止他人复制或以其他方式利用原创作品。著作权保护文学、科学、艺术和音乐作品，但法律并未详尽列明哪些作品能够受到著作权的保护。原创作品一旦完成，其著作权和相关权利即自动受到保护。在匈牙利，著作权不能登记。著作权中的财产权利（存在一些例外情形）和精神权利不能转让。

对相关权利的保护涵盖了表演者、录音录像制作者、广播组织和数据库制作者的权利。

匈牙利《著作权法》对软件和数据库作出了特别规定。就这些类别的作品而言，财产权利可以转让。对于软件和数据库而言，签订书面许可协议的做法并不具有强制性。对于软件和数据库，《著作权法》还规定了关于免费使用情形的特别规则。

根据《著作权法》的规定，在雇主转让与作品有关的财产权利的情况下，身为作者的雇员有权获付使用费。

### 5. 专利和补充保护证书

专利旨在保护任何技术领域的发明。匈牙利法律对产品和工艺流程都提供专利保护。在匈牙利获得专利保护的资格要求与多数其他发达国家大致相同，其中包括新颖性、创造性和实用性这几个概念。保护期最长为20年，从专利申请提交之日起算。

补充保护证书（SPC）是指为了对与医药或植物保护产品相关的专利提供延期保护而签发的证书。此类专利产品只有在政府进行了安全测试并发放了上市许可时方可上市销售，因此，该等产品的推出可能会推迟多年，而在此期间，20年的正常专利保护期限并未停止计算。补充保护证书于基本专利保护期（20年）届满之时生效，有效期等于申请日期到获得欧盟上市许可之日期间所经过的时间。证书的有效期不得超过5年。

在匈牙利，获得专利保护的方式有以下3种：

（1）向匈牙利专利局申请；

（2）运用（按照《欧洲专利公约》建立的）欧洲专利制度；

（3）运用［按照《专利合作条约》（以下简称"PCT"）建立的］国际专利制度。

上述所有制度最终都是授予相同的权利，即匈牙利国家专利。如果申请保护的范围是匈牙利和身为《欧洲专利公约》或《专利合作条约》缔约方的一个或多个其他国家，则最好应用欧洲专利制度或PCT制度，因为申请人只用通过提交单一申请即可在不止一个国家获得国家专利。

匈牙利已签署《统一专利法院协议》。

### 6. 植物新品种权

植物新品种权是注册知识产权的一种形式，旨在保护植物新品种。

### 7. 实用新型保护

实用新型保护是对水平尚未达到可取得专利的发明的新技术解决方案而提供的注册保护。基于实用新型保护，权利人享有利用或者许可他人利用实用新型的排他性权利。保护期为10年，保护期过后，实用新型即成为公有财产。

## （二）知识产权法的强制执行

### 1. 海关监管

如果海关发现了涉嫌侵犯知识产权的货物，则其将根据所受理的海关监管申请拦截和没收涉嫌侵权的货物。依照所谓的"简易程序"，甚至可以在海关的控制下销毁该等货物，而无须由法院作出是否侵犯知识产权的判决。

### 2. 民事诉讼程序

对于侵犯知识产权的行为或不正当竞争行为，可以对侵权人提起民事诉讼。就已注册的知识产权而言，知识产权侵权诉讼必须基于在匈牙利有效的知识产权。匈牙利首都法院（位于布达佩斯）拥有对审理知识产权侵权案件的专属管辖权，而地区法院则拥有对审理不正当竞争案件和著作权案件的管辖权。

### 3. 初步禁令

知识产权权利人可以请求法院签发初步禁令，甚至可在提交起诉状之前提出该请求。初步禁令旨在为知识产权权利人提供即时救济（如没收侵权货物）。如请求采取措施对防止迫在眉睫的直接损害，维持诉讼当事人所处的导致发生争议的现有状况，或者为请求人提供值得特别考虑的法律保护而言是必要的，且禁令所带来的坏处不会超过授予禁制令所带来的好处，则法院可以签发初步禁令。

### 4. 刑事诉讼程序

知识产权权利人可向海关举报犯罪行为，而海关将进行进一步调查并起诉侵权人。在提起刑事诉讼时，可以不考虑未判决的民事诉讼。在匈牙利，针对知识产权侵权行为的刑事诉讼不如在民事诉讼中强制执行知识产权那样成熟。处理刑事举报的有关机构和公诉人通常不是专攻知识产权法的专业人士。

## 十一、高科技领域和数据保护方面的立法

匈牙利于 2001 年底开放了电子通信市场（电信市场）。随着匈牙利在 2004 年 5 月 1 日加入欧盟，其一直遵守《2002 年欧盟系列监管措施》的规定。匈牙利立法机关基于该系列监管措施的规定通过了匈牙利电子通信法，该法使得匈牙利的规定与欧盟的规定保持一致。

随着一系列调整和实施条款的到位，电子政务已进入一个新的阶段。关于一站式电子政务的政府法令的最新修正案将 2018 年 7 月 31 日确定为政府机构开始提供电子政务服务的最后期限。

自 2010 年起，匈牙利就有一个强大而独立的国家监管机构，即国家媒体和信息通信管理局（以下简称"媒体通信管理局"）。媒体通信管理局由国家通信管理局和国家广播电视局合并而成，负责对电子通信市场和媒体市场进行监督管理。

## （一）电子通信

### 1. 立法

关于电子通信的基本规则载于《关于电子通信的 2003 年第 C 号法律》（以下简称《电子通信法》）。《电子通信法》为市场参与者确定了总体框架。除《电子通信法》之外，政府和相关部长还通过了数项法令，最近一项法令由媒体通信管理局局长通过。法令规定了如关于数据保护、号码携带等方面的特别规则。此外，媒体通信管理局还被授权开展监管和监督工作，包括但不限于要求特殊市场权力承诺、责令采取补救措施等。

总体来说，《2009 年欧盟系列监管措施》得到了成功实施，其结果是匈牙利拥有了技术中立的法律。新的市场参与者进入了相关市场（如移动电话细分市场），新的服务项目得以推出。不过，由于经济出现衰退，虽然有关商业部门略有增长，但消费市场的规模却一直在下降。

《电子通信法》在界定其适用范围时采用了与相关欧盟指令相似的方式，即该法适用于电子通信活动以及产生射频信号的所有其他活动。"电子通信活动"一词涵盖了与电子通信网络和电子通信服务有关的所有活动。《电子通信法》将电子通信活动界定为"通过电子通信网络向一个或多个用户传输以能被判读的任何形式生成的信号、标志、文字、图像、语音或其他任何性质的信息的过程中所从事的活动，尤其是包括电子通信服务、电子通信网络和设备的运营、终端设备的经销和相关服务。"匈牙利法律在定义这些网络和服务时采用的是与《框架指令》[①] 定义类似的术语。

《电子通信法》的适用于在匈牙利境内进行的或者面向匈牙利境内的所有电子通信活动。《电子通信法》既适用于服务提供商，亦适用于用户，

---

[①] 译者注：《框架指令》即欧盟 2002/21/EC 关于电子通信网络和服务的共同监管框架。

其对服务提供商的国籍没有规定任何限制。《电子通信法》并不适用于信息社会服务。另有法律规制（除其他事宜外）广播电视活动，其中包括数字转换。

匈牙利法律未就提供复杂电子通信服务进行明确规定。匈牙利尚未通过任何专门针对 VoIP① 的法律。基本上，VoIP 服务必须按照一般电子通信制度进行评估，而该制度仅在有限的情况下适用于 VoIP。

2. 申报义务与媒体通信管理局的职责

若要在匈牙利提供电子通信服务，服务提供商必须向媒体通信管理局申报，并遵守相关法律。

媒体通信管理局与电子通信行业有关的权力和责任与《框架指令》一致。媒体通信管理局有权罚款。对于媒体通信管理局的决定，可向司法机关上诉。

此外，媒体通信管理局还负责分析不同的通信市场，其在开展此项活动时的依据是欧盟委员会的建议。媒体通信管理局可对服务提供商施加义务。

## （二）媒体

根据《匈牙利宪法》的规定，言论自由和新闻出版自由属于重要、珍贵的宪法权利。

《媒体服务与大众传媒法》（以下简称《传媒法》）和新的《新闻出版自由法》于 2011 年生效。这两部法律在匈牙利实施了《视听媒体服务指令》（AVMS 指令－第 2010/13/EU 号指令）。总体来说，这两部法律与《视听媒体服务指令》保持了一致，但其适用范围更广。

---

① 译者注：VoIP 是一种以 IP 电话为主，并推出相应的增值业务的技术。

《传媒法》规定了广泛的登记和申报要求。由在匈牙利设有注册办公场所（即住所）的媒体服务提供商所提供的受制于《传媒法》的流媒体服务必须在媒体通信管理局登记。只有在登记之后，才可以提供服务。由在匈牙利设有注册办公场所（即住所）的媒体服务提供商所提供的受制于《传媒法》的点播和配套服务亦须办理登记。登记要求适用于在匈牙利设有注册办公场所（即住所）的出版商所出版的产品。此外，《传媒法》还要求在流媒体产品和新闻门户网站办理登记，此项要求比较独特。

《传媒法》向媒体通信管理局赋予了强大的强制执行《传媒法》的权力。在媒体通信管理局系统内，媒体委员会是最重要的决策机构。媒体委员会可以罚款，其金额视《传媒法》中规定的多种因素而定。虽然与先前的法律相比最高罚款金额有所提高，但是服务提供商可以获得司法控制（法院应在一个较短的法定期限内作出裁决），服务提供商可以请求法院截至中止其履行支付媒体委员会所处的罚款的义务，直到终局裁决作出之时为止。在匈牙利，媒体委员会的权力并不被视为是非同寻常的权力。

此外，《传媒法》还采用了某些与经营者集中相关的规则。《传媒法》规定，在对媒体内容负有编辑责任的两个公司集团进行合并的情况下，如果相关企业的主要目标是向公众传播媒体内容，则竞争管理局在批准该项集中之前，必须取得媒体委员会出具的立场声明。让媒体委员会出具立场声明时，应交纳管理费。

最后，《数字转换法》规定了用于获得数字视听媒体服务的数字转换的最后期限为 2014 年 12 月 31 日。根据媒体通信管理局的报告，全国广播机构的数字转换已在匈牙利全境得到成功实施。

（三）电子商务与某些相关立法

《关于电子商务与信息社会服务的 2001 年第 CVIII 号法律》（以下简称

《电子商务法》）是匈牙利在电子商务方面的基本法律。该法适用于面向匈牙利提供的信息社会和电子商务服务。如果该等服务是从另一欧盟成员国提供的，则适用原产地原则。《电子商务法》与《第 2000/31/EC 号指令》保持了一致。

根据《电子商务法》的规定，"信息社会服务"一词囊括了应服务接受者的个人要求而以电子方式远程提供的服务（通常是有偿的）。电子商务服务亦属信息社会服务。

信息社会服务可在不经授权的情况下提供（但是《电子商务法》要求在某些情形下予以申报）。

《电子商务法》对电子合同（匈牙利法律允许订立此种合同）、应向服务接受者提供的信息、责任相关规则（服务提供商和中介服务提供商的责任）等作出了规定。

在匈牙利，主要互联网公司的服务均可获得。现在的趋势是公司不是在不同的管辖区域分别开设网上商店，而是从其中一个欧盟成员国提供可在其他欧盟成员国享受的服务。甚至美国公司也在欧盟开设网上商店，以便受益于欧盟的电子商务法律的优待。

关于电子身份识别和信任服务的《欧共体第 910/2014 号条例》（eIDAS）生效后，匈牙利立法机关又另外制定了一部吸收并实施上述条例的强制性规定。《关于信任服务和电子交易的一般规定的 2015 年第 CCXXII 号法律》（以下简称《信任服务法》）废止了此前关于电子签名的《2001 年第 XXXV 号法律》。在《信任服务法》的新监管制度项下，电子签名和印章被归类为一种特定类别的信任服务。此外，《信任服务法》还规定了电子政务、电子通信、电子治理服务的规则。

就匈牙利顶级域名（HU ccTLDs）而言，委托规则规定在匈牙利互联网服务提供商委员会颁布并不时修订的《域名注册规则》中。根据《域名注册规则》第1.1.1条的规定，以下申请人可以申请域名：

（1）欧盟、欧洲委员会成员国、欧洲经济区或欧洲自由贸易联盟（EFTA）成员国、匈牙利邻国的任何公民，或者持有上述任何国家签发的身份证、护照或驾驶执照的人士；

（2）持有匈牙利居留许可的任何自然人；

（3）依法设立并在欧盟、欧洲委员会成员国、欧洲经济区或欧洲自由贸易联盟成员国、匈牙利邻国境内的有关机构或法院登记或注册的任何实体；

（4）在匈牙利知识产权局注册的商标或在匈牙利受到保护的商标（如在匈牙利受到保护的欧盟商标和国际商标）的所有人。

实际上，这意味着欧洲（不包括白俄罗斯和梵蒂冈）的任何实体或居民均可申请在匈牙利注册顶级域名。域名注册申请必须提交给一位指定"注册官"，由其安排在负责匈牙利顶级域名注册工作的匈牙利互联网服务提供商委员会注册。

### （四）网上通信监视与加密规定的最新修订

匈牙利《电子商务法》包含了监视与加密规定，这些规定赋予了对网上通信进行侵入式监视的权力，且此项权力带有异常广泛的域外管辖权。修订的正当理由是更好地为执法、加强国家安全和防止犯罪提供便利条件。

监视与加密规定适用于为任何网上或其他电子通信渠道的个人和企业用户提供加密通信服务的公司，而不论该等公司是否在匈牙利设有住所。

法律规定了提供网上通信服务的公司所须保存的元数据类型。该等元数据必须保存一年，且在接到匈牙利有关部门提出的有针对性的数据提供监视或要求时应予披露。如果网上通信公司的服务不被视为是法律所称的端到端加密服务，则其可能会被要求监控用户的全部文字、音频或视频通信内容，并将其披露给有关部门。

未能遵守上述规则的公司将会面临监管执法程序，在此程序中，国家媒体和信息通信管理局可对其处以最高达 1000 万匈牙利福林的罚款。该等罚款可反复施加（如果有关部门允许）。

## （五）数据保护、传送和隐私制度

### 1. 综述

自 2012 年 1 月 1 日起，《关于信息权利和信息自由的 2011 年第 CXII 号法律》（以下简称《数据保护法》）生效。匈牙利数据保护制度被视为是欧盟范围内最严的制度之一。不过，《数据保护法》比先前的法律在商务方面更为有利。

除这部一般法律之外，针对具体领域的法律还规定了特殊的数据保护规则（如针对劳动关系的《劳动法典》、针对电子通信服务的《电子商务法》），且相关法令也作出了有关规定。

由于欧盟《通用数据保护条例》（以下简称 GDPR）的生效，《数据保护法》将作出修订（直到 2018 年 5 月 25 日为止），以便确保 GDPR 的开放性条款在本国得到实施。不过，只有到匈牙利议会召开 2018 年春季会议时，匈牙利《GDPR 实施法》才能提交给匈牙利议会审议通过。

### 2.《数据保护法》

《数据保护法》适用于与身份已明或者身份能够识别的自然人（数据主体）有关的任何信息的处理。身份能够识别的自然人是指可以直接或间接（尤其是通过参照身份识别码或者对其身体、生理、心理、经济、文化或社会特性而言属于特有的一种或多种因素）识别其身份的人。能从所处理的信息中得出的关于自然人的任何结论亦可作为受保护的"个人数据"。在处理数据的过程中，只要仍可用来识别数据主体的身份，该等信息就会被视作个人数据。因此，个人数据这一术语的定义范围广泛，而且数据处理这个术语也是如此，其含义囊括了收集、记录、储存、处理和运用个人数据等情形。此外，该法还适用于对敏感个人数据的处理。

《数据保护法》适用于决定为何种目的及以何种方式处理任何个人数据之人以及执行数据处理任务或者指派处理个人数据之人，包括任何自然人、法人或组织（数据控制者）。该法亦适用于第三方数据处理者（数据处理者）。根据该法，数据处理者是按数据控制者的指示对数据进行技术处理。

如果数据控制者决定任用某一数据处理者，则其必须订立书面协议。法律允许数据处理者按照数据控制者的指示进一步聘用其他数据控制者（次级处理者）。

《数据保护法》适用于在匈牙利境内进行的任何个人数据处理。如果在欧盟境外处理个人数据的数据控制者聘用某一注册地址或营业地（分支机构）或惯常居所位于匈牙利的数据处理者，或者使用位于匈牙利境内的设备，则该法亦会适用，除非该等设备仅被用于在欧盟境内进行数据传输的目的。

### 3. 数据处理的法律依据

《数据保护法》未能妥善实施《数据保护指令》（第 95/46/EC 号指令）中规定数据处理的法律依据（即使得数据处理具有合法性的标准）的条款。根据欧洲联盟法院的裁定，人们有充分的理由认为，在此方面，《数据保护法》第 7 条在匈牙利具有直接效力（但无横向直接效力）。因此，在匈牙利，数据控制者可以直接依赖《数据保护指令》规定的数据处理标准，而不是依赖《数据保护法》的相关条款。其结果是匈牙利的数据保护制度变得与其他欧盟成员国的数据保护制度相似。

### 4. 信息（通知）要求

如果数据主体收到了关于数据处理的足够信息，则个人数据的处理就是合法的。此外，数据主体应收到关于数据处理的所有相关实情信息（包括对拟处理的个人数据类型的详细描述、数据处理的持续时间、处理个人数据的目的、数据处理的法律依据、对数据传送的说明、数据处理者的使用、数据主体的权利和法律救济）。

作为一般原则，数据主体仅可处理出于收集个人数据的目的必不可少且可用于实现处理目的的个人数据。即便是在此种情况下，也只能在实现特定目的所需的限度和期限内对个人数据进行处理。数据处理必须以收集的目的作为导向。数据控制者必须保持个人数据的准确性和完整性。

数据主体拥有多项权利。其中，数据主体有权要求提供对其个人数据进行处理的信息。数据主体有权要求封锁、更正或删除个人数据，并有权反对处理该等数据。

数据控制者应负责采取对确保数据安全而言属于必要和适当的技术和组织措施。对于某些数据控制者（如金融机构）而言，应适用金融法律中规定的特殊要求。

### 5. 登记要求

作为一般规则，每项数据处理活动均须在匈牙利国家数据保护和信息自由局登记。一般说来，不得在登记之前开始处理数据。登记义务的适用有若干豁免情形。其中，为维持劳动关系、客户关系或供应商关系而进行的数据处理无须登记。

### 6. 国际数据传送

随着《数据保护法》的出台，国际数据传送规则变得更加有利于商业。在下列情况下，个人数据（包括敏感个人数据）可以从匈牙利向外传送给位于非欧盟国家的数据控制者或数据处理者：（1）数据主体给予明确同意；（2）非欧洲经济区的有关第三国的法律提供足够的保护水平。此外，如果个人数据是传送到欧盟委员会裁定确认其能够达到足够保护水平的某一国家，或者数据控制者和接收者签署了作为欧盟委员会起草并公布的协议的《示范条款》（亦在其他欧盟成员国适用），即达到足够的保护水平。此外，公司集团还可通过实施具有约束力的公司规则（以下简称"BCR"规则）来确保达到足够的保护水平。

在欧洲经济区成员国范围内传送个人数据将被视作匈牙利境内的传送。

7. 执法

违反数据保护法律的行为可能会产生行政、民事和刑事法律责任。数据保护和信息自由局可处以行政罚款。此外，除采取其他行动之外，数据保护和信息自由局还可禁止数据处理（可针对数据保护和信息自由局的决定诉诸司法途径），或者要求封锁、删除或销毁非法处理的数据。

8. GDPR 在匈牙利的实施

2017 年 8 月 29 日，匈牙利司法部公布了《匈牙利 GDPR 实施法》草案，向公众征求意见。该法律草案对 GDPR 的实施采用了最低限度法，将对现有法律所作的实质性变更限制在为遵循 GDPR 的要求所须的最低限度。该法律草案的主要条款可以概述如下：

·草案使得 GDPR 的规定延伸适用于人工处理的要求，即便个人数据没有纳入或者无意纳入存档系统。

·草案未就雇用情形下的数据处理作出任何特别规定。

·草案仍维持着目前关于处理健康数据的适用规则，包括就该等处理获得书面同意的义务。

·经在死者身故后 5 年内提出请求，草案向死者的近亲属授予删除权和获得处理限制的权利。

·草案要求数据控制者每隔 3 年按照 GDPR 第 6 条第（1）款的（c）项和（e）项的规定对其数据处理活动进行审查（如果适用法律没有规定不同的数据保存期限）。该等审查必须作出记录，并在匈牙利数据保护局要求时向其出示或提供。

・草案取消了给予中小企业的豁免，使得处罚规定亦适用于中小企业，而迄今为止，中小企业在第一次不遵守法律时可能只会受到警告（而非罚款）。

・草案不再要求就按 GDPR 处理的数据遵循当地报备和/或审批要求。但是草案规定，应将匈牙利数据保护登记册存档。而且，数据保护局可将此前的报备信息用于在 2018 年 5 月 25 日之前开始的数据处理的调查。

在就《匈牙利 GDPR 实施法》草案征求公众意见后，匈牙利政府决定设立一个工作小组，负责审查与欧盟数据保护改革有关的部门规章。该工作小组的第一次会议于 2017 年 11 月 21 日召开，该工作小组成员被要求指出匈牙利部门性数据隐私法律与 GDPR 之间可能存在的法律一致性问题，并就部门性数据隐私法律的审查提出立法建议，直到 2018 年 1 月 15 日。匈牙利司法部确认，尚未限定有待审查的部门性规章的范围。

# 十二、匈牙利银行系统

## （一）综述

### 1. 银行系统的发展

近年来，匈牙利银行系统的脆弱程度有所下降。日益改善的经济环境和严格的监管促成了银行资本充足和流动性强的局面。银行业绩向好，盈利能力正在恢复。然而，银行在向企业提供贷款方面仍然小心谨慎。[①] 匈牙利的所有领先银行均为意大利、奥地利、比利时、德国和美国顶尖银行

---

① 欧盟委员会工作文件：《2016 年国别报告——匈牙利》（布鲁塞尔，2016 年 2 月 26 日）。

的本地子公司。① 因此，有好几种不同的企业文化在为占据匈牙利市场的主导地位而竞争。境外的欧洲"猛犸象"在匈牙利本地所设的子公司乃是按照其母国的主要原则和理念开展经营。与此同时，匈牙利国家银行的监管亦发展到西方国家的水平，并在加入欧盟之日前符合了欧盟要求。

在废除了以前实行的商业银行业务与投资银行业务分离的制度之后，法律已允许全能商业银行的存在。因此，在过去几年中，各大商业银行都已整合了其投资服务公司。

银行的运作效率已经足够高，但是银行业渗透程度仍然较低。因此，在整个资产负债表中，成本仍处于较高水平。

2014年，国家收购了MKB银行和布达佩斯银行，而在2016年6月，国家又将MKB银行卖给了私人投资者。MKB银行的重组是由匈牙利国家银行按照欧盟的《银行复苏与清算指令》对一家业务覆盖全国的全能银行进行的清算程序，而进行这样的清算程序在匈牙利尚属首次。②

到2017年底，相关机构的数目如下：

· 作为股份公司经营的信贷机构：26家

· 信用合作机构：22家

· 外国信贷机构的分支机构：9家（最大的分支机构属于花旗银行、ING银行和法国巴黎银行）

· 金融企业：249家

· 投资企业：17家

· 投资基金管理人：82家

---

① 匈牙利国家银行发布的《2015年金皮书》。
② https：//www.mnb.hu/en/pressroom/press – releases/press – releases – 2016/magyar – nemzeti – bank – closes – the – restructuring – of – mkb – after – a – successful – market – based – sales – procedure（10/03/2016）。

## 2. 融资活动

匈牙利的银行不仅在零售贷款领域表现活跃，而且在企业贷款领域也表现活跃。所从事的业务包括复杂的结构化项目融资交易。匈牙利的大银行不仅在匈牙利积极开展业务，而且还向其他中东欧国家和俄罗斯境内的公司和项目提供贷款。

由 OTP 银行（匈牙利最大银行）领头的匈牙利银行在本地区收购了多家银行，该等收购是其进行地区发展的基础所在。

## （二）法律概况

现有银行系统的法律框架是基于《关于信贷机构和金融企业的 2013 年第 CCXXVII 号法律》（以下简称《信贷机构法》）、《关于投资公司和商品服务提供商及其活动规则的 2007 年第 CXXXVIII 号法律》（以下简称《投资公司法》）、《关于资本市场的 2001 年第 CXX 号法律》（以下简称《资本市场法》）、《关于集合投资计划及其管理人的 2014 年第 XVI 号法律》以及财政部长令、政府令和匈牙利国家银行行长令。匈牙利银行系统的监管做法与欧盟的相关银行业标准大体一致。

### 1. 欧盟成员资格

2004 年 5 月 1 日，匈牙利正式成为欧盟成员。作为欧盟成员，匈牙利自然采用并实施各种欧盟指令。因此，匈牙利对其银行业法律和会计规则作出变更，从而使之与欧盟指令保持一致。加入欧盟的做法大幅度提高了匈牙利国内货币市场的国际一体化程度，并加强了信贷机构与其外国母行之间的密切关系（大多数匈牙利银行均由外国信贷机构拥有）。

关于市场滥用的《欧洲议会和理事会第 596/2014 号条例（欧盟）》废止了《第 2003/6/EC 号和第 2004/72/EC 号委员会指令》。该指令旨在确保欧盟的监管工作跟上市场发展的步伐，以打击金融市场以及跨商品和衍生品市场上的市场滥用行为。该指令明确禁止操纵基准价格,并强化了欧盟各国所委任的监管机构的调查和制裁权力,以确保其金融市场的妥善运作,而且该指令还确保施行一套单一的欧盟规则,并在可能的情况下减轻中小规模发行人的行政管理负担。

为了实施新的《信贷机构法》,2014年1月1日匈牙利废除了《关于信贷机构和金融企业的1996年第CXII号法律》(以下简称《信贷机构法》)。根据官方对《信贷机构法》所作的评注,政府采用该法有着两方面的目的:其一,《信贷机构法》实施主要关于适用于信贷机构的审慎要求的《欧洲议会和理事会第2013/36/EU号指令》(以下简称《审慎指令》)的审慎规则和要求,以及其实施条例,即《欧洲议会和理事会第575/2013号条例(欧盟)》(以下简称《审慎条例》);其二,为了消除因其频繁修订而导致的微小逻辑和措辞缺陷,确实有必要对原《信贷机构法》的机构和措辞作出重述。

中央信用信息系统的法律制度业已纳入一部新法,即《关于中央信用信息系统的2011年第CXXII号法律》(以下简称《信用信息法》)。自《信用信息法》生效之日起,中央信用信息系统就起着借款人完整名单的作用;《信用信息法》中列明的某些借款人资料不仅可在借款人违反信贷合同的情况下登记在案(此种情形仍属强制登记的情形),而且可以通过记载签署信贷协议的事实而登记在案。监管的目的是在经借款人同意的情况下列出一份信用良好的借款人名单;有关信贷机构有权将借款人的某些资料传送给其他信贷机构(如在借款人打算获得新的信贷额度的情况下)。然而,维护在中央信用信息系统中登记的个人的权利这一宗旨并未改变;可供使用的救济范围仍然具有吸引力,该等救济针对在数据处理过程中出现的意外错误提供了安全保障。

在国内法与欧盟法律协调统一的框架下,匈牙利实施了不时修订的关于金融工具的《第2004/39/EC号指令》以及不时修订的关于统一针对其证券获准在受监管市场上进行交易的发行人的信息透明要求的《第2004/109/EC号指令》（以下简称《透明指令》）。通过实施关于统一针对其证券获准在受监管市场上进行交易的发行人的信息透明要求的《第2004/109/EC号指令》，匈牙利已将《透明指令》付诸实施。

匈牙利已实施关于金融工具的《欧洲议会和理事会第2014/65/EU号指令》。该指令旨在使得金融市场更加稳健和透明。

此外，匈牙利还实施了《第2006/73/EC号指令》（用于实施关于投资公司的组织要求和运营条件以及为该指令的目的所用的定义词的《欧洲议会和理事会第2004/39/EC号指令》）以及《第2007/16/EC号指令》［用于实施关于就某些定义的澄清而协调与可转让证券集合投资计划（以下简称"UCITS"）有关的法律、法规和行政规定的《理事会第85/611/EEC号指令》］。自2007年10月14日起，匈牙利实施了关于防止将金融系统用于洗钱和恐怖主义融资的《第2005/60/EC号指令》。作为实施上述指令的结果，匈牙利议会通过了《投资公司法》，该法于2007年12月1日生效。此外，还在各方面对《信贷机构法》和《资本市场法》作出修订。

匈牙利已实施关于防止将金融系统用于洗钱和恐怖主义融资的《欧洲议会和理事会第2015/849号指令（欧盟）》。

《审慎指令》和《审慎条例》不仅规定了更加严格的审慎规则，而且还要求将支付服务与其他金融服务明确区分开来，而这种区分不仅体现在不同的法律规则方面，而且还体现在不同的组织规定方面。为了达到此种效果，匈牙利施行了《关于某些支付服务提供商的2013年第CCXXXV号法律》（以下简称《支付服务提供商法》）。据此，支付服务应由一种新的机构（即支付服务机构）提供；支付服务机构仅有权在有限的范围内和有限的情况下提供支付服务以外的其他金融服务。《支付服务提供商法》还吸纳了适用于电子货币机构和凭单发行人的规则。2018年初，匈牙利实施了关于内部市场支付服务的《欧洲议会和理事会第2015/2366（EU）号指令》，该指令旨在修订《第2002/65/EC号指令》《第2009/110/EC号指令》《第2013/36/EU号指令》和《第1093/2010号条例（欧盟）》，并废止《第2007/64/EC号指令》。

2. 国内背景

**匈牙利国家银行的作用**

《2013年匈牙利国家银行CXXXIX法案》（以下简称《国家银行法案》）规定了匈牙利国家银行及其当前在欧洲中央银行体系中的地位。

匈牙利国家银行负责制定并执行货币政策。在制定货币政策时，匈牙利国家银行是相对独立的，但最近的发展趋势是匈牙利国家银行会考虑并遵守欧洲中央银行体系所制定的欧洲货币政策。

匈牙利国家银行的首要目标是实现和维持与国际和欧洲标准相一致的稳定价格。实现这一目标的主要手段是欧洲中央银行基准利率。通过提高和降低该基准利率，匈牙利国家银行能够间接地影响各种经济指标。这里需要注意匈牙利国家银行还有其他可供使用的工具。

尽管匈牙利国家银行没有法律义务支持匈牙利的信贷机构，但如果信贷机构面临暂时的流动性困难，危及金融体系的稳定性，则它可能会成为信贷机构最终寻求资金的贷款人。然而，匈牙利国家银行不允许向政府提供任何财政援助。匈牙利国家银行以最终贷款人的身份向匈牙利信贷机构发放的任何贷款都属于信贷机构的一般无担保贷款。

匈牙利国家银行审查银行提交的报告，并在匈牙利银行系统上维护一个公开可得的数据库。此外，它持续评估银行业状态，并披露与匈牙利信贷机构和匈牙利本身财务状况和条件有关的所有信息。

**欧洲中央银行和匈牙利国家银行**

匈牙利政府没有公布其成为经济和货币联盟（EMU）成员的正式日期。对于匈牙利的财政状况，金融专家的分析是有争议的。匈牙利将在加入 EMU 之前加入 ERM–II 系统。

目前匈牙利处于货币一体化的第二阶段。因此，它仍然保留着制定自己货币政策的自由裁量权。然而，根据《马斯特里赫特条约》，它应该受到趋同战略的约束。匈牙利国家银行行长是欧洲中央银行理事会成员。

**匈牙利国家银行是匈牙利金融监管局的合法继承者**

2013 年 10 月 1 日，根据《国家银行法》的规定，匈牙利金融监管局并入匈牙利国家银行，借此金融监督和管理的权力被移交给了匈牙利国家银行。但这种根本性的变化并没有大幅度改变金融监管环境，只是由匈牙利国家银行行使了赋予匈牙利金融监管局的监管权力。

匈牙利国家银行是匈牙利政府的行政管理机构，具有在全国范围内的管辖权。它由行长领导，行长由总理提名并由总统任命，任期 6 年。

金融调解委员会是由匈牙利国家银行运行和筹资的专业独立委员会。金融调解委员会的范围涉及由消费者和匈牙利国家银行监管的各种机构之间的消费者合同，包括但不限于信贷机构、保险公司和支付服务机构。简而言之，金融调解委员会是一个额外的司法机构，其目的是在没有普通法院介入的情况下解决争端。金融调解委员会主席由匈牙利国家银行行长任命，任期 6 年。

匈牙利国家银行拥有广泛的权力，例如在《信贷机构法》《投资公司法》《匈牙利国家银行法》和《资本市场法》项下许可和监督依照上述各法案的规定而设立和运营的机构。

匈牙利国家银行使用名为 ERA 系统的电子平台，其目的是将传统的通过邮件通知的方法替换为电子通知系统。根据现行匈牙利国家银行行长法令，有关金融相关法律规定的某些通知和意见书必须通过 ERA 系统提交，以产生法律效力。

3. 银行法规

《信贷机构法》《投资公司法》《资本市场法》和《支付服务提供者法》规定了匈牙利银行体系的监管框架。此外，鉴于匈牙利的信贷机构普遍使用的不公平条款和条件，关于向消费者提供信贷的 2009 年 CLXII 法案成为了关注焦点。在这些法案下未详细规定的具体规则由政府法令、财政负责部门颁布的法令或匈牙利国家银行行长颁布的法令作出补充规定。

**资本充足率**

根据《信贷机构法》以及欧盟法规的规定，银行必须拥有至少 20 亿匈牙利福林的注册资本（约 640 万欧元）。抵押贷款信贷机构是专门的信贷机构，其注册资本要求至少为 30 亿匈牙利福林（约 960 万欧元），而且必须以现金形式出资。信贷机构的股本不得少于其注册资本的最低限额。如果信贷机构的股本低于注册资本，匈牙利国家银行将给予信贷机构最多 18 个月的时间，使其股本达到规定的水平。匈牙利国家银行也可要求该信贷机构的董事会就此召集其全体会议。如果信贷机构不能解决这种违反审慎性要求的行为，匈牙利国家银行有权在国家银行法案中对违约的信贷机构实施其他处罚。

为保持偿付能力及满足其偿付能力，信贷机构必须在任何时候都拥有与其从事的金融和投资活动的风险金额相等的自有资金，且根据细则的规定，其自有资金在任何情况下均不得低于其注册资本的最低限额。

**交易账簿**

通过实施《审慎监管规定》，对交易账簿的内容和保管方式的细则进行了全面规范的管理。根据欧盟法规的直接适用性，《审慎监管规定》中包含的规则直接适用于匈牙利的信贷机构。按照《审慎监管规定》，为确保信贷机构为进行交易或对冲交易而在该交易背后持有的交易和某些其他长期和短期头寸上的资本要求，必须维持一个交易账簿以记录暴露在市场风险中的交易投资组合中金融工具。

除履行维持交易账簿的义务以外，信贷机构还应就交易账簿的处理及其所列的头寸保持一致的章程和内部规定。该章程应特别规定，信贷机构就某一头寸的风险识别能力、平仓方法和预估时间表，以及该等平仓背后的适用法律或运营规则规定的任何其他限制。

**一般准备金**

信贷机构必须从税后利润中提取一般准备金，以抵销其在支付股利和股票之前的活动所造成的亏损。信贷机构必须将其各自年度税后利润的10%存入一般准备金。如果信贷机构的偿付能力资本至少达到最小偿付能力资本金额的150%且如果其没有亏损准备金，则信贷机构可应要求被匈牙利国家银行免除设立一般准备金的义务。

信贷机构仅在自然年度内设立了一般准备金或者匈牙利国家银行已经免除了设立一般准备金的义务后，方可支付股息或股份。信贷机构仅可以为清算其活动期间产生的亏损而使用一般准备金。信贷机构可以将其全部或部分可用的利润储备再分配到一般准备金。

**偿付能力资本和风险准备金**

在实施《审慎监管指令》的基础上，信贷机构必须有足够金额的偿债资本。信贷机构偿债资本的最低金额是由《信贷机构法案》和《审慎监管规定》决定的。

偿付能力资本在任何时候都必须足以担保银行业务活动的风险，从而为银行提供持续的偿付能力，并确保银行的义务得到履行。偿付能力资本不能小于下列各项之和：

（1）《审慎监管规定》第 92 条项下最低资本要求；

（2）匈牙利国家银行监督程序中强制附加的资本要求；

（3）《信贷机构法》第 86－96 条规定的合并资本缓冲要求；

但至少须达到对信贷机构的最低注册资本的要求。

根据《信贷机构法》和《审慎监管条例》，信贷机构有义务在适用情况下保留下列资本缓冲类型：

（1）资本储备缓冲；

（2）逆周期资本缓冲；

（3）具有全球和系统重要性的信贷机构的资本缓冲；

（4）系统性风险资本缓冲。

《信贷机构法》进一步详细阐述了每一种资本缓冲的具体规则，但值得注意的是，在有限的情况下（上述类型的资本缓冲出现相关和累积），并非每种资本缓冲都应被全额保留。

然而，我们注意到，尽管事实上，《信贷机构法》和《审慎监管规定》已生效并直接适用，但信用机构直至 2014 年 1 月 1 日才开始遵守上述资本缓冲的系列规则，《信贷机构法》为每种资本缓冲都规定了较长的时间，从而确保相关信贷机构有充足时间作出适当的准备。

此外，信贷机构应具备可靠、有效和综合性的内部战略和方法，以维持和保留充足的偿付能力资本，确保能够弥补信贷机构业务运作所产生的当前和未来的风险。

### 4. 匈牙利货币和资本市场

匈牙利货币市场自 2001 年实现汇率自由化。直至 2008 年 2 月底，匈牙利福林的官方干预汇率区间被设定为 240.01－324.71 HUF/EUR（福林/欧元），且截至 2008 年 2 月，福林是一种浮动货币。

布达佩斯证券交易所和政府证券市场都已融入全球资本市场。由于商业银行体系充裕的流动性和廉价的融资机会，公司债券（包括银行的商业票据和抵押债券）的规模相对有限。

2015年11月，匈牙利国家银行收购了布达佩斯证券交易所。在这次交易中，匈牙利国家银行取得了布达佩斯证券交易所的控制所有权（75.75%），使其性质再度成为国家所有银行。[①]

## 十三、破产和重组

从政策的角度看，人们普遍认为有效的资不抵债破产法律制度对维持国家的商业稳定性而至关重要。因为这样的法律制度可以拯救暂时处于财务困境中的公司，从而在促进和保护债权人利益的同时拯救企业和工作机会，或帮助资不抵债企业迅速完成清算。

我们将介绍匈牙利资不抵债法律、破产和清算程序、受《关于破产程序和清算程序的1991年XLIX法案》（以下简称《破产法》）监管的两种资不抵债程序的基本特点，并探讨对当前匈牙利立法项下有效、可行的重组和私下改造的一些思考。

《破产法》一般适用于在匈牙利法律下认可的所有类型的企业重组及其债权人。同时还适用于在一个欧盟成员国注册的法律实体，但可能要开展主要的偿债程序或二级程序。其他法律还规定了作为《破产法》条文之补充或替代的、适用于某些特殊实体（如信贷机构和保险公司或非商业组织）的特殊条文。

在破产和清算启动日已经存在的资产，以及在破产和清算期间获得的所有资产，均被认定为破产和清算程序的对象。

---

① https://www.mnb.hu/en/pressroom/press-releases/press-releases-2015/budapest-stock-exchange-is-once-again-in-hungarian-hands.

在开展清算程序期间，执行清算程序的法院会将"清算程序已启动"一事告知税务机关、海关、社保机构、劳工部门及信贷机构。

### （一）破产

根据匈牙利《破产法》的规定，"破产"指债务人获准临时暂缓偿债并被允许尝试与其债权人达成和解协议以维持或恢复债务人偿债能力的一项程序。债务人提出申请后，便可立即自动获得120天的暂缓偿债期限，前提是该申请符合法律规定的手续要求。

和解协议通常包含以下内容：旨在恢复或维持债务人偿债能力的重组方案。新的偿债时间表或债务宽限、债转股、债务人提供抵押、以及前述各项的执行。如果该协议取得有担保和无担保债权人的简单多数赞成票并在债务人提出申请后获得破产法院的批准，该协议即达成。如果该协议符合适用的法定要求（包括和解协议不歧视未参与的债权人或虽参与但不同意的债权人），法院就会批准和解协议，从而完成破产程序。经法院批准的和解协议对那些未表决赞成的债权人（前提是这些债权人已被正式告知破产程序）以及对那些所主张债权被债务人抗辩的债权人也都具有约束力。

在暂缓偿债期间，债务人的管理层的权利和义务不会中止，但管理层只能与破产管理人一起行使和履行这些权利和义务。

债务人的一名执行董事通常有权随时通过其法定代表人以依据特别行动确定的单独表单向主管法院提出破产申请，但是有一项主要限制，即如果前一次破产仍有尚未支付的债权人债权，债务人就不得在宣告前一次破产结束后2年内再次宣布破产。另外，如果法院拒绝了债权人前一次破产程序的申请，那么债务人在之后1年内不得再提出破产申请。

由于所谓的"新资金问题"未能依据相关的《破产法》进行补救，所以实际上所有匈牙利的破产程序最终都会进行清算。

## （二）清算程序

清算程序的目的是终止一个资不抵债债务人的业务活动并按照匈牙利破产法中规定的优先顺序分配其资产。

清算程序具有排他性，也就是说，在实施清算程序期间，不可能针对同一个债务人同时开展其他催收债务的程序。债权人无权提交要求对该债务人实施重组的破产申请，这样能防止在破产中发生"债权人主导"的重组。

如果一家实体无法偿还其到期债务或据推测将无法偿还其到期债务，则该实体属于"债务人"。在提起清算申请之前，若某一人基于最终的可强制执行的法院裁定或行政决定或基于其他（如经公证的）可执行契据对债务人有逾期债权或有无争议的或已被债务人承认的逾期债权，该人即属于"债权人"。对于具有战略重要性的经济组织而言，针对该经济组织的破产和非自愿清算程序将被适用特别的规则。如果匈牙利政府认为对相关实体完成破产程序或清算程序符合国家或公众的利益，则政府有权授予该等商业组织"战略重要性"资格（即"合格实体"）。

### 1. 提起清算程序的主体

清算程序可以由以下主体之一提起：

·债务人、债权人或在之前的自愿清盘程序中指定的管理人，在此情况下，必须针对清算申请指派法律代理人并且法院会实行资不抵债检验。

·法院（如在一个之前未完成的破产程序中），在此情况下，法院不会实行资不抵债检验。启动清算程序的最重要法律后果比较多。

（1）当清算程序开始时，债务人法律实体所有者的权利应停止，唯清算人才有权就债务人的资产发布任何法律声明。

（2）债务人公司的名称应附有"清算中"这一表述或"f. a."这一缩写。

（3）债务人公司的所有债务均到期应付。

（4）任何进行中的、针对清算资产的任何司法执行程序均被法院终止。查封的资产以及在扣除执行程序费用后剩余的未付资金必须划转给指定清算人。

（5）在清算启动日期之后，针对债务人的或清算所涉及的资产相关的任何债权只能在清算框架内执行。

**简化清算**

如果债务人的资产无法支付清算程序的费用或者如果由于债务人的账簿和记录不够充分导致清算无法推进，经清算人要求，法院会下令进行简化清算。在大多数这种情况下，资产甚至不足以支付清算程序的费用。

**2. 清算人在清算程序中担任的角色**

在清算提起后，清算人成为清算的最终管理人。由于法院指定的清算公司会将该事项指派给一名私人清算人，该名特定人员的专业方法将决定清算（包括出售债务人的资产）的总体流程和时间。该清算人还有权终止债务人的协议或质疑之前的任何安排。

债权人或任何利益相关方可以针对清算人的行为或不作为（如针对清算人作出的关于债权登记的决定）向法院提出异议。

如果可以证明清算人屡次或严重违反法定义务，法院依职务或经任何债权人要求可以替换清算人公司（但不可替换私人清算人）。

清算人必须在整个清算期间始终以清算人应具有的合理审慎和勤勉行事。在向普通法院（而非清算法院）提起的诉讼中，法院可以要求清算人根据新《民法》的一般规则对因其违反义务而导致的损害承担责任。

清算人的费用为在清算程序中出售资产所产生的款项，以及追回的属于债务人财产的款项的5%（或3%，若清算程序是在破产程序终止后被下令提起的）。但是，清算人的费用最少不得低于30万匈牙利福林（约合

1000 欧元）。如果清算人决定在清算期间继续债务人的经济活动，清算人还有权获得该等活动所产生款项的 2%。

关于清算程序的持续时间，匈牙利《破产法》规定，清算程序应在清算启动日后两年内完成。但是，如果债权人和债务人之间有正在进行的诉讼，该最终截止日期就不适用。因此，在该等诉讼最终产生有约束力的结果之前，清算程序无法关闭。

### 3. 清算过程中的和解协议

清算程序可以通过解散债务人或通过和解完成。债务人和债权人可在下令清算的命令公布后 40 天内进行和解。唯有那些按照规定报告其债权的债权人才可以参与和解谈判。债权人和债务人可以在最终的清算资产负债表提交之前达成和解。若达成和解，则在和解之后，未在清算程序中登记为债权人的，不得强制执行其债权。

在债务人和债权人于债务人提出要求后 60 天内开展协商期间，债务人提交一份恢复偿债能力的合适方案和一份和解建议书以及一份债权人清单。在协商期间，被清算的公司和债权人可以约定：（1）债务清偿的顺序；（2）新的付款时间表；（3）债务清偿的比率和方式；（4）双方认为对恢复债务人的偿债能力而言属实质性的任何其他问题。如果公司的偿债能力通过和解得以恢复且这种和解符合法律，则法院将裁定批准和解。

### 4. 适用于合格实体的规则

《破产法》虽然规定了关于合格实体资质认定的一些标准，但实质上政府对合格实体的认定具有自由裁量权。政府有权在破产程序启动后 30 天内或在清算程序启动后 365 天内决定任何问题组织是否属于合格实体。

这里需要注意，获得合格实体待遇主要会产生以下几点影响：

· 一名破产清算的官员获授分别作为受托人或清算人处理破产或清算程序的独家权利。

・与破产或清算程序的默认规则相比，一些程序性时间期限将缩短。

・对于诸如清算程序中的资产出售，债权人享有的权利更少。

・清算人必须尝试将资产作为持续经营资产出售，并且还可以通过私下形式出售。

### （三）重组——私下改造

除提起强制执行程序、撤销抵押品赎回权或开展司法控制的资不抵债程序外，还可以另行通过私下约定的重组方案来处理处于财务困境中的公司，这样的做法通常称为"改造"。

虽然匈牙利《破产法》并未对该等程序作出规定。但是，债务人和主要债权人（如银行和债券持有人）协商并约定一项旨在避免债务人资不抵债的重组方案，这样做在原则上并不存在任何法律障碍。然而，该等协议只对订约的债权人具有约束力。因此，如果未参与协议或不同意协议的债权人正式提起清算程序，那么这种私下约定的重组可能会受挫。

## 十四、争议解决

### （一）法律来源

匈牙利是大陆法系国家，法律的主要来源为《匈牙利基本法》各项议会法案以及各项政府、部委和市政法令。审核匈牙利法律的宪法合规性的权力归宪法法院。

自匈牙利于2004年5月1日加入欧盟后，欧洲的法律措施也纳入匈牙利法律制度或在匈牙利法律制度项下适用。

司法判例一般不具有约束力，但成熟的司法惯例会被遵循。另外，旨在确保法院间统一的特别决定对国家法院具有约束力。

近几年，匈牙利程序性规则全部进行了修订。2018年1月1日，新的《民事诉讼法》《仲裁法案》《行政诉讼法》生效。

### （二）国家法院

在匈牙利，司法权由以下法院执行：（1）地区法院；（2）行政和劳工法院；（3）区域法院；（4）区域上诉法院；（5）元老院（即之前的高等法院）。

通常，区域法院有权对涉及民法（包括商法）的事项进行初审，但特别指定由地区法院审理的除外。地区法院也可进行初审［特别是在争议金额不超过3000万匈牙利福林（约合10万欧元）的商业争议中］。对公共机构（如反垄断局）决定提出的质疑以及劳工争议在初审时由单独的法院（即行政和劳工法院）处理。

在匈牙利有20家区域法院：19个郡各有一家。布达佩斯额外再有一家（被称作"布达佩斯大都会法院"）。区域法院有双重职责：一方面，可作为初审法院；另一方面，也可作为地区法院及行政和劳工法院初审判决的上诉法院。

区域法院的各个独立分支作为登记法院，负责匈牙利注册公司的商业登记记录。

在匈牙利有5家区域上诉法院，负责审理对区域法院的裁定提起的上诉。

元老院是匈牙利的最高司法机构，负责确保法律的统一适用。元老院关于统一管辖权的决定对其他法院具有约束力。

元老院负责：

（1）在法律界定的案例中对针对区域法院或区域上诉法院作出的决定

提起的上诉案进行判决。

（2）审查最终决定（若最终决定通过"特别救济"被提出质疑）。

（3）分析最终决定以检查和探讨司法惯例；公布关于原则的决定。

（4）针对地方政府法令违反法律规则或地方政府未能按照地方政府法案中的规定进行立法的案例，作出决定。

### （三）仲裁

在匈牙利，国内和国际仲裁均受仲裁法案管辖。匈牙利仲裁法案是在《联合国国际贸易法委员会国际商事仲裁示范法》（UNCITRAL Model Law）的基础上制订的。最著名的匈牙利常设仲裁院是匈牙利工商会下属的常设仲裁院。该仲裁院可称为"HCCI 仲裁院"，也可被称为"布达佩斯商业仲裁院"。自 2018 年 1 月 1 日起，HCCI 仲裁院对原来由金融和资本市场常设仲裁院及能源常设仲裁院（均于 2017 年 12 月 31 日撤销）处理的事项履行作为常设仲裁院的职责。不允许对仲裁裁决提出上诉。但是，国家法院可以基于非常有限的特定理由撤销仲裁裁决。

## 图书在版编目（CIP）数据

"一带一路"国别投资法律指南. 捷克、波兰、匈牙利卷 / 奋迅·贝克麦坚时联营办公室编著. —北京：中国法制出版社，2020.12

ISBN 978-7-5216-1485-5

Ⅰ.①—⋯ Ⅱ.①奋⋯ Ⅲ.①外国投资法-捷克-指南②外国投资法-波兰-指南③外国投资法-匈牙利-指南 Ⅳ.①D996.4-62

中国版本图书馆 CIP 数据核字（2020）第 237885 号

策划编辑 陈兴　　　责任编辑 陈兴 孙静　　　封面设计 李宁

## "一带一路"国别投资法律指南·捷克、波兰、匈牙利卷
"YI DAI YI LU" GUOBIE TOUZI FALÜ ZHINAN·JIEKE、BOLAN、XIONGYALI JUAN

编著/奋迅·贝克麦坚时联营办公室
经销/新华书店
印刷/三河市紫恒印装有限公司
开本/730 毫米×1030 毫米　16 开　　　　　　印张/ 16.75　字数/ 158 千
版次/2020 年 12 月第 1 版　　　　　　　　　2020 年 12 月第 1 次印刷

中国法制出版社出版

书号 ISBN 978-7-5216-1485-5　　　　　　　定价（全三册）：499.00 元

北京西单横二条 2 号
邮政编码 100031　　　　　　　　　　　　　传真：010-66031119
网址：http://www.zgfzs.com　　　　　　　编辑部电话：010-66070046
市场营销部电话：010-66033393　　　　　　邮购部电话：010-66033288

（如有印装质量问题，请与本社印务部联系调换。电话：010-66032926）

主　编：贾殿安　王英哲
编　委：卢付强　邬美珍　吴　昊　梁世杰　吴伟伦
　　　　王湘红　王　航　鲍　治　施　淼　阮振宇
策　划：佟　伟　林燕芸　赵金萍　田书政

# LEGAL GUIDE FOR CHINESE OUTBOUND INVESTMENT IN BELT AND ROAD COUNTRIES

本国别投资法律指南的编写获得了奋迅·贝克麦坚时联营办公室在各地相关办公室的大力支持。

# "一带一路"国别投资法律指南

· 新加坡、马来西亚、印度尼西亚、越南、哈萨克斯坦卷 ·

奋迅·贝克麦坚时联营办公室 ◎ 编著

中国法制出版社
CHINA LEGAL PUBLISHING HOUSE

本书受著作权保护。除用于私人学习或研究并符合相应著作权法的合理使用外，未经奋迅·贝克麦坚时联营办公室事先书面许可，不得复制或转载本书中的任何内容。本书中的文章及观点仅供学术交流之用，所提供的信息可能并不能反映最新的法律法规、司法解释、案例裁判、司法实践和监管发展，不构成奋迅·贝克麦坚时联营办公室及其律师就任何特定事项（无论法律、程序或其他事项）提供正式法律意见或建议，亦不应视为如此。任何客户及读者在未就特定事实和情况寻求适当的法律咨询或其他专业咨询的情况下，都不应仅根据本书中所包含的内容采取或不采取任何行动。

www.bakermckenziefenxun.com
www.bakermckenzie.com
www.fenxunlaw.com

Ning.Zhang@bakermckenzie.com
zhangwei@fenxunlaw.com

# 目　录
contents

## 新加坡投资法律指南

一、概述 / 3

二、法律背景 / 3

三、企业类型 / 4

四、个人独资和合伙企业 / 4

　　（一）个人独资企业 / 4

　　（二）合伙企业 / 5

　　（三）有限责任合伙企业 / 5

　　（四）有限合伙企业 / 6

五、有限责任公司 / 7

　　（一）设立 / 8

　　（二）持续性要求 / 9

六、外国公司的分支机构 / 11

　　（一）设立 / 11

　　（二）持续性要求 / 12

七、代表处 / 13

八、商业信托 / 14

## 九、新加坡的税收 / 16

（一）所得税——一般规定 / 16

（二）股息 / 18

（三）亏损回冲制度 / 18

（四）预扣税 / 18

（五）公司间定价 / 19

（六）避免双重税收协定 / 19

（七）单边税收抵免 / 20

（八）集团亏损减免转移 / 20

（九）对分支机构和非居民的征税 / 20

（十）对合伙企业的征税 / 21

## 十、税收激励 / 21

（一）由新加坡金融管理局管理的税收激励 / 22

（二）由新加坡经济发展局管理的税收激励 / 24

（三）由新加坡海事及港务局管理的税收激励 / 25

（四）由新加坡国际企业发展局管理的税收激励 / 26

## 十一、其他税收 / 26

（一）房产税 / 26

（二）印花税 / 26

（三）死亡和遗产 / 27

（四）商品及服务税 / 27

## 十二、住宅房产 / 27

（一）印花税 / 28

（二）商品及服务税 / 29

（三）所得税 / 29

## 十三、就业 / 29

　　（一）外籍人士就业 / 29

　　（二）个人化就业准证 / 30

　　（三）就业准证 / 30

　　（四）S准证 / 31

　　（五）工作许可证 / 31

　　（六）申请新就业准证的广告要求 / 31

　　（七）就业法律 / 32

　　（八）中央公积金 / 33

　　（九）外国工人劳工税 / 34

## 十四、竞争法律 / 35

　　（一）《竞争法》第34条——垄断协议 / 35

　　（二）《竞争法》第47条——滥用市场支配地位 / 37

　　（三）《竞争法》第54条——合并控制 / 37

　　（四）处罚和执行 / 39

## 十五、其他事项 / 39

　　（一）外汇管制 / 39

　　（二）制造许可证 / 39

　　（三）进出口管制 / 40

　　（四）自由贸易协定 / 40

　　（五）知识产权法律 / 40

　　（六）新加坡工商联合总会会员资格 / 41

# 马来西亚投资法律指南

一、概述 / 45

二、法律背景 / 45

三、组织形式类型 / 46

四、外国投资和本地股权参与 / 46

 （一）外国投资和本地股权参与要求——历史简介 / 46

 （二）现状 / 47

五、投资激励措施 / 51

六、设立机构和公司法 / 51

 （一）外国公司的分支机构 / 51

 （二）全资子公司 / 51

 （三）合营公司 / 52

 （四）代表处 / 52

 （五）有限责任合伙企业 / 53

 （六）公司的收购和合并 / 54

七、马来西亚税收 / 54

 （一）概述 / 54

 （二）税务自行申报制度 / 56

 （三）销售及服务税的重新引入 / 56

 （四）股息 / 57

 （五）预提税 / 57

 （六）转移定价 / 58

（七）不动产利得税 / 59
　　（八）房地产公司 / 60
　　（九）税收协定 / 60

八、外汇管制 / 61

九、纳闽岛——国际离岸金融中心 / 65

十、劳动 / 66
　　（一）外籍人士的雇用 / 66
　　（二）劳动法律 / 67

十一、贸易和关税 / 72
　　（一）贸易政策 / 72
　　（二）主要的贸易问题 / 72
　　（三）关税和相关考量因素 / 72
　　（四）自由区 / 74
　　（五）获准制造仓库 / 74
　　（六）出口退税制度 / 75
　　（七）进出口许可证制度 / 75
　　（八）战略物品出口管制 / 75
　　（九）自由贸易协定 / 76

十二、知识产权 / 77

十三、多媒体与技术 / 80
　　（一）1998年《通信与多媒体法》/ 80
　　（二）马来西亚多媒体超级走廊认证 / 80
　　（三）2010年《个人资料保护法》/ 82

十四、房地产 / 84
　　（一）拥有房地产的限制 / 84

（二）经规局房地产购买指引 / 84

十五、环境法律 / 86

十六、反腐败 / 87

十七、制造业激励措施 / 88

　　（一）先锋企业认证 / 88

　　（二）投资税收减免额（ITA）/ 89

　　（三）再投资税收减免额（RA）/ 90

　　（四）出口激励措施 / 91

十八、研究与开发激励措施 / 91

十九、区域中心 / 92

二十、高科技公司的激励措施 / 93

二十一、多媒体超级走廊（MSC）激励措施 / 94

二十二、房地产投资信托（REIT）/ 94

# 印度尼西亚投资法律指南

**公司设立指南（PMA）/ 97**

一、在印度尼西亚建立外国投资公司的步骤 / 97

　　（一）完成筹备细节 / 97

　　（二）签署设立契约 / 100

　　（三）获得住所函 / 101

　　（四）开设银行账户 / 102

　　（五）从MOLHR取得对设立契约的批准 / 103

　　（六）获得纳税人登记卡 / 104

（七）取得增值税识别号 / 105

（八）在 OSS 系统注册 / 106

（九）处理公司设立后的合规、报告和登记 / 106

（十）召开第一次特别股东大会 / 107

（十一）设立契约的登记与公告 / 108

（十二）结论 / 108

**印度尼西亚劳动法 / 110**

一、简介 / 110

二、关于劳工的 2003 年第 13 号法律 / 110

（一）《劳动法》项下的一般原则 / 111

（二）《劳动法》规定的劳动合同类型 / 111

三、工资和津贴 / 114

（一）工资的定义 / 114

（二）工资的组成 / 114

（三）薪酬结构与等级 / 115

（四）最低工资 / 115

（五）宗教节日津贴 / 115

（六）病假期间的工资 / 116

四、雇用外国人 / 116

（一）获得工作许可证的要求 / 116

（二）制定外籍员工人力资源利用计划的要求 / 117

（三）职位 / 117

（四）任命本国员工 / 119

（五）比率 / 119

**五、社会保障** / 119

　　（一）社会保障 / 119

　　（二）BPJS 人力 / 120

　　（三）BPJS 人力缴款 / 120

　　（四）BPJS 健康 / 121

　　（五）BPJS 健康缴款 / 121

**六、强制性报告** / 122

　　（一）强制性人力报告 / 122

　　（二）福利报告 / 122

　　（三）工资结构和等级表 / 123

　　（四）公司规章 / 123

　　（五）纳税申报表 / 124

**七、劳动关系终止** / 124

**八、劳动关系终止付款** / 125

　　（一）终止付款的结构 / 125

　　（二）终止付款公式（适用于无限期员工）/ 128

**九、外包** / 130

　　（一）劳工类型 / 130

　　（二）工作外包 / 131

　　（三）劳务外包 / 132

**十、税收** / 132

# 越南投资法律指南

导语 / 137

一、《投资法》及《企业法》项下的投资 / 138

二、投资形式 / 138

    （一）投资形式 / 138

    （二）对国内企业的投资——外资所有权的限制 / 149

三、外国投资者的审批程序 / 153

    （一）投资登记证书 / 153

    （二）企业登记证书 / 154

    （三）设立后手续 / 154

    （四）外国投资者的附条件投资领域 / 154

    （五）对外商业务征税 / 155

    （六）企业所得税 / 155

    （七）转让定价 / 156

    （八）税收优惠 / 157

    （九）增值税 / 158

    （十）特别消费税 / 160

    （十一）外国承包商税 / 161

    （十二）个人所得税 / 162

    （十三）双边税收协定 / 164

四、开展业务的其他方式 / 165

    （一）代表处 / 165

（二）分支机构 / 165

（三）特许经营 / 166

（四）技术转让 / 168

# 哈萨克斯坦投资法律指南

一、概况 / 183

（一）地理位置 / 183

（二）民族 / 183

（三）历史 / 183

（四）政府和政治制度 / 184

（五）经济 / 184

（六）对外关系 / 186

二、外商投资 / 187

（一）投资机构 / 187

（二）投资保护 / 188

（三）国家对直接投资的支持 / 188

（四）双边投资条约 / 190

（五）外国投资限制 / 190

三、设立合法机构 / 190

（一）外国法律实体的代表处和分公司 / 191

（二）成立哈萨克斯坦法律实体 / 193

（三）有限责任合伙 / 193

（四）股份公司 / 198

（五）证券的发行和登记／201

　　（六）证券市场监管／203

四、执照、许可证和通知／203

　　（一）概况／203

　　（二）申请许可证／204

　　（三）无证经营的后果／204

五、税务／205

　　（一）概况／205

　　（二）税务登记／205

　　（三）税项／206

　　（四）所得税／206

　　（五）避免双重征税协定／209

　　（六）增值税／213

　　（七）关税／214

　　（八）扣缴义务、社保税费／214

　　（九）地下资源使用税／215

　　（十）房产税和土地税／217

　　（十一）经济特区和投资优惠措施／217

　　（十二）小企业优惠措施／218

　　（十三）转让定价／219

六、货币管理／220

　　（一）概况／220

　　（二）外汇／220

七、劳动就业／222

　　（一）概况／222

（二）自由雇用 / 222

　　（三）雇主的义务 / 222

　　（四）劳动合同期限 / 223

　　（五）解雇 / 223

　　（六）最低工资 / 224

　　（七）工作时间 / 224

　　（八）节假日 / 224

　　（九）病假 / 224

　　（十）产假和育儿假 / 225

　　（十一）雇用成本 / 225

　　（十二）扣缴义务 / 225

　　（十三）外汇支付 / 225

　　（十四）职位空缺 / 225

　　（十五）外国工人 / 226

八、产权 / 228

　　（一）简介 / 228

　　（二）土地所有权的限制 / 228

　　（三）土地转让 / 229

　　（四）建筑物和公寓 / 230

九、语言政策 / 230

　　（一）一般规定 / 230

　　（二）标签 / 231

十、民事法律 / 231

十一、银行和保险 / 232

　　（一）银行系统简介 / 232

（二）许可 / 233

（三）银行标准 / 233

（四）银行持股 / 234

（五）存款担保系统 / 234

（六）银行清算和重组 / 234

（七）银行的非银行活动 / 235

（八）保险 / 235

**十二、知识产权 / 236**

（一）简介 / 236

（二）国家知识产权主管部门 / 236

（三）国际公约 / 237

（四）注册 / 237

（五）发明、实用新型、工业设计和育种成果 / 237

（六）商标、服务商标和原产地名称 / 238

（七）著作权及相关权利 / 238

（八）计算机程序和数据库 / 239

（九）知识产权保护 / 239

**十三、反垄断监管 / 239**

（一）一般规定 / 239

（二）针对不正当竞争的保护 / 242

（三）违反反垄断法的责任 / 243

**十四、产品责任 / 243**

（一）产品责任 / 243

（二）认证 / 244

十五、行业监管 / 244

 （一）石油和天然气 / 244

 （二）电力 / 249

 （三）电信 / 252

 （四）建设施工 / 253

 （五）海洋业 / 254

 （六）制药业 / 255

十六、司法制度和争端解决 / 258

 （一）司法改革 / 258

 （二）法院组织结构和管辖权 / 259

 （三）法官 / 260

 （四）替代性争议解决方法 / 261

 （五）法院判决的承认和执行 / 263

十七、环境 / 264

 （一）简介 / 264

 （二）监管机构 / 264

 （三）一般环境要求 / 264

 （四）环境授权 / 265

 （五）气候变化 / 266

十八、采购 / 266

 （一）国家采购 / 266

 （二）底土使用经营活动中的采购 / 267

 （三）适用于自然垄断的采购规则 / 268

 （四）Samruk-Kazyna 采购规定 / 268

 （五）其他采购规则 / 268

十九、遵守反腐败条例 / 269

    （一）一般规定 / 269

    （二）政府官员 / 270

    （三）好处费、礼品 / 270

# 新加坡投资法律指南

## 一、概述

新加坡是一个呈现出多元文化社会特色的国家，也是一个充满吸引力的经商之地。新加坡有着令人羡慕的社会秩序稳定记录，政府积极鼓励外商投资。这些因素综合起来，使新加坡对跨国公司极具吸引力。

## 二、法律背景

由于历史原因，新加坡的法律制度多是以英国法律为基础的。新加坡的许多国会法案也均以英国法案为范本，且英国普通法也被适用于新加坡的许多领域。在商业事务方面，英国议会通过的一系列成文法已被新加坡法律所吸收。

新加坡的法院程序也类似于英国。某些英联邦司法辖区的外国判决可根据《互相执行联邦国家法院判决法案》在新加坡间接强制执行。我国香港特别行政区的判决可根据《互相执行外国判决法案》执行。其他国家或地区的上级法院的判决还可通过在新加坡法院就相关判决申请执行。仲裁也可作为解决国内和跨境争端的一种争端解决方式。新加坡是《承认及执行外国仲裁裁决公约》（以下简称《纽约公约》）的缔约国，这意味着在新加坡可以执行《纽约公约》其他缔约国的仲裁裁决，相应地，新加坡的仲裁裁决也可以在其他缔约国执行。近年来，新加坡已成为主要的国际仲裁地，是亚太地区领先的仲裁中心之一。

国际商业交易当事人如希望在中立的第三方地点（如新加坡）的法院解决争议，也可将其争议提交至新加坡国际商事法庭（SICC）。虽然新加坡国际商事法庭是新加坡高等法院的一个分支，但是与新加坡没有实质性关联的纠纷或合同规定以外国法律为适用法律的情况适用特殊规则，允许新加坡国际商事法庭适用特别的诉讼程序。与仲裁裁决不同，新加坡国际商事法庭的判决只能通过互惠条款强制执行，或者在资产所在的司法管辖区通过另行起诉要求强制执行债务。

# 三、企业类型

在新加坡的业务可通过多种组织形式开展，包括：
· 个人独资或合伙企业（可采取各种形式，包括新引入的有限责任合伙企业）。
· 公司。
· 分支机构。
· 代表处。
· 商业信托。

组织形式的选择，一方面，取决于计划在新加坡从事的活动；另一方面是出于税收的考虑。下面将详细讨论这五种可能。

# 四、个人独资和合伙企业

## （一）个人独资企业

任何个人均可成立个人独资企业，但前提是就其商业名称获得批准，并通过Bizfile—会计与企业管理局（ACRA）的电子归档和信息检索系统，向会计与企业管理局注册其个人独资企业。以合伙企业形式开展业务的个人也必须通过Bizfile向会计与企业管理局注册。

## （二）合伙企业

大多数合伙企业规定的合伙人人数上限为20人，银行业合伙企业最多为10人，但受法律规定的特定专业合伙企业的情况有所不同。

合伙企业须向会计与企业管理局一次性支付企业注册费65新元（其中15新元为名称核准费）。此后，合伙企业每年须向会计与企业管理局支付20新元的续期费。

## （三）有限责任合伙企业

民事主体有权选择注册有限责任合伙企业（LLP）进行业务活动。有限责任合伙企业属于法人团体，具备独立于其合伙人的法人资格。有限责任合伙企业既赋予其所有者作为合伙企业经营的灵活性而只须承担有限责任，从而将合伙企业与私人有限公司的益处相结合。新加坡对与有限责任合伙企业进行交易的当事人提供法律保护措施，以避免有限责任合伙企业组织形式的滥用。

### 1. 建立有限责任合伙企业

设立有限责任合伙企业的申请费用为165新元（包括15新元的名称核准费）。有限责任合伙企业至少应有一名常住新加坡的管理人。该管理人必须是年满18周岁并具备完全行为能力（如未在《有限责任合伙企业法》或《公司法》项下被取消资格）的自然人。每一个有限责任合伙企业至少应有2名合伙人。该合伙人可以是个人、国内公司、外国公司或其他有限责任合伙企业。

其他类型的公司可以在下述情况下变更为有限责任合伙企业：公司的所有股东都将成为有限责任合伙企业的合伙人、公司履行其所有应履行的备案义务且公司在申请变更时，在其资产中无未偿的担保权益。变更费为100新元。

新加坡公民或永久居民是有限责任合伙企业合伙人的，必须在有限责任合伙企业成立、公司或企业变更为有限责任合伙企业或其成为现有有限责任合伙企业的新合伙人时，向中央公积金（新加坡社会保障制度）委员会缴付其对国家医疗储蓄计划（Medisave）的款项。

**2. 持续性要求**

有限责任合伙企业需要保存足以解释其交易和财务状况的会计和其他记录。该等记录需要保存5年，新加坡公司注册处可能要求有限责任合伙企业出示该会计记录以供检查。

有限责任合伙企业不需要向会计与企业管理局提交年度部门报表，但是管理人需要向会计与企业管理局提交年度声明，并在其中说明有限责任合伙企业是否能够在正常业务过程中支付其到期债务。

向会计与企业管理局提交的任何表格或其他文件都必须使用 Bizfile 提交。

## （四）有限合伙企业

新加坡《有限合伙企业法》（LPA）于2009年5月4日生效，为在新加坡开展业务提供了一种新的组织形式。有限合伙企业（LP）十分适于"人力－资本"型合伙企业，即一名或多名合伙人提供资金或资源支持，而其他合伙人负责开展工作。有限合伙企业不具备独立于其合伙人的法人资格。

有限合伙企业的结构必须包括至少一名或多名普通合伙人和一名或多

名有限合伙人。普通合伙人负责有限合伙企业的日常管理和运营，并对有限合伙企业的债务和义务承担无限连带责任。有限合伙人扮演被动的角色，不直接参与有限合伙企业的管理，也不能在任何事项中约束有限合伙企业。有限合伙人的责任仅限于其对有限合伙企业的出资。然而，如果有限合伙人参与了有限合伙企业的管理，就可能失去其所享有的有限责任保护权利。

1. **设立有限合伙企业**

有限合伙企业及其合伙人都需要在会计与企业管理局注册。在注册时，他们必须向会计与企业管理局提供具体信息，其中包括业务性质、合伙人的详细信息以及合伙人是普通合伙人还是有限合伙人。此外，《有限合伙企业法》要求有限合伙企业的名称包含"有限合伙企业"或缩写"LP"，以便使第三方注意其有限合伙人的有限责任形式。

2. **持续性要求**

虽然有限合伙企业不需要提交账目或进行账目审计，但需要保存充分说明其交易和财务状况的适当的会计和其他记录。有限合伙企业需要保存该等记录 5 年，公司注册部门可能需要有限合伙企业出示会计记录以供检查。

与有限责任合伙企业，有限合伙企业须向会计与企业管理局提交的任何报表或其他文件都必须使用 Bizfile 提交。

# 五、有限责任公司

根据新加坡《公司法》，有限责任公司是独立于其股东的实体。有限责任公司没有新加坡人必须参股的要求。因此，外国公司可以在新加坡设立全资子公司。合资企业亦可以采用有限责任公司的组织形式，这也是新加坡合资企业通常采用的结构。

## （一）设立

设立有限责任公司，公司名称必须事先经会计与企业管理局批准。有限责任公司的名称末尾必须包含"有限公司"或"Ltd."字样，私人有限责任公司的名称在"有限公司"或"Ltd."之前必须有"私人"或"Pte."字样。

所有公司都必须在公司文件（如商业信函、会计报表、发票、官方通告、出版物）中标示其独有的注册编号，但不需要在办公场所外展示其公司名称。

设立有限责任公司没有最低注册资本要求。

在新加坡设立的公司必须至少有一名董事常驻新加坡。居住在新加坡并持有就业证的外籍人士亦可满足此要求。在不满足该项要求的情况下，会计与企业管理局以及法院均可以强制公司的成员任命一名新加坡居民为该公司董事。公司在没有新加坡居民董事的情况下连续经营6个月以上的，公司成员可能须承担公司的债务。所有董事都必须是自然人。如果公司只有一名董事，则该董事不能兼任公司秘书。

新加坡公司可以设有一个股东。公司的股份没有票面价值或名义价值，但不记名股份不受认可。

所有公司备案（包括注册成立有限责任公司所需的备案）都可以通过Bizfile系统在线完成。

通过Bizfile系统，名称申请是否通过通常可以瞬时完成，公司成立程序也大大简化，并且可以在网上将表格提交给会计与企业管理局之后的数小时内完成。会计与企业管理局会收取15新元的公司名称申请费用，并收取300新元的公司设立固定费用。会计与企业管理局的电子邮件设立通知是公司成立的证据。公司设立通知将包含公司注册号和设立生效日等详情。经申请并缴付指定费用 50 新元后，公司可获得会计与企业管理局出具的公司设立确认书。

注册外国公司、商业登记服务、信息服务以及向会计与企业管理局提交其他公司报表也可通过 Bizfile 系统在网上进行。

### （二）持续性要求

新加坡的《公司法》与澳大利亚和英国相似，该法在 2015 年进行了修订，以紧跟相关国际法律的发展，并确保对新加坡设立和经营企业的监管框架始终有益且有效。《公司法》列出了新加坡公司必须遵守的各项持续性备案和报告要求。其中最重要的要求是保存根据新加坡财务报告标准（SFRS），编制和保存下述会计和其他记录：

- 充分说明公司的交易和财务状况。
- 能够编制真实、公平的财务报表（以及任何支持文件）。
- 能够方便并适当地进行审计。

如果公司不属于"受豁免私营公司""小型公司"或"休眠公司"，则其须以电子方式通过 Bizfile 系统向会计与企业管理局提交其经审计的财务报表，该等报表将公开供公众查询。公司还可通过电子邮件向会计与企业管理局传送其法定报告或在其公司网站上发布该等报告（如果满足《公司法》中规定的相关条件）。

若符合下列条件，受豁免私营公司可免于向会计与企业管理局提交经审计的账目：

- 股东人数不超过 20 个。
- 股份转让权利受限。
- 年收入不超过 500 万新元。
- 向会计与企业管理局提交年度报表时，须提交一份偿付能力声明。

·确认已向其股东发送经审计的账目。

鉴于适用于受豁免私营公司的 500 万新元的年收入门槛太低，大多数公司无法适用该类别的审计豁免。因此，新加坡又新增了"小型公司"这一类别。私营公司若要符合小型公司的资格条件，必须从 2015 年 7 月 1 日起的最近或之后开始的前两个财政年度内至少满足以下三项标准中的两项：

·每个财政年度的总收入不超过 1000 万新元。

·每个财政年度末的总资产不超过 1000 万新元。

·员工总数不超过 50 人。

虽然小型公司的账目可免于审计，但其仍然需要在每年提交年度报表时提交这些账目。为了给小型公司保留一定程度的保密性，未经审计的财务报表只要求其披露基本信息。

不活跃或不交易的公司将被视为处于休眠状态，如果自其成立时起或上一财政年度末以来没有发生会计交易，则不需要向会计与企业管理局提交经审计的账目。但休眠公司必须履行：

·为税务合规而准备符合新加坡财务报告标准的账户。

·根据《公司法》要求保存所有财务报表和其他记录。

·在提交年度报表的同时向会计与企业管理局提交董事声明。

持有已发行股份总数或其中任何类别至少 5% 的股东，或超过股份总数 5% 的股东，可以在各财政年度期间（但不迟于该年结束前的一个月）以书面方式要求公司对当年的账目进行审计。会计与企业管理局也有权要求公司提交经审计的账目。

此外，新加坡注册公司须保存其公司成员、董事、经理和秘书、董事在公司的权益、集团股份或债券、抵押和押记的机关登记以及会议记录。公司只有一名董事的，须保存公司作出的所有书面决议和声明的相关记录，并公开供公众检查。

《公司法》还包含了一系列其他限制（如对公司向董事提供贷款的限制），并规定了广泛的披露要求（如董事必须披露其包括任何控股公司的股份和期权在内的股份权益）。这些措施旨在确保有限责任的特权不被滥用。《公司法》还为因信赖专业人士和专家提供的意见和信息，并且善意行事，且在适当情形下进行必要的询问，并且不知道其所信赖的内容缺乏合理依据的董事提供了一项保护措施。

《公司法》由会计与企业管理局负责严格执行，会计与企业管理局将对获知的任何违反《公司法》的行为采取行动。

# 六、外国公司的分支机构

外国公司在新加坡建立业务据点的，除在新加坡设立本地公司之外还可以选择在新加坡设立分支机构。分支机构是外国公司的一部分，而不是独立的法人实体，且只能从事外国公司章程或其他组织文件授权的活动。

## （一）设立

在新加坡建立业务或经营业务的外国公司，在新加坡开始运营之前，必须事先向新加坡会计与企业管理局注册。

新加坡《公司法》规定，分支机构的名称获得批准后方可注册。批准名称以及分支机构注册的申请均通过 Bizfile 系统在线提交。

如果设立分支机构的外国公司拥有法定股本，则应向会计与企业管理局支付一次性注册费用 300 新元。如果外国公司没有股本，则须向会计与企业管理局一次性支付注册费 1200 新元。

会计与企业管理局有权拒绝注册名称"不适当"的外国公司。因此，外国公司有必要在注册分支机构前取得公司名称的批准。

目前，分支机构必须至少有一名授权代表常驻新加坡，该授权代表应被授权代表公司的授权接受服务，并有权执行《公司法》要求公司执行的所有事项。

（二） 持续性要求

分支机构须遵守与在新加坡设立的公司相似的备案及报告要求。特别是，外国公司必须定期向会计与企业管理局报告其财务状况。具体的要求有两项：

第一，外国公司必须在其年度股东大会召开后的 60 天内，向会计与企业管理局提交一份截至上一财政年度编制的财务报表。财务报表应采用与新加坡财务报告标准或适用于小型实体的新加坡财务报告标准相类似的会计准则编制，如按国际财务报告准则（IFRS）编制，或按其他会计与企业管理局所认可的会计准则编制。例如，会计与企业管理局认可的会计准则包括：

· 按照美国公认会计准则编制的财务报表；

· 按照与国际财务报告准则一致的标准编制的财务报表。

如果会计与企业管理局认为财务报表不能充分披露外国公司的财务状况，其有权要求提供进一步信息以补充财务报表。

第二，外国公司需要编制并向会计与企业管理局提交两项文件（与上文提到的财务报表同时提交）：

· 经审计的声明，显示其在新加坡的经营所使用的资产和由此产生的负债；

· 盈亏账目，真实和公允地反映其在新加坡的经营所产生的利润或亏损；

日期截至上文所述的财务报表的编制日期。

上述第二项的要求在特定情况下可以获得豁免。然而，会计与企业管理局表示，仅会在非常有限的情况下给予豁免，以保持所有在新加坡注册的外国公司遵循透明和平等对待原则。无论如何，外国公司均有义务为履行税务责任就新加坡业务经营编制经审计后的财务报告。

外国公司仅在新加坡开展有限活动时，不需要注册分支机构。此类活动包括：招揽只在新加坡境外接受并成为有约束力合同的订单、维持银行账户和基金投资。

# 七、代表处

代表处目前由新加坡国际企业发展局（ie Singapore）管理，其地位不受任何成文法承认，但受到一系列行政指引的监管。设立代表处的申请须向新加坡国际企业发展局提交，且必须符合以下标准：

· 外国公司的销售额必须超过 25 万美元。
· 外国公司必须成立至少 3 年。
· 代表处的拟议人数应少于 5 人。

所有网上申请均应附有：

· 外国公司最新的经审计账目的电子版。
· 外国公司注册证书的电子版（英文或官方英文翻译）。
· （最好是）描述公司活动及其产品的小册子。

一般来说，处理时间大约是一到三周。

代表处的活动严格限于"市场研究和可行性研究"。代表处可以进行市场营销、广告宣传和市场研究，但不得参与合同谈判、订单接受流程、账单开具和收款或售后服务。只要代表处遵循所有行政指引的规定，就不会被视为在新加坡从事企业业务，因此对其没有《公司法》项下的公司备案要求。此外，代表处必须仅代表其总公司和该公司的分支机构履行其职能。代表处不得代表同一集团内的其他公司行事。

代表处从成立起可在新加坡最多开展 3 年的业务，且须每年经新加坡国际企业发展局评估后方可按年度续期。年度续期申请的处理费用为 200 新元。新加坡国际企业发展局准许设立代表处，是代表处过渡升级到分支机构或公司的一项临时措施。

# 八、商业信托

一般来说，商业信托是一种作为信托结构而不是公司结构设立的商业企业。商业信托本质上是混合结构，包括了公司和信托元素。该结构在信托契约下建立，据此，受托人拥有企业资产的合法所有权，并为信托受益人的利益管理业务。商业信托单位的购买者对商业信托的资产持有实益权益。商业信托可以注册，也可以不注册。注册商业信托的运作受新加坡《商业信托法》的监管，特别值得注意的是：

·商业信托由名为受托管理人的单一负责实体运行。受托管理人负有维护信托单位持有人利益和管理商业信托的双重责任。

·后制定相关规定，避免受托管理人为公司的最佳利益管理事务与为信托单位持有人的最佳利益管理商业信托资产之间任何潜在的责任冲突。受托管理人必须为信托单位持有人的最佳利益行事，并在存在任何利益冲突时，优先考虑该等利益。

·规定商业信托必须成立审查委员会，且其董事会和首席执行官每年必须分别提供有关受托管理人治理相关事宜的证明。

·《商业信托法》规定了信托单位持有人的权利，包括通过特殊决议投票罢免受托管理人和修订信托契约的权利，以及对受托管理人按新加坡财务报告标准编制年度财务报表（该等报表真实、公允地反映注册商业信托的财务状况和业绩）的知情权。

·通过限制信托单位持有人对信托债务的责任，规定单位持有人可提起民事诉讼的情况，以向信托单位持有人提供税后预期和保护。

就税务而言，未注册商业信托及其单位持有人须按适用于信托的一般规则缴税，而注册商业信托就所得税而言被视为公司。新加坡国内税务局（IRAS）公布了电子税务通告《根据2004年商业信托法注册的信托的所得税处理》（以下简称"通告"），对注册商业信托的税务处理提供了指引。该通告规定如下：

·注册商业信托可获得集团亏损减免。对于此减免，使用的是注册商业信托的单位而不是公司的普通股。

·股权相关要求（与公司所适用的类似）适用于扣除未利用的资本减免、贸易损失和捐赠。

·在下述情况下，注册商业信托将被视为新加坡居民：

（1）注册商业信托的受托人以其受托人身份在新加坡从事贸易或业务。

（2）业务的控制和管理在新加坡进行。

·对于在境外就外国来源收入征收的税款，新加坡国内税务局将向新加坡居民注册商业信托给予双重课税减免。外国来源收入来自没有与新加坡签订避免双重税收协定的国家的，新加坡国内税务局可能提供单方面的税收抵免。

·就某些资产转让，适用于公司的印花税减免也适用于注册商业信托。

## 九、新加坡的税收

### (一) 所得税——一般规定

来自新加坡或来自新加坡境外但在新加坡取得的所有收入均应缴纳新加坡所得税。

但是,在满足某些规定条件的情况下,居民企业在新加坡收到的来自新加坡境外的股息、分支机构利润和服务收入等形式的外国来源收入免于缴税。居民和非居民个人在新加坡收到的外国来源收入一般免税,相关的进一步说明请见后文。

如果公司业务的控制和管理在新加坡执行,则该公司属于新加坡税务居民。

新加坡不对资本收益所得征税。但是,循环性资本收益所得可能被视为应税收入并因此须缴纳所得税。

处置此前曾获得过资本减免的资产所得的收益被视为应税收入,应税收入金额最高为其销售价格与税收减记价值之差。

目前,新加坡公司(居民和非居民)所得税的税率为17%。

对于企业纳税人来说,其前1万新元的应税收入的3/4和之后29万新元的应税收入的一半均免税。对于新成立的公司来说,其前三个课税年中每年应税收入前10万新元的全部以及之后应税收入20万新元的一半免税。

新加坡的居民个人须就在新加坡产生或源自新加坡的收入按个人所得税浮动税率缴税,从其前2万新元的应税收入缴税0%到高于32万新元的收入缴税20%(自2017年课税年起提高到22%)不等。居民个人在新加坡收到的所有国外来源收入均免税,但通过新加坡的合伙企业获得的收入除外。

新加坡的非居民个人一般按20%（从2017年课税年起提高到22%）就源自新加坡取得的应税收入缴税，某些特定类型的收入除外。非居民个人在新加坡收到的所有国外来源收入均免税。对于在新加坡短期就业的非居民个人，如果一个日历年中在新加坡的工作时间不超过60天，则其就业收入免税。如果在新加坡的工作时间超过60天，但不超过182天，则其在新加坡的就业收入须按适用于居民个人的同等累进税率或15%（以税款较高的为准）缴税。如果某人在任何日历年里在新加坡逗留或工作满183天，即视其为居民并按此缴税。避免双重征税协定的具体规定可能改变上述60天或183天规则。

代表处无须缴税，因为其既不从事任何"业务"，也不从事任何产生收入的活动。然而，如果情况并非如此，从税务管理的角度看，新加坡税务当局可能会对代表处征税。

完全且仅在应税收入的生产过程中产生的费用一般可以抵扣（包括"用于取得收入的资本"的利息）。为公司业务目的购置机器设备所产生的资本支出可获得资本减免。纳税人可以选择获取20%的初始免税额，然后就该设备的预期工作年限申请年度减免（减免金额按新加坡《所得税法》中规定的直线法计算）。作为替代方案，纳税人也可以选择在适当主张的基础上要求提前获得资本减免。

根据土地集约免税额计划的内容，在满足一些条件的情况下，在工业用地上建造或翻新建筑物或结构所产生的符合条件的资本支出也可获得资本减免。

未使用的资本减免和贸易损失可以无限期结转，前提是最终股东及其各自在相关日期的持股变更不超过50%。在享受资本减免优惠的情况下，公司也须开展与享受资本减免业务相同的业务。在满足一些条件的情况下，纳税人也可以选择回冲未使用的资本减免和贸易损失。

## （二）股息

新加坡实行一层式公司税制度。新加坡公司就其应税收入缴纳的所得税是最终的。新加坡的居民企业支付的股息就股东而言免税（不管股东是个人还是法人实体，居民还是非居民）。此外，新加坡不对非居民股东的股息征收任何预扣税。

## （三）亏损回冲制度

新加坡允许公司结转未使用的资本减免和贸易损失，以与将来的收入相抵（即损失结转），但须满足某些条件。为了解决小型企业的现金流问题，特别是在周期性经济衰退期间突显的这一问题，公司也可将当年未使用的资本减免和贸易损失回冲一年。

## （四）预扣税

源自或视为源自新加坡并由非居民享有的某些特定类型的收入总额（如利息、使用费、技术援助费和管理费）适用 10%、15%或 17%的预扣税。按 17%的税率征收的预扣税不属于最终税款，非居民可以要求扣除在取得相关新加坡来源收入时所产生的费用。非居民可选择向新加坡国内税务局提交纳税申报表，请求其基于净收益评估税款。如果新加坡国内税务局同意提交的申报表，超出的预扣税款可退还给非居民。如果技术援助和管理服务完全在新加坡境外提供，则技术援助费和管理费不适用预扣税。使用费付款的预扣税税率为 10%。自 2014 年 2 月 21 日起，新加坡对非居民公司的新加坡分支机构的付款免缴预扣税。但此类新加坡分支机构对此付款后仍将被课税，并须在其年度所得税申报表中进行申报。

## （五）公司间定价

就公司间定价而言，新加坡国内法采用了经济合作与发展组织所认可的"公平原则"。如果所得税审计官认为与关联方的相关交易不符合公平原则，其根据新加坡国内法律有权调整相关实体的应税收入。

新加坡的所得税法中有一项特别的反避税条款，即在非居民的交易不符合公平原则的情况下，允许所得税审计官对非居民按居民估税。还有一项一般反避税条款，即经被授权所得税审计官认定为相关行为或结果在于直接或间接变更应缴税款的范围，免除缴纳税款或提交申报表的责任，减少或避免应纳税额的情况下无视或变更某些交易和处分。

所得税审计官主要遵循经济合作与发展组织制定的国际标准来确定是否符合公平原则。2015年1月6日，新加坡国内税务局发布了其新加坡转让定价指南的更新版。更新版综合了新加坡国内税务局此前发布的所有关于转让定价的通知和指南，旨在为对须保持遵守公平原则的纳税人提供明确的支持并培养此类纳税人的纪律。特别是更新后的指南包括一项明确的声明，即新加坡国内税务局要求，若交易超出某一规定限额，则在交易的同时须编制一套相应的转让定价文件。

新加坡对关于纳税人申请"预先定价安排"设有相关程序。该等程序使纳税人有机会确知其公司间交易的税务处理。

## （六）避免双重税收协定

目前，新加坡已签署并批准了超过70多项综合性的避免双重税收协定和8项涵盖航运和航空运输企业收入的限制性条约。大部分条约显著降低了利息和使用费的预扣税税率，在某些情况下甚至为0%。

一般来说，任何条约缔约国的居民均可主张条约利益。在与新加坡有税收条约的外国司法管辖区缴纳税款的，可以就缴纳的外国税款要求抵免任何应缴的新加坡税款。抵免要求按来源和司法辖区受到限制，纳税人选择集合的除外，但必须满足某些条件。多余的抵免额不能结转至未来年度，也不能用于抵免来自另一来源国或不同司法辖区类似来源的收入的税款。

### （七）单边税收抵免

新加坡对其税务居民在新加坡取得的来源于与新加坡没有签署所有类型的外国来源收入双重税收协定的国家而缴纳的外国税款，提供单边税收抵免。单边税收抵免通常按来源国、司法辖区授予，纳税人选择集合的除外，但必须满足某些条件。

### （八）集团亏损减免转移

公司本课税年度中未使用的亏损、捐赠和资本减免可就相关课税年与同一集团内关联公司的利润相抵，但这项规定只适用于在新加坡设立的公司。一家公司直接或间接拥有另一家公司至少75%的股份，或第三家在新加坡设立的公司拥有该两家公司各至少75%股份时，这种情况下的公司被视为彼此关联公司。

### （九）对分支机构和非居民的征税

分支机构的新加坡来源收入或在新加坡收到的海外收入按17%的税率纳税。但是，《所得税法》第12条第1款扩大了这一税基，规定在非居民（无论是公司或个人）进行的贸易或业务只有部分是在新加坡进行的情况下，贸易或业务的收益或利润不直接归于在新加坡境外开展运营的，视为源自新加坡。

在新加坡从事部分贸易或业务的非居民纳税人有义务明确界定，其全部收入中并非源自新加坡的部分。如果无法界定，从理论上讲，其有义务就剩余部分的收入缴税。在实践中，如果妥善保存单独账目，这一责任一般可获免除。

### （十）对合伙企业的征税

不作为有限责任合伙企业注册的普通合伙企业不是独立的法人，就税务目的而言，也不被视为单独纳税实体。其个人合伙人按各自在合伙企业中的收入份额单独纳税。居民合伙人按上文所述的适用个人边际税率纳税。合伙企业的非居民合伙人不论是在新加坡开展业务的公司或个人，均按其根据《所得税法》的一般规定计算的收入份额纳税。但是，非居民个人合伙人也不按累进税率征税，他们按20%的统一税率就其获得的所有合伙企业收入纳税（自2017课税年度起上调至22%）。

在新加坡注册的有限责任合伙企业享有作为独立法人并为合伙人提供有限责任保护的优势。与此同时，由于新加坡有限责任合伙企业就税务目的而言不被视为单独估税实体，所以其还保留了上述普通合伙企业的灵活性和税务透明度。各项扣除（如资本减免、贸易损失和捐赠）可以先抵销合伙人各自享有的有限责任合伙企业交易利润（如有）份额，然后再与合伙人自身其他来源的收入（如有）进行抵销。

## 十、税收激励

新加坡政府鼓励新加坡公司提高生产率。根据2010年政府预算开始实施并在2011年、2012年和2014年政府预算中进一步优化生产力和创新抵免计划的内容，新加坡公司可以就6项与生产力相关的活动的支出申请大幅减税。

此外，新加坡还通过《所得税法》和《经济扩张激励法（减免所得税）》为企业提供了多项振奋人心的税收激励。各种激励计划由多个法定机构管理，包括新加坡金融管理局（MAS）、新加坡经济发展局（EDB）、新加坡海事及港务局（MPA）和新加坡国际企业发展局。

新加坡金融管理局和新加坡海事及港务局管理的税收激励，分别专门针对银行和金融服务行业以及海运行业。新加坡经济发展局和新加坡国际企业发展局管理更普遍的税收激励。

尤其值得注意的是，新加坡经济发展局是一个灵活且反应迅速的政府机构，在亚洲、欧洲和北美洲的许多主要商业中心设有办事处。新加坡经济发展局积极在非正式基础上参与讨论拟议投资，并经常对书面申请快速地给出"原则性"答复。

## （一）由新加坡金融管理局管理的税收激励

以下是新加坡金融管理局所管理的部分主要税收激励计划：

### 1. 金融部门激励计划（FSI）

金融部门激励计划是一项综合税收激励计划，包括针对金融服务业的若干税收激励。根据金融部门激励计划，税收激励一般分为加强级（ET）和标准级（ST）。加强级适用于被认定为高增长领域和高附加值流程的某些金融活动。标准级则涵盖更广泛的金融活动。

根据企业的员工人数和业务范围，对企业的最初的奖励期限可能为5年到10年不等。经新加坡金融管理局批准，奖励期限可以延长。

· FSI – ST 公司

对于2011年1月1日起产生的符合条件的收入，FSI – ST公司有权获得12%的优惠税率。符合条件的收入清单见《2005年所得税（金融行业激励企业优惠税率）条例》（以下简称"FSI条例"）附件4。

FSI–总部和 FSI–基金管理公司（"FSI–FM"）

FSI–总部和 FSI–基金管理公司就符合条件的收入有权享受 10% 的优惠税率。符合条件的收入清单见《FSI 条例》第 5 和 6 条。

·FSI–ET 公司

FSI–ET 公司就符合条件的收入有权享受 5% 的优惠税率。FSI–ET 公司根据以下计划分为不同类型：

（1）FSI–资本市场（"FSI–CM"）

（2）FSI–衍生品市场（"FSI–DM"）

（3）FSI–信贷辛迪加（"FSI–CFS"）

**2. 针对财富管理业的特定激励**

外国信托和慈善信托的外国账户（包括信托项下拥有的任何符合条件的控股公司）的投资收入一般免税。信托必须由新加坡经核准的受托人公司管理。

对于创立人和受益人都是个人或慈善机构的本地管理的信托（包括信托项下拥有的任何控股公司）以及家族投资公司，其大多数投资收入均免税，其收入视作由个人而非信托或公司获取。

对于由新加坡基金管理人管理的居民基金（作为居民公司设立）或非居民基金（作为非居民公司或非由新加坡受托人管理的信托设立），来自指定投资的特定收入免税。但是，该基金不能 100% 归新加坡投资者所有。该等基金的非合格投资者须向所得税审计官支付一笔"财务费用"。该笔费用的金额实际上等同于就其获得的基金收入和利润份额应缴的公司所得税，即使该基金可获豁免。

2009 年 4 月 1 日至 2019 年 3 月 31 日（两个日期均包括在内），对于（除其他条件外）最低投资额为 5000 万新加坡元的基金，不得 100% 为新加坡投资者所有的要求已被取消。此外，先前对居民非个人投资者的持股限制已取消。因此，由居民非个人100%拥有的基金现在暂时有资格在获得新加坡金融管理局批准后享受免税。

### 3. 其他特定激励

新加坡经批准的资产证券化特殊目的公司可免税。

下列活动也可享受优惠税率：

（1）提供某些离岸保险承保、经纪和咨询服务；

（2）向新加坡金融机构提供某些处理服务；

（3）证券借贷和回购活动；

（4）经批准的商品衍生品交易公司交易或提供商品衍生品中介服务；

（5）提供有关场外衍生品的清算服务。

## （二）由新加坡经济发展局管理的税收激励

新加坡经济发展局负责鼓励外资进入新加坡。税收激励通常是新加坡经济发展局提供给外国投资者，以吸引其在新加坡设立企业的一揽子计划中的关键要素。新加坡经济发展提供的一揽子计划通常由新加坡经济发展局、外国投资者和其专业顾问共同协调确定。

在新加坡开展制造业务或高附加值服务的外国投资者可享受先锋或先锋服务激励和发展扩展激励（DEI）。先锋身份可使新加坡实体就符合条件的活动享受全额免税，而发展扩展激励可使新加坡实体就某些规定的符合条件的收入享受低至5%的优惠税率。

经批准总部激励计划于2015年10月1日起废止，而在新加坡为网络公司执行符合条件的总部活动或服务的公司可能适用发展扩展激励，但须满足有关条件。

新加坡经济发展局还提供一些激励措施以在某些情况下降低税收规则的严格适用，并鼓励某些经济活动：

1. 购置生产设备和资本投资

新加坡经济发展局可就经批准的用于取得生产设备的外国贷款的交付利息全额或部分免除预扣税。

符合条件的项目可享受投资减免额，经批准的海外项目所产生的固定资本支出可享受综合投资减免额。

2. 研究和开发

根据经批准使用费激励计划，对于为使用或有权使用而引入新加坡的知识产权应付的使用费，新加坡经济发展局可豁免预提税。政府将于2023年12月31日审核该计划的实用性。

## （三）由新加坡海事及港务局管理的税收激励

新加坡海事及港务局监管新加坡的港口监管事宜和海事部门，并对适用于海事行业的一系列税收激励进行管理。

尽管新加坡营运船舶所得的收入一般免税，但新加坡企业从经营外国船舶获得的大部分收入通常需要缴税。但是，新加坡企业可根据海事行业激励——经批准国际航运企业（"MSI–AIS"）就外国船舶的经营所得从新加坡海事及港务局获得免税。此外，这类企业实体从经批准的外国分支机构汇出的符合条件的利润也将免税。

租赁或者租用船舶或者租赁集装箱的某些投资工具的收入经批准也可以免税。经批准的投资工具的投资管理人可以就其所得管理费享受10%的优惠税率。

经批准，某些航运物流公司也可享受10%的优惠税率。

自2011年第二季度起，海事行业实体享有的现有免税和激励已被合并为三大类海事行业激励。为取得或建造经批准的船舶而就符合条件的贷款支付的符合条件的款项，在改良后的目前激励措施下将自动免除预扣税。

此外，供应某些海洋相关服务将享受零税率的商品及服务税（GST）。

### （四）由新加坡国际企业发展局管理的税收激励

新加坡国际企业发展局是一家负责推动新加坡国际贸易和新加坡企业对外扩张的机构。

新加坡国际企业发展局管理的主要税收激励是全球贸易商计划（GTP）。全球贸易商计划入选公司就大宗商品、商品期货和所有衍生品工具方面符合条件的交易活动所得收入享有5%或10%的优惠税率。

自2012年4月1日起，关于海外贸易展销会、展览、贸易代表团和海外投资发展所发生的费用（如进行可行性研究的费用）可自动获得200%的税收减免优惠而无须经新加坡国际企业发展局批准。

# 十一、其他税收

### （一）房产税

新加坡房地产业主须每年缴纳房产税。对于业主自住的住宅房产，根据房产每年的价值，税率从0%至16%不等。对于非业主自住的住宅房产，根据房产每年的价值，新的税率从10%至20%不等。非住宅房产的房产税税率为10%。

### （二）印花税

对于《印花税法》中所列举的文书和协议，根据相关文件按从价税率或固定税率征收印花税。印花应贴于在新加坡境内签署或虽在新加坡境外签署但在新加坡境内收到的任何此类文书或协议。目前，印花税只适用于与

（在新加坡有股票和股份登记册的公司）股票和股份和新加坡不动产有关的文书。

### （三）死亡和遗产

自 2008 年 2 月 15 日起，新加坡对死者的遗产不再征收任何遗产税。

### （四）商品及服务税

新加坡的商品及服务税是一种基础广泛的消费税，仅特定行业享受豁免，豁免主要适用于金融服务和住宅房地产。年销售额低于 100 万新元的企业不需要为商品及服务税的目的登记，且其供应的商品及服务免征商品及服务税。出口和国际服务的税率为零。目前的商品及服务税率为 7%。

## 十二、住宅房产

新加坡《住宅房产法》对于将住宅房产转让给"外国人"有相当大的限制。

首先，除某些例外情况外，新加坡禁止所有向外国人进行住宅房产的转让，已经转让的将视为转让无效。"转让"包括住宅房产的任何不动产权或权益的受益转让、遗嘱转让和任何其他形式的转让，以抵押、押记或让与的方式除外。《住宅房产法》包含对"住宅房产"的详细定义，包括：

- 空置住宅用地。
- 拥有土地所有权的房屋（如独立式房屋、半独立式住宅、联排房屋等）。
- 拥有非共管公寓（例如，分层联排房屋）分层所有权的房屋。
- 在根据住宅房产通知已被宣布为非住宅房产的土地之外的土地上建

造的、非分层划分的店铺房。

住宅房产的定义尤其不包括：允许仅用于商业或工业目的的商业及工业房产、楼宇和场地、任何已登记的酒店，部长动态性宣布为工业、商业或非住宅房产的其他土地或建筑物。"外国人"包括未获部长特别豁免或批准的非新加坡公民、永久居民、非在新加坡注册的公司和非在新加坡成立的社团。

上述基本规则的主要例外情况是外国人可以购买大楼内的公寓或经批准的共管式公寓内的公寓。这一例外的前提是未经部长批准，外国人不能购买大楼内的所有或共管式公寓的所有公寓，除非以协议、租赁或转让的方式进行且期限不超过 7 年，包括可能以期权或续展的方式授予的任何进一步期限。（应注意，向外国人出租在任何情况下均不得超过 7 年。）

持有住宅房产的新加坡公司不得有非公民成员或董事，并须相应修订其组织章程大纲或细则。类似要求适用于新加坡有限责任合伙企业和新加坡社团。《住宅房产法》可以为上述基本禁止取得豁免的人士提供一系列的相关程序与机制。

## （一）印花税

购房者应缴的现行印花税税率为：购买价款中不超过 18 万新元的部分，税率为 1%；大于 18 万新元但不超过 36 万新元的部分，2%；剩余部分按 3% 征收。

卖方印花税（SSD）已被新加坡引入，对在某一持有期内处置新加坡住宅房地产的卖方征收。除了由买方支付的印花税外，新加坡还征收卖方印花税。对于 2011 年 1 月 14 日起购买的住宅房产，在购买后的 4 年内处置的，应缴纳卖方印花税；在购买后的第一年内处置的，按提高的税率（即全部对价的 16%）缴税；在第二年内处置的，税率为 12%；在第三年内处置的，税率为8%；在第四年内处置的，税率为4%。

作为房地产市场的进一步降温措施，新加坡引入了附加买方印花税（ABSD）。非新加坡居民和非个人购买者须按15%的税率就购买住宅房产缴纳附加买方印花税。新加坡永久居民须按5%的税率就购买首套住宅房产缴纳附加买方印花税，新加坡公民须分别按7%和10%的税率就购买第二套和第三套或以上住宅房产缴纳附加买方印花税。

## （二）商品及服务税

如果卖方是在商品及服务税审计官处登记的应纳税人，则其应就非住宅房产缴纳商品及服务税。

## （三）所得税

如果卖方不是新加坡居民，或者是《所得税法》规定的不动产交易商，则须从购买价中扣除一定比例的适用预扣税。卖方是否为不动产交易商是一个事实问题，买方的律师可要求卖方出具确认书，说明卖方未被新加坡国内税务局评估为房地产交易商。买方的律师将预扣购买价总额的最高15%，或购买价的每笔分期付款（如押金）。买方的律师必须为买方提交税务表格，以便向所得税审计官说明。

# 十三、就业

## （一）外籍人士就业

外国人在新加坡受雇之前，必须从人力部获得工作准证。所需的工作准证类型取决于每个员工的工作类型、技能水平和工资水平。

## （二） 个人化就业准证

个人化就业准证（PEP）针对在新加坡境外最后 1 月固定月薪（不超过申请前 6 个月）至少为 18000 新元的境外外国专业人士。每个月的固定工资收入至少为 12000 新元的就业准证（如下文定义）持有人，也可以申请个人化就业准证。

个人化就业准证与单个雇员相联系，系根据其优点授予。个人化就业准证持有人可在失业期间在新加坡逗留最长连续 6 个月，且一般可在任何行业就业。

个人化就业准证有效期为 3 年，不可续延。最低工资要求适用于个人化就业准证的整个 3 年有效期，且个人化就业准证持有人保留其原就业准证或个人化就业准证申请时资格（以较高者为准）的受养人特权。

个人化就业准证持有人及其雇主须向人力部告知个人化就业准证持有人就业状态和联系方式的任何变化，并须向人力部透露其年度基本工资。

## （三） 就业准证

新加坡向有意愿在新加坡工作和有工作机会的外国人签发就业准证。新加坡人力部门可按个例酌情向外籍人士授予就业准证。外籍人士至少须有 3300 新元的收入，并拥有被新加坡接受的学位、专业资格或专业技能。为符合资格，年龄较大的申请者必须获得与其工作经验和质量相称的高薪。就业准证与特定雇主相联系，雇主发生任何变更的，均须重新申请。

就业证申请的处理时间约 7 个工作日，须出示所有相关学历证书和文件以证明申请人的资格及工作经验。某些就业证持有人的随行家属（妻子和子女）可以单独申请受养人准证。

## （四）S 准证

"S 准证"适用于基本月薪至少为 2200 新元、属于中层工作人员的外国人。S 准证的申请者根据积分系统评估，将通过包括工资、教育资质、技能、工作类型和工作经验在内的多个标准评估。新加坡还将每月征收 315 新元或 550 新元的费用（取决于 S 准证持有人占总劳动力的百分比），对于服务行业的公司，根据公司当地工人和 S 准证持有人人数，每家公司的 S 准证持有人人数比例上限为 15%，其他行业公司的 S 准证持有人人数比例上限为 20%。

## （五）工作许可证

新加坡向来自经批准国家并有意愿在新加坡工作的半熟练或无技能的外国人签发工作许可证。雇主将被要求为其持有工作许可证的雇员遵守某些义务，包括为这些工人购买和维持医疗保险，以及在必要时，在雇员获准进入新加坡之前，以保险或银行担保的形式向新加坡政府提供 5000 新元的担保金。新加坡还将每月征收 250 新元到 950 新元（具体金额取决于工人是半熟练工人还是非熟练工人，对于制造业和服务业而言，取决于从属限额或配额）。

## （六）申请新就业准证的广告要求

雇主在向新加坡人力部提交就业准证申请之前，必须满足公平考量框架下的下列要求：进行新就业准证申请的公司必须在由新加坡劳动力发展局管理的新工作库中发布招聘广告；招聘广告必须对新加坡人开放和遵循《关于公平就业实践的三方指南》并至少保持 14 天，且招聘广告的截止日期与就业准证申请之间的时间应不超过 3 个月。

雇员人数为25名或以下的小公司、每月固定工资为12000新元及以上的工作、短期需要且不超过1个月的工作，以及集团内调派人员，均不受该等广告要求的限制。但是，如果新加坡人力部收到有关基于国籍或其他歧视性人力资源做法的投诉，相关公司可能会受到更严格的审查，并被剥夺申请工作准证的权利。

## （七）就业法律

新加坡《就业法》是新加坡管理就业的主要法律，普遍适用于签订劳动合同或依据劳动合同工作之人。基本月薪最高为4500新元的专业人士、经理和管理人员（PME）也适用《就业法》的一般条款。

一般来说，雇主和雇员可以自由协商并就劳动合同条款达成一致。但是，如果适用《就业法》的劳动合同中的任何条款未达到《就业法》所规定的任何要求，则该条款在此范围内将被视为非法、无效。

不适用《就业法》的情况下，劳动合同的条款和条件将由雇主和雇员约定并写入其签订的劳动合同。

其他涉及就业方面的劳动法律包括但不限于：

- 《中央公积金法》（第36章）。
- 《公司法》（第50章）。
- 《雇用外国人力法》（第91A章）。
- 《移民法》（第133章）。
- 《所得税法》（第134章）。
- 《劳资关系法》（第136章）。
- 《退休和再就业法》（第274A章）。
- 《儿童发展共同储蓄法》（第38A章）（CDCA）。
- 《个人数据保护法》（2012年第26号）（PDPA）。

- 《保护免受骚扰法》(PHA)。
- 《技能发展征费法》(第 306 章)。
- 《工会法》(第 333 章)。
- 《不公平合同条款法》(第 396 章)。
- 《工伤补偿法》(第 354 章)(WICA)。
- 《工作场所安全与健康法》(第 354A 章)。

不适用成文法特别管辖的领域,一般适用普通法。

## (八) 中央公积金

### 1. 新加坡公民和永久居民雇员

雇主必须根据每名员工的工资水平,向新加坡公民或拥有永久居民身份的雇员的中央公积金(CPF)账户缴纳中央公积金。雇主禁止就外籍员工缴纳中央公积金。

中央公积金缴纳和分配比例适用于:(1) 新加坡公民;(2) 处于取得永久居民身份的第三年及以上的永久居民;(3) 处于取得永久居民身份的第一年和第二年但与雇主共同申请并按雇主和雇员全额比例缴纳的永久居民。具体比例如下表所示:

表 1　新加坡公民和永久居民雇员中央公积金缴款比例表

(单位:工资的百分比)

| 员工年龄(周岁) | 缴款比例(每月工资≥750 新元) ||| 计入贷项 |||
|---|---|---|---|---|---|---|
| | 雇主缴款 | 雇员缴款 | 缴款总计 | 普通账户 | 特殊账户 | 国家医疗储蓄计划账户 |
| 35 岁及以下 | 17 | 20 | 37 | 23 | 6 | 8 |
| 35 岁以上 - 45 岁 | 17 | 20 | 37 | 21 | 7 | 9 |
| 45 岁以上 - 50 岁 | 17 | 20 | 37 | 19 | 8 | 10 |

续表

| 员工<br>年龄（周岁） | 缴款比例<br>（每月工资≥750 新元） ||| 计入贷项 |||
| --- | --- | --- | --- | --- | --- | --- |
|  | 雇主<br>缴款 | 雇员<br>缴款 | 缴款<br>总计 | 普通<br>账户 | 特殊<br>账户 | 国家医疗<br>储蓄计划账户 |
| 50 岁以上 – 55 岁 | 16 | 19 | 35 | 14 | 10.5 | 10.5 |
| 55 岁以上 – 60 岁 | 12 | 13 | 25 | 12 | 2.5 | 10.5 |
| 60 岁以上 – 65 岁 | 8.5 | 7.5 | 16 | 3.5 | 2 | 10.5 |
| 65 岁以上 | 7.5 | 5 | 12.5 | 1 | 1 | 10.5 |

对于取得永久居民身份未满两年的永久居民，50 周岁及以下员工的中央公积金缴款如下：

| 取得永久居民身份第一年 | 9%（从员工工资中扣除 5%） |
| --- | --- |
| 取得永久居民身份第二年 | 24%（从员工工资中扣除 15%） |

征收中央公积金的缴款部分最高工资标准是每月 5000 新元。除基本工资之外的报酬，任何超出 5000 新元部分的款项都不需要缴纳中央公积金。并非完全因当作工作而取得的收入（如奖励和佣金），都被视为额外收入，适用单独的最高缴款标准。

根据 2015 年政府预算，从 2016 年 1 月 1 日起，征收中央公积金的最高工资从 5000 新元提高到 6000 新元，50 岁以上至 65 岁工人的中央公积金缴款比例同时上调。

**2. 外籍员工**

雇主无须为外籍雇员缴纳中央公积金，外籍雇员也不得选择自愿缴纳。

## （九）外国工人劳工税

根据所在行业部门，雇主可能还须支付每月 250 新元到 950 新元的外国劳工税，不论外国工人是熟练工还是非熟练工以及外国工人占雇主雇用的当地雇员的比例高低。雇主缴付该项征款的责任一直持续到工作准证被取消。

# 十四、竞争法律

2005年1月1日，新加坡《竞争法》的第一组执行条款生效。新加坡根据这些条款成立了竞争与消费者委员会（CCS），负责《竞争法》的监督和实施。

《竞争法》禁止下列活动：

·具有排除、限制或损害新加坡市场竞争的目标或效果的协议。

·滥用在新加坡市场具有市场支配地位的行为。

·具有或者可能具有对新加坡市场上任何商品或服务的竞争产生实质减少的合并。

《竞争法》的实质性规定已经开始逐步实施，以促进向新的商业规则过渡。关于垄断协议和滥用市场支配地位的禁止规定以及有关执行《竞争法》和上诉程序的规定，已于2006年1月1日生效；有关合并控制的其他规定，则于2007年7月1日生效。

以下概述了三项禁止规定以及违规处罚的详情和新加坡竞争与消费者委员会发布的指引草案。

## （一）《竞争法》第34条——垄断协议

除非在《竞争法》规定的例外或豁免范围内，否则具有排除、限制或损害新加坡市场竞争目标或效果的企业间协议、企业协会决定或协同行为将被禁止。

《竞争法》列举了将被视为违反禁止性规定的垄断协议的情形，即：

·直接或间接固定购买或销售价格或任何其他交易条件；

·限制或控制生产、市场、技术开发及投资；

·共享市场或供应来源；

·对与其他交易方的同等交易适用不同的条件，从而使其处于竞争劣势；

·以其他方接受补充义务为条件订立合同，且该等义务根据其性质或商业用途与合同内容无关。

任何违反禁止性规定的垄断协议的任何条款均属无效，因此被执行。但是某些协议不受上述禁止性规定的限制，包括：

·符合一般经济利益服务的协议；

·为遵守法律要求或避免与国际义务冲突而订立的协议；

·公共政策；

·符合受行业竞争法（如电信、媒体和能源行业）监管的商品或服务相关的协议或行为；

·纵向协议，即在供应链的不同层面运营的企业之间的协议，如制造商和分销商之间协议，但新加坡竞争与消费者委员会认定的纵向协议除外；

·有净经济利益的协议，即提高生产、分销、促进技术或经济进步的协议，前提是该等协议不向企业施加对实现相关目标不必要的限制，亦不会使企业有可能就相关商品或服务的相当一部分排除、限制竞争；

·与合并的实施直接相关且对合并而言必要的协议或行为。

在从《竞争法》第 34 条的禁止规定中排除纵向协议的过程中，新加坡采取了与英国和欧盟等其他竞争法制度不同的方法。新加坡政府认为，在新加坡，纵向协议往往有利于竞争，超过了潜在的反竞争效应。因此，纵向协议不受《竞争法》第 34 条的限制。

## （二）《竞争法》第 47 条——滥用市场支配地位

新加坡《竞争法》第 47 条禁止任何一家或多家企业在新加坡进行构成滥用任何市场的支配地位的任何行为。值得注意的是，"主导地位"指在新加坡或其他地方的支配地位，因此在新加坡不占支配地位的一方以滥用其在另一个国家的支配地位影响新加坡市场的，属于违反第 47 条的情形。但是，需要注意的是，第 47 条禁止的是滥用支配地位的行为而非禁止支配地位本身。《竞争法》列举了可能构成滥用行为的情形：

- 对竞争对手的掠夺行为。
- 通过限制生产、市场或技术发展损害消费者。
- 对交易条件相同的交易相对人实行差别待遇，从而使交易相对人处于竞争劣势。
- 以其他方接受补充义务为条件订立合同，且该等义务根据补充义务的性质或商业用途与合同主要内容无关。

同样，新加坡《竞争法》附件三中列出了这些限制的例外情况，这些例外情况与第 34 条所列情况相同，但不包括纵向垄断协议和有净经济利益的协议。请注意如果相关行为"具有正当理由"，则不适用《竞争法》第 47 条规定的滥用行为。

## （三）《竞争法》第 54 条——合并控制

《竞争法》第 54 条禁止导致或可能导致新加坡市场上任何商品或服务的竞争实质性减弱的合并。第 54 条的规定旨在防止以下情况（如果该等情况将会导致新加坡的竞争大幅减少）：

- 2 家或更多独立的企业之间的合并。

·一人、多人、其他企业直接或间接控制一家、多家其他企业的全部或部分。

·由于一家企业（企业1）收购另一家企业（企业2）的资产或被收购企业的实质性部分，使企业1在收购前从事的业务或相关部分中取代或实质性取代企业2。

但有一些合并被排除在《竞争法》第54条的禁止性规定之外，即：

·经新加坡竞争与消费者委员会以外的任何部长或监管部门批准的合并。

·经新加坡金融管理局批准的合并。

·根据有关竞争的任何书面法律发布的关于竞争的实践守则，受新加坡竞争与消费者委员会以外的监管机构管辖的合并。

新加坡没有强制性企业合并前的强制性申报制度。但是，如果合并方认为合并可能违反《竞争法》第54条的规定，则合并方应考虑向新加坡竞争与消费者委员会提交正式申报，以便新加坡竞争与消费者委员会批准合并。合并方还可以选择在满足一些条件的情况下，向新加坡竞争与消费者委员会征求意见，要求新加坡竞争与消费者委员会在合并实施之前审查拟议合并，但这类意见没有约束力并且保密。如果没有提交任何申报，且新加坡竞争与消费者委员会在合并完成后发现合并违反《竞争法》第54条，合并方不仅要承担结构性和行为性补救措施的风险，还必须解除合并以及承担下文第四部分列举的罚款。

在收到正式申报后，新加坡竞争与消费者委员会采取两阶段流程来批准合并。每个阶段都有申报规定的申报表需要申请合并的当事方填写。第一阶段可使新加坡竞争与消费者委员会迅速处理显然不会违反《竞争法》第54条的合并（通常在30个工作日内），而第二阶段只处理可能发生此类违反《竞争法》第54条规定的合并。

### （四）处罚和执行

新加坡竞争与消费者委员会对违反《竞争法》第 34 条、第 47 条和第 54 条的行为拥有广泛的权力，可以作出其认为适当的规定，以终止违反该等条款项下的行为。这包括终止违反规定的协议、纠正违反规定的行为或要求解除违反规定的企业间合并。如果新加坡竞争与消费者委员会认为合适，也可以对企业处以罚款，但罚款不能超过该企业在新加坡营业收入的 10%，罚款期限不得超过 3 年。

新加坡竞争与消费者委员会对涉嫌违反规定的当事方拥有广泛的调查权，包括如果其有合理依据怀疑企业存在违反《竞争法》规定的行为，则有权要求该当事方提供指定文件或指定信息、凭搜查令进入场所，或者在《竞争法》规定的在某些情况下无须搜查令而直接进入场所。

## 十五、其他事项

### （一）外汇管制

新加坡于 1978 年暂停了外汇管制。因此，对新加坡投资、汇付股息或利润或汇返资本无须任何外汇管制批准。

### （二）制造许可证

根据《制造管制法》的规定，制造某些物品需要许可证。但是，在新加坡需要许可证的项目很少，大多数即将进入新加坡的跨国公司都不太可能涉及此类项目。这类项目包括一些拉制钢材产品、啤酒和烈性啤酒、雪茄和口香糖产品。

## （三）进出口管制

从历史上看，新加坡一直是贸易自由港口，对进出口的管制很少。进出口所需的文件比较简单。但是，根据《战略货物（管制）法》的规定，出口、转运、运输、转让以及代理购买或处置与民用和军用弹药、生物、化工产品和物品有关的商品、软件和技术均通过许可证和登记制度来管理。

只有少数产品需要缴纳关税，它们主要是烈酒、烟草、石油产品和汽车。

## （四）自由贸易协定

新加坡是多边贸易体系（即世贸组织）的坚定支持者，也与其他主要和战略贸易伙伴积极发展双边贸易安排，以加速贸易自由化的进程。这些自由贸易协定将降低出口关税、降低各种商业和专业服务的市场准入以及提供对外国投资的优惠条件，从而促进贸易和投资流动。

新加坡已与新西兰、日本、欧洲自由贸易协会（包括瑞士、列支敦士登、冰岛和挪威）、约旦、跨太平洋战略经济共同体（包括文莱、新西兰和智利）、印度、巴拿马、澳大利亚、美国、秘鲁、韩国、中国、哥斯达黎加和海湾合作委员会（包括巴林、科威特、阿曼、卡塔尔、沙特阿拉伯和阿联酋）签订自由贸易协定。

## （五）知识产权法律

新加坡对知识产权的保护多有立法。新加坡的商标保护受《商标法》的管辖；著作权由《著作权法》保护；工业设计由《注册设计法》保护；专利由《专利法》保护；集成电路由《集成电路布局设计法》保护。保密信息、未注册商标和商号仍受普通法保护。

## （六）新加坡工商联合总会会员资格

2002年4月1日，新加坡《工商联合总会法》（SBFA）实施，成立了新加坡工商联合总会（SBF）。新加坡工商联合总会的目标是成为新加坡的最高商会，解决在新加坡有实质性业务的企业所关注的问题。

根据新加坡《工商联合总会法》的规定，实缴资本达到或高于50万新元的本地公司应成为新加坡工商联合总会会员。同理，外国总公司的法定股本达到或超过50万新元的地方分支机构也应成为新加坡工商联合总会会员。该等公司的新加坡工商联合总会会员资格是新加坡工商联合总会法项下自动的、强制性授予的。新加坡工商联合总会会员须向新加坡工商联合总会支付会费。会费由新加坡工商联合总会理事会决定。这些费用与公司的实缴资本或外国总部的法定股本挂钩。

表2 新加坡工商联合总会会员年费缴纳表

| 公司实缴资本/外国总公司的法定股本 | 年费（无商品及服务税） |
| --- | --- |
| 1000万新元及以上 | 856新元 |
| 500万新元到不足1000万新元 | 642新元 |
| 100万新元到不足500万新元 | 428新元 |
| 50万新元到不足100万新元 | 321新元 |

根据新加坡《工商联合总会法》的规定，应向新加坡工商联合总会缴纳的所有会费均可由会员公司理事会通过在有管辖权的法院进行诉讼的方式来收取。此外，理事会还可选择向新加坡小额索偿法庭提出追缴会费的诉讼。

根据2002年9月13日公告的2002年新加坡《工商联合总会（豁免）令》的规定，对于成为新加坡工商联合总会会员的强制要求，没有雇员的公司可以豁免。这项豁免自 2002 年 4 月 1 日起生效。为享受该项豁免，无雇员公司必须向新加坡工商联合总会理事会提交以下文件：

· 董事关于公司在该特定期间没有任何雇员的声明；

· 最近一期的年度经审计账目。

# 马来西亚投资法律指南

## 一、概述

马来西亚自然资源（如石油和天然气）丰富，是棕榈油、天然橡胶和锡的主要生产国。马来西亚政府鼓励行业投资和外国投资，尤其是在高科技行业及以资源为基础的出口导向型行业。由于其经济增长和未来发展前景，马来西亚已引起跨国公司的高度关注。

## 二、法律背景

马来西亚的法律制度主要以英美法系为基础。许多马来西亚法律都以英国相关法律为蓝本。在今天的马六甲、槟城、沙巴和砂拉越及西马来西亚的其余部分地区，除非马来西亚成文法有相反规定，否则还继续适用1956年4月7日颁布的英国商业法。英国法在马来西亚普通法实践中仍十分具有说服力。

马来西亚法律对外国人和外国人拥有的公司提供同等保护。其法院程序与英国的法院程序十分相似。互惠国家和地区［即英国、中华人民共和国香港特别行政区、新加坡、新西兰、斯里兰卡、印度（不包括曼尼普尔邦、阿萨姆邦的部落地区、泰米尔纳德邦和安得拉邦等规划地区）和文莱达鲁萨兰国］的高等法院作出的外国判决，可根据1958年《相互执行判决法》直接执行。非互惠国家高等法院作出的判决，亦可通过在马来西亚法院对该判决提起诉讼的方式得到执行。商业争议亦可通过在特设仲裁庭或亚洲国际仲裁中心（其规则以联合国国际贸易法委员会规则为基础）进行仲裁的方式解决。马来西亚法律承认1958年通过的《承认及执行外国仲裁裁决公约》（即《纽约公约》）的效力。

## 三、组织形式类型

在马来西亚，开展商业活动业务可通过多种不同组织形式进行，在实践中，他们需要遵守马来西亚政府规定的相关指导原则，该组织形式会受到一定程度的限制，主要包括：

- 分支机构。
- 全资子公司。
- 与马来西亚股东的合资公司。
- 代表处。
- 有限责任合伙。

## 四、外国投资和本地股权参与

### （一）外国投资和本地股权参与要求——历史简介

马来西亚1971年开始实施新经济政策，旨在实现消除贫困和社会重建双重目的。该政策亦旨在确保马来人（Bumiputera）及其他原住民充分参与国家经济生活的各个方面。后来，新经济政策于1991年被国家发展政策所取代，之后又被2001年实施的国家愿景政策所取代。这些政策的整体目标是在高速发展框架内实现"均衡发展"，而公平是其主要推动力。尤其值得注意的是，国家愿景政策的主要目标之一是到2010年使马来西亚居民在所有行业的参股率至少达到30%。在这一期间内,许多政府部门均有实施相关政策和指导原则的任务,以实现国家愿景政策。

马来西亚成立了外商投资委员会,以期在实施国家发展政策和国家愿景政策的同时,能够维持对投资者友好的政策,提高外国投资水平,从而实现两者的平衡。外商投资委员会制定并实施了限制外商参与股权收购、并购和资产收购的指导原则。

## (二) 现状

尽管公平发展或"兼顾发展和分配"仍是政府政策,但是为了适应现代化发展,提高现代化水平,马来西亚亟须转型。

2009年4月,马来西亚首相宣布取消27个服务子行业中马来居民持股30%的要求。

此后不久,2009年6月30日,马来西亚政府宣布采取进一步措施,取消对外商在马来西亚投资的一系列限制,包括撤销外商投资委员会并废除外商投资委员会制定的指导原则。撤销外商投资委员会和取消某些限制,旨在促进马来西亚经济发展,鼓励外资进一步参与。

2011年10月,马来西亚首相宣布对外商进一步放开17个服务子行业,并从2012年开始分阶段有序放开。已经或将会完全放开的服务子行业包括私立医院、医疗和牙科专家、建筑、工程、法律服务、会计(包括审计)和税务、快递服务、电信(内容应用服务提供商牌照类别除外)、教育(包括私立大学、国际学校、技术和职业学校及技能培训中心)以及百货商店和专营店。

但这并不意味着马来西亚的外商投资限制已经完全取消。值得注意的是,马来西亚政府已声明,相关政府部门和机构的行业监管仍将继续适用。鉴于行业监管通常与外商投资委员会设置的股权条件保持一致,因此现行监管框架与国家发展政策实施以来所适用的监管框架并无重大区别。因此，在某些行业，外商投资仍需要满足本地股权参与方面的要求。

不过，废除外商投资委员会制定的指导原则确实意味着对外商股权投资方面的要求有所放松。

本地股权参与外商投资的要求通过以下两种方式实施：法律和非法律（行政）控制措施。

1. **非法律（行政）控制措施**

一般而言，各政府部门会设立委员会，由其负责制定达到新经济政策、国家发展政策或国家愿景政策规定的马来西亚居民30%参股比例所需的指导原则。

以前，外商投资委员会在这方面发挥着重要作用。而在外商投资委员会被撤销之后，仍有行业监管部门就特定行业业务经营设定马来西亚居民股权参与比例的条件。国内贸易、合作与消费部（以下简称国内贸易部）就是其中之一。

根据国内贸易部2010年颁布的《分销贸易指导原则》，关于外商在马来西亚参与分销贸易的所有申请均须获得国内贸易部批准。分销贸易公司的分销模式包括超市、百货商店、超级店铺、专营店、特许经营制度及其他类型。

目前，根据分销贸易指导原则的规定，任何有外商参与股权的分销贸易公司，如果进行与并购、开设或增加分支机构、为经营分销贸易业务而买卖财产及分销贸易经营者的其他补充业务相关的活动，则须遵守分销贸易指导原则的相关要求。

分销贸易指导原则规定，有外商参与股权的分销贸易公司应由马来西亚居民担任董事和管理人员，制定政策和计划以协助马来西亚居民参股和协助残障人员就业，并提高他们对马来西亚服务（如机场、港口、法律及其他专业服务）的参与比例。

根据 2016 年马来西亚《公司法》的规定，所有有外商参股的分销贸易公司均须在马来西亚注册成立。

分销贸易指导原则不属于法律，而是马来西亚政府政策的体现。尽管不遵守分销贸易指导原则不会产生法律后果，但政府可通过拒绝为从事该等贸易的外国公司注册分支机构或许可审批及入境审查等方式使分销贸易指导原则得以实施。

**2. 法律控制措施**

与马来西亚居民参股相关的法律控制措施是通过相关法律或附属法规所授予的行政裁量权予以实施的。对股权所有权的控制通过签发证照、许可审批和雇用准许的方式或在购买不动产及收购任何不动产权益中实现。如果公司或企业拟在马来西亚开展的经营活动需要某种营业执照，则政府或法定机构可通过批准和签发该等执照规定股权条件和限制。被赋予通过营业执照规定条件的权力和法律控制措施的行业监管机构之一是监管马来西亚制造业的国际贸易与工业部（以下简称贸工部），相关内容将在"制造业"的章节中讨论。

**3. 投资取得马来西亚公司的股本**

马来西亚没有综合性法律规定禁止外商拥有马来西亚公司的股本。但是，正如上文所述，相关政府部门和法定机构在授予证照、许可或其他政府批准时，可能对有外商参股的公司要求或规定某些股权条件。

**制造业**

根据 1975 年《产业协调法》的规定，制造业公司（股东资金少于 250 万林吉特或全职领薪雇员人数少于 75 名的制造业公司除外）须取得许可证。该法由贸工部下辖的政府机构马来西亚产业发展局（以下简称产发局）监管实施。产发局的政策是任何希望获得制造许可证的外国公司必须在马来西亚注册成立一家当地公司，之后方可申请制造许可证。

马来西亚政府在过去几年里采取了各种措施放宽对外商参与马来西亚制造业的限制。一般政策是，对所有新投资允许外商合资参与，包括现有许可制造商进行的扩产和多样化投资，但在发放制造许可证时仍然需要评估和批准部分敏感产业及活动除外。

对于现有的在新政策实施之前已获得许可的制造业公司而言，原许可中规定的股权和出口条件将维持不变，但许可证持有人可向贸工部申请免除股权条件，是否批准该申请由贸工部全权决定。

**贸易**

目前，从事批发或零售贸易（即不作改变地转售商品）的外商投资企业需要遵守分销贸易指导原则，该原则对分销贸易企业规定了相关规则和条件。分销贸易指导原则不构成法律，只是马来西亚政府政策的反映。尽管没有针对不遵守该原则行为的法定处罚措施，但分销贸易指导原则可由行政机构执行。

**石油——上游活动**

马来西亚国家石油公司（马来西亚政府全资拥有的实体，获准享有马来西亚的石油资源所有权和控制权）负责对上游活动颁发许可，且通常要求与其开展业务往来的实体持有马来西亚居民股权。

**卫生保健**

根据2012年预算公告，马来西亚的私立医院行业已经完全对外商投资开放，允许外商全资参与。独立医疗诊所服务和独立的专门牙科诊所服务也已完全开放。

**教育**

教育部允许全资提供国际课程的私立学校，但对提供马来西亚国家课程的私立学校，外商参与比例仍受限制。

在高等教育方面，建立一所学院、大学或大学水平的私立高等教育机构所需的马来西亚居民最低持股比例为30%。即便如此，外商可以全资参与设立外国大学的马来西亚分校。

## 五、投资激励措施

投资激励措施主要在1986年《投资促进法》和1967年《所得税法》中规定。部分激励措施简介载于附件。

## 六、设立机构和公司法

### （一）外国公司的分支机构

根据2016年马来西亚《公司法》，分支机构的注册登记由马来西亚公司委员会全权决定，该委员会有权对此类注册登记施加条件。根据分销贸易指导原则的规定，所有有外资权益的批发和零售公司必须注册设立为本地公司。

### （二）全资子公司

如上所述，马来西亚法律并不禁止设立外商全资子公司，但前提是该公司在马来西亚开展的业务活动不需要获得证照、许可或准许。在需要获得证照、许可和准许的情况下，也曾有公司获得批准，但前提条件是未来会向马来西亚股东剥离转让一部分股权。

## （三）合营公司

外商如无法通过外商全资子公司开展业务，则可选择与马来西亚人建立合营公司来实施。合营公司可通过合营协议的形式成立，合营公司的所有权和资本结构、股份转让、董事会构成、公司会议要求、财务政策、协议终止等事项，可由合营协议予以规定。外商应对合营协议的条款（以及与这些条款保持一致的合营公司章程）谨慎考虑，因为这些文件对于保护外国股东的利益至关重要，特别是当外国股东是少数股东时尤其如此。除合营协议外，通常也会签署一些处理诸如商标、商号和专利许可、技术协助和专业知识、营销、管理和其他事项有关的协议。

马来西亚合营公司的注册成立相对合营公司更加简单。公司拟用名称必须先由公司委员会批准，一旦获得批准，公司的注册成立通常可以在两天内完成，具体时间取决于相关公司文件是否能够及时签署。

另外一个可能的方式则是收购现有的壳公司，但在名称变更后至少一年内，在所有文件和信笺信封中，壳公司之前的名称必须列在新公司名称之下。

## （四）代表处

从事制造业和服务业的外国公司可以在马来西亚设立代表处。代表处不受公司委员会监管，而是根据产发局的指引设立。代表处可以开展的活动范围相当有限，因为设立代表处的主要目的是进行市场调研和可行性研究，以及联络和协调外国公司在该地区的活动。代表处在马来西亚不被允许从事任何商业交易或开展任何业务活动，或从其运营中获得收入。因此，代表处不能进行外国公司的销售推广或服务活动。这是因为这些活动具有业务活动的性质，而开展这些活动需要成立（注册）子公司或分支机构。

代表处设立的初始期限为两年，经申请可以延期。

根据产发局发布的指引，从事银行和金融服务业、旅游服务业的外国公司如设立代表处，则必须分别向马来西亚中央银行（即马来西亚国家银行）和旅游部提交申请。

## （五）有限责任合伙企业

随着马来西亚《有限责任合伙企业法》于2012年12月26日生效，外商在马来西亚也可通过有限责任合伙企业开展业务。有限责任合伙企业的主要特点包括：

- 有限责任合伙企业必须由不少于两名的个人或法人组成。
- 所有合伙人对下述各项承担有限责任。
  （1）对有限责任合伙企业的权利主张；
  （2）有限责任合伙企业其他成员不当行为产生的个人责任；
- 它是与其成员相互独立的法人或法律实体。
- 与传统合伙企业相比，有限责任合伙企业拥有独立于其成员的资格。

这些特点使有限责任合伙企业有别于马来西亚的其他商业组织形式。个人独资企业不享有单独的法人资格且所有权人承担无限个人责任；而在马来西亚注册成立的公司则要遵守相对严格的资本维持规则和广泛的合规要求。有限责任合伙企业的另一个显著优势是合伙人的有限责任。有限责任合伙企业可以有效地保护合伙人免受其他合伙人的疏忽或不当行为的影响，同时也具有传统合伙企业模式的灵活性，无须适用于公司实体的严格资本维持规则和大量的合规要求。

《有限责任合伙企业法》允许注册由本地人和外国担任合伙人设立的

有限责任合伙企业，并且通常没有关于有限责任合伙企业的合伙人必须是本地人或者是外国人的限制。但是，《有限责任合伙企业法》要求有限责任合伙企业必须从其合伙人或有资格担任马来西亚《公司法》规定的公司企业秘书的人员中至少任命一人担任合规官。该合规官必须是马来西亚公民或永久居民，并且必须常驻马来西亚。

### （六）公司的收购和合并

2016年马来西亚《收购与合并守则》（以下简称《收购守则》）于2016年8月15日生效。《收购守则》取代了2010年马来西亚《收购与合并守则》。在取代的同时，马来西亚证券委员会还发布了2016年《收购、合并与强制购买规则》（以下简称《收购规则》）。根据《收购规则》的规定，取得公司控制权的收购人（"控制"被定义为取得某一公司超过33%的有表决权股份或有权对该等股份实施控制），或持有某一公司超过33%但不足50%的有表决权股份在6个月内继续收购该公司超过2%的有表决权股份的收购人，均被要求对公司剩余股份发出强制性全面收购要约。

《收购规则》还载有大量附注，具体阐述了《收购规则》的要求、解释和适用。具有重要意义的是《收购规则》中规定的各种豁免情形，其使收购人可免于发出强制性全面收购要约。

## 七、马来西亚税收

### （一）概述

马来西亚税收制度在本质上具有属地性。在马来西亚，如果收入来源于马来西亚（即在马来西亚产生或源自于马来西亚），或收入虽来自马来西亚境外但在其境内收到（某些豁免例外），这笔收入则会被马来西亚征税。

自1998年税务年度以来，居民公司在马来西亚收到的外国来源收入无须缴税。但是，这一豁免不适用于经营银行、保险、船运或空运业务的公司。

从2014税务年度起，马来西亚公司在单级股息制度下获得的股息不再缴纳所得税。公司利润缴纳的税将是最终税，分配给股东的股息不再进一步缴税。

目前，非居民个人、居民公司和单位信托汇入马来西亚境内的收入免税。从2004税务年度起，为加强国内投资，任何人（包括居民个人、信托机构、合作社和印度教联合家庭）汇入的收入均免税。自2016税务年度起，在马来西亚，居民公司和非居民公司［中小规模公司（"中小企业"）除外］的所得税税率为24%。从2017税务年度开始，实缴资本不超过250万林吉特的中小企业，其应税所得中小于等于50万林吉特的部分按17%的税率征收所得税，超过部分应税收入则按24%的税率征收所得税。此外，对于2017税务年度和2018税务年度，根据2016年马来西亚《公司法》注册设立的居民公司可能有资格就增量收入获得所得税率1%到4%的减免。个人所得税税率最高为28%。

在马来西亚，没有资本收益税（但不动产收益除外），但具有收入特征或被认为是"贸易性质的风险性生意"的收益可能被征收所得税。享有资本支出扣税额的资产如以高于其应税折旧价值的价格出售，则出售所得将征税，作为折旧平衡课税。

自2019税务年度起，将对以下税务亏损和未使用的免税额结转设定时间限制（最多可结转连续7个课税年度）。

·未承担的业务亏损。

·未使用的再投资免税额、服务投资免税额。

·未承担的新兴工业亏损。

马来西亚《所得税法》为所有本地注册成立的居民公司规定了集团税务减免。在满足《所得税法》规定的某些条件的前提下，集团税务减免额限于本年度未承担的税务亏损的70%，其可用于与同一集团内另一公司的收入抵销。从2019税务年度开始，公司仅可在自公司开始运营之日起12个月后进行亏损抵减，且亏损只能在连续3个纳税年度内得到抵减。

仅发生于应税所得产生过程中的费用，一般可以扣除（包括经营前培训费用和用于产生所得的借款的利息），除非《所得税法》另有规定。

## （二）税务自行申报制度

在马来西亚，所得税目前由马来西亚税务局根据自行申报系统评税。公司纳税人要在公司财务年度结束后7个月内，自行评估自身的税务责任并完成纳税申报表。税务计算和经审计报表应由公司留存，以便税务局稽查或检查。税务局将不时对纳税人开展稽查，以确保合规。

公司必须提供本年度应纳税额的估计数，这些估计数不应低于上年的估计数或订正估计数。公司可以在其财务年度的第6个月和第9个月修订其估计数。

对超额缴纳所得税的公司，税务局将给予退税。具体的退税机制在《所得税法》中作出规定。

## （三）销售及服务税的重新引入

自2018年9月1日起，销售及服务税替代原有的商品及服务税。销售及服务税是2018年《销售税法》和2018年《服务税法》设立的。

在进口时或在制造商出售或以其他方式处置货物时，马来西亚对进口和本地制造的商品征收单一阶段的销售税。所有商品的销售税为10%，但根据《2018年销售税（免税商品）令》和《2018销售税（免税人士）令》的规定可以免税的商品除外。

马来西亚对应税服务按6%的标准税率征收服务税，但根据2018年服务税（免税人士）令规定的可以免税的服务除外。符合强制性登记条件的应税服务商和商品提供商，必须在马来西亚皇家海关总署进行登记。不符合此条件的企业，也可以选择自愿登记。

自2019年1月1日起，马来西亚将企业对企业（B2B）的进口应税服务征收服务税。自2020年1月1日起，马来西亚对外国服务提供商向马来西亚消费者提供的企业对消费者（B2C）有关的数字服务征收服务税。

### （四）股息

由马来西亚居民公司利用利润支付的全部股息，如果该等利润已全部缴纳在马来西亚规定的所有税负，则该等股息在任一股东手中将不需要缴纳进一步的马来西亚税负。

### （五）预提税

马来西亚对向非居民支付的某些款项征收预提税，如特许权使用费、技术费、安装费和动产租金。预提税税率一般在10%~15%之间。

2018年12月28日，《所得税法》第4A（2）和15A条关于扩大"来源于马来西亚总收入"的修订案正式生效，以确定《所得税法》第109B条规定的10%预提税是否能够适用。目前，属于《所得税法》第4A（2）和15A条的服务包括与任何项目的管理或实施有关的非技术咨询、协助或服务。

对于根据合同在马来西亚履行的服务支付给非居民承包商、顾问或专业人员的费用，适用的预提税税率为13%。其中包含非居民的应纳税额支付合同款项的10%和非居民雇员的应纳税额缴纳3%（最终将在提交其纳税申报表时退还）。这不是最终税，且任何超过最终税款的预提额都将予以返还。

## （六）转移定价

《所得税法》关于转移定价的具体规定（即第140A条），规范了关联公司之间的交易，要求关联公司公平合理地开展交易，否则税务局局长可作出必要的调整或对交易不予受理。

2012年5月发布的《所得税（转移定价）规则》（以下简称《转移定价规则》）是第一部专门规范转移定价并要求所有关联方交易均须有文件为凭的立法，该规则具有溯及力，可溯及至2009年1月1日。

为了补充《转移定价规则》，税务局还在2013年7月发布了《转移定价指引》，除规定了对违规行为的相关处罚外，还向纳税人提供了行政管理要求和转移定价方法对关联方交易的适用方面的指导。《转移定价指引》在2017年7月被进一步更新，以广泛吸纳经济合作与发展组织税基侵蚀与利润转移项目行动第8—10项下的各种建议。税务局还发布了具体的转移定价稽查框架，说明了转移定价稽查过程中将进行的步骤和程序。

鉴于转移定价是税务局日益关注的领域，自2014税务年度起，马来西亚企业所得税申报表表格已被修订，新增了"打勾式"披露项目，要求企业确认是否已经为所申报的任何关联方交易编制转移定价文件。这一表格连同税务局发布的其他表格和调查表，共同构成了税务局在确定潜在稽查对象时的关键风险评估工具。因此，公平合理地设计安排关联方交易，并备妥适当的符合当地规定的转移定价文件，可以最大限度地降低和减少稽查后被迫作出调整的风险。

自 2017 年 1 月 1 日起，马来西亚还采行了国别（CbC）申报规则，要求相关申报实体（即年度合并集团收入总额至少为 30 亿林吉特的马来西亚跨国公司的最终母公司实体）编制并提交国别报告。

税务局局长可在相关税务年度后的 7 年内，因《所得税法》第 140A（3）条规定的价格替换导致的转移定价调整，提高税收核定额或提出额外的税额。

## （七）不动产利得税

自 1975 年以来，马来西亚已制定法律征收不动产利得税。该税项适用于所有"人"，包括个人、公司、合伙、团体和独资公司，不论此人在相关税务年度是否居住于马来西亚。

根据 2018 年《财政法》的规定，自 2019 年 1 月 1 日起，5 年后（即第 6 年或之后）的房地产公司出售不动产或股份的不动产利得税将被提高。

表 1 房地产公司处置不动产及股份适用的不动产利得税税率

| 处置期间 | 不动产利得税利率 |||
| --- | --- | --- | --- |
| | 公司 | 个人（公民/永久居民） | 个人（非公民） |
| 在前 3 年内处置 | 30% | 30% | 30% |
| 在第 4 年处置 | 20% | 20% | 30% |
| 在第 5 年处置 | 15% | 15% | 30% |
| 在第 6 年及以后年度处置 | 10% | 5%（出售的房产为价格不超过 20 万林吉特的低价、中低价和经济适用房除外） | 10% |

目前，如果为不动产的处置支付的对价全部或部分由金钱构成，则购买方需要在相关处置之日后60天内，保留并向税务局汇付这笔款项或不超过对价总额3%的款项（以金额较低者为准，被称为"保留金额"）。根据2017年《财政法》（第2号）的规定，自2018年1月1日起，对处置人并非马来西亚公民或永久居民的交易适用的保留金额比率，已由3%上调至7%。

### （八）房地产公司

"房地产公司"这一概念是作为一种防避税机制引入的，目的是防止人们通过使用公司获得土地然后出售公司股份而非出售土地来规避不动产利得税。

房地产公司是指拥有土地的确定价值不低于其有形资产总额75%的受控公司。房地产公司股份处置的资本收益，将以与土地处置资本利得相同的方式征税。

### （九）税收协定

截至2019年6月，马来西亚已与大约75个国家和地区缔结避免双重征税的协定，包括阿尔巴尼亚、阿根廷、澳大利亚、奥地利、巴林、孟加拉国、比利时、波斯尼亚黑塞哥维那、文莱、加拿大、智利、中国［含香港特别行政区及台湾地区（通过豁免令方式订立）］、克罗地亚、捷克、丹麦、埃及、斐济、芬兰、法国、德国、匈牙利、印度、印度尼西亚、伊朗、爱尔兰、意大利、日本、约旦、哈萨克斯坦、韩国、科威特、吉尔吉斯斯坦、老挝、黎巴嫩、卢森堡、马耳他、毛里求斯、蒙古、摩洛哥、缅甸、纳米比亚、荷兰、新西兰、挪威、巴基斯坦、巴布亚新几内亚、菲律宾、波兰、卡塔尔、罗马尼亚、俄罗斯、圣马力诺、沙特阿拉伯、塞舌尔、新加坡、南非、西班牙、斯洛伐克、斯里兰卡、苏丹、瑞典、瑞士、叙利亚、泰国、土耳其、土库曼斯坦、阿拉伯联合酋长国、英国、美国、乌兹别克斯坦、委内瑞拉、越南和津巴布韦。但是，与阿根廷和美国的条约适用范围有限，只针对船运和空运企业的利润。

# 八、外汇管制

在 2013 年 6 月 30 日之前，1953 年《外汇管制法》是马来西亚规范外汇管制的主要立法。根据《外汇管制法》发布的马来西亚外汇管制通知和通函对《外汇管制法》进行了补充，明确了外汇管制专员的一般权限与职责。自 2013 年 6 月 30 日起，《外汇管制法》与 1989 年《银行和金融机构法》、1996 年《保险法》和 2003 年《支付系统法》一起被废止并重新修改合并为《金融服务法》和《伊斯兰金融服务法》。

随着《金融服务法》和《伊斯兰金融服务法》的生效，外汇管制专员撤销了所有现有的外汇管制通知和相关通函，将其合并为 7 份新的通知（以下简称"外汇通知"）和补充通知，外汇管理部门颁布旨在补充完善《金融服务法》和《伊斯兰金融服务法》的外汇管理规定。外汇通知明确了居民和非居民将资金汇出和汇入马来西亚时需要通过马来西亚中央银行，即马来西亚国家银行下属的外汇管制专员的具体批准。

"居民"被定义为马来西亚公民（不包括外国永久居民且居住在马来西业境外的人）、已取得马来西亚永久居民身份并通常在马来西亚居住的非马来西亚公民的人，或已在马来西亚任何机构成立、注册或经批准之人（不论是法人还是非法人）。

"非居民"被定义为居民以外的任何人、海外分支机构、海外子公司、区域办事处、销售办公室、居民公司代表处、使领馆、高级委员会、超国家组织或国际组织、已取得马来西亚以外某个地域的永久居民身份且现居住于马来西亚境外的马来西亚公民。

自2007年4月1日起，国家银行大幅放松马来西亚的外汇管制，其中包括放松居民从非居民获得外币或林吉特信贷额度以及对外投资的规定。《金融服务法》和《伊斯兰金融服务法》反映了持续放松管制的趋势，在规定中进一步放宽要求，包括可获得在马来西亚发行外币证券的权利。

**外汇通知**

以下是外汇通知中适用于居民和非居民的部分规定和限制：

**居民和非居民之间的结算**

·居民可以自由地为任何目的（包括商品和服务贸易结算）向非居民支付或从非居民接收外汇款项，但下述衍生品除外：

（1）以林吉特计价或计量，除非经国家银行批准；

（2）由居民提供并以外币计价，除非经国家银行批准；

（3）由非居民提供并以外币计价，除非发生下列情况之一的：

①持牌在岸银行自营购买的衍生产品，但以林吉特为计量货币的汇率衍生产品除外；

②通过居民期货经纪人开展的在指定交易所提供的衍生产品；

③与纳闽岛银行达成的利率衍生产品，以管理因批准的外币借款而产生的利率风险敞口。

·居民和非居民之间以马来西亚林吉特进行的结算，只允许用于结算下述各项：

（1）林吉特资产；

（2）商品和服务贸易；

（3）商品穆拉巴哈式（murabahah）交易；

（4）在马来西亚获取的收入或发生的费用；

（5）居民和被许可从事纳闽岛保险或伊斯兰保险（Takaful）业务的人之间进行的国内保险业务的再保险业务，以及国内伊斯兰保险业务的再保险业务；

（6）由持牌可开展纳闽岛银行业务的人为居民发出的以林吉特计价的林吉特非金融担保；

（7）直系家庭成员（即配偶、父母、子女和兄弟姐妹）之间的任何目的，只要满足下列条件：

①居民以林吉特付款，汇入非居民或非居民金融机构的外部账户（即在一家马来西亚金融机构以林吉特维持的账户）；

②非居民以林吉特从外部账户付款。

**林吉特借款**

1. 一般来说，居民（公司或个人）可以向任何非居民（非居民金融机构除外）借款的上限为 100 万林吉特。尽管如此，居民个人也可以从其非居民直系亲属或在马来西亚的非居民雇主（但须遵守其服务条款和条件）处借取任何数额的款项。而居民公司可以向下述人员借取任何金额的款项：

（1）为马来西亚实体领域的活动融资而从其自身所属集团内的非居民公司或其非居民直接股东处借款。"实体领域活动"（real sector activities）包括：

①商品或服务的生产或消费（不包括金融服务领域的活动，也不包括证券或金融工具的购买，不论该服务或工具是否为伊斯兰保险业务）；

②住宅或商业地产的建设或购买（单纯的土地购买除外）。

（2）通过发行下述证券，从任何非居民处的借款：

①马来西亚证券委员会有关指引规定的可流通私人债务证券或伊斯兰私人债务证券；

②马来西亚联邦政府发行的林吉特或伊斯兰债务证券。

2. 非居民（公司或个人）可以按下述方式或基于下列目的从居民处取得林吉特借款：

（1）通过发行国家银行批准的林吉特私人债务证券或伊斯兰私人债务证券；

（2）为马来西亚实体领域的活动提供资金。非居民还可以为指定用途从持牌在岸银行、居民股票经纪公司和居民保险公司获得林吉特借款。

**外币借款**

1. 居民个人可以从持牌在岸银行或者非居民手中可以借取的外币款项上限为等值于1000万林吉特，而从其直系亲属借取的外币款项则金额不限；居民公司可从下述人员处借取任何金额的外币款项：

（1）持牌在岸银行；

（2）其所属实体集团内的居民或非居民公司（仅为获得借款而设立的公司除外）；

（3）其居民或非居民直接股东；

（4）向另一居民发行外币债务证券；

（5）最高为1亿林吉特等值金额的贷款（依公司集团从其他非居民处可借取的款项总额计算）。

2. 非居民允许从持牌在岸银行、马来西亚的另一非居民或其任何直系亲属处借入任何金额的外币款项。非居民也可以从居民处借款，但有一定的限额，具体取决于居民当时是否有国内林吉特借款。

**旅客携带林吉特和外币进出境**

居民和非居民可携带任何币种的外币进出境，但最多只可携带等值于1万美元的林吉特进出境。

**其他规定**

自 2007 年 4 月 1 日起，非居民可获得的住宅或商业地产贷款数量限额已被取消。

目前，还存在其他适用于下述各项的外汇管制规定：境外投资、证券或金融工具的发行、转让或替换、金融担保、货物出口、外币账户开立、支付和套期保值以及与指定个人和公司的交易。

# 九、纳闽岛——国际离岸金融中心

纳闽岛是一个位于东马来西亚沙巴州的岛屿，是马来西亚联邦直辖区。

2019 年 1 月 1 日，马来西亚《财政法》正式生效，其中包括与纳闽岛相关的几处新规定如下：

· 取消使用林吉特或与马来西亚居民交易的限制。

现在，纳闽岛企业可以使用林吉特与马来西亚居民进行"纳闽商业活动"。

· 对纳闽岛企业按净利润的 3% 征收所得税。

从事"纳闽贸易活动"的纳闽岛企业应对依照其经审核的账目，对其净利润（不包括其因商业活动而应获得的特许权使用费或知识产权的任何收入）扣除 3% 的税率。

· 不再根据 1990 年《纳闽岛商业活动税收法》对知识产权征收所得税。

因商业活动而应获得的特许权使用费或知识产权的任何收入根据《所得税法》征税，而不是根据《纳闽岛商业活动税收法》实行 3% 的优惠税率。《所得税法》规定的现行企业所得税税率为 24%。

· 对纳闽岛企业的新经济实质要求。

"纳闽商业活动"必须满足并维持以下条件：

（1）足够数量的纳闽岛全职员工；

（2）足够数额的纳闽岛年度运营支出。

·居民对纳闽岛企业的付款减税限制。

居民只能对纳闽岛企业支付的特定付款申请部分减税。

# 十、劳动

## （一）外籍人士的雇用

非马来西亚人需要工作许可证才能在马来西亚就业。考虑到马来西亚政府的目标是培训马来西亚人以使其能胜任各种水平的就业岗位，因此，在某些行业，如制造业，只有某些经预先指定和批准的"关键职位"方可由外籍人士长期担任。一般而言，只有在外商独资的马来西亚公司的实缴资本不低于 50 万林吉特的情况下，才会批准外籍人士担任职位。开展在马来西亚不受监管的服务或批发与零售贸易的公司，则需要达到 100 万林吉特的实缴资本。如无充分的理由，外国公司注册分支机构能够提供的外籍人士的职位，通常极其有限。

部分行业（如制造业、信息技术业、金融业、保险业和教育业）的外籍人士职位的申请，须先提交给指定政府机构，然后提交入境处。其他需要专业资格和实际经验的高管职位以及需要专门技能和丰富经验的非高管职位，可由外籍人士担任，但条件是最终须培训马来西亚人担任这些职位。2011 年初马来西亚推出了外籍人士"居住证"制度。居住证的有效期为 10 年，并非针对具体雇主，而是面向那些在特定行业中就业的高素质外籍人士。

## （二）劳动法律

1955年《劳动法》（适用于西马来西亚的雇员）和沙巴州或砂拉越州《劳动条例》（适用于东马来西亚的雇员）规范与在马来西亚劳动有关的事项，但公务员和在法定机构工作的人员除外。《劳动法》和《劳动条例》适用于每月获取的工资在规定限额范围内的雇员，其中《劳动法》规定的限额为2000林吉特，《劳动条例》规定的限额为2500林吉特，不论具体职业。某些具体类型的雇员（如体力劳动者、体力劳动者的监工、商用车辆的司机）也受《劳动法》和《劳动条例》的监管，不论其获取的月薪为多少。至于其他雇员，其福利将受其雇用合同监管，个别情况下也可能受普通法管辖。

《劳动法》和《劳动条例》所涵盖的主要内容：终止、款项扣除和工资预付、负责人和承包商支付工资的责任、生育保护、工作时间和工作天数、年假、病假、公共假期、终止和裁员福利。2012年初，《劳动法》被修订，补充增加了针对工作场所性骚扰、更优产假福利和非马来西亚人有关劳动的规定。

### 1. 最低工资

除某些行业的雇员（如影院员工、店员、酒店和餐饮业员工、搬运工和装卸工）外，马来西亚一般没有法定最低工资标准。福利及有关聘用条款由劳资双方约定，但须遵守《劳动法》和《劳动条例》规定的最低标准（如适用）。但是，随着2011年《国家工资协商委员会法》的颁布，2012年马来西亚发布了《最低工资令》，根据雇员所属地区情况规定了雇员的最低法定基本工资标准。此后，2012年的《最低工资令》被后续法令撤销。最新的2018年《最低工资令》规定，自2019年1月1日起，未得到政府补贴的私营部门的最低工资标准上调至每月1050林吉特（合每小时

5.29 林吉特），此规定覆盖马来西亚的全部私营部门。希望联盟在其竞选宣言中，承诺将最低工资提高到每月 1500 林吉特。但是，现任政府表示，这一目标将分阶段实施，并预计到希望联盟第一届政府任期结束时，能够实现 1500 林吉特的目标。

2011 年《国家工资协商委员会法》规定最低工资每两年审核一次。

**2. 终止和解雇**

在马来西亚没有"随意"解雇行为。所有的解雇必须出于"正当理由或原因"，并且必须遵守与终止理由具体相关的一些特定程序和要求。前雇主可能最终会被工业法院裁定为须对不公平解雇行为负责。被解雇雇员的不公平解雇索赔一旦胜诉，其可能会获得巨额赔偿金，而且无论判决结果如何，法院都不会作出关于缴纳法律费用的命令。调解和裁决过程可能需要数年时间。因此，任何解雇雇员（包括非马来西亚雇员）的行为，都必须极其谨慎地处理，以避免不公平解雇风险。

业务的出售人有责任向在《劳动法》或《劳动条例》范围内的适用雇员（"受保护雇员"）支付终止福利（即遣散费），除非买方在业务所有权变更后 7 天内，向受保护雇员提出了继续按照福利待遇不低于以往的条款和条件雇用相关雇员的要约，但受保护雇员拒绝该等要约的除外。以冗员为由解雇时应付的相关福利费用，可在服务合同或集体劳动合同中约定。

**3. 退休年龄**

马来西亚《最低退休年龄法》已于 2013 年 7 月 1 日生效。《最低退休年龄法》规定私营部门雇员的法定最低退休年龄为 60 岁。但这一规定并不禁止雇主设定超过 60 岁的退休年龄。

《最低退休年龄法》不适用于试用期雇员、学徒、非公民、家庭佣工、受雇期限不超过 24 个月（包括任何延期）的固定期限雇员、临时雇用的学生以及平均工作时间不超过全职雇员正常工作时间 70% 的个人。《最低退休年龄法》也不适用于在该法实施日期前在55岁或以上退休但后又被重新雇用的个人。

根据《最低退休年龄法》的规定，雇主不得在雇员达到最低退休年龄前让其提前退休。雇主不遵守《最低退休年龄法》的规定即构成犯罪。如被判有罪，则雇主可能因每一项罪行而面临1万林吉特的罚款。

虽然《最低退休年龄法》规定了最低退休年龄，但同时也规定了在最低退休年龄之前可选择性地退休。根据国家工资协商委员会发布的《最低退休年龄法实施指南》，雇主经雇员同意可以在服务合同或集体劳动合同中确定提前退休年龄。当雇员达到选择性退休年龄时，他可选择退休。

**4. 雇员养老金和社会保障**

1991年《雇员公积金法》要求雇主和雇员缴纳公积金。由于私营部门雇员没有强制退休年龄，因此，退休年龄是作为合同事项确定的，如未作明确约定，则参照雇主的惯例做法确定。55岁的退休年龄并非由法律规定，但作为一般惯例，大多数雇主都采用该退休年龄。但是，2012年《最低退休年龄法》规定了强制性最低退休年龄为60岁（即不得让雇员在60岁之前退休），但雇员可以选择（且仅可由雇员选择）不实施这一规定。

目前，对于工资超过5000林吉特的雇员，雇主为该雇员的公积金缴纳比例是雇员工资的12%，而雇员向自己公积金账户的缴纳比例为11%。对于工资等于或不超过5000林吉特的雇员，雇员按11%的公积金缴纳比例保持不变，而雇主的公积金缴纳比例则为13%（雇主可以就对雇员公积金的缴纳要求获得所得税扣减，最高为19%）。

在此之前，《雇员公积金法》要求雇主和雇员在雇员达到55岁退休年龄前为雇员账户缴款公积金。为与《最低退休年龄法》保持一致，雇主和雇员须分别继续按12%和11%的比例缴纳，直到雇员达到60岁为止。

在2016年6月1日前，雇主须为下述雇员在社会保障机构（SOCSO）

缴款：（1）所有月工资不超过 3000 林吉特的雇员；（2）初始月工资不超过 3000 林吉特但后来超过 3000 林吉特限额且之前曾向社会保障机构缴款的雇员。自 2016 年 6 月 1 日起，雇主和雇员必须分别向社会保障机构实施的保险计划为雇员缴纳其工资的约 1.75% 和 0.5% 的款项，上限按 4000 林吉特的月工资计算。即使雇主可能已单独根据团体保险计划或个人意外保险单为雇员投保，但是该款项仍必须缴纳。

### 5. 就业保险制度

《就业保险制度法》于 2018 年 1 月 1 日生效，要求雇主和雇员分别向由社会保障机构管理的就业保险计划缴纳雇员每月工资的 0.2% 的款项。就业保障计划为受影响的个人提供离职后福利，并协助其再就业。受影响个人可就为求职目的失业申请获得逐渐递减比例的工资，最多不超过 6 个月。其他可索赔的津贴包括早期再就业、收入减少、职业咨询和培训。所有拥有一名或多名雇员的私营部门雇主将被要求根据就业保险计划进行登记，并且所有雇员都需要投保。

### 6. 举报人保护

《举报人保护法》于 2010 年 12 月 15 日生效。它的目的是，通过确保举报人在作出《举报人保护法》下受保护的举报行为后不会遭受报复行为，鼓励对不当行为的举报。

无论企业的性质和雇员的职位如何，《举报人保护法》将对马来西亚所有雇主产生重大影响。因此，雇主应采取积极主动的自律方法，实施全面的举报人保护政策，以促进检举。

由于 2010 年的《个人资料保护法》已于 2013 年 11 月 15 日生效，因此，当举报人和被指控的不当行为者均为雇员时，雇主需要在其中找到合适的平衡。

### 7. 雇员个人资料保护

《个人资料保护法》(《个人资料保护（资料使用人类型）令》）的颁布旨在规范个人资料的收集和使用。简单地说，《个人资料保护法》对处理雇员（作为资料主体）个人资料的雇主（作为资料使用人）规定了法定义务。雇主被要求在处理雇员的个人资料之前得到雇员的同意，通过书面通知方式告知雇员正在处理其个人资料，说明收集个人资料的原因，负责保护个人资料，确保个人资料的准确性，并允许雇员访问查阅收集的个人资料。

根据2013年生效的《个人资料保护法》的规定，某些类型的资料使用人须进行登记。有关《个人资料保护法》的详细讨论，请参阅下文。

### 8. 与劳动相关的法律拟议修订

马来西亚人力资源部最近发布了对1967年《工业关系法》、1959年《工会法》和《劳动法》的拟议修正案。本次拟议修正案是人力资源部倡议的一部分，该倡议旨在提高马来西亚的劳工标准，使其与《国际劳工组织公约》相一致，并使与劳动相关的法律更能反映马来西亚目前的就业环境。

拟议的修订案包括：

（1）确保所有雇员无论其赚取的酬劳金额或是否与雇主签订服务合同都能受到《劳动法》的保护；

（2）消除工作场所的歧视，如果存在歧视，则工业关系总干事将有权采取措施和调查解决相关投诉；

（3）取消禁止女雇员从事地下工作的规定；

（4）加强生育保护；

（5）要求所有雇主制定防止性骚扰的书面守则。

# 十一、贸易和关税

## （一）贸易政策

马来西亚大体上实行开放贸易政策，这既有利于外商对马来西亚的直接投资，也有利于外商与马来西亚的贸易往来。马来西亚的主要贸易目标包括提高商品和服务的市场参与，促进马来西亚出口货物的全球竞争力，扩大和丰富与现有合作伙伴的贸易，以及开拓新市场。

## （二）主要的贸易问题

关税是影响货物进口的主要边境措施，但各种非关税边境措施也被用作马来西亚贸易和产业政策的工具。马来西亚的一些关税细目需要进口许可证。作为签发进口许可证的先决条件，进口某些关税细目还须符合技术标准并须获得批准。马来西亚对其他国家和经济体发起过多项反倾销行动，而马来西亚产品也被提起多项反倾销调查。

作为产业政策的一部分，马来西亚征收出口税并采取出口促进措施。出口税或出口许可证适用于某些关乎国家利益的商品。出口促进措施包括出口加工区和担保。

## （三）关税和相关考量因素

根据1967年《关税法》制定的附属法规——2017年《关税令》的规定，马来西亚对各种关税细目的各类进口商品（从农产品、加工材料到工业制成品）征收进口税。确定进口商品应缴的关税数额时，需要考虑下述因素：

·关税税则分类。

·货物原产地。

·应税商品价值。

进口至马来西亚的商品按《海关商品名称与编码协调制度》（又称"HS 编码"）分类，该协调制度是国际海关组织实施的全球标准化制度，用于包括马来西亚在内的所有世贸组织成员国。商品原产地是另一个相关的因素，因为根据自由贸易协定（以下简称"自贸协定"）可能享有不同的关税税率或优惠税率，这些协定根据马来西亚订立的或其以东盟成员国订立的各种东盟经济协定和自贸协定，以促进商品在该地区的自由流动。

进口商品的估价必须根据 1999 年《关税（估价规则）条例》进行，该条例规定交易价值，即商品的已付或应付价格为首要的估价方法。尽管有此规定，但如果海关有理由怀疑交易价值（即申报价值）的真实性或准确性，则其可采用其他估价方法对商品进行估价，如采用相同或类似商品的价值，采用商品的倒扣价值（即其销售价格减去合理的利润和其他费用），或者基于其已知的成本价格加上合理金额的利润和其他费用计算商品的价值。最后，海关还可使用综合上述所有方法的合理备用方法或衍生估价方法进行估价。

由于马来西亚的目标是使其出口货物具有国际竞争力，因此，征收出口税的产品类型（如原油、棕榈油）极其有限。出口关税按海关放行时出口商为出口商品收到的价款征收。

另外，马来西亚还对进口至马来西亚或在马来西亚生产的某些商品（如汽车、烟酒、赌场附属用具、台球、扑克牌、麻将牌等物品）征收货物税。货物税的税率依据商品的性质而各不相同，税率包括特定税率及从价税。征收货物税的货物类型及适用税率，规定在 1976 年的《货物税法》和根据《货物税法》颁布的《货物税条例》和《货物税令》中。

## （四）自由区

在马来西亚有数个指定的自由区。自由区分两类：自由工业区和自由商业区。自由工业区内只允许进行制造业活动。自由商业区内允许进行商业活动，包括贸易（零售除外）、分拆、分级、重新包装、重新贴签和运输。这些自由区的目的在于使企业在进口原材料、零件、机器设备方面享有最低程度的海关监控和最便捷的手续。

有资格入驻自由区的公司必须是其全部的进口物品均用于出口且其所用的材料或部件均为进口的公司。在特殊情况下，如某公司产品不少于80%用于出口，则该公司也被考虑允许入驻自由区（虽然马来西亚政府鼓励自由区内公司尽可能使用当地原材料或零部件）。

在自由区内，除特定商品或服务之外，可以进口、生产、制造或提供任何种类的商品和服务，而不需要缴纳任何关税、货物税、销售税或服务税。自由区内的公司如希望在马来西亚国内市场出售其产品，则可向财政部申请免缴该等产品的进口税。

## （五）获准制造仓库

由于自由区地理区域有限，因此，无法使所有公司均在该等地理区域内开展经营活动。为扩大位于自由区内的制造商享有的利益与豁免待遇的适用范围，马来西亚政府根据《公司法》第65条和第65A条的规定，引入了获准制造仓库计划，该计划使制造商可以在考虑了劳动力供给、土地成本和支持服务等因素后选择场所地点。

获准制造仓库基本上是保税仓库，其中，基于制造目的进口的商品一般可以不缴关税和销售税，而纳入出口的成品中。海关对得到获准制造的仓库严格监管，要求制造商保持综合文件记录系统运行，记录商品进出许可制造仓库设施的所有流入与流出活动,以防止漏税。货物的任何流动均须记录在案并经相关海关官员批准。此外,制造商还有保持每日记录的义务,用于编制并向海关提交月度记录和经审计的年度报告。任何未明确说明去向的货物将须按海关的自主决定缴纳关税和销售税。

### (六) 出口退税制度

如果制造商既未入驻自由区,也未申请成为获准制造仓库,则适用出口退税制度,可以使作为在马来西亚制造的成品的一部分再出口的零部件所缴纳的关税和税费获得全额退还。制造商满足某些资格要求即可向海关提出申请出口退税,届时海关将确认申请退税的零部件是否实际用作随后将出口的成品中的零部件。

### (七) 进出口许可证制度

马来西亚对于某些进出口货物有着禁止和限制性规定,通常具体分别规定在 2017 年《海关(禁止进口)令》和 2017 年《海关(禁止出口)令》中。这些规定的附表中包括绝对禁止和受到限制(须取得相关部门的必要许可或批准)的货物清单。

马来西亚对于某些进口商品还规定有最低标准要求,如(但不限于)建筑和建设材料、钢铁、玩具、电信设备;而对于其他商品还有标签方面的要求。这些要求通常是针对具体产品的,由于任何申请批准过程均需要处理时间,因此,不论是进口商还是出口商,均建议其查明任何拟议进口或出口商品是否受该等要求约束。

### (八) 战略物品出口管制

需要注意的是,马来西亚 2010 年的《战略贸易法》规定了出口管制制度，其中规定了以下关键出口限制：

（1）未经许可出口、转运或运送战略物品（包括战略技术的转移）；

（2）未经特别许可向受限制的最终用户出口、转运或运送战略物品或非清单物品；

（3）向禁止的最终用户出口、转运或运送战略物品或非清单物品；

（4）为受限活动（具体定义见《战略贸易法》第 2 节）提供技术援助（无论在马来西亚境内或境外）；

（5）没有中介登记证书以中间人身份经营战略物品。

《战略贸易法》中的中介条款规定得十分宽泛，包括任何为其自身或作为另一人的代理人，商讨、安排从一个其他国家购买、出售或供应战略物品至另一其他国家，或从一个国家购买、出售或供应该等战略物品至另一其他国家的活动。战略物品中介人则须承担每年登记的义务。

《战略贸易法》还具有域外效力，根据该法可以抓捕任何人，无论其国籍为何。因此，在马来西亚境外的任何触犯《战略贸易法》规定的行为，将被视为是在马来西亚境内的犯罪。

## （九）自由贸易协定

表2  马来西亚目前加入的自由贸易协定

| 地区性 | 双边 | 多边 | 正在进行中 |
| --- | --- | --- | --- |
| 1. 东盟<br>2. 东盟—中国<br>3. 东盟—日本<br>4. 东盟—韩国<br>5. 东盟—印度<br>6. 东盟—澳大利亚—新西兰 | 1. 马来西亚—日本<br>2. 马来西亚—巴基斯坦<br>3. 马来西亚—印度<br>4. 马来西亚—澳大利亚<br>5. 马来西亚—新西兰<br>6. 马来西亚—智利<br>7. 马来西亚—土耳其 | 1. 发展中八国优惠关税协定<br>2. 伊斯兰会议组织成员国贸易优惠制度框架协定 | 1. 全面与进步跨太平洋伙伴关系协定<br>2. 区域全面经济伙伴关系<br>3. 马来西亚—欧盟<br>4. 东盟—中国香港<br>5. 东盟—欧盟 |

马来西亚是全面与进步跨太平洋伙伴关系协定（以下简称"CPTPP"）

的签约国。CPTPP 已于 2018 年 12 月 30 日正式生效。目前，马来西亚尚未批准该协定，因此该协定尚未对马来西亚生效。

预计 CPTPP 将继续保持跨太平洋伙伴协定的高标准和综合性特点，纳入许多"超 WTO（WTO-plus）"内容，如竞争政策、国有企业、政府采购、电子商务和环境标准，而这些在马来西亚签署的自由贸易协定中通常是没有的。

另外，马来西亚自 2013 年初即参与了区域全面经济伙伴关系协定（以下简称"RCEP"）的谈判。RCEP 是 10 个东盟成员国及目前与东盟订有自由贸易协定的 6 个其他国家（澳大利亚、中国、印度、日本、韩国和新西兰）之间的合并自由贸易协定。

自由贸易协定旨在（但不限于）降低原产于与马来西亚订有自由贸易协定的其他国家的商品应缴的关税。反过来，在马来西亚生产的出口货物同样受益于与马来西亚订有自由贸易协定的进口国关税的降低。不同的自由贸易协定下，对于享受优惠关税待遇的资格有着具体的规定和条件，如原产地规则及从出口国发证机关取得原产地证书的认证程序的操作规则。公司如利用这些自由贸易协定，则建议其首先审核其现有供应链结构，确保符合享受相关自由贸易协定下优惠关税的必要原产地规则或其他规则。

# 十二、知识产权

马来西亚法律规定，知识产权可获得多种形式的保护，通常与国际权利和义务相一致。1988 年，马来西亚加入了《保护工业产权巴黎公约》。根据东盟成员国提出的旨在建成东盟单一统一大市场的东盟经济共同体倡议，马来西亚已同意整合其知识产权体制，以遵守《商标国际注册马德里协定》（以下简称《马德里协定》）和《专利合作条约》。

马来西亚 1983 年的《专利法》为专利登记提供了保护。在马来西亚，通过登记发明或实用新型即可获得专利保护。专利在其申请之日后 20 年到期，而实用新型的初始保护期限为申请提交之日后 10 年。该 10 年的初始期限可延长两次，每次 5 年，但专利权人必须说明，相关实用新型在马来西亚正被商业性或工业性使用，或者充分解释了为何未被使用。请注意，为使专利或证书有效，专利权人必须按年缴纳年度费用。2006 年 5 月 16 日，马来西亚加入了《专利合作条约》，其自 2006 年 8 月 16 日起在马来西亚生效。此外，马来西亚还实施了加快专利办理进程的计划，如与日本特许厅和欧洲专利办公室开展的专利快速办理通道行动及东盟专利审查合作项目。

计算机程序及计算机程序汇编受 1987 年《著作权法》的保护。此外，马来西亚于 1990 年 6 月 28 日加入《保护文学和艺术作品伯尔尼公约》（以下简称《伯尔尼公约》），为此进一步颁布了许多法规，使马来西亚境内的著作权保护扩及于某些在《伯尔尼公约》其他成员国首次发表的作品及《伯尔尼公约》成员国国民创作的作品。值得注意的是，马来西亚对《著作权法》再次作出修订，新增了互联网服务商安全港规定、著作权自愿登记制度等规定，并扩大了公平交易例外情形的范围（之前该范围极其有限）。

1996 年《工业设计法》为马来西亚的登记工业设计提供了保护，后经 2013 年的《工业设计法（修订）》（以下简称《修订法》），其经修订后于 2013 年 7 月 1 日生效。《修订法》引入的首个重大修订是将新颖性概念扩大至"世界范围内的新颖性"，这样，之前在马来西亚境外存在的现有技术就能够成为有效的现有技术。其次，登记工业设计的最高保护期限现为申请提交之日起 25 年。在 5 年的初始期限届满后，可最多申请 4 次延期，每次 5 年。再次，为与政府近期鼓励将知识产权用作担保抵押品的行动保持一致,《修订法》明文规定登记工业设计应被视为动产,可以通过法律的运用与其他动产一样以相同方式转让、转移和处理,包括成为担保权益的标的。

在马来西亚,商标和服务标志还可根据1976年《商标法》进行注册。但请注意,注册过程可能是漫长的,因为可能出现对之提出的修订或异议。1997年12月1日后发布的相关规定,明确注册的初始期限为申请之日起10年,并可在之后按10年一期多次续展。

除了《商标法》提供的保护外,被侵权人还可通过保密与假冒法律下的违反保密普通法诉讼寻求保护(救济)。

2004年的《新植物物种保护法》于2007年1月1日生效,该法旨在为新植物物种的培育者的权利提供保护,承认并保护农民、当地群众和土著居民在创造马来西亚新植物物种方面作出的贡献。《新植物物种保护法》区别于其他知识产权法律,它引入了自身独有的新登记制度——设立植物物种委员会。该委员会为新植物物种颁发登记证书并向申请人授予培育者权利。《新植物物种保护法》旨在鼓励公私领域开发并投资于新植物物种的培育。由于马来西亚1983年《专利法》将植物和动物物种排除在可申请专利范围之外,因此,仅有《新植物物种保护法》为新植物物种提供保护。所以,该法引入的规定受到广泛欢迎,被视为马来西亚植物生物技术领域的进步。

2000年《光盘法》的颁布旨在处理以光盘形式(如VCD、DVD、CD–ROMS和CD)进行著作权作品(主要为软件、电影和音乐)的盗版和复制问题。该法还规范了光盘的制作,并要求制造商持有许可证。

根据马来西亚在《与贸易有关的知识产权协定》(TRIPS)下承担的义务,集成电路布图设计现在可根据其原创性、系创作人自身的发明及作品是自愿创作的事实获得2000年《集成电路布图设计法》的保护。

地理标志受 2000 年《地理标志法》的保护。

# 十三、多媒体与技术

## （一）1998 年《通信与多媒体法》

1998 年《通信与多媒体法》及其大量的实施性条例、指引和指令，为不断融合的电信、广播、多媒体和 IT 行业提供了一个全面的监管与许可框架。该法的目标之一是使马来西亚成为这些领域的全球主要中心之一，并促进这些领域在当地的发展。

马来西亚通信与多媒体委员会（以下简称"通媒委员会"）已就该法下的许可要求和相关豁免情形、频谱和设备分配要求、通信设备的技术标准与认证等事宜发布相关条例，并发布了关于通信市场竞争、无线 LAN 服务提供、广告和广播方面的指引。通媒委员会经常发布关于影响通信市场的各类主题的讨论文件，以征求大众的建设性意见（如电子地址与编号首发文件、通信市场主导地位评估公众意见征询文件、准入清单和强制准入标准公众意见征询通知等）。

监管由通媒委员会负责，但总体政策则继续由通信与多媒体部决定。

## （二）马来西亚多媒体超级走廊认证

马来西亚多媒体超级走廊认证是马来西亚政府通过马来西亚数字经济公司，向从事和使用信息与通信技术的企业实体授予的称号。本地和外国公司如果开发或利用多媒体技术生产或改进其产品和服务或用于开发工艺，则均可申请马来西亚多媒体超级走廊认证。马来西亚多媒体超级走廊认证授予四类业务实体（即以技术为重点的公司、高等教育机构、马来西亚多媒体超级走廊认可的从事和使用信息与通信技术的孵化企业和新兴企业），每一类业务实体各有一套不同的申请标准和指引。马来西亚多媒体超级走廊认证的授予使合格实体可享受马来西亚政府提供的不同类型的激励、权利和特权（如马来西亚多媒体超级走廊承诺书提供的激励、权利和特权）。该项利益包括有权获得一定的税收鼓励或抵扣。马来西亚政府致力于通过马来西亚多媒体超级走廊承诺书营造一个有利于马来西亚多媒体超级走廊认证公司发展的环境：

·提供世界级的物质与信息基础设施。

·允许不受限制地雇用本地和外国人才。

·使享有多媒体超级走廊地位的公司免于遵守本地股权要求，从而确保股权的自由性。

·提供从全球为多媒体超级走廊基础设施获取资本的自由，并有权从全球获取资金。

·提供具有竞争力的金融激励措施，包括最多 10 年不征所得税或最多 5 年给予投资税收减免，多媒体设备进口实行免税等措施。

·成为知识产权保护和网络法律方面的地区领先者。

·确保没有互联网审查。

·提供具有全球竞争力的电信资费标准。

·为愿意将多媒体超级走廊用作其区域中心的业界领先公司提供主要的多媒体超级走廊基础设施合同。

·提供有效的 站式机构 —数字经济公司（MDEC）。

为了进一步促进数字经济的发展，马来西亚在全国设立各种数码城市与数码中心，让类似行业的公司位于同一地理区域内，以促进经济发展。数码中心——数字枢纽（也称为马来西亚数字枢纽），是一种新型的马来西亚多媒体超级走廊数码中心，主要满足创业公司和互联网经济公司的需求。

为了履行提供网络法律和知识产权法律的综合框架促进 IT 和多媒体产业发展的承诺，政府已颁布 1997 年《数字签名法》、2012 年《著作权（修订）法》、1997 年《计算机犯罪法》、1997 年《远程医疗法》、1998 年《通信与多媒体法》、2006 年《电子商务法》、2007 年《电子政府活动法》和 2010 年《个人资料保护法》。

## （三）2010 年《个人资料保护法》

《个人资料保护法》的颁布旨在规范个人资料的收集与使用。《个人资料保护法》于 2013 年 11 月 15 日生效，是一个以行为守则为基础的法律。迄今为止，下述守则已获批准和登记：

·马来西亚航空业个人数据保护业务守则（2017 年 11 月 21 日生效）。

·银行与金融领域个人资料保护行为守则（2017 年 1 月 19 日生效）。

·保险与伊斯兰保险业个人资料保护行为守则（2016 年 12 月 23 日生效）。

·公用事业领域（电力）个人资料保护行为守则（2016 年 6 月 23 日生效）。

资料使用人如果未遵守该等行为守则，则构成犯罪，每一罪行可处以最高 10 万林吉特的罚款或最高 1 年的监禁。

《个人资料保护法》的规定适用于从事商业交易处理、控制或授权处理任何个人资料的人。信息必须具有下述情形才可被认定为"个人资料"：

·与资料主体直接或间接相关，且该资料主体的身份可通过该信息或利用该信息及资料使用人掌握的其他信息确定；

·该等信息必须能被针对此目的发出指示运行的设备自动处理或者能够作为人工归档系统的一部分被记录，且该系统可轻易获得与具体个人相关的具体信息。

《个人资料保护法》对"处理"一词定义宽泛，包括收集、记录、持有或存储个人资料或对个人资料进行任何操作，包括：

（a）组织、改变或改动个人资料；

（b）检索、查阅或使用个人资料；

（c）通过传输、转移、传播或提供等方式披露个人资料；

（d）整合、组合、修改、删除或销毁个人资料。

共有 7 项资料保护原则构成《个人资料保护法》项下提供的保护的基础。资料使用人如果未遵守该等个人资料保护原则，则构成犯罪，每一罪行可处以最高 30 万林吉特的罚款或最高 2 年的监禁。

资料保护原则如下所述：

（1）一般性原则：除非资料主体已同意个人资料的处理，否则禁止处理个人资料；

（2）通知与选择原则：在实际可行的情况下尽快向资料主体提供书面通知；

（3）披露原则：除为了个人资料收集时拟为之披露个人资料的目的或与该目的直接相关的目的外，禁止为了任何其他目的披露个人资料；

（4）安全原则：处理个人资料时，资料使用人必须采取切实的措施，保护个人资料不致丢失、滥用、篡改、擅自或意外泄露或披露、修改或销毁；

（5）保留原则：如果个人资料不再需要用于其被处理的目的时，有义务采取一切合理措施确保所有个人资料被销毁或被永久删除；

（6）资料完整原则：有义务采取合理措施，确保在考虑个人资料收集和进一步处理的需要后，所处理的个人资料是准确、完整的，不具误导性并且是最新的；

（7）接触原则：资料使用人必须让资料主体可接触其个人资料，并能够在其个人资料不准确、不完整、具有误导性或不是最新资料时更正相关个人资料。

# 十四、房地产

## （一）拥有房地产的限制

根据马来西亚《国有土地法》的规定，外国人如在西马来西亚购买房地产，则必须首先获得相关州政府机构的事先批准。

根据政府促进发展的倡议，总理署经济规划局（以下简称经规局）引入了新的房地产购买指引（以下简称经规局房地产指引），放宽了外国权益人拥有房地产的限制。

## （二）经规局房地产购买指引

就经规局房地产指引而言，"外国权益人"指并非马来西亚公民或永久居民之人、在外国注册设立的公司或50%或以上股权由上述一类或多类人持有的本地注册成立的公司。

根据经规局房地产指引，外国权益人可自由地购买价值不低于100万林吉特的商业、工业、农业和住宅地产，但下列情形除外：

・州机构确定的属于低成本和中低成本类型的住宅单元。

・马来保护区土地上建设的房地产。

・州机构确定的任何房地产开发项目中分配给马来西亚居民权益人的房地产。

在经规局房地产指引要求取得经规局的批准的情况下，经规局还要求外国人购买的房地产（住宅地产和直系家庭成员向外国人进行的房地产转让除外）须登记在马来西亚注册成立的公司名下。

由于土地属于州管事务，因此相关的州政府将继续拥有主管权，并可就涉及外国权益人的房地产交易设定条件。

造成马来西亚居民或政府在相关房地产中的权益被稀释的下列房地产交易，需要取得经规局的批准：

**直接购买**

具有下述情形的房地产直接购买行为：

（1）造成马来西亚居民或政府在相关房地产中的权益被稀释；

（2）相关房地产的价值不低于2000万林吉特。

**间接购买**

具有下述情形的外国权益人通过股份购买方式间接购买房地产行为：

（1）交易造成马来西亚居民权益人和/或政府机构拥有的公司发生控制权变更；

（2）房地产在该公司资产中的比例超过50%；

（3）相关房地产的价值达到2000万林吉特及以上。

如果根据经规局房地产指引的规定，需要取得经规局的批准，则经规局将按下述规定，对房地产购买人设定某些股权和股本条件：

**股权条件**

在其股份持有结构中至少有并须维持30%的马来西亚居民股权；

**实缴资本条件**

（1）如果购买人为本地权益人拥有的本地公司，则已发行的实缴资本至少须为10万林吉特；

（2）如果购买人为外国权益人拥有的本地公司，则已发行的实缴资本至少须为25万林吉特。

由于经规局房地产指引并非法律，仅是政府政策的反映，因此对不遵守指引的行为没有法定处罚。但该指引可通过行政方法强制执行，具体表现为由于政府机构在授予相关许可、批准、准许方面发挥着监管作用，而相关土地局可不办理不符合规定的房地产转让行为。

下述交易无须遵守取得经规局批准的要求：

· 根据"马来西亚我的第二个家"计划购买住宅单元。

· 在多媒体超级走廊地区内拥有多媒体超级走廊认证的公司购买房地产，但前提是，相关房地产仅用于经营活动（包括用作雇员住房）。

· 政府确定的已获得地方州机构颁发相关地位的公司购买任何地区发展走廊中的经批准区域内的房地产。

· 已取得马来西亚国际伊斯兰金融中心秘书处批准的公司购买房地产。

· 生产性公司购买工业用地。

· 已取得财政部、贸工部及其他部委颁发的国际采购中心、经营总部、代表处、区域办公室、纳闽岛离岸公司、生物中心地位或其他特殊地位的公司购买房地产。

· 在私有化项目（无论是联邦还是州一级的）中购买房地产，但前提是，其涉及的公司必须是私有化项目合同的原签字方。

## 十五、环境法律

1974《环境质量法》及依据其颁布的条例规定了空气排放和其他废物的处置与处理标准。某些项目实施前必须开展环境影响评估。

马来西亚正在制定《气候变化法》，以使政府和商业运行过程中的气候变化行动制度化，并计划在2021年至2022年将该法案提交国会。

马来西亚还推出了《2018—2030年一次性塑料路线图》，旨在解决与使用塑料制品有关的环境问题。该路线图明确了政府打算在不同阶段采取的减少塑料制品使用的各步计划。例如，到2022年或2025年，联邦政府打算对塑料袋制造商征收污染税。因此，在不久的将来，严重依赖塑料制品的企业可能会面临成本上升的问题。

## 十六、反腐败

马来西亚在反腐败方面的主要立法是2009年马来西亚《反腐败委员会法》。马来西亚反腐败委员会法由马来西亚反腐败委员会执行。马来西亚《反腐败委员会法》适用于私营部门、公共机构和公共机构的官员。

根据马来西亚《反腐败委员会法》，任何人独自或与他人联合索取或替本人或其他任何人收受或同意收受贿赂；以不道德的方式向任何人（无论是为此人还是他人利益）提供、承诺或提议提供任何贿赂，作为对于任何人就任何实际、拟议或可能发生的事项或交易做或者不做任何事的引诱、奖励或其他考量；或者在涉及公共机构时，对于任何公共机构官员就任何实际、拟议或可能发生的事项或交易做或者不做任何事的引诱、奖励或其他考量。

马来西亚《反腐败委员会法》中对"贿赂"的定义比较宽泛，包括金钱和非金钱贿赂，如金钱、捐赠、礼物、任何有价值的物品、任何对要求任何金钱或价值或有价值的东西的默许，任何其他服务或任何形式的好处，以及任何此类贿赂的要约、承诺或保证。

被指控犯有贿赂罪行的人，一经定罪，将被判处不超过20年的有期徒刑及不低于其可计算的贿赂钱款的总和或价值的五倍的罚款，或1万林吉特的罚款，以较高者为准。

2018 年，马来西亚国会通过了 2018 年马来西亚《反腐败委员会法》，引入了有关公司责任的新规定。如果有关联人士为使商业组织获得或保留业务，或在商业行为中获得利益而给予任何贿赂，则可将商业组织（包括马来西亚公司和在马来西亚开展业务的外国公司）认定为犯罪。"关联人士"包括董事和员工，并且可以扩展到第三方服务提供商。马来西亚《反腐败委员会法》此前宣布公司责任条款预计将于 2020 年生效。

马来西亚《反腐败委员会法修正案》对商业组织规定了严格责任，因此，无论他们是否实际了解其关联人员的腐败行为，都应承担责任。为了避免承担责任，组织必须证明他们已经采取了合理充分的措施来防止关联人士的腐败行为。

商业组织犯罪时，如董事、高级管理人员和管理层无法证明未经其同意即实施犯罪，或无法证明他们已尽一切努力来防止犯罪，则也将被认为是共犯。

对犯有贿赂罪行人员的可能的处罚是相当严厉的。犯有贿赂罪行的人员可能被处以贿赂价值的十倍以上（如果能够被估价）的罚款或 100 万林吉特的罚款（以较高者为准），或不超过 20 年的监禁，或两者兼施。

# 十七、制造业激励措施

制造业享有的部分激励措施如下所述：

## （一）先锋企业认证

制造业公司如果从事规定的"鼓励类活动"或者生产"鼓励类产品"，则可申请先锋企业认证。位于被激励类区域之外的制造业公司如果获得了先锋企业认证①，则将享有部分免缴所得税的待遇，仅须为其法定所得的30%纳税。免税期为5年，自贸工部确定的生产之日起计。作为进一步的激励措施，被授予先锋企业认证的制造业公司如果位于不发达地区，则可在最高15年的免税期内，享有法定所得100%免税的待遇。

从事制造业活动、与水处理有关的任何活动或开展对马来西亚具有国家和战略重要性的项目的先锋公司，在满足某些法定要求后可被允许延期5年（即免税期）。

战略性项目是指具有国家重要意义的产品或活动，通常会投入大量资本、酝酿期较长。战略项目还具有较高的技术水平，产生广泛联系并对经济产生重大影响，战略性项目可享受以下待遇：

（1）享有10年法定收入100%免税的先锋企业认证。自2019年1月1日起，具有先锋企业认证的公司在先锋期结束后仍有未分配的先锋损失的，仅允许在最长7个连续纳税年度的期限内结转。

（2）自发生第一次合格资本支出之日起5年内产生的合格资本支出的100%投资税收减免。此津贴可抵减每个纳税年度的法定收入的100%。投资税收减免期限结束后未分配的投资税收减免可以结转，直至公司领取所有应得的投资税收减免。

先锋公司在先锋期间的全部累计亏损和未吸收资本支出减免额，不得结转用于扣除企业在先锋期期满过后的所得。

## （二）投资税收减免额（ITA）

作为先锋企业认证的替代措施，制造业公司可申请投资税收减免额。投资税收减免额和先锋企业认证不能同时享受，即一家公司同时只能享有

---

① 先锋企业认证，是马来西亚政府为鼓励制造业公司从事规定的"鼓励类活动"和"鼓励类产品"而授予的称号，旨在鼓励制造业公司争当先锋。

其中的一种优惠待遇。申请人包括已被授予先锋企业认证，但申请投资税收减免额的对象为未获得先锋企业认证的"鼓励类产品"或从事"鼓励类活动"的公司。

公司如被授予投资税收减免额，则其首笔可免税合格支出发生之日后5年内发生的合格资本支出，可享有60%的减免额度。该等减免额可被用来抵销相关税务年度法定所得的70%。任何未用减免额可结转至后续年度，直至全额用尽为止。法定所得其余30%将按届时适用的24%的企业所得税率（自2016税务年度施行）纳税。

作为进一步的激励措施，公司如位于不发达地区，则其在首笔资本支出发生之日后10年内发生的合格资本支出可享有100%的减免额度。该等减免额可被用来抵销相关纳税年度法定所得的100%。

应指出的是，如果资本支出项目（即厂房、机器或不动产）在其购买之日后5年内处置，则其所享有的投资税收减免额将被撤销。

需要注意的是，在资格期限届满后，服务行业未使用的投资税收减免额仅可在最长连续7个纳税年度期限内结转。

## （三）再投资税收减免额（RA）

再投资税收减免额通常作为对先锋企业认证或投资税收减免额免税期已届满的公司的第二轮激励措施。再投资税收减免额期限通常为首次发生资本支出的纳税年度起的15个连续纳税年度。

已至少经营36个月，并且为生产产能扩大、生产设施的现代化升级、产品多样化发展及生产设施的自动化进行了合格资本支出，此类制造业公司可获授再投资税收减免额。该公司在经营36个月后有权申请再投资税收减免额。

在资格期限届满后，未使用的再投资税收减免额仅可在最长连续7个纳税年度期限内结转。

### （四） 出口激励措施

面向出口市场生产的制造商有权申请下述优惠待遇：

- 促进出口的双重扣减。
- 出口增量价值的免税。
- 出口信贷再融资（ECR）计划。
- 工业建筑减免额（IBA）。
- 制造业活动外包激励措施。

## 十八、研究与开发激励措施

根据《投资促进法》的规定，研发是指"在科学技术领域对创新或技术问题开展的系统性、调查性和试验性研究，旨在获得新知识或将研究成果用于材料、装置、产品、作物或工艺的生产和改进，但不包括质量控制、材料、装置、产品、作物的一般性测试，社会科学或人文科学研究、一般性数据采集、效率调查或管理研究、市场调研或促销活动，对材料、设备、产品、过程或生产方法的常规修改，更改或对材料、设备、产品、过程或生产方法的外观修改或样式更改。"

税收激励包括：

- 免税与资本减免额。
- 费用的双重扣除。

## 十九、区域中心

自 2015 年 5 月 1 日起,区域中心激励措施取代了之前给予国际采购中心(IPC)、区域分销中心(RDC)和经营总部(OHQ)的多项激励措施。区域中心是指在马来西亚本地注册设立的公司,将马来西亚用作开展区域或全球业务和经营的基地,以管理、控制和支持主要的业务职能活动,如风险管理、决策、战略业务活动、贸易、财务、管理和人力资源。

《区域中心指引》经修订于 2019 年 2 月 20 日发布。根据《区域中心指引》的规定,区域中心激励措施申请者分为"新设公司"和"现有公司"两类,分别享有不同的税务待遇。

**表 3　新设公司和现有公司区域中心激励措施的申请条件**

| 新设公司 | 现有公司 |
| --- | --- |
| 具有下述情形的在本地新注册成立的公司:在马来西亚没有已有实体或关联实体;或在马来西亚虽然有已有实体或关联实体,但未在马来西亚开展任何区域中心合格服务 | 享有或不享有税收激励措施的现有经批准的经营总部/国际采购中心/区域分销中心<br>将上下游活动的供应链管理整合于区域中心经营活动之下的现有制造业公司/服务公司/主营商品的公司 |

拥有经批准的区域中心地位的新设公司将有资格享有下述 3 级公司税率:

| 级别 | 3 级 | | 2 级 | | 1 级 | |
| --- | --- | --- | --- | --- | --- | --- |
| 年限 | 5 | +5 | 5 | +5 | 5 | +5 |
| 税率 | 10% | | 5% | | 0% | |

而现有公司的"增值所得"可获得 100% 免缴所得税的待遇。税收激励期因区域中心指引规定的现有公司的类型而各不相同。

区域中心激励措施的其他优惠包括：

·100%外资所有。

·按申请公司的需要设置外国人职位。

·外国公司为了依照其业务计划开展业务经营活动购买固定资产。

·没有本地提供的服务时使用外国专业服务。

·以货物为基础的公司的原材料、部件或成品可免缴关税地进入自由工业区（FIZ）、自由商业区（FCZ）、获准制造仓库（LMW）和保税仓库，以便进行生产、再包装、货物组合与集成并分销给最终客户。

·灵活的外汇管理。

从 2018 税务年度开始，在确定区域中心的法定收入时，知识产权收入将不包括在内。此外，税务有权将增值收入或核心创收活动产生的法定收入的所得税的免税期再延长 5 年，但仅限于满足某些实质要求的区域中心。

# 二十、高科技公司的激励措施

高科技公司是指在新技术与新兴技术领域从事鼓励类活动或生产鼓励类产品的公司。高科技公司有资格申请先锋企业认证，使法定所得在 5 年期间内享有全额免税待遇，或者 5 年期间内发生的合格资本支出享受 60% 的投资税收减免额。

高科技公司每年发生的本地研发支出必须至少为总销售额的 1%（允许公司在经营或业务开始之日 3 年后方始遵守这一要求），而拥有学历或文凭并在相关领域至少有 5 年工作经验的科技员工至少占该公司员工总数的 15%，且产品增值必须至少为 40%。从 2018 年 7 月 1 日起，在确定高科技公司的收入时须排除知识产权收入。

## 二十一、多媒体超级走廊（MSC）激励措施

享有多媒体超级走廊认证的公司有权享有几项激励措施和优惠待遇。

马来西亚政府对经济发展与合作组织作出了遵照税基侵蚀和利润转移行动计划实施国际税收标准的承诺，因此，马来西亚政府对多媒体超级走廊认证制度进行了重大修改。

相关的免税期可能在满足某些实质性要求的前提下延长，例如，最低的全职雇员人数，最低月基本工资金额和最低年度营业支出金额。

## 二十二、房地产投资信托（REIT）

自2007税务年度起，房地产投资信托，即房地产信托基金（PTF）的全部所得可免税，但前提是，其全部所得至少90%被分配给投资者或单位持有人。如果未达到该90%的条件，则房地产投资信托应按24%的税率缴纳所得税，而其全体投资者有资格就房地产投资信托向其分配股息时扣缴的税款金额在其总收入中获得免税额。对外国机构投资者和非公司投资者（包括所有个人和其他居民实体）征收的最终扣缴税为10%。

# 印度尼西亚投资法律指南

# 公司设立指南[1]（PMA）

## 一、在印度尼西亚建立外国投资公司的步骤

所有对印度尼西亚的投资都需要以子公司的形式进行（非常有限的例外情况是银行和油气行业）。

以下是建立外国投资公司的一般流程的描述。在政策上有各种各样的细微差别，而且可以（并可能应该）采取各种措施（政策会不时发生变化）。因此，本指南仅提供关于建立外国投资公司的初步信息，如有需要时应寻求适当的法律建议。

如果委托律师事务所设立一个外国投资公司，贝克麦坚时律所为您提供一个详细的设立流程清单，并在关键问题上提供建议，如办公地点（和租赁）、常驻董事和设立契约。为了顺利设立，某些问题需要同时进行。过程概述请见下文。

### （一）完成筹备细节

印度尼西亚企业登记制度在 2018 年中期发生了重大变更，这也影响到外国投资公司的设立。之前，希望在印度尼西亚投资的外国投资者首先必

---

[1] 本指南中概述的法律法规以截至 2019 年 2 月 1 日的规定为准。

须取得 BKPM（投资协调委员会）的外国投资批准（金融相关业务除外），然后才能设立外国投资公司。但现在情况发生变化。如今，为设立外国投资公司，首先需要取得法律和人权部（MOLHR）对设立外国投资公司的批准，然后外国投资公司将从电子综合企业许可服务系统（称为在线一次提交"OSS"系统）取得企业识别号（NIB），之后，根据其业务范围，外国投资公司将从电子综合企业许可服务系统或其他相关当局（例如BKPM）取得必要的营业执照和经营或商业许可证（如果需要）。

电子综合企业许可服务系统于2018年7月9日推出，以实施关于电子综合企业许可服务的2018年第24号政府条例。电子综合企业许可服务系统适用于所有企业实体，将来旨在覆盖整合所有部门并与所有其他政府机构。但在目前，某些部门还没有被电子综合企业许可服务系统涵盖（如金融部门和采矿、石油和天然气部门），整合的也只有部分政府机构。

新的电子综合企业许可服务系统有实质性的思维模式改变。该系统假设公司进行自我评估并确保合规，而不是在签发许可证前由政府监督合规，对于不合规的公司，面临的最终处罚是冻结注册，且与政府和第三方的办理过程将被推迟或变得更加困难，直到完成合规整改。

本指南概述了根据在本指南发布时适用的电子综合企业许可服务系统流程设立外国投资公司的步骤，以及适用电子综合企业许可服务系统的外国投资公司的许可。

尽管电子综合企业许可服务系统发生变化，外国投资公司仍须遵守下文概述的关于资本投资许可和授信指引与程序的2018年第6号BKPM条例。因此，考虑到电子综合企业许可服务系统要求自我评估，关键是先寻求并获得适当的建议，如果有不确定的内容，如关于适当的业务范围、营业执照、资本、投资计划和债务股本比例，应与监管机构进行必要的商谈。

一般而言，设立外国投资公司需要注意的要点如下：

### 1. 申请人

2007年第40号《有限责任公司法》（以下简称《公司法》）要求至少由两名股东建立和维持有限责任公司。如果在成立后出现只有不到两名股东的情况，在6个月内，剩余股东必须将部分股份转让给另一方，或公司必须向新股东发行新股。否则，有关股东将对公司的所有负债和损失承担个人责任，且按照利害关系方的要求，法院可以解散该公司。

### 2. 业务范围

根据关于关闭和基于资本投资要求开放的业务部门清单（负面清单）的2016年第44号总统条例，如果拟议业务100%对外国投资开放（根据负面清单），则外国公司可以建立一个外国独资公司。负面清单将不时修订。

因此，寻求在印度尼西亚建立运营公司的任何外国投资者的首要任务是确定其拟议的商业活动属于对外国投资者开放、部分关闭还是完全不开放。这将涉及对负面清单和印尼商业代码分类进行审查，在大多数情况下还须与BKPM进行讨论。

虽然BKPM通常允许大约三项业务，但每一项业务都需要在性质上是互补的。对于每一项业务，BKPM将根据登记的投资计划对所需的资本金进行评估。但对每一项业务（某些房地产业务除外）的投资必须高于100亿印尼盾，不包括对土地和建筑物的投资（见下文）。

### 3. 债务和股本的比例

虽然没有关于最大债务和股本比例的书面政策，但债务和股本比例一般不得超过3:1，而且在某些投资领域可能更高。注意，2016年1月起，仅适用于税务目的的资本存在弱化规则（债务和股本比例为4:1）。

### 4. 计划投资总额

最低投资额受限于《公司法》具体和 BKPM 制度和政策。根据 2018 年第 6 号 BKPM 条例的规定，除某些房地产业务外，对外国投资公司的投资必须高于 100 亿印尼盾，不包括对土地和建筑物的投资，最低的已发行实缴资本是 25 亿印尼盾。实践中，该等最低投资额适用于每一业务。为遵守 BKPM 政策设定的 3:1 的债务和股本比例，已发行实缴资本最低应高于 25 亿印尼盾，但在实践中也接受 25 亿印尼盾。此外，股东在外国投资公司中最低的资本参与额是 1000 万印尼盾。

请注意，最低投资额可能因各部门和投资者登记的拟议投资计划而有所不同，可能会施加更高的资本要求。

### 5. 地点

需要指名运营地点，包括外国投资公司的总部。确定运营地点和总部地点是最重要的，也是投资者需做出的第一轮决定之一（这似乎为时过早，但在之后变更地点可能导致所有的许可证必须重新签发）。

印度尼西亚没有在总部以外的地方设立注册办事处的概念。在印度尼西亚，要求一个住所且所有的公司活动都应在此进行（包括保存所有的账册和记录以及所有许可）。

因此，一个稳定的办公室是必需的，而虚拟或共享办公空间通常会在企业注册申请时被政府机构拒绝。

本指南中无意概述某些具体过程和步骤，请以印度尼西亚政府的政策为准（政策经常发生变化）。

## （二）签署设立契约

在完成所有筹备细节（如确定适当的业务范围、资本结构和股东组成）后，拟议外国投资公司的创始人需要在印度尼西亚公证员面前签署包含公司章程的拟议外国投资公司的设立契约。

设立契约载明董事会和监事会的最初成员。因此，这些人员需要在建立的过程中尽早确定，并需要在这段时间内提供其必要的任命文件，包括资格声明和护照（如为外国公民）或身份证（如为印度尼西亚公民）的复印件）。

一般来说，公司中应该至少有一位印度尼西亚常驻董事。虽然《公司法》不包含常驻印度尼西亚规定，为许可目的和与政府机构往来，应该有一位常驻董事全权为外国投资公司［受限于包含在设立契约中的任何限制（如监事会委员的批准或股东的批准）］行事。

设立契约的起草应当与合资协议（如有）和公司法相一致。合资协议中的某些商业事项通常不在设立契约中载明。

创始人还应确保在印度尼西亚境外签署的任何文件在公证员面前签署，然后在签署地最近的印度尼西亚使领馆认证（请注意，某些印度尼西亚领事办事处只在公司已在该国设立的情况下作文件认证）。

## （三）获得住所函

当事方已签署设立契约后，外国投资公司将需要租用办公室作为住所。在实践中，由于租赁协议的谈判可能需要一段时间，建议在签署设立契约之前尽早开始。不过，租约建议在签署设立契约后签署。考虑到印度尼西亚对公司住所概念非常重视，选择好办公室并开始雇用工作人员对于卞面概述的一些过程是很重要的［这需要是一个合适的办公室，而不是（举例而言）一个律师事务所的办公室］。

为从当地的村长（Lurah）（或有关当局，视外国投资公司的住所而定）处获得住所函（SKDP），需要提供下述文件：

（1）申请表格——将视有关当局的要求而定；

（2）声明书——视有关当局的要求而定；

（3）来自建筑管理处的住所声明书原件；

（4）外国投资公司办公空间租赁协议或谅解备忘录副本（如果外国投资公司租用大楼的办公空间）；

（5）外国投资公司的所有董事和监事的身份证或护照复印件；

（6）纳税人登记号的副本（如果要求）。

请注意，上述政策经常变化，包括申请所需的支持文件（例如，要求越来越具体的关于当前和未来合规的声明书）。

住所函通常可在一周内取得。

### （四）开设银行账户

印度尼西亚的所有公司都必须拥有自己的银行账户。在建立阶段，法律和人权部将要求股东提供股东向外国投资公司注资的证据。在印度尼西亚开设银行账户所需的文件因银行而异。然而，在实践中，银行通常要求：

（1）已填写的银行开户申请表；

（2）经签署的（公证）设立契约副本；

（3）关于建立外国投资公司的经签署（公证）契约的法律和人权部批准副本（如果适用）；

（4）一份住所函的副本；

（5）一份纳税人登记号的副本（如果要求）；

（6）如果由第三方（处理代理人）处理银行申请，来自外国投资公司授权代表的授权委托书。

同样，要求的文件因银行而异，有关银行可能还需要其他文件。

开设银行账户的时间也将因银行而异，通常需要14个工作日，但非常依赖于银行及其客户了解流程。请注意，在实践中只要提供住所函并经申请人确认，将在取得法律和人权部批准后的某一段时间内按照要求提供的其他文件的承诺函，部分银行即可开立银行账户。建议在完成筹备细节的同时，与相关银行进行沟通，以便快速开立账户。

## （五）从 MOLHR 取得对设立契约的批准

负责起草设立契约的印度尼西亚公证员必须在设立契约签署后的 60 天内，将契约提交给法律和人权部批准。

提交材料将包括住所函和外国投资公司银行账户的结单，证明创始人已缴付资金。通常情况下，在设立契约和支持文件（如住所函）提交给法律和人权部后的三个工作日内，法律和人权部会作出批准。从那时起，外国投资公司取得有限责任公司身份。目前，就设立取得法律和人权部批准号时，将自动取得外国投资公司的纳税人登记号（但非纳税人登记卡）。

如果在设立契约签署和收到法律和人权部批准后正式设立外国投资公司之前，外国投资公司签署任何文件，该等文件必须由全部监事、全部董事和创始股东签署，所有该等人员都承担无限责任，直到举行外国投资公司的第一次特别股东大会。

如上所述，设立公司的流程较为严格，由于需要在申请法律和人权部批准设立前获得住所函、开立银行账户和支付资金，这一流程耗时较长。但在实践中，法律和人权部愿意接受写明将足额缴付公司设立时所发行股份的股本出资说明书和确认公司住所的住所说明。

应注意，法律和人权部条例规定，在签署设立契约后的 60 天内，必须向法律和人权部提供资金实缴的证据。因此，资金实缴的证据仍然需要在法律和人权部批准设立后的 60 天内提交给法律和人权部——在实践中，不是从设立契约之日起算。否则，在公证员上传付款证据之前，不能在法律和人权部办理进一步的公司申请。

关于资本融资声明，应注意以下几点：

（1）不建议在并不属实的情况下，声明某印度尼西亚董事的印尼银行账户中具有来自股东的资金或已经支付设立时发行的股份资金（通常需要由董事和股东作出声明），因为这将是虚假陈述，而虚假陈述是一种犯罪行为。但是，可以声明将缴付股份资金。

（2）客户必须注意，根据《公司法》的规定，股份必须在全部实缴的情况下发行，而设立股份则是法律和人权部后才可批准发行。

（3）许多银行在开立银行账户方面比较灵活，只要签署设立契约即可开立银行账户，但在取得其他有关文件（如住所函和纳税人登记号）之前，银行账户将冻结使用。因此，为了确保股份适当、及时缴款，确定一家操作灵活的银行并使用该银行是可取的，这样可以快速开立银行账户、支付资金，然后得到法律和人权部的批准。因此，尽早与银行沟通，了解其方法至关重要。

（4）如果无法开立银行账户（如特定银行对需要的文件审核十分严格），仍然可以考虑声明将会缴付资金并申请法律和人权部批准（并处理其他许可证和银行开户），然后实缴资金。

以上仅为关于资本融资声明的篇章，如有需要，客户应就此方法寻求更详细的建议。

### （六）获得纳税人登记卡

设立契约经法律和人权部批准后，外国投资公司需要向相关税务局取得纳税人登记卡。

为了获得纳税人登记卡，外国投资公司必须提交以下文件：

（1）申请书（表格可在相关税务局取得）；

（2）经签署的（公证）设立契约副本；

（3）来自建筑管理处的住所声明书的副本；

（4）外国投资公司授权代表的身份证（如为印度尼西亚公民）或护照（如为外国公民）复印件；

（5）如果申请由他人代理的，提交外国投资公司授权代表的授权委托书。

为了获得纳税人登记卡，可能需要其他文件，这取决于相关税务局的政策可能不时变更。

在正常情况下，公司可以在一到两周内获得纳税人登记卡，其快慢情况取决于相关税务局邮寄交付至外国投资公司住所的时间。

### （七）取得增值税识别号

设立契约经法律和人权部批准后，外国投资公司可以向相关税务局申请增值税识别号（PKP）。

为了获得增值税识别号，必须提交以下文件：

（1）申请书（表格可在税务局取得）；

（2）经签署的（公证）设立契约副本；

（3）一份住所函的副本；

（4）一份纳税人登记号的副本；

（5）外国投资公司办公空间租赁协议副本（如果外国投资公司租用大楼的办公空间）；

（6）外国投资公司授权代表的身份证（如为印度尼西亚公民）或护照（如为外国公民）复印件；

（7）如果申请由他人代理的，提交外国投资公司授权代表的授权委托书。

增值税识别号申请，通常需要有证明费用已支付（如租金）的凭证，因此，由于可能还没有增值税识别号，所以外国投资公司通常不能主张最初的增值税付款。同样，办理增值税识别号可能需要其他文件，这取决于税务局的政策，值得关注的是，可能不时变更。

通常，增值税识别号可以在一到两周内获得。由于税务局通常会对外国投资公司的住所进行实地核查，通常在外国投资公司雇佣员工后，就会处理增值税识别号。

## （八）在 OSS 系统注册

一旦获法律和人权部批准设立，外国投资公司须在 OSS 系统中自行注册。现有的 OSS 系统将同时为外国投资公司签发企业识别号、必要的营业执照和必要的经营或商业许可证（如果需要）。企业识别号将作为外国投资公司的"身份证"。企业识别号将包括之前必须由企业取得的一些其他许可和登记，即企业识别号现在代表公司注册证书（TDP）、进口商识别号（API）和海关通行权。企业识别号将在外国投资公司存续期间有效。营业执照和经营或商业许可证的核准范围取决于外国投资公司的业务范围。

在现有的 OSS 系统下，签发营业执照和经营或商业许可证附带履行某些承诺或义务。营业执照和经营或商业许可证仅在持有人具备经营能力且能履行所有承诺或义务后方才有效，其目的是在义务履行完成时，将在 OSS 系统中记录，以便相关政府机构知晓其合规。施加的承诺或义务的类型也取决于外国投资公司的业务范围。

## （九）处理公司设立后的合规、报告和登记

外国投资公司设立后，需要处理几种类型的设立后合规、报告和登记。现有的 OSS 系统会签发一些设立后登记，包括工人社会保障计划，即社会保障组织机构（BPJS Kesehatan 和 BPJS Ketenagakerjaan）管理的健康

保障计划和人力保障计划。

需要注意的是，由于 OSS 系统仍在开发中，一些其他设立后的合规、报告和登记仍然需要通过现有系统申请，即在 OSS 系统之外进行申请。举例如下：

1. **强制性人力报告（WLTK）**

雇主有义务向劳动部的地方办事处（或有关部门，取决于外国投资公司的住所）提交一份强制性人力报告。第一份强制性人力报告必须在实体成立后的 30 日内提交。在此之后，雇主必须每年在提交第一份强制性人力报告之日的满一周年之日提交一份强制性人力报告。

2. **公司规章**

如果外国投资公司雇用了超过 10 名员工，还必须制定公司劳动和雇佣政策作为公司规章制度，并从劳动部的地方办事处获得对这些规章制度的批准。

3. **工作许可证**

如果外国投资公司计划雇佣外国人，必须办理工作许可证（及其他必要的外国人文件）。

需要注意的是，以上不是最终清单，具体情况需要听从具体的建议。

近年来，各地区政府已经开始引进各种额外的当地许可和评估，各省不尽相同。但是，当 OSS 系统运行良好时，最终所有许可流程（全国或区域范围的）都将在 OSS 系统下进行。

## （十）召开第一次特别股东大会

第一次特别股东大会通常在法律和人权部批准设立契约后的 60 天内召开。在第一次特别股东大会上，至少应通过以下决议：

- 批准任命设立契约中提名的董事会成员和监事会成员。
- 外国投资公司根据创始人在法律和人权部批准之日前代表或为外国

投资公司签署的合同和协议（如有）承担义务。

・批准外国投资公司银行账户及其他运营银行账户的开通和管理。

・批准签发股份证书、股东登记册和专用登记册。

## （十一）设立契约的登记与公告

契约经法律和人权部批准后，将在法律和人权部的公司登记处登记，并刊登在《国家公报》上。根据《公司法》的规定，这将由法律和人权部（通过指定的印度尼西亚民事公证员）完成。因为在国家公报上刊载需要等候，整个过程通常需要12—18个月的时间。

## （十二）结论

随着OSS系统的推出，设立外国投资公司的过程大大加快。现在只需要大约4到6周的时间就能获得法律和人权部批准设立（其中不包括认证过程在内的准备必要文件所需的时间），整个过程取决于起草向法律和人权部申请批准的申请文件所需的时间。

上述简介仅仅有关设立过程。许多与外国投资公司投入运营中的相关其他事项，具体取决于行业部门，这部分内容在市场准入建议中详细说明。

投资者还应熟悉印度尼西亚法律（如《投资法》《公司法》和《劳动法》）的其他方面以及持续的报告和合规问题，这些问题在外国投资公司成立后即会出现。

下图反映了外国投资者设立外国投资公司的概况。请注意，该图是根据现行规章和政策（可能不时变更）编制的，并假设外国投资公司的许可适用OSS系统。还请注意，根据外国投资公司的业务范围和产品，图表中的信息可能会发生变化。以下是流程的简要概述，时间看似很快，但由于流程和其他因素的影响可能需要更长时间。

## 外国投资者设立外国投资公司流程表

**完成筹备细节** → **在印度尼西亚公证员面前签署设立契约** → **临时程序——许可、登记和银行帐户** → **向法律和人权部提交设立契约申请地契获得法律和人权批准** → **获法律和人权部批准后事宜**

约4周 → 3天 → 约4周 → 约3天

**确保项目流程顺畅：**
(1) 准备向(向个人（比如向律师顾问和代表的人）授权的公证的委托书，用于办理设立，包括签署设立契约
(2) 与印度尼西亚公证员准备设立契约
(3) 为外国投资公司联系董事
(4) 与银行建立联系——为指定的董事和监事提供护照或印制能力陈述书，并提供证件身份委印件
假设设有（或未有）提供市场准入建议

**签署设立契约：**
注：可以在设立契约之后收到MOLHR批准的授权（如租赁协议），但所有董事、监事和股东必须签署，且他们个人负有个人责任

**取得支持项目（按顺序进行）：**
(1) 取得住所陈述书，即数明外国投资公司在住所可能（口愿意在租约签署后出具进住所陈述书）
(2) 取得纳税人信息登记号并具出具
(3) 开立银行账户并完成资本实缴

**注在收到法律和人权批准后立契投资公司正式成立并获得身份任何公司登记号在法律和人权部批准时签发**

**在OSS系统注册以取得企业识别号以及必要的营业执照和经营商业许可证（如果需要）**
约3-5天

处理设立后的合规事项，包括下述各项：
约2周
(1) 准备股东名册、特殊登记簿和股票凭证
(2) 处理人力合规事项（如提交强制性人力报告）

召开第一次特别股东大会

取得纳税人登记卡

取得增值税识别号包括实地访问

雇用相关员工

为外国董事和监事（如果适用）申请工作许可证
约2-3个月

**根据从OSS系统取得的营业执照或经营商业许可证履行必要的承诺**

设立契约须在契约日期后60天内提交给MOLHR

109

# 印度尼西亚劳动法

## 一、简介

印度尼西亚劳动法的渊源广泛，关联国家法律法规、总统法令、部长法令和相关通告。其中一些渊源时间相对较近，而另一些则相当古老，有些甚至是在殖民时期颁布的。

一般来说，这些法律法规适用于所有的"雇员"，不管他们的职位（即无论是管理人员还是非管理人员）或状态［即无论是无限期（永久）还是有期限（固定期限）］。然而，有一些规定使某些雇员无法获得某些福利，如管理职位的雇员不享有加班费。

## 二、关于劳工的 2003 年第 13 号法律

为将雇员保护方面的各种法律法规综合起来，2003 年 3 月 25 日，印度尼西亚政府制订了 2003 年第 13 号法律（以下简称《劳动法》）。《劳动法》包含了大量的新规定，并将各种劳动法律法规的很多内容合并成一项主要法律。

## （一）《劳动法》项下的一般原则

《劳动法》规定了与劳动和就业有关的一般原则和要求，包括：

· 劳动合同、公司规章和集体劳动合同。

· 保护特殊员工群体，如残疾员工、儿童和妇女。

· 反歧视。

· 工作时间（包括加班）。

· 健康和安全。

· 工资（包括最低工资原则）。

· 带薪休假，如年假、产假、宗教假期。

· 福利设施，例如工人合作社。

· 劳工关系的原则，例如建立两党论坛、公司规章和集体劳动合同谈判的义务。

· 外包（"工作外包"和"劳务外包"）。

· 罢工和停工。

· 终止劳动关系。

《劳动法》还包括对违法违规行为的处罚。处罚包括行政处罚和刑事处罚。

## （二）《劳动法》规定的劳动合同类型

《劳动法》规定的两种主要类型的劳动合同：

· 无限期（即永久）。

· 有期限（即固定期限）。

这两个主要类型所涵盖的劳动合同类别是根据工作的性质决定的，即工作的性质是永久的还是临时的，或者工作能否在一定期限内完成。

《劳动法》不区分这两种劳动合同类型下所雇用的员工的工资结构和福利结构。一般来说，有明确期限的雇员与无限期雇员享有相同的福利。但是，适用于每一种劳动关系的终止其补偿的结构是完全不同的。了解关于印度尼西亚终止劳动关系的规定以及劳动关系终止法定补偿结构的进一步详情。

下文解释了两种类型的劳动关系之间的更多差异。

1. **无限期**

无限期劳动关系是指在雇用员工时不确定期限。雇主可实施最长3个月的试用期。在试用期内，如果已书面约定试用期，雇主可以在没有通知的情况下终止劳动关系，并且不需要支付终止补偿。雇主终止无限期劳动关系，除非雇员同意"相互终止"，否则，雇主终止无限期雇员的理由必须是《劳动法》规定的理由（这些理由并不多）。

2. **固定期限**

固定期限劳动关系是指员工在一定的（或固定的）期限内受雇。只有当鉴于工作的类型和特点或涉及的活动会在一段特定时间内完成的情况下，才可以订立固定期限的劳动合同。即：

- 工作一次性全部完成，或者是临时性的。
- 工作在短时间内完成（最长3年）。
- 工作是季节性的，或者是重复性的（如季节性收割庄稼）。
- 工作与仍处于试验阶段或探索阶段的新产品、新活动或补充产品有关。

雇主不能对固定期限雇员实行试用期。

一般情况下，初始固定期限劳动合同的最长有效期为两年，可延期一次，延期不超过一年。之后，初始固定期限劳动合同可以续期一次，续期不超过两年，但只能在雇用至少中断30天之后。

根据人力资源部部长第 Kep-100/Men/Ⅵ/2004 号关于固定期限劳动合同实施规定的法令（以下简称第 100 号法令）的进一步规定，初始固定期限劳动合同的最长有效期及其是否延期和续期也取决于工作的类型。

表1　不同工作类型初始固定期限劳动合同的
最长有效期限及其延期和续期表

| 工作类型 | 初始合同期 | 延期 允许/不允许 | 延期 最长期限 | 续期 允许/不允许 | 续期 最长期限 |
|---|---|---|---|---|---|
| 一次性全部完成或临时性质 | 三年或更短，取决于协议中规定的工作的完成情况 | 不允许 | 无 | 允许，但只能在中断30天后 | 两年 |
| 季节性 | 取决于天气或季节或订单/目标 | 未规定 | 无 | 不允许 | 无 |
| 与仍在试验阶段或探索阶段的新产品、新活动或补充产品相关。 | 两年 | 允许 | 一年 | 不允许 | 无 |

日工

日工也被视为固定期限雇员。根据第 100 号法令的规定，雇用日工指雇用一名工人来完成某项工作，该工作的工作量和工作所需要执行的时间可以随时改变。日工按每日工作领取工资。工作必须在较短的时间内完成（但最多3个月），每月最多工作20天。日工不受雇主的一般工作时间限制。

## 三、工资和津贴

### （一）工资的定义

《劳动法》将"工资"定义为劳动者从雇主获得的报酬形式，按照雇用合同或者适用法律、法规的规定确定和支付。工资也可能包括就已经或将要执行的某些工作或服务向雇员及其家庭支付的津贴。

### （二）工资的组成

根据2015年第78号《关于工资的政府法规》（以下简称第78号法规），工资可以包括：

- 工资（即无津贴的"单纯"工资）。
- 基本工资和固定津贴。
- 基本工资、固定津贴和非固定津贴。

根据《劳动法》和第78号法规的规定，如果工资由"基本工资"和"固定津贴"组成，基本工资必须至少是工资总额的75%。

"固定津贴"指的是定期向员工支付的款项，与员工的工作或工作表现无关，比如每月住房补贴。

根据第78号法规的规定，"非固定津贴"指的是向雇员和家庭支付的一种款项，可能与雇员的工作直接相关也可能无关，而且与基本工资不在同一时间支付，比如每天的交通或膳食津贴，只有在员工工作时才会支付。

除宗教节日津贴（以下简称THR）外，根据《劳动法》雇主没有义务向员工支付与宗教相关的其他津贴。

根据所涉及的付款类型，不同类型的计算中所确定的工资组成可能不同，例如，计算终止补偿时采用的工资组成与计算加班费时采用的工资组成是不同的。

用于计算终止补偿、THR 和社会保障缴款的"工资"组成：

· 基本工资。

· 固定津贴。

## （三） 薪酬结构与等级

《劳动法》要求雇主根据雇员的职位、服务年限、教育程度和能力来决定雇员的工资结构和等级。《劳动法》没有规定雇主将雇员的工资结构和工资标准的细节必须向所有员工告知。

## （四） 最低工资

每个省级政府每年都发布适用于该省的最低工资标准。在一些省份，也可能有行业最低工资（即适用于某些行业的最低工资）和城市最低工资（即适用于该省某些城市的最低工资）。行业最低工资和城市最低工资都不应低于该省适用的最低工资标准。

## （五） 宗教节日津贴

THR（即前文所述宗教节日津贴）是一种强制性节日津贴，必须由雇主向所有员工支付，与员工庆祝的主要宗教节日有关。外国雇员也不例外。

根据劳工部长 2016 年第 6 号法规的规定，THR 必须在员工休相关宗教节日之前的 7 天内支付。印度尼西亚的法定宗教庆祝节日举例如下：

· 基督教和天主教——圣诞节

· 穆斯林——斋月结束

· 印度教——静居日

· 佛教——卫塞节

连续工作满 12 个月的员工可以获得的 THR 的金额为一个月的工资（如上文所述，"工资"指基本工资加上固定津贴）。对于工作期限少于 12 个月但超过一个月的员工，根据员工实际工作的月份数，按比例计算 THR 的金额。

工作未满一个月的雇员无权享有 THR。

## （六） 病假期间的工资

根据印度尼西亚《劳动法》的规定，生病的员工没有义务工作。与其他国家不同，该国没有规定每年病假的天数。如果员工因病缺勤，员工的工资可能会被扣减，公司须支付的工资比例为：

· 生病的前 4 个月 100%。

· 第 5–8 个月 75%。

· 第 9–12 个月 50%。

· 之后每个月（直到雇用终止）25%。

· 雇主可以解雇已连续患病 12 个月的员工。

# 四、雇用外国人

## （一） 获得工作许可证的要求

雇用外国人的雇主必须获得劳工部长签发的许可证。

## （二） 制定外籍员工人力资源利用计划的要求

雇用外国人的雇主必须首先制定一份外籍员工人力资源利用计划（通常被称为 RPTKA）。RPTKA 本质上是雇主就其内部的特定职务雇用外国人的计划。该计划应该包括外国员工的人数、工作时间以及将外籍员工代替为印度尼西亚员工的计划。

最初的 RPTKA 申请必须提交给劳工部审批。根据工作的地点，续展的申请可向劳工部所在的当地办事处提交。

要求雇主制定一份 RPTKA 的原因是，外籍劳动者只能从事某些职位的工作，且只能在一定的时间内工作。

## （三） 职位

劳工部长 2019 年关于对外籍员工开放职务的第 228 号法令的附件中"包括一系列在印度尼西亚对外籍员工开放"的职位。每个职位都有相应的国际标准职业分类（ISCO）/印度尼西亚标准职业分类（KBJI）代码。

开放职位的清单是基于印度尼西亚境内 18 个商业（行业）类别而定。一些类、分类和子类别包括一份涵盖 100 多个向外国人开放的职位（如建筑、教育、信息、通信以及矿产开采）。有些类别仅规定了一部分对外国人开放的职位（如房地产、人类健康和社会活动以及其他服务活动）。

表2　第 228 号法令附件中提到的 18 个商业（行业）类别

| 编号 | 类别 |
| --- | --- |
| 1 | 建筑 |
| 2 | 房地产 |
| 3 | 教育 |
| 4 | 加工业 |

续前表

| 编号 | 类别 |
|---|---|
| 5 | 水管理、废水管理、废物管理和回收以及补救活动——仅适用于主要类别的废水管理 |
| 6 | 交通和仓储 |
| 7 | 艺术、文艺和娱乐 |
| 8 | 提供住宿和餐饮 |
| 9 | 农林渔 |
| 10 | 无选择权的租赁活动、人力、旅行社和其他业务支持 |
| 11 | 金融和保险活动 |
| 12 | 人类健康活动和社会活动 |
| 13 | 信息和技术 |
| 14 | 矿产及开采 |
| 15 | 电力、天然气、蒸汽（热水）和冷空气的采购 |
| 16 | 汽车和摩托车的批发和零售贸易、维修和保养 |
| 17 | 其他服务活动 |
| 18 | 专业、科学及技术活动 |

除关于在印度尼西亚境内对外国人开放的职位的附件外，第228号法令中的以下几点应予注意：

1. 只要委任外国董事和专员不违反现行法律和法规，则不属于管理人员的董事和专员职务是可以对外国人开放的。换言之，通常外国人仍然可以担任印度尼西亚公司的董事或专员职务。

2. 劳工部长（或管理部长特别指定的官员）有权批准打算担任第228号法令附件中未列出之职位的外籍员工的工作许可证。之前，即使拟议职位并未明确规定对外籍员工开放，劳工部长仍可批准外籍员工的工作许可证申请。但是，批准需要相关技术部的推荐。第228号法令取消了这一要求。

3. 对外籍员工开放的职位要求每两年进行一次评估或在必要时进行评估。但是，第 228 号法令并未具体规定在正常时间表之外进行必要评估所须满足的条件。

### （四） 任命本国员工

除外国人担任公司董事或执行长官的职位外，雇主每聘请一名外国员工就必须任命一名印度尼西亚员工担任对应职位。

### （五） 比率

在印度尼西亚，雇主可雇用外国员工的人数取决于多种因素，如雇主的类型（即是公司还是代表处）、行业、雇主的规模、印度尼西亚员工的人数。

针对雇用每一外国员工所应达到的本国员工人数，劳工部采用一个"比例"，这一比例是基于目前不时修改的不成文政策确定的。

## 五、社会保障

### （一） 社会保障

关于社会保障组织机构的 2011 年第 24 号社会保障法案（以下简称 BPJS 法案）修改了以前被称为社会福利保障的各种社会保障项目。

BPJS 法案规定了印度尼西亚所有公民的社会保障的一般原则。根据该法案的规定，每个人（包括在印度尼西亚工作至少 6 个月的外国人）必须参加由相关社会保障组织机构管理的社会保障计划（BPJS 计划）。

根据 BPJS 法案的规定，印度尼西亚设立两个 BPJS 机构负责法案的执行：

1. BPJS 人力"，负责管理职业事故保障、死亡保障、老年保障及养老金计划。

2. "BPJS 健康"，负责管理健康保障计划。

## （二） BPJS 人力

BPJS 人力包括 4 个计划：

1. 职业事故保险计划（Jaminan Kecelakaan Kerja 或 JKK）。

2. 死亡保险计划（Jaminan Kematian 或 JK）。

3. 老年保险计划（Jaminan Hari Tua 或 JHT）。

4. 养老金保险计划（Jaminan Pensiun 或 JP）。

## （三） BPJS 人力缴款

BPJS 人力缴款是根据员工工资的一定比例计算的：

1. 职业事故保险计划，缴纳比例取决于雇主的行业，范围从 0.24% 到 1.74%。由雇主全额支付。

2. 死亡保险计划，缴纳比例是员工月薪的 0.3%，由雇主支付。

3. 老年保险计划，缴纳比例占员工月薪的 5.7%。其中的 3.7% 由雇主支付，2% 由雇员支付（从雇员的工资中扣除，但由雇主支付给 BPJS 人力）。

4. 养老金保险计划，缴纳比例是员工月薪的 3%。其中 2% 由雇主支付，1% 由雇员支付（从雇员的工资中扣除，但由雇主支付给 BPJS 人力）。BPJS 人力定期发布用于计算养老金保险计划缴款的月度工资上限。

雇员在入职的首日起，应参加 BPJS 人力管理的上述计划。

## （四） BPJS 健康

《关于健康保障的 2013 年第 12 号总统法规》（经 2013 年第 111 号关于修订《关于健康保障的 2013 年第 12 号总统令》的修订，以下简称"健康保障法规"），是 BPJS 健康管理的健康保障计划的实施条例。

所有印度尼西亚公民都必须成为 BPJS 健康的成员，所有在该国工作至少 6 个月的外国人也必须登记参加 BPJS 健康。与社会保险不同，外国人不能豁免登记。

## （五） BPJS 健康缴款

每一类成员都有不同的缴纳比例，即：

| 编号 | 成员类型 | 雇主缴款率 | 员工缴款率 |
| --- | --- | --- | --- |
| 1 | （1）国家官员<br>（2）地方人民代表会议（DPRD）的主席和成员<br>（3）公务员<br>（4）印尼军队<br>（5）印尼警察<br>（6）村庄首领（kepala desa）和村庄官员（perangkat desa）<br>（7）不属于上述类别、亦不是私营部门雇员的工人 | 3%<br>就（6）和（7）项所列成员而言，计算每月缴纳额的工资上限是 800 万印尼盾 | 2% |
| 2 | 不属于上文编号 1 所述（包括私营部门雇员）的工人 | 4%<br>计算每月缴纳额的工资上限是 800 万印尼盾 | 1% |

续前表

| 编号 | 成员类型 | 雇主缴款率 | 员工缴款率 |
|---|---|---|---|
| 3 | 不领取工资者和非雇员 | 第1类：每人每月8万印尼盾<br>第2类：每人每月51000印尼盾<br>第3类：每人每月25500印尼盾<br>相关的个人可以选择其想要加入的类型 | |

# 六、强制性报告

## （一）强制性人力报告

根据1981年《关于公司强制性人力报告》的第7号法律，雇主有义务向劳工部相关办公室提交强制性人力报告（通常被称为WLTK）。

雇主必须最晚在下列时间内提交WLTK：

·在设立、恢复经营或迁址后30天。

·在迁址、停止经营或解散前30天。

此外，雇主还须在每年的12月提交一份年度WLTK。

根据《关于在线提交强制性人力报告程序的第18号部长雇用条例》，WLTK可以通过劳工部提供的系统进行在线提交（官方网站：http://wajiblapor.kemenaker.go.id）。

## （二）福利报告

根据2004年《关于人力的第6号DKI雅加达区域条例》（以下简称第

6号条例），位于 DKI 雅加达区域的雇主有义务向其雇员提供福利设施。

第 6 号条例没有规定福利设施提供情况的相关报告的程序。但是，在实践中，第一份强制性福利报告应与 WLTK 同时提交，即在雇用实体设立后的 30 个日历日，此后每年提交一次即可。

### （三）工资结构和等级表

2017 年《关于工资结构和工资等级表的第 1 号劳工部长条例》（以下简称第 1 号条例）要求雇主编制适用于其组织的工资结构和工资等级表。在编制工资结构和工资等级表时，雇主需要考虑所有雇员的分类、职位、服务年限、教育程度和能力。

雇主必须逐个告知所有雇员有关工资结构和工资等级表的信息，包括适用于他们的工资结构和工资等级表的详情。

雇主无须向劳工部报告其工资结构和工资等级表。但是，根据第 1 号条例，当雇主申请下列各项事务时，需要向劳工部相关办公室提交工资结构和工资等级表：

· 核准或续展其公司规章。
· 登记、续延或续展其集体劳动协议。

劳工部相关办公室不会保留所提交的工资结构和工资等级表。但是，雇主需要提供一份声明函，确认其已经制定工资结构和工资等级表。该声明函将由劳工部相关办公室保存。

### （四）公司规章

根据《劳动法》的规定，如果雇主雇用至少 10 名员工，则必须制定一套公司规章。

《劳动法》中定义的公司规章，指雇主以书面形式制定的一套规章条例，其中包含雇主的雇用条款和行为规则。

实践中，许多雇主早已制定员工手册或工作规则，其内容可能与公司规章相当。但是，如果雇主希望员工手册或工作规则被视为《劳动法》所指的公司规章，雇主还须确保遵守《劳动法》及其实施条例项下对公司规章所规定的要求。

公司规章需由劳工部相关办公室批准。公司规章一经批准，有效期为两年。

雇主只能制定一套适用于其所有员工的公司规章。但是，如果雇主在多个地点设有分支机构，则可能制定下列各项：

· "主"公司规章，包含适用于所有分支机构的一般性规定。

· 单个"派生"公司规章，根据相关分支机构的情况，包含具体适用于某个特定分支机构的规定。"派生"公司规章不得与"主"公司规章相抵触，并必须经劳工部相关办公室批准。

起草公司规章时，雇主应听从其员工（或者员工代表，或者雇主内部的工会）的建议和考量意见。

（五）纳税申报表

雇主须向其登记所在税务局提交员工所得税申报表以及其他相关的纳税申报表，如增值税。提交期于下个月的第 20 天截止。

# 七、劳动关系终止

在印度尼西亚，终止劳动关系受《劳动法》和《关于劳资关系纠纷解决的 2004 年第 2 号法案》的调整。

根据《劳动法》的原则，雇主、雇员、工会和政府必须尽一切努力避免终止劳动关系。这种努力包括旨在避免劳动关系终止的积极行动，例如安排工作时间、采取具有成本效益的措施、改变工作方法以及向雇员提供发展计划等。

与其他国家不同，印度尼西亚不存在单方面终止劳动关系的权利，除非常有限的例外情况，总体原则是雇主必须先从劳资关系法院（以下简称劳工法院）或高等法院（若劳工法院的裁定被一方或双方上诉的话）获得同意终止劳动关系的裁定。

如果终止符合以下情况，则终止劳动关系无须事先取得法院令：

·在员工试用期内终止（试用期以书面形式约定）。

·员工自愿辞职而终止，且没有任何来自雇主的压力甚至是恐吓。

·由于员工的固定期限劳动合同期满而终止。

·根据劳动合同、公司规章、集体劳动合同或法律法规的规定员工达到退休年龄而终止。

·员工死亡而终止。

·员工因刑事诉讼导致连续 6 个月无法工作而终止。

如果雇员同意"相互终止"并与雇主签订一份合同且该合同在劳工法院登记，则不需要事先取得法院命令。在劳工法院登记仅是行政程序，而不是审批程序。

# 八、劳动关系终止付款

## （一）终止付款的结构

终止付款取决于雇员签订的是固定期限劳动合同还是无限期劳动合同。

1. 无限期员工

支付给无限期员工的终止付款由三部分组成：

·遣散费；

·长期服务费；

·权利补偿。

以下列出了这三个组成部分的详细信息。

## 终止付款的组成（无限期员工）[①]

1. 遣散费 [2003 年第 13 号法案第 156（2）条]

·1 年以下服务期限，遣散费为 1 个月的工资

·满 1 年但未满 2 年，遣散费为 2 个月的工资

·满 2 年但未满 3 年，遣散费为 3 个月的工资

·满 3 年但未满 4 年，遣散费为 4 个月的工资

·满 4 年但未满 5 年，遣散费为 5 个月的工资

·满 5 年但未满 6 年，遣散费为 6 个月的工资

·满 6 年但未满 7 年，遣散费为 7 个月的工资

·满 7 年但未满 8 年，遣散费为 8 个月的工资

·8 年或以上，遣散费为 9 个月的工资

2. 长期服务费 [《劳动法》第 156（3）条]

·服务年限满 3 年但未满 6 年，长期服务费为 2 个月工资

---

[①] 如需进一步资料，请联络：
Alvira Wahjosoedibjo：
电话：+62 21 2960 8503
电子邮件：alvira.wahjosoedibjo@bakermckenzie.com
Rinaldo Aditya
电话：+62 21 2960 8642
电子邮件：rinaldo.aditya@bakermckenzie.com

- 服务年限满6年但未满9年，长期服务费为3个月工资
- 服务年限满9年但未满12年，长期服务费为4个月工资
- 服务年限满12年但未满15年，长期服务费为5个月工资
- 服务年限满15年但未满18年，长期服务费为6个月工资
- 服务年限满18年但未满21年，长期服务费为7个月工资
- 服务年限满21年但未满24年，长期服务费为8个月工资
- 服务年限满24年或以上，长期服务费为10个月工资

3. 权利补偿［《劳动法》第156（4）条］
- 员工享有但实际未休的年假的补偿
- 员工及其家人返回原受聘地发生的差旅费或开支的补偿
- 住房和医疗费用的补偿，占遣散费和长期服务费总额的15%
- 劳动合同、公司规章或集体劳动合同规定的其他补偿

**工资组成**

根据《劳动法》规定，用于计算终止付款的"工资"组成包括：

- 目前基本工资
- 固定津贴（即定期向员工支付的款项，与员工的出勤率或某一项工作的表现无关）

除这三个组成部分外，《劳动法》还引入了一个叫做"离职补偿"（uang pisah）的新概念。离职补偿适用于因员工辞职以及因员工无故缺勤连续5个工作日及以上被终止劳动关系的员工。《劳动法》规定，离职补偿的数额按照劳动合同、公司规章、集体劳动合同的规定确定。

此外，"离职补偿"只支付给职责和职能不直接代表雇主利益的员工。但是，《劳动法》并未明确此类员工的范围。但是，通常的假设是，职责和职能直接代表雇主利益的员工至少包括公司董事会的成员。劳工部某些官员也将这一规定解释为包括"管理级别员工"（例如，人力资源经理、

财务经理)。

2. 固定期限员工

鉴于固定期限劳动合同的员工,如其在合同期限期满前被终止劳动关系,该员工不享有由遣散费、长期服务费和权利补偿组成的终止付款。相反,在期满前终止固定期限劳动合同的一方(即雇主和雇员),必须向另一方支付数额相当于员工工资的补偿,直到固定期限劳动合同的期限结束。

## (二) 终止付款公式(适用于无限期员工)

员工是否有权获得遣散费、长期服务费、权利补偿和离职补偿,取决于终止雇用的原因。以下《劳动法》中规定的各种终止原因(以及适用的法定终止付款)的摘要。

### 法定终止付款(无限期员工)的原因[①]

| 编号 | 终止劳动关系的原因 | 遣散费 | 长期服务费 | 权利补偿 | 离职补偿 |
|---|---|---|---|---|---|
| 1 | 雇主状况发生变化,雇主被合并或并购,雇主不希望继续劳动关系[第163(2)条] | 2x | 1x | 1x | 无 |
| 2 | 雇主因提升企业效率(而不是因经济原因或不可抗力)而关闭[第164(2)条] | 2x | 1x | 1x | 无 |

---

① 此处"x"表示倍数。
访问 www.hhp.co.id 了解更多详情。
HHP Law Firm
Pacific Century Place, Level 35
Sudirman Central Business District Lot. 10 Jl. Jendral Sudirman Kav 52 – 53
Jakarta 12190, Indonesia
电话:+62 21 2960 8888 | 传真:+62 21 2960 8999

续表

| 编号 | 终止劳动关系的原因 | 遣散费 | 长期服务费 | 权利补偿 | 离职补偿 |
|---|---|---|---|---|---|
| 3 | 雇员死亡（第166条） | 2x | 1x | 1x | 无 |
| 4 | 雇员达到退休年龄（若雇主未将雇员纳入退休金计划）［第167（5）条］ | 2x | 1x | 1x | 无 |
| 5 | 雇员被终止劳动关系，但雇员对雇主提出指控，且指控被证明属实［第169（1）条和第169（2）条］ | 2x | 1x | 1x | 无 |
| 6 | 雇员违反劳动合同、公司规章或集体劳动合同（连续3份警告函）［第161（1）条和第161（3）条］ | 1x | 1x | 1x | 无 |
| 7 | 雇主状况或所有权发生变化，雇主被合并或并购，雇员不希望继续劳动关系［第163（1）条］ | 1x | 1x | 1x | 无 |
| 8 | 雇主因经济原因或不可抗力而关闭［第164（1）条］ | 1x | 1x | 1x | 无 |
| 9 | 雇主破产（第165条） | 1x | 1x | 1x | 无 |
| 10 | 雇员因被当局拘留而连续6个月无法工作［第160（3）和160（6）条］ | 无 | 1x | 1x | 无 |
| 11 | 被当局拘留六个月后，雇员被认定有罪［第160（5）条和第160（6）条］ | 无 | 1x | 1x | 无 |
| 12 | 雇员辞职［第162（2）条］ | 无 | 无 | 1x | 有（如果雇员的职责和职能不能直接代表雇主的利益）。数额和实施取决于劳动合同、公司规章或集体劳动合同的规定。 |

续表

| 编号 | 终止劳动关系的原因 | 遣散费 | 长期服务费 | 权利补偿 | 离职补偿 |
|---|---|---|---|---|---|
| 13 | 雇员缺勤但未请假［第168（3）条］ | 无 | 无 | 1x | 有（如果雇员的职责和职能不能直接代表雇主的利益）。数额和实施取决于劳动合同、公司规章或集体劳动合同的规定。 |
| 14 | 雇员达到退休年龄（若雇主将雇员登记在退休金计划内）［第167（1）条］ | 无 | 无 | 1x | 无 |
| 15 | 雇员被终止劳动关系，且雇员对雇主提出指控，但指控被证明不属实［第169（1）条和第169（3）条］ | 无 | 无 | 1x | 无 |
| 16 | 雇员连续生病满12个月后被终止雇用（第172条） | 2x | 2x | 1x | 无 |

用于计算终止付款的工资组成包括基本工资和固定津贴，包括由雇主提供的员工应付份额价值。

# 九、外包

## （一）劳工类型

印度尼西亚有两种劳工外包类型：

· 工作外包——一家公司将公司工作的一部分外包给另一家公司。

·劳务外包——一家公司向另一家公司提供劳动力（即工人）。

目前没有对关联实体不需要遵守外包要求的豁免。

## （二）工作外包

在印度尼西亚，工作外包需要遵守很多要求。这些要求简单概括如下：

### 1. 流程图

雇主的相关行业协会需要发布一个流程图，载明哪些工作可以外包，哪些工作不能外包。

### 2. 支持工作的描述

如果想要将工作外包给另一个实体的公司（通常被称为"服务用户"），则必须向劳工部的相关办公室提交一份关于支持工作的描述（以下简称 DOSW）。DOSW 规定了什么工作将被服务用户外包。流程图的副本必须附在 DOSW 中，以显示服务用户可以外包哪些工作。

### 3. 报告证明

如 DOSW 已提交，则劳工部相关办公室会出具收悉证明。

### 4. 外包协议

服务用户和将进行外包工作的实体（通常被称为"服务提供者"）需要签订外包协议。

### 5. 登记证明

服务提供者将需要在劳工部相关办公室将外包协议进行登记。登记后，可以进行工作外包。

### 6. 对不合规的处罚

如果外包工作的要求并未得到遵守，根据法律的规定，从事这项工作的服务提供者派出的雇员将被视为受（接受服务用户）雇用的雇员。

## （三）劳务外包

劳务外包受到高度监管，范围仅限 5 个领域：

1. 清洁服务
2. 员工餐饮服务
3. 安保服务
4. 采矿和石油行业的支持服务
5. 员工交通服务

此外，提供劳务的公司必须是取得劳动公司执照的公司。

如果劳务外包的要求未得到遵守，根据法律，劳务公司派出的雇员将被视为是使用劳务的实体的雇用雇员。

# 十、税收

根据印度尼西亚的所得税法，雇主有义务预扣一定的员工应纳所得税额，用于向国家缴纳员工的所得税。

所得税是根据以下累进税率计算的：

| 应纳所得税额 | 税率 |
| --- | --- |
| 不超过 5000 万印尼盾 | 5% |
| 5000 万印尼盾—不超过 2.5 亿印尼盾 | 15% |
| 2.5 亿印尼盾—不超过 5 亿印尼盾 | 25% |
| 5 亿印尼盾以上 | 30% |

因劳动关系终止向员工支付的款项适用其他税率。终止付款的适用税率如下：

| 应纳所得税额 | 税率 |
| --- | --- |
| 不超过 5000 万印尼盾 | 豁免 |
| 5000 万印尼盾—1 亿印尼盾 | 5% |
| 1 亿印尼盾—5 亿印尼盾 | 15% |
| 5 亿印尼盾以上 | 25% |

越南投资法律指南

## 导语

自从越南于20世纪80年代末第一次打开外商直接投资的大门,在越南设立长期的公司实体的主要方式是按照《越南外商投资法》(1996年LFI)及其前身《外商投资法》(1987年)(FIC)。

自2006年7月1日以来,《企业法》(2005年)以及《投资法》(2005年)取代了《越南外商投资法》成为越南外商投资相关事务的主要法律监管框架,这体现了越南吸引外国投资的意向。

在上述两项立法通过近10年后,2014年11月26日,越南国会通过新《投资法》(2014年)[①]以及新《企业法》(2014年)[②],从2015年7月1日起取代2005年颁布的《企业法》和2005年颁布的《投资法》。这两项新法的规定采用了更加有利于投资者的方式,目的在于减少行政干预,更好地促进外商投资进入越南。

以下概述了外国投资者及贸易商们按照《投资法》及《企业法》在越南开展商业运营时可设立的公司实体及在越南设立商业存在的可替代方式。

---

① 后文如无特别说明,提及的《投资法》均指2014年《投资法》。
② 后文如无特别说明,提及的《企业法》均指2014年《企业法》。

## 一、《投资法》及《企业法》项下的投资

根据《投资法》的规定，外国投资者或具有一定外资所有权的企业在越南开展项目须在省级国家投资登记机关（SIRA）完成投资登记手续，国家投资登记机关将签发投资登记证书（IRC）。

根据2014年《企业法》，所有企业必须获得由省级国家工商登记机关（SBRA）签发的企业登记证书（ERC）才能开始运营活动。企业登记证书会列明申请企业的详细公司信息（包括注册资本数）。允许企业开展的具体经营活动的范围将记录在全国企业登记信息网，供公众进行查询。

根据《投资法》及《企业法》规定，在2014年《投资法》和《企业法》颁布之前设立的外资企业可以选择以下两种方式之一：

（1）不办理重新登记，按照其现有投资执照或投资证书继续经营；

（2）向国家投资登记机关申请将其现有投资执照或投资证书转换为投资登记证书。

## 二、投资形式

### （一）投资形式

越南的外商投资项目可以采用以下任何一项投资形式：

· 有限责任公司（LLC）。

· 股份公司（JSC）。

· 合伙企业（PC）。

· 商业合作合同（BCC）。

·公私合营（PPP）项目。

严格来说，公私合营项目具有一定独特的法律特征，可以通过以有限责任公司或股份公司形式设立的项目来实施，而不是作为单独的外国投资形式。

**1. 有限责任公司（多成员有限责任公司以及单一成员有限责任公司）**

一家有限责任公司可能采取拥有两个或更多成员股东的有限责任公司形式（以下简称"多成员有限责任公司"）或只有一个成员股东的有限责任公司形式（以下简称"单一成员有限责任公司"）。有限责任公司有其自己的章程以及管理委员会（BOM），这与股份公司的股东大会（GSM）相似，并且有权在国内外设立附属机构，比如分公司或代表处。

有限责任公司拥有公认的法律实体地位，且有限责任公司的成员股东在该股东的实缴出资或认缴出资范围内承担对企业的债务和责任。有限责任公司并不发行股票。

（1）多成员有限责任公司

多成员有限责任公司是指拥有超过一个但不超过50个成员股东的企业，成员股东可能是组织、个人或者两者的结合。

①成员股东的权利

多成员有限责任公司的成员股东，除其他方面外，行使或享有以下权利：

·参加管理委员会会议。

·按出资比例行使表决权。

·按出资比例分配股份和利润。

·优先认缴新增资本。

受制于优先购买权（即想要转让其部分或全部股权的成员股东必须首先向其他所有股东按比例出售这部分股权），股东可以按照《企业法》或公司章程的规定转让、处分或要求公司回购其股权。

②管理和控制

董事会是多成员有限责任公司的最高决策机构，其成员按照各自的出资份额被委任。股东人数为11人或以上的多成员有限责任公司必须设立一个控制委员会。股东人数在11人以下的多成员有限责任公司可以按照其管理要求设立控制委员会。

③会议

董事会董事长，或持有的股权占注册资本的10%及以上的单个或多个股东，可以召集管理委员会会议，或公司章程有不同规定的，按照公司章程规定执行。如果公司的某一位股东拥有的股权超过了注册资本的90%，且该公司的章程未规定一个更低的持股比率，那么小股东有权通过联合行动自动召集会议。

当代表至少65%的注册资本的成员出席会议时，即达到会议法定人数，或公司章程有不同规定的，按照公司章程规定执行。如果第一次会议参会成员未能达到必要法定人数，在第一次会议后的15天内可以召开第二次会议，且第二次会议必须有代表至少50%的注册资本的成员参会，或有公司章程规定的法定人数参会。如果第二次会议不符合法定人数，则可以在10个工作日内举行第三次会议，该会议的举行无须考虑出席的人数。

公司章程规定董事会会议的召开频率，但董事会每年必须至少召开一次会议。

④投票表决

决议的形成可以在会议上投票，或寻求书面意见（即以书面决议来替代召开会议表决），或通过公司章程规定的其他方法（如以视频会议等电子方式表决）而获得通过。

至少获得代表出席会议成员总实缴资本65%的赞成票的情况下，决议才能通过，公司章程规定的其他比例的赞成票时，该决议表决通过。

涉及以下任一事项的决议须获得至少代表出席会议成员总实缴资本的75%的赞成票：

·出售资产或财产的价值等于或大于50%的总资产价值（如公司最新财务报告所述，或公司章程规定的较小比例）；

·关于修改或补充公司章程的决议；

·关于公司重组或解散的决议。

书面意见通过的决议，必须得到代表至少65%的注册资本的成员的批准。

⑤管理人员

多成员有限责任公司必须拥有一名由董事会委派的董事或董事长①，其不必为公司成员。董事长负责公司的日常运营，除非章程另有规定，董事长通常是公司的法定代表人。

（2）单一成员有限责任公司

单一成员有限责任公司由一个组织或个人成员（即"公司所有者"）所有，该成员以公司注册资本为限对公司的债务和其他负债负责任。单一成员有限责任公司的法律地位与多成员有限责任公司相同，但其公司所有者在公司决策上有更多的自主权。公司所有者可以委派一名代表担任公司总裁或委派三至七名代表组成董事会，代表该公司所有者行使权利和履行义务。

董事会（如有）会议必须有至少2/3的代表出席，每一位代表拥有同等效力的投票权，公司章程另有规定的除外。董事会决议须由出席会议的1/2以上的代表批准方可通过。公司章程的修订或补充、公司重组、全部

---

① 按照越南法律，董事长相当于首席执行官或总经理。

或部分转让注册资本时的决议必须由出席有关会议的 3/4 以上的代表批准同意。

与多成员有限责任公司相类似，单一成员有限责任公司也必须拥有一名由公司总裁或董事会委派的董事或董事长，该董事或董事长负责公司日常运营，除非公司章程另有规定，通常由该董事或董事长担任公司的法定代表人。

单一成员有限责任公司必须拥有控制人，且由公司所有者决定控制人数量，控制人负责监督公司董事会（或总裁）以及董事（或董事长）的工作，并执行公司所有者分配的其他工作。

单一成员有限责任公司可在以下两种情况下减少其注册资本：

·该公司自登记之日起连续经营超过两年，且公司在返还部分注册资本至公司所有者后仍可以偿还其全部债务及其他资产负债，在这种情况下，公司将一部分实缴的注册资本返还给公司所有者。

·公司所有者未能按时缴足公司的注册资本。

单一成员有限责任公司可通过向公司所有者追加投资或从其他人员处获得资本出资的方式增加其注册资本。如果部分注册资本由另一组织或个人出资或转让给另一组织或个人，那么公司须在该转让完成之日起 10 日内注册转为一个多成员有限责任公司或股份公司。

**2. 股份公司**

股份公司是指注册资本被分为若干股份，由三个或以上组织或个人持有的企业。股东在出资范围内对企业的债务和负债负责。股份公司有权发行证券以筹集资金，并可在证券交易所上市。

股份公司必须拥有普通股，并可能拥有优先股和/或发行债券。普通股股东有权行使或享有以下权利：

·出席股东大会。

·依其持有股份份额行使表决权。

·获得股利，转让其持有股份。

·依其持有普通股份额优先认购发行的新股。

股份公司有权通过下列任意方式选择其组织、管理以及运营结构（《证券法》另有规定的除外）：

·股东大会、管理委员会、控制委员会以及董事（长）。在股份公司的股东数量少于11名，且机构类股东持股比例低于公司股份总数的50%的情况下，不要求设立控制委员会。

·股东大会、管理委员会以及董事（长）。在这种情况下，管理委员会至少20%的成员须具独立性，且必须在管理委员会下直接设立内部审计委员会。

（1）股东大会

股东大会由拥有表决权的所有股东组成，是股份公司的最高决策机构，其主要权力包括：

·决定公司的发展方向。

·决定公司授权将被出售的股票类型（类别）以及每一类型（类别）股票的发行总量；并决定每种类型（类别）股票的年度股利比率。

·选举、免除职务或解聘管理委员会及控制委员会的成员。

·如公司章程并未对投资或出售的资产比例或金额另作规定，对等于或大于公司最新财报中所述资产总额的35%的投资或公司资产（财产）的出售作出决定。

·决定修订或补充公司章程。

·通过年度财务报表。

·决定对超出已发行每种类型（级别）的股票总数的10%的回购行为。

·审查和处理管理委员和/或控制委员会对公司和公司股东造成损害的违规行为。

·决定公司重组或解散。

·2014年《企业法》和公司章程规定的其他权利义务。

股东大会可以每年召开一次年会或多次临时会议，至少一年一次。年度会议须在当年财务年度结束之日起4个月内召开。召开股东大会的会议地点须在越南境内。如在多个地点同时举行股东大会，则股东大会主席出席会议的地点为股东大会的会议地点。

在出席股东所持的表决权股份比例达到51%以上时，方满足会议法定人数要求。如第一次会议的出席人数不符合此法定人数，那么第二次会议的法定人数为持有33%及以上的表决权股份的股东人数。如果第二次会议不符合这一法定人数，那么第三次会议将不再考虑法定人数。

股东大会通过决议，须经出席股东所持表决权的51%（或按照公司章程规定的更高比例）及以上通过。下列相关决议须经出席股东所持表决权的65%（或按照公司章程规定的更高比例）及以上通过：

·决定公司授权将被出售的股票种类（类别）以及每种股票种类（类别）的发行总量。

·改变公司的经营范围。

·改变公司的管理结构。

·决定公司的重组或解散。

·投资或出售等于或大于公司最新财务报表中所述资产总额的35%（除非公司章程对此比例另有规定）。

·公司章程规定的其他事项。

作为例外，管理委员会成员和控制委员会成员可以通过累积投票进行选举。

股东大会通过寻求书面意见的形式通过决议，须经总投票数至少51%（或按照公司章程规定的更高比例）的赞成票表决通过。

（2）管理委员会

管理委员会是股份公司的管理机构，由3—11名成员组成（具体成员人数由公司章程作出规定）。管理委员会成员由股东大会通过累计投票的方式选举产生，任期可达5年，并可连选连任。

一般来说，管理委员会完全有权以公司名义作出决定，行使和履行不属于股东大会的权利和义务。

管理委员会可以定期或不定期召开会议。管理委员会每个季度须至少召开一次会议，主席可以在任何必要的时候召开会议。须3/4或以上成员出席会议，才可举行管理委员会会议。

管理委员会通过决议，须经出席会议的多数成员批准；在反对票与赞成票票数相同的情况下，主席有权投决定票。

（3）董事及董事长

董事及董事长由管理委员会委派，任期可达5年，并可连选连任。董事及董事长负责公司日常运营。

（4）控制委员会

在股份公司的个人股东人数达到11名或以上，或机构类股东所持有股份达到50%或以上的情况下，股份公司须设立控制委员会。

如公司章程没有另作规定，控制委员会由3—5名成员组成，且其超过半数的成员必须经常居住在越南。首席财务官必须为专业会计师或审计师，必须在公司全职工作，除非公司章程另有规定。

控制委员会成员由股东大会通过累计投票方式委任，任期可达5年，可连选连任。总而言之，控制委员会负责监督管理委员会和董事及董事长的工作，并执行股东大会分配的其他任务。

### 3. 合伙企业

合伙企业是由至少两个合作伙伴建立的企业形式，拥有法人地位——合伙企业类似于其他司法辖区的有限责任合伙企业。一个合伙企业须有两名普通合伙人，并可能也有若干有限合伙人（字面意思是"出资成员"）。普通合伙人以其个人资产对公司全部债务承担连带责任，而有限合伙人仅以其出资额为限对公司承担责任。截至目前，合伙企业并不是外国投资者在越南投资的常用方式。

### 4. 商业合作合同

商业合作合同是一种类似于合伙制的契约关系，其并未创建一个新的法律实体，而是获得授权在越南开展与某一特定项目相关的业务活动。商业合作合同最常用于石油行业，产品分成合同在石油行业按照惯例被架构为商业合作合同，电信和广告项目也经常运用商业合作合同这种形式。随着有限责任公司和股份公司也被许可进入这些领域，商业合作合同的运用趋势也在发生变化。

### 5. 公私合营

公私合营方式的投资被定义为以公私合营项目合同为基础来实施、管理和运营基础设施项目或提供公共服务的投资，合同双方为获得授权的国家机构（ASA）和投资者和/或项目企业。

公私合营项目合同可以采用下列形式之一：

· 建设—经营—移交（BOT），该合同被定义为国家机构和投资者为建设基础设施而签订的合同，在项目竣工后，投资者在固定期限内对此设施有商业经营权；在此期限届满后，投资者应将该设施移交给国家机构。

· 建设—移交—经营（BTO），该合同被定义为国家机构和投资者为建设基础设施而签订的合同，在项目竣工后，投资者应将此设施移交给国家机构并在固定期限内对此设施有商业经营权。

·建设—移交（BT）合同，该合同被定义为国家机构和投资者为建设基础设施而签订的合同；投资者应将此设施移交给国家机构，并通过预留土地以便实施其他项目的方式获得回报。

·建设—拥有—经营（BOO）合同，该合同被定义为国家机构和投资者为建设基础设施而签订的合同，在项目竣工后，投资者在固定期限内拥有此设施的所有权及商业经营权。

·建设—移交—租赁（BTL）合同，该合同被定义为国家机构和投资者为建设基础设施而签订的合同，在项目竣工后，投资者应将此设施移交给国家机构并且有权在固定期限内通过经营和使用此设施来提供服务，并且国家机构应该租赁此类服务并向投资者付费。

·建设—租赁—移交（BLT）合同，该合同被定义为国家机构和投资者为建设基础设施而签订的合同，在项目竣工后，投资者有权在固定期限内通过经营和使用此设施提供服务，国家机构应租赁此类服务并向投资者付费。在提供此类服务的期限届满时，投资者应将此设施移交给国家机构。

·经营—管理（O&M）合同，该合同被定义为国家机构和投资者为在固定期限内经营此设施的部分或全部而签订的合同。

·待总理批准的任何类似形式的合同。

公私合营投资形式被鼓励及允许进入以下领域投资项目的建设、翻新、经营、商业活动、基础设施管理、提供设备或公共服务的项目：

·运输基础设施及相关服务。

·照明系统、供水系统、排水系统、废物及废水收集及处理系统、社会住房、安置房、公墓。

·电厂、输电线路。

·医疗、教育、职业培训、文化、体育及其他相关服务的基础设施，国家机关的办公大楼。

·商业基础设施、科学技术、水文气象设施、经济区、工业区、高技术区、信息技术重点区域和信息技术应用。

·连接生产和加工的农业和农村基础设施和开发服务，以及农产品的实际销售。

·总理决定的其他投资领域。

公私合营项目的投资程序可能涉及以下步骤：

·项目提案：政府必须安排项目提案的制定，并在全国招标网络上公布项目和项目清单。该法律还允许投资者在政府批准和宣布的项目和项目清单之外，提议实施公私合营项目。

·可行性研究报告：政府应安排项目可行性研究报告的制定，作为选择投资者的招标邀请文件和公私合营项目合同谈判的基础。对于投资者提议的项目，可以指派该投资者编制可行性研究报告。

·公私合营项目投资者的选择：公私合营项目必须进行国际公开招标，但在允许全国性公开招标或直接任命的有限情况下除外。

·项目合同：在完成项目合同的谈判后（如BOT合同、政府担保等），政府及投资者将签署投资协议（该协议包括项目合同草案）以确认项目的合同草案，并将在颁发投资登记证书后正式签订项目合同。

·设立项目企业：在颁发投资登记证书后，除以BT合同实施公私合营项目或小规模项目外，投资者必须设立一个企业来负责公私合营项目的执行。

6.《投资法》及《企业法》关于期限和终止存续的规定

企业可以在下列任何一种情况下终止存续：

·公司章程规定的营业期限届满且并无延续的决定。

·管理委员会决定或公司所有者或股东大会决定终止。

·公司连续6个月没有达到最低成员或股东人数要求。

·企业登记证书被吊销。

如果企业是出于其自身意志终止存续，该企业只有在其偿付所有债务和履行资产义务时方可以终止。

投资项目可以在下列任何一种情况下终止：

·项目期限届满。

·经营终止条件（按照相关合同或公司章程等规定）已满足。

·投资者决定终止项目运营。

·投资项目属于《企业法》所规定的案例，且投资者不能修正其停止活动的条件。

·投资者实施项目的土地被国家收回或者投资者被禁止继续使用投资地点且未能在规定时间内完成投资地点变更的手续。

·投资项目的活动已停止且国家投资登记机关在活动终止之日起12个月内无法联系到投资者或其法定代表人。

·投资者未能按照或没有能力按照其在国家投资登记机关登记的计划时间及其后2个月内开展项目，且投资者不属于可以延长投资项目实施期限的类别。

·法院或仲裁机构判决或裁定项目终止。

### （二）对国内企业的投资——外资所有权的限制

1. **购买股份或注册股本**

一般来说，外国投资者可以通过以下方式投资越南企业。

·购买有限责任公司现有成员的实缴资本或出资权。

·向有限责任公司投入新资本。

·从股份公司的股东处购买已发行股票。

・认购股份公司发行的新股。

《投资法》并没有区分购买股份或注册股本作为直接或间接投资形式。对股份或注册股本的收购只会在两种情况下触发向国家投资登记机关对收购进行登记的义务，即外国投资者购买下列公司的股票或权益：

・在外国投资者须受限于一定条件的商业领域经营的企业；

・外国投资者将持有51%或以上的注册资本的目标企业。

目标企业若为单一成员有限责任公司或多成员有限责任公司，需要随后换发或变更其企业登记证书而进行登记，而如果目标企业是股份公司，则不需要进一步变更其企业登记证书。

**2. 吸收合并、新设合并、分立、分拆**

《企业法》对吸收合并、新设合并、分立、分拆作出如下定义：

・吸收合并是指一个或多个企业将其全部资产、法定权利、负债和利润转让到另一企业，旨在并入另一家企业的过程。

・新设合并是指两个或两个以上公司将其全部资产、法定权利、负债和利润合并起来，归并为一个新企业的过程。

・分立是指有限责任公司或股份公司拆分其成员/股东和资产，在以下情况设立两个或更多新企业的过程：

（1）按照成员或股东在原企业的所有权比例与转让至新企业的资产将成员或股东的一部分资本或股份以及相应资产划分给新企业；

（2）一个或多个成员/股东的所有份额的资本/股份以及相应资产转让至新企业；

（3）以上两种情况皆有。

・分拆是指一个有限责任公司或股份公司进行拆分，将现存企业（即被拆分企业）的一部分资产、财产、权利和义务转让设立一个或多个新企业（即拆分后企业）的过程。

这些形式的公司重组经主管国家登记机关批准后生效。公司重组后，多项权利义务将不复存在，而有关各方将承担其他责任。

其他要点包括：

·吸收合并完成后，目标企业将不再存续，存续企业将继受目标企业的合法权益。此外，存续企业将对目标企业的未偿债务和未履行的劳动合同、财产义务负责。

·对于新设合并，进行合并的企业在合并后不再存续，由合并后企业继受其合法权益，并对合并企业的未偿债务和未履行的劳动合同负责。

·对于企业分立，原企业将不再存续，新设立的企业将对原企业的未偿债务和未履行的劳动合同承担连带责任。但新设企业可与债权人、客户和雇员另行协议，约定其中一方履行这些义务。

·对于企业分拆，被拆分企业和拆分后设立的新企业对拆分企业的未付债务和未履行的劳动合同承担连带责任，但被拆分企业、拆分后设立的新企业、债权人、客户和雇员另行约定的情况除外。

3. **收购资产**

境内企业也可以收购另一家企业的部分或全部资产。出于此目的，可被收购的企业资产包括以下内容：

·有价凭证。

·债券、债务和其他形式的借款。

·契约权利和包括商标、工业设计、发明、商号、原产地或原产地名称在内的知识产权。

·不动产方面的权利，包括出租、转让和抵押的权利。

·投资活动所产生的收入项目，包括持股获得的利润和权益、股息、版税及各类费用。

·根据越南法律和越南所缔结的国际条约规定的其他资产及其经济价

值的权利。

### 4. 关于经济集中的竞争规则

根据于 2004 年 12 月 3 日国民议会通过的第 27/2004/QH11 号关于竞争的法律（以下简称《竞争法》）的规定，企业吸收合并、新设合并、收购和合资被认定为经济集中行为。

参与经济集中的企业相结合的市场份额占相关市场的 50% 以上的这一经济集中行为是被禁止的，除非存在某些例外情形。如参与经济集中的企业相结合的市场份额占相关市场的 30%—50%，这些企业的法定代表人必须向相关竞争主管机关进行申报①，在获得竞争主管机关的批复后方可继续进行经济集中②。

对于被禁止的经济集中案件，《竞争法》还附条件③的规定了有限的豁免情形。申请豁免的企业须在进行任何经济集中活动前，向竞争主管当局提交一份全面的申请材料④。

### 5. 外资所有权限制

除受到下列限制情况外，外国投资者可以无限制地收购越南国内公司的出资或股份：

根据 2009 年 4 月作出的第 55/2009/QD‐TTg 号政府决定（以下简称"55 号决定"），外国资本在上市公司⑤的上限为 49%。从 2015 年 9 月 1 日起，外资对越南上市公司的 49% 的持股上限在某些情况下已经放宽。如果越南政府承诺允许外国公司在某些特定业务领域拥有超过 49% 的股份，那

---

① 参见《竞争法》第 20.1 条。
② 参见《竞争法》第 24 条。
③ 参见《竞争法》第 19 条。
④ 参见《竞争法》第 29 条。
⑤ 上市公司是指（a）已公开发行其股票的；或（b）在证券交易所发行股票；或（c）有至少一百位除专业证券投资者外的投资者持有其股票，且出资达到 100 亿越南盾或以上金额的股份公司。

么外国投资者在这些特定业务领域的上市公司的持股比例可以达到越南政府所允许的比例。对于越南国内法规定了外资持股上限的业务领域及行业的上市公司，外国投资者须按所规定的持股比例上限持有上市公司的股份；①

·如果特定领域的法律对某些行业的外资所有权比例有特别规定，相关领域的外国投资上限必须与此类规定相一致（如银行业适用30%累计限额）。

·对于服务业领域企业的外资上限应符合越南所签订的双边及多边协议（如越南的世界贸易组织承诺书、《东盟服务业框架协议》《越南－日本经济伙伴协议》等）。

·外国投资进入正在进行股份化或以其他形式调整结构的国有独资公司的上限将根据主管部门批准的方案执行。

# 三、外国投资者的审批程序

## （一）投资登记证书

外国投资者须向国家投资登记机关提交申请文件以持有投资项目并获得投资登记证书。根据外国投资者拟实施其投资项目的地点确定具体投资项目的主管国家投资登记机关。该主管部门可能是：

·工业园区、出口加工区、高科技区或经济区的管理部门。

·省级规划投资部的外商投资部门。

越南《投资法》列明了须经国民议会、总理或省级人民委员会特别审

---

① 第60/2015/ND－CP号法令修订并补充第58/2012/ND－CP号法令的若干条款，为实施《证券法》制定具体条款（"60号法令"）。

议和初步批准的投资项目类型。该列表包括可能对环境产生重大影响的大型项目、需要转变土地用途的项目、引发超过 1 万名居民的搬迁和安置问题的项目或属于特殊行业〔如航空运输或海港建设、赌场（博彩）经营、香烟生产、油气开发、高尔夫球场建设等〕的项目。

·一般情况下，申请文件可能需要 2 至 4 个月的时间来准备（包括所有文件的翻译和签署）和提交。主管部门在决定批准和颁发投资登记证书方面有自由裁量权，尽管法律规定该决定应在提交申请之日起 15 天内作出。如果国家投资登记机关拒绝向申请者颁发投资登记证书，该部门则须出具书面说明，解释拒绝外国投资者的理由。

·对于需要特别审议和初步批准的投资项目，国家投资登记机关会将提交的申请上报国民议会、总理、省级人民委员会获得原则上的批准后，才能颁发投资登记证书。

### （二）企业登记证书

在投资登记证书下发后，如果投资项目须同时设立一个外资企业，那么外国投资者需要为设立该外资企业而申请企业登记证书。虽然法律规定，发证机关须在 3 个工作日内下发企业登记证书，但在实际操作中，该过程可能需要花费更长的时间。

### （三）设立后手续

获得企业登记证书仅标志着设立一家合法的外资企业的开端。一旦发证机关下发企业登记证书，该外资企业须在特定的时间内进行一系列的行政手续，如税务登记。

### （四）外国投资者的附条件投资领域

越南《投资法》列出了 267 个附条件的投资领域，如后文附录 1 所示，其中一些领域的投资条件适用于外国投资者，而另一些领域的商业条件则适用于所有公司。

附加在这些领域投资的具体投资条件在特别行业的专门法律或某些国际承诺（如越南的世界贸易组织服务业承诺书）中有详细规定。越南通常将这些承诺解读为对外国投资或参与越南市场所附加的限制。

## （五）对外商业务征税

在越南经商的外资企业和外国人可能需要缴纳一系列税款，包括企业所得税（EIT）、增值税（VAT）、外国承包商税、特别消费税以及进出口关税。

一般来说，外资企业与在越南的所有商业实体和活动都适用于同样的有关增值税、企业所得税和其他税收的法律规定。然而，一家外资企业的税负、征税的方式，或者其是否符合任何特殊的税收优惠则有所不同，在很大程度上取决于其商业形式。外资企业、外国承包商和分支机构在越南会受到企业所得税的影响，根据法律规定进行经营活动的代表处可能是应纳税的永久机构。

外资企业向其公司投资者支付的股息不须缴纳任何税收。但是，若对个人股东或者多成员有限责任公司的个别成员支付的股息，则须扣缴个人所得税（PIT）。

## （六）企业所得税

2009年1月1日生效的《企业所得税法》分别于2014年和2015年被修订，修订后的内容包括：自2016年1月1日起，标准企业所得税税率为越南政府于2013年12月26日颁布的关于企业所得税执行细则的第218/2013/ND-CP号法令（"218号法令"）规定的20%税率。但是，年度总收入不超过 200 亿越南盾的企业，可在 2013 年 7 月 1 日起适用 20% 的税率。这种税收待遇适用于离岸或本地机构投资者在企业中除证券以外的任何注册资本的转让。

境外机构投资者转让证券（公共股份公司的股票、投资基金证书、债券等）按其转让时的证券总价值的 0.1% 缴纳企业所得税[①]。无论该转让是否会产生收益，转让方均须按此企业所得税税率纳税。

企业所得税是外国投资者在越南最为重要的一个税种，外资企业和其分支机构在越南境内外获得的收入均适用企业所得税。

位于越南境外但在越南从事商业活动或在越南获得收入的外国公司，也适用企业所得税。如果符合适用条件，与越南已签订双边征税条约国家的外国公司可能有资格获得一定程度的税收保护。

应纳税所得额的定义是总营业额减去可扣减的支出，加上其他收入。企业所得税是根据应纳税所得额作出的评估，应纳税所得额是在进一步扣除免税收入和亏损后得出的应纳税收入。亏损可以在其发生后的 5 年内继续结转。除对某些特定支出的扣减具有限制或上限外，如果实际发生的费用与公司的经营活动有关，且支出的费用有合规的发票或凭证作为支持，则支出一般可抵税。

## （七）转让定价

原则上，每笔交易都应以市场价进行。此外，关联方交易还须受限于转让定价文件并进行报告。

---

① 越南财政部于 2004 年 10 月 20 日发布的第 100/2004/TT–BTC 号有关证券增值税和企业所得税的指导意见的通知（以下简称《第 100 号通知》），该通知第三部分 2.2 章节已由财政部 2006 年 8 月 10 日发布的第 72/2006/TT/BTC 号通知（以下简称《第 72 号通知》）和 2014 年 8 月 6 日发布的第 103/2014/TT–BTC 号通知（以下简称《第 103 号通知》）所修订。

"市场价格"指的是根据非关联方之间的公平业务协议而定的商品和服务的价格。越南法律提供了5种确定市场价格的方式，即：可比非受控价格法、再销售价格法、成本加成法、可比利润法和利润分割法。纳税人可以运用最适当的方法根据交易的条件、信息和数据，进行比较分析。

关联方交易的价格是通过可比性分析确定的，该分析会考量4个标准，包括产品特征、业务的运作功能、交易的合同条款和交易的经济条件。

企业须保留同期转让定价文件，并在向税务机关进行企业所得税年度申报时一并提交关联方交易申报书，企业须在收到税务机关通知后的30天内向其提供要求的资料和文件。基于正当理由，企业可申请延长30天。企业有权要求税务机关对其提供的资料和文件进行保密。

## （八）税收优惠

根据投资行业、项目所在地和规模决定给予相关投资项目一定税收优惠。

享受税收优惠的投资行业仅限于高科技行业、科研和技术开发、基础设施开发、软件产品生产、教育和培训、医疗服务、文化体育以及环保行业。在工业区（地处社会经济条件优越的工业区除外）、经济特区、高新区、社会经济条件困难的地理区域和社会经济条件特别困难的地理区域所设立的企业也享收税收优惠。除大型项目所享受的税收优惠外，税收优惠待遇包括10%或20%的优惠税率（2016年1月1日起为17%），2年至4年的免税期，以及4年、5年或者9年减税50%的待遇。

自2014年1月1日起，按照修订后的《企业所得税法》，越南政府对大型制造业项目实行税收优惠。具体而言，制造业项目（应缴纳特别消费税的商品生产和矿产资源开发除外），如果符合下列条件之一，则有资格在15年内享受10%的优惠税率，以及4年免税期和9年期减税50%的待遇。

·投资资本至少达到 6 万亿越南盾（约 2.85 亿美元）[1]，且投资资本须自投资证书签发之日起 3 年内缴足，并且自该外资企业产生收入后的 3 年内达到至少 10 万亿越南盾（约 4.75 亿美元）的年收入；

·投资资本至少达到 6 万亿越南盾（约 2.85 亿美元）且投资资本须自投资证书签发之日起 3 年内缴足，且自该外资企业产生收入后的 3 年内项目雇员人数将达 3000 人以上；

·投资资本至少达到 12 万亿越南盾（约 5.7 亿美元）且投资资本须自投资证书签发之日起 5 年内缴足，且项目所使用的技术须按照《高科技法》或《科技法》进行评估。

《企业所得税法》还规定了研发项目的减税优惠。在本地设立的企业可将年度应纳税收入的 10% 划拨至其研发基金。但如果 5 年内所使用的研发基金不超过 70% 或者该基金未被用于研发用途，那么企业必须就未使用或使用不当的金额支付税款，并须支付所产生的滞纳利息或罚金。

税收优惠不适用于资本利得、利息收入、外汇交易、收回的不良债务、在越南境外经营活动所得、珍贵矿产资源、石油和天然气勘探开发、赌博及投注类电子游戏。

## （九） 增值税

2009 年 1 月 1 日生效的《增值税法》于 2014 年和 2015 年进行了修订。

### 1. 适用范围和税率

增值税适用于提供被用于"在越南的生产、商业或其他消费目的"的商品和服务的应税交易。但是，相当数量的商品和服务被免征增值税。这

---

[1] 这是基于 2.1 万越南盾等于 1 美元的汇率，这一汇率在本书中适用所有从越南盾金额转换过来的美元金额。

里值得注意的是，按照《增值税法》的规定，进口商品，包括设备、机械、当地尚未生产的专门交通工具和建筑材料，不被认定为免税产品，除非这些产品是用于科学研究和技术开发，或用于石油和天然气勘探和开发活动。衍生品金融交易也是免增值税的。

《增值税法》规定了0%、5%和10%这3种税率。标准的增值税税率为10%。出口商品和服务适用零税率。从2014年1月1日起，出口货物或出口服务是指在越南境外或在境内免关税地区所消费的或向海外客户所提供的货物或服务。

2. 缴纳增值税

一般来说，增值税是按月或按季度计算并缴纳的。增值税的计算和缴纳是基于税收抵免法，允许纳税人从本月向顾客收取的出项增值税税额中扣除已支付的进项增值税税额。相应地，实际缴纳的增值税由纳税人提供的商品或劳务的增值部分的净增值税构成。因提供免增值税商品而支付的进项增值税是不可抵免的。从2009年1月1日起，根据《增值税法》的规定，一天之内从一个供应商处购买所支付的一笔或多笔交易，金额累计达到2000万越南盾（约952美元）或以上的，须通过银行进行支付，以抵免进项增值税。

《增值税法》还规定了另一种计算增值税的方法，即将直接通过商品或服务的供给过程产生的增加价值计算应纳增值税。这种方法适用于未在越南设立常设机构的外国承包商；或者当按合同规定在越南的业务运营时间不超过183天的企业；或者在越南的业务不采用越南的会计系统的外国承包商。

除增值税外，某些商品和服务在生产、进口或提供服务的阶段还需缴纳特别消费税。这些商品和服务包括从香烟到高尔夫等相关业务，由《特别消费税法》进行规定。

## （十）特别消费税

特别消费税（SCT）是对生产或进口应税商品及供给应税服务征收的税种，包括：香烟和雪茄，烈酒和啤酒，少于24座的汽车，排放量超过125毫升（CC）的摩托车，飞机和游艇（用于运输或旅游业的除外），各类汽油，消耗功率等于或少于9万BTU的空调，扑克牌、献祭用纸，以及与舞厅、按摩室、歌厅、赌场、电子博彩游戏、投注娱乐、高尔夫球和彩票的经营有关的商品和服务。除增值税外，这些货物和服务还需缴纳特别消费税。

如有下列情况之一，将不会再对上述货物征收特别消费税：

（1）出口生产，包括向出口加工企业销售产品（向出口加工企业销售少于24座的汽车除外）；

（2）出于援助目的进口；

（3）在纳税宽限期内临时进口再出口的；

（4）属于享有外交豁免权的外国个人和组织；

（5）在免税限额内出于移民目的购置的个人物品；

（6）免税商店进口待售商品；

（7）在免关税地区进口或在免关税地区间的买卖交易，所涉及的商品为少于24座汽车的情况除外；

（8）用于运输和旅游业的航空器或游艇以及用于国防安全的航空器；

（9）特殊类型车辆，如救护车和移动电视转播车；

（10）生产企业直接进口用于生产原料（用于汽油生产的除外）的粗汽油、重整油成分和其他成分；

（11）设计用于安装在交通运输工具上的功率在9万BTU或以下的空调。

## （十一）外国承包商税

离岸实体被视为外国承包商，并应缴纳由增值税和企业所得税构成的外国承包商税。在越南开展业务或因与在越南的组织或个人签订的合同、协议或作出承诺而从越南取得收入的离岸商业组织（无论是否在越南有常设机构），被归类为外国承包商，应缴纳外国承包商税。此外，在越南开展业务，或在越南通过履行部分项目工作而因此获得收入的离岸商业组织（无论是否在越南有常设机构），均被认定为外国分包商，也应缴纳这项税。

当外国承包商是商业个人时，其将被征收增值税和个人所得税。外国组织类承包商应承担的增值税和企业所得税税负执行《第103号通知》的规定。根据国际贸易术语解释通则，在国际贸易中，如果外国卖方承担产品抵达越南境内前的风险，则外国卖方将被扣缴销售收入1%的企业所得税。

根据《第103号通知》，所销售的产品与在越南提供的相关服务，如安装、试运行、保修、维修、更换和其他服务都应纳税。此外，《第103号通知》规定，如有下列情况之一，产品的外国供应商将在越南缴纳外国承包商税：

·承担越南境内货物相关风险。

·保留其交付给本地分销商的货物的所有权。

·承担分销、营销、推广等成本，或对交付给当地经销商的货物或服务质量负责。

·决定产品或服务向第三方销售的价格。

·授权或雇佣当地组织在越南履行与货物销售有关的部分分销服务或其他服务。

·授权当地组织或个人代表外国供应商进行谈判或签署合同。

纳税及其计算有三种方法：（1）通过从出项增值税抵扣进项增值税后缴纳增值税以及基于实际应纳税收入缴纳企业所得税；（2）通过越南缔约方代为扣缴税款；（3）纳税计算与支付的混合方法。（1）和（3）相较于（2），在业务建立和运营方面要求更多，默认采用方法（2）。

除上述税收外，外国商业组织在越南也可能需要缴纳其他类型的税，这取决于其业务经营范围。这些通常包括资本和证券转让税，以及进出口关税。

## （十二）个人所得税

在越南的个人所得税由越南《个人所得税法》作出规定。该税法自2009年1月1日起实施，并在2013年和2015年进行了修订。个人纳税人被分为"居民"和"非居民"，并在此基础上按不同税率纳税。居民纳税人的税率取决于其收入的来源和数额。值得注意的是，《个人所得税法》对某些有限的情况作出了免税的规定。

### 1. 居民纳税人适用的税率

居民纳税人适用的税率是按照累进税率或统一税率确定的，具体如下：

（1）累进税率

表1 适用于累进税率居民的薪金和工资报酬

| 等级 | 年应纳税收入（百万越南盾） | 月应纳税收入（百万越南盾） | 税率（%） |
| --- | --- | --- | --- |
| 1 | 0 至 60 | 0 至 5 | 5 |
| 2 | 60 至 120 | 5 至 10 | 10 |
| 3 | 120 至 216 | 10 至 18 | 15 |
| 4 | 216 至 384 | 18 至 32 | 20 |

续表

| 等级 | 年应纳税收入（百万越南盾） | 月应纳税收入（百万越南盾） | 税率（%） |
|---|---|---|---|
| 5 | 384 至 624 | 32 至 52 | 25 |
| 6 | 624 至 960 | 52 至 80 | 30 |
| 7 | 960 以上 | 80 以上 | 35 |

在收入、薪金及工资报酬达到应纳税收入的等级时，可从应纳税所得额中扣除以下金额：法定保险支付金额、自愿支付的养老基金、符合条件的慈善捐款、每位纳税人每月可扣除的900万越南盾（约428美元）以及每个符合条件的依靠该纳税人的亲属每月可扣除的360万越南盾（约171美元）。

（2）统一税率

统一税率适用于居民的业务收入以及来自资本投资、资本转让、房产转让、奖金、版权费、商业特许经营、遗产或赠与的收入。

表2　统一税率适应范围与标准

| 应纳税收入 | 税率（%） |
|---|---|
| 资本投资收入（如股利分红或利息收入） | 5 |
| 版权或特许经营收入 | 5 |
| 抽奖或赢得的奖金收入 | 10 |
| 遗产或赠与收入 | 10 |
| 注册资本转让获得的资本利得 | 20 |
| 证券转让收入 | 0.1 |
| 业务收入：产品贸易，服务供给，生产、建设、运输及其他商业活动的总营业额 | 0.5－5 |
| 房产转让收入 | 2 |

因此，居民个人在转让其缴付资本时获得的利润（商业企业的证券交易除外）应按每笔交易20%的个人所得税税率纳税。如以证券交易形式的

转让（包括转让非上市股份公司的股份），则个人应按转让时所售证券总价值的0.1%缴纳个人所得税。

2. **非居民税率**

非居民须对来自越南的收入纳税。非居民的应纳税收入为不扣除任何支出项的总收入。

表3　非居民税率适用范围与标准

| 应纳税收入 | 税率 |
| --- | --- |
| 业务收入：产品贸易，服务供给，生产、建设、运输及其他业务活动的总营业额 | 分别为1%、5%、2% |
| 薪金及工资报酬 | 20% |
| 资本投资收入（如股利分红或利息收入） | 5% |
| 资本转让收益（包括注册资本和证券转让） | 0.1% |
| 不动产销售收益 | 2% |
| 版权或特许经营收入 | 5% |
| 奖金、遗产或赠与收入 | 10% |

## （十三）双边税收协定

越南已签订了多项避免双重征税协议。

然而，这些协议并不妨碍越南对外国投资者在某些情况下获得的资本收益进行征税。该一般规则有一些例外情况：主要指飞机和船只的转让。因此，在构架跨国并购时，投资者应考虑这些协议。

常设机构的概念于1999年被纳入《企业所得税法》。政府通过对《企业所得税法》的后续修订维持并加强了这一概念。因此，双边税收协定在越南的税收问题上正变得越来越重要。在这方面，越南财政部已发出若干通知，为在越南适用双边税收协定制定了详细的指导方针。《第205/2013/TT-BTC号通知》讨论了适用于双边税收协定的税收保护的受益所有权的问题。

## 四、开展业务的其他方式

除《投资法》和《企业法》所规定的业务形式外，在越南建立商业存在的其他途径包括代表处、分支机构、承包项目和特许经营安排。

### （一）代表处

外方投资者可以在越南设立一个代表处，代表处不构成一个独立的法律实体，且只被允许在越南开展市场研究、"软"营销或就贸易投资事宜和合同执行的监督问题与国外的总公司进行联络。代表处不得从事直接盈利活动或获得任何形式的收入。

### （二）分支机构

分支机构是外国公司可在越南直接经营业务的非独立单位。越南法律对可以开设分支机构的企业类型有所限制。

根据越南的世界贸易组织承诺书中和贸易经销活动有关的条约规定，在某些领域已经营业超过5年的外国公司可以在越南设立分支机构。越南的世界贸易组织承诺书允许某些服务行业的外国企业，在经过一定筛选（如非寿险、证券、计算机及相关服务、管理咨询服务、建设和特许经营）后可在越南设立分支机构。但在实践中，政府只允许外国律师事务所、烟草公司和银行在越南设立分支机构。

## （三）特许经营

在越南《商业法》和《第35号法令》①（经《第118号法令》和《第120号法令》修订）中均可以找到关于在越南开展特许经营的规定，并对《商业法》的执行，特别是关于特许经营活动作出了详细规定。此外，《第09号通知》②就特许经营活动的登记程序提供了指引。其他关于技术转让的法律以及关于知识产权许可的法律，就特许经营活动的登记程序提供了指引。其他关于技术转让的法律可以作为建立特许经营的法律基础，甚至知识产权许可的相关法律在某种程度上也可以作为建立特许经营的法律基础。

### 1. 成为特许权人的条件

根据《第35号法令》，特许权人必须满足某些条件才能在越南建立特许经营。主要条件如下：

·拟用于开展特许经营的业务系统已经运行了至少一年。在越南一方是外国特许权人的主要加盟商的情况下，该越南被授权方必须在越南境内从事至少一年相关的特许经营活动，才能获得"次级"特许经营权；

·特许经营活动必须在执行特许经营交易前向国家有关当局登记；且

·特许经营下产品和服务供给不得违反法律，此类产品和服务不得违反法律规定，在此类产品和服务供给受到限制的情况下，特许权人必须从国家主管当局取得必要的许可证。

### 2. 特许经营业务登记

特许经营合同的缔约方不需要向国家机关办理合同的登记。但特许权

---

① 第35/2006/ND-CP号法令，签发于2006年3月31日，修订并补充了在若干法令中规定的《商业法》的行政程序（以下简称《第35号法令》），后经第118/2011/ND-CP号法令（以下简称《第118号法令》）和120/2011/ND-CP号法令（以下简称《120号法令》）修订。

② 第09/2006/TT-BTM号通知，签发于2006年5月25日，对商业特许经营登记作出指引（以下简称《第09号通知》）。

人须在签订特许经营合同之前，向相关国家机关办理其特许经营业务的登记手续。特许经营业务登记可以理解成是一个披露程序，特许权人将他们拟签订特许经营合同的方案以及其背景信息和特许经营系统的信息上报相关国家机关。

根据《第35号法令》及《第09号通知》，特许经营业务登记的申请文件主要包括以下内容：

·按照越南贸易工业部（MOIT）指导的形式，做出的特许经营业务登记的申请文件。

·按照越南贸易工业部规定制式，准备一份特许经营业务的书面介绍。

·以下内容的书面证明：

（1）拟定特约权人的法律地位。

（2）如涉及转让注册的知识产权，在越南或外国被授予的知识产权所有权受保护。

·特许经营说明和证明文件必须依法进行认证。如果以上第二项和第三项中有的是外文文件，则这些文件必须翻译成越南语，并办理正式的公证认证手续。

如果该特许经营业务是由外国进入越南，那么该业务的登记申请文件须提交至越南贸易工业部，包括从免关税地区、出口加工区和其他海关特区将特许经营转移到越南境内。越南境内的特许经营活动和从越南转移到外国的特许经营活动不需要向越南贸易工业部办理登记手续。

因此，外国特许权人必须在与当地加盟商签订特许经营合同前，将其计划的特许经营活动在越南贸易工业部办理登记。该登记手续还涉及登记费，登记费金额由越南贸易工业部设定。

尽管无须为特许经营合同办理登记手续，但如合同中涉及知识产权许可和技术转让的内容，则仍须按照知识产权和技术转让的法律法规规定向有关国家机关办理登记。

3. **特许经营费用征税**

特许经营费用的征税在现行法律中没有明确规定。但是，从知识产权和技术转让许可中获得的特许使用费（其中涉及特许经营权）的征税问题，是有法律规定的。转让方有义务对获得的特许权使用费纳税。适用的税率是根据以前讨论过的外国承包商所适用的税率且必须由受让方代扣代缴。

越南已与多个国家和地区签订了双边税收协定，这些条约为减少某些类型的特许权使用费提供了依据。

## （四）技术转让

《技术转让法》由国民议会于 2006 年 11 月 29 日通过，并于 2007 年 7 月 1 日起生效。这一法律大大放宽了对在越南技术转让交易的要求。除《技术转让法》外，知识产权有关法律和特许经营的法律法规也在一定程度上成为越南技术交易的法律依据。

1. **技术转让类型**

技术转让可以通过以下两种形式进行：

（1）独立完成技术转让；

（2）作为以下其他项目或交易的一部分进行技术转让；

· 投资项目。

· 特许经营。

· 知识产权的许可或转让。

· 出售或购买机械附加技术转让。

《技术转让法》要求技术转让合同中的工业产权转让应遵守知识产权的规定。然而，未注册或过期的知识产权也可能成为技术转让的标的。

2. **注册要求**

《技术转让法》取消了之前多数技术转让和许可所必需的登记和审批的大部分要求，并规定仅对"附条件的"技术进行评估。

这里所指的技术分为以下三类：

·鼓励转让的技术，如环保技术、防灾和防病技术等（以下简称"鼓励类技术"）。

·限制转让的技术，包括涉及人类健康、环境和国家安全风险的技术（以下简称"限制类技术"）。

·禁止转让的技术（以下简称"禁止类技术"）。

其中，限制类技术转让合同须经批准。限制类技术清单已经在2008年12月3日颁布的第133/2008/ND-CP号法令（以下简称第133号法令）中颁布。值得注意的是，《技术转让法》不仅要求经过"审批程序"，而且还需要各方在签署技术转让合同之前获得国家当局的许可。

3. **合同期限**

《技术转让法》取消了技术转让交易的所有时间限制，允许各方在没有任何限制的情况下自行决定合同期限。

该法还允许缔约方决定技术转让合同的生效日期，除非所转让的技术属于限制类技术清单的范围，在这种情况下，合同的生效日期应为合同被政府批准的日期。

4. **纳税**

转让方有义务就技术转让所产生的收入纳税。适用的税率是根据前述外国承包商所适用税率，由受让方代扣代缴。

然而，仍有许多旨在促进技术转让的税收政策。例如，向位于社会经济条件特别困难的地理区域内的组织和个人转让鼓励类技术所获得的企业收入可以被免征企业所得税。此外，从技术转让中获得的收入可免征增值税①。

## 附录1 附条件的投资领域清单

| 号码 | 业务线 |
| --- | --- |
| 1 | 印章生产 |
| 2 | 作战装备贸易（含维修） |
| 3 | 爆竹交易 |
| 4 | 典当行服务 |
| 5 | 按摩服务 |
| 6 | 紧急车辆报警装置交易 |
| 7 | 安全服务 |
| 8 | 喷漆枪服务 |
| 9 | 律师执业 |
| 10 | 公证人执业 |
| 11 | 金融、银行、建筑、古董、文物、版权的司法鉴定 |
| 12 | 拍卖服务 |
| 13 | 仲裁服务 |
| 14 | 法警执业 |
| 15 | 资产清算人执业 |
| 16 | 会计服务 |
| 17 | 审计服务 |
| 18 | 税务代理服务 |

---

① 参见《第133号法令》第32条，该法令详细解释并规定了《技术转让法》中若干条款的实施细则，后经2011年11月15日颁布的第103/2011/ND-CP号法令所修订；2013年12月26日颁布的第218/2013/ND-CP号法令，详细解释并规定了《企业所得税法》的实施细则，第4.11条；和2013年12月31日颁布的第219/2013/TT-BTC号通知，为《增值税法》、经修订的《增值税法》以及第209/2013/ND-CP号法令（以下简称《第219号通知》）作出指导性规定，第4.21条。

续表

| 号码 | 业务线 |
|---|---|
| 19 | 海关经纪服务 |
| 20 | 免关税商品交易 |
| 21 | 保税仓库服务 |
| 22 | 国内拼箱整合服务 |
| 23 | 在边境检查站内部和外部进行的收集服务和海关检查服务 |
| 24 | 证券交易 |
| 25 | 由越南证券存托处、从事上市证券及其他证券交易的组织所开展的证券登记、存托、抵销和清算服务 |
| 26 | 保险 |
| 27 | 再保险 |
| 28 | 保险经纪 |
| 29 | 保险机构 |
| 30 | 保险机构培训服务 |
| 31 | 价格验证服务 |
| 32 | 服务公司价值证券化的咨询服务 |
| 33 | 彩票业务 |
| 34 | 外国人的电子博彩游戏 |
| 35 | 讨债服务 |
| 36 | 债券交易服务 |
| 37 | 信用评级服务 |
| 38 | 赌场业务 |
| 39 | 赌博业务 |
| 40 | 自愿养老金管理服务 |
| 41 | 石油和天然气交易 |
| 42 | 天然气交易 |
| 43 | 商业评估服务 |
| 44 | 工业炸药交易（包括销毁） |

续表

| 号码 | 业务线 |
| --- | --- |
| 45 | 易爆物品交易 |
| 46 | 使用工业炸药和易爆物品的商业运营 |
| 47 | 爆破服务 |
| 48 | 化学品贸易（根据《禁止发展、生产、储存和使用化学武器和销毁此等化学武器公约》规定所禁止的化学品除外） |
| 49 | 无机肥料贸易 |
| 50 | 酒精交易 |
| 51 | 烟草制品、烟草原料、烟草行业所用机械及设备的贸易 |
| 52 | 商品交易所运营 |
| 53 | 发电、输电、配电、电力批发、零售、进口及咨询 |
| 54 | 在工业和贸易部管理下的食品贸易 |
| 55 | 大米出口 |
| 56 | 临时进口用于再出口的货物，须缴纳特别消费税 |
| 57 | 临时进口冷冻食品用于再出口 |
| 58 | 临时进口二手货物用于再出口 |
| 59 | 特许经营 |
| 60 | 煤炭交易 |
| 61 | 物流服务 |
| 62 | 矿产交易 |
| 63 | 工业前体贸易 |
| 64 | 与外国投资者直接有关的商品交易和活动 |
| 65 | 电子商务活动 |
| 66 | 石油活动 |
| 67 | 对气动工具、工业起重设备、化工产品、工业炸药、用于矿物和石油开采的设备的合格性进行评估；用于海上开采的设备和仪器除外 |
| 68 | 职业培训 |
| 69 | 与中高级外国职业培训机构和外商投资职业培训机构的联系 |

续表

| 号码 | 业务线 |
| --- | --- |
| 70 | 消防安全及消防服务 |
| 71 | 职业技能评估服务 |
| 72 | 对越南的与外国职业培训机构合作的联合职业培训项目和外商投资的职业培训机构的质量评估 |
| 73 | 涉及严格职业安全要求的机械和供给品相关的职业安全评估服务 |
| 74 | 职业安全及职业卫生培训服务 |
| 75 | 人才中介服务 |
| 76 | 境外雇佣服务 |
| 77 | 自愿戒毒康复服务 |
| 78 | 合格声明和认证服务 |
| 79 | 外包服务 |
| 80 | 公路运输服务 |
| 81 | 汽车保修和维修服务 |
| 82 | 机动车检测服务 |
| 83 | 驾驶学校服务 |
| 84 | 交通安全检查员培训服务 |
| 85 | 驾驶考试服务 |
| 86 | 交通安全检查服务 |
| 87 | 水路运输服务 |
| 88 | 建造、改装、修理内河船舶 |
| 89 | 为内河船舶船员和操作人员提供培训 |
| 90 | 船舶运输、船舶代理服务 |
| 91 | 多层次营销业务 |
| 92 | 船舶拖拽服务 |
| 93 | 进口，拆除用过的航海船舶 |
| 94 | 航海船舶建造、改装、维修服务 |
| 95 | 海港运营 |

续表

| 号码 | 业务线 |
| --- | --- |
| 96 | 航空运输业务 |
| 97 | 越南的飞机、飞机发动机、螺旋桨及其设备的设计、生产、维修、测试 |
| 98 | 机场运营 |
| 99 | 机场航空服务 |
| 100 | 空中导航服务 |
| 101 | 机组人员培训服务 |
| 102 | 铁路运输业务 |
| 103 | 铁路基础设施业务 |
| 104 | 铁路运输业务 |
| 105 | 多式联运业务 |
| 106 | 使用公路或水路交通工具运输危险品 |
| 107 | 管道运输服务 |
| 108 | 海上导航服务 |
| 109 | 房地产交易 |
| 110 | 提供房地产经纪、房地产估价、房地产交易所运营等方面的培训 |
| 111 | 提供公寓大厦管理及运营方面的培训 |
| 112 | 提供建筑项目管理方面的培训 |
| 113 | 项目管理咨询服务 |
| 114 | 施工测量服务 |
| 115 | 建筑设计评估服务 |
| 116 | 建设监理服务 |
| 117 | 建筑服务 |
| 118 | 投资项目规划和评估服务 |
| 119 | 外国投资者的建设 |
| 120 | 项目管理咨询服务 |
| 121 | 建筑工程合格性评定和认证服务 |
| 122 | 照明及绿化系统运营服务 |

续表

| 号码 | 业务线 |
| --- | --- |
| 123 | 共享基础设施运营服务 |
| 124 | 建筑规划开发服务 |
| 125 | 外国机构提供的城市规划发展服务 |
| 126 | 白色蛇纹石石棉的交易 |
| 127 | 邮政服务 |
| 128 | 电信服务 |
| 129 | 无线电发射器和无线电收发机进口 |
| 130 | 数字签名认证服务 |
| 131 | 出版社的建立与运营 |
| 132 | 打印服务 |
| 133 | 出版发行服务 |
| 134 | 社交网络服务 |
| 135 | 在线游戏业务 |
| 136 | 广播、电视付费服务 |
| 137 | 新闻网站开发服务 |
| 138 | 禁止从外国伙伴国进口的二手信息技术产品清单上的二手信息技术产品的回收、加工、修理、翻新 |
| 139 | 按次付费电视服务 |
| 140 | 在移动网络或互联网上提供信息及信息技术服务 |
| 141 | 手机干扰机交易 |
| 142 | 提供信息安全产品及服务 |
| 143 | 高等教育机构的运营 |
| 144 | 外资教育机构、外国教育机构在越南的代表处、外资教育机构在越南的分支机构的运营 |
| 145 | 继续教育机构的运营 |
| 146 | 学生教育中心的运营 |
| 147 | 义务教育机构的运营 |

续表

| 号码 | 业务线 |
| --- | --- |
| 148 | 职业培训 |
| 149 | 专业学校运营 |
| 150 | 学前教育机构的运营 |
| 151 | 外国伙伴合作的教育项目 |
| 152 | 课外班 |
| 153 | 垂钓类 |
| 154 | 垂钓工具销售 |
| 155 | 鱼类交易 |
| 156 | 水产饲料交易 |
| 157 | 从事水产养殖的生物制剂、微生物、化学品、环境修复制剂的交易 |
| 158 | 水产养殖测试服务 |
| 159 | 水产饲料检测服务 |
| 160 | 根据《濒危野生动植物种国际贸易公约》附录，培育、饲养、繁殖野生动植物 |
| 161 | 根据《濒危野生动植物种国际贸易公约》附录，培育、饲养、繁殖濒危或珍稀野生动植物 |
| 162 | 饲养一般野生动物 |
| 163 | 根据《濒危野生动植物种国际贸易公约》附录，出口、进口、再出口及运输野生标本 |
| 164 | 根据《濒危野生动植物种国际贸易公约》附录，出口、进口、再出口人工培育、饲养、繁殖的标本 |
| 165 | 农药贸易 |
| 166 | 需进行植物检疫的处理项目 |
| 167 | 农药检测服务 |
| 168 | 植物保护服务 |
| 169 | 兽药、生物制剂、疫苗、微生物和用于制兽药的化学品的交易 |
| 170 | 兽医服务 |

续表

| 号码 | 业务线 |
| --- | --- |
| 171 | 动物手术、动物检查服务 |
| 172 | 为动物提供疫苗、诊断、处方、治疗和保健服务 |
| 173 | 兽药、生物制剂、疫苗、微生物、用于制兽药的化学品的交易 |
| 174 | 集中养殖、养殖生产服务；屠宰；动物及其制品检疫；用于动物饲料生产的动物源性成分的生产；准备、加工、保存动物及其制品；动物制品贸易；准备、加工、包装、保存动物制品 |
| 175 | 在越南农业农村发展部的管理下进行食品贸易 |
| 176 | 买卖、测试有机肥料 |
| 177 | 植物品种、动物品种交易 |
| 178 | 生产动物饲料 |
| 179 | 进口动物饲料 |
| 180 | 根据《濒危野生动植物种国际贸易公约》附录，出口、进口珍稀、濒危陆生野生动植物 |
| 181 | 买卖森林植物和限制交易的动物 |
| 182 | 买卖观赏植物、遮荫树、来自越南天然森林的古树 |
| 183 | 来自原木或越南天然森林的木柴交易 |
| 184 | 符合越南法律规定的相关生育措施 |
| 185 | 从事水产养殖的生物制剂、微生物、化学品、环境修复制剂的买卖 |
| 186 | 检测水产养殖的生物制剂、微生物、化学物质、环境修复制剂 |
| 187 | 转基因食品的交易 |
| 188 | 提供投标培训 |
| 189 | 招标代理服务 |
| 190 | 项目评估咨询服务 |
| 191 | 提供项目评估的培训 |
| 192 | 医疗检查和治疗服务 |
| 193 | 艾滋病毒检测服务 |
| 194 | 组织存库服务 |

续表

| 号码 | 业务线 |
| --- | --- |
| 195 | 分娩协助、精子保存、胚胎保存服务 |
| 196 | 药品交易 |
| 197 | 药品检测服务 |
| 198 | 化妆品生产 |
| 199 | 传染性微生物检测服务 |
| 200 | 疫苗接种服务 |
| 201 | 从事医用和家用抗虫及抗菌化学品交易 |
| 202 | 阿片类药物替代治疗服务 |
| 203 | 在卫生部管理下的食品贸易 |
| 204 | 整形手术服务 |
| 205 | 符合越南法律规定的生育 |
| 206 | 生物利用度和生物等效性评估服务 |
| 207 | 药物临床试验 |
| 208 | 医疗设备交易 |
| 209 | 医疗器械分类 |
| 210 | 医疗设备检测服务 |
| 211 | 工业产权认证服务 |
| 212 | 放射工作服务 |
| 213 | 原子能应用辅助服务 |
| 214 | 放射性物质的出口、进口和运输 |
| 215 | 技术合格性评估服务 |
| 216 | 测量仪表和测量标准的检验、校准和测试 |
| 217 | 摩托车头盔交易 |
| 218 | 技术评估、评价和测试服务 |
| 219 | 知识产权陈述服务 |
| 220 | 电影制作 |
| 221 | 古董测试服务 |

续表

| 号码 | 业务线 |
|---|---|
| 222 | 纪念碑保护或改造工程规划、执行、监理服务 |
| 223 | 卡拉ok、舞蹈俱乐部的业务 |
| 224 | 旅游服务 |
| 225 | 体育业务 |
| 226 | 艺术表演、时装表演、选美比赛、模特大赛服务 |
| 227 | 艺术表演的录音和录像交易 |
| 228 | 节庆组织服务 |
| 229 | 艺术或摄影作品交易 |
| 230 | 住宿服务 |
| 231 | 广告服务 |
| 232 | 文物、古玩、国宝的买卖 |
| 233 | 博物馆服务 |
| 234 | 电子游戏业务（为外国人提供的电子赌博游戏及在线电子赌博游戏除外） |
| 235 | 文物、古董出口（为国家、政治组织、社会政治组织所有的除外）；在越南文化体育旅游部管理下的文化商品进口 |
| 236 | 版权及其相关权利的认证 |
| 237 | 土地测量及评估服务 |
| 238 | 土地规划服务 |
| 239 | 信息技术基础设施和软件基础设施开发服务 |
| 240 | 土地数据库开发服务 |
| 241 | 土地定价服务 |
| 242 | 土地使用权拍卖服务 |
| 243 | 测绘服务 |
| 244 | 地下水开采服务 |
| 245 | 地下水检测服务 |
| 246 | 供应、处理和提取水服务 |
| 247 | 地下水开采服务 |

续表

| 号码 | 业务线 |
| --- | --- |
| 248 | 矿产勘查服务 |
| 249 | 采矿 |
| 250 | 有害废物管理服务 |
| 251 | 废料进口 |
| 252 | 环境监测服务 |
| 253 | 战略性环境评估、环境影响评估、环境保护规划咨询服务 |
| 254 | 生物制剂交易 |
| 255 | 收集、运输、处理垃圾 |
| 256 | 商业银行业务运营 |
| 257 | 非银行信贷机构的业务运营 |
| 258 | 运营合作社、人民信用基金、小额信贷机构 |
| 259 | 提供支付服务 |
| 260 | 提供信用信息服务 |
| 261 | 对外交流活动 |
| 262 | 金条交易 |
| 263 | 生产金条、出口生金及为金条加工而从事生金进口 |
| 264 | 黄金首饰的制造 |
| 265 | 在国家银行（金库门）管理下进口商品 |
| 266 | 印钞、钞票成型 |
| 267 | 买卖军服、军事装备、军用武器、技术、装备、军警车辆以及用于制造上述物品的零部件、用品、专用设备及技术 |

# 哈萨克斯坦投资法律指南

# 一、概况

## （一）地理位置

哈萨克斯坦位于亚洲中部。哈萨克斯坦国土面积位列世界第九。它北面是俄罗斯，西面是里海，南面是土库曼斯坦、乌兹别克斯坦和吉尔吉斯斯坦，东部与我国毗邻。哈萨克斯坦的地形主要是平原和低地，南部和中部是沙漠，东南部是山区，属于温带大陆性气候，冬天温度最低可至－45℃，夏天则最高可达30℃。

## （二）民族

哈萨克斯坦约有140个民族，其中哈萨克族占65.5%，俄罗斯族占21.4%，其余人口由其他许多民族组成。

## （三）历史

哈萨克斯坦最初是由15世纪晚期和16世纪早期统一起来的游牧部落在一个名为哈萨克汗国的政治联盟中确立的。由于许多民族政治和经济因素的影响，在哈萨克斯坦境内形成了三个民族——领土团体：大、中、小玉兹，又称大帐、中帐、小帐。玉兹的划分源于一个复杂过程（哈萨克斯坦民族群体的形成），给当地的文化留下了独特的印记。哈萨克汗国在18世纪和19世纪被并入俄罗斯。十月革命之后，布尔什维克控制了哈萨克斯坦整个领土。1936年12月5日，哈萨克斯坦成为苏联的加盟共和国之一，并被命名为哈萨克斯坦苏维埃社会主义共和国。

1990年10月25日哈萨克斯坦发表独立主权宣言，1991年12月16日哈萨克斯坦宣布独立。

### （四）政府和政治制度

总统是国家元首和武装部队总司令。他对国内外政策负首要责任，在国际关系中代表哈萨克斯坦。总统行使宪法赋予的广泛权力，有权颁布法令，发起宪法修正案，解散议会，否决立法，任命和解散政府，任命地方政府首脑。在某些情况下，总统可以颁布具有法律效力的法令。

立法部门由两院制议会组成。议会上下两院分别是参议院（上院）和马日利斯（Mazhilis，下院）。每一个州（地区）、直辖市和首都各选出两名参议员。总统任命15名参议员。根据《宪法》的规定，参议院的成员任期6年，马日利斯的成员任期5年。马日利斯由107名成员组成，其中98人是根据党派比例，9名成员由哈萨克斯坦人民议会推选。

政府由总统任命，对总统负责。政府由总理领导。在内阁层面，政府由总理府和16个部组成。

在哈萨克斯坦，法院行使司法权。刑事和民事（包括商业）案件的最高上诉法院是最高法院。

1991年哈萨克斯坦独立后的首都为位于该国东南部的阿拉木图。1997年12月，哈萨克斯坦首都从阿拉木图迁至该国北部的阿古其拉。1998年5月，阿古其拉正式更名为阿斯塔纳。2019年3月，阿斯塔纳更名为努尔苏丹。

### （五）经济

哈萨克斯坦拥有丰富的自然资源，尤其是石油和天然气，还有煤炭和矿产，如铁矿石、铬、铀、铜、镍、钴、金等许多矿产。[①] 此外，哈萨克斯坦在粮食和畜牧生产方面也有很大潜力。由于哈萨克斯坦是一个内陆国家，导致基础设施和运输成本问题（特别是对大宗商品而言），因此阻碍了自然资源的开发。潜在的出口路线也很容易受到邻国经济等因素的影响。然而，丰富的自然资源（特别是油气领域）引起了国际投资者极大的兴趣。

自1992年实施改革以来，哈萨克斯坦在很大程度上消除了价格控制和减少了补贴，降低了公共部门在经济中的作用，鼓励工业和服务行业的发展，放开了对外贸易，降低了关税并促进出口增长，放松了资本转移和外汇管制，鼓励外商投资，加强了哈萨克斯坦国家银行的独立性，并鼓励逐步实现哈萨克斯坦官方货币坚戈完全可兑换，并启动了经改革的税收和海关系统。

哈萨克斯坦从计划经济向新兴市场经济转型的过程并不是一帆风顺的。自1999年底以来，实际GDP（国内生产总值）才开始稳步增长。

自1999年汇率自由浮动以来，在经历了最初的下跌后，坚戈相对稳定，由于原材料市场繁荣引起的资金流入，坚戈相对于美元缓慢升值。坚戈第一轮大幅度的贬值（20%）发生在2009年2月。坚戈第二轮大幅度贬值发生在2014年2月，汇率从此前的1美元兑155坚戈大幅降至1美元兑185坚戈的新的加权平均水平。2015年，哈萨克斯坦放弃了坚戈与美元挂钩的政策，并允许市场设定价格。

哈萨克斯坦政府于1991年9月启动私有化。1994年，哈萨克斯坦启动了一项雄心勃勃的计划，对该国的主要工业企业——特别是在关键的矿业、冶金和电力部门——实施私有化。1997年以后，私有化的速度和规模

---

① 包括铝土矿、钼、铅、铍、钽、银、磷、锌、锰、钡、镉、砷、工业用金刚石和半宝石。

有所下降，部分原因是政府政策，另一部分原因在于外部经济因素，如亚洲和俄罗斯的金融危机以及大宗商品市场的下跌。到2000年10月底，据政府报告，全国80%以上的企业已实现私有化。私有化计划继续由财政部国家财产和私有化委员会执行。

哈萨克斯坦外国直接投资的水平是苏联解体前各国中最高的。政府准备对多家国营企业实施一系列首次公开募股（IPO），以提高本地股票市场的流动性，并提高当地的参与度。只有哈萨克斯坦公民可以参与该类IPO项目。

原生矿产开采是哈萨克斯坦最大的经济部门，并形成了过度依赖国际市场的矿产资源的价格。因此，哈萨克斯坦在中长期面临的主要任务是要成功地实现经济多样化现实。为了发展非原材料的经济部门，哈萨克斯坦建立了若干投资支持机构，包括哈萨克斯坦开发银行和投资基金。

出口主要包括碳氢化合物和黑色金属在内的自然资源。进口主要包括机器、设备和车辆。

## （六）对外关系

自1991年独立以来，哈萨克斯坦与超过139个国家建立了外交关系。它是独立国家联合体（独联体）、联合国、国际货币基金组织、世界银行、欧洲复兴开发银行、亚洲开发银行、国际金融公司、伊斯兰开发银行以及其他多个国际组织的成员。1995年1月，哈萨克斯坦与欧盟签署了一项伙伴关系和合作协定，以期建立更紧密的经济和政治关系。哈萨克斯坦已经加入了许多主要的国际公约，并于2015年12月成为世界贸易组织的成员之一。

哈萨克斯坦也是欧洲安全与合作组织的成员之一，并且是该组织2010年的轮值主席国。

同俄罗斯、中国、吉尔吉斯斯坦、塔吉克斯坦、乌兹别克斯坦一道，哈萨克斯坦是上海合作组织的成员。该组织最初是为了处理边境控制问题而成立的，现在负责打击恐怖主义、毒品和武器走私等问题。

2007年，白俄罗斯、哈萨克斯坦和俄罗斯组成了一个关税同盟，旨在消除成员国之间的海关边境和海关检查。自2015年1月1日起，关税同盟被欧亚经济联盟所取代，这是一个跨国的国际组织，旨在促进成员国在许多领域内的合作，包括宏观经济政策的协调、税收、海关事务、非关税监管（如进口许可证和合规证书）、金融事务、知识产权、采购、能源、劳动力流动和运输。目前欧亚经济联盟成员国为白俄罗斯、哈萨克斯坦、俄罗斯、亚美尼亚和吉尔吉斯斯坦。

# 二、外商投资

## （一）投资机构

负责监管在哈萨克斯坦的外商投资的主要国家机构是投资发展部的投资委员会。除其他事项外，投资委员会负责根据《企业法》与投资者进行谈判和签订投资合同［参见第三节（国家对直接投资的支持）］。

投资发展部的地质与地下资源利用权利委员会负责签订采矿项目的地下资源利用合同。

能源部负责签署涉及石油和天然气的地下资源利用合同。

2014年6月，政府设立了投资申诉专员的职位，该政府官员的职责是审查和试图解决投资者与国家之间的投资问题和纠纷。申诉专员并不具有任何约束性权力，只能建议一个解决办法。投资委员会应向投资申诉专员提供行政上的帮助。Zhenis Kassymbek（投资发展部部长）已被任命为投资申诉专员。

## （二）投资保护

2015年10月，哈萨克斯坦通过了《企业法》，取代了《投资法》。其中保留了大部分早期的投资保证，如合同的稳定性（有个别例外情形），可自由使用收入，国家投资政策的透明度，针对优先投资合同的税制稳定和外国劳动力法律［参见第三节（国家对直接投资的支持）］，在国有化和征用情况下补偿损失和某些其他保证。

## （三）国家对直接投资的支持

为了促进哈萨克斯坦经济的工业化和多样化，哈萨克斯坦《企业法》建立了一套福利和优惠制度，支持在某些领域进行直接投资。这些领域包括生产某些类型的设备、制药和食品、冶金、农业和建筑。符合条件的领域的完整名单由政府批准。①

为了确定符合条件的投资优先权，投资项目分为以下几类：

·普通投资项目，旨在新建生产设施以及现有生产设施的扩建和现代化。

·优先投资项目，这类项目由新成立的本地实体在某些有限领域中实施，且该实体至少90%的收入来自该项目且预计投资不少于1440万美元。

·战略投资项目，该类项目对哈萨克斯坦共和国的经济发展有战略影响，并列入特别政府名单，并在2015年1月1日前签署投资合同。

·特殊投资项目，由符合下列条件的哈萨克斯坦法律实体实施。

（1）在2012年1月1日之前已经注册为某一经济特区的参与者；

---

① 哈萨克斯坦政府2016年1月14日有关执行国家投资支持的某些事项的决议。

（2）在2012年1月1日之前已经是自由区仓库的所有者；

（3）已经与政府签订一项机动车工业装配协议。

普通投资项目可享受下列投资优惠：

·投资项目所需的进口设备、部件和原材料免征关税（最长可达5年）和增值税。

·根据《投资合同》对进口原材料和其他材料免征增值税（自2017年1月1日起生效）。

·国家实物赠予，即资产［土地地块、建筑物、设施、机器设备、计算机、测量和控制仪器和设备、交通工具（汽车除外）、生产和家用工具］，供在合同期限内无偿使用；如果投资者遵守其承诺，这些资产将成为投资者的财产。这些赠予的价值不能超过对该本地实体固定资产计划投资总额的30%。

除了适用于普通投资项目的投资优惠外，优先投资项目和战略投资项目还可享受下列投资优惠：

·免征企业所得税、地税、房产税等形式的税收优惠（最长可达10年）。

·政府通过投资补贴补偿高达30%的建设、装配和设备购置成本（在每一种情况下补贴应通过单独的政府决议批准）。

·税法的稳定性。

·劳动法的稳定性。

·投资委员会在与各个国家机构联络方面向合同持有人提供一站式协助。

特殊投资项目免征进口关税和进口增值税。

为获得上述投资优惠措施，本地公司（就优先合同而言，必须是新成立的本地公司）必须与投资委员会签订投资合同，其中规定投资者的投资承诺、投资项目的持续时间以及获得的优惠措施。投资合同由投资委员会登记后方有效。

除了上述优惠措施外，税法还赋予本地公司一项自动获得的权利，即在特定条件得到满足的情况下（在投入运营前或者在之后 3 年内）对固定资产进行加速直线税务折旧。纳税人无须进行任何特定的新投资（收购资产除外），也不需要签订投资合同便能够获得此项权利。

政府还对在某些行业内开展经营活动的实体执行若干财务支持措施（这大体上与前述所讨论的优先活动类型相对应）。财务支持措施包括对贷款利率进行补贴，并为银行贷款提供国家担保。

### （四） 双边投资条约

哈萨克斯坦与多个国家签署了鼓励和相互保护投资的双边条约。哈萨克斯坦还加入了一系列有关外国投资的多边条约（例如《能源宪章》）。

投资条约为成员国国民提供了多项保证，包括最惠国待遇，针对歧视、征用和国有化的保护，以及在没有仲裁协议的情况下通过国际仲裁解决投资争议的权利。

此外，哈萨克斯坦签署了一系列鼓励和相互保护投资的双边条约。

### （五） 外国投资限制

某些行业受到外国所有权限制，即外国股东不得持有某公司超过特定比例的股份。如外国公司在当地传媒公司中持股不得超过 20%。

## 三、设立合法机构

外国投资者可以在哈萨克斯坦设立合法机构：

· 设立一个分公司或代表处。

· 设立一个哈萨克斯坦的法律实体（可以是外商独资企业，也可以是与哈萨克斯坦的合作伙伴共同拥有的合资企业）。

## （一）外国法律实体的代表处和分公司

### 1. 法律形式

外国法律实体可以设立代表处和分公司，以代表该外国法律实体在哈萨克斯坦境内的利益。

代表处是外国法律实体的一个分部，无权在哈萨克斯坦境内开展营收的业务活动，只能开展营销和广告活动，以及其他筹备和辅助活动。

分公司是外国法律实体的一个分部，可以履行其母公司的全部或部分职能，包括营收活动。代表处和分公司均按"规章"（类似于公司章程或章程细则）的规定行事，并由母公司授权的人负责管理。

与哈萨克斯坦法律实体不同的是，如果采用分公司或代表处的法律形式，对于分公司或代表处承担的义务，母公司承担的不是有限责任。然而，与哈萨克斯坦的法律实体不同，代表处和分公司可与哈萨克斯坦境内的居民进行外汇收付款。

### 2. 管理和资本化

分公司或代表处由唯一的负责人管理。该负责人根据母公司出具的授权书行事。分公司或代表处中没有其他公司组织。

没有适用于分公司或代表处的资本化要求。

### 3. 注册和注册后手续

代表处和分公司必须向司法部的有关地方部门办理注册。代表处或分公司的国家注册一般费用为14748.5坚戈（约合45美元）。

母公司为注册分公司或代表处，必须向司法部注册机关提交下列文件：

· （采用标准格式的）分公司或代表处设立申请。

· 经海牙认证①（或使领馆认证）的工商登记簿摘录或同等文件，证明母公司是根据其母国法律有效存续的法律实体。

· 确认母公司在注册成立所在国的税务登记号的文件（或同等文件）经公证和经海牙认证的复印件。

· 确认已缴纳国家注册费的文件。

此外，母公司还需要出具一份关于设立分公司或代表处的公司决议，以及其规章（章程细则）和其负责人授权书。这些文件必须经公证和海牙认证，需要保存在分公司或代表处的档案中，但注册时不需要提交。

以哈萨克语或俄语之外的任何一种语言写成的文件都必须附有经公证的哈萨克语和俄语翻译件。

注册机构须在其提交所有必要文件后一个营业日完成代表处或分公司的注册并向其签发注册证书。

新设立的代表处或分公司注册后，必须办理某些注册后手续，具体包括：

· 增值税登记②（如有必要）。

· 银行开户。

分公司和代表处不再被要求备有公章，但实践中通常都刻有公章。

整个流程（包括注册后程序）从向注册机构提交文件之日起大约需要两到三个星期。

---

① 只有来自1961年10月5日《关于取消要求外国公文书认证的公约》缔约国的文件才可办理海牙认证。如果文件来自该公约缔约国以外的国家，则须向哈萨克斯坦驻有关国家的使领馆和哈萨克斯坦外交部有关部门办理认证。

② 只有在一个日历年度内公司营业额超过6807万坚戈（约20.6万美元）的情况下才有必要办理增值税登记。但一般情况下可以在自愿的基础上办理登记。

## （二） 成立哈萨克斯坦法律实体

哈萨克斯坦法律承认以下类型的法律实体：

·普通合伙。

·有限合伙。

·有限责任合伙（LLP）。

·附加责任合伙。

·股份公司。

但常见的只有有限责任合伙和股份公司。

规范管理法律实体的主要法律是《民法典》《有限和附加责任合伙法》[①] 和《股份公司法》[②]。

哈萨克斯坦法律实体的成立文件是成立协议（如有多个创始人）和章程。在成立协议中，当事人（创始人）承诺创设一个法律实体，确定他们共同经营活动的范围和该法律实体的宗旨，并规定他们向法律实体转让财产（如有）的条款和条件（协议也应该包含某些其他信息）。法律实体的章程，除其他事项外，必须说明其名称和地址、管理机构的组成程序和权限、改组规定及其终止程序。

## （三） 有限责任合伙

### 1. 法律形式和参与者人数

有限责任合伙是哈萨克斯坦最常见的商业载体。有限责任合伙是由一个或多个人或法律实体（也可被称为"参与者"）设立的承担有限责任的合伙。不论其名称为何，有限责任合伙是一个独立于其创始人、自行承担

---

[①] 1998 年 4 月 22 日《有限和附加责任合伙法》（经修订）。
[②] 2003 年 5 月 13 日《股份公司法》（经修订）。

责任的法律实体。

有限责任合伙的法律形式适用于任何类型的业务。但是，在某些特定的领域中（如银行和保险），不能使用有限责任合伙，而应该使用股份公司之形式。

有限责任合伙的注册资本按照章程和成立协议的规定划分为参与权益。参与权益不是证券，不受证券市场规则的限制。一般来说，有限责任合伙的参与者并不是自己直接承担有限责任合伙的义务和责任，而只是按他们的出资比例承担与有限责任合伙活动相关的损失风险。

有限责任合伙参与者数量没有上限。同样，有限责任合伙也可以由一个参与者设立。但是，有限责任合伙的唯一参与者不可以是另一个由唯一个人或实体组成的合伙。除个别有限的例外情形外，有限责任合伙的其他参与者，享有在某一参与者向第三方出售其权益之前按第三方的出价购买参与权益的优先购买权（又被称为优先取舍权）。

任何有意获得有限责任合伙中至少50%的参与权益之人必须通知有限责任合伙的所有参与者，并按照不低于与潜在卖方约定的价格出价购买他们的权益。其他参与者可以在不少于30个日历日的时间内选择由此人按上述规定重新购买他们的权益。

**2. 注册资本**

注册资本由创始参与者的出资组成。

初始注册资本不得少于为办理国家注册提交成立文件之日的每月计算指数[①]的100倍。目前，这一最低金额相当于690美元（对小企业而言，则没有最低资本额要求）。

---

① 每月计算指数是根据现行法律用来计算养老金、福利和其他社保缴费以及罚款和惩金、税款和其他付款的指数。根据2016年11月29日的《2017–2019年国家预算法》，2017年1月1日起有效的每月计算指数为2268坚戈。

所有参与者必须在批准设立有限责任合伙的参与者大会上通过的决议所确定的期限内全额缴付其注册资本出资额。该期限不得超出注册之日后的一年。

3. **管理结构**

参与者大会是有限责任合伙的最高机构。有限责任合伙必须在每个财政年度结束后 3 个月内召开一次大会。

除其他事项外，大会对下列事项享有独占性的权限：

·修订章程。

·增加和减少有限责任合伙的注册资本。

·设立执行机构、监督委员会或审计委员会，以及提前终止其权力。

·通过将有限责任合伙或其资产转入信托管理的决议。

·批准年度财务报告和利润分配。

·参与其他法律实体。

·重组或清算有限责任合伙，任命清算委员会，及批准清算资产负债表。

·批准有限责任合伙的内部规章制度。

·质押有限责任合伙的所有资产。

·批准有限责任合伙处置资产负债表价值至少为有限责任合伙资产负债表总价值 51% 的资产的交易。

·决定强制性买断某一参与者权益份额。

·对有限责任合伙资产的额外出资。

如果只有一个参与者，其可以通过书面决议的方式行使大会的职能。有限责任合伙的章程可以规定属于大会独占性权限范围的其他领域。无论章程中如何规定大会的权限，大会可以审议与有限责任合伙有关的任何事项。此外，大会还可取消下级公司机构就有限责任合伙内部事务的任何相关事宜所作的任何决定。

有限责任合伙必须设一个执行机构（集体或个人），负责管理有限责任合伙的日常业务。

有限责任合伙也可以设一个监督委员会来监督和控制执行机构的活动。

**4. 属于中型和大型企业的有限责任合伙的注册**[①]

为了设立一个中型或大型的有限责任合伙，必须向司法部的有关分支机构提交，或者通过公共服务中心、电子政府门户网站向司法部提交下列文件：

· （采用标准格式的）申请书。

· 如果有限责任合伙的创始人之一是外国法律实体，须提交经海牙（或使领馆）认证的工商登记簿摘录或证明创始人是根据其母国法律有效存续的法律实体的任何其他文件。

· 如果创始人之一是个人，须提交该创始人的经公证（如果在哈萨克斯坦境外公证的，还需经海牙认证）的护照复印件。

· 确认已缴纳国家注册费的文件。

视有待设立的实体类型而定，可能需要提交额外的文件（例如，设立银行需要提交国家银行的同意书）。

有限责任合伙还必须制定章程，但不需要为注册目的而提交。

属于大型企业的有限责任合伙的国家注册费为14748.5坚戈（于本文件刊发之日约合45美元）。

属于中型企业的有限责任合伙的国家注册不收费。

以哈萨克语或俄语之外的任何一种语言提交的文件都必须附有经公证

---

[①] 拥有超过250名员工或年收入超过300万每月计算指数的有限责任合伙被视为大型企业。员工人数不超过100名和年收入不超过30万每月计算指数的有限责任合伙被视为小型企业。所有其他有限责任合伙被视为中型企业。

的哈萨克语和俄语翻译件。

相关注册机构须在所有文件提交后一个营业日内完成有限责任合伙的国家注册并向其签发国家注册证书。如属于中型企业的有限责任合伙通过电子政府门户网站提交国家注册申请，则国家注册应在提交申请后的一小时内完成。

新设立的有限责任合伙注册后，必须办理某些注册后续手续，包括：

·增值税登记（如有必要）。

·向哈萨克斯坦国家银行登记外国创始人的任何注册资本出资（如其出资超过50万美元）。

·银行开户。

此外，一般来说有限责任合伙不需要备有公章，但实践中通常都刻有公章。

整个流程（包括注册后续程序）从向注册机构提交文件之日起大约需要两到三个星期。

**5. 属于小型企业的有限责任合伙的注册**

设立属于小型企业的有限责任合伙需要向司法部的有关分支机构提交或者通过电子政府门户网站向司法部提交一份申报。此类有限责任合伙的国家注册不收费。

如果有限责任合伙的创始人之一是外国法律实体，则申报须随附经海牙（或使领馆）认证的工商登记簿摘录或确认创始人是根据其母国法律有效存续的法律实体的所有其他文件。如果创始人之一是个人，须提交该创始人的经公证（如果在哈萨克斯坦境外公证的，还需经海牙认证）的护照复印件。

以哈萨克语或俄语之外的任何一种语言提交的文件都必须附有经公证的哈萨克语和俄语翻译件。

注册机构须在申报提交后一个营业日内完成有限责任合伙的国家注册并向其签发国家注册证书。如申报是通过电子政府门户网站提交的，则国家注册应在提交申报后的一小时内完成。

新设立的有限责任合伙注册后，必须办理某些注册后续手续，包括：

· 增值税登记（如有必要）。

· 向哈萨克斯坦国家银行登记外国创始人的任何注册资本出资（如其出资超过50万美元）。

· 银行开户。

此外，一般来说有限责任合伙不需要备有公章，但实践中通常都刻有公章。

整个流程（包括注册后程序）从向注册机构提交文件之日起计大约需要两到三个星期。

## （四）股份公司

### 1. 法律形式和参与者人数

股份公司是指通过发行股票为其经营活动筹集资本的法律实体。一般来说，股份公司的股东对股份公司的义务不承担责任，只按其股份的成本承担损失的风险。

股份公司的股东人数不受限制。股份公司的股份可自由转让。

由于为哈萨克斯坦证券法之目的，股份公司的股份被认为是"证券"，因此，股份公司须遵守不适用于有限责任合伙的各种额外的证券法要求。这些要求不仅适用于股份公司最初注册成立之时，之后也持续适用。

### 2. 股份公司的成立

股份公司的创始人通常包括个人和法律实体（包括哈萨克斯坦和外国的个人和法律实体）。法律允许个人或法律实体成为股份公司的唯一创始人。

股份公司的成立文件是其章程和成立协议（如果至少有两位创始人）。在股份发行的国家登记完成后，成立协议终止。

3. 注册资本

股份公司的最低注册资本额要求是每月计算指数的 5 万倍（于本文件刊发之日约合 344000 美元）。最低注册资本额必须在股份公司完成国家注册后的 30 天内全部缴清。

4. 股票及其他类型的证券

股份公司可以发行普通股和优先股。优先股不得超过股份公司授权注册资本的 25%。

持有普通股的股东有权参与股东大会并在清算时获得股息和部分股份公司的财产。优先股的持有者享有按预先确定的保证获得的股息比率，而优先于普通股股东获得股息的权利以及获得股份公司清算后一部分剩余财产的权利。然而，作为一般规则，优先股持有者不能在股东大会上投票。

除个别有限的例外情形外，股份公司的创始人可发行"黄金股"。黄金股的持有人不参与注册资本出资或获得股息。但是，黄金股持有人有权否决与股份公司章程中规定事宜有关的决议。

股份公司可以发行债券、认股权证、期权和其他类型的衍生证券。

5. 管理结构

股东大会是股份公司的最高公司机构。股份公司必须在每个财政年度结束后 5 个月内召开一次股东大会。

除其他事项外，大会对下列事项享有独占性的权限：

· 修订章程。

· 设立股份公司董事会，及提前终止其权力。

· 增加授权股份数量。

·批准股份公司年度财务报告。

·重组或清算股份公司，任命清算委员会，并批准清算资产负债表。

如果只有一名股东，其应通过书面决议的方式行使大会的职能。

董事会管理股份公司的业务，但属于股东大会独占性权限范围内的除外。

股份公司的执行机构管理股份公司的日常事务，执行机构可以是一个理事会，也可以是一名个人。执行机构执行股东大会和董事会的决定。

为了监督执行机构的财务和业务活动，股份公司可以成立一个审计委员会，或设立一个对董事会负责的内部审计服务职能部门。

6. 注册

股份公司必须在司法部注册。股份公司的国家注册费为14748.5坚戈（于本文件刊发之日约合45美元）。

为了注册股份公司，必须向司法部注册机关提交以下文件：

·（采用标准格式的）申请书。

·创始人设立股份公司的决议。

·股份公司章程经公证的原件三份。

·如果创始人之一是外国法律实体，须提交经海牙认证（或使领馆认证）的工商登记簿摘录或证明创始人是根据其母国法律有效存续的法律实体的任何其他文件。

·如果创始人之一是个人，须提交该创始人经公证（如果在哈萨克斯坦境外公证的，还需经海牙认证）的护照复印件。

·确认已缴纳国家注册费的文件。

视有待设立的实体类型而定，可能需要提交额外的文件（如设立银行需要提交国家银行的同意书）。

以哈萨克语或俄语之外的任何一种语言提交的文件都必须附有经公证

的哈萨克语和俄语翻译件。

在所有必要文件提交后的 14 个工作日内，注册机构必须出具一份股份公司国家注册证书。

新设立的股份公司注册后，必须办理某些注册后续手续，包括：

·增值税登记（如有必要）。

·向哈萨克斯坦国家银行办理股份发行登记。

·如果注册资本出资超过 50 万美元，则须向哈萨克斯坦国家银行登记注册资本出资。

·银行开户。

此外，虽然一般来说股份公司不需要备有公章，但实践中通常都刻有公章。

整个流程（包括注册后程序）从向注册机构提交文件之日起大约需要两到三个星期。

## （五）证券的发行和登记

### 1. 简介

哈萨克斯坦的证券市场主要受到《证券市场法》[①] 和《股份公司法》的规管。哈萨克斯坦国家银行经国家授权负责对证券市场的活动进行监管。

根据哈萨克斯坦的法律，以下各项构成证券：

·股票和债券。

·衍生产品（如法律所定义）。

·境外发行人的证券。

---

① 2003 年 7 月 2 日的《证券市场法》及其修订。

- 抵押证书。
- 仓库凭单。
- 其他类型的证券。

**2. 证券发行与配售**

根据《证券市场法》的规定，证券发行只有在国家银行授权（登记）后才可以配售证券。股票可以通过认购（由公司董事会决定价格）或拍卖方式进行配售。

**3. 一般信息披露要求**

《股份公司法》对股份公司规定了具体的报告和披露要求。除其他事项外，股份公司须在报刊上公布其年度财务报表，并披露股份公司已签订的重大交易的信息。股份公司还须向其股东披露某些信息，包括有关下列各项的信息：股份发行、达成重大和关联方交易、质押股份公司5%或更多的资产以及股份公司参与其他法律实体。

此外，股份公司须每6个月向国家银行报告其股份配售的结果。

**4. 特别披露要求**

有意收购股份公司30%或更多股份的任何人必须通知股份公司和国家银行。该通知必须包含待收购股份的信息，股份价格以及与拟议收购有关的某些其他信息。在收到该通知后，股份公司有权出价高于拟议报价。如果股份公司未行使这一权利，买方继续收购，则买方必须在收购之日起30天内，向其余股东发出要约，要求他们按照不低于股份公司股票市场均价的价格购买其股份。如果其余股东同意出售其股份，则买方应在30天内付款。

## （六） 证券市场监管

### 1. 凭许可证开展的活动

自国家银行取得有效许可证的法律实体可以在证券市场进行下列活动：

· 经纪；

· 交易；

· 托管活动；

· 投资组合管理；

· 过户代理活动；

· 养老金管理；

· 金融工具交易的结算活动；

· 安排证券及其他金融工具交易。

### 2. 股票交易所

哈萨克斯坦只有一家有执照的证券交易所——哈萨克斯坦证券交易所。有100多家公司在哈萨克斯坦证券交易所挂牌交易。

# 四、执照、许可证和通知

## （一） 概况

近年来，哈萨克斯坦对其国家许可制度进行了一系列重大修改。凭特殊执照方可开展的活动清单已经缩短，执照申请过程已经通过下列措施加以简化：（1）就与执照机关的互动引入"一站式服务"原则。（2）实施统一的执照签发时间表。（3）实现电子执照制度允许申请人在网上申领执照。

2014年5月16日，哈萨克斯坦通过了关于许可证和通知的新法律（以下简称《许可证法》）①。

该法具体规定了哪些活动需要特别的国家管制和授权。

受规管活动须遵守以下三级许可证制度：

（1）需要"执照"的高风险活动（即所谓的"第一类许可证"）；

（2）需要"执照"的中风险活动（即所谓的"第二类许可证"）；

（3）需要"通知"相关部门的低风险活动。

一般来说，外国实体须遵守与当地实体相同的许可要求。

## （二）申请许可证

为了申请许可证，申请人必须提交申请书以及法律规定的其他文件。一般情况下，申请书及规定文件应通过公共服务中心提交给有关部门。现在也可以通过电子政府门户网站提交文件。②

申请人还必须支付许可费（金额取决于许可证的类型而定）。

许可证应在15个工作日内签发，但针对某些活动（如原子能使用、适用出口管制规则的产品的进出口），则可延长至最多30天。

## （三）无证经营的后果

在没有许可证（或没有提交强制性通知）的情况下开展经营可能导致行政和刑事处罚（如罚款和没收收入）。

此外，无证经营会构成导致在没有适当执照情况下执行的任何交易无效的正式理由。

而且，根据哈萨克斯坦民法典，在没有适当执照的情况下开展经营可

---

① 2014年5月16日的第202-V号许可证和通知法。
② 通知也应通过公共服务中心或通过电子政府门户网站作出。

能会导致强制清算。

## 五、税务

### （一）概况

2008年12月10日，哈萨克斯坦通过了税法①，旨在取代之前2001年6月12日的税法。该税法于2009年1月1日生效。

2008年初，时任哈萨克斯坦总统纳扎尔巴耶夫启动了对税法的修订，提出了该税法的目标在于促进哈萨克斯坦经济实现现代化和多样化并帮助企业"走出困境"。

与这些目标相一致，税法的主要目标之一是减轻非开采行业的整体税务负担，从而使它们对潜在投资者更具吸引力。这一减税通过大幅增加地下资源使用者（即矿业及石油天然气公司）的税务负担加大补偿力度。

政府已宣布其制定新税法的计划。新税法草案于2017年进行讨论。

### （二）税务登记

在哈萨克斯坦的法律实体和通过常设机构在哈萨克斯坦开展经营活动的外国法律实体必须向税务机关办理登记（常设机构包括分支机构、办公室、管理所在地、一段时间内在哈萨克斯坦境内提供服务以及具有合同签署权的代理）。另外，注册要求也适用于其他情形（如外国公司在哈萨克斯坦拥有不动产或开立银行账户）。

---

① 2008年12月10日的《哈萨克斯坦关于税收及其他必须上缴预算的支付款的法典》（税法）。

## （三）税项

在哈萨克斯坦应缴的税项包括企业所得税和个人所得税、增值税、消费税、地下资源使用税、社保税、土地税、房产税、车辆税、商业登记费、经营某些业务的执照费以及其他某些费用。

## （四）所得税

### 1. 企业所得税

税务居民的企业所得税税率是其全球范围内收入的20%。

税基是在允许的扣除和调整后的年度总收入。扣除可能会受到特定限制（例如，在扣除利息和旅行及娱乐费用方面有一定的限制）。一般来说，为税务目的亏损可结转至最多未来10年。

在哈萨克斯坦境内设有常设机构的非税务居民，其归属于该常设机构部分的收入须缴纳20%的企业所得税。此外，还需要缴纳所谓的"分支机构利润税"，税率为常设机构年度应税收入和上缴国家预算的企业所得税之间差额部分的15%。根据哈萨克斯坦签署的避免双重征税协定，分支机构的利润税可以降低（通常降至5%）。

### 2. 预提税

在哈萨克斯坦境内没有常设机构的非税务居民通常须按以下税率就来源于哈萨克斯坦境内的收入缴纳预提税：

表1　预提税税率

| 项目 | 税率 |
|---|---|
| 资本利得、股息、利息和特许权使用费 | 15% |
| 在有税收优惠制度的国家注册的实体来源于哈萨克斯坦的服务收入和其他收入 | 20% |
| 风险保险协议项下应支付的保险费 | 15% |
| 风险再保险协议项下应支付的保险费 | 5% |
| 国际运输服务 | 5% |
| 服务费及其他收入 | 20% |

税法为跨境交易征税提供了一些重要的税务优惠。

第一，如满足下列条件，则预提税将不适用于由当地公司向外国股东（参与者）支付的股息：（1）截至股息支付日期，收款人持有该公司股份（权益）的时间已超过三年；（2）支付股息的公司在股息所涉及的期间内没有参与石油天然气、采矿或其他地下资源经营活动；（3）支付股息的公司的该等股份（权益）或股本的价值来源于当地矿业或石油天然气公司（或按照适用法律被归类为地下资源公司的其他公司）财产的部分不超过50%。为这一豁免之目的，为自用目的的开采地下水的公司不被视为使用地下资源的公司。

上述豁免在2016年1月1日至2017年12月31日的期间内适用于当地矿业及石油天然气公司。因此，如满足下列条件，则矿业及石油天然气公司向外国股东（参与者）支付的股息将免征哈萨克斯坦的预提税：（1）截至股息支付日期，收款人持有该公司股份（权益）的时间已超过三年；（2）股息付款日期前12个月内，该公司开采的矿物质中至少有35%是使用其自有处理（浓缩）设施处理的。为此等目的，股息包括之前期间的留存收益（上限为30%）。

第二，如满足下列条件，在哈萨克斯坦境内没有常设机构的非税务居民出售境内或境外公司股份（权益）所得的资本利得免于征税。截至股份（权益）出售日期：（1）该等股份（权益）的持有时间已超过三年；（2）被出售股份的公司没有参与石油天然气或采矿经营活动（也没有另行按照适用法律被归类为地下资源公司）；（3）被出售股份的公司的该等股份（权益）或股本其价值来源于当地矿业或石油天然气公司（或按照适用法律被归类为地下资源公司的其他公司）财产的部分不超过50%。为这一豁免之目的，以自用目的开采地下水的公司不被视为使用地下资源的公司。

上述豁免并不适用于在（根据哈萨克斯坦财政部批准的名单）有税收优惠制度的国家注册的外国股东。此外，如果上述条件没有得到满足，上述豁免也不适用。

如果此项豁免不适用，则一般会对股息或出售股份实现的资本利得征收15%的预提税（对于在有税收优惠制度的国家注册的股东，适用税率为20%）。该等税款必须由支付股息的公司或（股份出售交易中的）外国或本地买方代扣代缴。相关的避免双重征税协定可能会就这一税项提供减免。

### 3. 个人所得税

除个别有限的例外情形外，个人收入按10%的统一税率纳税。税务居民须就其全球范围内的收入缴纳个人所得税（税务居民的定义是在任何连续12个月的期间内在哈萨克斯坦境内停留的天数不少于183天的个人）。非税务居民须就其来源于哈萨克斯坦的收入缴纳个人所得税（在某些情况下，这一税项不适用）。

雇主须从支付给雇员的工资中扣缴个人所得税和养老金缴款，并将其上缴给国家预算［参见第（八）节（扣缴义务、社保税费）］。非税务居民的工资无须扣缴养老金缴款。

## （五） 避免双重征税协定

根据避免双重征税协定，来源于哈萨克斯坦的许多类别的非居民收入都免征企业所得税和个人所得税。某些类别的收入根据避免双重征税协定按低于税法规定的税率征税。协定的优惠一般只适用于：（1）与哈萨克斯坦签有避免双重征税协定的国家的居民所收到的源于哈萨克斯坦的收入；（2）此等收入与该等居民在哈萨克斯坦设立的常设机构没有关系。

哈萨克斯坦已与 48 个国家签订了避免双重征税双边协定。下表中列出这些国家，并说明了协定项下某些类别的收入所适用的较低所得税税率。[1]

表 2　避免双重征税协定

| 编号 | 国家 | 股息[2] (%) | 利息 (%) | 特许权使用费 (%) | 分支机构利润税 (%) |
|---|---|---|---|---|---|
| 1 | 亚美尼亚 | 10 | 10 | 10 | 5 |
| 2 | 奥地利* | 5/10 15 | 10 | 10 | 5 |
| 3 | 阿塞拜疆 | 10 | 10 | 10 | 2 |
| 4 | 白俄罗斯 | 15 | 10 | 15 | 5 |
| 5 | 比利时* | 5/10 15 | 10 | 10 | 5 |
| 6 | 保加利亚 | 10 | 10 | 10 | 10 |

---

[1] 请注意，在大多数协定项下，只有在满足某些条件时才允许降低所得税税率。例如，在大多数协定项下，特许权使用费的所得税只有在收款人是特许权使用费的实益拥有人的情况下才可以降低。因此，在每种情况下都必须审查相关协定和具体情况，以确定某一类收入是否可按较低的税率征税。

[2] 在大多数避免双重征税协定项下，股息所得税税率因股息收款人直接或间接持有的注册资本（具有投票权的股票、权益等）的数额而异。例如，根据与比利时签订的协定，如果股息的实益拥有人直接或间接持有支付股息的公司至少 10% 的注册资本，则股息的所得税税率应为股息总额的 5%；在所有其他情况下，股息将按 15% 的税率征税。类似情形在表中均以星号（*）标记。请注意，有些协定要求直接持有资本，而另一些协定则允许直接或间接持有资本。

续表

| 编号 | 国家 | 股息(%) | 利息(%) | 特许权使用费(%) | 分支机构利润税(%) |
|---|---|---|---|---|---|
| 7 | 加拿大* | 5/10 15 | 10 | 10 | 5 |
| 8 | 中国 | 10 | 10 | 10 | 5 |
| 9 | 捷克 | 10 | 10 | 10 | 5 |
| 10 | 爱沙尼亚* | 5/25 15 | 10 | 15 | 5 |
| 11 | 芬兰* | 5/10 15 | 10 | 10 | 5 |
| 12 | 法国* | 5/10 15 | 10 | 15 | 5 |
| 13 | 格鲁吉亚 | 15 | 10 | 10 | 5 |
| 14 | 德国* | 5/25 15 | 10 | 10 | 5 |
| 15 | 匈牙利* | 5/25 15 | 10 | 10 | 5 |
| 16 | 印度 | 10 | 10 | 10 | 10 |
| 17 | 伊朗* | 5/20 15 | 10 | 10 | 5 |
| 18 | 意大利* | 5/10 15 | 10 | 10 | 5 |
| 19 | 日本* | 5/10 15 | 10 | 10 | 无具体规定 |
| 20 | 沙特阿拉伯 | 5 | 10 | 10 | 无具体规定 |
| 21 | 韩国* | 5/10 15 | 10 | 10 | 无具体规定 |

续表

| 编号 | 国家 | 股息（%） | 利息（%） | 特许权使用费（%） | 分支机构利润税（%） |
|---|---|---|---|---|---|
| 22 | 吉尔吉斯斯坦 | 10 | 10 | 10 | 10 |
| 23 | 拉脱维亚* | 5/25 15 | 10 | 10 | 5 |
| 24 | 立陶宛 | 5/25 15 | 10 | 10 | 5 |
| 25 | 卢森堡* | 5/10 15 | 10 | 10 | 10 |
| 26 | 马其顿 | 5/25 15 | 10 | 10 | 5 |
| 27 | 马来西亚 | 10 | 10 | 10 | 10 |
| 28 | 摩尔多瓦* | 10/25 15 | 10 | 10 | 5 |
| 29 | 蒙古 | 10 | 10 | 10 | 10 |
| 30 | 荷兰* | 5/10 15 | 10 | 10 | 5 |
| 31 | 挪威* | 5/10 15 | 10 | 10 | 5 |
| 32 | 巴基斯坦* | 12.5/10 15 | 12.5 | 15 | 无具体规定 |
| 33 | 波兰* | 10/20 15 | 10 | 10 | 10 |
| 34 | 罗马尼亚 | 10 | 10 | 10 | 15 |
| 35 | 俄罗斯 | 10 | 10 | 10 | 10 |
| 36 | 斯洛文尼亚* | 5/25 15 | 10 | 10 | 5 |

续表

| 编号 | 国家 | 股息（%） | 利息（%） | 特许权使用费（%） | 分支机构利润税（%） |
|---|---|---|---|---|---|
| 37 | 新加坡 | 5/25 10 | 10 | 10 | 5 |
| 38 | 斯洛伐克* | 10/30 10 | 10 | 10 | 5 |
| 39 | 西班牙* | 5/10 15 | 10 | 10 | 5 |
| 40 | 瑞典* | 5/10 15 | 10 | 10 | 5 |
| 41 | 瑞士* | 5/10 15 | 10 | 10 | 5 |
| 42 | 塔吉克斯坦* | 10/30 15 | 10 | 10 | 10 |
| 43 | 土耳其 | 10 | 10 | 10 | 10 |
| 44 | 土库曼斯坦 | 10 | 10 | 10 | 5 |
| 45 | 乌克兰* | 5/25 15 | 10 | 10 | 5 |
| 46 | 阿联酋* | 5/10 15 | 10 | 10 | 5 |
| 47 | 英国* | 5/10 15 | 10 | 10 | 5 |
| 48 | 美国* | 5/10 15 | 10 | 10 | 5 |
| 49 | 乌兹别克斯坦 | 10 | 10 | 10 | 15 |
| 50 | 越南 | 5/70 15 | 10 | 10 | 5 |

在哈萨克斯坦适用避免双重征税协定，通常需要外国公司每年向其在哈萨克斯坦的交易对方提交一份经使领馆（或海牙）认证的证书（或其公证副本），证明其拥有协定国的税务居民身份。

## （六）增值税

在哈萨克斯坦出售大多数商品和服务以及将商品进口到哈萨克斯坦须缴纳增值税。目前增值税税率是12%。增值税是根据交易地点规则对在哈萨克斯坦境内进行的交易征收的。

出售交易的增值税必须由哈萨克斯坦法律实体、独立承包商以及在哈萨克斯坦设有分支机构或代表处的外国公司支付，前提是其已登记为增值税纳税人。当纳税人在哈萨克斯坦的应税营业额超过每月计算指数的3万倍时（目前为一个日历年度6807万坚戈或约20.4万美元），便有义务办理登记。但是，纳税人也可在自愿的基础上登记为增值税纳税人。

进口商品的增值税由进口商支付，而不考虑他们的增值税登记状况。进口增值税税率为进口产品海关完税价值的12%，其中包括关税和消费税。出口商品一般不征收增值税。

根据税法，租赁和出售住宅建筑物的土地和住宅建筑物本身（存在有限的例外情形）、某些类型的金融服务、注册资本出资以及出售股份（参与性权益）无须缴纳增值税。根据哈萨克斯坦法律订立的金融租赁项下的利息付款也免征增值税。

一般情况下，增值税进项税超出增值税销项税的部分应退还给增值税纳税人。但这里需要注意，从2011年1月1日起，到2022年1月1日为止，只有反向增值税才能获得现金增值税退税。例如，针对在哈萨克斯坦没有设立机构的外国公司获得的工程和服务缴纳的增值税，其他类型的增值税进项税只能抵销增值税销项税。大多数纳税人必须进行税务审计方可以获得退税（某些大规模纳税人有权获得自动退税）。从 2022 年起，只有在税务机关运行的风险管理系统发现存在风险的纳税人时才有必要进行税务审计。

## （七）关税

哈萨克斯坦对进口至哈萨克斯坦的商品征收关税，根据进口商品种类的不同，进口商品的关税税率各不相同，通常按商品的海关完税价值征收关税。

在符合条约条件的前提下，从某些国家（如俄罗斯）进口的商品根据哈萨克斯坦批准的国际条约免征关税。例如，目前欧亚经济联盟（目前的成员国为哈萨克斯坦、俄罗斯、白俄罗斯、亚美尼亚和吉尔吉斯斯坦）内免征关税。此外，在欧亚经济联盟框架内，各成员国已通过共同的海关法，有统一的海关规则和共同海关关税，除有限的例外情形以外，进口关税税率相同。

2015 年 11 月 30 日，哈萨克斯坦加入世界贸易组织。根据哈萨克斯坦作为世贸组织成员所作的承诺，哈萨克斯坦将对某些类型的商品按低于共同海关税则规定的税率征收进口关税。2015 年 10 月 14 日，欧亚经济联盟理事会通过了适用较低关税税率的商品清单，该清单预计将会根据哈萨克斯坦的 WTO 承诺逐步扩展。

按较低关税税率进口至哈萨克斯坦的商品只能在哈萨克斯坦境内使用，不能出口到欧亚经济联盟的其他成员国。但是，可以按照共同海关税则规定的税率进口列入清单的商品，在这种情况下，有关商品将获得欧亚经济联盟商品的地位，因此可以出口到欧亚经济联盟的其他成员国。

## （八）扣缴义务、社保税费

雇主必须从应付其雇员的工资中扣缴个人所得税［参见关于个人所得

税的部分〕和养老金缴款（按工资的10%缴纳，但不适用于非永久居住在哈萨克斯坦的非居民雇员）。缴纳的该等税费均由雇员承担。

雇主必须针对应付雇员的工资和其他收入为其每一位雇员（当地居民和非居民）缴纳社保税。社保税适用11%的统一税率。

除社保税外，雇主还必须为每一位员工缴纳社保基金缴费。该等社保基金缴费必须由雇主按应付雇员收入的5%缴纳（上限约合734美元）。社保基金缴费可从社保税的数额中扣除。

缴纳的社保税和社保缴费都由雇主承担。

2016年3月1日，一项新的强制性社会医疗保险法生效，该法要求雇主为其雇员的利益向社会医疗保险基金缴纳强制性缴款。从2017年7月1日起，雇主被要求按雇员工资的2%向该基金缴款，该比例至2020年逐渐提高到5%。该等缴款由雇主承担。

此外，雇员亦有义务向社会医疗保险基金缴款。该项缴款从2019年1月1日起按雇员工资的1%、自2020年1月1日起按雇员工资的2%缴纳。

为计算该项基金上述缴款之目的，雇员工资上限设为约1100美元。

## （九）地下资源使用税

### 1. 概况

在2009年1月1日之前，地下资源使用者和国家可以订立一项特许经营类型的地下资源使用协议或产品分成协议，两类协议的税务待遇不同。随着现行税法的实施，一般不再有可能订立产品分成协议，而特许经营协议是唯一一种可用的地下资源使用协议。但是，此前订立的产品分成协议仍然有效。

在签署之前，地下资源使用协议必须提交给税务机关审核。

## 2. 地下资源使用合同的税务稳定性

在税法颁布之前，大多数的地下资源使用合同都具有税务稳定性。在税法颁布后，下列地下资源使用协议具有税务稳定性，前提是它们包含一项税务稳定条款：(1) 在2009年1月1日之前订立并经税务机关审核的产品分成协议；(2) 经哈萨克斯坦总统批准的地下资源合同。

据称，税法取消了所有其他地下资源使用协议（包括几乎所有的特许经营协议）的税务稳定性。

## 3. 具体的地下资源使用税

哈萨克斯坦具体的地下资源使用税包括下列各项：

(1) 签约定金

签约定金是就浅地表使用权向国家缴纳的一次性付款。该税项的初始金额是根据预估储量、矿藏的经济价值以及某些其他因素依税法确定的。签约定金的最终金额必须在地下资源使用合同中列明。

(2) 补偿历史成本

地下资源使用者应向国家补偿与地质勘探和矿藏开发有关的费用。地下资源使用者应补偿的费用金额由国家确定，并在地下资源使用者和国家签订的具有保密性质的协定中列明。

(3) 商业发现红利

商业发现红利是地下资源使用者在合同区域内做出商业发现时应支付的一项固定缴款。商业发现红利的缴款比率是已探明的可开采储量价值的0.1%。

(4) 采矿税

采矿税是旨在用于弥补企业所得税税率降低的主要税种［参见第四部分所得税第1条企业所得税］。

针对矿业公司，采矿税一般应按所开采矿产的平均交易价格（由指定出版物报价）缴纳。根据矿产的种类不同，目前的税率从0到18.5%

不等。

针对石油天然气公司，采矿税的税基通常是所产出的原油和天然气凝析油的平均全球价格（由指定出版物报价）。石油天然气公司目前适用的采矿税税率从5%到18%不等，取决于石油产量而定。如果石油在哈萨克斯坦境内被用于特定目的出售（如当地炼油厂），采矿税减半。

（5）超额利润税

超额利润税是每年就具体的地下资源合同项下净收入超过25%的累计扣除（为企业所得税之目的）和某些其他费用的部分缴纳的。税率不定，从0到60%不等。

（6）矿产出口收益税

矿产出口收益税是由原油、天然气凝析油和煤炭的出口商缴纳的，但根据产品分成协议经营的公司除外。矿产出口收益税的税率为出口石油全球市场价格（由指定出版物报价）的0到32%。

## （十）房产税和土地税

在哈萨克斯坦，法律实体每年按其拥有的不动产（如建筑物）用于会计目的的平均年度资产负债表价值的1.5%缴纳房产税。

在哈萨克斯坦，土地所有者每年都要缴纳土地税。土地税的税率取决于特定地块的类别、位置和质量而定。

## （十一）经济特区和投资优惠措施

哈萨克斯坦总统（根据政府的建议）可设立经济特区[①]，目的是加速哈萨克斯坦有关地区的发展，并为这些地区吸引投资和技术。

---

① 哈萨克斯坦目前共有十个经济特区。

经济特区制度一般为在经济特区内经营、不少于90%的年度总收入源于符合特定条件的类别的经营活动（包括计算机软件的安装、信息技术的创造和纺织、针织产品的生产）的公司提供税收优惠。[①] 具体优惠措施视经济特区的类型而定，但通常包括以下内容：

- 免征企业所得税。
- 免征土地税和房产税。
- 对进口到经济特区、有利于实现经济特区目标的某些符合条件的商品免征关税等税费。

每个经济特区都有它自己的符合条件的经营活动类别。税法规定了此类活动的一般清单，而政府则批准了一份详细的清单。

以下实体没有资格享受经济特区的税收优惠：地下资源使用者；生产应税商品的实体；其他某些实体。

从2016年1月1日起，在经济特区内开展经营的公司可享受税收稳定，即该等公司可免受税务立法中取消或修改上述任何优惠的不利变化的影响。税收稳定适用于在经济特区内开展经营的协议期限，但不超过法定时效期间。

### （十二）小企业优惠措施

除个别有限的例外情形，6个月期间的收入不超过约17.3万美元并且雇员不足50人的法律实体有权按其收入3%累计税率缴纳企业所得税和社保税。

---

[①] 针对经济特区"创新科技园区"内经营的公司，适用的百分比为源于符合条件的经营活动的收入的70%。

## （十三）转让定价

2008年7月5日，哈萨克斯坦通过了一项《转让定价法》[1]，该法律于2009年1月1日生效。该《转让定价法》取代了该国先前的转让定价法。[2]

该《转让定价法》适用于国际商业交易和某些类型的国内交易。哈萨克斯坦执行转让定价管制，无论具体交易的当事方是否为关联方。

如果税务机关或海关当局认定交易价格与现行市场价格存在偏差，他们可以据此调整交易价格，评定未缴/少缴的税款，并处以罚款和处罚。

《转让定价法》规定了以下确定市场价格的方法：

·可比不受控制价格方法。

·成本加成方法。

·转售价格方法。

·利润分割方法。

·交易净利润方法。

纳税人被要求保留国际商业交易中使用的价格的证明文件。

某些商品（如原油）的交易，由国家有关机构持续进行监控，以确保其遵守转让定价规则。受监控的实体必须定期向税务机关和海关当局提交某些文件，包括所收取价格的证明、职能分析、财务报告和使用的转让定价方法。

---

[1] 2008年7月5日的《转让定价法》及其修订。
[2] 2001年1月5日的《关于使用转让定价的国家管制法》及其修订。

## 六、货币管理

### （一）概况

哈萨克斯坦从1993年开始使用货币坚戈。2009年和2014年坚戈大幅贬值，2009年汇率从约一美元兑120坚戈跌至约一美元兑150坚戈，而2014年汇率从约一美元兑150坚戈跌至约一美元兑184坚戈。2015年8月20日，哈萨克斯坦取消了1美元 = 185坚戈 + 13坚戈／-15坚戈的交易区间，允许坚戈自由浮动。这导致了2015年8月20日汇率从一美元兑197坚戈跌至一美元兑256.26坚戈，当日跌幅达23%。截至2017年1月1日，交易汇率为一美元兑333.29坚戈。

### （二）外汇

总的来说，哈萨克斯坦的外汇条例并未设太多限制。《货币法》[①]是管理外汇交易的主要法律，货币监管通常由哈萨克斯坦国家银行执行。

#### 1. 居民

更严格的货币条例适用于"居民"而非"非居民"。其中一个主要的限制是，居民之间必须以坚戈进行所有的支付（仅有个别有限的例外情形）。此外，居民普遍被要求将外汇交易所得款项存入在哈萨克斯坦境内的授权银行和金融机构开立的账户。

除个别有限的例外情形外，居民须将下列交易通知哈萨克斯坦国家银行：

· 在哈萨克斯坦境外开立银行账户（此要求不适用于个人，个人在外

---

[①] 2005年6月13日的《货币监管和货币管制法》及其修订。

国银行开立银行账户不受任何限制，也无须通知哈萨克斯坦国家银行）。

·居民收购由境外发行人发行的、购买价超过 10 万美元的证券（此要求不适用于直接投资，即收购外国公司 10% 或以上的股份或参与性权益，在这种情况下，不需要通知哈萨克斯坦国家银行，但需要向哈萨克斯坦国家银行办理登记）。

·非居民收购由本地发行人发行的、购买价超过 50 万美元的证券（直接投资除外，直接投资需要向哈萨克斯坦国家银行办理登记）。

此外，居民必须向哈萨克斯坦国家银行登记与非居民之间进行的、非居民向居民付款超过 50 万美元或居民向非居民付款超过 10 万美元的以下交易（有个别有限的例外情形）：

·期限超过 180 天的贷款或商业信贷。

·支付保证金（为货币管制之目的，保证金被视为贷款）。

·支付排他性知识产权对价及转移资金和其他财产以履行合营协议项下的义务。

·直接投资（即收购法律实体 10% 或以上的股份或参与性权益）。

**2. 非居民法律实体**

为外汇管理之目的，非居民包括外国法律实体、其分支机构和代表处，以及所有其他不属于"居民"定义范畴的实体。针对这些实体的外汇管制较为宽松，除其他事项外，非居民可以用外币支付雇员的薪酬［参见关于外汇支付的部分］。

**3. 个人**

针对居民个人的外汇管制较居民法律实体略为宽松一些。然而，个人若未在当地授权银行开立账户即不能为与商业有关的交易付款。居民和非居民个人均可以不受限制地在国内外汇市场购买外汇。居民和非居民个人携带超过 1 万美元（或等值的）外汇或当地货币（现金）出入境的，必须就携带出入境的全额款项提交一份海关申报单。这一要求不适用于在关税同盟（即哈萨克斯坦、俄罗斯、吉尔吉斯斯坦、白俄罗斯和亚美尼亚）境内携带现金出入境的情况。换句话说，居民和非居民可以不受任何限制地从一个关税同盟国家携带现金入境另一个关税同盟国家，而无须提交海关申报单。

## 七、劳动就业

### （一）概况

本国国民和外国公民在哈萨克斯坦境内的劳动就业事宜受《劳动法》[①]规管。

根据《劳动法》，劳动关系受劳动合同和（如适用）集体劳动合同的规管。

劳动合同必须是书面的，并且必须符合最低规定的标准。

### （二）自由雇用

一般来说，外国公司和国内公司均可以直接雇用员工，而不需要使用劳动中介机构。然而，《全民就业法》[②]规定在某些情况下（如裁员）解雇员工应通知地方就业中心。地方就业中心是全民劳动和社会保障部的地区下属机构。

### （三）雇主的义务

雇主必须履行对其雇员的许多义务，包括提供符合规定的工作场所。

---

[①] 2016年11月23日的《哈萨克斯坦共和国劳动法》（第414-V 3PK号法律）及其修订。
[②] 2016年4月6日的《全民就业法》（第414-V 3PK号法律）及其修订。

此外，雇主必须就雇员与工作有关的事故投保。

## （四）劳动合同期限

签订劳动合同可以是固定期限或无固定期限的。固定期限劳动合同的期限不得少于一年（除非工作是短期性质的，或者有必要代替暂时缺勤的雇员，或者是为某个项目聘用雇员）。固定期限劳动合同可以展期两次，每次按不少于一年的固定期限展期。展期超过两次将使其成为无固定期限的劳动合同。

劳动合同可以规定不超过 3 个月的试用期（就某些管理职位而言，试用期不超过 6 个月）。在试用期结束前的任何时候，可以通过向雇员发送通知并说明解雇理由来终止劳动合同。

## （五）解雇

哈萨克斯坦并没有任意解雇这一概念，解雇 1 名雇员可能会很困难。首席执行官是例外，公司的所有者（或股东）可通过决议解雇首席执行官。

雇主可通过 3 种方式来终止劳动合同：（1）经双方同意终止劳动合同；（2）雇员主动终止劳动合同；（3）雇主主动终止劳动合同。

经双方同意终止劳动合同的，通常需要雇主和雇员签署终止协议。签署终止协议有助于降低雇员通过向法院提出权利主张成功恢复其之前职位的风险。

在雇员主动终止劳动合同的情况下，雇员应提前 1 个月书面通知雇主。

针对雇主主动终止劳动合同，《劳动法》规定了特殊的条件和限制。只有当存在重大理由时，如经常性缺勤、盗窃、多次违纪或醉酒等，雇主才能解雇雇员。但也存在一些例外情形，包括：雇主清算（这不适用于分支机构或代表处的清算）；裁员；雇员不能履行其职务所要求的职责；拒绝接受雇主提出的聘用条件的变更；以及披露雇主的保密信息。如果解雇的理由是雇主清算或裁员，雇主必须向雇员支付1个月的月平均工资作为补偿。此外，雇主有权解雇已达到退休年龄的雇员。雇员应获支付劳动合同或集体劳动合同中规定的或雇主自行规定的补偿，并应提前至少1个月通知雇员。

### （六）最低工资

一般来说，工资金额是由雇主和雇员协商确定的。但是，工资不能低于政府部门每年设定的最低月薪。2016年的最低月薪为24459坚戈（约合75美元）。

### （七）工作时间

正常工作时间为1周5天（40小时）。允许的加班时间每月合计不得超出12小时，任何1天的加班时间不得超出2小时，每年加班时间最高不得超出120小时。加班以及在夜间和法定节假日工作，必须至少按正常工资金额的150%支付加班工资。

### （八）节假日

哈萨克斯坦有9个法定节假日。最低带薪年假为24个日历日（不包括法定节假日）。应向在危险或有害条件下工作的雇员以及身有残疾的雇员提供额外假期。

### （九）病假

雇员暂时患病/伤残的，雇主应每月向其支付相当于每月计算指数的

15倍（约合110美元）的病假工资。

### （十）产假和育儿假

产假最长126天（在某些情况下为140天）。国家社会保险基金将根据雇员的平均月薪支付产假工资。雇员还有权享受3年的无薪育儿假。雇主必须向雇员提供产假和育儿假。

### （十一）雇用成本

雇主须缴纳第五部分第（八）节"缴扣义务、社保税费"的社保税及社保缴费。

### （十二）扣缴义务

雇主有义务为其雇员代扣代缴个人所得税和养老金缴费。

### （十三）外汇支付

正式地说，《劳动法》与货币管制条例两者之间存在矛盾，前者要求以当地货币支付工资，而后者允许居民和非居民之间的交易以外汇进行支付。2016年4月之前，哈萨克斯坦国家银行（货币管制的监管机构）是以支持货币管制法规的立场来解释这一矛盾的，并认为在外国法律实体的代表处或分支机构与其雇员之间以及在当地实体和外籍雇员之间的关系中可以使用外汇。然而，2016年4月，哈萨克斯坦国家银行改变了这一立场，目前以相反的方式解释《劳动法》与货币管制条例之间的矛盾，所以在任何情况下，工资均应以当地货币支付。预计货币管制条例将会被修订。

### （十四）职位空缺

根据《劳动法》的规定，雇主必须在出现职位空缺后的3个工作日内通知当地劳动部门。然后，劳动部门可以派合适的候选人去面试。雇主必须在5个工作日内对这些候选人进行面试，并将其决定告知劳动部门。

## （十五）外国工人

### 1. 政策

在哈萨克斯坦使用外国劳工受《劳动法》和《雇用外国工人规则》[①]的管制。这些法律旨在确保哈萨克斯坦公民的就业最大化。

### 2. 工作许可证

一般情况下，在哈萨克斯坦雇用外籍员工的雇主（包括常驻法律实体及外国法律实体的分支机构和代表机构）必须为每名外籍员工取得工作许可证。商务签证并不构成该条原则的例外，因为有工作许可证的外籍员工应该持有工作签证，而不是商务签证。因此，雇主只有在获得工作许可证后才能与外籍员工签订雇佣协议。

下列人员不需要许可证：（1）外国法律实体代表机构或分支机构的负责人；（2）在哈萨克斯坦出差的员工，在1个日历年内不得超过120天；（3）与哈萨克斯坦政府签订金额超过5000万美元的合同或优先领域投资合同的公司的负责人；（4）俄罗斯、白俄罗斯和亚美尼亚公民；（5）特定的其他人。

如果外国实体派遣人员为总部设在哈萨克斯坦的交易对手方工作超过120天，且该外国实体未在哈萨克斯坦设立法律机构，则当地的交易对手方必须获得相关工作许可证。

许可证分为4类：

类别1：最高管理者及其副手。

---

① 哈萨克斯坦健康和社会发展部代理部长第559号令《批准雇主吸引外国劳工及进行公司内转移的许可证签发和/或续展规则和条款》。

类别2：机构部门负责人。

类别3：管理人员和高级专家。

类别4：高级工人。

许可证签发给具体人员（而非职位），有效期为1年。第一类工作许可证可以无限延长。

取得工作许可证的程序包括以下步骤：

・雇主应向当地劳动部门提交一份申请书及相关证明文件，包括以下内容。

・有关本地及外籍雇员比率的资料。在管理人员（董事、代表及部门负责人）中本地雇员不应少于70%，外籍雇员不得超过30%。

・员工护照复印件。

・经公证、认证的学历证书、教育证书及其他证明员工受教育程度的文件副本。

・经公证、认证的劳动记录簿或其他文件副本，通过前雇主的书面确认函（使用前雇主信笺抬头）或哈萨克斯坦认可的其他确认文件确认该员工在该领域的工作经验。

・当地有关部门将在7个工作日内对文件进行审查，并决定是否签发工作许可证。在接下来的1个工作日内，该部门应将决定通知雇主。

・如果该部门授予工作许可证，则雇主必须在10个工作日内向该部门提供1份文件，确认已支付获发工作许可证应付的国家费用（最高约为1400美元）。

・该部门会在接下来的2个工作日内签发工作许可证。

请注意，在实践中，这一过程可能比法律规定的时间更长。通常这个过程需要2个月的时间。

3. 外国劳工配额要求

根据《劳动法》及其他劳动法律法规的规定，外国人可获得的工作许可证数量，将按配额分配，配额制于 2000 年 8 月开始实施。2017 年的配额是 38 万份工作许可证，约占就业人口的 4.2%。

# 八、产权

## （一）简介

《土地法》[①]允许私人拥有土地，并给予外国投资者相对优惠的待遇，允许外国个人和外国法律实体在土地上获得某些利益。

## （二）土地所有权的限制

哈萨克斯坦法律承认的土地利益包括下列几种类型：所有权；永久土地使用权；临时土地使用权；地役权。

原则上只有哈萨克斯坦公民和当地法律实体[②]可以拥有农业用地。但是，外国法律实体和外国公民可以拥有指定用于工业和住宅用途的土地，并可租赁所有其他类别的土地。不过，外国法律实体不能租赁农业用地。

《土地法》禁止私人拥有某些类型的土地。如专门用于领土保护的土地及居民生活区的公用土地。

土地使用权可以是永久的[③]，或临时的[④]，可转让或不可转让，需付费

---

① 2003 年 6 月 20 日的哈萨克斯坦《土地法》。
② 外国所有权超过 50% 的当地法律实体不得拥有农用土地。
③ 只有哈萨克斯坦共和国的国有法律实体可以持有具有土地使用权的土地。
④ 临时土地使用权可以是短期的（最长 5 年）或长期的（5 到 49 年）。

或免费的。土地使用者可以出售、抵押或者以其他方式处置其从国家获得的土地使用权（对农业用地有限制）。土地使用权可以抵押或者以其他方式创设产权负担。但是，在所有情况下，土地使用权项下所持有的土地的所有权（与私有土地不同）属于国家，未经国家同意所有权持有人不得出售或者以其他方式加以处置。但是，土地使用权人可以向国家"买断"其土地使用权，然后将有权在未经国家事先同意的情况下处分其对该土地的权利（尽管必须将处置情况通知国家）。当权利人清算时，其合法承继人将继续保留土地使用权，直至期满。土地使用权人必须根据土地使用协议向国家支付租金（通常是按季度支付）。通常租金是根据国家注册处规定的费率确定，主要取决于土地的类别和价值。

## （三）土地转让

一般来说，根据当地的法律，土地的所有权和土地上的构筑物的所有权是不可分割的，互相附依，缺一不可。

大多数不动产权利和交易（包括土地所有权和等于或超过1年的土地使用权）必须在司法部内部所设的登记部门办理登记。[①] 不动产的权利只有在登记后才生效。如果记录一项交易的协议已经公证，该协议任何一方均可申请登记或可由公证人办理登记。但如果交易没有公证，则双方均必须前往登记机关。在前一种情况下，当事人通常会约定由哪一方负责办理登记。如果责任方未能登记相关权利，法院可以命令其这样做。未在法律规定的期限内登记的，须接受行政处罚。

---

① 2007年7月26日的《不动产权利和交易国家登记法》及其修订案。

## （四） 建筑物和公寓

外国公司可以拥有非住宅和住宅性质的建筑物和公寓。根据当地法律①，外国公民可以拥有非住宅性质的场所（某些战略目标除外），并且，持有哈萨克斯坦居住证的人可以拥有非住宅和住宅性质的场所。房地产（包括建筑物和公寓）的权利，包括期限为 1 年或超过 1 年的使用及租赁建筑物/公寓的权利及相关交易，必须在司法部内部所设的相关登记部门办理登记。

# 九、语言政策

## （一） 一般规定

根据哈萨克斯坦《宪法》和《语言法》②的规定，国家的法定语言是哈萨克语。这是行政、立法、法庭程序和记录的官方语言。但是，俄语与哈萨克语可以同等被正式使用。

哈萨克斯坦协议方之间签署的书面协议必须同时使用哈萨克语和俄语。任何哈萨克斯坦协议方与外国法律实体或外国个人之间的书面协议必须同时使用哈萨克语和双方共同选择的另一种语言。在实践中，俄语是大多数合同的首选语言，而哈萨克语并不常用。但是，目前的政府政策是促进哈萨克语的使用。

信头、标牌、公告、广告、价目表、价格标签和其他视觉信息必须同时使用哈萨克语和俄语，但有必要时可以使用其他语言。

---

① 1995 年 6 月 19 日的《外国人法律地位法》及其修订案。
② 1997 年 7 月 11 日的哈萨克斯坦《语言法》及其修订案。

## （二）标签

根据哈萨克斯坦关于标签的要求，禁止进口和出售未按最低标准用哈萨克语和俄语标注某些信息（即商品的名称、原产地、生产日期和适用标准的名称）的某些商品。

# 十、民事法律

哈萨克斯坦是一个大陆法系国家，而不是普通法系国家。因此，基本法律框架是成文法，而不是判例法。法院不适用判例，而是解释和适用《宪法》、法律、附属法律和国际条约的规则。如果国际条约与国内法律（宪法除外）不一致，应以国际条约为准。法律适用严格解释原则。如果某一具体事项没有相关法律规定，法院将适用类似法律的规定，在没有类似法律的情况下，适用法律的一般原则和精神。

《民法典》[①] 是哈萨克斯坦民事立法的基础。《民法典》由总则和分则组成，是系统化、法典化的法律，是规范公民、法律实体和国家之间的所有财产关系和个人非财产关系的法律依据。

《民法典》总则阐明了规范公司实体、所有权、交易、证券和义务的基础。它还保证了合同自由的权利，并保证不粗暴干涉私人事务和企业活动的自由。依据《民法典》，外国投资者享有与哈萨克斯坦公民和法律实体相同的权利和义务，除非法律另有规定。

《民法典》的分则包含有关下列内容的规定：管辖特定类型的合同；确定特定类型的协议的合同关系。例如买卖协议、租赁协议、贷款协议、

---

① 1994年12月27日的《哈萨克斯坦共和国民法典》（总则），以及1999年7月1日的《哈萨克斯坦民法典》（分则）及其修订案。

佣金协议、代理协议、保险协议、知识产权协议、继承协议以及运输和存储协议。此外，分则还就非合同损害赔偿作出了规定，并制定了法律冲突规则。

除《民法典》外，哈萨克斯坦还制定了规范不同民事法律关系的具体法律（如《金融租赁法》[①]《特许经营法》[②] 和《破产法》[③] 等）。如果这些法律和《民法典》有任何不一致之处，应以《民法典》为准，但涉及雇用、家庭关系和自然资源使用与环境保护问题的法律法规除外。

除例外规定，《民法典》允许哈萨克斯坦公司与其外国交易对手方之间的合同受外国法律管辖。但两家哈萨克斯坦公司之间的合同必须由哈萨克斯坦法律管辖。

# 十一、银行和保险

## （一）银行系统简介

哈萨克斯坦的银行业受《银行和银行活动法》[④]《国家银行法》[⑤] 及其他法律的规制和监管。

哈萨克斯坦适用两级银行体系。哈萨克斯坦国家银行是第一级银行，其他银行（拥有特殊法律地位的哈萨克斯坦国家开发银行除外）均是第二级银行。哈萨克斯坦国家银行是哈萨克斯坦的中央银行。它是一个独立的法律实体，拥有不少于 200 亿哈萨克斯坦坚戈的特许资本，向哈萨克斯坦

---

[①] 2000 年 7 月 5 日的《金融租赁法》及其修订案。
[②] 2002 年 6 月 24 日的《复杂业务许可（特许经营）法》及其修订案。
[③] 2014 年 3 月 7 日的《重整和破产法》及其修订案。
[④] 1995 年 8 月 31 日的《哈萨克斯坦银行和银行活动法》及其修订案。
[⑤] 1995 年 3 月 30 日的《哈萨克斯坦国家银行法》及其修订案。

共和国总统汇报工作。总统经参议院（议会上院）同意后任命哈萨克斯坦国家银行行长，并按行长的建议任命副行长。总统批准哈萨克斯坦国家银行的年度报告，并有权要求提供与国家银行活动相关的任何信息。

哈萨克斯坦国家银行的主要任务是控制通货膨胀。哈萨克斯坦国家银行有权制定和实施信贷和货币政策，组织支付系统的运作，进行货币管制和货币控制，确保金融体系的稳定。

在其他监管职能中，哈萨克斯坦国家银行对哈萨克斯坦的银行具有以下责任：允许设立该等银行；签发设立银行的许可；批准对其活动的审慎要求（如，资本充足率要求，信贷限额和对某些类型的交易的限制）；并检查他们的经营情况。

在哈萨克斯坦已注册的第二级银行共有 33 家，包括 1 家国有银行，哈萨克斯坦住房建设储蓄银行[①]，1 家伊斯兰银行（Al–Hilal）和 15 家由非居民全资拥有或控制的银行（如哈萨克斯坦花旗银行）。截至 2017 年 1 月 1 日，所有商业二级银行的监管资本为 32261 亿哈萨克斯坦坚戈，资产为 255568 亿哈萨克斯坦坚戈。

## （二）许可

所有的银行活动（包括接受存款、维持账户、现金业务、转账、贴现业务和贷款）均须取得哈萨克斯坦国家银行的许可。

## （三）银行标准

哈萨克斯坦国家银行制定适用于银行的相关要求（包括最低资本金要求和资本充足率要求）并监督银行。目前，新设银行的股本和监管（自

---

① 亦有 1 家拥有特殊地位的国有哈萨克斯坦开发银行，严格而言，该行不属于二级银行。

有）资本的最低金额为 100 亿哈萨克斯坦坚戈。

巴塞尔银行监管和监督委员会所阐述的大多数原则（包括《巴塞尔协议Ⅲ》的资本和流动性要求），均由哈萨克斯坦国家银行通过其各项规定予以实施。银行根据国际会计准则编制其财务报表。

高级管理人员的任命须经哈萨克斯坦国家银行批准。高级经理和其他银行人员也必须遵守一定的强制性标准。

### （四）银行持股

收购任何哈萨克斯坦银行 10% 的表决权股份，均需要获得哈萨克斯坦国家银行的事先批准。持有银行中 10% 或更高比例股份的外国股东必须达到最低的评级标准要求。在某些国家成立的公司不得持有哈萨克斯坦银行的任何股份。如果某一银行财务状况不佳，则哈萨克斯坦国家银行可能会要求持有该行 10% 或更高比例股份的股东采取某些行动，以改善该行的财务状况。在银行出现资金短缺时，持有该行 25% 或更高比例股份的股东有义务对银行进行资本重整。

### （五）存款担保系统

经许可从事接收个人存款和开立维持个人银行账户业务的所有第二级银行（伊斯兰银行除外）均须提供个人存款集体保险。这种保险被称为"强制存款担保系统"。所有经许可从事接收存款业务的哈萨克斯坦银行都必须参与该系统。但是，该系统仅覆盖一定数额的个人储蓄。

### （六）银行清算和重组

银行可根据法院命令或银行的自愿决定进行重组或清算。但是，自愿重组或清算需要取得哈萨克斯坦国家银行的许可。如果一家银行资不抵债，它将根据特定的银行清算规则进行清算，而不是根据一般适用的破产法律。

根据法律规定，经哈萨克斯坦国家银行允许后，银行可在法院监督下重组债务。近年来，共有 3 家哈萨克斯坦银行（图兰—阿列姆银行、安联银行和铁米尔银行）成功进行了重组。

### （七）银行的非银行活动

银行可以开展极为有限的一些非银行活动，包括作为经纪人和交易商开展业务。上述业务同样需要哈萨克斯坦国家银行的许可。

### （八）保险

在哈萨克斯坦，规范保险业的主要法律是《保险活动法》。[①]

哈萨克斯坦境内的法律实体的财产利益和哈萨克斯坦居民个人的利益只能由本地持证保险公司承保。哈萨克斯坦国家银行为保险业务颁发许可证，并为保险公司制定最低资本要求和审慎标准，包括偿付能力和财务稳定性标准。

哈萨克斯坦的本地保险公司可以直接或通过外国经纪人将风险分配给非本地再保险公司办理再保险。

非本地保险（再保险）公司不经哈萨克斯坦国家银行批准即可开设代表处（尽管这些代表处不能在哈萨克斯坦开展任何业务活动）。但是，他们必须将开设代表处一事通知哈萨克斯坦国家银行。从 2020 年 12 月 16 日起，在符合某些条件并获得哈萨克斯坦国家银行批准后，非本地保险（再保险）公司可以在哈萨克斯坦设立分支机构。非本地法律实体和个人〔在

---

① 2000 年 12 月 18 日的《保险活动法》及其修订案。

特定境外司法管辖区（如英属维尔京群岛）注册的法律实体除外］可以持有当地保险公司的股份。这一限制不适用于国际信用评级为"BBB"或更高评级的外国保险（再保险）公司的子公司。

保险经纪业务须由哈萨克斯坦国家银行许可，但保险代理人的活动则不需要许可。本地和非本地个人及法律实体持有本地保险公司中10%以上附有表决权的股份时，需要遵守特殊的条件和规则。

# 十二、知识产权

## （一）简介

1992年至1993年，哈萨克斯坦开始实施国家知识产权注册和保护制度。哈萨克斯坦的知识产权包括工业产权相关的所有权利（包括发明、工业设计、实用新型、公司名称、商标、服务标志、原产地名称）、著作权及相关权利、育种成果及集成电路拓扑。知识产权法律包括《著作权法》[1]《商标法》[2]《专利法》[3]《集成电路拓扑保护法》[4] 及《育种成果法》[5] 等。

## （二）国家知识产权主管部门

哈萨克斯坦司法部拥有一个知识产权部门，是负责管理与著作权、发明、实用新型、工业设计、育种成果、商标、服务商标和原产地名称有关事项的主要政府机构。

---

[1] 1996年6月30日的《版权及相关权利法》及其修订案。
[2] 1999年7月26日的《商标、服务商标和商品原产地名称法》及其修订案。
[3] 1996年7月16日的《专利法》及其修订案。
[4] 2001年6月29日的《集成电路拓扑法律保护法》及其修订案。
[5] 1999年7月13日的《育种成果保护法》及其修订案。

## （三）国际公约

自 1993 年以来，哈萨克斯坦一直是《建立世界知识产权组织公约》《保护工业产权巴黎公约》《关于商标国际注册的马德里协定》和《专利合作条约》的缔约国。1998 年 7 月 18 日，哈萨克斯坦批准了《欧亚专利公约》；1998 年 11 月 10 日，成为《伯尔尼版权保护公约》的成员；在 2000 年 6 月 7 日，成为《保护录音制品制作者防止未经许可复制其录音制品公约》的成员。2002 年，哈萨克斯坦加入《商标法条约》《商标注册用商品与服务国际分类尼斯协定》《建立工业品外观设计国际分类洛迦诺协定》和《国际承认用于专利程序的微生物保存布达佩斯条约》等知识产权国际保护协定。2003 年 1 月 24 日，《国际专利分类斯特拉斯堡协定》在哈萨克斯坦生效。2004 年 11 月 12 日，哈萨克斯坦成为《世界知识产权组织表演和录音制品条约》（WPPT）和《世界知识产权组织版权条约》（WCT）的缔约国。2010 年 5 月 27 日，哈萨克斯坦批准了《关于商标国际注册马德里协定》的议定书。2011 年 5 月 2 日，哈萨克斯坦批准了《专利法条约》。2015 年 12 月，哈萨克斯坦正式成为世界贸易组织的一员，并因此成为《与贸易有关的知识产权协定》（日期为 1994 年 4 月 15 日的《建立世界贸易组织的马拉喀什协定》的附件1C）的成员。

## （四）注册

哈萨克斯坦实行"申请在先原则"，而非"使用在先原则"，这意味着为了保护工业产权（如商标、发明、实用新型和设计），要尽快在哈萨克斯坦进行注册。

## （五）发明、实用新型、工业设计和育种成果

如果一项发明具有新颖性，涉及一个创造性步骤，并且可在工业上应

用，则该发明可享受专利保护。发明专利的有效期为 20 年。在某些情况下，专利可以续期，但不得超过 5 年。

如果 1 个实用新型具有新颖性，并且可在工业上应用，则该实用新型可享受 5 年的专利保护。该期限可以延长 3 年。

如果 1 个工业设计具有新颖性和原创性，则该工业设计可享受 15 年的专利保护。该期限可以延长 5 年。

如果 1 项育种成果是全新的、独特的、一致的且稳定的，则该育种成果可享受专利保护。专利期限从 25 年到 35 年不等，且可再延长 10 年。

专利所有者可以向个人或法律实体转让或许可专利。但是，任何转让或许可协议都必须在司法部登记后方为有效。

专利侵权会导致民事、刑事处罚或行政制裁。

### （六）商标、服务商标和原产地名称

商标或服务商标的权利以在司法部进行注册为基础，但亦可在不进行国家注册的情况下，在哈萨克斯坦共和国缔结的国际条约下受到保护。商标和服务商标注册后的有效期为 10 年，每 10 年续展 1 次。商标和服务商标的转让或许可必须在司法部进行登记后方为有效。

在司法部进行注册后，商品原产地名称可以享受法律保护。注册所有权人不得许可他人使用商品原产地名称。

对商标和原产地名称的侵权会导致民事、刑事或行政处罚。

### （七）著作权及相关权利

《著作权法》保护科学作品、文学作品和艺术作品（著作权），以及表演、录音、电视和广播电台或有线广播机构（相关权利）。作者无须办理注册或其他手续即可得到著作权保护。作者可以转让其著作权作品的使用

权。著作权有效期为作者的一生及其死后 70 年。

### （八）计算机程序和数据库

计算机程序和数据库受《著作权法》保护。计算机程序的侵权拷贝的生产和传播、非法篡改现有程序和非法访问受法律保护的计算机信息，可能会导致民事和刑事制裁。

### （九）知识产权保护

多个国家机构负责保护和实施知识产权，包括海关和司法机关。

海关维护一份知识产权特别登记册。某些知识产权对象（如商标）的所有者可以要求海关将这些对象列入该登记册。从而海关有权将带有该等登记对象的任何进口产品扣留 10 个工作日。随后海关会将进口商品的情况告知权利持有人，使其有机会提出异议或要求临时救济。如果知识产权所有者未在 10 天内采取任何措施，海关将取消扣留。

司法机关负责查封假冒伪劣产品。

## 十三、反垄断监管

### （一）一般规定

由于最近的行政改革，负责监督哈萨克斯坦竞争事务的两个独立的国家机构（即哈萨克斯坦共和国自然垄断监管局和哈萨克斯坦共和国竞争保护局）被清算，其职能被转移到新成立的国家经济部自然垄断监管和竞争保护委员会。

该委员会和负责具体行业的监管机构（如电信公司的通信和信息委员

会）监管那些在被认为是"自然垄断"的行业内开展经营活动的实体。这些行业包括：

·通过干线管道输送石油、石油衍生品。

·通过干线管道或配送管道储存和运输天然气、天然气管道运营、天然气配送系统的使用。

·电能的运输或配送。

·热能的产生、运输、分配或供应。

·提供电力调度服务。

·与平衡发电和电能消耗相关的服务。

·干线铁路运营。

·根据特许协议提供铁路服务（在没有铁路服务竞争的情况下）。

·分公司铁路线运营。

·航空导航服务（国际和过境航班除外）。

·机场和港口服务。

·管道组租赁。

·供水系统和污水系统的运营。

·公共可用邮政服务的运营。

该委员会维持"自然垄断"登记册，并批准自然垄断者的收费价格。某些涉及自然垄断的资产和股权收购需要该委员会的书面批准。

该委员会还对非自然垄断企业的竞争行为进行监管。

特别是，该委员会监督在所谓的"重要公共市场"（如零售电力市场、运营集中电力交易、零售天然气市场、机场服务和铁路服务）内开展经营活动的公司，并监督这些公司的收费价格情况。

该委员会还负责市场分析并管控在市场中占据主导地位的公司。

根据《创业法》①的相关规定，如果某一法律实体的市场份额等于或超过相关市场总量的35%，则该法律实体可被视为占据主导地位。

在宣布1个实体拥有35%—50%市场份额的主导地位实体时，除了市场份额外，还必须考虑一些其他因素。这些因素包括使该实体能够进行下列各项活动的市场垄断实力：自行决定商品在相关市场上的价格，在一段较长时间内决定其商品销售的整体条件，以及设置障碍阻止其竞争对手进入市场。

在某些情况下，市场份额低于35%的公司也可能被视为占据主导地位。例如，如果3家公司的市场份额总和达到或超过50%或者四家公司的市场份额总和达到或超过70%，则其中的每一家公司均被视为占据主导地位。

该委员会负责执行合并管制规例，下列交易受其监督：

（1）通过合并或吸收进行公司重组；

（2）个人、公司或者集团在1家其原本不持有股份或者持股比例低于50%表决权股份的公司中收购超过50%的表决权股份；

（3）收购某个公司的主要生产资料或者无形资产且该等被转让资产的资产负债表价值超过转让公司主要生产资料和无形资产总值的10%；

（4）个人或者公司取得某个公司的权利，从而能够控制该公司的经营活动或者履行其管理机构的职能；

（5）选举或任命1人到拥有两个或更多实体的董事会或管理委员会任职。

对于上述（1）—（3）项所述的交易，须经该委员会事先书面批准。对于（4）和（5）项所述的交易，仅需通知该委员会。

---

① 该法于2016年1月1日生效，取代了2008年12月25日生效的《竞争法》。

如果所涉公司的全球资产总额或年营业额超过每月计算指数 1000 万倍（大约 7230 万美元），则上述所有交易都需要得到该委员会的预先批准。

但是，即使符合所有上述条件，在同一个公司集团内进行的交易也不需要批准。

《创业法》采用哈萨克斯坦反垄断规则的治外法权原则。这意味着，公司和个人在哈萨克斯坦境外进行的行为受《创业法》反垄断条款的管辖，前提是这些行为直接或间接地影响公司、公司股份或公司在哈萨克斯坦境内的资产，或这些行为给哈萨克斯坦带来了竞争限制。[①]

## （二）针对不正当竞争的保护

《创业法》列出了构成不公平竞争的活动类型，包括：

- 未经授权使用商标或包装。
- 未经授权使用其他制造商的货物。
- 抄袭商品外观。
- 诋毁竞争对手。
- 明目张胆地传播虚假、不正当或不可靠的信息。
- 要求强制合并销售商品。
- 提议抵制某一卖方（供应商）。
- 提议歧视某一买方（供应商）。
- 提议解除与某一竞争对手的合同。
- 贿赂某一卖方（供应商）的员工。
- 贿赂某一买方的员工。
- 未经授权使用商业秘密。

---

[①] 举例而言，在哈萨克斯坦境外进行的两家外国公司合并需要哈萨克斯坦竞争主管部门批准，如果未获得批准，则在哈萨克斯坦会被视为无效。

## （三）违反反垄断法的责任

违反反垄断法的行为（包括不正当竞争行为、未就合并取得必要批准、未服从竞争主管部门的命令或开展垄断性活动）可能导致民事、行政或刑事制裁。滥用主导地位和反竞争协议或行动，最高可按非法活动所得的 10% 处以罚款，并可能被同时处以没收非法活动所得。

在某些情况下，罚款可能会减少，比如违反者已将其违反行为告知该委员会，并协助任何调查。

# 十四、产品责任

## （一）产品责任

《民法典》和《消费者保护法》[①] 规定产品责任。

法律规定卖方和制造商有义务确保他们生产和销售的产品符合质量要求，并向消费者提供有关产品的完整和可靠的信息。

如果购买的产品中存在缺陷，消费者可以在退款、减价、免费消除缺陷、补偿缺陷消除发生的费用和更换产品之间进行选择。

此外，消费者有权要求赔偿因产品缺陷而造成的损失。该等索赔可在交货之日起两年内提出。

如果卖方未能提供有关产品的完整、可靠信息，且因此导致：（1）消费者购买不具备消费者所需功能的产品，则消费者有权终止合同并要求赔偿；（2）无法按所购产品的预定用途使用该产品，则消费者有权要求在购

---

① 2010 年 5 月 4 日的《消费者权利保护法》及其修订案。

买该产品后的 3 天内提供相关信息（如果相关信息未在期限内被提供，消费者有权终止合同并要求赔偿损失）；（3）消费者的生命、健康或财产受到损害，则消费者有权要求赔偿。

消费者有权要求在购买后的 14 天内将所购产品无条件替换为类似产品。如果没有类似产品，消费者可要求退款。

## （二）认证

在哈萨克斯坦生产或进口的某些类型的产品必须符合欧亚经济联盟和哈萨克斯坦的质量标准，必须有证明符合这些标准的合格证书。

某些类型产品的测试及此后证明符合欧亚经济联盟标准的合格证书的签发均可在欧亚经济联盟任何成员国境内进行，这些证书会得到欧盟其他成员国的认可。如果哈萨克斯坦与其他国家签订相关国际协定，则哈萨克斯坦亦可根据该等协定承认该等国家签发的合格证书。

# 十五、行业监管

## （一）石油和天然气

### 1. 概况

底土资源（如石油和天然气）是国家的独有财产。但是，可以根据投资招标结束后与能源部（针对石油、天然气、煤炭和铀业）或投资和发展部（针对矿业）签订的底土使用合同，将使用底土的权利授予当地和外国个人及法律实体。

## 2. 油气立法

在哈萨克斯坦，规范石油和天然气工业的主要法律是《底土法》①。但是，同时也有许多其他法律规范了底土使用的各个具体方面。

《底土法》规定了哈萨克斯坦油气业运作的基本框架。

哈萨克斯坦关于自然资源开发的法律多年来已经有了很大发展。在1999年、2004年、2007年、2008年和2010年，对原有的《底土法》②和《石油法》③进行了重大修订。1999年通过的修订案取消了对底土使用的许可要求，使承包商有权通过与政府主管部门（在2010年4月之前为能源和矿产资源部）签署底土使用合同而使用底土。但是，在这些修订案的规定下，所有以前签发的底土许可证均继续有效，直至期满，包括根据其签发之时有效的法律给予的延期。

2004年对旧的《底土法》进行的修订，使国家在底土使用权或底土使用者股份被直接或间接转让时享有优先购买权。在新的《底土法》中，对国家优先购买权的程序进行了更详细的规范。不遵守该优先购买权可能导致底土使用合同终止或相关交易无效。

经过2007年对旧《底土法》的修订后，在底土使用者的操作会导致哈萨克斯坦共和国经济利益发生实质性改变（或对国家安全构成威胁）的情况下，国家有权要求修改合同的条款和条件。如果底土使用者不接受这些修改，政府主管部门可以单方面终止合同。此外，如果底土使用者的行为实质性改变了哈萨克斯坦的经济利益，从而对哈萨克斯坦的国家安全构成威胁，那么，主管部门在政府的指示之下可以自行采取行动，单方面退

---

① 2010年6月24日的《底土及底土使用法》及其修订案。
② 2010年通过新的《底土法》后，1996年1月27日颁布实施的《底土及底土使用法》即告废止。
③ 2010年通过新的《底土法》后，1995年6月28日颁布实施的《石油法》即告废止。

出底土使用合同。但是，应当指出的是，2007年的这些规定只适用于所谓的"重大和战略性"的自然资源储备。"战略性"矿藏清单于2011年通过，其中包括362个石油、天然气、冷凝物、煤炭和金属矿藏，包括所有主要的油气田。

根据2008年的修订案，可与国家签订的合同清单中不再包括产品分成协议。迄今为止，仅允许勘探和生产安排（详情请参阅第十五部分第（一）节项下"合同"）。但是，在这些修订案通过之前签署的产品分成协议仍然有效。2010年通过的《底土法》取代了旧的《底土法》和《石油法》。除其他事项外，新《底土法》：（1）取消了联合勘探和生产合同（除了少数例外）；（2）对于如何寻求和获得优先购买权豁免及批准转让底土使用资产提供了更详细的程序；（3）引入了运营商的概念。

2014年，《底土法》进一步修订，引入了包括勘探权授予新程序在内的多项内容。在这些程序下，某些未勘探领域的勘探权可以通过简化程序授予，而不需要进行竞争性招标。

2015年，为了遵守哈萨克斯坦加入世界贸易组织的相关条款（如与给予当地商品、工程和服务供应商优惠有关的条款），《底土法》再次进行了修订。

《天然气法》于2012年通过。[1]《天然气法》规定了天然气供应、运输、保存和销售、国家天然气运营方的地位，明确了国家优先权利以及其他与天然气市场规管有关事项的一般规则。

2012年，哈萨克斯坦还通过了新的《主要管道法》[2]，用于处理与建设、勘探、服务及其他主要油气管道问题有关的事项。

---

[1] 2012年1月9日的《天然气和天然气供应法》。
[2] 2012年6月22日的《主要管道法》。

3. 合同

政府每年都批准 1 份被用于招标的底土区块清单。有意向参与投标的组织必须向石油和天然气部或工业和新技术部提出申请。

《底土法》允许下列类型的合同：

・勘探合同。

・标准勘探合同（通过简化程序授予）。

・生产合同。

・联合勘探和生产合同。

・建设或利用与勘探或生产无关的地下设施合同。

・国家底土地质研究合同。

勘探合同为期 6 年。对于海上石油储备，如果承包商在合同到期前至少 6 个月申请延期，则该期限可以延长 2 年。

在发现自然资源的情况下，合同可以按评估其商业价值所需的时间延长。

生产合同为期 25 年。大型且独特的矿藏的生产合同期限可长达 45 年。如果承包商在合同到期前至少 6 个月申请延期，生产协议可以延长，前提是不存在违反合同的情形。

合同的具体条款可以由当事人根据适用法律确定。每份底土使用合同都必须体现《底土法》中规定的条件。此外，底土使用合同也应体现《底土使用示范合同》[①] 的规定，尽管这只是框架，可以修改以满足交易的具体要求。

合同在签订之前，必须经过法律专家的审查。生产合同也要接受经济专家的审查。合同还必须在能源部或投资和发展部办理登记。合同自登记之日起生效。

---

① 2015 年 3 月 31 日的能源部长令：《关于碳氢化合物、铀和煤炭的建设、生产、联合勘探和生产示范合同的审批》。

### 4. 本地内容要求

法律要求在哈萨克斯坦根据许可证或合同开展经营活动的石油和天然气公司，为其在哈萨克斯坦购买的大多数商品、工程和服务组织投标，并优先考虑本地的商品、工程和服务。通常，关于人员、商品、工程和服务的本地内容要求（以特定百分比或比率表示）必须在底土合同中载明。但是，鉴于哈萨克斯坦已加入世界贸易组织，在2015年1月1日之后签署的底土使用合同不应规定底土用户有义务从本地制造商处采购商品。本地工程和服务的最低水平仍被要求保留，但最低水平不能超过50%。此外，在相关底土使用合同到期或2021年1月1日后（以较早发生者为准），底土使用者授予本地商品制造商的折扣将被取消（尽管授予工程和服务提供方的折扣应予保留）。

由投资和发展部长（2015年2月27日）和能源部长（2015年3月27日）通过联合命令批准的《进行底土使用时采购商品、工程和服务的相关规则》取代了以前的规则。这些规则包含了更详细的关于购买商品、工程和服务的规定，旨在支持本地制造商。

### 5. 石油和天然气出口

尽管哈萨克斯坦拥有大量的石油和天然气储备，但由于哈萨克斯坦地处内陆，并且其出口路线严重依赖于国内和俄罗斯的运输基础设施，导致其碳氢化合物的生产和出口一直受到限制。

一般来说，为了进入主要管道系统，哈萨克斯坦石油生产商必须与国家管道运营商 Kaztransoil JSC 的发货时间表进行协调。由于哈萨克斯坦管道系统的容量有限，在某一特定年份，管道的使用权是根据石油生产商在哈萨克斯坦当年有待生产之石油总量中所占份额按比例授予的。

目前处于运营状态的有3条主要的出口管道。两条通过俄罗斯通往西方，一条通往中国。

在穿越俄罗斯的管道中，阿特劳－萨马拉管道将哈萨克斯坦与俄罗斯的出口网络连接在一起；而里海管道联盟（CPC）管道则将田吉兹（Tengiz）油田与位于黑海的俄罗斯港口诺沃罗西斯克连接在一起（这条管道基本上是私有的）。俄罗斯有权暂停哈萨克斯坦石油通过阿特劳－萨马拉管道进入俄罗斯运输网络并对此施加限制，而俄罗斯企业通常对俄罗斯出口终端享有优先权。

新的哈萨克斯坦－中国管道在2006年中期开始运作。管道全长3000公里，初期每年可以输送高达1000万吨的石油（潜在的输送量可以增加到2000万吨）。

据称目前正在考虑另外一条横跨里海的水下出口路线，将与巴库－第比利斯－杰伊道（Baku－Tbilisi－Ceyhan，BTC）管道相连接。2007年1月24日，国有石油和天然气公司KazMunaiGaz JSC签署了一份关于建立哈萨克斯坦里海石油运输系统的谅解备忘录，该系统将通过Eskene－Kuryk－Baku－Tbilisi－Ceyhan管道将Kashagan和Tengiz油田的石油横跨里海出口到欧洲。此外，在2008年11月14日，KazMunaiGaz JSC和阿塞拜疆国有石油公司签署了《跨里海项目执行的主要原则》。2009年10月2日签署了《跨里海项目可行性研究合作协议》。最初，管道系统预计每年运输2500万吨石油，最终将增加到3800万吨。该项目投产与卡沙干油田的石油生产有关。在经历了多次延误之后，卡沙干油田的石油生产终于在2016年年底开始。但是，管道建设尚未开始。

## （二）电力

哈萨克斯坦电力已经实现市场自由化，发电机与输电、配电和零售相分离。

电力行业的主要参与者是：

・发电机构（电力生产商或进口商）。

・供电机构（配电及供电公司）。

・输电机构（传输公司）。

哈萨克斯坦能源部是电力行业的主要监管机构。哈萨克斯坦国家经济部自然垄断规管和竞争保护委员会是自然垄断和规管市场的主要监管机构。

### 1. 发电

火力发电厂占发电总量的比例最大。国有企业 Sumruk Energy JSC 控制着哈萨克斯坦大部分的热电设施。

水力发电厂是哈萨克斯坦第二大电力生产商。位于哈萨克斯坦东部地区的 3 家最大的水电厂中，有 2 家根据与哈萨克斯坦政府签订的长期特许协议由 1 家美国电力公司运营。

哈萨克斯坦亦有一些热电厂。

目前哈萨克斯坦并没有核电站。唯一的核电站（位于 Aktau 的 350MWT 核电站）于 1999 年关闭。

最后，可再生能源在哈萨克斯坦电力业所占份额正在迅速增长，其主要原因是最近引入了发展可再生能源的激励措施，将在下文详述。

值得注意的是，哈萨克斯坦的电力行业仍然受特殊收费条例的限制。目前有不同的价格类型适用于发电机构（如"最高价格""个人价格"和"计算价格"）。

### 2. 传输

通过电力网络输电已经从发电、配电和供电中分离出来。目前，输电通常由国家电网的国有运营商（JSC KEGOC）和区域电网的区域运营商（所谓的区域电力公司）进行。国家电网的国有运营商也负责集中调度管理。电力传输被视为自然垄断行为，须遵守《自然垄断法》中规定的价格规则和其他限制。

### 3. 配电和供电

配电通过供电机构进行。供电机构大多是私人所有，需要获得由当地的反垄断主管部门签发的特别许可证。到今天为止，共有195家公司持有配电和供电许可证。

一般来说，供电机构的价格不受政府管制，除非供电机构在市场上占有主导地位。

根据2015年的《电力法修正案》，电力出口和进口只能通过国有企业Samruk-Energo股份公司进行。

### 4. 价格规管

提供集中调度、输电和配电以及供暖服务的公司，都被认为是自然垄断企业，其价格由监管机构制定。虽然发电行业不属于自然垄断，但国家也通过设定发电机构的最高销售价格来对发电机构的价格进行规管（这可能会根据具体情况让一些发电机构适用更高的售电价格）。

目前，电力市场是一个"仅限能源"的市场，在这个市场上发电机构只能就其供应给市场的能源（按千瓦时计算）取得付款。从2019年开始，哈萨克斯坦打算引入一种"容量"市场模式，目前的单一能源收费将被分成两部分：能源费用和容量费用，容量由1个单独机构进行采购。国家将设定电量和容量的最高价格，但可能会允许新建成的发电机构和正在进行现代化的发电机构收取更高的容量费用。

目前尚不清楚容量市场实际上如何运作。

### 5. 可再生能源

哈萨克斯坦最近通过的新法律框架确定了在哈萨克斯坦经营和发展可再生能源（即风能、太阳能、地热、生物质/沼气发电厂和水力发电厂，容量不足35兆瓦热）的某些激励措施。

具体来说，根据2009年7月4日的《支持使用可再生能源法》的规定，哈萨克斯坦政府保证可再生能源发电厂产生的电力均由1家全资国有公司 Accounting and Finance Center LLP，按15年期供电项目所特别批准的固定价格购买。

固定价格由哈萨克斯坦政府于2014年6月批准。该价格大大高于哈萨克斯坦传统发电厂被批准的最高价格，且每年都要根据通货膨胀率进行调整。

可再生能源发电厂必须在能源部办理相关登记，方有权与全资国有公司 Accumtos and Tinate Center LLP 签署协议并按政府规定的价格出售电力。

只有在能源部收到可以将发电厂与电网连接的技术条件、土地地块分配的证据和电厂设计文件的专家批准后，发电厂才能列入该名单。拥有发电厂的公司应将上述文件和法定文件附于申请书之后（能源部已批准的申请书模板）。在申请书中，除其他信息外，发电厂必须提供下列各项信息：（1）容量；（2）预计开始电力生产的时间和使用寿命；（3）电厂所用设备的技术特点。

上述方案使可再生能源项目更具投资性，目前许多主要市场参与者和投资机构正在考虑在电力业的这一领域进行投资。虽然相关框架只是最近才通过，但目前哈萨克斯坦已有许多可再生能源项目正在推进（主要是太阳能和风能）。

### （三）电信

规范电信业的主要法律是《通讯法》[①]《许可和申报法》[②] 和《国家安

---

[①] 2004年7月5日的《通讯法》及其修订案。
[②] 2014年5月16日的《许可和申报法》及其修订案。

全法》①。

《国家安全法》规定了对外国所有权的限制：

·未经哈萨克斯坦共和国政府同意，禁止外国个人和外国法律实体（直接或间接）在拥有陆地电信线路（有线总线、光缆和无线电转播网络）的长途或国际电信服务提供商中拥有超过49%的所有权。

·禁止外国个人和外国法律实体（直接或间接）在电视或无线电广播公司中拥有超过20%的所有权。

·外国个人和外国法律实体不得在哈萨克斯坦管理或经营任何主干线路。

国际陆地线路、城际陆地线路、卫星和蜂窝通讯服务都要遵守强制许可规定。许可证由国家通讯信息部通讯委员会签发。哈萨克斯坦的跨部门无线电频率委员会是负责分配频谱的地方国家电信管理部门。所有其他电信服务均须向通讯委员会进行强制性申报。

通讯委员会还签发许可证，允许使用分配的无线电频率。该等许可证有效期为1年，并可多次延长，每次延长1年。电信组织使用无线电频率需要每年定期付款。

根据《通讯法》的规定，频率可以通过招标方式分配。但是，通讯委员会有权自行分配频率。《税法》和《通讯法》规定，当频率以招标方式分配时，应一次性支付使用无线电频率的费用。电视和无线电广播的频率只能通过招标方式进行分配。

### （四）建设施工

在哈萨克斯坦，建设施工活动受到严格管理，需要取得各种许可证和

---

① 2012年1月6日的《国家安全法》及其修订案。

批准。规范建设施工的主要法律是《建设施工法》。①

大多数建设施工阶段都要经过政府部门的协调和批准。这些阶段包括：

1. 在土地上取得土地规划或者建设施工许可证；

2. 为公用事业提供技术条件；

3. 建筑设计的批准和国家专家审查；

4. 取得建设施工许可证；

5. 国家在建设施工过程中的监督；

6. 竣工验收和国家登记。

不遵守建设施工批准和协调要求的，可能导致行政处罚。

在哈萨克斯坦大多数类型的建设施工活动都需要取得许可证。《许可和申报法》② 规定了一份详细的、需要取得许可证的建设施工活动清单。这些活动涵盖从起草建筑图到安装、建造和修建构筑物的各个阶段。

为取得许可证，公司必须遵守《资格要求清单》③ 中规定的要求。在许可证签发后，政府部门会通过国家检察方式核实许可证持有人的遵守情况。许可证由国家经济部建设委员会④签发。公司仅可获得一项或多项活动的许可证。许可证长期有效，但是如果持证人违反哈萨克斯坦法律，则可被吊销或撤销。

## （五）海洋业

尽管哈萨克斯坦被认为是一个内陆国家，但它仍为其海洋业提供了一

---

① 2001 年 7 月 16 日的《哈萨克斯坦建筑、城市规划和建设施工活动法》及其修订案。
② 2014 年 5 月 16 日的《许可和申报法》及其修订案。
③ 由哈萨克斯坦代理国家经济部长令批准的、2014 年 12 月 9 日颁布实施的《建筑、城区建设施工和建造统一资格要求》。
④ 由哈萨克斯坦国家经济部长令批准的、2014 年 9 月 29 日颁布实施的《国家经济部建设施工事项、住房维护及公用事业和土地资源管理委员会条例》及其修订案。

个全面的法律框架。这是因为，哈萨克斯坦事实上是里海沿岸 5 个沿海国家之一。

哈萨克斯坦的海洋业主要是由《航运法》管辖①。《航运法》规定了任何打算在哈萨克斯坦从事海上运输服务的外国船运公司所需满足的某些要求。

第一，除少数例外之外，外国公司（如它是一个产品分成协议的一方或是产品分成协议一方的承包商或分包商）必须在哈萨克斯坦建立合法的机构。只有在当地设立子公司，才能满足这一要求。仅注册本地分公司或代表处均不能满足该要求。

第二，外国公司必须在哈萨克斯坦登记其船舶。哈萨克斯坦拥有双重海上登记制度，这意味着一艘船舶可以在哈萨克斯坦办理"永久"登记（如果它归当地公司所有，在少数情况下可以归外国公司所有）或"临时"登记（如果船舶所有权由外国公司保留且船舶是由当地公司光船租赁）。

哈萨克斯坦境内运营的每艘船舶上都必须持有哈萨克斯坦法律及哈萨克斯坦为缔约方的国际条约规定的某些文件（如船级证书、适航证书和允许它悬挂哈萨克斯坦国旗航行的证书）。船舶技术检验和分类必须由专门指定的国有实体或者由工业和发展部运输委员会批准的外国船级社进行。

## （六）制药业

### 1. 一般规定

规管制药业的主要法律是 2009 年 9 月 18 日通过并经修订的《哈萨克

---

① 2002 年 1 月 17 日的《商业航运法》及其修订案。

255

斯坦人民卫生保健系统法（以下简称《卫生法》）。①

管理卫生保健系统和药品市场的管理机构是卫生保健和社会发展部。

**2. 药品登记**

在哈萨克斯坦，各种医疗项目必须在哈萨克斯坦进行登记后方可以生产、销售或使用。其中包括药品、医疗器械和医疗设备。

某些项目无需遵守登记要求，如在当地药店备制的药品和根据被视为业内公认良好生产规范的国际准则所生产的药物。

办理登记需要国家药品、医疗设备和医疗器械专家审查中心的专家评估，以确保产品符合哈萨克斯坦的质量、安全和有效性标准。

在哈萨克斯坦登记的所有药品（包括进口药品和在哈萨克斯坦生产的药品）和某些医疗产品须接受国家药品、医疗设备和医疗器械专家审查中心的质量和安全评估。

**3. 许可**

某些药品活动需要获得地方管理部门（如当地的经济和预算规划部门）的许可证。这些活动包括药品、医疗设备和其他医疗产品的生产、药品的零售和批发以及某些医疗产品的进出口。某些活动（包括医疗设备和其他医药产品的零售和批发）仅需满足申报要求，不需要获得许可证。②

只有药店可以零售药品和医疗产品。

**4. 促销**

药品广告或促销须符合《卫生法》规定的某些限制性条件，并应预先核准。

---

① 《欧亚经济联盟药品制剂处理一般原则和规则协定》于2014年12月23日签署。该协定规定在欧亚经济联盟内建立一个药品制剂统一市场，允许药品制剂自2016年1月1日起自由流通。但是，截至2016年1月1日，俄罗斯尚未批准该协定，意即该协定于2016年1月1日并未生效。
② 在活动开始前必须向卫生部进行申报。

具体而言,如果未首先向国家药品、医疗器械和医疗设备专家审查中心提交相关广告材料并未经强制性审查和批准,则公司不得发布任何药品广告。①

此外,以下各项为《卫生法》所禁止:

(1) 对未在哈萨克斯坦登记的药品、保健产品和医疗器械、膳食补充剂和预防手段发布广告;

(2) 配发药品样品,用于宣传推广;

(3) 在非儿童药品和医疗产品的广告中让儿童参演;

(4) 在公共交通及与药品预期用途和运输无关的组织中宣传药品,但是在科学和专业活动中(如代表大会、药物和药学会议及专题讨论会)宣传药品、医疗器械、医疗设备和医疗服务的情况除外;

(5) 放置户外视觉广告,如广告牌、展板、活动海报及其他永久性物品;

(6) 聘请经授权管理药品分发的卫生保健专业人员(允许某些例外);

(7) 没有许可证或未经许可的广告;

(8) 提供有关性传播、肿瘤学、精神和危险传染病、艾滋病毒/艾滋病、结核病和糖尿病的信息;

(9) 引用科学家、卫生保健专业人员或政府官员的推荐,因为他们的特殊(名人)地位,可以鼓励消费药物或开出药物处方;

(10) 声称医疗产品或医疗服务是独一无二的、最安全及最有效的;

(11) 声称医疗产品因为是天然的,所以具有安全性或有效性;

(12) 保证药品的有效性且无不良反应。

---

① 此项要求由2015年4月6日的哈萨克斯坦第299-V号法律《对哈萨克斯坦共和国部分卫生管理法律的变更和修订》引入。相关程序在2015年4月17日的《药品、医疗器械和医疗设备广告规则》中详细规定。

处方药只能在专门的医疗和药品印刷出版物上做广告。

# 十六、司法制度和争端解决

## （一）司法改革

在20世纪90年代，哈萨克斯坦的司法体系欠完善，效率不高。国家未向法院特别是地方一级的法院提供充分的资源，法官的培训程度和薪酬均有上升空间。这导致了许多有问题的法院判决（尤其是涉及复杂商业事务时），并被指控可能存在腐败问题。

2000年，政府开始了一项司法改革计划，改善了国家的司法制度。改善的内容包括在最高法院成立司法行政委员会、司法道德委员会，提高司法人员薪酬，提高法官最低资质要求和建立专门法庭。虽然许多问题仍然存在，但总统行政部门、最高法院和司法部的高级官员似乎致力于继续进行司法改革，特别是致力于提高法院的独立性，提高法官的资质，并为地方法院提供更多资源。

作为这一司法改革的延续，在2014至2015年引入了更多的措施来减少法院审理的案件数量（这将对判决的质量和司法技术产生积极的影响），使法院系统更加透明和简单。这些措施包括引入下列各项：（1）详细的争端解决程序；（2）简化的法院程序，允许法庭在不进行正式法庭聆讯的情况下解决纠纷；（3）针对判决提起上诉时，国家将按审查撤销阶段主张金额的1.5%收税。从原先的四审终审制改为三审终审制，并且还引入了后文所述的其他措施。

## (二) 法院组织结构和管辖权

有关司法机构的组织结构和活动的基本条款见于《宪法》,并在《司法制度法》[①]《民事诉讼法》[②] 和《刑事诉讼法》[③] 中作了更详细的阐述。

哈萨克斯坦法院系统由 3 个层次组成:哈萨克斯坦最高法院、地方区域性法院和与区域性法院具有同等地位的法院(如阿拉木图市法院,阿斯塔纳市法院)和地方的城市与地区法院。

地区(城市)法院通常是初审法院,审理大多数民事案件。区域性法院(与区域性法院具有同等地位的城市法院)是城市法院判决的上诉法院。在区域性法院中还存在"撤销法庭"(cassation collegium),这是对上诉法院作出的判决提出上诉的撤销法庭。但从 2016 年 1 月 1 日起,这个法庭已被撤销。

最高法院是哈萨克斯坦最高一级的法院。它是下级法院所审理案件的终审法院,亦是某些类别案件的初审法院(即对中央选举委员会的行为或决定提出异议的案件)。最高法院设有几个机构,包括最高法院全体会议,以及民事法庭和刑事法庭。全体会议对现行立法进行有约束力的解释。撤销法庭则对已经生效的判决进行审查。

作为司法改革计划的一部分,哈萨克斯坦设立了专门的区内法院,同时具有地方城市和地区法院的地位,包括经济法院(审理当事人是法人或个休企业主的纠纷)、行政法院(审理对判处行政处罚的国家机关的决议提出异议的纠纷)、青少年法院(对涉及未成年人的案件有管辖权)和刑事法院(对刑事案件有管辖权)。

---

① 2000 年 12 月 25 日的《哈萨克斯坦司法制度和法官地位法》。
② 2015 年 10 月 31 日的《哈萨克斯坦民事诉讼法》。
③ 2014 年 7 月 4 日的《哈萨克斯坦刑事诉讼法》。

此外，在 2015 年 12 月 7 日，阿斯塔纳市法院和最高法院成立了投资小组，以解决涉及投资者的纠纷。

2015 年，《阿斯塔纳国际金融中心（IFC）组织法》获得通过。该法规定，除其他事项外，将成立国际金融中心法院，解决下列纠纷：（1）中心参与者（在国际金融中心所在区域内注册的公司）之间的纠纷；（2）关于在国际金融中心按照国际金融中心法律进行的交易的纠纷；（3）相关方提交给国际金融中心法院的争议。

国际金融中心法院将根据英格兰程序法审议纠纷。该法院作出的判决可在哈萨克斯坦直接执行。

### （三）法官

地区法院、专门的区内法院和区域性法院的法官由总统根据最高司法委员会的建议任命。最高法院法官由参议院从总统根据最高司法委员会的建议选中的候选人中任命。[①]

最高司法委员会是一个独立的机构，通过竞争方式选择最高法院法官和地方法院法官的候选人，并推荐任命。最高司法委员会由主席（由总统任命）、宪法委员会主席和最高法院院长、总检察长、司法部长、参议院委派的代表、法官和由总统任命的其他人员组成。

法官适用终身制。地区法院、区域性法院和最高法院的院长以及某一区域和最高法院的委员会的主席，任期均为 5 年。

国际金融中心法院法官的任命程序将由国际金融中心另行决定，但就目前情况而言，只能假定该程序与其他哈萨克斯坦法院执行的程序不同。

---

① 最高司法委员会和法官资格审核委员会（Qualification Collegium of Justice）的地位、设立程序和活动组织由 2015 年 12 月 4 日的《最高司法委员会法》决定。

## （四）替代性争议解决方法

### 1. 仲裁

虽然哈萨克斯坦自 1995 年以来一直是 1958 年《承认及执行外国仲裁裁决公约》（即《纽约公约》）的缔约国，但外国公司是否能在哈萨克斯坦执行外国仲裁裁决仍是一个问题。外国投资者普遍认为，由于各种历史和文化原因，哈萨克斯坦法院通常不愿对哈萨克斯坦政府或有影响力的哈萨克斯坦公司做出对外国当事人有利的裁决。

此外，哈萨克斯坦法律关于地方法院对外国仲裁裁决案件执行的管辖权的相关规定仍存在相互矛盾之处。

在哈萨克斯坦，仲裁程序主要受《仲裁法》[①] 管辖。

《仲裁法》适用于下列情况：（1）涉及外国当事人的争议；（2）允许由哈萨克斯坦境内的"仲裁法庭"解决哈萨克斯坦居民之间的争议。这些"仲裁法庭"不是国家法庭，而是各种私人仲裁法庭，大致类似于西方国家的私人仲裁法庭。

整体而言，该法符合《贸易法委员会示范法》的主要原则，规范了仲裁程序的每一个阶段。该法还规定了如何在国家法院对这些裁决提出异议和进行执行的机制。[②]

但是，《仲裁法》规定，在争议涉及国家机关和国有企业时，通过仲裁解决将受到若干限制。该法亦禁止通过仲裁解决下列争议：（1）涉及自然垄断者及其客户的争议；（2）因与个人生活有关的非金钱关系、个人和家庭秘密不可侵犯及个人的姓名权而产生的争议；（3）与资不抵债或破产相关的争议。

---

[①] 2016 年 4 月 8 日的《仲裁法》。
[②] 《民事诉讼法》中亦规定了与执行国内外仲裁裁决相关的规则。

法律还禁止国家机关、国有企业、银行、拥有主导地位的公司和自然垄断者设立仲裁法庭。

驳回及拒绝执行在哈萨克斯坦签发的仲裁裁决的理由，与 1958 年《承认及执行外国仲裁裁决公约》（即《纽约公约》）第五条中的相关规定相似。但是，我们应当注意，哈萨克斯坦法律增加了驳回及拒绝执行在哈萨克斯坦签发的仲裁裁决的理由。此外，根据最高法院 2009 年通过的一项决议（该决议对地方法院有约束力）①，哈萨克斯坦法院可以推迟对外国和国内仲裁裁决的执行。

在哈萨克斯坦，仲裁不是十分受欢迎的争议解决方式，但是考虑到最近对《民事诉讼法》和《税法》所作的修订，我们预计当事方将更愿意通过仲裁而非法院来解决争议。因此，仲裁在不久的将来将会更受欢迎。

**2. 调解及其他替代争议解决机制**

2011 年，哈萨克斯坦通过了一项《调解法》。② 根据《调解法》，当事人有权约定通过调解解决以下各类争议：（1）民事、劳动、家庭及其他涉及个人和法律实体的争议；（2）有关某些未成年人犯罪及轻罪的争议。但是，调解不能用于涉及国家组织或残疾人的争议。

根据《调解法》，当事人有权在法律诉讼开始之前或之后的任何时间签署调解协议。如果双方在民事诉讼程序中签署调解协议，法院将暂停审理直至调解结束。当事人经调解解决争议，达成和解协议的，诉讼程序终止。

一般来说，调解程序必须在 30 个日历天内完成（或经当事人申请后在 60 个日历天内完成）。如果调解达成和解，当事人必须签署协议，内容为：（1）争议当事人和争议标的；（2）涉及的调解人；（3）商定的和解

---

① 2009 年 6 月 29 日的《最高法院关于执行民事案件法院判决若干相关问题的规范性决议》。
② 2011 年 1 月 28 日的《调解法》。

条款（包括未遵守该安排会导致的后果）。

如果一方拒绝遵守所签署的和解协议，另一方可以在国家法院申请执行该协议。

此外，在2015年，《民事诉讼法》引入了一项参与性程序。这一程序意味着在判决作出前，当事人及其律师会在法庭程序中进行谈判协商。该程序结束时将达成一项有约束力的协议作为和解协议，由法院批准。

### （五） 法院判决的承认和执行

#### 1. 国内法院判决的执行

国内法院判决的执行是由司法部的私人法院执行官或国家法院执行官（法警）（如果执行涉及国家或国有公司、自然垄断者或在市场中占有主导地位的公司）处理。

这项活动受法律（包括《执行官服务法》[①]）规管根据该法规定，法院执行官（法警）拥有广泛的权力，可以搜查债务人的资产并予以拍卖。拍卖所得将被用来执行判决。

但是，国家法院的执行官（法警）超负荷工作，因此与法院执行官（法警）密切合作对加快执行至关重要。

为了提高法院判决的有效性，《法院执行官服务法》已经修订。这些修订允许私人法院执行官执行法院判决。私人法院执行官根据司法部授予的特别许可开展工作，一般与国家法院执行官拥有相同的权力和权限（但有几个方面的例外），包括对国家和50%归国家所有的组织及其关联方进行执行程序的权利。

---

[①] 2010年4月2日的《执行程序及法院执行官（法警）地位法》。

## 2. 外国法院判决的承认和执行

哈萨克斯坦法院将根据哈萨克斯坦与相关国家之间的条约或互惠原则，执行外国法院的判决。

哈萨克斯坦已经缔结了几项双边和多边条约，以促进对外国法院判决的承认和执行[1]。但是，该国并未与任何西欧或北美国家签订该等条约。

# 十七、环境

## （一）简介

哈萨克斯坦的环境保护是由《环境法》规定。[2] 一般认为该法接近国际环境法规标准。

## （二）监管机构

哈萨克斯坦能源部是负责环境保护的重要国家机构。能源部负责签发环境许可和证照，确定环境排放限制标准及其他事宜。

税务机关负责收取与环境污染和排放相关的款项。

## （三）一般环境要求

对环境有影响的个人和法律实体受国家监督。能源部通过组织国家环境检查来进行监督。

商业活动的各个方面都须遵守环境方面的要求。例如，在任何可能破

---

[1] 已经和哈萨克斯坦签订执行法院判决条约的国家包括但不限于某些独联体国家、韩国、立陶宛、巴基斯坦、中国、蒙古和土耳其。

[2] 2007年1月9日的212-III号法律哈萨克斯坦《环境法》。

坏环境的项目开始实施之前，均必须获得国家环境专家的正面评估。从事有潜在环境危险的活动的企业，必须办理环境保险。

违反国家环境规定会导致个人和法律实体承担民事、行政和刑事责任。

## （四）环境授权

凡生产大气排放、污水、固体废物或工业废物的个人及法律实体，必须从能源部或其地方下级部门处取得环境许可证。根据《环境法》的规定，有两种环境许可证：

（1）环境排放许可证；

（2）复杂环境许可证。

排放许可证更为常见。此类许可证签发后一直有效，直到持有人所用的相关技术或自然资源的使用条款发生变化，但有效期最长不超过10年。排放许可证一旦到期，就必须重新向能源部申请续期。

另一方面，复杂环境许可证可以签发给符合最佳可用环境技术的环境用户，长期有效。复杂环境许可证将一直有效，直至所用技术或环境许可证中规定的环境使用条件发生变化。政府于2015年1月23日批准了一份有资格申请复杂许可证的技术清单。[1]

此外，从事下列活动的个人和法律实体需要获得单独的环境许可证：

· 特定类型活动的环境设计或标准化。

· 对特定类型活动的环境审查。

上述许可证可在满足法律规定的特定要求后签发。[2]

---

[1] 由2015年1月23日的第37号能源部长令批准。

[2] 由2015年1月14日的第6号能源部长令批准的《在环境保护领域开展活动的资质要求以及确认遵守该等要求的文件清单》。

## （五）气候变化

经过大约 10 年的辩论后，哈萨克斯坦批准了《联合国气候变化框架公约》框架内的《京都议定书》，于 2009 年 9 月 17 日在哈萨克斯坦生效。除了参与全球应对全球变暖的努力之外，这一举措还旨在进一步推动一系列经济目标的实现，包括通过议定书的灵活机制吸引投资，特别是碳排放交易。在批准《京都议定书》的过程中，哈萨克斯坦已经采取了一些措施，通过修订《环境法》[①]，建立自己的温室气体排放交易系统。

此外，于 2016 年 8 月 2 日，哈萨克斯坦签署了《联合国气候变化框架公约》框架内的《巴黎协定》。《巴黎协定》于 2016 年 11 月 4 日被批准。

2016 年 4 月，因为当时计划加入《巴黎协定》，对《环境法》中有关温室气体排放规定作出了若干修订。除其他事项外，该等修订在 2018 年 1 月 1 日前暂停适用《环境法》中禁止在未取得配额的情况下进行温室气体排放和管理排放配额交易的相关规定。此前签发的配额和配额交易亦被暂停。预计新的管理体系将被引入《环境法》。

# 十八、采购

## （一）国家采购

哈萨克斯坦国家机构、国有企业和由政府拥有至少 50% 的股份（或 50% 的参与权益）的私营法律实体及其子公司采购商品、工程和服务时，须接受《国家采购法》项下的特殊规管[②]。政府采购法律明确规定其不适

---

① 修订由 2011 年 12 月 3 日的 505－Ⅳ号法律《关于环境法案的修订》引入。
② 2015 年 12 月 4 日的《国家采购法》及其修订案。

用于国家管理控股公司、国家控股公司、国家管理公司、国家公司、其关联公司、国家银行、其下属实体、组成其结构内的实体、由国家银行持有50%或更多股份的实体及其关联公司。这些实体必须根据单独的采购规则采购商品、工程和服务（如国家福利基金"Samruk – Kazyna"批准的采购规则和国家银行批准的采购规则）。但是，这些采购规则在大多数方面与国家采购规则相似。

一般而言，国家采购只能通过招标进行。投标由买方组成的特别委员会组织。投标过程由几个阶段组成（包括发布招标公告和审查标书），与中标者签订一份国家采购合同后招标程序结束。目前，国家采购授权机构是财政部财务控制委员会。除其他职能外，该委员会还维持一个必须遵守国家采购规则的实体的登记册。

### （二）底土使用经营活动中的采购

对从事石油、天然气和采矿活动的公司适用类似的购买商品、工程和服务的限制。特别是，底土利用公司必须进行公开招标，以采购其经营所需的商品、工程和服务。在某些情况下（如只有一个供应商提供所需要的商品和服务的情况），则采购规则[①]允许采购时不进行投标。

法律通常要求底土用户优先考虑具备当地商品、工程和服务制造商资格的当地公司。但是，如上所述，在哈萨克斯坦加入世界贸易组织后部分优先权已被取消。

---

① 由2015年2月27日的投资和发展部联合命令及2015年3月27日的能源部联合命令批准通过的《开展底土使用经营活动时的商品、工程和服务采购规则》；由2015年1月30日的投资和发展部命令批准通过的《使用国家信息系统"底土使用经营活动中所用的商品、工程和服务及其制造商登记簿"开展底土使用经营活动时的的商品、工程和服务采购规则》。

## （三） 适用于自然垄断的采购规则

法律为自然垄断领域内的经营实体规定了特殊的采购规则。根据《自然垄断法》的规定①，自然垄断者在购买商品、工程和服务时，必须对包含在价格（或最高价格水平）内的费用或受监管服务费率预估进行公开招标。自然垄断者可以使用其他方法来购买商品、服务和工程（如从一个来源购买），但前提是上述做法为法律所许可。

## （四） Samruk-Kazyna 采购规定

根据《国家福利基金法》的规定②，国家福利基金"Samruk-Kazyna"及其直接或间接拥有 50% 或更多股份的公司，必须遵守由国家福利基金 Samruk-Kazyna 董事会批准的特殊采购规则。虽然国家福利基金 Samruk-Kazyna 采购规则在大多数方面类似于国家采购规则，但它们允许存在更大的灵活性。

## （五） 其他采购规则

某些其他国有实体和国有企业要遵守自己的采购规则。例如，如上文所述，国家银行及其附属机构和关联实体都要遵守国家银行批准的单独采购规则③。此外，在由 SK – Pharmacia LLP 和公共卫生机构担保的免费医疗服务中采购药品需受药品采购规则的约束④。另有一些由国家持股和管理的公司基于政府批准的标准采购规则制定了自己的采购规则。

---

① 1998 年 7 月 9 日的《自然垄断法》及其修订案。
② 2009 年 2 月 13 日的《国家福利基金法》及其修订案。
③ 由 2014 年 12 月 24 日的国家银行管理委员会决议批准通过的《国家银行及由国家银行担任创始人（主管机构）或股东的法律实体的商品、工作和服务采购规则》。
④ 由 2009 年 10 月 30 日的第 1729 号政府决议批准通过的《组织和进行药品、预防性（免疫生物学、诊断、杀菌）制剂、医疗装置和设备、用于提供担保免费医疗服务的药品服务的采购》。

# 十九、遵守反腐败条例

## （一）一般规定

哈萨克斯坦反腐败法律主要由《刑法》①《反腐败法》②《国家服务法》③和《行政违反法》④中的反贿赂规定所组成。

哈萨克斯坦的反腐败法律确定了若干种腐败犯罪，其中最严重的是向政府官员行贿和收受贿赂。这些犯罪相互关联，通常彼此不可或缺。哈萨克斯坦的反腐败法律亦规定私人公司管理人员的商业贿赂（如回扣）要接受处罚。

哈萨克斯坦没有与美国《反海外腐败法》或英国《反贿赂法》类似的具有域外效力的反贿赂法律。但是，哈萨克斯坦有全面的反腐败法律，其反贿赂法律可以适用于在哈萨克斯坦境外对外国官员进行的贿赂，前提是行贿人在行贿国没有受到处罚。

在哈萨克斯坦，自然人贿赂政府官员及商业贿赂，将根据《行政违反法》和《刑法》被处以罚款、最高15年监禁并同时没收财产及其他处罚。但是，目前在哈萨克斯坦，只有个人（而非法律实体）需要承担刑事责任。

对于贿赂政府官员的行为，法律实体会受到行政处罚。法律实体可被处以最高约5200美元的罚款，或者在屡次违反的情况下被处以双倍罚款。

---

① 2014年7月3日的《刑法》。
② 2015年11月18日的《反腐败法》。
③ 2015年11月23日的《国家服务法》。
④ 2014年7月5日的《行政违反法》。

## （二）政府官员

一般来说，哈萨克斯坦的反贿赂限制适用于政府官员，即"履行国家职能的个人及其同等人员"。该等政府官员包括代表中央政府机构、地方市政机构和武装部队履行国家职能的官员，以及下列政府官员：[①]

- 议会议员和地方立法机构成员。
- 法官。
- 执法机构和特殊服务机构的政府官员。
- 经选举或指定在地方行政机构任职之人。
- 全资国有实体或所谓"准国家实体"（即与国家有关联的实体）的管理人员。

因此，在哈萨克斯坦，一般禁止向上述官员提供福利，如果提供福利是为了使相关官员履行国家职能作交换或相关联，则还可能构成刑事犯罪或行政违法。

在哈萨克斯坦，确定是否构成刑事或行政责任时不考虑相关行贿人是当地还是外国实体。

## （三）好处费、礼品

哈萨克斯坦的反腐败法并未规定好处费（如向公职人员支付适度的款项，该人员通过履行法定行为施加影响）或根据公认礼节、礼貌标准提供的礼品可以构成例外。

因此，作为一般规则，提供该等好处费或礼品可能导致刑事或行政法项下的责任。这项一般规则允许存在数量有限的某些例外情况。如在某些

---

① 此项清单并未列明所有此类官员。

情况下，允许政府官员接受邀请参加国际科学、专业和其他类似论坛，费用由组办机构承担，亦允许官员在该等论坛上接受某些有限的礼物（福利）。①

但是，由于这些例外规定涵盖范围比较狭窄和具体，在实践中应谨慎应用。

---

① 此项例外不适用于全资国有实体的管理人员或所谓"准国家实体"的管理人员。

图书在版编目（CIP）数据

"一带一路"国别投资法律指南．新加坡、马来西亚、印度尼西亚、越南、哈萨克斯坦卷／奋迅·贝克麦坚时联营办公室编著．—北京：中国法制出版社，2020.12
　ISBN 978-7-5216-1485-5

　Ⅰ.①一… Ⅱ.①奋… Ⅲ.①外国投资法-新加坡-指南②外国投资法-马来西亚-指南③外国投资法-印度尼西亚-指南④外国投资法-越南-指南⑤外国投资法-哈萨克斯坦-指南 Ⅳ.①D996.4-62

中国版本图书馆 CIP 数据核字（2020）第 238020 号

| 策划编辑　陈兴 | 责任编辑　陈兴　孙静 | 封面设计　李宁 |

"一带一路"国别投资法律指南·新加坡、马来西亚、印度尼西亚、越南、哈萨克斯坦卷
"YI DAI YI LU" GUOBIE TOUZI FALÜ ZHINAN · XINJIAPO、MALAIXIYA、YINDUNIXIYA、YUENAN、HASAKESITAN JUAN

编著/奋迅·贝克麦坚时联营办公室
经销/新华书店
印刷/三河市紫恒印装有限公司
开本/730 毫米×1030 毫米　16 开　　　　　　　印张/18　字数/160 千
版次/2020 年 12 月第 1 版　　　　　　　　　　　2020 年 12 月第 1 次印刷

中国法制出版社出版
书号 ISBN 978-7-5216-1485-5　　　　　　　　　定价（全三册）：499.00 元

北京西单横二条 2 号
邮政编码 100031　　　　　　　　　　　　　　　传真：010-66031119
网址：http://www.zgfzs.com　　　　　　　　　　编辑部电话：010-66070046
市场营销部电话：010-66033393　　　　　　　　邮购部电话：010-66033288

（如有印装质量问题，请与本社印务部联系调换。电话：010-66032926）